ESPAÑOL

CURSO DE PERFECCIONAMIENTO

CURSOS INTERNACIONALES

JUAN FELIPE GARCÍA SANTOS

DEPARTAMENTO DE LENGUA ESPAÑOLA
UNIVERSIDAD DE SALAMANCA

ESPAÑOL

CURSO DE PERFECCIONAMIENTO

EDICIONES UNIVERSIDAD DE SALAMANCA
CURSOS INTERNACIONALES UNIVERSIDAD DE SALAMANCA
1992

ESPAÑOL PARA EXTRANJEROS
6

1.ª edición: 1988
2.ª reimpresión: junio, 1992
I.S.B.N.: 84-7481-706-4
Depósito Legal: S. 423-1992

Ediciones Universidad de Salamanca
Apartado 325
E-37080 Salamanca (España)

Impreso en España-Printed in Spain
Impresión y encuadernación:
Imprenta «CALATRAVA», S.Coop.
Pol. El Montalvo, c/. D - Parcela 19 E
Teléf.-Fax 21 41 18
37008 SALAMANCA

*

A D. Eugenio de Bustos.
Él lo posibilitó.

INTRODUCCIÓN

El libro que tiene el lector ante sí es, por un lado, una gramática descriptiva del español, pero además de eso pretende ser un método integral para profundizar en el dominio de esta lengua en un nivel de perfeccionamiento.

La parte teórica, de cada uno de los temas tratados, aparece expuesta en dos apartados bien diferenciados: ESQUEMA GRAMATICAL, por un lado, y AMPLIACIÓN y EXPLICACIÓN GRAMATICAL, por otro. En el ESQUEMA se da entrada, por lo general de manera muy resumida, a los distintos aspectos de cada tema. La razón de su inclusión es la de dar una visión de conjunto y la de facilitar la consulta rápida de una cuestión concreta cuando se esté familiarizado con el libro.

En AMPLIACIÓN Y EXPLICACIÓN GRAMATICAL, por su parte, se retoman los puntos incluidos en el ESQUEMA y se analizan detenidamente, al tiempo que se aclaran o contextualizan los ejemplos cuando ello es necesario. Cada regla —o grupo de reglas afines— va seguida de su correspondiente PRÁCTICA, con la que se trata de fijar y automatizar la teoría.

En las explicaciones gramaticales —aparte de que responden a una concepción básica que creemos que es novedosa— hemos descendido hasta los más mínimos detalles ya que, en principio, pensamos que el libro puede ser utilizado lo mismo por profesores españoles que enseñan su propia lengua, que por profesores extranjeros de español —que lógicamente podrían tener más dificultades— o incluso ser utilizado directamente por estudiantes extranjeros que no cuenten con la ayuda de un profesor.

Esta minuciosidad en la explicación trata también de ganar tiempo, aunque ello pueda parecer una paradoja. Nuestra ya larga experiencia en la enseñanza del español a extranjeros nos ha llevado al convencimiento de que, en las clases de los niveles superiores, se consumen demasiadas horas en las explicaciones teóricas —por lo demás, totalmente necesarias— en perjuicio de la práctica, es decir, de la **automatización** de las distintas estructuras. En el caso del método que presentamos, cuando sea utilizado por un profesor en un curso regular, la parte teórica puede ser simplemente leída por los estudiantes y el profesor limitarse a explicar aquello que pueda ofrecer alguna dificultad especial. En el supuesto de un curso intensivo de corta duración, por ejemplo, esta lectura puede, incluso, encomendársele a los estudiantes como tarea para casa, con lo que las horas de clase pueden dedicarse íntegramente —una vez resueltas las posibles dudas surgidas de la lectura— a la práctica.

La gramática —no me canso de repetirles a mis estudiantes extranjeros— **no se debe aprender de memoria,** porque no se habla con la gramática. La gramática, que es el camino más directo y más cómodo para que una persona adulta conozca un fenómeno lingüístico cualquiera, **se comprende.** Y una vez que se ha comprendido, hay que **automatizarla.** Es decir, las estructuras entrarán primero por la mente, pero después tendrán que **entrar por el oído,** porque nadie habla —no se puede hablar— pensando en la gramática. Y para conseguir la automatización a través del oído no hay más que un camino: la **repetición**.

Por eso, cada regla —o grupo de reglas— va seguida de su correspondiente PRÁCTICA. Son ejercicios «ad hoc», por lo general muy cortos y fáciles, e incluso a veces muy repetitivos, con los que se trata de conseguir ese automatismo y ese habituar el oído de los que hemos hablado. Siempre que nos ha sido posible, hemos procurado que estos ejercicios sean orales para atajar también un problema muy frecuente en los hablantes extranjeros: que responden muy bien a un ejercicio escrito y, sin embargo, esa misma estructura la usan erróneamente al hablar.

La parte práctica de cada tema se completa con la RECAPITULACIÓN, donde hay, en primer término, unos ejercicios más bien cortos que repasan y tratan de fijar lo estudiado en el tema. Pero si, como hemos dicho, nadie habla pensando en la gramática, ésta no debe servir tampoco para «hacer ejercicios»: si sólo sirviera para eso, no serviría para nada. A través de la gramática automatizada debemos poder comunicarnos en un español correcto; por ello, tras los ejercicios cortos, siguen una serie de textos literarios, periodísticos y otros del autor del libro[1], en los que, con unos —que serán simplemente leídos para analizar las estructuras destacadas— tratamos de que los estudiantes comprueben por sí mismos lo que han aprendido, y con otros —que tendrán que completar— que son capaces de generar textos amplios correctos. En uno y otro caso, a manera que se va avanzando, se van recogiendo las estructuras de los temas precedentes.

La RECAPITULACIÓN se completa con unos esquemas de estructuras que los estudiantes deberán producir, bien por escrito, o bien y preferentemente de manera oral y directa en clase.

Pero como decíamos al principio, pretendemos que el libro sea un método integral. Por eso hemos dedicado alguna atención a las **cuestiones léxicas,** centradas principalmente —dado el nivel al que va destinado— en expresiones coloquiales de uso general. En los ejercicios del apartado RECAPITULACIÓN, a partir de un momento en que hemos considerado que las estructuras sintácticas deben estar suficientemente aclaradas y fijadas y que, por lo tanto, se puede distraer la atención hacia otras cuestiones, hemos incluido un buen número de expresiones y modismos, que aparecen destacados en negrita, pero dentro de los ejercicios, es decir, contextualizados en una frase.

[1] En los textos literarios hemos buscado la variedad; de manera que hemos incluido autores españoles e hispano-americanos, y de distintas épocas. Con los textos periodísticos, aunque buscando eso sí la diversidad temática —desde *cartas al director,* pasando por noticias, artículos de fondo y reportajes, hasta llegar a la información económica— nos hemos inclinado por una sola fuente, concretamente por el periódico *El País,* que nos ofrecía confianza lingüística. Vaya desde aquí nuestro agradecimiento a su dirección por habernos permitido su uso.

En la misma dirección, muchos ejercicios tienen, deliberadamente, sabor coloquial, tanto por su contenido y vocabulario como por la introducción de *muletillas.* Tratamos con ello de dar respuesta a uno de los aspectos más descuidados en la enseñanza del español: la entonación y el acompañamiento de las frases con los gestos adecuados. Entre otros aspectos, en el hablante de una segunda lengua —en nuestro caso, en el hablante extranjero de español— se produce algo que, en principio, puede parecer paradójico, pero que no lo es: junto a los posibles errores lingüísticos de cualquier tipo, su hablar resulta excesivamente «académico», es decir, «sabe demasiado a cosa aprendida en la escuela», por lo que, cuando ese hablante se aparta de una frase neutra, fría, distante, «académica» en una palabra, suele tener problemas para entonarla adecuadamente. El profesor, pues, tendrá que insistir mucho en este aspecto hasta que los estudiantes consigan entonar y gesticular adecuadamente, y no se contentará, en consecuencia, con que éstos resuelvan de manera gramaticalmente correcta el ejercicio.

También el vocabulario general y el culto han tenido entrada en el libro. Lógicamente, no en forma de listas de palabras o ejercicios específicos —métodos ambos que el autor considera poco afortunados—, sino en su medio natural: en las frases de los ejercicios y en los abundantes textos amplios. En muchos casos, la altura de este léxico requerirá la ayuda de un buen diccionario y la del profesor.

La mayor parte de los temas se cierra con un COMENTARIO de TEXTOS, literario o periodístico, que cada profesor podrá utilizar como juzgue más oportuno. Aunque la intención del autor, al incluirlos, ha sido que los literarios respondan a lo que tradicionalmente se entiende por *comentario de textos,* mientras que los periodísticos —una vez aclaradas las dificultades lingüísticas de todo tipo que puedan plantear— sean un punto de partida concreto para una discusión abierta, es decir, para la **conversación,** el elemento imprescindible y más importante en el aprendizaje y perfeccionamiento de una segunda lengua, ya que un idioma se aprende hablándolo.

Hemos incluido también tres diálogos dramatizados propios. Creemos que la significación del teatro en la enseñanza de una segunda lengua no necesita, por obvia, ser destacada: si el lenguaje es comunicación, el diálogo es su manifestación más frecuente y acabada. Con ellos —o con otros que puedan proponer el profesor o los estudiantes, propios o ajenos—, además del posible enriquecimiento léxico, además también de la superación del posible miedo a hablar —tan frecuente y tan nefasto, ¡y tan fácil de superar cuando se actúa, cuando uno se «pone la máscara»!— esperamos que se puedan conseguir avances importantes en ese aspecto al que aludíamos antes: en la **entonación**.

Las circunstancias, en cada caso, dirán qué uso concreto se puede hacer de estos diálogos dramatizados. En ocasiones, no se podrá ir más allá de la lectura en clase, pero sería aconsejable que los estudiantes los prepararan, los memorizaran y los ensayaran y, por último, los representaran como coronación, por ejemplo, de un curso.

Salamanca, mayo de 1987

TEMA I

LAS FORMAS VERBALES: VALORES Y USOS

A) EL INDICATIVO

ESQUEMA GRAMATICAL

— Presente. Forma: **CANTO**.

1. Lo atemporal. Verdad general aceptada por todos:
   lavarse **ES** sano
   los pájaros **CANTAN**
   la tierra **GIRA** alrededor del sol.

2. Lo que es habitual y se continúa en el presente:
   todos los días **HAGO** ejercicio
   me **GUSTA** madrugar
   VIVO en Salamanca desde hace diez años.

3. Lo que está sucediendo en el momento de hablar. Respuesta a preguntas como: «¿Qué haces?», «¿Qué piensas?», «¿A dónde vas?», etc.:
   le **DOY** vueltas a ese tema
   ESTUDIO esto para mañana
   VOY a correos a llevar este paquete.
   - En este caso es muy frecuente la sustitución de la forma **CANTO** por:
     — **ESTAR +** gerundio:
     le **ESTOY DONDO** vueltas a un tema que ...
     — gerundio:
     DÁNDOLE vueltas a un tema que ...
     — **AQUÍ +** gerundio:
     AQUÍ DÁNDOLE vueltas a un ...[1]
     — **AQUÍ CON:**
     AQUÍ CON este tema que ...

[1] No admiten las construcciones con gerundio verbos como: IR, VENIR, TRAER, LLEVAR, TENER, SABER, etc.

4. **Presente +** un elemento que indique futuro: **luego, mañana, ahora (mismo), enseguida, esta tarde, esta noche, esta mañana, el fin de semana, el lunes (martes, ...), el jueves (domingo, ...) que viene,** etc. ⇒ «futuro»:
   de acuerdo, esta tarde nos **VEMOS** y **CHARLAMOS** un rato, ¿te parece?
   en ese caso yo te **LLAMO** el jueves y **QUEDAMOS** en lo que sea.

5. **Presente histórico** ⇒ «pasado»:
   - Uso académico:
     Colón **DESCUBRE** América en 1492
     Cervantes **NACE** en Alcalá de Henares.
   - Uso coloquial: es frecuente cuando se hace un **resumen rápido** de algo que se acaba de contar o se está contando.

6. **Presente** ⇒ «imperativo, orden, ruego». Frecuente en el uso coloquial:
   mira, **SUBES** al departamento y me **BAJAS** unos folios que tengo en la mesa de mi despacho ≠ **SUBE** al departamento y **BÁJAME** unos folios...

— Imperfecto. Forma: **CANTABA/SALÍA//**Indefinido. Forma: **CANTÉ/SALÍ**.

1. Acción repetida o habitual en el pasado ⇒ **CANTABA** (↡):
   las clases **COMENZABAN** (↡) a las nueve
   algunas veces **IBA** (↡) en bicicleta
   - Acción puntual ⇒ **CANTÉ** (↓):
     un día el profesor se **RETRASÓ** (↓) y **COMENZAMOS** (↓) a las nueve y media
     una noche me **ACOSTÉ** (↓) muy tarde y por la mañana me **QUEDÉ** (↓) dormido.
   - Acción repetida, pero un número concreto de veces ⇒ **CANTÉ:**
     casi todas las noches me **ACOSTABA** (↡) tarde: por lo menos **ocho** noches **LLEGUÉ** (↓) a las cuatro de la madrugada a casa.

2. Acción pasada, larga o corta —**eso no importa**—, pero **QUE DURA,** es decir, en el tiempo que transcurre —sean años o milésimas de segundo— **suceden cosas** ⇒ **CANTABA** o **ESTABA CANTANDO** (—):
   cuando **SALÍA** (—) esta mañana de casa le **CAYÓ** (↓) algo en la cabeza y le **ROMPIÓ** (↓)...
   todos los días, mientras **ESPERABA** (—) la llegada del tren, se me **ACERCABA** (↡) un viejecito y **CHARLÁBAMOS** (↡) un rato
   ESTABA ESPERANDO (—) a Elvira en la Plaza Mayor cuando **VI** (↓) correr a un joven...

3. Descripción ⇒ **CANTABA** (○)//Narración: hecho puntual ⇒ **CANTÉ** (↓)/hecho repetido ⇒ **CANTABA** (↡):

LLEGAMOS (↓) aquella mañana a una casa de las afueras. La casa **TENÍA** (◯) un aspecto extraño: **ERA** (◯) muy vieja, las ventanas se **MOVÍAN** (◯) con el aire y la puerta **ESTABA** (◯) abierta. **ENTRAMOS** (↓), dentro **HABÍA** (◯) muchos...
mientras **ESPERABA** (—) el tren se me **ACERCABA** (↓) muchos días un viejecito. **ERA** (◯) una persona muy simpática, **LLEVABA** (◯) un traje negro y se **CUBRÍA** (◯) con un curioso sombrero.
Me **SALUDABA** (↓) muy amablemente, **HABLÁBAMOS** (↓) un ratito y luego **SEGUÍA** (↓) su camino con paso decidido. Un día no **APARECIÓ** (↓) por la estación...

4. Futuro en relación con un pasado ⇒ **CANTABA** (→). También *condicional simple:* **CANTARÍA:**
   me **DIJO** (↓) que al día siguiente **SALÍA/SALDRÍA** (→) para Madrid.

5. Copresente en el pasado ⇒ **CANTABA** (↔):
   no **QUISE** (↓) pararme porque (en aquel momento) **TENÍA** (↔) mucha prisa.

6. Acción comenzada, pero no terminada en el pasado ⇒ **CANTABA** (... →)//Acción terminada ⇒ **CANTÉ** (↧):
   la muchedumbre no **RESPETÓ** (↓) las consignas porque aquel tren **ERA** (... →) el último
   la desesperación se **ADUEÑÓ** (↓) de todos porque has de saber que aquel tren **FUE** (↓) el último.

7. Narración. Comienzo de un cuento tradicional o de una narración cualquiera ⇒ **CANTABA** (↦) / **CANTÉ** (↓):
   HUBO una vez un rey que tenía...
   HABIA una vez un rey que tenía...
   FUE una mañana de mayo de 1964. Habíamos salido a...
   ERA una mañana de mayo de 1964. Habíamos salido a...

8. Imperfecto de cortesía ⇒ «presente». El *imperfecto* de algunos verbos [también, a veces, el *condicional simple* (forma: **CANTARÍA**) e incluso el *imperfecto de subjuntivo,* forma: **CANTARA**] se usa en español como fórmula cortés, más educada o más suave que el *presente:*
   QUIERO que lo veas inmediatamente → «exigencia»
   QUERÍA que lo viera Vd. cuanto antes → «ruego»

— Futuro simple. Forma: **CANTARÉ**

1. Acción futura como realidad objetiva:
   ha salido un momento, pero **VOLVERÁ** en seguida
   - En este sentido, en el español hablado, el *futuro* es sustituido con alguna frecuencia por:
     — la forma **CANTO**:
       ha salido un momento, pero **VUELVE** en seguida

— la perífrasis **VOY, VAS,... A + infinitivo:**
ha salido un momento, pero **VA A VOLVER** en seguida

2. *Futuro* ⇛ «presente de probabilidad o aproximación»:
   PESARÁ (unos,...) cuarenta gramos
   ESTARÁ en casa, no sé

3. *Futuro* ⇛ «presente de sorpresa», en frases exclamativas e interrogativas:
   ¡**SERÁ** posible!
   - Equivalente a la construcción **PERO +** *presente* o *futuro*:
     ¡**PERO ES** posible!
     ¡**PERO SERÁ** posible!

4. *Futuro* ⇛ «imperativo». Se usa tanto para órdenes negativas como afirmativas. Usos:
   a) órdenes para el futuro:
   SALDRÁS inmediatamente para París y...
   - Este uso encierra «cierta solemnidad» y por lo general es sustituido por el *presente de imperativo:*

   SAL inmediatamente para París y...
   b) órdenes generales, atemporales:
   COMERÁS con el sudor de tu frente
   no **DESEARÁS** a la mujer...
   c) en el uso común del idioma, **última orden.** Fijémonos en la siguiente gradación:
   — Padre: Pepito, ven. Mira, **VAS A BAJAR** al quiosco y me **SUBES** una...
   — Hijo: (...)
   — Padre: Te **he dicho que BAJES** al quiosco y me **SUBAS**...
   — Hijo: (...)
   — Padre: Mira, **BAJA** inmediatamente al quiosco y **SÚBEME** la...
   — Hijo: (...)
   — Padre: **BAJARÁS** porque te lo mando yo y la **SUBIRÁS** porque si no te rompo...

— Condicional simple. Forma. **CANTARÍA**

1. Acción futura como hipótesis. Es un «sí, pero no»:
   ¡Cuánto lo siento! Me **ENCANTARÍA** ir contigo, pero me ha llamado Ana esta mañana...

2. Futuro en relación con un pasado. También *imperfecto:*
   me dijo el lunes pasado que **VENDRÍA** ayer
   me dijo ayer que **VENDRÍA** el próximo domingo

3. Probabilidad en el pasado lejano:
   esto **SUCEDERÍA** (más o menos) en octubre de 1972
   SERÍAN (aproximadamente) las ocho cuando llegó

4. Condicional de cortesía ⇒ «presente». También se pueden usar formas del *imperfecto:*
   me **GUSTARÍA** discutirlo ahora mismo un momento con Vd.

— Pretérito Perfecto. Forma: **HE CANTADO**//Indefinido. Forma: **CANTÉ**

- Acción pasada y terminada, situada:

a) en un espacio de tiempo inmediatamente anterior al momento de hablar (= «acabo de») ⇒ **HE CANTADO** / en un tiempo lejano ⇒ **CANTÉ:**
   HE ESTADO en Salamanca en un curso de español para extranjeros
   también yo, cuando era joven, **ESTUVE** en Salamanca en un curso...

b) en un espacio de tiempo que todavía, en el momento de hablar, continúa ⇒ **HE CANTADO** / en espacios de tiempo distintos ⇒ **CANTÉ:**
   HOY HEMOS IDO a visitar.../**ayer FUIMOS** a visitar...
   esta semana HE ESTUDIADO.../la semana pasada ESTUDIÉ...
   este mes me **HAN EXPLICADO.../el (mes) pasado** (o: **en febrero, en marzo, ...**) me **EXPLICARON...**
   este año **HE ESTADO.../el (año) pasado** (o: **en 1984, en 1975, ...**) **ESTUVE...**
   a lo largo de **este siglo HAN CAMBIADO.../en el (siglo) pasado** (o: **en el (siglo) XVI, XVIII,...) CAMBIARON...**
   esta mañana **HA LLEGADO** al aeropuerto de Barajas el presidente de ... = / ≠ esta mañana **LLEGÓ** al aeropuerto de Barajas...
   esta primavera **HA LLOVIDO** poco = / ≠ esta primavera **LLOVIÓ** poco

— Pretérito Pluscuamperfecto. Forma: **HABÍA CANTADO**

- Acción pasada y terminada, anterior a otra en el pasado:

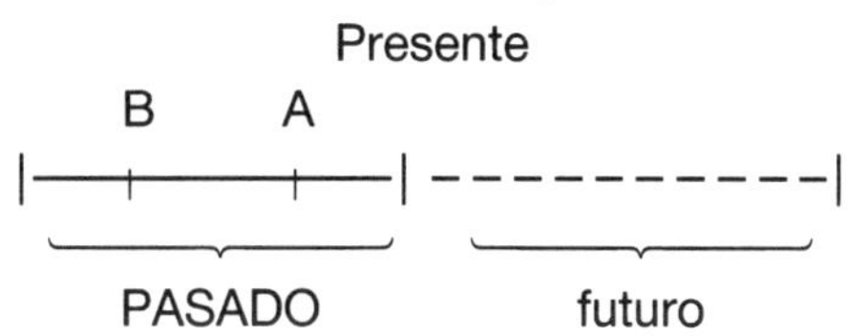

B = pluscuamperfecto. Forma: **HABÍA CANTADO**:

a las doce (A) ya **HABÍA TERMINADO** (B) todo

cuando llegué (A) **HABÍAN RETIRADO** (B) **ya a los heridos y se disponían a...**

— Futuro Perfecto. Forma: **HABRÉ CANTADO**

1. Acción futura, anterior a otra acción en el futuro:

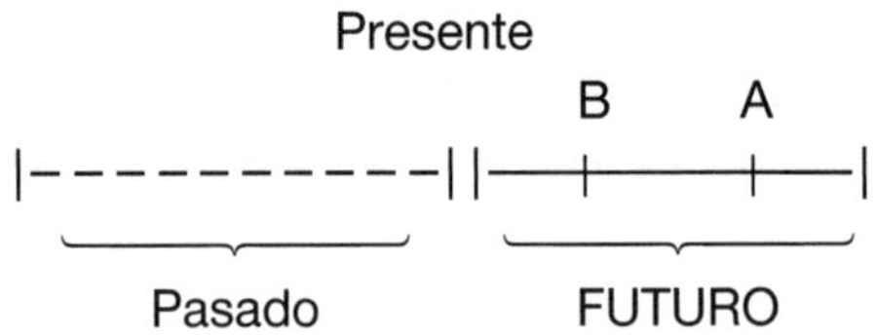

B = futuro perfecto. Forma: **HABRÉ CANTADO**:

antes de las doce **HABRÁ TERMINADO** todo
A B

cuando **volvamos** ya nos lo **HABRÁN ARREGLADO**
A B

2. Pasado próximo de probabilidad:

HABRÁ VENIDO Pedro esta mañana, no sé

— Condicional compuesto. Forma: **HABRÍA CANTADO**

1. Acción futura, anterior a otra en el futuro en conexión con un pasado:

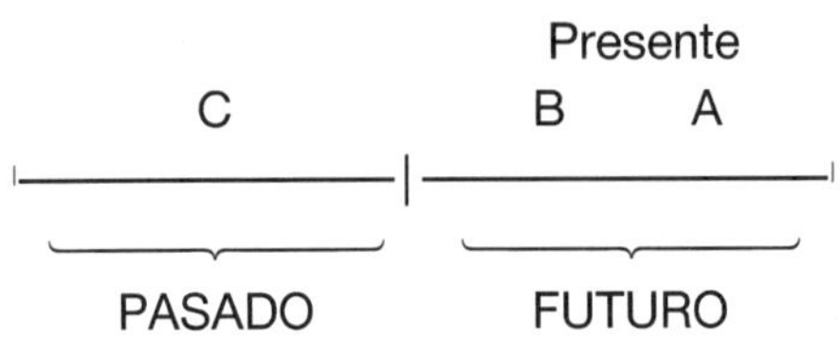

B = condicional compuesto. Forma: **HABRÍA CANTADO**:

Bueno, mujer, ya está bien. Nos dijeron que, cuando regresáramos, ya nos lo
C A

HABRÍAN TERMINADO todo, así que hay que pensar que estará todo en orden
B

2. Probabilidad en el pasado anterior:

cuando llegaste anoche ya **HABRÍAN CERRADO** la tienda, ¿no?
A B

– Esquema general de lo **PROBABLE** (o **APROXIMADO**)/lo **EXACTO** (o **SEGURO**) en INDICATIVO

	EXACTO	**PROBABLE**
«presente»	**CANTO**	**CANTARÉ**
	SON las 12	**SERÁN** las 12
	TIENE 18 años	**TENDRÁ** 18 años
	ESTÁ en casa	**ESTARÁ** en casa
«pasado próximo»	**HE CANTADO**	**HABRÉ CANTADO**
	¡Qué bien, ya **HA LLEGADO** Andrés!	¿Quién **HABRÁ DEJADO** eso ahí?
	Está ahí su maleta...	No sé, **HABRÁ VENIDO** Andrés
«pasado lejano»	**CANTÉ/CANTABA**	**CANTARÍA**
	SALÍ a las cuatro	**SALDRÍA** sobre las cuatro
	ESTABAN todos allí	**ESTARÍAN** todos, ¿no?
	ERAN las cinco de la tarde	**SERÍAN** las cinco de la tarde
«pasado anterior»	**HABÍA CANTADO**	**HABRÍA CANTADO**
	no pude hacer nada porque ya SE **HABÍAN MARCHADO**	no pudo hacer nada porque ya se **HABRÍAN MARCHADO**

- **Cuestión previa:** en el esquema se han destacado las formas verbales y no el nombre que reciben en la Gramática. No es un capricho, sino que tiene su explicación: el nombre, por lo general, no hace sino confundir al estudiante; por ello, es mejor ignorarlo. Lo importante es saber, por ejemplo, que hay una forma **CANTARÍA, SALDRÍA, TENDRÍA, LLOVERÍA,** etc. y que ésta —a pesar de sus nombres: *condicional simple, futuro hipotético simple,...*— se usa en español para referirse a los **tres tiempos reales:**

  «futuro»: me dijo que VENDRÍA **mañana**
  «presente»: yo PODRÍA explicárselo **ahora mismo**
  «pasado»: SERÍAN las 12 cuando llamó **ayer**

CANTO

1. «Lo atemporal...»
   Este uso no ofrece problema alguno para el estudiante. En las lenguas de las que tenemos noticia —menos en japonés— esta forma tiene ese valor; luego, para este nivel, no son necesarios ni más comentarios ni ejercicios.

2. «Lo que es habitual...»
   Tampoco este segundo uso ofrece mayores dificultades. Con todo, conviene destacar dos hechos:
   a) El español utiliza la forma **CANTO** en frases como:
      VIVO en Salamanca desde 1968
      donde, como se sabe, el inglés usaría **HE VIVIDO.** Pero con esta última forma, la frase:
      HE VIVIDO en Salamanca desde 1968
      significa en español que «empecé a vivir en Salamanca en la fecha indicada, pero ya no vivo en esta ciudad y, además, hace muy poco tiempo que he dejado de vivir en ella».
   b) El presente habitual no ofrece mayores problemas, pero no así «lo habitual en el pasado». Aunque sobre este aspecto volveremos más adelante, este es el momento oportuno para que el estudiante retenga y practique:
      — lo habitual en el presente ⇒ **CANTO**
      — lo habitual en el pasado ⇒ **CANTABA**

   Ejs.: las clases **COMIENZAN** a las nueve
   las clases **COMENZABAN** a las nueve

PRÁCTICA

I. Construir frases habituales con las siguientes formas verbales:

		el año pasado	
1) Hablo	hablaba	hablé	he hablado
2) Escucho	escuchaba	escuché	he escuchado
3) Aprendo	aprendía	aprendí	he aprendido
4) Trabajo	trabajaba	trabajé	he trabajado
5) Doy	daba	di	he dado
6) Leo	leía	leí	he leído
7) Escribo	escribía	escribí	he escribido
8) Me siento (sentarse)	me sentaba	me senté	me he sentado
9) Me levanto	me levantaba	me levanté	me he levantado
10) Me acuesto	me acostaba	me acosté	me he acostado
11) Voy	iba	fui	he ido
12) Hago	hacía	hice	he hecho
13) Estudio	estudiaba	estudié	he estudiado
14) Me divierto	me divertía	me divertí	me he divertido
15) Compro	compraba	compré	he comprado

II. Repetir las frases del ejercicio I anteponiendo expresiones como: «cuando era niño(a)», «antes», «el año pasado», «el verano que estuve en París», etc.

3. «Lo que está sucediendo...»
Destacaremos en esta ampliación el hecho de que las fórmulas **AQUÍ + gerundio** y **AQUÍ CON** se usan preferentemente cuando el hablante:

a) está manipulando algo:
— ¿Qué haces?
— **Aquí intentando** arreglar este reloj...

b) está en compañía:
— ¿Qué haces?
— **Aquí con** unos amigos que han venido a pasar...

4. «*Presente* + un elemento que indique futuro...»
Es muy posible que el estudiante haya oído o leído más de una vez una idea formulada en estos términos, más o menos: «el español usa muy poco el futuro, que es sustituido generalmente por el presente». Si es así, debe olvidarlo porque esa fórmula tan simple es básicamente errónea:

estamos plenamente convencidos de que, en un futuro no muy lejano, las relaciones entre ambos países ***mejoran** sensiblemente

estamos plenamente convencidos de que... **mejorarán...**

Es decir, en una frase como la anterior el uso del presente en lugar del futuro resultaría totalmente inaceptable[1] porque, aun tratándose de español hablado,por su propio contenido, la frase pertenece a un tipo de español culto. Como reglas prácticas para el uso se pueden apuntar:

1. Es lo que hemos querido indicar con el asterisco: ***mejoran**. Téngase en cuenta en lo sucesivo.

a) para referirnos al presente utilizamos generalmente las formas de *presente;* para el futuro, las de *futuro.*
b) sólo en el español conversacional, por lo general acompañado de un elemento que le da valor de futuro (véase el ESQUEMA), las formas de *presente* sustituyen a las de *futuro.*

PRÁCTICA

III. Bajo la dirección del profesor, los estudiantes construyen frases libres, tomando como modelo los ejemplos correspondientes del ESQUEMA GRAMATICAL.

5. «Presente histórico»

De los dos usos posibles analizaremos aquí el coloquial. Recordemos que es frecuente cuando se hace un **resumen rápido** de algo que se acaba de contar o se está contando. De manera que pensemos, por ejemplo, en una persona que le está contando a otra lo que le ha sucedido por la mañana; lógicamente lo contará en pasado:

Me **levanté**, como todos los días, a las ocho; me **preparé, desayuné** y **bajé** al garaje. **Saqué** el coche y hasta ahí todo normal; pero ya al salir **pasó** uno muy rápido y no me **dio** de puro milagro. **Arranqué** y cincuenta metros más adelante, en el semáforo, **paré**, claro, y **vino** uno por detrás y me **pegó** un golpe...

Cuando la persona va por este punto de la narración se incorpora otro conocido a la conversación y, para ponerlo al corriente, puede resumirle brevemente:

Pues nada, le estoy contando a Juan el día raro que he tenido hoy. Me **levanto, desayuno** y tal, y **bajo** al garaje. **Salgo** y **pasa** uno que no me **da** de milagro. Más adelante, el semáforo de la esquina **está** en rojo, **paro** y **viene** otro y me **da** un golpe por detrás...

Al reemprender de nuevo la narración de los hechos el hablante generalmente vuelve a usar los pasados:

Nos **bajamos** y se **formó** en seguida un corro de gente. El otro **vio** que **tenía** toda la culpa y no **hubo** mayores problemas. Pero...

Este cambio podría obedecer al hecho de que los tiempos de pasado «parecen ser más lentos» y en consecuencia parecen permitirle al hablante recrear o recordar los hechos. El *presente*, por su parte, «es más rápido» y de ahí su uso para repetir o resumir lo que se acaba de contar.

PRÁCTICA

IV. Tomando como modelo el ejemplo, los estudiantes cuentan sucesos reales o inventados.

6. «*Presente* ⇒imperativo...»

Este uso tiene cierta importancia porque, con mucha frecuencia, el hablante extranjero lo desconoce y no lo utiliza por lo tanto. En cierto modo, es equiparable a las fórmulas de cortesía: el *imperativo* implica una orden, es más fuerte; el *presente,* en cambio, es más bien un ruego. Se debe utilizar, pues, cuando, en lugar de mandar o exigir, lo que hacemos es pedir un favor.

Fijémonos en el ejemplo del ESQUEMA. Se podría contextualizar así: un profesor ya mayor, con autoridad moral sobre un profesor joven, le pide un favor:

– Juan, **SUBES** a mi despacho y por allí, encima de la mesa, tengo un... Me lo **BAJAS**, haz el favor.

Como guía práctica puede valer lo que sigue:

- mandato (puede implicar, además, autoritarismo, enfado... La entonación es fundamental) ⇒ *imperativo*[1]:
  SAL y **CÓMPRATELO** tú si quieres
- mandato-ruego ⇒ *imperativo,* suavizado con una expresión como **por favor:**
  VEN un momento, **por favor.**
- ruego-no orden ⇒ *presente*, con la entonación adecuada y generalmente apoyado en una expresión como **mira, oye (mira)...**[2]:
  oye, me **CONSULTAS** eso y me **COMUNICAS** el resultado
- ruego ⇒ *presente*, en forma interrogativa:
  ¿me **PASAS** el cenicero, (por favor)?
- ruego ⇒ *imperativo,* acompañado de la expresión **si no te (le, os, les) importa:**
  DÉJAME que le eche un vistazo, **si no te importa**

PRÁCTICA

V. Los estudiantes practican oralmente las distintas formas bajo la dirección del profesor. Pueden usarse situaciones reales de la clase.

CANTABA/CANTÉ

- **Cuestión previa:** la distinción y el uso correcto de estas dos formas constituyen sin duda el mayor problema, dentro del indicativo, para el hablante extranjero, sobre todo si su lengua materna carece, como las germánicas, de una de ellas. Los símbolos —porque entran por la vista— y los ejemplos nos parecen en este caso más operativos que las exposiciones teóricas; por ello, insistiremos en lo primero y muy poco en lo segundo.

1. «Acción repetida/acción puntual»
   Recordemos que para la acción repetida o habitual en el pasado usamos la forma **CANTABA**. Símbolo: una flecha múltiple: ↡. Para la acción puntual, la forma **CANTÉ**, simbolizada con una flecha simple: ↓. Si la acción es repetida —y este aspecto es el más importante y al que más atención se le debe prestar—, pero el hablante señala el **número concreto de veces,** entonces usamos **CANTÉ** (↓):

   El año pasado todas mis clases **COMENZABAN** (↡) a las nueve, menos los miércoles, que **EMPEZÁBAMOS** (↡) a las ocho y media. Si el tiempo **ERA**[3] bueno **IBA (**↡) en bicicleta o incluso me **DABA** (↡) tranquilamente un paseo. En bicicleta o andando **FUI** (↓) por lo menos cuarenta días. Otros, si **LLOVÍA**[3] o **HACÍA**[3] frío, por ejemplo, **IBA** (↡) en autobús.

1. Como veremos en su momento, también *presente de subjuntivo.*
2. Con el tono apropiado, puede convertirse en una orden fuerte:
(con enfado): **VAS** a casa de tu tío y se lo **PIDES** porque te lo mando yo.
3. Copresente: ↔

PRÁCTICA

VI. Lo que sigue es lo que **HACÍA** habitualmente Joaquín a lo largo de una semana del curso pasado:

- lunes, miércoles y viernes: **ir** a clase de español
- martes: **salir** de paseo y **charlar** un rato con Antonio
- martes, jueves y viernes: **entrenar** y **jugar** al baloncesto
- miércoles: **tener** un intercambio con una jovencita inglesa
- todos los días: **pasar** el mayor tiempo posible con su novia
- sábado y domingo: **levantarse** tarde, **ver** la televisión y sobre todo **ir** con Ana a una discoteca.

¿Qué **hacía** Joaquín?

VII. Un estudiante pregunta a un compañero que hacía, y dice también qué hacía él:

Modelo:

Estudiante 1: ¿Qué **hacías**, por ejemplo los sábados?
Estudiante 2: ¡Bah! Le **ayudaba** a mi padre en la tienda.
Estudiante 3: ¡Qué rollo! Yo **escuchaba** música por la mañana y por la tarde **iba** a una discoteca.

VIII. Los estudiantes cuentan dónde **vivían**, a qué colegio **iban**, dónde **jugaban**, dónde, cómo y con quién **pasaban** las vacaciones, etc. cuando eran niños:

Modelo:

Pues yo **vivía** en un pueblo pequeño. **Iba** a la escuela pública y **tenía** allí muchos amigos. **Jugaba**, claro, mucho con ellos: **jugábamos** a... **Tenía** un profesor de matemáticas muy duro. Los fines de semana los **pasábamos** delante del televisor. De vacaciones no **íbamos** a ningún sitio.

IX. Esto es lo que **hizo** Joaquín ayer:

9,30: **levantarse** y **ducharse**
10: **desayunar** un desayuno típicamente español, es decir, poco fuerte
10,15: **salir** a la calle y **comprar** el periódico
11,30: **ir** a buscar a Ana, **pasear** un rato y **tomar** unos vinos y unos pinchos
2-3: **comer** una comida fuerte
3-7: **tomar** café, **descabezar** un sueño en el sillón y **ver** una película en la televisión
7,30: **salir** de casa y **recoger** a Ana para ir juntos a bailar

¿Qué **hizo** Joaquín?

X. Un estudiante pregunta a un compañero qué hizo el último sábado, y dice también qué hizo él:

Modelo:

Estudiante 1: ¿Dónde **estuviste** el sábado?
Estudiante 2: No **salí** de casa; me **quedé** leyendo.
Estudiante 1: Pues yo **fui** a la fiesta de los de quinto y (me) lo **pasé** guay.

XI. Los estudiantes cuentan qué hicieron el último sábado:

Modelo:

Me **levanté** muy tarde, a las diez más o menos. Me **vestí**, me **lavé** y **bajé** a la cocina a desayunar. Allí **tuve** la primera discusión con mi hermana; después **salí** a la calle. En la calle **vi** a Marta, la **saludé** y **charlamos** un rato. **Fui** luego al club y allí **pasé** la mañana. **Volví** a casa a las dos para comer. Por la tarde...

XII. Dos estudiantes dialogan ateniéndose a alguno de los modelos:

1.

Estudiante 1: **Salíamos** todos los días a dar un paseo.
Estudiante 2: Bueno, yo sólo **salí** cuatro o cinco tardes.

2.

Estudiante 1: **Corríais** los fines de semana, ¿no?
Estudiante 2: Sí, pero yo aquel día no **corrí**.

3.

Estudiante 1: Recuerdo que **repetían** una y otra vez la misma escena.
Estudiante 2: La de la persecución la **vi** más de diez veces.

4.

Estudiante 1: Creo que **iban** de vacaciones a Marbella.
Estudiante 2: Pero aquel verano **fueron** a Granada.

XIII. Póngase el infinitivo del paréntesis en la forma **CANTÉ** o **CANTABA** según corresponda.

1. Eran otros tiempos, claro. Recuerdo que mi padre me (dar) .... dos pesetas para toda la semana.
2. Pedro (oír).................... un grito y se (volver) .... rápidamente.
3. En aquel bar (poner) .... siempre música española.
4. Los fines de semana (ir) .... a una casa que tenían mis padres en el campo y allí, alrededor de la chimenea, Julio (leer) .... en voz alta el periódico para todos.
5. La gente del pueblo no (acostumbrar) .... a bajar al río, así que los baños (ser) .... una auténtica delicia. Aunque, en aquel tiempo, aunque el lugar era solitario, nos (poner) .... siempre el bañador, claro.
6. Mis padres me (llevar) .... todas las mañanas al colegio. Sólo los viernes no (poder) .... porque mi madre (entrar) .... más temprano a su trabajo.
7. Juana (dormir) .... habitualmente en casa de Irene; pero durante tres o cuatro meses (dormir) .... con los abuelos porque no se encontraban bien.
8. Era de los que más valía de su clase. (Sacar).................... un montón de matrículas; en cuarto (tener) .... por lo menos cinco.
9. (Ir, nosotros) .... a su casa casi todos los días; (jugar) .... un rato y luego (ir) .... al quiosco a comprar cualquier chuchería. Recuerdo que un día alguien nos (dar) .... cinco pesetas —cinco pesetas de entonces, claro— y con ellas nos (comprar) .... medio quiosco.
10. Me (encantar).................... sobre todo saltar el potro. Alguna tarde (llegar).................... a saltarlo más de cien veces.

2. «Acción pasada que dura»

Es éste uso de la forma **CANTABA** uno de los que más dificultades plantea al hablante extranjero de español. Y ello posiblemente sea debido a una errónea comprensión del mismo; en concreto, al error que se desprende del siguiente ejemplo:

tenía tantas ganas de venir a España que ***trabajaba** todo el verano pasado para realizar mi sueño

Parece como si el hablante extranjero creyera que el *imperfecto* es un **tiempo largo**. Pero no lo es; puede ser largo o corto, porque eso no tiene interés alguno, de manera que **cinco horas** son, evidentemente, un tiempo más largo que **cinco minutos**, pero se dice:

ayer quedé con Pepe en la Plaza Mayor y no se presentó, así que me **pasé** allí cinco horas esperándole como un bobo y...

ayer fui a la estación a esperar a Pilar; el tren llegó con cinco minutos de retraso y, mientras **esperaba**, un señor que andaba por allí se me acercó...

Recordemos, entonces, que la forma **CANTABA** (o la perífrasis **ESTABA CANTANDO**) lo que significa es un **tiempo que dura** y, para que haya duración, necesariamente en ese tiempo tienen que **suceder cosas**; si nada sucede, no hay duración. Por eso:

trabajé todo el verano
pasé cinco horas
mientras **esperaba**

Este uso lo hemos simbolizado con una línea horizontal (—) queriendo representar con ello la duración. Lo que sucede en ese tiempo, de acuerdo con el punto anterior, puede ser: puntual (↓) o repetido (↡); de manera que hay dos tipos de esquema básicos:

a) ↓ (↓) (↓) (↓)...

cuando **SALÍA** (—) de casa esta mañana el pobre hombre se **DESPRENDIÓ** (↓) una teja del tejado, le **DIO** (↓) en la cabeza y **CAYÓ** (↓) fulminado al suelo; **ACUDIÓ** (↓) rápidamente la gente, lo **RECOGIÓ** (↓) una ambulancia, pero **INGRESÓ** (↓) cadaver en el hospital

cuando **LLEGUÉ** (↓) a España **TENÍA** (—) 22 años, **CONOCÍ** (↓) a Andrés, nos **ENAMORAMOS** (↓), nos **CASAMOS** (↓) rápidamente, **TUVIMOS** (↓) un hijo y nos **DIVORCIAMOS** (↓)

(¿Cuánto dura la acción de traspasar el portal de la casa? Ciertamente, muy poco, décimas de segundo; un año, en cambio, es un tiempo que se puede considerar largo. Pero uno y otro son **tiempo que dura, en el que sucede algo).**

b) ↡ (↡) (↡) (↡)...

mientras **ESPERABA** (—) la llegada del tren se me **ACERCABA** (↡) un viejecito, **CHARLÁBAMOS** (↡) un rato y luego se **ALEJABA** (↡) con paso...

PRÁCTICA

XIV. Estas cosas **ocurrieron** mientras Ana **veía** (o: **estaba viendo**)[1] la televisión:

1. Recuérdese que hay verbos que no admiten la perífrasis con **estar**.

- abrir una coca-cola
- abrir también una bolsa de patatas fritas
- ponerse cómoda para ver la película
- apagar la luz y encender la lámpara de la mesita
- beber unos sorbos de la coca-cola
- y en aquel preciso instante sonar el timbre de la puerta

¿Qué **ocurrió** y qué **hizo** Ana mientras **veía** la televisión?

XV. Los estudiantes cuentan algún suceso, real o imaginario, teniendo como modelo el ejemplo siguiente:

Estaba en casa solo y aburrido, entonces **fui** a mi cuarto, **cogí** un libro, me **tiré** encima de la cama y me **puse** a leer. **Leí** cuatro o cinco páginas y me **quedé** dormido. Mientras **dormía oí** un ruido, me **desperté** y me **levanté** de un salto; **miré** por todas partes, pero no **vi** nada.

XVI. Estas son las cosas que **hacía** Ana mientras **esperaba** (o: **estaba esperando**) el tren:

- sentarse en un banco de madera
- sacar un bocadillo de la cartera
- comerlo y echar las migas a las palomas
- al mismo tiempo mirar a la gente que pasaba y decir adiós a los conocidos
- por último, correr hacia el tren cuando llegaba

¿Qué **hacía** Ana mientras **esperaba** la llegada del tren?

XVII. Los estudiantes cuentan qué hacían en situaciones como:

1. Cuando eran niños(-as) y llovía mucho.
2. Cuando eran niños(-as) y sus padres recibían una visita.
3. Cuando estaban en la guardería o en el colegio.
4. Cuando estaban de vacaciones.
5. Cuando, ya un poquito mayores, paseaban solos por la ciudad.

XVIII. Los estudiantes cuentan una historia completa siguiendo el modelo del ejemplo:

Cuando **era** niña e **iba** los fines de semana con mis padres a visitar a los abuelos, mientras los mayores **hablaban**, yo **salía** al jardín y **silbaba** un poquito. El niño del jardín de al lado **salía** en seguida y **sonreía**. Yo, entonces, **sentía** vergüenza y **entraba** corriendo en casa.

XIX. Póngase el infinitivo del paréntesis en la forma **CANTÉ/CANTABA**, según convenga.

1. Yo (estar tocando)............ el piano distraídamente y Juan (acercarse)............, (ponerme)............ la mano sobre el hombre y (susurrarme)............ algo al oído.
2. Era muy torpe, mientras (comer)............ raro era el día que no (romper)............ alguna cosa.

3. La experiencia de aquel verano (ser)............ horrorosa. Mientras (esperar)............ que el tipo aquel me diera el trabajo que me había prometido, (trabajar)............ como un negro, (vender)............ camisetas por la calle e incluso (pasear)............ dos horas al perro de una solterona.

4. (Salir, yo)............ ayer a dar una vuelta y, mientras (pasear)............, (estar)............ .... viendo algún posible regalo para Teresa.

5. Es que siempre (llamar, tú)............ cuando (estar, yo)............ en el baño.

6. Te (ver) .... y te (llamar)............ ayer cuando (salir, tú)............ de la facultad.

7. El profesor (estar)............ explicando y Carmen me (decir)............ que me fijara en la corbata.

8. Mientras (explicar)............, (mover)............ constantemente las manos y no (parar)............

9. (Tener)............ ya treinta años cuando lo (conocer)............

10. (Estar, yo)............ dando un paseo por la Plaza Mayor y me (cruzar)............ con un chico, nos (mirar)............, nos (sonreír)............: (ser)............ un flechazo.

3. «Descripción»

Este uso de la forma **CANTABA** es menos problemático. Recordemos tan sólo que cuando **la narración se detiene**, para decir cómo era alguien o algo, en español usamos *imperfecto*. Con el símbolo (◯) se quiere dar a entender precisamente que la acción no avanza:

Abrí (↓) la puerta y **vi** (↓) allí a un hombre. **Era** (◯) un hombre alto y delgado; **llevaba** (◯) un traje oscuro y **tenía** (◯) barba. Me **pidió** (↓) dinero; su voz **era** (◯) agradable y no **parecía** (◯) la voz de un mendigo. Le **di** (↓) el dinero y se **marchó** (↓).

Íbamos (↡) todos los días a la misma casa. **Era** (◯) una casa grande y vieja; **tenía** (◯) los cristales rotos, **estaba** (◯) muy sucia y **había** (◯) también muebles desvencijados por todas partes. **Entrábamos (↡)**, **jugábamos** (↡) un rato entre aquellos muebles, que **parecían** (◯) sombras de fantasmas y **hacían** (◯) unos ruidos extraños, y de pronto **echábamos** (↡) todos a correr.

PRÁCTICA

XX. Cuéntese la vida de los siguientes personajes con los datos que se señalan. Recuérdese: narración puntual (↓).

1. CRISTÓBAL COLÓN
   - nacer en Génova (Italia)
   - vivir en Portugal algunos años
   - luego pasar a España
   - donde conseguir dinero para sus proyectos
   - descubrir América en 1492

- y más tarde hacer dos nuevos viajes a América
- morir en Valladolid (España) en 1506

2. GEORGE WASHINGTON
- nacer en 1732
- y en 1759 casarse con Martha Custis
- asistir a los dos primeros congresos de Filadelfia en 1774 y 1775
- al año siguiente, el 4 de julio de 1776, proclamar la independencia de EE.UU.
- ser el primer presidente de EE.UU., de 1789 a 1797
- morir en 1799

XXI. Un estudiante da cuenta de los acontecimientos más importantes de su vida.

XXII. Contamos de nuevo la vida de Cristóbal Colón y la de George Washington, pero ahora combinando narración (↓) y descripción (◯):

... en Génova, que **era** una ciudad...
tenía... habitantes
estaba...

Los estudiantes pueden investigar y buscar datos o bien inventarlos sobre la marcha.

XXIII. Un estudiante cuenta ahora su vida y describe brevemente cómo **eran**:
- su ciudad
- su barrio
- sus padres
- sus hermanos
- su guardería
- su escuela
- sus maestros
- etc.

XXIV. Tomando como modelo los distintos ejemplos, los estudiantes pueden escribir, fuera de clase, alguna historia que luego leerán a sus compañeros. Éstos y el profesor corregirán los posibles errores.

4. «Futuro en relación con un pasado»

Este valor de la forma **CANTABA** hay que entenderlo como relación interna entre dos formas verbales: una acción es posterior a otra, pero en el tiempo real puede referirse:
- al «futuro»: me **dijo** que **VENÍA/VENDRÍA** *mañana*
- al «presente»: me **dijo** que **VENÍA/VENDRÍA** *hoy*
- al «pasado»: me **dijo** que **VENÍA/VENDRÍA** *ayer*

Por lo demás, no suele plantear mayores problemas al hablante extranjero. Recordemos tan sólo, pues, que, en su lugar, puede utilizarse la forma **CANTARÍA** y que hemos simbolizado este uso con una flecha horizontal que mira hacia el futuro: (→). Los esquemas básicos son:

a) ↓ →

me **preguntó** (↓) si por la tarde **podía/podría** (→) pasar por mi despacho a comentar unos asuntos

b) ↡ →

con frecuencia me **preguntaba** (↡) si más tarde **tenía/tendría** (→) tiempo libre para recibirla.

5. «Copresente en el pasado»

Es un valor de la forma **CANTABA** muy próximo al anterior; aunque, según nuestra experiencia, crea frecuentes problemas al hablante extranjero, que tiende a utilizar en este caso la forma **CANTÉ**.

Lo mismo que en el punto anterior se trata de una relación interna entre dos formas verbales: una pasada y otra simultánea a ella en el pasado:

no quise pararme porque, *precisamente en el momento* en que la **vi** (↓), **salía** (↔) Antonio de su casa

Y se opone a la forma **CANTÉ**, o más frecuentemente a **HABÍA CANTADO**, frente a las que conviene distinguirla. Fijémonos en los siguientes ejemplos:

no **pude** salir a la calle porque **llovía** y no **tenía** paraguas

(la lluvia y el hecho de no tener paraguas son un impedimento para salir si son simultáneos, copresentes con la intención de salir a la calle)

no **pude** salir porque **nevaba** copiosamente ≠ no **pude** salir porque la noche anterior **nevó/había nevado** copiosamente [y la nieve **había cuajado** y, por lo tanto, todavía **era** un impedimento]

Este uso lo representamos (↔). Y los esquemas básicos son:

a) ↓ ↔

me **preguntó** (↓) qué **sucedía** (↔)

b) ↡ ↔

no se **enteraba** (↡) nunca de nada, así que constantemente me **preguntaba** (↡) qué **sucedía** (↔).

PRÁCTICA

XXV. Copresente o futuro en relación con un pasado. Escríbanse en pasado las siguientes frases:

a) Esquema: ↓ → / ↔
1. Se acuesta temprano porque tiene que madrugar.
2. Dice que tiene el libro en casa.
3. Viene a la ciudad porque quiere ver una buena película.
4. La policía dice que el ladrón está encerrado con un rehen.
5. Habla poco porque le duele mucho una muela.
6. Ana cree que estamos todos en el colegio.
7. Veo que sale mucha gente por la boca del metro.
8. Compro estos zapatos porque me gustan y me parecen baratos.
9. Me dicen que no quedan ya entradas para el festival de rock.
10. Compro exactamente el bolígrafo que necesito.

b) Esquema: ↡ → / ↔
1. Siempre dice que lo tiene en casa.
2. Voy a un gran almacén y compro todo lo que necesito.
3. Sé que las personas que están dentro tienen miedo.
4. Va siempre tan rápido con el coche porque tiene poca personalidad.
5. Andrés nos pregunta continuamente si deseamos algo.
6. Antonio nos pide una y otra vez los libros porque quiere leerlos.
7. No puedo creer lo que ven mis ojos.
8. Salgo muy temprano de mi casa porque la universidad está muy lejos.
9. Muchas veces se va la luz y tenemos que comer a oscuras, así que no sabemos si lo que hay en el plato es comestible o no.
10. Mi madre me dice muchas veces que salgo demasiado.

6. «Acción no terminada/acción terminada»

Es esta precisamente la diferencia básica, radical entre las formas **CANTABA** (no terminada) y **CANTÉ** (terminada) y de la que se derivan los usos que hemos analizado: descripción, copresente, futuro en relación con un pasado... A veces este valor fundamental se realiza, digamos, directamente y, por lo general, no resulta fácil su uso. Vamos a intentar, entonces, aclararlo y para ello recordemos los símbolos (... →)/(↧) y los ejemplos del ESQUEMA:

la muchedumbre no **respetó** (↓) las consignas porque aquel tren **era** (...→) el último
la desesperación se **adueñó** (↓) de todos porque aquel tren **fue** (↧) el último

Para comprender el primero podemos pensar, por ejemplo, en la última escena de una película de acción bélica que transcurriera así: la palabra «FIN» nos sorprende cuando un gran número de personas intenta desesperadamente subir a un tren que está detenido en la vía; la película termina sin que sepamos si logran o no subir al tren. Para el segundo, en cambio, tenemos que pensar en una película «más tradicional»: la palabra «FIN» sale, a modo de conclusión final, de la parte trasera de un tren que desaparece a lo lejos:

era el último... →
fue el último ↧ [1]

1. Esta distinción es, sin duda alguna, demasiado abstracta y teórica, y por ello difícil de asimilar. No vamos a hacer ejercicios específicos porque este valor se aprecia mejor en contextos amplios, como el de la PRÁCTICA III 5 (pág. 420), donde confiamos que quede todo aclarado.

7. «Principio de una narración»

El arranque de una narración —sea un cuento tradicional u otro relato cualquiera— puede usar indistintamente las dos formas: **CANTABA/CANTÉ**. Por esto mismo, no ofrece problema alguno para el hablante extranjero, pues no hay posibilidad de error. Ahora bien, en un nivel de perfeccionamiento, como pretendemos que sea éste, conviene saber:

a) que este uso no es más que otra manifestación concreta del valor básico o fundamental de una y otra forma.

b) que hay una diferencia —si se me permite el calificativo— preciosa entre el uso de una u otra. El español tiene dos formas de narrar un hecho:

— una, quizás la más habitual, en la que el hablante-narrador permanece él en el presente y desde ese presente narra los hechos pasados:

FUE (↓) una mañana de mayo de 1964. Habíamos salido a dar un paseo; cuando **llegamos** (↓) al puente **había** (↔) allí un grupo...

— otra, más literaria, en la que el hablante, como si fuera a través del tunel del tiempo, se traslada él al pasado y comienza la narración desde ese pasado:

ERA (→) una mañana de mayo de 1964. Habíamos salido a dar un paseo; cuando **llegamos** (↓) al puente **había** (↔) un grupo...

8. «Imperfecto de cortesía»

En este nivel el hablante extranjero conoce ya este uso, de manera que sabe distinguir y utilizar correctamente:

QUIERO que lo veas inmediatamente
frente a:
QUERÍA que lo viera Vd. cuanto antes
QUERRÍA que lo viera Vd. cuanto antes
QUISIERA que lo viera Vd. cuanto antes

Lo que conviene destacar, entonces, es que no se trata de un valor propio del *imperfecto* ni tampoco del *condicional.* Todos los verbos del español pueden utilizarse en cualquiera de los usos que hemos ido viendo; pero no sucede lo mismo en este caso, y ello es así —repito— porque no se trata de un valor propio de las formas **CANTABA** o **CANTARÍA** (o incluso **CANTARA**). Lo que ocurre es que hay verbos que en español se usan como **fórmulas de cortesía, unas veces en imperfecto, otras en condicional, a veces en los dos y muy raramente en imperfecto de subjuntivo.**

El hablante extranjero, pues, debe aprender esto como si se tratara de una parcela más del vocabulario. He aquí algunas de las formas más frecuentes:

— QUERER:
- **quería** (la más frecuente)

- **querría** (no en preguntas)
- **quisiera** (no en preguntas)

— VENIR:
- **venía** a pedirle un favor
- *vendría... (probabilidad en el pasado)
- *viniera... (no tiene sentido)

— GUSTAR:
- *me gustaba trabajar con Vd. (pasado)
- me **gustaría** trabajar con Vd.
- me gustara... (no tiene sentido)

— DEBER:
- **debía** hablar con él (coloquial)
- **debería** hablar con él (el más frecuente)
- **debiera** hablar con él (uso muy escaso)

— DESEAR:
- ¿**deseaba** algo? (sólo en preguntas)
- **desearía** que hicieras...
- *deseara... (no tiene sentido)

— SABER:
- *yo sabía explicarlo («pero ya no sé». Pasado)
- yo **sabría** explicarlo
- yo supiera... (no tiene sentido)

PRÁCTICA

XXVI. Con las siguientes frases, hablamos con un amigo y nos dirigimos también al señor director:
Modelo:
Frase: querer hablar un momento (contigo/con usted)
Estudiante: **Quiero** hablar un momento contigo.
Quería hablar un momento con Vd.

1. Venir a devolver (te/le) este libro
2. Necesitar (tu/su) ayuda para resolver un problema importante
3. Me encantar trabajar (contigo/con usted)
4. Yo saber explicar (telo/selo)
5. Querer discutir este asunto (contigo/con usted)
6. Deber (tú/usted) decírselo con mucho tacto
7. ¿Poder ir (contigo/con usted)?
8. ¿Qué querer (tú/usted)?
9. ¿Qué decir (tú/usted)?
10. Yo (te/le) decir (a ti/a usted) que (tienes/tiene) razón

REPASO GENERAL de las formas **CANTABA/CANTÉ**

XXVII. Fijémonos y analicemos. Recuérdese también que la gramática es básicamente la misma en una frase corta que en una narración más larga:

3

a) Aquella mañana **salió** (↓) temprano, se **fue** (↓) a su trabajo y **regresó** (↓) a la hora de comer.
b) **Salía** (↓) siempre temprano, se **iba** (↓) a su trabajo y **regresaba** (↓) a la hora de comer.
c) **Salía** (↓) siempre temprano y se **iba** (↓) directamente al trabajo, pero aquel día se **quedó** (↓) un poco más en la cama y **salió** (↓) más tarde que de costumbre.
d) Mientras **desayunaba** (———) me **contó** (↓) unas cosas extrañas.
e) **Salía** (↓) siempre temprano de casa y se **iba** (↓) directamente al trabajo, pero aquella mañana se **quedó** (↓) un poco más en la cama y luego, mientras **desayunaba (———), me contó (**↓) unas cosas extrañas.
f) Mientras **desayunaba** (———), me **contaba** (↓) todos los días alguna historia que él mismo **inventaba** (↔) en aquel momento.
g) Todos los días **salía** (↓) temprano de casa y se **iba** (↓) al trabajo, pero siempre, mientras **desayunaba** (———), me **contaba** (↓) alguna historia bonita que él mismo **inventaba** (↔) en aquel momento. Pero aquella mañana se **quedó** (↓) un poco más en la cama y luego, mientras **desayunaba** (———), me **contó** (↓) una historia muy extraña.
h) Don Salomón —así se **llamaba** (↓) aquel señor— **era** (◯) alto, **tenía** (◯) las manos muy finas y, al hablar, le **temblaba** (◯) un poco el bigote. **Vivía** (↓) en nuestra casa porque mamá, viuda, **alquilaba** (↓) algunas habitaciones. Y ésta es parte de la historia que me **contó** (↓) aquella mañana:

«... Cuando **llegamos** (↓), la puerta **estaba** (↔) cerrada, en la casa no se **veía** (↔) ninguna luz encendida y no se **oía** (↔) tampoco ningún ruido. **Era** (◯) una casa de estilo colonial y, aunque vieja y algo abandonada, **conservaba** (◯) todavía mucho de su antiguo esplendor. Mi amigo Pedro **llamó** (↓), dando dos golpes fuertes, y todos **contuvimos** (↓) la respiración. Al cabo de un rato **vimos** (↓) que se **iluminaba** (↔) una de las ventanas del piso superior y poco después **oímos** (↓) unos pasos que se **acercaban** (↔) a la puerta. Alguien **descorrió** (↓) por dentro un cerrojo y la puerta se **abrió** (↓). **Era** (◯) un hombre muy viejo, de unos ochenta años, delgado y con el pelo blanco; **llevaba** (◯) puesto un camisón y en la mano izquierda **sostenía** (◯) una vela. Nos **hizo** (↓) un ademán suave con la cabeza y **entramos** (↓). Dentro de la casa, aunque la vela **alumbraba** (↔) poco, **vi** (↓) que **había** (↔) muchas cosas por todas partes; el anciano, sin decir nada, se **acercó** (↓) a una de las paredes, **buscó** (↓) la llave y **encendió** (↓) todas las bombillas. Entonces **pudimos** (↓) ver con claridad: **había** (↔) miles de juguetes, y mis amigos y yo **empezamos** (↓) a jugar: **montábamos** (↓) en un caballo de cartón, nos **bajábamos** (↓), luego **tocábamos** (↓) todos un piano, **corríamos** (↓), **saltábamos** (↓)... El juego **duró** (↓) mucho tiempo».

— «¿Te ha gustado, niña?» Me **preguntó** (↓)
— «Mucho, don Salomón».
— «Cuando yo **era** (———) niño, **soñaba** (↓) todas las noches».

XXVIII. Póngase el infinitivo del paréntesis en la forma **CANTÉ/CANTABA**, según convenga.

1. Ayer (pasar, yo) .... un día extraordinario.
2. (Volver, él) .... todos los años a casa en Navidades.
3. (Tener, yo) .... 18 años cuando (ir) .... a España y (conocer).................... a Luis.
4. El lunes pasado (ir, nosotros) .... de excursión.
5. Esta mañana te (ver, yo) .... cuando (salir, tú).................... de casa.
6. El verano pasado nos (bañar, nosotros).................... en la piscina, pero cuatro o cinco veces (ir, nosotros).................... al río.
7. (Ir, yo).................... a hablar con el profesor, pero no (poder, yo).................... porque no (estar, él)....................

8. Me (gustar)............ jugar con aquella niña porque (ser, ella)............ muy simpática.
9. Mi padre siempre me (traer)............ algo. Recuerdo que un día me (traer)............ un balón de fútbol europeo. Yo no (saber)............ cómo se (jugar)............, pero mi padre, que (ser)............ muy aficionado, me (enseñar)............
10. Aquel reloj (ser)............ el primer regalo «serio» de mis padres. (Ser)............ un reloj automático y (tener)............ calendario, cronómetro y muchas cosas más.
11. (Ver, yo)............ ayer a Juan y me (decir)............ que (querer)............ verte.
12. Ayer, mientras el profesor de literatura nos (explicar)............ un tema, (entrar)............ un perro en clase y eso (ser)............ un motivo de fiesta.
13. Cuando (ser, yo)............ niño, no me (gustar)............ quedarme en casa viendo la televisión.
14. Jaime no (venir)............ ayer a clase, porque le (doler)............ la cabeza y (tener)............ que ir al médico.
15. Hace unos días, en una discoteca, (conocer, yo)............ a un chico y ayer lo (volver, yo)............ a ver cuando (salir, yo)............ del colegio. Lo (llamar, yo)............ me (acompañar, él)............ a casa y me (preguntar, él)............ si (poder, él)............ llamarme por teléfono el próximo fin de semana.
16. ¿Por qué no (venir, tú)............ cuando (llamarte, yo)............?
17. ¿A qué hora exactamente (llamarme, tú)............ a casa?
18. Yo (pensar)............ en el otro mientras el cura nos (casar)............
19. La ciudad (gustarme)............ porque (haber)............ muchos jóvenes. Muchos de ellos (vender)............ cosas en la calle.
20. Me (cruzar)............ con ella en las escaleras: Ana (subir)............ con un paquete muy grande en las manos y, muy caballero yo, claro, (ayudarle)............ a llevarlo a su casa.
21. Cuando (llegar, yo)............ Carmen (estar)............ a punto de salir; todavía no (saber)............ nada del asunto y yo mismo (contárselo)............
22. La verdad es que (ser, vosotros)............ muy traviesos. Más de una vez le (tirar)............ cosas a la gente que (pasar)............ por la calle. ¿Recordáis? todos los veranos (ir, nosotros)............ de vacaciones al sur y papá no (hacer)............ más que protestar por el camino, porque no (parar, vosotros)............ un momento, ni (callar, vosotros)............, y (decir, él)............ que le (dejar, vosotros)............ el coche hecho una pena. (Ver, vosotros)............ claro, la televisión, sobre todo películas y dibujos animados, y luego (ser, vosotros)............ los piratas de la película, os (disfrazar)............ de mil cosas y, por supuesto, (jugar)............ a los pistoleros. Pero, a pesar de todo, (ser, vosotros)............ encantadores.
23. Soy el hijo mayor de una familia emigrada del campo, por eso, cuando (ser)............ pequeño, (ir)............ todos los veranos al pueblo de los abuelos. (Ser, yo)............ un soñador, creo, y me (encantar)............ los trabajos del campo. Guardo, además, muy buenos recuerdos de aquella época: el abuelo, que (fumar)............ en pipa y (tararear)............ canciones un tanto atrevidas, o al menos a mí, entonces, así me lo (parecer)............; mi prima, delgaducha y algo feílla, con la que me (sentar)............ a la orilla del río y allí nos (pasar)............ horas viendo correr lentamente el agua y el paso de grandes bandadas de pájaros; mi tío, el hermano de mi padre. Los domingos, con los trajes limpios y recién planchados, (ir)............ todos a la iglesia y, a la salida, nos (comprar)............ caramelos y otras chucherías en el carrillo del tío Paloma

—por cierto, nunca he sabido por qué lo (llamar)................ así la gente; (ser, él)................ un viejo gruñón, pero (vender)................ mil zarandajas y, además que no (haber)................ otro sitio donde comprar en el pueblo, así que, gruñón o no, (ser)................ nuestro único abastecedor—. Claro que no todo (ser)................ romanticismo en el campo; el abuelo se (quejar)................ continuamente y (decir)................ que el trabajo (ser)................ muy duro, y las tormentas, que para nosotros, los muchachos, (ser) .... un motivo más de diversión, (constituir)................ una gran preocupación para mi tío.

24. «Todas estas locuras las (pensar, ella)................ [continuamente], sin querer, con mucha formalidad. Las campanas (comenzar)................ a sonar con la terrible promesa de no callarse en toda la tarde ni en toda la noche. Ana se (estremecer)................ Aquellos martillazos (estar)................ destinados a ella; aquella maldad impune, irresponsable, mecánica del bronce repercutiendo con tenacidad irritante, sin por qué ni para qué, sólo por la razón universal de molestar, la (creer, ella)................ descargada sobre su cabeza. No (ser)................ *fúnebres lamentos* las campanadas, como (decir)................ Trifón Cármenes en aquellos versos del *Lábaro* del día, que la doncella (acabar)................ de poner sobre el regazo de su ama; no (ser)................ fúnebres lamentos, no (hablar)................ de los muertos, sino de la tristeza de los vivos, del letargo de todo; ¡*tan, tan, tan*! ¡cuántos! ¡cuántos! ¡y los que (faltar)................! ¿qué (contar)................ aquellos tañidos? tal vez las gotas de lluvia que (ir)................ a caer en aquel *otro* invierno».

(Leopoldo Alas: *La Regenta*)

25. «Julia (ponerse)................ a morderse un padrastro con los ojos bajos. Se le (empezar)................ a caer lágrimas en la mano.

— Pero ¿qué te pasa, mujer, estás llorando?

Había bajado la barbilla hasta apoyarla en el pecho y (llorar)................ con los ojos cerrados. Cuando (oír, Julia)................ la pregunta de Isabel y (sentir)................ que la presión de su brazo se (hacer)................ más estrecha, se (tapar, Julia)................ la cara con las manos.

— Es que si vieras lo cansada que estoy —(decir, Julia)................ con la voz ahogada—, si vieras... ya no puedo estar así.

De pronto (levantar, Julia)................ la cara y se (limpiar)................ los ojos bruscamente. (Decir)................ con urgencia, sin volver la cabeza:

— ¿Viene Mercedes?

— No ¿Por qué?»

(Carmen Martín Gaite: *Entre visillos*)

CANTARÉ

1. «Acción futura como realidad objetiva»

Frente a la forma **CANTARÍA**, que es una mera hipótesis:

IRÍA encantado, *pero no puedo*

la forma **CANTARÉ** significa que el hablante afirma, piensa o cree que lo que enuncia sucederá realmente:

IRÉ, no te preocupes; a las ocho **estoy** allí

En este valor, el *futuro* es sustituido por la forma **CANTO** en las condiciones que ya señalamos al analizar esa forma. En las mismas circunstancias es también muy frecuente en el español hablado la sustitución:

CANTARÉ → VOY A CANTAR

PRÁCTICA

XXIX. Los estudiantes dialogan según el modelo:

Iré mañana, sin falta, a verlo

Estudiante 1: **Iré** mañana, sin falta, a verlo. Y tú **¿vas a ir?**

Estudiante 2: Sí, sí yo también **voy**.

1. Me quedaré en casa porque no me gusta nada todo eso.
2. Estaré a la puerta del bar a las ocho como ha dicho Pepe.
3. Yo pararé a comer en el restaurante que hay a la entrada de la autopista.
4. Hablaré con él en cuanto pueda.
5. Iré la semana que viene a ver si ya lo arreglamos de una vez.
6. Los llamaré esta tarde.
7. Veré la película, si puedo, este fin de semana.
8. Yo saldré esta noche pase lo que pase.
9. Lo haré hoy mismo, sin falta.
10. Me levantaré a verlos pasar.

2. «Presente de probabilidad»

Lo estudiaremos más adelante en el esquema general de la probabilidad.

3. «Presente de sorpresa»

Ante algo que nos cuentan o que presenciamos directamente manifestamos nuestra sorpresa, a veces también indignación, impotencia, etc. con expresiones de carácter coloquial como:

¡**será** posible! —— ¡pero **es/será** posible!
¡tendrá cara (rostro, jeta...) (el tío)! —— ¡pero...
¡será jeta (marica...)! —— ¡pero...
¡estará loco! —— ¡pero...
etc. etc.

PRÁCTICA

XXX. Un estudiante le cuenta o le hace a un compañero algo que provoque en él una expresión de sorpresa.

4. «Futuro ⇒ imperativo»

El uso no se limita, como se señala en algunos libros, a las órdenes negativas; la forma **CANTARÉ** puede usarse en este sentido tanto para negar como para afirmar.

De los tres usos señalados en el ESQUEMA, ampliaremos aquí sólo el tercero de ellos, porque es el que pertenece al uso general del idioma y el que puede resultar, quizás, más novedoso para el hablante extranjero de español.

Recordemos que con el *futuro* damos la **última orden** cuando alguien no ha actuado conforme a otros requerimientos previos. Así, el ejemplo del ESQUEMA podría responder a una situación como la que sigue:

— Pepito, hijo. Mira **vas a bajar** al quiosco y me **subes** el periódico.

El padre, muy amable él, no ha empezado dándole una orden al niño, sino haciéndole un ruego; por eso ha usado formas de *presente*: **vas a bajar** y **subes**. Pero el niño, que está jugando con sus cosas, posiblemente ni haya oído al padre, por lo que ni se inmuta. Y entonces el padre eleva el tono de voz:

— Te **he dicho que bajes** y me **subas** el periódico.

El padre ha dado un paso más y ahora ha usado un verbo de mandato: *decir.* Pero el niño, que ahora sí ha oído bien, contesta:

— Espera, que estoy jugando.

Ante esto, inmediatamente el padre da una orden directa con *imperativos:*

— **Baja** y **súbelo**, que...

— ¡Que te esperes!

Ahora ya el padre ha perdido un poco la calma. Se levanta, se dirige hacia el niño, lo coge por los hombros y, mientras lo lleva en volandas hacia la puerta, sentencia, mejor que dice:

— Mira, mocoso, **bajarás** al quiosco porque yo te lo mando y **vas a subir (subirás, subes)** el periódico porque te...

PRÁCTICA

XXXI. Teniendo como modelo el diálogo de nuestro ejemplo, dos estudiantes recrean libremente las situaciones que se sugieren, o bien otras, propuestas por ellos mismos o por el profesor:

1. Situación: en el Congreso de los Diputados.
   Intervienen: dos diputados.
   Frase de partida: Su Señoría debe retirar esas palabras.
2. Situación: un bar de mala muerte.
   Intervienen: dos clientes con algunas copas de más.
   Frase de partida: tú te tomas otra copita conmigo.
3. Situación: el patio de recreo de un colegio.
   Intervienen: dos estudiantes.
   Frase de partida: ¿Me das el balón, por favor?

CANTARÍA

1. «Futuro hipotético»

   Frente a la forma **CANTARÉ**, el llamado *condicional simple* indica futuro, pero como mera hipótesis. Se podría decir que es una manera educada de decir «no». Veamos los siguientes ejemplos y situaciones:

a) Estamos trabajando en nuestra habitación y se acerca un compañero:
   — ¿Te vienes esta noche al cine?
   — No.
   La respuesta, corta y seca, puede molestar a nuestro interlocutor.

b) Si queremos ser más amables, alargaremos la respuesta:
   — ¿Te vienes...?
   — Lo siento, créeme, pero no puedo porque...

c) Y un grado más de cortesía, pero con el mismo resultado negativo sería:
   — ¿Te vienes...?
   — Me **encantaría**, pero mira tú por donde hace precisamente un minuto que me acaba de llamar Ana.

PRÁCTICA

XXXII. Los estudiantes dialogan libremente siguiendo el modelo:
Estudiante 1: ¿Me dejas tus apuntes este fin de semana? El lunes te los devuelvo.
Estudiante 2: Hombre..., yo te los daría, pero es que quiero aprovechar para estudiar.

2. «Futuro en relación con un pasado»
Véase el apartado correspondiente de la forma **CANTABA**.

3. «Probabilidad en el pasado lejano»
Véase más adelante el esquema general de la probabilidad.

4. «Condicional de cortesía»
Véase el apartado correspondiente de la forma **CANTABA**.

Comentario: Nótese, una vez más, cómo el nombre gramatical de las formas verbales puede llevar a confusiones al hablante extranjero. Lo importante es conocer que hay una forma verbal en español, en este caso la forma **CANTARÍA**, que se usa para referirse —en las condiciones que quedan señaladas— a los tres tiempos reales: «pasado», «presente» y «futuro».

HE CANTADO/CANTÉ

- Estas dos formas expresan «acción pasada y terminada». Pero en su uso se distinguen porque[1]:

a) **HE CANTADO** se refiere a un pasado próximo y **CANTÉ** a un pasado lejano.
De manera que:

He estado en Salamanca haciendo un curso de español.

sería la frase que diría, al volver a su país, alguien que acabara de asistir a un curso en Salamanca. Pero si, ahora, imaginamos que han pasado los años y que esa persona es ya un jubilado, y que un día en un parque de su ciudad oye esa frase a un joven, y que como buen viejecito, al oírla, interviene en la conversación, esa persona diría:

¡Ah, Salamanca! Yo **estuve** también en Salamanca cuando era joven...

No insistiremos más en este uso porque no suele crear muchos problemas, y menos en el nivel que le suponemos a los destinatarios de este libro. Más interés tiene, sin duda, el segundo punto del ESQUEMA:

b) Si alguien que se encuentra en Madrid, por ejemplo, dice:

ayer estuve en Salamanca

es claro que no se refiere a un tiempo lejano, sin embargo usa la forma **ESTUVE**. Otra diferencia entre **HE CANTADO** y **CANTÉ** es que la primera se emplea, pues, para referirse a un hecho terminado, pero situado en un espacio de tiempo que no ha terminado aún; **CANTÉ**, en cambio, es una acción realizada en un espacio de tiempo anterior y distinto. Lo que se podría representar gráficamente así:

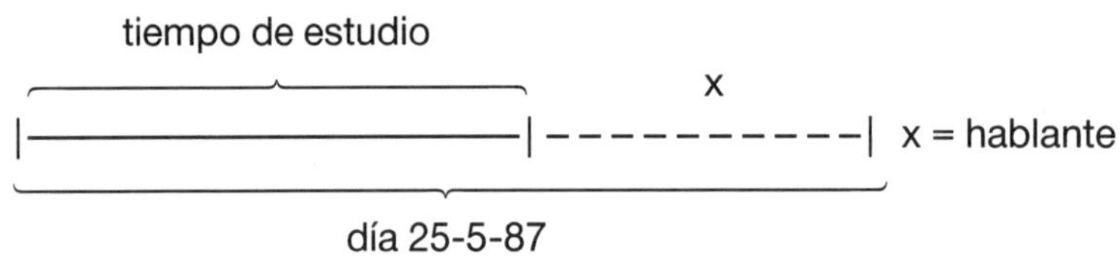

hoy **he estudiado** más de cinco horas

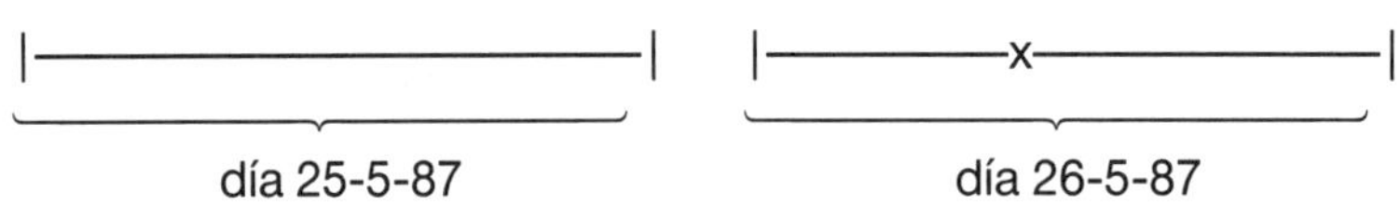

ayer **estudié** más de cinco horas

El espacio de tiempo puede ser más o menos largo —esto no importa— tal como indican los ejemplos del ESQUEMA: *hoy, esta semana, este mes,...* Lo importante es la noción de **espacio terminado/espacio no terminado**. Tan importante que puede dar lugar a frases como los últimos ejemplos del ESQUEMA:

1. Su uso presenta menos problemas al hablante extranjero que la pareja **CANTABA/CANTÉ**. Por otro lado, aclararemos que los usos que vamos a proponer son los más generales entre los hablantes de español, pero en este caso hay importantes diferencias regionales e individuales. Véase también más adelante la nota (1) a **HABRÉ CANTADO**.

esta mañana **ha llegado** al aeropuerto de Barajas el presidente de la República Portuguesa
frase que es, a la vez, igual y distinta de:

esta mañana **llegó** al aeropuerto de Barajas el presidente de la República Portuguesa.
Cualquiera de estas dos frases podría pronunciarlas un locutor de la televisión española que hablara desde el *telediario de las 3 de la tarde.* La primera respondería a un esquema como:

noche
tarde X   X = locutor
mañana

esta mañana [que pertenece a este día, a hoy] **ha llegado...**

La segunda, al esquema:

X
mañana ≠ tarde ≠ noche

esta mañana [espacio de tiempo distinto de esta tarde, desde la que hablo] **llegó...**

Y lo mismo se explicaría el último ejemplo:

esta primavera **ha llovido/llovió** poco

ha llovido invierno
primavera
verano
otoño

llovió invierno ≠ primavera ≠ verano ≠ otoño

PRÁCTICA

XXXIII. Los estudiantes cuentan qué **hicieron** ayer, la semana pasada, en febrero..., Y qué **han hecho** hoy, esta semana, este año...

HABÍA CANTADO

- Expresa una acción anterior a otra en el pasado, tal como indica el gráfico:

B A presente   A = tiempo pasado

|——|——|——| - - - - - - |

PASADO futuro   B = **HABÍA CANTADO**

antes de bajar del tren ya **habían empezado** a protestar
A B

cuando me lo dijo, yo **había tomado** ya otra decisión
A B

Su uso, en un nivel avanzado, no debe suponer problema alguno para el hablante extranjero.

PRÁCTICA

XXXIII. Lo que **había sucedido** y lo que **estaba sucediendo**. Los estudiantes dialogan con los elementos que se le proponen, u otros inventados sobre la marcha por ellos mismos, pero ateniéndose al modelo:

llegar / estar todavía allí
haber nadie / marcharse ya

Estudiante 1: cuando llegaste estaban todavía allí, ¿no?
Estudiante 2: no, no había nadie; se habían marchado hacía ya un buen rato.

1. llamar / estar en casa
   estar / salir a hacer unas compras
2. entrar en el departamento / no haber nadie
   haber nadie / bajar todos a tomar un café
3. comprar el libro / no saber que era malo
   lo saber / me decir que era muy bueno
4. llegar / estar todavía trabajando
   estar trabajando ya / terminar y acostarse un rato porque estaba cansado
5. salir Pepe / estar lloviendo
   en aquel momento ya no llover / llover mucho por la mañana, pero en aquel momento ya no llovía
6. ver / estar hablando con Ana
   estar él sólo / con Ana hablar unos días antes
7. sonar la alarma / estar todos dentro
   quedar nadie dentro / hacer veinte minutos que salir todos
8. salir / Pedro estar en el baño
   estar en su cuarto / ducharse nada más levantarse
9. te lo pedir / estar ya un poco bebido
   estar borracho / beber un poco, eso es cierto, pero no estaba borracho
10. llegar el médico / estar vivo todavía
    estar muerto ya / morir unos minutos antes.

HABRÉ CANTADO

El llamado **futuro perfecto** tiene dos valores totalmente distintos; por un lado, de acuerdo con su nombre, se usa para indicar la acción futura anterior a otra en el futuro; pero la misma forma es también un pasado próximo de probabilidad, es decir, tiene el mismo significado temporal que

HE CANTADO[1]. Una vez más, por lo tanto, debemos llamar la atención sobre el hecho de lo engañosas que pueden resultar las denominaciones de las formas verbales.

1. «Acción futura»
Recordemos la representación gráfica del ESQUEMA:

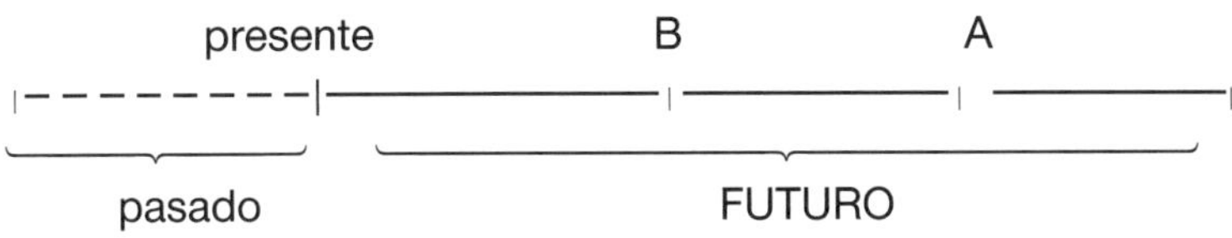

A = tiempo futuro

B =**HABRÉ CANTADO**

Con la línea horizontal queremos representar la línea del tiempo. Como el pasado aquí no nos interesa, de ahí el trazado con líneas discontinuas. Nótese, por lo demás, que **HABRÉ CANTADO** es en el futuro lo que **HABÍA CANTADO** en el pasado:

cuando volvimos (A) ya nos lo **habían arreglado** (B)

cuando volvamos (A) ya nos lo **habrán arreglado** (B)

Este segundo ejemplo podría responder a una situación como la que sigue: un matrimonio tiene que hacer unos arreglos en su vivienda, por lo que acuerdan:

— lo mejor es que los albañiles vengan mientras estamos de vacaciones; así, cuando *regresemos*, ya nos lo **habrán arreglado** todo, y ni nos molestan ni nosotros los molestamos a ellos.

Retendremos esta situación en la memoria porque volveremos sobre ella en seguida.

2. «Pasado próximo de probabilidad»
Lo estudiaremos dentro del esquema general de la probabilidad.

PRÁCTICA

XXXIV. Complétense los puntos suspensivos con las formas **CANTARÉ, HABRÉ CANTADO** o **HABÍA CANTADO** según convenga.

1. Como se verá en su momento, detrás de *si* condicional no puede utilizarse ninguna forma de futuro; de manera que, en el caso concreto de **HABRÉ CANTADO**, se usa **HE CANTADO**, forma que en la lengua coloquial suplanta a la primera con mucha frecuencia y en cualquier tipo de frase, con lo que, además de su significado propio de «pasado próximo» adquiere el de «futuro anterior»:

para las 12 ya **habremos terminado** y luego podremos...
→ si para las 12 **hemos terminado** luego podremos...
→ seguro que a las 12 ya **hemos terminado** y luego...

La diferencia fundamental, pues, entre **HABRÉ CANTADO** y **HE CANTADO** no es la de la expresión temporal —la misma en ambas— sino la de probabilidad/exactitud.

1. Creo que (volver, ellos)........................ en seguida.
2. Ayer, a las diez, ya lo (terminar, nosotros)........................ todo.
3. Cuando quieras llegar y echarles una mano seguro que ya lo (hacer)........................ ellos solos[1].
4. Antes de las cinco (tomar)........................ una decisión definitiva[2].
5. No te preocupes; cuando regreses ya te lo (solucionar, ellos)........................[3].
6. No te preocupes; cuando regreses seguro que ya te lo (solucionar, ellos)........................
7. Cuando llegué lo (desmantelar)........................ todo y allí no quedaba ni rastro.
8. ¿Cree Vd. que (volver)........................ para las 10?
9. ¿Cree Vd. que (volver)........................ a las 10?
10. Antes del partido (hacer, yo)........................ los deberes y luego lo veré tranquilamente.

HABRÍA CANTADO

Como **HABRÉ CANTADO,** tiene dos valores básicos distintos:

1. «Acción futura»
   Recordemos la representación gráfica:

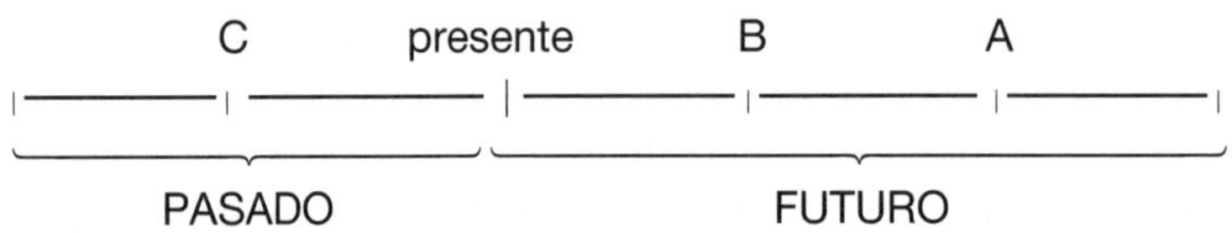

C = pasado
A = tiempo futuro
B = **HABRÍA CANTADO**

HABRÍA CANTADO, pues, es un futuro, anterior a otro futuro, en relación con un pasado.

Retomemos de nuevo al matrimonio que quería hacer unos arreglos en su casa durante las vacaciones e imaginemos que éstas, las vacaciones, han concluido. Pues bien, en el viaje de regreso la mujer, por ejemplo, puede repetirle a su marido varias veces algo como:

— ¿Nos lo habrán arreglado como dijeron? ¿Y lo habrán dejado bien? ¿O no habrán empezado siquiera?

Ante lo que el marido podría decir:

— Bueno, ya está bien, ¿no? Nos dijeron (C) que, cuando regresáramos (A), ya nos lo **HABRÍAN TERMINADO** (B), así que estará todo en orden, digo yo.

2. «Probabilidad en el pasado anterior»
   Se estudia a continuación en el esquema general de lo probable y lo exacto.

1. Cuando más coloquial y «exacta» es la frase más posibilidades hay de que **HABRÉ CANTADO** sea sustituida por **HE CANTADO**.
2. Además de la competencia de **HE CANTADO, HABRÉ CANTADO** sufre también la de **CANTARÉ**, lo que explica su poca frecuencia de uso.
3. Nótese la diferencia de significado entre **HABRÁN SOLUCIONADO** y **SOLUCIONARÁN**.

– PROBABLE (o APROXIMADO) / EXACTO (o SEGURO)

Las correspondencias entre las distintas formas verbales pueden verse en el ESQUEMA. Aquí nos limitaremos a recordarlas a través de unos ejemplos.

Si alguien pregunta por Enrique y dice:
– ¿Has visto por aquí a Enrique?

Y acabo de verlo en una librería, podré contestar:
– **Está** en esa librería comprando unos folios.

Si no lo sé exactamente, puedo aventurar una hipótesis y decir:
– No sé, **estará** en su casa, supongo.

Si lo he visto salir a la calle, diré:
– **Ha salido** un momento a la calle.

Si no sé y aventuro una hipótesis:
– Estaba aquí hace un momento. No sé, **habrá bajado** a tomar un café.

A la pregunta:
– ¿Dónde pasó la tarde Enrique?

Si sé que estuvo en el cine con Marisa, podré decir:
– **Fue** a ver una película con Marisa.

Pero si no sé o no quiero decir dónde estuvo, puedo contestar:
– ¡Qué sé yo! **Saldría** como siempre a dar una vuelta con Marisa.

Por último, a la pregunta:
– ¿Lo habían terminado todo?

puedo contestar diciendo:
– Sí, sí, todo. Lo **habían terminado** absolutamente todo.
– ¡Ah, pues no sé! Pero supongo que sí, que para esa hora lo **habrían terminado** ya todo.

- **Comentarios**

1. En indicativo, pues, hay todo un sistema, sin necesidad de recurrir a las formas del subjuntivo, para expresar, además de lo exacto o seguro, también lo probable o aproximado.

2. Las formas de la probabilidad no son, por lo general, muy usadas por los hablantes extranjeros de español, que abusan en cambio de fórmulas como: **QUIZÁ(S), TAL VEZ, POSIBLEMENTE,...** + *subjuntivo.*

3. Los hablantes nativos de español, por el contrario, usamos de tales formas con mucha frecuencia, sobre todo cuando la frase es corta, no muy compleja. Por ello, el estudiante debe incorporarlas a su uso diario del idioma.

4. Las formas de probabilidad se usan en las siguientes situaciones:

a) Cuando damos a conocer un hecho y no recordamos con exactitud o no sabemos con seguridad. De manera que alguien podría contar un suceso de la siguiente forma:

> No recuerdo bien, pero esto **sucedería** hacia finales de mayo de 1962; **serían**, más o menos, las seis de la tarde cuando llegó tu padre, y estábamos en ese momento allí, pues no sé, **estaríamos** cerca de diez personas...

Frente a lo anterior, un abuelo, que participó en la guerra civil, podría hablar así con su nieto:

> Mira, esto que te voy a contar **sucedió** el 24 de mayo del año 37; **eran** exactamente las seis de la tarde cuando vimos que se acercaba gente al puesto: era el enemigo y **venían** diez hombres, perfectamente armados, y en ese momento nosotros **estábamos** sólo cuatro en la trinchera. Se fueron acercando...

• En este primer supuesto el uso de las formas de probabilidad no siempre es obligatorio, de manera que se puede narrar algo como aproximado o probable con formas para expresar la exactitud si éstas van acompañadas de uno o más elementos que signifiquen probabilidad o aproximación: **más o menos, aproximadamente, alrededor de, un (-a, -os, -as), en torno a, hacia,** etc.:

> No recuerdo bien, pero esto *sucedió* **HACIA** finales de mayo o principios de junio de 1962; *eran* **alrededor de** las seis de la tarde...

También pueden combinarse de manera redundante formas y elementos de probabilidad:
No recuerdo bien, pero esto **sucedería, creo** yo, **más o menos, hacia** finales de mayo; **serían...**

b) Cuando respondemos a una pregunta y no sabemos exactamente. El uso de las formas es el mismo que en el punto anterior:

— pregunta: ¿Es joven?
— posibles respuestas: Sí, **tiene** 20 años
Sí, **tendrá** 20 años
Sí, *tiene* **unos** 20 años
Sí, **tendrá unos** 20 años

c) Se usa *necesariamente* la forma de probabilidad en las preguntas que no esperan respuestas. En las preguntas que realmente hacemos a nuestro interlocutor usamos las formas exactas:

¡Jo! ¿Cuánto **costará** este coche? ≠ ¿Cuánto **cuesta**?
¿Cuánto le **habrá costado**? ≠ ¿Cuánto le **ha costado**?
etc. etc.

d) Lógicamente es obligatorio también el uso de las formas de probabilidad en las preguntas que el hablante se hace a sí mismo. De manera que:

— situación 1

Si vamos a ver a un conocido y no recordamos muy bien cómo se llega a su casa, podremos preguntarle a alguien que pase a nuestro lado:

Por favor, ¿puede decirme dónde **está** la calle...?

— situación 2

Pero si no recordamos bien el número y empezamos a dar vueltas a la manzana, podremos interrogarnos interiormente:

¿Pero dónde **estará** esta dichosa casa? ¿Qué portal **será**?...

e) Por último, usamos las formas de probabilidad cuando, ante una información, hacemos un comentario que lleva implícito o explícito el contenido «no importa», «no merece la pena», «no se le nota», etc. La estructura de la frase es siempre: **forma de probabilidad..., pero...:**

— No ha terminado, pero sí que ha estudiado dos o tres cursos de derecho.

— ¿Sí? Pues **habrá estado** en la universidad, pero la verdad es que se le ha pegado poco[1].

PRÁCTICA

XXXV. Los estudiantes cuentan sucesos reales o imaginarios, con exactitud y con aproximación. También narran hechos con mezcla de los dos tipos.

XXXVI. Contéstese a las siguientes preguntas con exactitud y con probabilidad o aproximación.

Modelo:

Estudiante 1: ¿Cuántos años tiene?
Estudiante 2: **Tendrá** (**unos**) 25 años / **Tiene unos** 25 años.
Estudiante 3: **Tiene** (exactamente) 24.

1. ¿Cuántas horas estudiabas al día?
2. ¿Y dónde conociste a ese chico, eh?
3. ¿Qué hora es?
4. Cuando llegaste anoche, ¿te habían dejado algo de cena o no?
5. ¿Ha llamado Andrés esta mañana?
6. ¿Se compró aquel coche Antonio, o no?
7. ¿Dónde puedo ver a tu padre ahora mismo?
8. ¿Ha bajado ya Carlos a tomar café?
9. ¿Cuántos fuisteis a la excursión del sábado?
10. ¿Había muchos turistas en Toledo?

XXXVII. Póngase en la(s) forma(s) apropiada(s) de indicativo el infinitivo que aparece entre paréntesis.

1. (Ser).................. las doce cuando llegamos. (Haber).................. allí unas veinte personas y entre ellas (estar).................. Pepe. Me (dirigir).................. hacia él, pero enseguida (notar, yo).................. que mi presencia le (molestar).................., así que (disimular, yo) .... como pude y me (acercar).................. a la barra.

1. Estas frases son equivalentes a **aunque +** *subjuntivo:*

Aunque haya estado en la universidad la verdad es que se le ha pegado poco.

O bien a **pues +** *el segundo miembro de la frase:*

Pues la verdad es que se le ha pegado poco.

2. —Oye, que ese ha jugado cinco años en el Real Madrid.

— (jugar, él)........................ donde tú digas, pero **es un manta** el tío.

3. Disculpadme; es que no (saber, yo)........................ explicarme. Ahora mismo os lo explico de otra manera.

4. Por el camino yo iba callada pensando ¿cómo (estar, él)........................: joven, viejo? ¿(Casarse) ....? Y si se ha casado, ¿cómo (ser)........................ su mujer? ¿Me (recibir, él) .... bien? ¿o (recordar, él)........................ todavía aquello y (seguir)........................ enfadado conmigo?

5. Aquel día (salir, nosotros)........................ de casa temprano. (Llevar)........................ recorridos unos diez kilómetros cuando el coche (empezar)........................ a hacer un ruido extraño. Julio me (mirar)........................ como diciendo: «¿qué le (pasar)........................?». (Parar, nosotros) ...., nos (bajar)........................ y, no sé, pero (estar, nosotros)........................ allí más de una hora. Y menos mal que después (parar)........................ uno que (entender)........................ .... algo de mecánica y...

6. —No te estoy hablando de un cualquiera, ¿eh? Es doctor por la Sorbona; tiene publicados más de veinte libros y un montón de artículos, y...

— Pues (ser)........................ todo lo que tú quieras y (publicar)........................ eso y mucho más, pero a mí no me convence.

7. —Te llamó ayer Pedro, ¿no?

— No, no; no me llamó.

— ¡Pero si me dijo a mí que te (llamar)........................!

— Ah, pues no sé. (Llamar, Pedro)........................ en un momento que (bajar, yo)........................ a comprar el pan, porque no (salir)........................ más de casa en todo el día.

8. —¿Es tuya esta maleta, Carmen?

— No, mía no es.

— ¡Anda! Pues entonces ¿de quién (poder)........................ ser?

— ¡Qué sé yo! Pero no te asustes, (venir)........................ tu hermano esta mañana.

9. —Estaba todavía allí Juan, ¿verdad?

— (Estar)........................, pero yo no lo vi.

10. (Ser)........................ ya las doce de la noche y me (parecer)........................ que (llamar, ellos) .... a la puerta. ¿Quién (llamar)........................ a estas horas? —(pensar, yo)........................ ....— Me (acercar)........................ con cuidado, (mirar)........................ por la mirilla y no (ver) .... a nadie. (Abrir, yo)........................ la puerta y efectivamente no (haber)........................ .... nadie allí. Se (marchar, él)........................ o (oír, yo)........................ mal —(pensar, yo)........................ ....—. Pero en aquel momento (ver, yo)........................ cómo (moverse)........................ algo en el rellano de la escalera: (ser)........................ un gato que (salir)........................ corriendo asustado.

RECAPITULACIÓN

REPASO GENERAL DE LAS FORMAS DE INDICATIVO

XXXVIII. Sustitúyase el verbo por la forma de presente e indíquese si la frase que resulta es equivalente o no a la primera. Señálese cuál de las dos, en caso de equivalencia, se puede considerar más frecuente.

1. Te veré mañana.
2. Está trabajando mucho estos últimos días.
3. He vivido en Salamanca desde 1968.
4. La guerra de la Independencia, es decir, contra la Francia de Napoleón, comenzó en 1808.
5. Te iré a ver esta misma semana y charlaremos detenidamente sobre el tema.
6. Eso me ha llevado dos horas hacerlo.
7. Hacer eso me llevará por lo menos dos horas.
8. Cervantes y Shakespeare murieron en el mismo año.
9. ¡Pero será posible que tengamos que aguantar eso!
10. Me levantaba generalmente a las ocho.
11. Creo que estará en casa, no sé.
12. Tráeme algo de Madrid.
13. Los pájaros están cantando.
14. Estoy buscando una noticia aquí, en el periódico, y no la encuentro.
15. Ha estado esperándote en la plaza desde las seis.
16. Búscate otro piso, porque va a venir mi amigo a pasar un mes conmigo.
17. Es que saldremos esta misma tarde de vacaciones.
18. Llámame en cuanto llegues, cielo.
19. Solía dar un paseo por las noches después de cenar.
20. ¡Será estúpido!

XXXIX. Formas de pasado. Póngase en la(s) forma(s) adecuada(s) del pasado el infinitivo del paréntesis.

1. Un muchacho joven (vender).. a diario cosas en la calle.
2. En el preciso instante en que nosotros (llegar).., Ana (venir).. calle arriba.
3. De joven parece ser que (cantar).. en el coro del colegio.

4

4. No estoy seguro, pero supongo que (comer)............ todos los días en un restaurante.
5. ¿Con quién (estar, tú)............ esta tarde? ¿No (salir, tú)............ con ese tonto de tu primo, supongo?
6. Me lo (decir)............ ayer el profesor en clase.
7. No encuentro el paraguas. Seguro que el otro día, cuando (llover)............ tanto, lo (dejar)............ por ahí en cualquier sitio.
8. No encuentro el paraguas. ¿Dónde lo (poner)............ este hombre?
9. Algunas veces nos (esconder)............ detrás de las cortinas y (oír)............ lo que (decir)............ los mayores.
10. Imposible que haya hecho una cosa así. ¡(Estar, él)............ borracho!
11. Supongo que más de una vez os (esconder)............ y (escuchar)............ lo que (decir)............ los mayores.
12. La noche anterior (llover)............ mucho y, claro, por la mañana la carretera (estar)............ en muy mal estado.
13. Si por la noche (helar)............, supongo que conducir aquella mañana no (ser)............ fácil, ¿no es eso?
14. Ayer me (aburrir)............ **como una ostra** en clase, pero hoy nos (explicar)............ un tema muy interesante y me lo (pasar)............ francamente bien.
15. Hace una hora que (salir, ellos)............ ¿Tú qué crees: (llegar, ellos)............ ya?
16. Me (encantar)............ quedarme en la cama, pero aquella mañana, en la calle, (haber)............ un ruido horroroso —de un compresor que (estar)............ abriendo una zanja de una conducción de agua—, así que no (tener, yo)............ más remedio que levantarme.
17. Por fin (decidir, nosotros)............ ir al fútbol. A mí me (fastidiar)............ **un montón**; pero (querer)............ darle gusto a Carlos, así que (poner, yo)............ **buena cara** y ¡**hala**, al fútbol! Mientras (hacer, nosotros)............ cola para sacar las entradas, no quiero decirte la de miradas que (tener, yo)............ que soportar. Me acuerdo sobre todo de un tipo, feo, que (llevar)............ gorro, bufanda y bandera y que no (hacer)............ más que guiñarme. Carlos (estar)............ a punto de **romperle la cara. De pena.** Por fin (sacar)............ las entradas, aunque antes Carlos (tener)............ que discutir con tres o cuatro más que se (querer, ellos)............ **colar**, ¡y para dentro! (Tardar, nosotros)............ no sé cuánto tiempo en encontrar un sitio adecuado para sentarnos, pero al fin lo (conseguir)............: no (estar, el sitio)............ mal, se (ver)............ muy bien todo el campo y, la verdad, aquello (ser)............ un auténtico espectáculo; la gente (hacer)............ ondear sus banderas, se (mover)............ al ritmo de los cánticos, (aplaudir)............ o (silbar)............ al oír los nombres de los jugadores y del árbitro por los altavoces. ¡Un espectáculo! A las cinco en punto (aparecer)............ los dos equipos; (formar, ellos)............ en el centro para la interpretación de los himnos nacionales e inmediatamente (comenzar)............ el partido. Y ¿sabes?, pues que yo creo que (acabar, yo)............ contagiándome del ambiente y (pasar)............ un rato entretenido, hasta (aplaudir)............ y (brincar)............ cuando (marcar)............ los nuestros.
18. —¿(Ir, tú)............ ayer a ver la película?
— Sí. (Ir)............ a la sesión de noche.
— Y ¿qué tal?
— Pues, no creas; no me (gustar)............ mucho. Me (hablar, ellos)............ tanto de ella que yo (esperar)............ otra cosa. No sé; me (decepcionar, la película)............ un poco.
19. Tal como (acordar, nosotros)............ el día antes, a las siete menos diez (estar, nosotros)............ todos en la plaza del Campillo. (Hacer)............ una mañana delicio-

sa y el día (presentarse) .... prometedor. A las siete en punto (llegar) .... el autobús e inmediatamente (sonar) .... los primeros **¡hurra!** al conductor. (Subir) .... las mochilas y (ocupar).................... cada uno su asiento; el viaje hasta Gredos (ser) .... muy entretenido: (cantar).................... las canciones propias de la ocasión (*El vino que tiene Asunción, Asturias patria querida, Un elefante, Para ser conductor de primera*, etc. etc.) y algunos (contar).................... chistes, incluso alguno algo **verde**. (Llegar, nosotros) .... **a eso de** las nueve y media al lugar de la acampada y rápidamente cada grupo (buscar).................... un sitio para plantar su tienda; nosotros (elegir) .... uno un poco a la sombra porque a aquella hora (empezar) .... ya a hacer un **sol de justicia**. Mientras (plantar) .... las tiendas los monitores no (cesar).................... de darnos consejos para la ascensión y de recordarnos anécdotas que (suceder) .... en marchas anteriores. Yo (estar) .... impaciente por **echar a andar** ya. Por fin, las tiendas (quedar).................... debidamente preparadas y (llegar) .... el momento esperado: un último vistazo a las botas, el último toque para colocar bien la mochila y ¡a caminar! Los monitores (ir) .... uno encabezando la marcha, dos a los costados y otro atrás; continuamente nos (hacer) .... observaciones para que nos fijáramos en este o aquel otro detalle, nos (contar) .... cosas de otras excursiones o (iniciar) .... una canción que al instante (cantar).................... todos. Aunque el calor (apretar)...................., (soplar).................... un ligero vientecillo que (aliviar) .... el sudor que (empezar) .... a correr ya por el rostro. A las dos horas de camino (hacer, nosotros).................... el primer alto; (parar).................... en un lugar muy bonito, aunque ya casi no (haber).................... vegetación y no (ser).................... fácil encontrar una sombra; el día (estar).................... claro, no (haber).................... ni una sola nube en el cielo y, desde aquella altura, (divisarse).................... una hermosa panorámica. (Descansar, nosotros).................... unos diez minutos, (comer).................... algunos frutos secos y todos (acudir).................... a la cantimplora, aunque los monitores no (cesar).................... de recordarnos que el agua en exceso no (ser).................... buena. (Reemprender)....................la marcha; el camino a partir de allí (hacerse).................... más difícil —según nos (advertir).................... los monitores— porque (ser).................... más empinado y ya no (haber).................... sombra; pero para nuestra ilusión de jóvenes no (haber)....................obstáculos: dos horas más tarde (estar).................... en la cima. ¡Qué espectáculo!

20.—¿No (ver, tú).................... por aquí, esta mañana, a Rosa?

— No, no (venir).................... o por lo menos, yo no la (ver).................... (Tener, ella).................... que hacer algo por ahí.
— Es que (necesitar, yo).................... hablar con ella urgentemente.
— ¿(Pasar).................... algo?
— No, nada; es que (llamar, ellos).................... de Londres interesándose por su tesis y puede ser interesante para ella.
— Descuida, si la veo yo se lo digo.

XL. Pónganse en la forma adecuada de indicativo los infinitivos entre paréntesis de los siguientes textos literarios:

a) Ayer me (suceder).................... algo realmente trágico. (Haber).................... un acto oficial en nuestra Universidad, bajo la presidencia del rector, cuyo discurso (ser).................... la parte más importante del programa. (Hablar) muy bien, aunque manoteando demasiado para mi gusto, y luego todo el mundo se (poner)........ de pie y (aplaudir)......... Como yo (querer) .... demostrar mi entusiasmo a la manera americana, me (poner)........ dos dedos en la boca y (dar) .... dos o tres silbidos con toda mi fuerza. No (poder, tú)........ .... imaginar lo que (suceder)......... Todos (callar)........ y se (volver) .... a mirarme. Yo (ver)........ en aquel momento que toda aquella gente (ser) .... enemiga mía. (Haber)........ un gran silencio... Luego se (acercar) .... dos profesores y (tomar)........ nota de mi nombre, etc. Mistress Dawson (estar)........ conmigo y se (portar)........ bien. (Explicar)........ que en América (silbar) .... para dar a nuestros aplausos más énfasis. Entonces un profesor, sonriente, me (preguntar) ....:

— ¿Eso quiere decir que le (gustar)........ el discurso del rector?

(Ramón J. Sender: *La Tesis de Nancy*)

b) La noche (estar)........ serena y hermosa; la luna (brillar) .... en toda su plenitud en lo más alto del cielo, y el viento (suspirar) .... con un rumor dulcísimo entre las hojas de los árboles.

Manrique (llegar)........ al claustro, (tender) .... la vista por su recinto, y (mirar) .... a través de las macizas columnas de sus arcadas... (Estar)........ desierto.

(Salir)........ de él, (encaminar) .... sus pasos hacia la oscura alameda que (conducir)........ al Duero, y aún no (penetrar)........ en ella, cuando de sus labios se (escapar)........ un grito de júbilo.

(Ver)........ flotar un instante y desaparecer el extremo del traje blanco de la mujer de sus sueños, de la mujer que ya (amar)........ como un loco.

(Correr)[1]........, (correr)........ en su busca; (llegar) .... al sitio en que la (ver)........ desaparecer; pero al llegar se (detener)........ (fijar)........ los espantados ojos en el suelo, (permanecer)........ un rato inmóvil; un ligero temblor nervioso (agitar) .... sus miembros, un temblor que (ir)........ creciendo y (ofrecer)........ .... los síntomas de una verdadera convulsión, y (prorrumpir) .... al fin en una carcajada, en una carcajada sonora, estridente, horrible.

Aquella cosa blanca, ligera, flotante, (volver) .... a brillar ante sus ojos; pero (brillar)........ .... a sus pies un instante, no más que un instante.

(Ser)........ un rayo de luna, un rayo de luna que (penetrar) .... a intervalos por entre la bóveda de los árboles cuando el viento (mover)........ sus ramas.

(G. A. Bécquer: *Rimas y Leyendas*)

XLI. El fragmento que sigue es de *La Voluntad*, obra de J. Martínez Ruiz, «Azorín». El autor narra en presente; los estudiantes leerán primero el texto y luego lo pondrán en pasado. Para ello, cambiarán —al comienzo del segundo párrafo— «esta tarde» por «aquella tarde», y en el tercero: «este ambiente» por «aquel ambiente», «este espléndido» por «aquel espléndido» y «esta tarde» por «aquella tarde».

Este buen maestro —¡habrá que confesarlo!— es en el fondo un burgués redomado. Él es metódico, amigo del orden, lento en sus cosas: se levanta a la misma hora, come a la misma hora, da a la

1. Todas las formas verbales de este párrafo son presentes históricos. Nótese el efecto estilístico de rapidez que consigue el autor.

misma hora sus paseos; tiene sus libros puestos en tal orden, sus papeles catalogados en tales cartapacios... Y sufre, sufre de un modo horrible cuando encuentra algo desordenado, cuando le sacan de su pauta ¡Es un burgués!

Así, esta tarde, que hace un hermoso sol y los árboles ya verdean con los retoños primaverales, hubiera sido una crueldad privarle al maestro de su paseo... Él y Azorín han ido a la Magdalena. Allí, se han sentado bajo la higuera que plantó S. Pascual —indudablemente para que ellos se sentaran debajo— y han contemplado a lo lejos la ciudad ilustre —*muy ilustre*— y amada...

Y como en este ambiente confortador, a la vista de este espléndido panorama, en el sosiego de esta tarde de Primavera, no hay medio de sentirse sanguinario, ni de desear el fin del mundo para diputados y concejales, el buen Yuste ha tenido la magnanimidad de guardarse sus furibundos anatemas, y ha hablado dulcemente de la más amena y nueva —¡siendo tan vieja!— de las fantasías humanas, quiero decir, que ha hablado de metafísica.

XLII. Utilícense las formas adecuadas de indicativo en el siguiente texto.

Un día, Mosén Millán (pedir).................... al monaguillo que le acompañara a llevar la extremaunción a un enfermo grave. (Ir).................... a las afueras del pueblo, donde ya no (haber).................... casas, y la gente (vivir).................... en unas cuevas abiertas en la roca. Se (entrar).................... en ellas por un agujero rectangular que (tener).................... alrededor una cenefa encalada. Paco (llevar).................... colgada del hombro una bolsa de terciopelo donde el cura (poner).................... los objetos litúrgicos. (Entrar).................... bajando la cabeza y pisando con cuidado. (Haber).................... dentro dos cuartos con el suelo de losas de piedra mal ajustadas. (Estar).................... ya oscureciendo, y en el cuarto primero no (haber).................... luz. En el segundo se (ver).................... sólo una lamparilla de aceite. Una anciana, vestida de harapos, los (recibir).................... con un cabo de vela encendido. El techo de roca (ser).................... muy bajo, y aunque se (poder).................... estar de pie, el sacerdote (bajar).................... la cabeza por precaución. No (haber).................... otra ventilación que la de la puerta exterior. La anciana (tener).................... los ojos secos y una expresión de fatiga y de espanto frío.

En un rincón (haber).................... un camastro de tablas, y en él (estar).................... el enfermo. El cura no (decir).................... nada, la mujer tampoco. Sólo se (oír).................... un ronquido regular, bronco y persistente, que (salir).................... del pecho del enfermo. Paco (abrir).................... la bolsa, y el sacerdote, después de ponerse la estola, (ir).................... sacando trocitos de estopa y una pequeña vasija con aceite, y (comenzar).................... a rezar en latín.

(Ramón J. Sender: *Réquiem por un campesino español*)

B) EL SUBJUNTIVO

ESQUEMA GRAMATICAL

- Formas. Valores temporales. Equivalencias con las formas de indicativo. Correlación.

— Presente. Forma: **CANTE**.

- valores temporales: a) «presente»: no creo que **VENGA hoy**
  b) «futuro»: no creo que **VENGA mañana**

- equivalencia: **CANTE** ~ **canto / cantaré**
  Ejs.: —**viene** hoy → creo que **viene** hoy → no creo que **VENGA** hoy.
  —**vendrá** mañana → creo que **vendrá** mañana → no creo que **VENGA** mañana.

- correlación: le **piden** (le **han pedido**, le **pedirán**, le **habrán pedido**, **pedidle**, tal vez le **pidan**, acaso le **hayan pedido**) que les **EXPLIQUE** más despacio el tema.

— Imperfecto. Forma: **CANTARA / CANTASE**

- valores temporales: a) «pasado»: le dije que **VINIERA ayer**
  b) «presente»: le dije que **VINIERA hoy**
  c) «futuro»: le dije que **VINIERA mañana**

- equivalencia: **CANTARA** ~ **cantaba / cantaría / cantó**
  Ejs.: — se **presentó** aquí ayer → me dijeron que se **presentó** aquí ayer → le dijeron (ordenaron) que se **PRESENTARA** aquí ayer.
  — pero **venía** hoy → me dijo que **venía** hoy → le dije que **VINIERA** hoy.
  — **vendría** mañana → me dijo que **vendría** mañana → le dije que **VINIERA** mañana.

- correlación: le **pidieron** (le **pedían**, le **habían pedido**, le **habrían pedido**, le **pedirían**, tal vez le **pidieran**, que le **hubieran pedido**) que les **EXPLICARA** más despacio el tema[1].

— Perfecto. Forma: **HAYA CANTADO**

- valores temporales: a) «pasado próximo»: me encanta que, **por fin**, lo **HAYAS HECHO**.
  b) «futuro anterior»: me alegrará mucho que, **para entonces,** ya lo **HAYAS HECHO.**

- equivalencia: **HAYA CANTADO** ~ **he cantado / habré cantado**
  Ejs.: — **ha venido** esta mañana → creo que **ha venido** esta mañana → no creo que **HAYA VENIDO** esta mañana.
  — mañana, a las 12, lo **habrá solucionado** → creo que mañana, a las 12, lo **habrá solucionado** → no creo que mañana, a las 12, lo **HAYA SOLUCIONADO**.

- correlación: me **encanta** (me **ha encantado**, le **habrá encantado**, me **encantará**) que se lo **HAYAS EXPLICADO** todo.

— Pluscuamperfecto. Forma: **HUBIERA / HUBIESE CANTADO**

- valores temporales: a) «pasado anterior»: me encantó que, cuando **llegué**, ya lo **HUBIERAIS TERMINADO.**
  b) «futuro anterior»: me encantaría que, cuando llegaran, ya lo **HUBIERAIS TERMINADO.**

- equivalencia: **HUBIERA CANTADO** ~ **había cantado / habría cantado**
  Ejs.: — ya se **había marchado** → pensé que se **había marchado** → no podía creer que se **HUBIERA MARCHADO**.
  — para entonces ya se **habría terminado** → creía que para entonces ya se habría terminado → esperaba que para entonces ya se **HUBIERA TERMINADO.**

- correlación: me **gustó** (me **gustaba**, me **gustaría**, me **habría gustado**, me **había gustado**, me **hubiera gustado**) que se lo **HUBIERAS EXPLICADO**.

1. La forma **CANTARÍA** con valor de cortesía o modestia puede construirse también en correlación con **CANTE**.

— Futuros de subjuntivo. Formas: **cantare** y **hubiere cantado**
- En el español actual no tienen prácticamente uso, fuera de la lengua judicial o legal[1].

— distinción de las formas: **CANTARA / HUBIERA CANTADO** con valor de pasado:
- me alegré de que lo **hicieras**
  me alegré de que lo **hubieras hecho**
- me dijo que **estudiaras**
  me dijo que **hubieras estudiado**
- le pedí que **viniera**/le pedí que ***hubiera venido**
  le prohibí que lo **hiciera**/le prohibí que lo ***hubiera hecho**

— Falta de correlación:

1

siento que no te **encuentres** bien
siento que te **pasara** aquello

me **alegra** que te **acuerdes** de mí
me **alegra** que te **acordaras** de él en París y le **hayas traído...**

no **creo** que **esté** en casa
no **creo** que **estuviera** en casa en aquel momento

no **parece** ser cierto que **haya dicho** eso
no **parece** ser cierto que **dijera** eso

es posible que **esté** allí
es posible que **estuviera** allí

2

te la **dí** para que **abrieras**
te la **dí** para que **abras** cada vez que lo **necesites**

efectivamente no le **pegó**, pero le **dijo** que, como **volviera** a hacerlo, que se **preparara**
efectivamente no le **pegó**, pero como **vuelva** a hacerlo, que se **prepare**

aunque no **estuviera** enfadado se **marchó**
se **marchó**, aunque tú **digas** ahora que no estaba enfadado

3

sé que **hubiera sido** mejor
creo que **hubieras hecho** mal

1. Los valores y usos de la forma **cantare** han pasado a las formas **cantara**, **cante** e incluso **canto**; los de **hubiere cantado** a **hubiera cantado.**

EXPLICACIÓN Y AMPLIACIÓN GRAMATICAL

- **Valores temporales y equivalencias**

Si en el análisis de las formas del indicativo hemos dicho que preferiríamos que se olvidara o no se tuviera en cuenta el nombre gramatical, lo mismo, con más insistencia, pedimos para las formas del subjuntivo.

CANTE

- Su nombre, *presente*, resulta engañoso. Lo que se debe retener es que hay una forma en subjuntivo, la forma **CANTE**, que es «presente» o «futuro». De manera que si decimos:

no creo que **esté** en casa

fuera de todo contexto o situación concretos, esta frase resultaría ambigua en español, porque no sabemos si **esté en casa** se refiere a:

— *en este momento, ahora, hoy...*, es decir, al «presente»; o bien a:

— *luego, dentro de un rato, mañana,...*, es decir, al «futuro».

Así, además, cuando en su momento veamos, por ejemplo, que detrás de **hasta que** no se puede usar el llamado *futuro* de indicativo, de modo que no se dice:

no hablaré ni una palabra en alemán hasta que ***regresaré** a mi país

no constituirá sorpresa alguna el saber que es que en ese caso el español usa «futuro», sí, pero de subjuntivo, es decir, la forma **CANTE:**

no hablaré ni una palabra en alemán hasta que **regrese** a mi país

- El subjuntivo, por lo general, es el «gran enemigo» para el hablante extranjero de español. Pero no debería ser así, y confiamos en que a lo largo de este curso vaya dejando de serlo.

Como se tendrá ocasión de comprobar, el uso del subjuntivo es, con mucha frecuencia, una mera cuestión formal: una frase se construye con indicativo y otra, simplemente, con subjuntivo, sin que esto deba suponer mayor problema. Así, si queremos referirnos a la llegada de una persona, por ejemplo, podemos decir:

viene mañana

Si esta frase, tan simple, la incluimos dentro de una estructura más compleja, que utilice indicativo, no cambiará y diremos:

creo que **viene mañana**

Y si la estructura requiere el uso del subjuntivo, usaremos sencillamente la forma equivalente o correspondiente de subjuntivo:

no creo que **venga mañana**

CANTARA

- Si los nombres gramaticales resultan engañosos, esto es especialmente válido para el caso del *pretérito imperfecto* de subjuntivo. Pese a su nombre —y esto es lo que hay que retener—, la forma **CANTARA** se usa para referirse a los tres tiempos reales:

le dije que **VINIERA** { que **viniera ayer** / que **viniera hoy** / que **viniera mañana** }

- Su valor concreto de «pasado» lo analizaremos más abajo en relación con **HUBIERA CANTADO**. Por lo que respecta a los valores de «presente» y «futuro» hay que tener en cuenta que se refieren al mismo tiempo real que el «presente» y «futuro» **CANTE**; lo que cambia es la correlación y, por lo tanto, también las equivalencias:

    dicen que **está** hoy en casa → **dicen** que se **esté** hoy en casa
    dijeron que **estaba/estaría** hoy en casa → le **dijeron** que **estuviera** hoy en casa

HAYA CANTADO

- Tanto los valores concretos como las equivalencias con las formas de indicativo pueden analizarse con los datos del ESQUEMA, sin olvidar las consideraciones generales que hemos hecho al analizar las formas **CANTE** y **CANTARA**.

HUBIERA CANTADO

- Como hemos señalado en el ESQUEMA, esta forma tiene dos valores distintos:
    a) «pasado anterior» ~ **había cantado**
    b) «futuro anterior» ~ **habría cantado**

Este segundo valor coincide en el tiempo real con el indicado por **HAYA CANTADO**, dependiendo el uso de una u otra forma de la correlación:

me **alegrará** que, para entonces, ya lo **HAYAS HECHO**
me **alegraría** que, para entonces, ya lo **HUBIERAS HECHO**

El uso con valor de pasado presenta algunas dificultades, pues no siempre el hablante extranjero sabe utilizar correctamente y distinguir esta forma de **CANTARA**, cuando esta última indica también pasado. Veamos entonces la:

Distinción entre **CANTARA/HUBIERA CANTADO** con valor de pasado

- Si analizamos la primera pareja de ejemplos del ESQUEMA:
    me alegré de que lo **hicieras**
    me alegré de que lo **hubieras hecho**

vemos que las acciones, globalmente consideradas, se sitúan en ambos casos en el pasado:

... de que lo hicieras **ayer** → «pasado»

... de que lo hubieras hecho **anteayer** → «pasado»

Ahora bien —y aquí radica la diferencia entre una forma y otra— la relación interna que se establece entre los dos verbos de cada frase es distinta:

- **CANTARA**, aunque pasado, es siempre simultáneo o posterior a la acción del otro verbo.
- **HUBIERA CANTADO**, lo mismo que su equivalente **HABÍA CANTADO**, es, por el contrario, anterior al pasado expresado por el otro verbo. Representado gráficamente sería:

me alegré de que lo **hicieras**

⟹

me alegré de que lo **hubieras hecho**

⟸

• La diferencia que acabamos de explicar teóricamente se comprenderá mejor con la contextualización de la segunda pareja de ejemplos:

me dijo que **estudiaras**

me dijo que **hubieras estudiado**[1]

Pensemos en un estudiante que acude a un conocido para que éste, a su vez, le recomiende ante su profesor; supongamos, primero, que el estudiante es previsor y pide la recomendación a principios de mayo, aunque el examen es en junio. Pasados unos días:

- ¿Hablaste con el profesor?
- Sí, lo vi ayer, y lo siento, pero me dijo que **estudiaras**

⟹

2-5-87 tiempo posible de estudio JUNIO

Pero imaginemos una situación más normal, es decir, que el estudiante busca la recomendación unos días antes del examen:

- ¿Has visto al profesor?
- Sí, oye, lo vi ayer, pero ese hombre no se casa con nadie; lo siento. Me dijo que **hubieras estudiado**

⟸

OCTUBRE-86 JUNIO

6-6-87

tiempo de estudio

1. En estos ejemplos hay una «pequeña trampa», porque *estudiaras* no se refiere al pasado sino al futuro, pero pedagógicamente el ejemplo es bueno y por eso hacemos uso de él.

- Como consecuencia lógica de su valor, hay verbos que no se pueden construir con la forma **HUBIERA CANTADO.** Por ejemplo, los de la tercera pareja del ESQUEMA:

  le pedí [ayer] que **viniera** [ayer] / le pedí [ayer] que ***hubiera venido** anteayer [no se puede pedir algo anterior a la petición]

  [le prohibí que lo **hiciera** / lo ***hubiera hecho** [no se puede prohibir lo ya sucedido][1]

- Como resumen de los **valores temporales** puede servir el siguiente esquema:

— «presente» ↗ **CANTE**: me encanta que **vengas** hoy
　　　　　↘ **CANTARA**: me encantaría que **vinieras** hoy

— «futuro» ↗ **CANTE**: me encanta que **vengas** mañana
　　　　　↘ **CANTARA**: me encantaría que **vinieras** mañana

— «pasado» → **CANTARA:** me encantó que **vinieras** ayer

— «pasado anterior» → **HUBIERA CANTADO:** me encantó que **hubieras venido**

— «pasado próximo» → **HAYA CANTADO:** me encanta que **hayas venido**

— «futuro anterior» ↗ **HAYA CANTADO:** me encantará que, para entonces, lo **hayas hecho** ya
　　　　　↘ **HUBIERA CANTADO:** me encantaría que, para entonces, lo **hubieras hecho** ya

- **Correlación**

— **Cuestión previa**

Como es sabido y veremos en el tema siguiente, las formas del subjuntivo pueden aparecer en frases simples, es decir, en frases con un solo verbo:

Dios mío, que **venga**

1. En el uso del idioma se producen a veces neutralizaciones, pudiéndose utilizar **CANTARA** en lugar de **HUBIERA CANTADO**, pero no al revés.

Pero estadísticamente hablando la mayor frecuencia de uso del subjuntivo corresponde a frases compuestas:

prefiero que no **hablemos** de este tema
preferiría que no **hablásemos** de ese tema

en las que, entre los dos verbos, se establece, por lo general, una relación interna, de manera que la segunda forma verbal cambia al cambiar la primera. A esto es a lo que, en las gramáticas, se le suele llamar *consecutio temporum, correlación de tiempos*, etc.

— **Correlación**

Las distintas posibilidades combinatorias quedaron reflejadas en el ESQUEMA, a donde remitimos.

— **Falta de correlación**

La correlación, con las distintas posibilidades combinatorias del ESQUEMA, es, digamos, lo general en el uso del subjuntivo en las frases compuestas. Ahora bien, hay casos en los que no existe unidad de referencia temporal y, en consecuencia, no hay correlación interna entre las formas verbales. Como reglas prácticas señalaremos:

1. El principio básico que rige la correlación y la no-correlación es la **unidad de referencia temporal / pluralidad temporal:**

   siento que no te **encuentres** bien
   sentí que no te **encontraras** bien
   siento [**ahora**] que no te *encontraras* bien [**entonces**]

2. Como tendremos ocasión de ver en el tema siguiente, el grado de interrelación entre los dos miembros de una frase compuesta es distinto según los distintos tipos de estructura. De ahí que la no-correlación sea más frecuente en unos que en otros; pero respondiendo siempre al principio básico señalado.

3. En las estructuras de *Verbo-1 + que* + Verbo-2 (**quiero** que **vengas**) la falta de correlación se concreta en: **creencia, opinión o sentimiento actuales sobre un hecho pasado** (analícense los ejemplos de los apartados 1) y 3) del ESQUEMA)[1].

4. En otros tipos de estructuras (ejemplos 2) del ESQUEMA) la falta de correlación puede responder a lo indicado en el punto anterior, o bien a la manifestación directa del principio básico.

5. Este análisis de la no-correlación tiene como principal objetivo el que el estudiante extranjero no se sorprenda, en un momento de reflexión o de uso reflexivo del idioma, ante una frase en

1. La separación de los ejemplos de 1) y 3) responde a razones que quedarán aclaradas en los Temas II y III.

la que las formas verbales no guardan la correlación de tiempos. Pero una vez aclarada la cuestión, lo mejor, quizá, sea olvidarse del tema, porque nuestra experiencia nos dice que el hablante extranjero de español no suele tener problemas con estas frases —el uso de las formas verbales responde a su valor general—, mientras que sí suponen una dificultad —hay que intentar automatizar su uso, por lo tanto— los distintos esquemas de la correlación de tiempos[1].

PRÁCTICA

XLIV. Correlación de tiempos. Dos estudiantes dialogan ateniéndose al modelo.

Modelo 1:

Estudiante 1: *Prefiero* que **hablemos** en español.
Estudiante 2: También yo *preferiría* que **habláramos** en español.

1. Les ruego que lo traigan en seguida.
2. Me alegro de que llegues temprano.
3. Temo que nos oigan.
4. Es importante para mí que digas la verdad.
5. Necesito una persona que sea capaz de hacerlo.
6. Quiero que salgas conmigo.
7. Prefiero que no vengas.
8. Te pido que me dejes en paz.

Modelo 2:

Estudiante 1: Me *han aconsejado* que **pida** una beca.
Estudiante 2: También yo te *aconsejé* que la **pidieras.**

1. Me han recomendado que descanse todo el fin de semana.
2. Me han dicho que tenga mucho cuidado con el tabaco.
3. Se han opuesto a que lo haga.
4. Me han pedido que les ayude.
5. Me han aconsejado que vaya a ver al especialista.
6. No han conseguido que cambie de opinión.
7. No me han dicho que vaya.
8. Me han rogado que no diga nada.

Modelo 3:

Estudiante 1: Te *compraré* algo para que lo **estrenes** el día de la fiesta.
Estudiante 2: Y yo te *compraría* también algo para que lo **estrenaras** tú, pero...

1. Te traeré mañana mi libro para que lo veas.
2. Te lo explicaré para que me comprendas mejor.
3. Incluso haré el payaso para que sonrías.
4. Apagaré la luz para que no nos vean.

1. Las frases condicionales con SI, así como un tipo de concesivas, tienen unos esquemas muy específicos, que se estudiarán en su momento.

5. Le daré dinero para que no vuelva a molestarnos.
6. Me quedaré en casa para que no te enfades.
7. Lo haré para que veas que te quiero.
8. Lo intentaré todo para que seas feliz.

Modelo 4:

Estudiante 1: Me *gusta* que **hayas decidido** estudiar español.
Estudiante 2: Y a mí me *hubiera (habría) gustado* que tú **hubieras decidido** lo mismo.

1. Me alegro de que hayas vuelto.
2. Me molesta que hayas pensado eso.
3. Me extraña que hayas venido sólo para eso.
4. Me encanta que, por fin, hayas comprendido.
5. Me entristece que hayas dudado de mí.
6. Es estupendo que, al fin, hayas empezado a comprender.
7. Deseo con toda mi alma que no te hayas enfadado.
8. Siento que todo haya ido tan mal.

XLV. Correlación de tiempos. Repítanse las siguientes frases cambiando la forma de subjuntivo cuando sea necesario.

1. Te aconseja que estudies
   Te aconsejó te aconsejara
   Te ha aconsejado te haya aconsejado
   Te aconsejará te aconseje
   Te aconsejaría te aconsejara
2. Tus padres te permitirán que lo hagas
   Te permitirían ______
   Te permiten ______
   Te permitieron ______
   Te permitían ______
   Tal vez te permitan ______
3. Me gusta que habléis español en clase
   Me gustaría ______
   Me habría gustado ______
   Me gustó ______
   Me gustaba ______
4. Te doy una llave para que abras cuando regreses
   Te daré ______
   Te di ______
   Te daría ______
   Te habría dado ______
5. Espero que habléis español antes de que termine el curso
   Esperaba ______
   Esperaría ______
   Esperará ______

6. Saldrá aunque esté lloviendo
Salid ______________________________
Habría salido ______________________________
Saldría ______________________________
Habrá salido ______________________________
Salió ______________________________
Ha salido ______________________________
Salía ______________________________

7. Me alegro de que hayas salido con Roberto
Me hubiera alegrado ______________________________
Me alegré ______________________________
Me habría alegrado ______________________________
Es posible que se alegre ______________________________
Me alegraría ______________________________
Me alegraré ______________________________

8. Es raro que no haya llegado aún
Era raro ______________________________
Será raro ______________________________
Sería raro ______________________________

9. No necesita que lo vea un siquiatra
No necesitaba ______________________________
No necesitará ______________________________
No necesitaría ______________________________
No ha necesitado ______________________________
No necesitó ______________________________
Acaso no necesite ______________________________

10. Les recomendé a Vds. que leyeran todos los días un poco de español
Les recomiendo ______________________________
Les recomendaría ______________________________
Les he recomendado ______________________________
Les habría recomendado ______________________________
Les recomendé ______________________________
Les había recomendado ______________________________

11. Quiero que alquiles un apartamento que no sea muy caro
Quería ______________________________
Quise ______________________________
Habría querido ______________________________

12. Es un buen método para que la gente deje de fumar
Sería ______________________________
Fue ______________________________
Será ______________________________
Hubiera sido ______________________________
Era ______________________________
Posiblemente sea ______________________________

13. Nos piden que les traigamos un recuerdo de España
Nos habían pedido ______________________________

Nos pidieron ______________________________

Nos han pedido ______________________________

Nos pedirán ______________________________

Nos pedían ______________________________

Les habrán pedido ______________________________

14. Me molesta que no la hayáis invitado a la fiesta

Me habría molestado ______________________________

Me molestó ______________________________

Me molestará ______________________________

Me molestaría ______________________________

Le habrá molestado ______________________________

15. Será una buena ocasión para que conozcas a Susana

Sería ______________________________

Era ______________________________

Es ______________________________

Espero que sea ______________________________

Fue ______________________________

Hubiera sido ______________________________

Tal vez haya sido ______________________________

Habría sido ______________________________

XLVI. Correlación de tiempos. Sustitúyase el infinitivo en las frases siguientes por la forma correspondiente de subjuntivo.

Modelo: Quiero salir un momento.
(que tú)
Quiero que salgas un momento.

1. Es estupendo estar aquí los dos, solitos.
(que nosotros poder) podamos
2. Nos veremos antes de jugar el partido.
(antes de que los juveniles) juegen
3. Me gustaría ir a Toledo durante este curso.
(que todos ustedes) ~~vayan~~ fueran ~~viniera~~
4. Mis padres han comprado una tienda de campaña para viajar y hacer camping los fines de semana. viajemos hagamos
(para que nosotros)
5. Fue una gran suerte estar allí.
(que Elvira) estuviera
6. Era necesario hacer lo que indicaba aquel señor.
(que la gente) hiciera
7. Lo compro todos los meses para aprender un poco sobre computadoras.
(para que los niños) aprendan
8. Puso el tocadiscos para escuchar una canción.
(para que sus amigos) escucharan
9. Nos llamaron para escribir entre todos el manifiesto.
(para que nosotros) escribiéramos

10. Espero estar de vuelta antes de las ocho.
(que Fernando) esté
11. Me habría gustado haber estado allí en aquel momento.
(que ustedes) hubieran
12. Sólo deseo tener unas horas libres al día.
(que tú) tengas
13. Te llamaré antes de salir para Mallorca.
(antes de que el barco) salga
14. Sentiría mucho tener que recurrir a medios violentos.
(que las dos superpotencias) tuvieran
15. Hemos estado dos meses en España para conocer mejor su lengua y su cultura.
(para que nuestros alumnos) conocieran
16. Quieren salir inmediatamente del país.
(que nosotros) salgamos
17. Sentía haberme comportado así contigo.
(que aquel bruto) se haya
18. Me molesta haber llegado tarde.
(que tú) hayas
19. No nos permitieron sacar del país más que **cuatro cosas**.
(que nosotros) sacáramos
20. Necesitábamos salir cuanto antes de aquel infierno.
(que los niños) salieran
21. No te dejaré marchar sin haber probado antes la buena comida salmantina.
(sin que tú) hayas
22. Es suficiente con conocer el idioma.
(con que vosotros) conozcáis
23. Me conformaría con poder mantener una conversación totalmente correcta en español.
(con que vosotros) pudierais
24. Para eso es necesario dominar el uso del subjuntivo y practicar mucho.
(que ustedes / y que ustedes) dominen practiquen
25. ¿Sólo con practicar lo conseguiremos?
(sólo con que nosotros) practiquemos
26. Es lo fundamental para llegar a dominar el español.
(para que vosotros) lleguéis
27. ¿Hay algún idioma que se pueda aprender sin esforzarse?
(sin que los estudiantes) se esfuercen
28. El mejor método para aprender es el esfuerzo personal y la ayuda del profesor.
(para que los alumnos) aprendan
29. ¿Hay algún sistema para motivar a los estudiantes?
(para que los estudiantes se) se motiven
30. Es una buena pregunta para meditar detenidamente sobre ella.
(para que el profesor) medite

XLVII. Correlación de tiempos. Pónganse en pasado las frases siguientes.

1. Te lo digo así para que no haya problemas. dije hubiera
2. Te llevo conmigo con tal de que paguemos a medias la gasolina. llevé pagáramos

3. No le fiaré ni un duro más, a menos que me firme el correspondiente recibo.
4. No creo que eso sea verdad.
5. Viene todos los días a que lo invitemos a la fiesta.
6. Es un negocio ruinoso, salvo que levanten más hoteles y se invierta en infraestructura.
7. Te llamo antes de que te enteres por otro medio.
8. Le diré que se quede en casa.
9. Todos los días me pide que salga con él a dar un paseo.
10. Le diré que, como vuelva a repetirse eso, me enfadaré.

XLVIII. Correlación de tiempos. Complétense los puntos suspensivos con la forma adecuada de subjuntivo.

1. No esperaba que (venir, tú).................... hoy.
2. No creo que (llegar, ella).................... todavía.
3. No puedo creer que (ser, tú).................... tan tonto.
4. Me encantaba que (venir, tú) .... a verme.
5. Me gustaría que (salir, nosotros) .... esta noche a cenar.
6. Te he comprado unas pastillas para que te las (tomar, tú)....................
7. Sentiré que te (marchar, tú).................... de Salamanca.
8. Sentí que no (estar, tú).................... allí.
9. Sentí que te (marchar, tú).................... ya cuando llegué.
10. Mucho me temo que no (comprender, tú).................... nada de lo que te he dicho.
11. Si hubieras estado allí, te habría pedido que me (echar).................... una mano.
12. Me pidió que le (ayudar).................... y lo hice.
13. Yo te aconsejaría que (tener).................... más cuidado con lo que dices.
14. Cuando llegabas me decías siempre que te (dar).................... un beso, ¿recuerdas?
15. Ha sido muy raro que (protestar, él)....................
16. Sería estupendo que (poder, tú).................... venir conmigo.
17. Es que quieren que lo (hacer).................... yo.
18. Prefiero que os (quedar).................... aquí hasta mañana.
19. No creo que (saber, él).................... una palabra del asunto.
20. No te preocupes, hablaré con él antes de que (irse)....................
21. Necesitaba en aquel momento a alguien que (hablar).................... perfectamente español.
22. Iré a cualquier sitio donde (poder).................... descansar.
23. Comeremos cuando (llegar).................... María.
24. Me dijo que comeríamos cuando (llegar).................... María.
25. Si me hubierais avisado, habría esperado hasta que (regresar, vosotros)....................
26. Era extraño que (llamar, ellos).................... a aquella hora.
27. Es difícil que ese hombre (poder).................... comprender algo.
28. Como no (estudiar, tú).................... más me enfadaré.
29. Me dijo que, como no (estudiar).................... más, se iba a enfadar conmigo.
30. La vida moderna exige que (conocer, nosotros).................... más de un idioma.
31. Espero que (ir, vosotros).................... teniendo menos problemas con la correlación de tiempos.
32. Avisaré tan pronto como (llegar).................... Juan.
33. Fue necesario que la (ver).................... el médico.
34. Yo os pediría que no (hablar).................... más de política.
35. Espero que (comprender).................... y no (enfadarse)....................

36. Te dije que te llamaría cuando (llegar)............................ Andrés.
37. Con dinero podríamos ir a donde (querer)............................
38. Le pareció muy mal que nos (marchar)............................ tan temprano.
39. Estuve hablando con él antes de que se (ir)............................
40. Pídele tú que (quedarse)............................ un día más.
41. Me encantaba que me (contar)............................ todo lo que habías hecho en el colegio.
42. Puso un disco para que lo (oír)............................
43. Aquella situación exigía que nos (esforzar)............................ más.
44. Decidle que ya no lo necesitamos y que nos (dejar)............................ tranquilos.
45. Querían que (ir, nosotros)............................ a su casa.
46. Te lo he comprado para que lo (leer)............................, claro.
47. Llamaron para que (saber, nosotros)............................ que venían el fin de semana.
48. Es culpable, aunque lo (absolver)............................
49. **Me sacó de mis casillas** que (romper, vosotros)............................ los cristales.
50. Fue una suerte que (estar, nosotros)............................ todavía allí.

XLIX. Correlación de tiempos. La automatización de este aspecto es básica para hablar y escribir correctamente español. Para ello, los estudiantes —en clase bajo la dirección del profesor o en casa— harán libremente frases valiéndose de la siguiente lista.

LISTA DE VERBOS PARA EJERCICIOS ORALES

— COMER
— CORRER
— DORMIR
— MADRUGAR
— ESTUDIAR
— TRABAJAR
— LEER
— VIAJAR
— ABRIR
— SUBIR
— BAJAR
— COMPRAR
— FUMAR
— VISITAR
— CANTAR
— VER
— LLORAR
— CONOCER
— LLEVAR
— VENDER
— VENIR
— HACER
— JUGAR
— ESCRIBIR
— TERMINAR
— LLEGAR
— MIRAR
— CERRAR
— IR
— SONREÍR
— ENCENDER
— APAGAR
— BUSCAR
— ACARICIAR
— PEGAR
— AYUDAR
— ACONSEJAR
— REGALAR
— APRENDER
— ENSEÑAR
— TENER
— SER
— ESTAR
— INVITAR
— BEBER
— SENTARSE
— CALLARSE
— LAVARSE
— DIVERTIRSE
— ACOSTARSE

TEMA II

LAS FRASES DEL ESPAÑOL. ESTRUCTURAS SIMPLES

ESQUEMA GRAMATICAL

— Tipos de frases del español

- Frases simples: un solo verbo: |————————|

- Frases compuestas: dos o más verbos. Tipos:

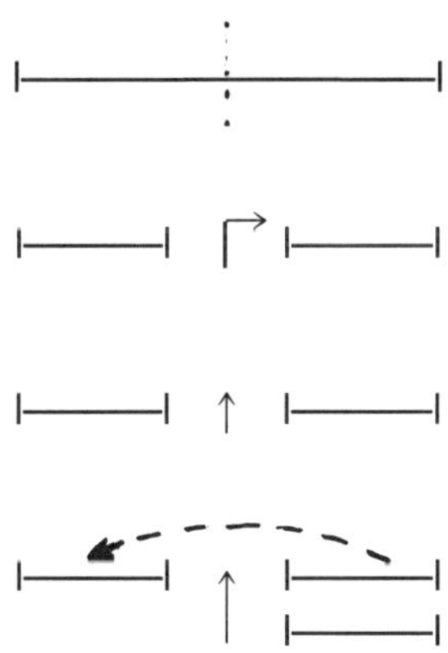

a) (relación sintáctica entre 1.ª y 2.ª parte)

b) (lo importante es la partícula, la conjunción)

c) (sintácticamente independientes)

d) (indicativo/subjuntivo creadores de mundos distintos)

— Construcción de las frases u oraciones simples[1]

a) Lo general: afirmación / negación / pregunta

INDICATIVO

1. Válido también para la llamada *oración principal* en las frases compuestas.

Ej. (¿) Pedro (no) ESTUDIAR español (?) { **estudia** / **estudió** / **estudiaba** / **ha estudiado** / **había estudiado** / **estudiará** / etc.

b) Partículas

1. deseo: QUE; OJALÁ (QUE), ASÍ
→ **SUBJUNTIVO**

Ejs.

puedo ir → **ojalá** PUEDA ir

viene este fin de semana → **que** VENGA, Dios mío

muérete → **así** te MUERAS

1a. deseo hipotético o poco probable:
AH SI, QUIÉN
→ **SUBJUNTIVO** (cantara/hubiera cantado)

Ejs.

puedo hacerlo → **ah si** yo PUDIERA hacerlo

lo **hice** → **ah si** yo lo HUBIERA HECHO

no **soy** como tú → **quién** FUERA como tú

estuve allí → **quién** HUBIERA ESTADO allí

2. posibilidad: TAL VEZ, QUIZÁ(S), POSIBLEMENTE, SEGURAMENTE, ACASO...
→ **SUBJUNTIVO/INDICATIVO**

Ejs.

viene mañana → **quizás** VENGA mañana, no sé

ha venido hoy → **posiblemente** HAYA VENIDO/HA VENIDO hoy y no lo hemos visto

2a. posibilidad: PUEDE QUE
→ **SUBJUNTIVO**

Ejs.

viene mañana → **puede que** VENGA mañana, no sé

2b. posibilidad: A LO MEJOR

|——————————————|

⇩

INDICATIVO

Ej.

viene mañana → **a lo mejor** VIENE mañana, no sé.

c) mandatos, órdenes

|——————————————|

⇩

IMPERATIVO/SUBJUNTIVO[1]:

VE .... NO VAYAS
VAYA/NO VAYA usted
VAYAMOS/NO VAYAMOS
ID .... NO VAYÁIS
VAYAN/NO VAYAN ustedes

d) hipótesis en el pasado

|——————————————|

⇩

SUBJUNTIVO (hubiera cantado)/[habría cantado]

Ejs.

HUBIERA SIDO mucho mejor el otro hotel.
HABRÍA SIDO mucho mejor el otro hotel.

e) deseo: deseo, sin uso de partícula

|——————————————|

⇩

SUBJUNTIVO

Ejs.

¡**VIVA** el rey!
DESCANSE en paz

• Las reglas de los apartados b), c), d) y e) tienen **valor universal**, es decir, se aplican necesariamente con preferencia a cualquier otra regla:

Ejs.

– { creo que **viene** mañana
creo que **hubiéramos/habríamos estado** mejor en el otro hotel

– { no ha venido porque **está** enfermo
no ha venido porque puede que **esté** enfermo }

– { hay tanta gente que no **podemos** entrar
hay tanta gente que ojalá no **podamos** entrar
hay tanta gente que quizá no **podamos** entrar }

EXPLICACIÓN Y AMPLIACIÓN GRAMATICAL

— Tipos de frases del español

• **Cuestión previa:** este apartado es puramente teórico y hay que entenderlo en un sentido instrumental. No se trata, pues, de que el estudiante tenga que retener nada en la memoria, sino de comprender estos fundamentos, que luego nos permitirán aplicar eficazmente el método.

• **Frases simples**

Como es sabido, son las que tienen un solo verbo:

Ana *llegó* ayer
Antonio *tocaba* la guitarra
Julia *es* guapa

son ejemplos de frases simples. Estas frases las representaremos así: I————I Y serán estudiadas en este mismo tema.

• **Frases compuestas**

• Se le da este nombre —entre otros— a las frases complejas de dos o más verbos. De manera que, si en la frase

Ana llegó ayer

queremos precisar más el tiempo, podríamos decir por ejemplo:

ana *llegó* ayer cuando **estábamos** reunidos

con lo cual estaríamos ante una frase compuesta[1].

De igual modo, la frase:

Antonio tocaba la guitarra

se puede convertir en una estructura compleja causal si decimos:

Antonio *tocaba* la guitarra porque *sentía* realmente necesidad de ello.

1. Concretamente ante una *oración compuesta subordinada adverbial temporal*, pero las etiquetas gramaticales no nos interesan.

- Todas las estructuras complejas del español pertenecen a alguno de los tipos recogidos en el ESQUEMA:

a) I————————I Las frases de este tipo forman un bloque único semántico, tonal y sintáctico, por lo que **la segunda parte de la frase depende de la primera**; si se introducen determinados cambios en el primer miembro, automáticamente cambia el segundo:

- creo que lo **ha hecho** él
  no creo que lo **haya hecho** él

- hay tanta cola que no **podremos** entrar
  ojalá haya tanta cola que no **podamos** entrar

Es decir, en la primera pareja de ejemplos, la aparición de un elemento negativo —en este caso el adverbio **no**— en la primera parte supone el subjuntivo en la segunda. En la segunda pareja —en las gramáticas reciben el nombre de *consecutivas*— el subjuntivo del primer miembro arrastra también hacia el subjuntivo al segundo verbo.

- Las frases de este tipo son realmente complejas y crean serias dificultades al hablante extranjero de español. Pero tampoco hay que alarmarse...

b) I————I ⌈→ I————I Las frases compuestas de este tipo constituyen una unidad de sentido o unidad semántica como las de a), pero la sintaxis del segundo miembro no depende del primero. **Lo importante en este caso es la partícula, la conjunción** (⌈→ en la representación gráfica), que es la que lleva al uso del indicativo, del subjuntivo o del infinitivo. Así:

— «si abrimos la boca y decimos»[1] **antes de que**, *necesariamente* —en el sentido filosófico del término— vendrá detrás una forma del **subjuntivo**; de lo contrario, la frase jamás será correcta en español:
  pude hablarle antes de que **subiera** al coche

— si abrimos la boca y decimos **si bien (no)** → **indicativo:**
  constituyó un gran triunfo, si bien no **conviene** olvidar que...

— si, en fin, decimos **sin que** → **subjuntivo:**
  se lo quité sin que se **diera** cuenta

- Estas frases, evidentemente, son mucho más fáciles que las del tipo a) y deben plantear menos problemas al hablante extranjero. De hecho, se trata sólo de conocer —y luego automatizar— cómo se construye cada partícula.

1. El estudiante debe ir acostumbrándose a esta expresión porque se utilizará con alguna frecuencia.

c) |————| ↑ |————| Este tercer tipo constituye también una unidad de sentido y los dos miembros de la frase van ligados por una partícula, pero de mero valor semántico; de manera que **los dos miembros de la frase son sintácticamente independientes y se construyen como dos frases simples** (por esto la flecha vertical ↑ en el gráfico). Así, de acuerdo con lo señalado en el ESQUEMA para la construcción de las frases simples:

— si se afirma, se niega o se pregunta ⇒ **indicativo:**

son las ocho y no ha llegado, así que { **vamos** a empezar / no **podemos** esperar más / ¿qué **hacemos**?

— si hay una partícula → subjuntivo ⇒ **subjuntivo:**

son las ocho y no ha llegado, así que posiblemente no **venga**

— si se da una orden ⇒ **imperativo/subjuntivo:**

son las ocho y no ha llegado, así que { **vete** tú a ver si... / no **hagas** nada hasta...

— si se alude, en fin, a un hecho hipotético en el pasado → **subjuntivo (hubiera cantado)/habría cantado:**

son las ocho y no ha llegado, así que { **hubiera sido** mejor... / **habría sido** mejor...

• Las frases de este tercer tipo no constituirán, lógicamente, problema alguno para el hablante avanzado de español.

d) 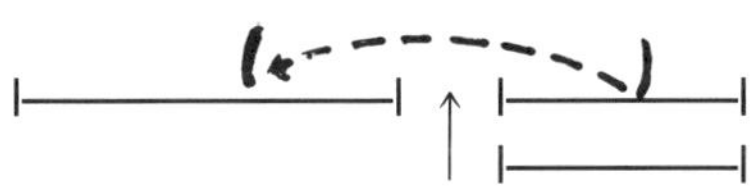 El cuarto y último tipo de frases compuestas responde al esquema que pretendemos simbolizar en el dibujo: la flecha en posición vertical indica que el elemento de unión no ejerce influencia en la sintaxis de la frase; la flecha de trazos discontinuos señala que puede haber —pero no necesariamente— algún tipo de relación entre el segundo y el primer miembro, y por último, la doble línea horizontal en la segunda parte quiere simbolizar que puede aparecer tanto el indicativo como el subjuntivo.

Son ejemplos de este tipo frases como:

- { voy a casarme con una chica que **cocina** muy bien / voy a casarme con una chica que **cocine** muy bien
- { se quedará unos días más en la cama, aunque ya **está** mejor / se quedará unos días más en la cama, aunque ya **esté** mejor

• En las frases de los tipos a), b) y c) los errores producen, por lo general, estructuras agramaticales, es decir, inaceptables, pero comprensibles e inconfundibles con otras. Si alguien dice:

quiero que ***vienes** conmigo

comete un error gramatical, pero sin mayor trascendencia, ya que esa frase no se opone a la correcta:

quiero que **vengas** conmigo

En cambio, las frases del tipo d), fuera de todo contexto o situación, admiten, generalmente, indicativo y subjuntivo, pero con un **cambio de sentido**, ya que en ellas el uso de uno u otro modo verbal no es una simple cuestión formal, sino que **el indicativo y el subjuntivo crean mundos, es decir, contextos o situaciones distintos,** y un error, por lo tanto, puede impedir que transmitamos realmente lo que queremos decir e incluso confundir a nuestro interlocutor.

- Las frases de este cuarto tipo constituyen, sin duda alguna, la mayor dificultad para el hablante extranjero de español. Pero el uso del indicativo o el subjuntivo en ellas responde a unas reglas muy precisas, que analizaremos en su momento.

- **Comentario:** el estudio de cada una de las distintas estructuras del español, en los temas siguientes de este libro, irá encabezado por el gráfico del tipo de frase al que pertenecen, con lo cual el estudiante tendrá, de un modo instantáneo y visual, conocimiento inmediato de la sintaxis de esas estructuras.

— Construcción de las frases u oraciones simples

- **Cuestión previa:** recordemos que estas reglas son aplicables también a la *oración principal* de las frases compuestas. Por otra parte, advertiremos que algunos de los aspectos que se tratarán en este apartado son, por elementales, conocidos para un estudiante de nivel avanzado; pero hemos preferido incluir hasta lo más elemental para ofrecer un método y un análisis completos.

a) **Regla general:** si se afirma, se niega o se pregunta ⇒ **INDICATIVO**

Para el ejemplo, véase el ESQUEMA. Los elementos que aparecen entre paréntesis se usarán o no usarán según que el ejemplo sea afirmativo, negativo o interrogativo[1]. Y para la idea

«Pedro ESTUDIAR»

se usará la correspondiente forma del indicativo, según lo que el hablante quiere expresar, de acuerdo con los valores analizados en el tema I.

1. Señalaremos aquí, de un modo general, que el paréntesis en los ejemplos significa que el elemento incluido en él puede o no usarse, o bien uso alternativo.

b) **Partículas:**

1. **deseo**

- si abrimos la boca y decimos **que, ojalá(que), así** ⇒ **SUBJUNTIVO**.
  De manera que Laura, por ejemplo, puede informarnos de lo siguiente:
  mi «amigo» **viene** a verme este fin de semana
  Pero la misma Laura puede pasarse la hora entera de la clase de español pensando en su amigo y diciéndose:
  que **venga,** Dios mío; que **venga,** que **venga**

- **ojalá (que)** puede usarse con las cuatro formas de subjuntivo, con los distintos valores que ya conocemos:
  ojalá **venga** [hoy o mañana]
  ojalá **haya venido** [esta mañana o para entonces]
  ojalá **viniera** [hoy o mañana, pero es difícil o imposible que venga]
  ojalá que **llegara** [ayer]
  ojalá **hubiera venido** [ayer, pero no vino; o para entonces, pero es difícil o imposible que eso suceda]

- **así,** igualmente, puede usarse con las cuatro formas, pero su uso es más restringido y se limita prácticamente a frases exclamativas que encierran una maldición:
  ¡así te **mueras**, desgraciado!
  ¡así te **coja** un coche y te, te...!
  ¡así te **hubieras quedado allí frito**!

- **que**, para expresar deseo en una frase simple, suele emplearse sobre todo con las formas **CANTE** y **HAYA CANTADO**:
  que **apruebe**, virgencita, que **apruebe**
  que no **haya habido** muertos

  — con la forma **CANTARA** reclama generalmente su inclusión en una frase compleja:
  — ¿Qué era lo que más deseabas en aquel momento?
  — Que me **perdonara** ella.

  — **que + hubiera cantado** se usa habitualmente para referirse a un hecho no realizado en el pasado, con el significado de «no me importa» (al hablante), «allá él» (el no-ejecutor de la acción), «que asuma o cargue él con las consecuencias o con la responsabilidad»:
  que **hubiera estudiado** más
  que no **hubiera sido** tonto

PRÁCTICA

I. Los estudiantes expresan deseos libremente, encabezados por las partículas **ojalá (que)** y **que**. Se hará uso de las distintas formas verbales.

II. Los estudiantes, bajo la dirección y control del profesor, se desean amistosa, ingeniosa y libremente toda clase de males. Pero ateniéndose a los modelos.

Modelo 1:
Estudiante 1: así se te caiga encima la puerta y te mate.
Estudiante 2: y a ti ojalá se te salten los ojos.

Modelo 2:
Estudiante 1: así te hubieras roto allí la cabeza.
Estudiante 2: y tú ojalá que no lo hubieras podido contar.

Modelo... (pueden usarse otras formas verbales)

III. Los estudiantes dialogan libremente según el modelo.
Estudiante 1: lo han suspendido/lo suspendienron [información sobre un hecho pasado cualquiera, próximo o lejano]
Estudiante 2: **¡y a mí qué**! que hubiera estudiado/**allá él,** que hubiera estudiado/**que se fastidie** (y) que hubiera estudiado/...

1a **deseo hipotético o poco probable**

- si se abre la boca y se dice **ah si**, o bien **quién** con valor de deseo ⇒ **SUBJUNTIVO** (formas: **cantara/hubiera cantado**).
  De manera que Carmen, por ejemplo, puede decirnos:
  este verano voy a pasar dos meses en Ibiza
  ante lo cual podríamos exclamar:
  ¡quién **pudiera** hacer lo mismo!

- **ah si** y **quién** sólo pueden construirse con las formas **CANTARA** o **HUBIERA CANTADO**[1]. Por lo tanto, sólo se usan para expresar lo muy poco probable o,más frecuentemente, lo imposible en el pasado, en el presente o en el futuro:
  ah si yo **tuviera** [hoy o mañana]
  ah si lo **hubieras resuelto** ya [ayer o para entonces]

1. En el caso de **ah si** se explica por la presencia de **si**. Como veremos en su momento, la partícula condicional **si** sólo admite esas dos formas en subjuntivo. Y lo mismo sucede con **como si** y **por si**.

¡quién lo **tuviera**! [hoy o mañana]
¡quién lo **hubiera hecho**! [ayer][1]

- **ah si** puede construirse con todas las personas verbales: ah si **pudiera** (yo, él), ah si **pudieras,** ah si **pudiéramos,** etc., y, por lo tanto, es apto para expresar deseos propios o para los demás. **Quién,** en cambio, sólo admite la construcción con la forma **pudiera** y expresa únicamente los deseos propios del hablante.

PRÁCTICA

IV. Los estudiantes expresan libremente deseos referidos al pasado, al presente y al futuro con **quién**.

V. Lo mismo con **ah si,** pero dirigiéndose a un compañero.

2. **Posibilidad**

- detrás de las partículas **tal vez, quizá(s), acaso, probablemente, seguramente, posiblemente...,** puede aparecer, en principio, **SUBJUNTIVO/INDICATIVO:**
  seguramente **esté/está** en casa
  quizá **haya venido/ha venido** esta mañana y...

- aunque el uso del indicativo parece estar extendiéndose cada vez más, el español cuidado, culto sigue prefiriendo el subjuntivo; sobre todo referido al futuro:
  quizás **venga** mañana, no sé

- cuando la partícula va detrás del verbo, en este caso sí, se usa siempre el indicativo:
  es, tal vez, de lo merjorcito que yo he visto.
  Este uso es muy frecuente en la lengua hablada para atenuar una afirmación; pero también se utiliza en el español escrito como expresión intermedia entre la afirmación rotunda y la posibilidad estricta:
  el autor **ha descubierto...** ≠ el autor **quizá haya descubierto...** ≠ el autor **ha descubierto, quizás...**
  En la lengua hablada, más que cualquiera de las partículas mencionadas, se usa, como inciso, **creo:**
  es, creo, de lo mejorcito que yo he visto

- hay que tener en cuenta que **seguramente** no es **seguro:**

1. Es difícil con **quién** referirse al futuro anterior.

— **seguramente ⇒ SUBJUNTIVO/INDICATIVO,** como ya sabemos.
— **seguro** o **es seguro ⇒ INDICATIVO:**
seguro que **está** en casa

Asimismo, no hay que confundir **probablemente** y **posiblemente** con **es probable** y **es posible:**

— **probablemente** y **posiblemente ⇒ SUBJUNTIVO/INDICATIVO**
— **es probable** y **es posible ⇒ SUBJUNTIVO:**
probablemente **ha/haya venido** él y se lo **ha/haya llevado**

es probable que **haya venido** él y se lo **haya llevado**

- recordaremos, por último, que en el español conversacional, en frases cortas y rápidas, la probabilidad, la posibilidad, o la duda —la no certeza en general— se expresa habitualmente con las correspondientes formas de indicativo:
  estará en casa, no sé
  mejor que:
  tal vez esté/está en casa, no sé.

PRÁCTICA

VI. Léanse las siguientes frases. A continuación repítanse comenzando por la partícula. Por último, exprésese lo mismo sin partícula.

1. Ha sido, seguramente, Pedro.
2. No recuerdas, quizás, bien el número.
3. Se tratará, posiblemente, de una broma.
4. Entró allí, tal vez sin darse cuenta.
5. Habrás aprendido mucho, probablemente.
6. Había bebido, quizás, más de lo debido.
7. Estaría, seguramente, borracho.
8. Caminamos, posiblemente durante más de dos horas.
9. Será, acaso, así.
10. Ha ido, seguramente, a hablar con el cura.

2a) **Posibilidad**

- Si abrimos la boca y decimos la expresión **puede que,** detrás usaremos necesariamente **SUBJUNTIVO.** Su uso es muy frecuente en el español conversacional:
  puede que **tengas** razón
  puede que **esté** en casa
  puede que **venga** mañana, no sé.

2b) **Posibilidad**

- **a lo mejor** ⇒ necesariamente **INDICATIVO:**
  a lo mejor **tienes** razón
  a lo mejor **está** en casa
  a lo mejor **viene** mañana, no sé.

- **Comentario:** Con mucha frecuencia el hablante extranjero de español piensa que el indicativo es el modo de la realidad, de lo cierto, etc., y el subjuntivo el de lo inseguro, lo no cierto... Esto es básicamente falso y la causa de muchos de los errores. El uso del indicativo o el subjuntivo responde, en la mayor parte de los casos, a una mera y simple cuestión formal[1], tal como se verá y repetiremos con frecuencia a lo largo de este curso.

  En el caso concreto que ahora nos ocupa, una acción como la «posible llegada de alguien» se puede enunciar en español de las distintas formas que hemos visto, en las que aparecen indicativo y subjuntivo:

  quizás **venga** mañana, no sé

  quizás **viene** mañana, no sé

  puede que **venga** mañana, no sé

  a lo mejor **viene** mañana, no sé

  vendrá mañana, no sé.

c) **Mandatos, órdenes**

- Las distintas formas verbales, en función de que la orden sea afirmativa o negativa, o de que nos dirijamos a nuestro interlocutor de *tú* o de *usted,* quedaron reflejadas ya en el ESQUEMA.

- Recuérdese lo dicho sobre esta cuestión en el tema I.

1. Alguien, en un momento determinado, puede decir una frase como:
   se enfadó de que nos **riéramos**.
Pero el mismo hablante, en la misma ocasión y para referirse al mismo hecho, pude decir:
   se enfadó porque nos **reíamos.**
Evidentemente, lo expresado no es más ni menos cierto por el hecho de usar el indicativo o el subjuntivo; el uso de uno u otro se debe sencillamente a una diferencia formal: el primer tipo de estructura exige el subjuntivo y el segundo el indicativo.

d) **Hipótesis en el pasado**

- Para referirse a un hecho pasado hipotético, en principio, pueden usarse dos formas: **HUBIERA CANTADO / HABRÍA CANTADO:**
  hubiera sido mucho mejor el otro hotel
  habría sido mucho mejor el otro hotel
  son dos frases que, a modo de queja por ejemplo, podría utilizar, *indistintamente,* alguien descontento con el hotel elegido para pasar el fin de semana.

- La forma **HUBIERA CANTADO** es de uso universal, pero **HABRÍA CANTADO** tiene muchas restricciones:

  — En frases sin partículas —como las del ejemplo— por lo general pueden usarse indisdintamente las dos formas. Pero sólo cabe **HUBIERA CANTADO** cuando el hablante «se desentiende del hecho»:
  — Me han suspendido.
  — Pues muy bien, **hubieras estudiado** más.

  — En frases encabezadas por una partícula:

  - si la partícula → subjuntivo ⇒ **HUBIERA CANTADO:**
    ojalá **hubieras estado** allí

  - si la partícula → indicativo —o, la menos, lo admite ⇒ **HUBIERA CANTADO/HABRÍA CANTADO:**
    a lo mejor **habría sido** bueno decírselo
    a lo mejor **hubiera sido** bueno decírselo
    seguramente **habríamos estado** mejor allí
    seguramente **hubiéramos estado** mejor allí.

  — Lo señalado en el punto anterior es también válido para las frases compuestas. Así:

  — **creo que** → *indicativo,* luego son posibles las dos formas:
  creo que **habrías hecho** mal
  creo que **hubieras hecho** mal

  — **no creo que**, en cambio, supone el uso del *subjuntivo*, luego sólo es posible:
  no creo que **hubieras obrado** bien
  — **porque,** por ejemplo, → *indicativo*, luego:

  lo hice porque, de lo contrario, **habría protestado**
  lo hice porque, de lo contrario, **hubiera protestado**
  — en cambio, **no porque** → subjuntivo, luego sólo:
  lo hice, no porque **hubiera hablado** antes con él...

  — En las frases condicionales y concesivas, en el miembro que lleva la partícula —**si, aunque**— sólo es posible la forma **HUBIERA CANTADO**, pero en el otro son posibles las dos:

si hubieras estado allí	lo **habrías visto** lo **hubieras visto**
aunque hubieras estado allí	no **habrías visto** nada no **hubieras visto** nada

- **Regla práctica:** dado que la forma **HUBIERA CANTADO** es posible en todos los casos, para evitar problemas y posibles errores, nos atreveríamos a aconsejar que se utilizara sólo esa forma, y se dijera por lo tanto:
  hubiera sido mejor el otro hotel
  hubieras estudiado más
  ojalá **hubieras estado** allí
  a lo mejor **hubiera sido** bueno decírselo
  seguramente **hubiéramos estado** mejor allí
  creo que **hubieras hecho** mal
  no creo que **hubieras obrado** bien
  lo hice porque, de lo contrario, **hubiera protestado**
  lo hice, no porque **hubiera hablado** antes con él...
  si **hubieras estado** allí...
  aunque **hubieras estado** allí...

e) **La expresión de deseo sin uso de partículas**

- Se trata, por lo general, de modismos o frases hechas en las que se utiliza siempre el subjuntivo. Suelen ser frases exclamativas:
  ¡**Viva** el rey!
  ¡**Mueran** las cadenas!
  ¡Dios te **oiga**!
  ¡La Santísima Virgen y todos los santos nos **cojan** confesados!
  ¡Ahí se las **den** todas!
  que el estudiante deberá aprender como cualquier otro modismo o trase coloquial.

- **Valor universal de las reglas**

- Las reglas de los apartados b), c), d) y e)tienen **valor universal** y se aplican antes que cualquier otra regla particular. Es decir, en los temas que vienen a continuación analizaremos las distintas estructuras del español y daremos en cada caso las reglas propias o particulares por las que se rigen esas estructuras; pero esas reglas particulares tendrán —se señale o no se señale en cada momento— unas **excepciones universales**: las que acabamos de estudiar en los apartados indicados.

- Así, es cosa sabida de todos los estudiantes de este nivel que **creo que** se construye con indicativo; de manera que decimos, por ejemplo:

  creo que **viene** mañana

  Pero una frase como:

  creo que **hubiéramos estado**[1] mejor en el otro hotel

  en la que, como se ve, usamos el subjuntivo, no debe sorprendernos ya porque se trata simplemente de un **valor o excepción universales:** los hechos hipotéticos en el pasado se expresan con la forma **HUBIERA CANTADO.**

- Esto es válido para cualquier tipo de estructura. En su momento veremos que, si decimos **porque** causal, detrás vendrá una forma de indicativo:

  no ha venido porque **está** enfermo

  Pero si entre *porque* y el verbo intercalamos una partícula que implica el uso del subjuntivo, entonces se usará, **por el valor universal de esa partícula**, la correspondiente forma de subjuntivo:

  no ha venido porque puede que **esté** enfermo

- O, en fin —para explicar el último ejemplo del ESQUEMA—, hay un tipo de estructuras, las consecutivas de intensidad, en las que una regla nos dice que, si la primera parte es afirmativa e indicativo, la segunda se construye también en indicativo:

  hay tanta gente que no **podemos** entrar

  Pero si intercalamos **ojalá,** por ejemplo, la regla particular deja de actuar ante esa **partícula universal:**

  hay tanta gente que ojalá no **podamos** entrar

1. También **habríamos estado.**

COMENTARIO DE TEXTOS

TEXTOS LITERARIOS: I

ROMANCE SONÁMBULO

FEDERICO GARCÍA LORCA

Verde que te quiero verde.
Verde viento verdes ramas.
El barco sobre la mar
y el caballo en la montaña.
Con la sombra en la cintura
ella sueña en su baranda,
verde carne, pelo verde,
con ojos de fría plata.
Verde que te quiero verde.
Bajo la luna gitana,
las cosas la están mirando
y ella no puede mirarlas.

* * *

Verde que te quiero verde.
Grandes estrellas de escarcha
vienen con el pez de sombra
que abre el camino del alba.
La higuera frota su viento
con la lija de sus ramas,
y el monte, gato garduño,
eriza sus pitas agrias.
¿Pero quién vendrá? ¿Y por dónde...?
Ella sigue en su baranda,
verde carne, pelo verde,
soñando en la mar amarga.

* * *

«Compadre, quiero cambiar
mi caballo por su casa,
mi montura por su espejo,
mi cuchillo por su manta.
Compadre, vengo sangrando
desde los puertos de Cabra».
«Si yo pudiera, mocito,
este trato se cerraba.
Pero yo ya no soy yo.
Ni mi casa es ya mi casa».
«Compadre, quiero morir
decentemente en mi cama.
De acero, si puede ser,
con las sábanas de Holanda.
¿No ves la herida que tengo
desde el pecho a la garganta?»
«Trescientas rosas morenas
lleva tu pechera blanca.
Tu sangre rezuma y huele
alrededor de tu faja.
Pero yo ya no soy yo.
Ni mi casa es ya mi casa».
«Dejadme subir al menos
hasta las altas barandas,
¡Dejadme subir!, dejadme
hasta las verdes barandas»

* * *

Barandales de la luna
por donde retumba el agua.
Ya suben los dos compadres
hacia las altas barandas.
Dejando un rastro de lágrimas.
Temblaban en los tejados
farolillos de hojalata.
Mil panderos de cristal
herían la madrugada.

* * *

Verde que te quiero verde,
verde viento, verdes ramas.
Los dos compadres subieron.
El largo viento dejaba
en la boca un raro gusto
de hiel, de menta y de albahaca.

«¡Compadre! ¿dónde está? ¡Dime!
¿dónde está tu niña amarga?»
«¡Cuántas veces te esperó!
¡Cuántas veces te esperara,
cara fresca, negro pelo,
en esta verde baranda!»

* * *

Sobre el rostro de aljibe
se mecía la gitana.
Verde carne, pelo verde,
con ojos de fría plata.
Un carámbano de luna
la sostiene sobre el agua.
La noche se puso íntima
como una pequeña plaza.
Guardias civiles borrachos
en la puerta golpeaban.
Verde que te quiere verde.
Verde viento. Verdes ramas.
El barco sobre la mar.
Y el caballo en la montaña.

Nota: Profesor y alumnos tienen, por supuesto, entera libertad para comentar a su manera o según sus intereses el poema. El guión que sigue, por lo tanto, tiene un mero valor indicativo y podrá tenerse o no en cuenta una vez solventados los problemas léxicos y lingüísticos en general.

1. ¿Le gusta a usted el poema?
2. ¿De qué trata?
3. ¿Cómo describe a la muchacha el poeta?
4. ¿Por qué no puede mirar las cosas la muchacha?
5. ¿Quién llega a la casa?
6. ¿Con quién habla?
7. ¿Por qué dice el padre de la muchacha que su casa ya no es su casa?
8. ¿Qué versos del poema explican que el hombre que ha llegado viene gravemente herido?
9. ¿Qué metáfora usa el poeta para expresar la idea de sangre en la ropa del amante de la muchacha?
10. ¿Por qué cree usted que describe todo en términos de color verde?
11. ¿Qué color cree usted que tiene el agua estancada en un aljibe?
12. ¿De qué color era el cabello de la joven cuando aún vivía?
13. ¿Cómo había muerto la joven que se mecía sobre el rostro del aljibe?
14. ¿Quiénes golpean en la puerta al final del poema?
15. ¿Puede sugerir una idea que justifique la presencia de los Guardias Civiles?

TEMA III
SUSTANTIVAS

ESQUEMA GRAMATICAL

- **Tipo:** I—————————I

- Sustantivas = estructuras de:

  — **Verbo 1 + Que + Verbo 2:** quiero (V_1) que vengas (V_2).

  — **Verbo 1 + Infinitivo:** quiero (V_1) ir.

GRUPO I. Si el **verbo 1** = verbo de:

— entendimiento: **creer, pensar, comprender, entender, reconocer, opinar, considerar, juzgar, suponer, imaginar(se), figurarse, observar, comprobar, saber, deducir, recordar, acordarse (de), olvidar, averiguar, descubrir, adivinar, soñar, intuir...**

— sentido: **ver, oír, notar, observar, comprobar, darse cuenta, descubrir, sentir I,...**

— lengua: **contar, afirmar, narrar, escribir, comunicar, referir, confesar, murmurar, explicar, manifestar, contestar, revelar, jurar, sostener, indicar, responder, comentar, declarar, exponer, relatar, señalar, leer, mencionar, decir I,...**

- **el verbo 2 se construye:**

Ia) Si **verbo 1 afirmativo** ⇒ **INDICATIVO:**
creo que **ha llegado** esta mañana

Ib) Si **verbo 1 negativo** ⇒ **SUBJUNTIVO/indicativo:**
no creo que **haya llegado** todavía

- Ampliaciones de I:

— de Ia): sólo **las universales:**
creo que **hubiera sido** mejor lo otro
creo que quizás **sea** mejor quedarnos aquí

— de Ib):

b_1) Orden negativa ⇒ **INDICATIVO:**
no creas que **estoy** tonto

b_2) Pregunta negativa ⇒ **INDICATIVO:**
¿no crees que así **estoy** muchísimo más guapa?

b_3) Aun siendo negativo el verbo 1, a veces, puede aparecer el indicativo. Pero, por lo general, **siempre es posible el subjuntivo:**
creo que **aprobará**/no creo que **apruebe**

creo que **ha aprobado**/no creo que **haya aprobado**

no creo que **HAS APROBADO** = / ≠ no creo que **HAYAS APROBADO**

GRUPO II. Si el **verbo 1** = verbo de:

— sentimiento: **gustar, encantar, avergonzarse, molestar, fastidiar, dar pena, contentarse con, conformarse con, cansarse de, hartarse de, resignarse a, sufrir, aguantar, soportar, extrañarse de, admirarse de, consolar, doler, aburrir, divertir, entusiasmar, alegrar, alegrarse de, entristecer, apenar, lamentar, lamentarse de, quejarse de, sentir II...**

— voluntad o deseo: **querer, desear, preferir, aspirar a, pretender, intentar, apetecer, oponerse a, conseguir, lograr, hacer** (= «lograr»)...

— mandato u orden: **ordenar, mandar, decretar, decir II,...**

- consejo: **aconsejar, desaconsejar, recomendar, animar a, invitar a, incitar a,...**
- temor: **temer, tener miedo a/de...**
- petición: **pedir, rogar, suplicar, solicitar, procurar...**
- permiso y prohibición: **permitir, tolerar, consentir, dejar, acceder a, prohibir, impedir...**
- obligación: **obligar a, hacer** (= «obligar»),...
- y otros muchos verbos: **interesar, bastar con, ayudar a, esperar, esperar a, aguardar a, contribuir a, aventurarse a, exponerse a, criticar, aprobar** (= «parecer bien»), etc., etc.

- **el verbo 2 se construye:**

IIa) **Distintos sujetos** para verbo 1 y verbo 2 ⇒ **SUBJUNTIVO:**
me gustaría que **salieras** con él

no me gustaría que **salieras** con él

IIb) **Mismo sujeto** para verbo 1 y verbo 2 ⇒ **INFINITIVO:**
me gustaría **salir** con él

no me gustaría **salir** con él

- Ampliaciones de IIa):

  a_1) Los verbos **permitir, dejar, impedir, prohibir, mandar, ordenar, recomendar, obligar a, hacer** («obligar»), **ayudar a, animar a, invitar a, incitar a,** etc. admiten dos construcciones:

  - la general con **subjuntivo:**
    me prohibieron ustedes que **entrara**
  - la «inglesa» con **infinitivo:**
    me prohibieron ustedes **entrar**

- Algo similar ocurre con los verbos de sentido **ver** y **oír**:

  - construcción general con **indicativo:**
    vi que **salía** en aquel momento
    oigo que **canta** todas las mañanas
  - construcción «inglesa» con **infinitivo:**
    le vi **salir** en aquel momento
    le oigo **cantar** todas las mañanas

a_2) Algunos verbos de sentimiento —como **lamentarse, alegrarse, avergonzarse, quejarse,** etc.— que se construyen con **de que,** admiten dos construcciones:

- la general con **subjuntivo:**
  se lamenta de que su hijo **sea** mal estudiante
  me alegro de que **hayas venido**
  se avergüenza de que **sea** como es
  se queja de que le **hayan relegado**

- la «causal» con **indicativo:**
  se lamenta de que su hijo **es** mal estudiante
  me alegro de que **has venido**
  se avergüenza de que **es** como es
  se queja de que le **han relegado**

— **Variantes de Gr. I y de Gr. II**

1. Verbo 1 = locución o expresión de Gr. I o de Gr. II

- Si locución I: **es evidente, es cierto, es indudable, es indiscutible, es manifiesto, es patente, es obvio, es verdad, es seguro, es/está claro, está visto, está demostrado, dar a entender, dar la impresión (la sensación) de, dar(se) la coincidencia (la circunstancia, el hecho) de, darse cuenta de, caer en la cuenta de, hacerse la ilusión (la idea) de, dejar entrever (ver, notar...), ser consciente de, estar convencido de, estar seguro (de), me (le,...) consta, que conste, se ve, se conoce, resulta (resultó,...), pasa (pasaba,...), sucede (había sucedido,...), para mí que (no)** (= «creo», «pienso»),...

— el verbo 2 se construye como Gr. I:

Ia) Expresión **afirmativa** ⇒ **INDICATIVO:**
está claro que **ha sido** él

Ib) Expresión **negativa** ⇒ **SUBJUNTIVO:**
no está claro que **haya sido** él

- Si locución II: **es bueno, es malo, es mejor, es peor, es fácil, es difícil, es conveniente, es necesario, es raro, es curioso, es extraño, es milagroso, está bien, está mal, es probable, es improbable, es posible, es imposible, es útil, es inútil, es suficiente con, es estupendo, es magnífico, es maravilloso, es esencial, es imprescindible, es indispensable, es sorprendente, es natural, es justo, es injusto, es estúpido, es ridículo, es terrible, es horroroso, es lógico, es preciso, es un fastidio, es una lata, es una pena, es una suerte, es una ventaja, es una barbaridad, es una coincidencia, es un disparate,**

es una bobada, es una tontería, es una locura, es una lástima, es mentira, estar temiendo, estar temeroso de, estar decidido a, estar acostumbrado a, estar dispuesto a, estar asombrado de, estar maravillado de, estar sorprendido de, estar encantado de, estar contento de, estar orgulloso de, estar ilusionado con, estar satisfecho de, estar pendiente de, ser partidario de, tener interés en, me (le,...) interesa, no hay (la menor) posibilidad (esperanza, oportunidad...) de, a mí que (no), por mí que (no), qué suerte, hace falta, conviene, basta, puede ser, dar pena (rabia, gusto, alegría, tristeza, vergüenza,...), (ya) es hora de, (ya) va siendo hora de, no hay derecho a, más vale, vale más, etc., etc.

— el verbo 2 se construye como Gr. II:

IIa) **Distinto sujeto ⇒ SUBJUNTIVO:**

es bueno que **salgas** un poco todos los días

no es bueno que **salgas** tanto

IIb) «**Mismo**» sujeto (impersonal) ⇒ **INFINITIVO:**

es bueno **salir** un poco todos los días

no es bueno **salir** tanto

2. Verbo 1 = sustantivo de Gr. I o de Gr. II

- si sustantivo I: **la evidencia de, la seguridad de, la certeza de, el convencimiento de, la demostración de, la conciencia de, la noticia de, la prueba de, la creencia de, la objeción de, la convicción de, el pensamiento de, la idea de, la impresión de...**

— El verbo 2 se construye:

Ia) Sustantivo **afirmativo** ⇒ **INDICATIVO** [es raro el uso negativo]:

el convencimiento de que **estabas** obrando mal me hacía sufrir

Ib) **«Mismo» sujeto ⇒ INDICATIVO/INFINITO:**

el convencimiento de que **estaba** [yo] obrando bien no me permitía ver que...

el convencimiento de **estar** [yo] obrando bien no me permitía...

- si sustantivo II: **la posibilidad de, la sorpresa de, la oportunidad de, la esperanza de, la utilidad de, la conveniencia de, la dificultad de, la probabilidad de, el deseo de, la prohibición de, la dificultad de, la orden de, la sugerencia de, el peligro de, el temor de/a, el riesgo de, las ganas de, el motivo de, la razón de, la causa de, la culpa de, el modo de, la manera de, la forma de, la satisfacción de, la vergüenza de, la necesidad de, la importancia de, la costumbre de...**

— el verbo 2 se construye como Gr. II:

IIa) **«Distinto» sujeto ⇒ SUBJUNTIVO:**
la posibilidad de que **pudieras** pensar que ya no te quería me...

IIb) **«Mismo» sujeto ⇒ INFINITIVO:**
la posibilidad [mía] de **estar** [yo] equivocado me hacía pensar...

3. Verbo 1 = adjetivo de Gr. I o de Gr. II

- si adjetivo I: **seguro de, convencido de, consciente de, confiado en...**

— el verbo 2 se construye como Gr. I:

Ia) Adjetivo **afirmativo ⇒ INDICATIVO:**
Jaime, seguro de que le **estarían** esperando, avanzó lentamente...

Ib) Adjetivo **negativo ⇒ SUBJUNTIVO:**
Jaime, no muy seguro de que **estuvieran** esperándole, miraba con recelo...

- si adjetivo II: **temeroso de, decidido a, acostumbrado a, preocupado de/por, dispuesto a, asombrado de/por, sorprendido de/por, orgulloso de/por, encantado de/con, ilusionado con/por, partidario de, contento de/por, satisfecho de/por,...**

— el verbo 2 se construye como Gr. II:

IIa) **«Distinto» sujeto ⇒ SUBJUNTIVO:**
la mujer, encantada de que la **hayan invitado**, cuelga el teléfono y...

IIb) **«Mismo» sujeto ⇒ INFINITIVO:**
la mujer, encantada de **ser** la primera invitada, cuelga el teléfono y...

4. **El hecho de que:**

a) cuando encabeza la frase ⇒ **SUBJUNTIVO:**
el hecho de que no **hayan llamado** todavía creo que debe ser un motivo de satisfacción para todos

b) cuando va en el segundo miembro ⇒ **SUBJUNTIVO/INDICATIVO:**
creo que debe ser un motivo de satisfacción para todos el hecho de que no **hayan/han llamado** todavía

- Las expresiones afines **eso de que, esto de que** y **aquello de que:**

  — cuando equivalen a **el hecho de que** ⇒ **SUBJUNTIVO:**

  eso de que **hayan pasado** y no nos **hayan saludado** me preocupa

  — cuando llevan implícito (o explícito) un verbo de Gr. I (dicen, cuentan, se oye...) ⇒ **INDICATIVO:**
  eso de que **han pasado** y no **han saludado** a las autoridades es muy grave

5. **Es que (no) ⇒ INDICATIVO/No es que (no) ⇒ SUBJUNTIVO:**
no es que no **quiera** ir, créeme; es que precisamente hoy **tengo** un montón de cosas que hacer

6. **Menos que, salvo que, excepto que:**

— con verbo I ⇒ **INDICATIVO/SUBJUNTIVO**
me lo contó todo, excepto que **habíais/hubierais bajado** a la playa

— con verbo II ⇒ **SUBJUNTIVO/INFINITIVO**
me lo tenían prohibido todo, menos que **bajara** a la playa
me lo tenían prohibido todo, menos **bajar** a la playa

7. Estudio particular de algunos verbos

a) Doble significado:

DECIR ↗ I → «Comunicar, dar a conocer»
↘ II → «pedir, ordenar, aconsejar»

me dijo que se **quedaba** allí

me dijo que me **quedara** allí[1]

SENTIR ↗ I → «notar, darse cuenta, oír»
↘ II → «dar pena, lamentar»

1. Como **decir,** también: **indicar, comunicar, contestar, escribir, responder, recordar.**

sentía que algo en mi interior se **rebelaba**

sentía que las cosas **fueran** tan mal entre nosotros

DECIDIR ↗ I → «pensar, llegar a la conclusión»
↘ II → «querer, imponer el pensamiento propio»

Juana decidió que la separación **era** lo mejor para los dos

Juana decidió que nos **separáramos**[1]

COMPRENDER ↗ I → «darse cuenta»
↘ II → «aceptar»

comprendo que **estás** enfadada conmigo

comprendo que **estés** enfadada conmigo[2]

DUDAR ↗ **dudar:** verbo I negativo → «no saber, no estar seguro»
↘ **no dudar** ↗ I → «saber, estar seguro»
↘ II → «esperar, confiar, temer»

dudo que **llegues** algún día a ser alguien

no dudo (de) que **llegarás** algún día a ser alguien

no dudo de que un día **pueda** llegar a ministro / terminar en la cárcel

b) Verbos «vacíos»

INSISTIR ↗ I si remite a verbo I
↘ II si remite a verbo II

— Creo que no **ha hecho** nada condenable

(...)

— Insisto en que no **ha hecho** nada condenable

1. Lo mismo **pensar**.
2. También **entender, admitir, reconocer**.

— Yo pido que **venga** él personalmente a explicar aquí...

(...)

— Insisto en que **venga** aquí a explicarnos su...[1]

c) El verbo **PARECER**

1) **parecer =** «dar la impresión» → verbo I. Luego:
   - afirmativo ⇒ **INDICATIVO**
   - negativo ⇒ **SUBJUNTIVO**
   - pregunta negativa ⇒ **INDICATIVO**

   parece que **están** en casa

   no parece que **estén** en casa

   ¿no te parece que así **estoy** más guapa?

2) **parecer =** «comportarse, dar la impresión» → **COMO SI** ⇒ **SUBJUNTIVO (cantara/hubiera cantado)**

   parece como si **estuviera** en su casa

3) **parecer** → **QUE =** «como si» ⇒ **SUBJUNTIVO (cantara/hubiera cantado)**

   parece que **estuviera** en su casa

4) en preguntas, **parecer =** «querer» → vebo II ⇒ **SUBJUNTIVO:**

   ¿te parece que **salgamos** esta noche a cenar?

5) **parecer =** verbo semicopulativo (~**ser/estar**):

   5a) Expresión de Gr. I: **parece evidente, parece cierto, parece indudable, parece verdad, parece seguro, parece claro, parece demostrado,** etc. etc.

   — El verbo 2 se construye como Gr. I:

   Ia) Expresión **afirmativa** ⇒ **INDICATIVO:**

   parece (ser) cierto que **dijo** exactamente eso

   Ib) Expresión **negativa** ⇒ **SUBJUNTIVO:**

   no parece (ser) cierto que **dijera** exactamente eso

1. Lo mismo: **repetir, añadir, agregar, empeñarse en, quedar en, acordar, recordar.**

5b) Expresión de Gr. II: **parece mejor, parece peor, parece fácil, parece difícil, parece conveniente, parece necesario, parece raro, parece extraño,** etc., etc.

– el verbo 2 se construye como Gr. II:

IIa) **Distinto sujeto ⇒ SUBJUNTIVO:**
parece milagroso que **haya habido** supervivientes

IIb) **«Mismo» sujeto ⇒ INFINITIVO:**
me parece mentira **estar** aquí, a tu lado

EXPLICACIÓN Y AMPLIACIÓN GRAMATICAL

• **Cuestión previa:** el estudiante, antes de llegar a este nivel, habrá oído hablar muchas veces del **subjuntivo** —del **temido subjuntivo**— y muy posiblemente, en ese caso, de la «duda y la no duda», de lo «cierto y lo no cierto», etc. Si es así, nos atreveríamos a pedirle un favor: que intente, por un momento, dejar su mente en blanco, vacía como si jamás hubiera oído hablar del tema, para que no haya interferencias entre lo anterior y lo que nosotros queremos que entre en la cabeza de cada uno de los estudiantes.

• Tipo
Las frases con estructura de: **verbo 1 + que + verbo 2**

creería que ibas a ir hoy
le gustaría que fueras hoy

pertenecen al tipo que representamos:

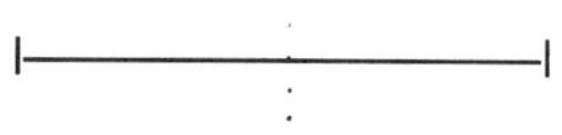

es decir, son frases que constituyen un solo bloque sintáctico, en las que la segunda parte —el verbo 2— depende totalmente de la primera, del verbo 1. Y bien, el verbo 1 sólo puede ser dos cosas: o lo que llamamos **Grupo I** o lo que denominamos **Grupo II**, de manera que, según que sea uno u otro, así se construirá el verbo 2.

GRUPO I

Si el verbo 1 es un verbo de los que se llaman de entendimiento, sentido o lengua —pero, como siempre, las etiquetas no nos interesan— es decir, si el verbo 1 es un verbo como:

— **creer, pensar, opinar,...** y equivalentes
— **ver, oír, notar,...** y equivalentes
— **decir I, contar, afirmar,...** y equivalentes

— entonces el verbo 2 se construirá de acuerdo con las dos simples reglas siguientes:

Ia) **verbo 1 afirmativo ⇒ INDICATIVO**

Ib) **verbo 1 negativo ⇒ SUBJUNTIVO**

De manera que, a la pregunta:
¿Ha vuelto ya tu padre?
alguien podría responder diciendo:
No sé, no estoy seguro. Pero creo que **ha llegado** esta mañana

o bien:
No sé, no estoy seguro. Pero no creo que **haya llegado** todavía

Nótese que la misma seguridad o inseguridad y el mismo grado de certeza o no certeza hay en una y otra frase, y sin embargo la primera se construye con indicativo y la segundo con subjuntivo. Y ello es así, sencillamente —hay que ir grabando esto en la mente—, porque un verbo de **grupo I:**

afirmativo ⇒ INDICATIVO

negativo ⇒ SUBJUNTIVO

PRÁCTICA

I. Complétense los puntos suspensivos con la forma verbal adecuada.
1. Recuerdo que en aquel momento (haber)............ allí mucha gente, pero nada más.
2. Considere Vd. que su libertad (tener)............ un límite.
3. Supongo que (venir)............, no sé.
4. Opino que eso (ser)............ lo mejor, pero...
5. Averigüé que la noche anterior (estar)............ tomando unos vinos en un bar de la Gran Vía.
6. Oí que (llamar)............ alguien.
7. Sintió que una mano se le (posar)............ sobre el hombro.
8. Nos ha contado que se lo (estar pasando)............ de maravilla en España.
9. Me ha confesado que (ser)............ él.
10. En aquel momento descubrí que no me (querer)............
11. También su madre ha observado que últimamente (andar)............ algo despistado.
12. Todos los días me dice que (estar)............ cansado y que cualquier día (hacer)............ .... una locura.

13. Me aclaró que él no (tener)........................ nada que ver con el asunto.
14. Sueña que (ser, tú)........................ una bailarina rusa y que (bailar)........................ como los propios ángeles.
15. Comprobé que no (saber)........................ nada de nada.

II. Póngase el verbo del paréntesis en la forma adecuada.

1. No creo que eso (ser)........................ bueno para ti.
2. Ninguno de nosotros imaginaba que (poder)........................ llegar a aquellos extremos.
3. No he oído nunca que (haber)........................ problemas entre ellos.
4. No veo que (hacer)........................ mucho.
5. Nadie dijo entonces que el acuerdo tomado no (ser)........................ el mejor.
6. Yo no digo que las cosas (suceder)........................ exactamente así, pero...
7. No puedo imaginarme que (enfadarse)........................ por semejante tontería.
8. No sabía que (ser)........................ tan quisquilloso.
9. No parece que (resolver)........................ mucho.
10. No podía creer que (comportarse)........................ así con ella.
11. No he notado que se (producir)........................ cambios significativos, en la situación mundial, en las últimas semanas.
12. En ningún momento confesó que (estar)........................ personalmente implicado en el tema.
13. No recuerdo que (venir)........................ por aquí.
14. Nadie creía que (poder)........................ suceder lo que sucedió.
15. Nunca pensé que aquello (poder)........................ estar prohibido.

III. Léanse las siguientes frases. A continuación pónganse en forma negativa, primero negando la segunda parte y luego la primera.

Ejemplo:

me parece que hace bien
me parece que no hace bien
no me parece que haga bien

1. Creo que te has portado con él **como un cerdo**.
2. Sabía que la fruta era barata en España.
3. Creo que deben aumentar nuestras relaciones culturales con la URSS.
4. He oído que va a venir el rey a inaugurar el palacio de congresos.
5. Me dijeron que habían estado en el cine.
6. Había pensado siempre que era fácil.
7. Veo que todos están de acuerdo.
8. Recuerdo que había gente esperando.
9. De aquello se deducía que tenía que hacerlo.
10. Noto que has engordado mucho.
11. Me comentó que tenía miedo.
12. Me parece que es lo más oportuno.
13. He observado que ha cambiado mucho.
14. Me acuerdo muy bien de que llevaba puesta una corbata roja.
15. Me aseguró que iba a venir hoy.

IV. Ejercicios orales. Recordemos, una vez más, que la gramática no es para aprenderla, sino para **automatizarla,** y que los errores que, muchas veces no se cometen al escribir o al hacer unos ejercicios, aparecen, en cambio, al hablar. Para conseguir lo primero y evitar lo segundo hay que **habituar el oído** y para ello lo mejor es repetir cuantas veces sean necesarias distintas frases con la misma estructura. Bajo la dirección del profesor, por lo tanto, los estudiantes construyen **frases correctas y posibles** con verbos del **Grupo I**, afirmativos y negativos. Para una mayor rapidez en la producción de frases sería conveniente utilizar la lista de verbos de la pág. 68.

- **Ampliaciones de I**

La regla básica —afirmativo → indicativo/negativo → subjuntivo— ofrece algunas pequeñas particularidades que hay que conocer y practicar.

— **Ia)** (afirmativo → indicativo) no tiene más excepciones que **las universales**. Ejemplos en el ESQUEMA.

— **Ib)** (negativo → subjuntivo) presenta las dos excepciones siguientes:

b_1) **Orden negativa ⇒ INDICATIVO.**
De manera que, a alguien que me advierte que, en mi viaje por Inglaterra, circule por la izquierda, le podría contestar:
hombre, no creas que **soy** tan tonto

PRÁCTICA

V. Póngase el infinitivo del paréntesis en la forma adecuada.

1. No te imagines que ya (estar)........................ solucionado todo.
2. No pienses que eso (ir)........................ a quedar así.
3. No digas que (ir)........................ a verlo, porque no es verdad.
4. No comentes con nadie que (venir)........................ a verme, porque no quiero que se sepa nada del tema.
5. No menciones que (estar, tú)........................ allí la semana pasada.
6. Y de esto no deduzcas que me (dar)........................ por satisfecho con tu explicación.
7. No reconozcas en ningún momento que (tener, tú)........................ algo que ver con aquello.
8. No crea Vd. que (ir, yo)........................ a permanecer callado.
9. No olvidéis que la gente (terminar)........................ enterándose de todo.
10. No cuenten jamás que (tener)........................ esta experiencia con extraterrestres.
11. No le descubran al juez que (temer)........................ por su suerte.
12. No vayas por ahí diciendo que todo (estar)........................ solucionado, no sea que luego tengas que **recoger velas.**

13. No pienses que me (ir, tú).................................... a convencer.
14. No le indiquéis que (poder).................................... optar por esta otra solución.
15. No creas que no me (costar).................................... decírtelo.

VI. Ejercicios orales. Bajo la dirección del profesor, que señalará la primera parte *—no te figures, no pienses,...—*, los estudiantes construyen frases con los verbos de la pág. 68.

VII. Dos estudiantes dialogan según el modelo:

Estudiante 1: Pepe ha tirado un papel al suelo.
Estudiante 2: **No digas que lo ha tirado**, porque no es verdad.

1. Andrés trabaja poco en clase.
2. El profesor le llamó ayer la atención.
3. A Pedro **se le dan mal** las Matemáticas.
4. Susana ha tenido sobresaliente en Física.
5. A Carmen le han dado notable en Ciencias Naturales.
6. Antonio sólo ha sacado un aprobado en Geografía.
7. Es más importante saber que aprobar.
8. A Juan lo han suspendido.

VIII. Diálogo según el modelo:

Estudiante 1: No creas que es necesario saber mucho para eso.
Estudiante 2: **No, si yo no creo que sea necesario** ser un sabio, pero...

1. No pienses que tienes que ir personalmente a resolverlo.
2. No digas que es difícil, porque no lo es.
3. No creas que lo vas a poder resolver tú solo.
4. No pienses que has hecho mal.
5. No digas que no he hecho por ti todo lo que he podido.

b_2) **Pregunta negativa ⇒ INDICATIVO**

Por lo tanto, una mujer, después de darse el último toque al peinado delante del espejo, podría volverse hacia el marido, que espera impaciente, y decirle:

¿no crees que así **estoy** muchísimo más guapa?

PRÁCTICA

IX. Completar los puntos suspensivos con la forma adecuada.

1. Date prisa. ¿No ves que (ir, nosotros).................................... a llegar tarde?
2. ¿No decías que (venir).................................... tu padre?
3. ¿No te das cuenta de que (hacer).................................... mal?

4. ¿No crees que (ser)............................ mejor decirte la verdad?
5. ¿No te parece que (ser)............................ una buena conferencia?
6. ¿No notas que (adelgazar)............................ mucho desde que empecé el plan?
7. ¿No piensas que (ser)............................ mejor callarse y esperar a ver qué sucede?
8. ¿No le has dicho que (estar, nosotros)............................ ayer esperándole en la Plaza?
9. ¿Pero es que no has descubierto ya que (estar, yo)............................ locamente enamorada de ti?
10. ¿Y tú no has visto que yo no (poder)............................ vivir sin ti?

X. Ejercicios orales. El profesor señala la primera parte y los estudiantes hacen preguntas; puede utilizarse la lista de la pág. 68.

XI. Dos estudiantes dialogan según el modelo:

Estudiante 1: ¿No te parece que ha estado muy acertado?
Estudiante 2: Pues no; no me parece que haya estado muy acertado.

1. ¿No crees que debes también tú ceder un poco?
2. ¿No has visto que te miraba con unos ojos...?
3. ¿No has leído en alguna parte que eso **corre por cuenta** del comprador?
4. ¿No piensas que ya ha sufrido bastante?
5. ¿No ves que te quiero?
6. ¿No recuerdas que estuvimos allí una noche?
7. ¿No te parece que es demasiado serio?
8. ¿No crees que debes adoptar otra actitud con el niño?
9. ¿No te has dado cuenta de que vale más que todos los demás, de que tiene aptitudes naturales casi para todo?
10. ¿No has notado que **hablaba con un rentintín...**?
11. ¿No opina Vd. que la situación ha empeorado?
12. ¿No me puedes asegurar que las cosas van a ir mejor entre nosotros?
13. ¿No te contó que hubo una reunión previa?
14. ¿No te dijo que había intentado arreglarlo a través del propio ministro?
15. ¿No crees que debemos descansar un poco?

b_3) Verbo 1 negativo $\Rightarrow$ indicativo

Los apartados b_1) y b_2) constituyen reglas operativas, que el hablante debe poner en práctica para expresarse correctamente en español. Este tercer punto, en cambio, es una simple aclaración gramatical[1].

Como dejamos reflejado en el ESQUEMA, aun siendo negativo el verbo 1, a veces, el verbo 2 puede aparecer en indicativo. Pero —y esto es lo importante para el hablante

1. Por ello, en el ESQUEMA, aparece separado de b_1 y b_2 por un doble trazo horizontal.

extranjero—, por lo general, **siempre es posible el subjuntivo,** tal como se verá con la explicación y contextualización del ejemplo del ESQUEMA.

Supongamos que un amigo se va a examinar y que alguien nos pregunta:

¿Qué te parece a ti? ¿Aprobará?

A lo que podremos contestar, si tenemos una opinión favorable:

Sí, creo que **aprobará.** Está muy bien preparado [= «a mí me parece que va a aprobar»]

o bien, si opinamos lo contrario:

No creo que **apruebe** [= «a mí me parece que no va a aprobar»]

Han pasado los días; se ha celebrado el examen y nos preguntan:

¿Qué, aprobó tu amigo?

A lo que, si éramos de la primera opinión, podremos responder:

No se sabe todavía; pero, vamos, yo creo que sí, que **ha aprobado** [= «a mí me parece que ha aprobado»]

Y si pensamos que no:

No se sabe; pero no creo que **haya aprobado** [= «a mí me parece que no ha aprobado»]

Imaginemos ahora, por un momento, que éramos de la opinión de que no iba a aprobar; que se lo hemos dicho a todos los que nos han preguntado e incluso a algunos que no nos han preguntado, e imaginemos también que nuestro amigo se ha enterado de que andamos diciendo que no va a aprobar. Pero, en contra de nuestra opinión, aprueba y, entonces, nuestro amigo nos mete por los ojos la papeleta al tiempo que dice:

¡Qué! Mira: sobresaliente

Ante lo cual, si logramos recuperarnos de la vergüenza, podríamos decir:

¡Qué! ¡Imposible! No puedo creer que **HAS APROBADO**
[= «¿Que has aprobado? Eso no lo puedo creer»]

O bien:

¡Qué! ¡Imposible! No puedo creer que **HAYAS APROBADO**
[«¿Que has aprobado? No lo puedo creer»]

Ahora bien, por suerte para el hablante extranjero, la frase con subjuntivo se puede usar para los dos significados:

no creo que **hayas aprobado =** 1.º) «a mí me parece que no has aprobado»; 2.º) «¿que has aprobado? No lo creo»

Luego, **en conclusión** —fuera de las excepciones señaladas en b_1 y b_2— se aplicará generalmente la regla básica:

verbo 1 negativo ⇒ verbo 2 SUBJUNTIVO

aunque haya casos en los que el indicativo también sea posible.

Todo esto se comprenderá mejor con este otro ejemplo, más simple: hemos ido al cine a ver una superproducción norteamericana; en el descanso, entre la primera y la segunda parte, salimos un momento al pasillo a desentumecer las piernas, y nos encontramos con un conocido. A modo de saludo, un hablante de español podría decir:

¡Vaya, qué sorpresa! No sabía que **ESTABAS** en el cine.

Pero, en la misma situación y para expresar lo mismo, ese hablante podrá decir:

¡Vaya, qué sorpresa! No sabía que **ESTUVIERAS** en el cine[1].

GRUPO II

El verbo 1 sólo puede ser «o blanco o negro», «o rojo o amarillo», es decir, sólo puede ser o **grupo I** o **grupo II**. Los verbos del grupo II son numerosísimos, tal como se puede apreciar en el ESQUEMA; pero, puesto que el grupo I es muy fácil de asimilar: son verbos

— de aquí (señalando la frente)
— de aquí (señalando ojo y oído)
— y de aquí (señalando la boca)

es decir, verbos como:

— **creer, pensar,...**
— **ver, oír,...**
— **decir, contar,...**

si a esto lo llamamos «blanco», por ejemplo, todo lo que no sea «blanco» —no hay colores intermedios— será «negro», es decir, **grupo II: gustar** no es *creer*, ni *ver*, ni *decir*, luego es grupo II, y lo mismo **querer, ordenar, aconsejar, temer, pedir, permitir,** etc. etc.

Pues bien, si el verbo 1 es un verbo del Grupo II, el verbo 2 se construirá:

IIa) Distintos sujetos ⇒ SUBJUNTIVO

Tanto si la primera parte es negativa como si es afirmativa. De manera que una madre podría decirle a su hija:

no me gustaría que **salieras** con ese chico

o bien:

me gustaría que **salieras** con ese chico

1. Con todo, hay que señalar que hay ejemplos, de significado «esto es un hecho y alguien lo desconoce, no lo cree», etc., en los que el uso del indicativo es recomendable. Esto es especialmente frecuente con **no saber, ignorar, no olvidar, no darse cuenta, no notar, no ver, no oír:**

algunos extranjeros no saben que en una corrida se **mata** al toro.
no olvidé que me **habías ayudado**
no vi que me **llamabas**

IIb) **Mismo sujeto ⇒ INFINITIVO**

Así, la joven del ejemplo anterior podría contestar:

tampoco a mí me gustaría **salir** con él

o bien:

también a mí me gustaría **salir** con él

PRÁCTICA

XII. Póngase el infinitivo del paréntesis en la forma verbal adecuada.

1. No me gusta que (perder, vosotros)........................ el tiempo.
2. Me encanta que (ser, vosotros)........................ trabajadores.
3. El mundo actual exige que (conocer, nosotros)........................ más de un idioma.
4. Quiero que (saber, tú)........................ que tu esfuerzo (ser)........................ recompensado.
5. Espero que poco a poco (ir, vosotros)........................ dominando este aspecto del español.
6. Me gusta (madrugar, yo)........................ en verano.
7. Para hacer aquello no necesité que me (ayudar)........................ nadie.
8. Espero (seducir, yo)........................ a algún(a) español(a).
9. Preferiría que lo (hacer)........................ tú solo.
10. Os pediría que no (hablar)........................ tanto de política.
11. Sintió mucho que no te (dar, ellos)........................ permiso.
12. Me dijo que te (llamar, yo)........................ rápidamente.
13. Temían que os (enfadar)........................
14. Estaba deseando con toda mi alma que se lo (decir)........................ abiertamente.
15. ¿Recuerdas? Me encantaba que me (contar)........................ lo que habías hecho.
16. Aquella ocasión requería que nos (esforzar)........................ más.
17. No me agradaría nada, en absoluto, (salir, yo)........................ solo esta noche.
18. Te aconsejo que te (levantar)........................ más temprano y (dar)........................ un paseo antes de venir a clase.
19. Te sugiero que lo (pensar)........................ mejor.
20. Yo te rogaría que no (salir)........................ esta noche.
21. Me alegra que (resolver, vosotros)........................ el problema.
22. Me entristecería mucho que no (comprender, tú)........................ mis razones.
23. Sólo deseo que (tener, tú)........................ más suerte con el otro.
24. Le apenaba (ver, él mismo)........................ que todo (seguir)........................ igual.
25. Prefiero que (ir)........................ tú sola.
26. Unos amigos me aconsejaron que (venir)........................ a Salamanca.
27. A mi padre no le gusta que (salir)........................ juntos.
28. Me opongo a que cada uno (hacer)........................ aquí lo que le **dé la gana.**
29. Espero que cada uno (hacer)........................ su **santa voluntad.**
30. Me han recomendado que (ir, nosotros)........................ a ver esa película.
31. Me molesta enormemente que (andar, él)........................ por ahí diciendo esas cosas de ti.
32. Me gustaría (visitar, yo)........................ alguna ciudad española durante el curso.
33. Ya no puedo conformarme sólo con (mantener, yo)........................ una conversación sencilla en español.
34. Estoy cansado de que me (**tomar,** ellos)........................ **el pelo.**

35. Me dolió mucho que me (decir)........................ aquello.
36. Lamento que las cosas no (salir)........................ mejor.
37. Me suplicó que no lo (abandonar)........................
38. No toleraré que (hacer)........................ eso en mi propia casa.
39. Al fin has conseguido que (terminar, yo)........................ odiándote.
40. Tu verás qué haces, pero te expones a que te (tomar)........................ por bobo.
41. Contribuí, dentro de mis posibilidades, a que todo (marchar)........................ un poco mejor.
42. Es que me interesa que (quedar)........................ muy claro.
43. Yo te recomendaría que (salir)........................ a la calle y (hablar)........................ con la gente... ¡Vamos, que te (abrir)........................ un poco!
44. Me aburre (verle)........................ ahí todo el día **con los brazos cruzados.**
45. Se extrañó de que no lo (avisar, nosotros)........................ antes.
46. No tolera que nadie le (**levantar**)........................ **la voz.**
47. Intenté por todos los medios que (comprender)........................, pero **no hubo forma.**
48. Tenía miedo a que Ana (poder)........................ pensar mal de él.
49. Las buenas costumbres exigen que nos (adaptar)........................ a las circunstancias allí donde estemos.
50. Créeme, me alegro de que todo te (ir)........................ tan bien.

XIII. Ejercicios orales. El profesor indicará el verbo-1 que se debe utilizar —se procurará cambiar de verbo y de forma verbal para automatizar también la correlación— y el estudiante producirá frases correctas y posibles, de su libre invención o apoyándose en la lista de la pág. 68.

- **Ampliaciones de** IIa

a$_1$) **Construcción inglesa**

Hay una serie de verbos (vid. ESQUEMA) que, además de la construcción «normal» con subjuntivo cuando los sujetos son distintos, admiten también el infinitivo. Esta última modalidad la hemos denominado «inglesa» porque es paralela a la construcción habitual en ese idioma:

(yo) quiero que (él) vaya a Madrid
I want him to go to Madrid.

Si quisiéramos traducir al pie de la letra la frase inglesa, obtendríamos en español una secuencia totalmente agramatical e ininteligible:

*(yo) quiero a él ir a Madrid
*(yo) le/lo quiero ir a Madrid.

Sin embargo, la construcción inglesa es —o puede ser— paralela a la española si usamos, por ejemplo, el verbo **prohibir:**

(yo) le prohíbo ir a Madrid.

Aunque el español puede hacer uso también de la construcción general:

le prohíbo que vaya a Madrid.

PRÁCTICA

XIV. Los estudiantes dialogan según los modelos:

Modelo 1:

Estudiante 1: No me dejaron entrar con el perro.
Estudiante 2: ¡No me digas! ¿No te dejaron entrar?
Estudiante 1: No, no me dejaron que entrara.

Modelo 2:

Estudiante 1: Le ha prohibido subir al departamento.
Estudiante 2: ¿Sí? ¿Le ha prohibido subir?
Estudiante 1: Sí, le ha prohibido (esta mañana) que suba (vuelva a subir) (...).

1. Me mandó cantar una canción.
2. Me obligó a quitarme los zapatos.
3. Me recomendó quedarme en la cama.
4. No le permitieron en la aduana sacar tanto dinero.
5. Me ha invitado a pasar juntos un fin de semana.
6. Te vi salir con dos chicas(os) guapísimas(os).
7. Te oigo protestar continuamente.
8. Eso me anima a seguir investigando sobre el tema.
9. No me ha prohibido fumar.
10. Eso no me impide hacer lo que mejor me parezca.

a_2) **Construcción causal**

La preposición **de**, entre otros muchos usos y valores, puede tener en español valor causal:

morir **de** hambre
de lo tonto que eres me da rabia.

Por esta razón, los verbos de sentimiento —vid. ESQUEMA— que se construyen con **de que** pueden optar entre tres construcciones:

— **V_1 + de que + V_2 ⇒ SUBJUNTIVO**
se queja de que le **hayan relegado**

— **de que,** con valor causal ⇒ **INDICATIVO**
se queja de que le **han relegado**

— **porque ⇒ INDICATIVO**
se queja porque le **han relegado.**

— Variantes de Gr. I y de Gr. II

- **Comentario:** en lo que antecede hemos estudiado ya los problemas básicos de las estructuras de V_1 + que + V_2, que, por lo general, plantean serias dificultades al hablante extranjero de español. Esos problemas, por lo demás, confiamos en que a partir de este momento sean menores, pues recordemos que, en realidad, el funcionamiento de estas estructuras se concreta en:

- Verbo 1 de Gr. I
  - si verbo 1 afirmativo, verbo 2 ⇒ INDICATIVO
  - si verbo 1 negativo, verbo 2 ⇒ SUBJUNTIVO
    - excepciones
      - si pregunta negativa, verbo 2 ⇒ INDICATIVO
      - si mandato negativo, verbo 2 ⇒ INDICATIVO

- Verbo 1 de Gr. II
  - si distintos sujetos, verbo 2 ⇒ SUBJUNTIVO
  - si mismo sujeto, verbo 2 ⇒ INFINITIVO.

Pues bien, a eso se reduce todo el problema. Podríamos decir que el estudiante ya no tiene que aprender nada nuevo, puesto que lo que veremos a continuación —tal como señala el título de este apartado— no son sino simples **variantes de Gr. I y de Gr. II.** Es decir, puede suceder que, en lugar de un verbo —**veo** o **necesito,** por ejemplo—, tengamos como «verbo 1» una expresión: **es evidente, es necesario,** pero esta expresión será ineludiblemente o una expresión de Gr. I o una expresión de Gr. II y se construirá exactamente igual que los verbos de Gr. I y de Gr. II. O puede suceder, en fin, que el «verbo 1» sea un sustantivo de Gr. I o de Gr. II.

1. Verbo 1 = locución o expresión de Gr. I o de Gr. II

- Si la locución es de Gr. I —vid. el ESQUEMA—, el verbo 2 se construirá conforme a las reglas ya conocidas, según ponen de manifiesto los siguientes ejemplos y sin que sean necesarios más comentarios:

  está claro que **ha sido** él

  no está claro que **haya sido** él

  ¿no está claro que **ha sido** él?

- Si la locución es una de las numerosísimas de Gr. II, el verbo 2 se construye conforme a las reglas correspondientes[1]:

1. No se podría hablar en este caso con propiedad de «distinto» sujeto y «mismo» sujeto. Más bien la diferencia es de sujeto personal frente a frase de carácter generalizante o impersonal. Pero, puesto que la teoría gramatical no nos preocupa, preferimos mantener por claridad lo de «distinto y mismo sujeto».

(no) es bueno que **salgas** todos los días

(no) es bueno **salir** todos los días

PRÁCTICA

XV. Póngase el verbo del paréntesis en la forma adecuada.

1. Es una suerte que (hablar, vosotros) habléis español.
2. Es muy posible que este verano (poder) podamos veranear en Marbella.
3. Es importante (conocer) conocer varios idiomas.
4. Soy partidario de que (ir, nosotros) vayamos todos a la fiesta.
5. No hay la menor posibilidad de que nos (dejar) dejen pasar.
6. Es obvio que la situación no se (poder) puede mantener así durante más tiempo.
7. Me dio a entender que (estar) estuviera todo solucionado.
8. Se ve que (ser, tú) eres un ingenuo.
9. Es fácil (aprender) aprender cuando se trabaja con ilusión.
10. Es difícil, pero no es imposible (hacerlo) hacerlo
11. ¿No es cierto que te (llamar, él) llamó ayer y te dijo que no (esperar) esperaras ni un día más?
12. No es bueno que (estar, vosotros) estéis todo el día ociosos.
13. Para ello es necesario que (trabajar, vosotros) trabajéis en serio.
14. Es conveniente que, de vez en cuando, (oír, nosotros) oigamos lo que dicen los demás.
15. Estoy encantada de que (volver, tú) vuelvas a salir con él.
16. No deja de ser una suerte para un americano (poder) poder viajar por la vieja Europa.
17. Lo hice porque creí que era importante que el asunto no (ir) fuera más adelante.
18. Nos daban cuatro o cinco libros y era obligatorio que los alumnos los (leer) leyeran antes de analizarlos en clase.
19. Pero es muy extraño que, cuando llegaste, (estar, ellos) estuvieran todavía dormidos.
20. Pero es muy extraño que, cuando llegaste, no (levantarse) se hubieran levantado ya.
21. La verdad es que era difícil que lo (hacer).......... bien.
22. Realmente fue una suerte que (estar).......... allí todavía.
23. Está fuera de toda duda que (ser).......... el mejor gobierno de los últimos años.
24. No está en absoluto demostrado que (haber).......... intervención del terrorismo internacional en el atentado.
25. Claro que (ser, yo).......... consciente de que me (jugar).......... en ello mi propio prestigio.
26. Me dio la impresión de que no (querer).......... saber nada del tema.
27. Sería estupendo que os (marchar).......... de Salamanca hablando un español perfecto.
28. Me parece a mí que no (estar).......... mal que (comer, tú).......... un poco menos.
29. No creo que (ser).......... bueno para vuestra integridad física y síquica que (dormir).......... tan poco.
30. Vista la situación, no era aconsejable (quedarse).......... allí.
31. No está nada claro que yo (tener).......... obligación de hacerlo.
32. Pero lo que sí está muy claro es que tú (**tener**).......... **más cara que un piano**.
33. Creo que (ser).......... necesario traducirlo y eso fue lo que hice.
34. No sería malo, no, (hacer).......... lo que dice ese señor que (hacer, nosotros)..........

35. Sería conveniente que (preparar)........................ la comida el día antes.
36. Que conste que personalmente no (tener, yo)........................ nada contra él, pero ya va siendo hora de que aquí se **(poner)**........................ **los puntos sobre las íes.**
37. Sería una lástima que no (aprovechar)........................ bien el tiempo.
38. Para mí que no (deber, nosotros)........................ intervenir.
39. A mí que me (dejar)........................ en paz. No quiero (saber, yo)........................ nada del asunto.
40. Por mí que (hacer, él)........................ lo que le dé la gana[1].
41. Resultó que (venir)........................ su prima y se (ir, ellos)........................ al cine.
42. Sucede sencillamente que no me (interesar)........................
43. Para esto es esencial (mantener)........................ la calma.
44. Realmente ha sido milagroso que no (haber)........................ muertos.
45. Es una ventaja, claro, que no (tener, vosotros)........................ que madrugar para coger el tren.
46. Es una auténtica barbaridad que (obligar, ellos)........................ a la gente a pagar unos impuestos tan altos.
47. Estoy convencido de que, si el ciudadano no paga sus impuestos, no (tener)........................ derecho a reclamar servicios del Estado.
48. No hay derecho a que nos (pisotear)........................ de esa manera.
49. Más vale que (cambiar, nosotros)........................ de tema y (hablar)........................ de cosas más bonitas.
50. ¿No es verdad que, por fin, me (querer, tú)........................?
51. Me da rabia que (ser, tú)........................ tan tonto.
52. Es ridículo que te (poner, tú)........................ así.
53. Estoy encantada de (ser)........................ como soy.
54. ¿Y no sería bueno (cambiar, nosotros)........................ de tema otra vez?
55. Estoy totalmente segura de que no (haber)........................ tema más bonito de conversación que la teoría de la relatividad.
56. **A mí que me (registrar)........................**
57. Dejó entrever que, con buena voluntad por ambas partes, (poderse)........................, tal vez, llegar a un acuerdo.
58. Está visto que con gentuza así no (poderse)........................ hacer nada.
59. Estoy pendiente de que me (llamar, ellos)........................ de Madrid y me (comunicar)........................ que ya (estar)........................ todo solucionado.
60. En aquel momento caí en la cuenta de que nos (olvidar)........................ de incorporar al informe una parte sustancial del mismo.

XVI. Ejercicios orales. Si se considera oportuno, pueden realizarse según lo indicado en ocasiones anteriores.

1. No hay que confundir, pues:
   - **para mí que (no) =** «yo creo, en mi opinión» ⇒ **indicativo.**
   - **a mí que (no) =** «yo quiero, a mí me gusta» ⇒ **subjuntivo.**
   - **por mí que (no) =** «no me importa, no me interesa» ⇒ **subjuntivo.**

2. **Verbo 1 = sustantivo de Gr. I o de Gr. II**

- Véase el apartado correspondiente del ESQUEMA.

PRÁCTICA

XVII. Póngase en la forma adecuada el verbo que aparece entre paréntesis.

1. No hay que descartar de antemano la posibilidad de que (poderse)............................ producir un acercamiento entre las distintas posturas.
2. Creo que no (deber, nosotros)............................ perder la oportunidad de (contar)............................ entre nosotros con un especialista de renombre universal.
3. Uno no tiene más remedio que aplaudir la decisión tomada ante la evidencia de que se (tratar) .... de una persona de reconocida valía.
4. La certeza de que (estar, nosotros)............................ realmente ante un artista de fama mundial me ahorra cualquier otro comentario.
5. La conveniencia o no de (llevar)............................ adelante el proyecto depende de Vds., señores.
6. La orden de que (suspenderse)............................ la sesión parece ser que (partir)............................ del secretario.
7. Porque hay que tener en cuenta que (caber)............................ el peligro de que nos (rechazar) .... el escrito y (tener, nosotros)............................ entonces, que recurrir a otras vías.
8. La mejor prueba de que (estar, nosotros)............................ en el buen camino es que en el ministerio empiezan a tener miedo.
9. Es que nosotros no recibimos la noticia de que (alcanzarse)............................ un acuerdo hasta el día siguiente.
10. La convicción de que (estar, nosotros)............................ haciendo lo que debemos hacer es nuestra principal arma.
11. La culpa de que las negociaciones no (avanzar)............................ más rápidamente la tiene el ministro.
12. Hay que llevar a la mesa de negociaciones la amenaza clara de (extender)............................ el movimiento de protesta a otros sectores de la enseñanza.
13. El riesgo de que (poder, nosotros)............................ perder el control de las movilizaciones es mínimo.
14. El temor a que la policía (intervenir)............................ de manera contundente no se puede descartar a priori.
15. En cuanto a la objeción de que no (plantear, nosotros)............................ bien nuestras reivindicaciones, yo tengo que decir que no (estar)............................ en absoluto de acuerdo.
16. La idea de (encerrarnos)............................ en la biblioteca ha partido de la Coordinadora.
17. No sé por qué, pero tengo la impresión de que en Madrid nos (**estar**)............................ **tomando el pelo**.
18. ¿Qué probabilidad hay de que a la huelga (sumarse)............................ también los catedráticos? Sinceramente, creo que ninguna.
19. No hay que desechar, creo yo, la oportunidad de (iniciar)............................ un diálogo constructivo con las autoridades.
20. Si no otra cosa, al final, por lo menos nos quedará la satisfacción de (haberlo intentado)............................ ....

3. **Verbo 1 = adjetivo de Gr. I o de Gr. II**

- Véase el correspondiente apartado del ESQUEMA.

PRÁCTICA

XVIII. Complétense los puntos suspensivos con la forma verbal adecuada.

1. Yo, sorprendido de que a mí no me (decir, él).................... nada, me callé como un bobo[1].
2. Aquel niño engreído, seguro de que (ganar)...................., levantaba la cabeza como un pavo real.
3. En cambio, yo, pobrecito de mí, convencido de que si no (ser).................... el último (ser) .... el penúltimo, estaba allí como un pollito asustado.
4. La joven, decidida a (terminar).................... con aquella situación insorpotable, se sentó ante el escritorio...[2]
5. Y contento con que no le (reñir).................... mucho se fue a la cama.
6. Ana, ilusionada con que (llegar).................... el fin de semana, no piensa en otra cosa.
7. Lo veo completamente decidido a (hacerlo)....................
8. Encantado de (haberle conocido)....................
9. Y yo, claro, encantada de que me (dejar).................... en paz.
10. Luis, molesto de que no (acordarse).................... de él, se encerró en su habitación.
11. Es que, claro, Andrés, confiado en que tú lo (hacer)...................., no se ha vuelto a preocupar.
12. Se siente orgulloso de (haber colaborado).................... con vosotros.
13. Le encontré muy contento de que, por fin, (acordarse).................... de él.
14. Es un tipo fenomenal, dispuesto siempre a (**echarte**).................... **una mano** si hace falta.
15. ¿Antonio? Antonio, como siempre. Acostumbrado a que todo se lo (dar, ellos).................... resuelto, ahora anda preocupado porque no (saber).................... qué hacer.

4. **«El hecho de que» y expresiones afines**

- Véase el apartado correspondiente del ESQUEMA.

PRÁCTICA

XIX. Póngase el infinitivo entre paréntesis en la(s) forma(s) adecuada(s).

1. Como en el caso de los verbos de sentimiento, también los adjetivos que se construyen con **de que** admiten las siguientes construcciones:

orgulloso de que lo **hayas hecho**

orgulloso de que lo **has hecho**

orgulloso porque lo **has hecho**

2. Nótese que estas construcciones adjetivas tienen uso preferentemente literario.

1. El hecho de que nos (poder).................................... reunir todos es ya importante.
2. El hecho mismo de que aquella mañana no (llamar, él).................................... nos tendría que haber hecho pensar que algo (ocurrir)....................................
3. Eso de que (estar, tú).................................... todo el día para acá y para allá, sin hacer nada, no creo que (ser).................................... bueno.
4. Tú no sabes cómo se puso y la de cosas que diría por el simple hecho de que (estar, nosotros) .... sentados en el césped.
5. Debe constituir para todos nosotros un motivo de gran alegría, satisfacción y orgullo el hecho de que nuestro querido y respetado Señor Presidente (dignarse).................................... aceptar nuestra invitación.
6. Me tiene preocupado aquello de que no (estar).................................... claras algunas de las partidas del presupuesto.
7. Me tiene preocupado aquello que dijeron de que no (estar).................................... claras algunas partidas del presupuesto.
8. Ten en cuenta que, el hecho de que no te (llamar).................................... ayer, no (creer).................................... que (significar).................................... nada.
9. Creo que (manifestar, yo).................................... el sentir general de esta Cámara al expresar mi satisfacción por el hecho cierto de que, por fin, se (llegar).................................... a un acuerdo[1].
10. Esto de que (venir).................................... todos los días a llorarnos por la nota **me pone negro.**

5. **Es que (no) ⇒ INDICATIVO/No es que (no) ⇒ SUBJUNTIVO**

- **No es que (no),** siempre ⇒ **SUBJUNTIVO**

- En el caso de **es que (no)** hay que distinguir entre:
  - **es que (no)** en frases independientes o principales ⇒ **INDICATIVO**
  - **es que (no),** sustituto de **que** en frases de V_1 + que + V_2 ⇒ **INDICATIVO/SUBJUNTIVO,** según las **reglas generales de Gr. I y de Gr. II.**

No es que no quiera; es que no **puedo**

es que **creo** que es mejor

creo que **avanzamos** poco

lo que creo es que **avanzamos** poco

1. Nótese la posibilidad de uso tanto del indicativo como del subjuntivo a pesar de la presencia de la palabra *cierto.* A estas alturas, esperamos que el estudiante haya olvidado ya esas categorías de «lo cierto y lo no cierto, lo seguro y lo no seguro», etc.

quiero que te **calles**

lo que quiero es que te **calles**

PRÁCTICA

XX. Complétense los puntos suspensivos con la forma verbal adecuada.

1. Carlos: ¿Por qué no ha venido Juan a la reunión?
   Ana: Es que no (encontrarse)............................ muy bien.
   Luis: Bueno, sí; no se encuentra bien. No es que yo (querer)............................ decir nada, pero ¿no es verdad que (venir)............................ esta tarde Maribel de Madrid?
2. Lo que más desearía yo en este momento es que me (dejar)............................ terminar.
3. Créeme, no es que no (querer, yo)............................, o que no (poder)............................; es que, sencillamente, me (parecer)............................ que no (deber)............................ intervenir.
4. Creo que lo mejor es que os (quedar)............................ aquí a pasar la noche.
5. Lo que veo es que, por este camino, no (ir, nosotros)............................ a ninguna parte.

6. **Menos que, salvo que, excepto que**

- Cuando estas partículas sustituyen a **que** en las estructuras de $\mathbf{V_1}$ **+ que +** $\mathbf{V_2}$**,** la frase se construye como indicábamos en el ESQUEMA:

  — con verbo I ⇒ **INDICATIVO/SUBJUNTIVO:**
  me lo contó todo, excepto que **estaba/estuviera** Carlos con vosotros.

  La razón gramatical de este doble uso es que estas frases equivalen a:
  me lo contó todo, pero **no me contó** que estaba/estuviera Carlos con vosotros

  — con verbo II ⇒ **SUBJUNTIVO[/INFINITIVO]:**
  me lo tenían prohibido todo, menos que **bajara** a la playa

  La razón gramatical, es que, como sabemos, los verbos de Gr. II, tanto que sean afirmativos como negativos, se construyen con subjuntivo:
  me lo tenían prohibido todo (por ejemplo, que **saliera** de noche), pero no me tenían prohibido que **bajara** a la playa.

- Ahora bien, no hay que confundir estas partículas y construcciones con las correspondientes **a menos que, salvo que** y **excepto que** y su uso en estructuras condicionales. En este caso se construyen siempre en **subjuntivo:**

me lo contaba a mí todo, salvo que **estuviera** su hermana en casa ~ me lo contaba a mí todo, siempre que no **estuviera** su hermana en casa ~ me lo contaba a mí todo si no **estaba** su hermana en casa[1].

PRÁCTICA

XXI. Pónganse los infinitivos que aparecen entre paréntesis en la forma adecuada.

1. Me informó puntualmente de las distintas cuestiones tratadas, excepto de que se (entrar) .... en la discusión de ese tema.
2. Me dejaban hacer cualquier cosa, menos (mirar) .... por la ventana.
3. Todo le ha parecido bien, excepto que (eliminar, nosotros) .... a Pedro de la lista.
4. Creo que se (enterar) .... absolutamente de todo, menos de que (tener) .... que presidir, precisamente él, una de las mesas electorales.
5. No te preocupes, yo me encargo de eso. ...Salvo que, a última hora, (tener, yo) .... que salir para Madrid.
6. Menos (cederle) .... mi propia cama, creo que lo demás me lo (pedir) .... todo. Me pidió que le (dejar) .... mi maquinilla de afeitar, que le (prestar) .... dos mil pesetas, que le (ayudar) .... a ponerse los zapatos, que...
7. Salvo que (venir, él) .... hoy, después ya no creo que (poder, nosotros) .... hacer nada.
8. Se lo permitían todo, excepto que (dejar) .... **ni tanto así** de comida en el plato.
9. Le dijeron que hiciera lo que quisiera, menos (**estar**) .... **con los brazos cruzados.**
10. Excepto de que (haberse divorciado) ...., de lo demás, más o menos, estuve informado.

7. Estudio particular de algunos verbos

a) Doble significado

- Algunos verbos —generalmente de uso muy frecuente— presentan dos signficados o dos acepciones distintas, que hacen que el mismo verbo sea a la vez **verbo de Gr. I** y **verbo de Gr. II.** Así, un verbo tan común como **decir** es a la vez:

  — **Gr. I,** cuando significa «comunicar, dar a conocer» [en inglés *to say*]. Y se comporta, lógicamente, como verbo de Gr. I:

  me dijo que se **quedaba** allí

1. Nótese que **a menos que, salvo que** y **excepto que** ~ **si no,** y las correspondientes partículas negativas **a menos que no**, etc. a la afirmativa **si.**

no me dijo en ningún momento que **tuviera** intención de quedarse allí.

– **Gr. II,** cuando significa «pedir, ordenar, aconsejar» [en inglés *to tell*], por lo que se construye con subjuntivo:
me dijo que me **quedara** allí.

• Para los demás verbos y sus distintos significados, véase el apartado correspondiente del ESQUEMA.

PRÁCTICA

XXII. Complétense los puntos suspensivos con la forma verbal adecuada.

1. Dijo que (venir, él mismo) .... hoy, así que supongo que (llegar) .... ya.
2. Me dijo que (necesitar, él mismo) .... ayuda y a mí me pareció que (deber) .... ayudarle.
3. Ha dicho el jefe que (subir, tú) .... un momento a su despacho.
4. El guardia me indicó que me (acercar) ....
5. Recuérdame que hoy (tener, yo) .... una cita a las diez con el subdirector del banco.
6. Recuérdame que (echar, yo) .... luego esta carta en el buzón de correos.
7. Le respondí que yo no (saber) .... nada de aquello.
8. Le contesté que se (**ir**) .... **a hacer gárgaras** y me (dejar) .... en paz.
9. Reconozco que me (portar) .... mal.
10. Admito que me (equivocar) ....
11. Entiendo que no (querer, tú) .... hablarme.
12. Créeme, siento mucho que (pasar) .... lo que pasó.
13. He decidido que este verano (ir, tú) .... un mes a Londres a acabar de perfeccionar tu inglés.
14. Entendí que ya no me (necesitar, tú) .... y decidí (retirarme) .... Eso es todo.
15. Comunícale que (ser) .... necesario que se (presentar) .... mañana mismo.
16. Comunícale que se (presentar) .... mañana mismo.
17. El caballo sintió que se (acercar) .... alguien y empezó a relinchar.
18. Sentí que se me (**subir**) .... **los colores.**
19. Dudo que (saber, él) .... algo.
20. Dudo que (venir) ....
21. No dudo de que (tener, tú) .... toda la razón del mundo para estar enfadado.
22. No dudo de que, por el camino que lleva (terminar, él) .... siendo inquilino de la Moncloa.
23. He decidido que lo (vender) ....
24. Juan decidió que yo (tener) .... razón.
25. Siento que me (estar, yo) .... poniendo malo.
26. Siento que te (poner) .... malo.

27. Impuse mi autoridad ¡y fuera! Decidí que (ir, nosotros) .... al fútbol y al fútbol fue todo el mundo.
28. Me recuerdas que le (decir, yo) .... luego que (apagar, él) .... las luces al salir.
29. Indícale bien claro que la reunión (ser) .... en la sede social del club.
30. Dijo que (salir) .... y (rastrear) .... la ciudad hasta encontrar a Marisa.

XXIII. Ejercicios orales. El profesor señalará el verbo 1 con el significado que se vaya a practicar y los alumnos producirán frases libremente.

XXIV. Asistimos a una conferencia muy interesante con un amigo duro de oído.

Modelo:

Estudiante 1 (conferenciante): Mañana haremos prácticas de botánica en el campo.
Estudiante 2 (sordo): ¿Qué ha dicho?
Estudiante 3 (audífono del anterior): Ha dicho que mañana haremos (vamos a hacer...) prácticas de botánica...

1. En los bosques hay muchos árboles y también plantas y hierbas.
2. Muchas hierbas tienen valor medicinal.
3. Los árboles de hoja caduca pierden las hojas en otoño.
4. Muchos pájaros hacen sus nidos en las ramas de los árboles.
5. Hay especies de árboles que viven siglos y llegan a tener un tronco de gran diámetro.
6. Hoy muchas plantas se cultivan en jardines e invernaderos.
7. Las plantas toman el alimento de la tierra por medio de las raíces.
8. Además de sus frutos, sombra y belleza natural, los bosques nos proporcionan madera.

XXV. En clase. Intervienen dos estudiantes y un curioso.

Modelo:

Estudiante 1: Tira este papel a la papelera.
Estudiante 2 (el «métome en todo»): ¿Qué pasa?
Estudiante 3: Nada. Me ha dicho que tire este papel (lo tire, ...) a la papelera.

1. Avisa a Patricia.
2. Déjame un lápiz.
3. Mira el dibujo de la lección veinte.
4. Ponte las gafas para verlo mejor.
5. Dale un beso a Susana (o: a Luis) de mi parte.
6. No digas más tonterías.
7. **Sigue la bola.**
8. Di luego en voz alta que mañana es el cumpleaños de la profesora.

b) **Verbos «vacíos»**

- El funcionamiento de los verbos que recogemos bajo este epígrafe —a los que podríamos haber llamado también «repetidores»— es semejante a los del apartado a). La diferencia radica en que, en este caso, el verbo no tiene dos significados, sino que —se podría decir— se trata de verbos sin contenido semántico específico —por eso «vacíos»—, que remiten a un verbo utilizado antes. Pues bien,

- si remiten a un **verbo de Gr. I,** son y se comportan como un **verbo de Gr. I.**
- si remiten a un **verbo de Gr. II,** son y se comportan como un **verbo de Gr. II.**

De manera que imaginemos la siguiente situación. Varias personas están reunidas y discuten sobre un tema importante para ellas; una de esas personas, en un momento determinado, interviene y dice:

Creo que no **ha hecho** nada condenable.

La discusión continúa; intervienen otros, y, pasados diez minutos por ejemplo, interviene de nuevo nuestro personaje:

Insisto en que, en mi opinión, no **ha hecho** nada condenable.

Insistir, en este caso, se construye con indicativo: **ha hecho,** porque remite a **creo.** Pero imaginemos que en su primera intervención dice:

Pido que **venga** él personalmente a darnos una explicación.

Cuando más tarde vuelva sobre ello, podrá decir:

Insisto en que **venga** él a darnos aquí, en persona, una explicación.

Insistir se nos ha convertido ahora, lógicamente, en un verbo de Gr. II.

- Lo dicho de **insistir** es aplicable a los demás verbos recogidos en el ESQUEMA.

PRÁCTICA

XXVI. Pónganse en la forma correspondiente los infinitivos entre paréntesis.

— Sr. Presidente: Buenos días, señores. Creo que (estar, nosotros)............ todos y que, por lo tanto, (poder)............ empezar la reunión. El Sr. Martínez tiene la palabra.

— Sr. Martínez: Me gustaría (empezar)............ haciendo un poco de historia sobre el asunto que nos tiene aquí reunidos, porque tengo la impresión de que, fuera de aquí, se (decir)............ muchas, perdón por la palabra, mentiras.

— Sr. Ardana: Considero que eso (ser)............ una pérdida lamentable de tiempo. Todos los reunidos conocemos los hechos y no ignoramos que se (decir)............ algunas inexactitudes.

— Sr. Martínez: Sr. Presidente,...

— Sr. Presidente: Sí, Sr. Martínez. Sr. Ardana, le ruego a Vd. que (permanecer)............ en silencio y (aguardar)............ a su turno. El Sr. Martínez continúa en el uso de la palabra.

— Sr. Martínez: Decía, Srs. consejeros, y Vds. lo saben igual que yo, que (aparecer)............ en la prensa local informaciones injuriosas para nuestro compañero, hoy ausente, Sr. Silva. Y añadir ahora que (ser)............ informaciones —por llamarlas de alguna manera— que, sobre todo, dañan la imagen pública de nuestra Sociedad. Personalmente, estoy convencido de que, detrás de todo este asunto, no (haber)................................ más que una campaña de desprestigio contra la Sociedad, a la que no son ajenas personas muy próximas a la misma.

— Sr. Ardana: No le tolero a Vd. que (insinuar)................................

— Sr. Presidente: Orden, Sr. Ardana. Espero que no me (obligar)................................ Vd. a tomar alguna medida disciplinaria. Y a Vd., Sr. Martínez, me atrevería a aconsejarle que (moderar)................................ un poco sus palabras y, sobre todo, que no (hacer)................................ afirmaciones imposibles de probar.

— Sr. Martínez: Le ruego a Vd. que me (disculpar)................................, Sr. Presidente, pero tengo que insistir en que, detrás de todo esto, (haber)................................ personas importantes que se sientan en este Consejo. Y creo que (tener, yo)................................ pruebas sufi...

— Sr. Presidente: Aun comprendiendo su irritación, Sr. Martínez, le repito a Vd. que (moderar)................................ sus impulsos y que (poner)................................ mucho cuidado en sus afirmaciones. Se empeña Vd. en que (haber)................................ toda una campaña orquestada, desde dentro, contra la propia Sociedad y yo le aseguro a Vd. que (estar)................................ equivocado. Recuerde Vd., por lo demás, que en la reunión que hemos tenido en mi despacho (acordar, nosotros)................................ todos y (quedar)................................ en evitar en lo posible los ataques personales. Si continúa Vd. por ese camino me veré obligado a (retirarle)................................ el uso de la palabra.

— Sr. Martínez: Repito que (tener)................................ prue...

— Sr. Presidente: Sr. Martínez, le retiro a Vd. el uso de la palabra. Sres. Consejeros, se suspende durante unos minutos la sesión.

c) **El verbo PARECER**

- **Parecer** es, sin duda alguna, un verbo muy complejo, pero interesantísimo. Tiene prácticamente todos los usos que hemos ido viendo en las páginas anteriores, por lo que su estudio, además del valor que tiene por sí mismo, nos servirá como a modo de repaso general de todo el tema.

1) **parecer =** «dar la impresión».

Con este significado **parecer** es un **verbo de Gr. I**, luego se construirá:

— afirmativo ⇛ **indicativo**

— negativo ⇛ **subjuntivo**

— pregunta negativa ⇛ **indicativo**

De manera que, si vamos a visitar a unos amigos y, al acercarnos a su casa, vemos que hay luz en las ventanas, podremos comentar:

¡Qué bien! Parece que **están** en casa.

En cambio podríamos decir:

¡Puf! No parece que **haya nadie.** Están bajadas las persianas y tampoco se ve luz.

Y la señora de un ejemplo anterior, al volverse del espejo hacia el marido, en lugar de decir:

¿no crees que así **estoy**...?

podría preguntarle:

¿no te parece que así **estoy** mucho más guapa?

2) **parecer =** «comportarse, dar la impresión» ⇒ **COMO SI**

Con este segundo valor **parecer** se construye generalmente con la partícula **COMO SI** y el tipo de frase ahora es: I——— ⌈→———I, es decir, aquí lo importante es la partícula. **Como sí** —lo mismo que **ah si**, estudiada en el tema II— exige las formas **CANTARA** («presente» o «futuro») o **HUBIERA CANTADO** (cualquier tipo de «pasado»). Así, ante el comportamiento excesivamente familiar de un invitado, la señora de la casa, aprovechando que el invitado ha ido al servicio, puede comentarle el marido:

¡Qué tío! Parece como si **estuviera** en su casa.

Y la misma señora, al abrirle la puerta a su hijo de ocho años que viene de jugar en la calle, podría exclamar:

¡Dios mío! Pero si parece como si **hubieras estado** en la guerra.

3) **parecer ⇒ QUE =** «como si»

Las estructuras del apartado anterior pueden construirse también con una partícula **que**, que significa «como si» y, en consecuencia, exige las formas **CANTARA/HUBIERA CANTADO:**

parece que **estuviera** en su casa

parece que **hubieras estado** en la guerra

Ahora bien, las frases con **que** —aunque depende en cierto modo de gustos y hábitos personales— son, por lo general, más cultas y menos frecuentes que las correspondientes con **como si.** Por ello, y para evitar complicaciones y posibles errores, nos atreveríamos a aconsejar a los estudiantes que utilicen siempre, y sólo, **que** para:

parece que **hay** gente en casa

y **como si** para:

parece como si **estuviera** en su propia casa

4) en preguntas, **parecer** = «querer, apetecer»

- Siempre en preguntas, **parecer** puede significar «querer», «apetecer», etc. Cuando esto sucede, **parecer** es un **verbo de Gr. II** y, lógicamente, exige **subjuntivo:**

¿Te parece que **salgamos** esta noche a cenar?

- También en preguntas, **parecer** puede significar «creer, pensar, opinar», es decir, el significado del primer apartado y, en ese caso, lógicamente:

¿Te parece, entonces, que así **estoy** más guapa?

5) **parecer** = verbo semicopulativo (~ **ser/estar**)

- Por último, **parecer** puede ser un verbo semicopulativo[1] y por lo tanto formar expresiones equivalente a las de **ser** o **estar**, tanto de Gr. I como de Gr. II.

- Para las distintas construcciones y sus correspondientes ejemplos, véase el ESQUEMA.

PRÁCTICA

XXVII. Pónganse los infinitivos entre paréntesis en la forma adecuada.

1. Realmente me parece muy raro que no (llamar)............ ya.
2. Parece ser que (hablar)............ ayer con ella y que las cosas (ir)............ un poco mejor.
3. A mí me parece muy claro que (deber, nosotros)............ tomar una decisión, y además ya.
4. ¿Te parece que (consultar, nosotros)............ antes a Carlos, para ver qué piensa él?
5. Me parece muy bien que (consultar, vosotros)............ a Carlos o a quien queráis, pero también me parece que (urgir)............ tomar una decisión.
6. ¿Qué os pasa? Parece como si no os (importar)............ el tema.
7. Parece mentira que (pensar, tú)............ esas bobadas.
8. Entonces, ¿qué? ¿Te parece bien que (llamar, yo)............ a Petra y (salir, nosotros)............ a dar una vuelta por ahí?

1. Como algunos estudiantes no estarán muy familiarizados con la terminología gramatical, aclararemos brevemente que **parecer** es un verbo semicopulativo porque admite una construcción paralela a la de los verbos **ser** y **estar**, que son verbos copulativos. De manera que decimos:

es bueno
está bueno

No podemos decir:

*come bueno

Pero, lo mismo que con **ser** o **estar**, podemos decir:

parece bueno

9. Parece ser que se (ir)............................ a producir cambios en el gobierno.
10. O mucho cambian las cosas o me parece que mañana te (ir, ellos)............................ a dar una calabaza más grande que la catedral.
11. ¿No te parece que (deber, tú)............................ llamarla y darle una explicación?
12. Me parece como si (volver)............................ a empezar a vivir de nuevo.
13. No sé, pero me parece que (decir)............................ que (volver)............................ mañana.
14. Me parece imposible que (poder)............................ decir eso.
15. Puesto que parece que no (haber)............................ otra salida, habrá que aguantarse.

XXVIII. Ejercicios orales. El profesor señala una de las construcciones de **parecer** y los estudiantes producen frases libremente.

RECAPITULACIÓN

REPASO GENERAL DE LAS ESTRUCTURAS SUSTANTIVAS

XXIX. Complétense los puntos suspensivos con la forma verbal adecuada.

1. Quiero que (salir, tú)............ un momento a la pizarra y se lo (explicar, tú)............ a tus compañeros.
2. Me contaron que su abuelo (ser)............ un héroe de la Segunda Guerra Mundial.
3. Me gustaría (hablar, yo)............ un español perfecto y que no se me (notar)............ ningún acento extranjero.
4. Me gustaría que todos ustedes (tener)............ la oportunidad de conocer algún país hispano.
5. No creo que eso (ser)............ bueno para ti.
6. Yo entonces pensaba que todo el mundo (ser)............ bueno.
7. Estoy seguro de que la fiesta de mañana (tener)............ mucho éxito.
8. Es cierto que su novio (llegar)............ hace un momento.
9. ¿No crees que madrugar (ser)............ muy bueno para la salud?
10. No digas que eso (ser)............ bueno, porque yo, cuando madrugo, lo que tengo es mucho sueño.
11. Noto que (haber estudiado, vosotros)............ mucho durante esta semana.
12. Me han dicho que este año (tener, nosotros)............ un profesor de matemáticas muy guapo.
13. Los domingos me encanta (quedarme, yo)............ en la cama y que mi madre (llevarme) .... el desayuno.
14. Es una pena que (ser, tú)............ tan perezoso.
15. Mi abuelita dice que Dios (ayudar)............ al que madruga.
16. Es bueno que la gente (tener)............ buen humor.
17. No me gusta que (regresar, tú)............ tan tarde a casa.
18. No olvidéis que el tabaco (producir)............ cáncer.
19. La policía impidió que el ladrón (escapar)............
20. Me gustaría (tener, yo)............ todos los discos de Julio Iglesias.
21. Sus padres se oponen a que (salir, ella)............ con ese chico.
22. Sus padres no querían que (salir, él)............ con aquella chica.
23. Es indudable que en España se (vivir)............ de maravilla.
24. Me di cuenta de que aquel hombre me (mirar)............ de una forma extraña.
25. No me importa que (mirar, tú)............ un poquito a otra chica.

26. No es bueno que los niños (ver)........................ demasiado la televisión.
27. Creo que (haber)........................ que trabajar duramente porque la sociedad actual es muy competitiva.
28. Preferiría que no nos (haber conocido, nosotros)........................
29. Te pedí que me (enviar, tú)........................ un libro.
30. Piensa que todo esfuerzo (tener)........................ su recompensa.
31. Era cierto que Juan (haber estado)........................ allí el día anterior.
32. No era cierto que (estar, ellos)........................ todavía reunidos cuando llegó la policía.
33. No es posible que Ana se (haber portado)........................ tan mal con él.
34. Es posible que mis amigos (venir)........................ mañana a verme.
35. Es probable que el avión (haber despegado)........................ ya rumbo a Europa.
36. Sería conveniente que (trabajar, vosotros)........................ en grupo.
37. Me confesó que (tener, él)........................ miedo a que le (suspender)........................
38. Es agradable (pasar)........................ un rato con los amigos.
39. A veces es necesario que el profesor (ponerse)........................ un poco serio con sus alumnos.
40. Es bonito que nuestro profesor (ser)........................ en realidad nuestro amigo.
41. Es verdad que (venir, él)........................ esta mañana.
42. No le molesta que los demás (saber)........................ que (vivir, él)........................ en la miseria.
43. Me suplicó que no le (decir, yo)........................ nada a su padre.
44. Veo que (ir, vosotros)........................ comprendiendo este aspecto del español y eso me alegra.
45. Es indudable que, con nuestra sonrisa, (conseguir, nosotros)........................ que el mundo (ser) .... más feliz.
46. Es cierto que nosotros, los jóvenes, (ser)........................ la esperanza del futuro.
47. Sería una pena que las drogas (impedir)........................ la realización de esa esperanza.
48. Cuando era niña, me agradaba que mi padre me (dar)........................ un beso antes de irme a dormir.
49. La prensa ha confirmado que ayer (desaparecer)........................ en el espacio un satélite espía de una de las dos grandes potencias.
50. Yo os recomendaría que, por encima de todo y en cualquier circunstancia (sonreír, vosotros) .... siempre.
51. Hizo que (salir)........................ todos a saludar[1].
52. Les hizo (llorar)........................ a todos con sus chistes.
53. No sabía que (estar)........................ en el cine.
54. Espero que (venir)........................ mañana con sus amigos.
55. Nunca he dicho que todos los norteamericanos (pensar)........................ lo mismo.
56. Para mí que eso no (ser)........................ toda la verdad.
57. Se dice por ahí que (apostar)........................ mucho dinero en las carreras de caballos.
58. Confío en que José Antonio nos (decir)........................ exactamente qué fue lo que ocurrió.
59. Puede suceder también que (regresar, ellos)........................ y no (tener)........................ tiempo todavía de llamarte.
60. **Me parece de perlas** que te (decidir)........................ a **poner**, por fin, **las cosas en su sitio.**
61. Me emocionó que me (besar)........................ tan apasionadamente a la luz de la luna.
62. Tengo que admitir que siempre (hacer)........................ lo que he querido.

1. **Hacer que,** cuando significa «obligar, conseguir», como verbo de Gr. II se construye con **subjuntivo**. Pero cuando **hacer que** o **hacer como que** significa «fingir», como verbo de Gr. I exige **indicativo:**
hacía como que no **sabía** nada

63. Supongo que Susana no se (enfadar).. por lo del beso.
64. ¿Pero tú crees que Susana nos (contar).. realmente lo que sucedió?
65. Ese me parece que sólo (beber).. agua como los niños.
66. Puede ser que sólo (beber).. agua, pero no por eso es menos hombre.
67. Sería estupendo que el nuevo presidente (realizar).. una política de distensión.
68. Estoy convencido de que (ir, nosotros).. a asistir a una campaña electoral apasionante.
69. Es posible que se (ocupar).. de los problemas del tercer mundo.
70. Seguro que (analizar).. la economía de los países desarrollados o industrializados.
71. Es extraño que no (hablar).. de las relaciones entre las dos superpotencias y no (condenar).. las nefastas consecuencias de la guerra fría.
72. Parece mentira que, siendo joven, no te (preocupar).. la instalación en Europa de misiles nucleares de alcance medio.
73. Por mí que se (matar)..
74. Dice éste que (reunirse, ellos).. y que (discutir).. y propuesto soluciones para superar la crisis económica mundial, ¿tú qué piensas?
75. ¿Queréis (dejarme).. en paz? Está visto que en esta casa no (poderse).. dormir.
76. ¿Cree Vd. que (estar).. bien que los jóvenes actuales (provocar).. de esa manera con su imagen?
77. Me encantaría que (organizar, vosotros).. algún partido de baloncesto o balonmano con los estudiantes de otro grupo.
78. Creo que (poder, nosotros).. conseguir que el director (actuar).. de árbitro.
79. Lástima que el descapotable de Ana sólo (alcanzar).. los 220 kms. por hora.
80. Me da la impresión de que (querer, tú).. que se(matar, ella).., porque he podido comprobar que en España todavía (haber).. pocas autopistas y que las carreteras (ser).. muy estrechas.
81. ¡Si sólo fuera eso! ¿No te has dado cuenta de que muchas, además, (estar).. mal asfaltadas y (tener).. muchos baches?
82. Oye, que eso lo (ver).. yo con mis propios ojos[1].
83. Recuerda que te (aconsejar).. que te(callar).., pero yo no tengo la culpa de que no me (hacer).. caso.
84. No puedo creer que se (dejar).. timar de esa manera.
85. Eso de que yo (decir).. algo y **como si tal cosa**, es que me **(sacar).. de mis casillas.**
86. ¿No te parece que le (dar).. demasiada importancia a las cosas y que no (ser).. para ponerse así?
87. Y el que te (quedar).. ahí, como un lelo, **sin decir ni pío,** eso es que me **(poner).. negra**.
88. **¡Que si quieres arroz, Catalina!** Que te lo (estar, yo).. diciendo a ti.
89. Que me (matar).. si yo no **se las hago pagar** a ese tío.
90. Estoy decidida a (terminar).. de una vez por todas con esta situación.
91. Bueno, supongo que (haber).. alguna solución.
92. Basta que tú lo (decir).. para que tu esclavo obedezca sin rechistar.

1. En la conversación, verbos introductores como **decir, asegurar, repetir,** etc. se omiten con alguna frecuencia.

93. Ya va siendo hora, me parece a mí, de que te (tomar)........................ las cosas más en serio.
94. Parece mentira que no (tener, tú)........................ más sentido del humor.
95. Me pareció rarísimo que ni siquiera (mencionar)........................ el tema, pero...
96. ¿Te parece que los (llamar)........................ y (quedar)........................ con ellos para mañana?
97. Qué pena que no (traer)........................ la cámara, porque mira qué puesta de sol.
98. Nos rogaron muy educadamente que (hacer, nosotros)........................ el menor ruido posible.
99. Se conoce que no (quedar, el bebé)........................ a gusto después del último biberón y ¡qué nochecita, madre!
100. Espero que no (estar, vosotros)........................ demasiado enfadados conmigo.

XXX. Ejercicios orales. Un(a) estudiante le dice algo a un(a) compañero(a), empezando la frase con la primera expresión de las dos que se señalan, y el/la compañero(a) le contesta —no dice una frase cualquiera: *le contesta*— empezando con la segunda. Para este ejercicio sólo se necesita un poquito de imaginación y de buen humor.

1. { me gustaría que...
   y yo te ruego que...

2. { Es necesario que...
   No creo que...

3. { Me dio a entender que...
   Es un(a) mentiroso(a). No creas que...

4. { Es que...
   No es que...; es que...

5. { Es bueno que...
   Pero sería mucho mejor que...

6. { Es cierto que...
   Pues yo no estoy tan seguro(a) de que...

7. { Yo te aconsejaría que...
   No creo que...

8. { Está claro que...
   Y a mí me parece que...

9. No hay la menor posibilidad de que...
Pero es mejor que...

10. Me parece que...
Y yo creo que...

XXXI. Póngase el infinitivo entre paréntesis en la forma verbal adecuada.

1. **El «puente» originará un fuerte aumento de la circulación desde las seis de la tarde de hoy.**

La Dirección General de Tráfico aconseja a los automovilistas que, durante el *puente* que comienza esta tarde, (utilizar)............ los tramos de autopista, especialmente en Cataluña y Levante, y que en las zonas más próximas a las ciudades se (evitar)............ los adelantamientos. Tráfico estima que a partir de las seis de la tarde de hoy se (registrar)............ un fuerte aumento en las salidas de vehículos en las ciudades y que, entre las seis de la tarde y las once de la noche del domingo, se (producir)............ también un elevado incremento en el número de vehículos de regreso.

(*El País*, 14-8-86)

2. **El Banco de España desconfía de que la economía (crecer)............ este año un 3 %**

El Banco de España considera muy difícil que el crecimiento de la economía en 1986 (llegar)............ a alcanzar el 3 % previsto por el Gobierno porque ello exigiría que en el segundo semestre del año se (conseguir)............ tasas de aumento del producto interior bruto del 5 %. La lentitud con la que las economías de los países industrializados se están sumando a la pronosticada reactivación impide que el sector exterior (contribuir)............ positivamente al crecimiento económico.

Un informe del banco emisor estima que en el primer semestre del año la economía española (crecer)............ a un ritmo del 3 % gracias, sobre todo, al fuerte tirón del consumo privado interno y de la formación bruta de capital, que se acerca al 8 %.

(*El País*, 14-8-86)

3. **El parte al señor presidente**

Alejandra, viuda de Bran, domiciliada en esta ciudad, propietaria de la colchonería *La Ballena Franca*, manifiesta que por quedar su establecimiento comercial pared de por medio de la fonda *El Tus-Tep*, (poder)............ observar que en esta última se (reunir)............ frecuentemente, y sobre todo por las noches, algunas personas con el cristiano propósito de visitar a una enferma. Que lo (poner)............ en conocimiento del Señor Presidente porque a ella se le figura que en esa fonda (estar)............ escondido el general Eusebio Canales, por las conversaciones que ha escuchado a través del muro, y que las personas que allí llegan (conspirar)............ contra la seguridad del Estado y contra la preciosa vida del Señor Presidente.

(M. A. Asturias: *El Señor Presidente*)

XXXII. Lectura, análisis gramatical y comentario de los siguientes textos periodísticos.

1. **Festín**
MANUEL VICENT

Los terroristas con su carita de ángel, después de celebrar una gran matanza, se purgaron con un festín. El atentado ocurrió en la plaza de la República Dominicana, en Madrid, y allí hubo entre muertos y heridos más de un centenar de víctimas. El coche bomba hizo explosión, se produjo la escabechina, el país quedó conmocionado y a continuación los terroristas, cada uno por su lado, se reunieron en el supermercado de El Corte Inglés de la calle de Fernández Villaverde, donde habían quedado citados para efectuar la compra. Formando una candorosa y alegre pandilla, mientras cerca sonaban sirenas de policía y ambulancia, ellos llenaron la cesta con algunos kilos de merluza fresca del Cantábrico, con las raciones de carne, fruta, dulces y licores necesarias para montar rápidamente un banquete ese mediodía en conmemoración del éxito conseguido. Al parecer, éste es un hecho constatado. *Nunca imaginé* que matar **despertara** tal apetito.

Yo *creía* que la independencia, la patria oprimida, la libertad de un pueblo, **eran** palabras vacías y sagradas que tal vez podían encender el corazón de ciertos jóvenes, llenar de fanatismo su cerebro o de empuje místico su alma, pero *nunca sospeché* que **excitara** sobre todo el jugo gástrico de los ángeles exterminadores. Ahora *resulta* que los terroristas vascos **son** unos triperos. Se *sabe* que un asesinato con alevosía **requiere** antes que nada tener un estómago a prueba de bomba. Uno *imaginaba* que ésta **era** una cuestión previa, *nunca* que los comandos de ETA se **constituyeran** también en una sociedad gastronómica. *Que* se **vayan** al infierno estos místicos que sólo piensan en llenar la andorga después de la venganza. Malditos glotones. ¿Cómo se puede luchar por una supuesta patria oprimida, derramar sangre indiscriminada y celebrar cada acción como los cazadores al final de la montería con una comilona, echando la mierda y la gloria al caldero? Cuando se pierde la estética, cualquier causa está perdida. Un terrorista que come demasiado es como un asceta cebado con tocino.

(*El País*, 27-1-87)

2. **Tontas**
ROSA MONTERO

Somos tontas. Me refiero a las mujeres. Somos tontas. Pongamos un ejemplo: el último número de *La Luna* contiene una interesante entrevista con dos pintores jóvenes, Pilar Insertis y Jesús María Lazkano. El entrevistador, que es varón y el mismo para los dos artistas, le *dice* a Pilar un par de veces que sus cuadros **son** bastante malos, aunque, en fin, en conjunto es una chica que promete; todo esto en un tono adecuadamente paternal que *dudo* mucho que **hubiera empleado** con un hombre. De hecho, a Lazkano le pregunta cosas sensatas y no entra en descalificaciones sorprendentes. Pues bien, Pilar se somete a esa actitud chinchante, y en vez de dar un corte sandunguero al periodista le concede más o menos la razón: *es que* **estoy** aprendiendo a pintar, viene a decir ella humildemente. *Que* sí, querida Pilar, *que* **somos** tontas. Y lo digo con la certidumbre nacida de una práctica muy larga en la tontuna.

Mantengo la *teoría* de que las mujeres, educadas en el dominio de lo íntimo, de lo sentimental, de lo doméstico, **padecemos** unas inseguridades enfermizas con respecto al mundo exterior, es decir, al del trabajo. *Y que* los hombres, que son dueños y señores del mundo exterior, se **sienten** patológicamente inseguros en lo relativo a su intimidad y sus sentimientos. Total, un verdadero lío. A nosotras, mujeres profesionales, se nos *está recordando* constantemente que el terreno laboral nos **es** ajeno; por eso transitamos de puntillas, pidiendo perdón a todo el mundo. Ahí vamos, con el saquito del trauma cargado al hombro, modestas como lirios del campo y discretas como vírgenes bíblicas. Porque así, adoptando la sumisión tradicional de la doncella, nos creemos quizá más protegidas.

Basta ya de esa humildad profesional tan mórbida que no es una virtud sino un grillete: si *queremos* **ser** tratadas como personas tendremos que abandonar ese apocamiento de chiquillas. Hay que aprender a ser orgullosas, soberbias, arrogantes, altivas. De ahora en adelante me voy a *repetir* que **soy** maravillosa varias veces al día.

(*El País*, 28-2-87)

XXXIII. Pónganse los infinitivos entre paréntesis en la forma verbal adecuada.

1. Soledad Belmares, residente en esta capital, dice que ya no (tener)........................ qué comer porque se le acabaron los recursos y que como es desconocida no le (facilitar)........................ ninguna persona dinero, por ser de otra parte; que en tal circunstancia le (rogar)........................ al Señor Presidente (concederle)........................ la libertad de su hijo Manuel Bemares H. y su cuñado Federico Horneros P.; que el Ministro de su país (poder)........................ informar que ellos no se (ocupar)........................ de política; que sólo (venir)........................ a buscar la vida con su trabajo honrado, siendo todo su delito el haber aceptado una recomendación del general Eusebio Canales para que les facilitaran trabajo en la Estación.

(...)

Adelaida Peñal, pupila del prostíbulo *El Dulce Encanto*, de esta ciudad, se dirige al Señor Presidente para hacerle saber que el mayor Modesto Farfán le (afirmar)........................, en estado de ebriedad, que el general Eusebio Canales (ser)........................ el único general de verdad que él (conocer)........................ en el Ejército y que su desgracia se (deber)........................ al miedo que le alzaba el Señor Presidente a los jefes instruidos; que, sin embargo, la revolución (triunfar)........................

(M.A. Asturias: *El Señor Presidente*)

2. Y escucha, ¡bruja! —gritó Juan—. No lo había dicho antes porque soy cien veces mejor que tú y que toda la maldita ralea de esta casa, pero me importa muy poco que todo dios se (enterar)........................ de que la mujer de tu jefe (tener)........................ razón en insultarte por teléfono, como hace a veces, y que anoche no (ir)........................ a Misa del Gallo ni nada por el estilo...

Creo que me (ir)........................ a ser difícil olvidar el aspecto de Angustias en aquel momento. Con los mechones grises despeinados, los ojos tan abiertos que me daban miedo y limpiándose con dos dedos un hilillo de sangre de la comisura de los labios... parecía borracha.

— ¡Canalla! ¡Canalla!... ¡Loco! gritó.

Luego se tapó la cara con las manos y corrió a encerrarse en su cuarto. Oímos el crujido de la cama bajo su cuerpo, y luego su llanto.

El comedor se quedó envuelto en una tranquilidad pasmosa. Miré a Gloria y vi que me (sonreir)........................ Yo ho sabía qué hacer. Intenté una tímida llamada en el cuarto de Angustias y noté con alivio que no me (contestar)........................

Juan se fue al estudio y desde allí llamó a Gloria; oí que (empezar)........................ una nueva discusión que hasta mí llegaba amortiguada como una tempestad que se aleja.

Yo me acerqué al balcón y apoyé la frente en los cristales. Aquel día de Navidad, en la calle, tenía aspecto de una inmensa pastelería dorada, llena de cosas apetecibles.

Sentí que la abuelita se (acercar).. a mi espalda y luego su mano estrecha, siempre azulosa de frío, inició una débil caricia sobre mi mano.

— Picarona —me dijo—, picarona... has regalado mi pañuelo.

La miré y vi que (estar).. triste, con un desconsuelo infantil en los ojos.

— ¿No te gustaba mi pañuelo? Era de mi madre, pero yo quise que (ser).. para ti ....

(...)

No supe qué contestar y volví su mano para besarle la palma, arrugada y suave. Me apretaba a mí también un desconsuelo la garganta, como una soga áspera. Pensé que cualquier alegría de mi vida (tener).. que compensarla algo desagradable. Que quizás esto (ser).. una ley fatal.

(Carmen Laforet: *Nada*)

TEMA IV
TEMPORALES

ESQUEMA GRAMATICAL

- **Tipo:** |————| ↱ |————|

1. Conjunciones

   - Acciones simultáneas:
     — **cuando, mientras (que), en el (mismo) momento (instante) en que, al (mismo) tiempo que, a medida que, a manera que, conforme, según, al + INFINITIVO...** ⇒ acciones simultáneas + «compatibles»

     — **mientras (que), mientras tanto, entre tanto que, en tanto que...** ⇒ acciones simultáneas + «incompatibles» o contrastivas.

   - acción anterior: **antes de que, antes de + INFINITIVO.**

   - acción posterior:
     — **cuando, una vez que, después que, luego que, después de + INFINITIVO...** ⇒ acción posterior.

     — **en cuanto, tan pronto como, apenas, así que, no bien, nada más + INFINITIVO...** ⇒ acción inmediatamente posterior.

   - acciones repetidas: **cuando, cada vez que, siempre que, nunca que, siempre que... nunca, cuando... nunca, nunca cuando.**

- comienzo u origen de la acción: **desde que** (no: **desde cuando*).

- límite de la acción: **hasta que, hasta + INFINITIVO.**

2. Uso de los modos

a) **al, antes de, después de, nada más, hasta ⇒ INFINITIVO:**

al **entrar** nos dimos cuenta de que pasaba algo raro

antes de **consultarlo** ya teníamos algunas sospechas

después de **hablar** con ella parecía otro

nada más **salir** del juzgado lo metieron en el coche celular

hasta **llegar** tú aquí todo había ido estupendamente

b) **antes de que ⇒ SUBJUNTIVO**:

procura acabarlo antes de que **venga** tu madre

lo terminé antes de que **llegara** mi hermano

c) **mientras (que)** [contrastiva], **mientras tanto, entre tanto que, en tanto que ⇒ INDICATIVO** (para «pasado», «presente» y «futuro»):

Carlos hizo las camas, mientras que yo **preparé** la comida

Carlos pela las patatas, mientras que yo **bajo** al supermercado

Carlos fichará los libros, mientras que tú **irás** a correos a recoger el paquete

d) Todas las demás conjunciones: **mientras (que)** [temporal], **cuando, en el momento en que, a manera que, una vez que, en cuanto, cada vez que, hasta que...**

d_1) «pasado», «presente», «atemporal» ⇒ **INDICATIVO:**

cuando **llegué** ya habían terminado

jamás me dejaban levantarme de la mesa hasta que **acababan** todos de comer desde que **han llegado** los niños parece que está más animada

llegó jadeando cuando ya **habían salido** todos los demás

cuando más entretenidos **estamos** tenemos que ir a cenar. No queremos

mientras **estudio** me encanta escuchar música

d_2) «futuro» ⇛ **SUBJUNTIVO:**

cuando *cantaré → **CANTE**
cuando *habré cantado → **HAYA CANTADO**
cuando *cantaría → **CANTARA**
cuando *habría cantado → **HUBIERA CANTADO**

- **regresará** este verano a su país y lo encontrará muy cambiado
  cuando **regrese** este verano a su país lo encontrará muy cambiado

- a las doce ya **habrán terminado** y entonces hablaremos
  a las doce, cuando ya **hayan terminado**, hablaremos

- dijo Vd. que **iríamos** a Madrid y pasaríamos por Avila
  dijo Vd. que, cuando **fuéramos** a Madrid, pasaríamos por Avila

- de todos modos **habrían terminado** antes de las doce y nos habrían echado
  de todos modos nos habrían echado antes de las doce en cuanto **hubieran terminado**.

- **Comentario:** un hablante puede, en un momento determinado, decir una frase como:
  la vi ayer

y esa frase ser suficiente para lo que quiere expresar. Pero también puede suceder que quiera o tenga que precisar más y entonces diga:

la vi ayer **cuando salía de clase**

La expresión **cuando salía de clase** indica una acción o un hecho que sitúa a otro (**la vi**) en el tiempo. Esas dos acciones o hechos pueden ser *simultáneos*, es decir, producirse al mismo tiempo, o bien *anterior* o *posterior* el uno al otro; puede ser que lo que queramos expresar sea que, cuando se produce uno, automáticamente se produce el otro, es decir, acciones *repetidas*, y asimismo puede ser que lo que le interese al hablante marcar sea el *comienzo* o el *final* de un hecho. Pues bien, para expresar cada uno de estos aspectos el español cuenta con una serie de partículas o conjunciones.

- **Acciones simultáneas**

— Como se aprecia en el ESQUEMA, hemos separado las partículas en dos grupos: «compatibles» / «incompatibles».

— Dentro de las del primer grupo:

- **cuando** es la más frecuente, pero también la más neutra. Indica cualquier tipo de simultaneidad.
  la vi **cuando** salía
  cuando estudio me gusta escuchar música
  cuando uno se va haciendo viejo se vuelve más protestón

- **al** (+ infinitivo): no es muy frecuente su uso[1]; por lo general implica un mismo sujeto, aunque no necesariamente. Puede alternar con **cuando** en:
  la vi **al salir**

En cambio, aunque gramaticalmente sea correcto, no es esperable una frase como:

al estudiar me gusta escuchar música.

Como regla práctica se puede limitar su uso a verbos que implican movimiento y, sobre todo, a acciones instantáneas: **al salir, al entrar, al subir, al bajar, al agacharse, al acostarse, al abrir, al cerrar, al sentarse, al hablar, al tragar...**

1. **Al + infinitivo** tiene también valor causal:
   se reunirán de nuevo al no haber alcanzado un acuerdo ~ por no haber alcanzado ~ porque no han alcanzado.

- **En el (mismo, preciso) momento (instante) en que,** puede sustituir a **cuando**, para precisar la simultaneidad instantánea, en:

  la vi **en el preciso instante en que** salía

- **Mientras (que)** puede aparecer en lugar de **cuando** para destacar la duración:

  la vi **mientras** salía
  mientras estudio me gusta escuchar música

- **Al tiempo que, a medida que, a manera que, conforme, según**[1] significan que dos acciones progresan al mismo tiempo:

  conforme uno se hace viejo se vuelve más protestón
  a manera que iban llegando se iban sentando
  a medida que vayas recopilando datos iremos perfilando el proyecto

— Entre las calificadas como «incompatibles» **mientras que** y **mientras tanto** son las de uso más frecuente.

— «Compatibles» / «Incompatibles»

- Entendemos por «compatibles» las acciones que, además de ser simultáneas, pueden ser realizadas por una misma persona. Son «incompatibles» aquéllas que, siendo simultáneas, exigen la intervención de dos personas: tú una cosa y yo otra:
  - *compatible:* cuando estudio me gusta escuchar música.
  - *incompatible:* tengo que estudiar un rato, mientras tanto tú puedes escuchar música en la habitación de al lado.

- La partícula **mientras** puede usarse para frases «compatibles» e «incompatibles». Como regla práctica indicaremos que, para las primeras, es preferible el uso de **mientras** (sin **que**) y el de **mientras que** para las segundas. De manera que una mujer de una familia tradicional, es decir, una mujer que trabaja sólo y sola en casa podría decir:

  mientras se van cociendo las patatas voy a aprovechar para ir arreglando el salón.

  En cambio, una mujer que trabaja también fuera de casa y que comparte las tareas del hogar con su marido podría decir:

  antes de salir lo dejamos todo arreglado. Yo me encargo de la comida **mientras que** él hace las camas, limpia un poco y tal[2].

- Digamos que el grado de incompatibilidad puede ser mayor o menor, hasta el punto de que **mientras que** puede perder el valor temporal para pasar a significar fundamentalmente «contraste», es decir, ser equivalente a **en cambio**[3]:

1. **Según que** tiene valor condicional. Como veremos en su momento son muchas las partículas que tienen doble uso: temporal y condicional.
2. Este tipo de frase se puede expresar también utilizando como lazo de unión la copulativa **y**, y **mientras** en función de adverbio:

   ...Yo me encargo de la comida y él, mientras, hace las camas...
3. Esto es muy importante porque las formas verbales para indicar «futuro» son distintas en una frase temporal que en una contrastiva.

¡ya está bien, eh! Que yo me paso el día de acá para allá, sin tener un momento de respiro, **mientras que** a ti no hay quien te mueva de ese sillón

podría decir la mujer de la familia tradicional.

- **Acción anterior**

— Las dos partículas son igualmente frecuentes. **Antes de que** para sujetos distintos:

arréglalo un poco **antes de que** lo vea tu padre

y **antes de**, por lo general, para mismo sujeto:

déjalo todo en orden **antes de** salir de la habitación.

— En la lengua conversacional, **antes de** es la de uso más frecuente porque, incluso, puede usarse cuando los sujetos son distintos. En este caso, el sujeto suele ir expreso y su colocación es detrás del infinitivo:

todas las noches me voy a la cama **antes de terminar la televisión**
se marchó mucho **antes de volver tú**

- **Acción posterior**

— De nuevo las partículas aparecen separadas en dos grupos. Las primeras indican la posterioridad sin más; las segundas, la posterioridad inmediata:

cuando llegues a Madrid me llamas, para que esté tranquila

le podría decir al marido, a modo de despedida, su mujer después de veinte años de matrimonio. En cambio, una jovencita recién casada, que se separa por primera vez de su marido, colgada de su cuello, podría decir:

en cuanto llegues, **en cuanto** te bajes del tren, desde la misma estación, entras en una cabina y me llamas

— Dentro del primer grupo:

- **cuando**, como siempre, es la más utilizada y la más neutra.

- **luego que** es de uso muy escaso. En el español hablado de España podríamos decir que no se utiliza nunca.

- **después que** es de uso también escaso. Por lo general, la posterioridad simple se expresa con **cuando**. Así, una frase como:

  hago gimnasia **después que** me levanto

  difícilmente se podría oír en boca de un hablante nativo de español, que diría:

  hago gimnasia **cuando** me levanto

- si se quiere marcar la posterioridad de forma más específica que con **cuando**, se recurre a **después de** —la de uso más frecuente tanto en el español hablado como en el escrito— o a **una vez que.**

— Dentro del segundo grupo:

- **en cuanto** y **tan pronto como**[1], quizás, por este orden, son las de uso más habitual y las más neutras desde una consideración sociolingüística: no son ni cultas ni coloquiales; son de uso general.

- **apenas** es de uso mucho menos frecuente y diríamos que más culta.

- **así que**[2] y **no bien** son de uso casi exclusivamente literario.

- **nada más,** por el contrario, es de uso preferentemente conversacional y de un alto índice de frecuencia.

- **Acciones repetidas**

— Una vez más, la partícula de uso más frecuente es **cuando**:
cuando hablo con ella no sé qué me pasa que me pongo nervioso.

— Pero **cuando** es la conjunción de uso universal que lo mismo expresa la simultaneidad instantánea, que la posterioridad o que la acción repetida. Si, por la razón que sea, el hablante quiere poner de relieve que se trata de un hecho repetido, entonces usará las partículas específicas para ello: **cada vez que** y **siempre que**. Así, al estudiante que ha ido a pasar el fin de semana a su pueblo de 500 habitantes, la madre de otro estudiante puede preguntarle:
¿No has visto a Felipe en Salamanca?
A lo que el estudiante podría responder:
Sí, esta mañana ha sido la última. Nos cruzamos casi todos los días **cuando** vamos a clase.
Pero claro que ese estudiante podría también contestar a la misma pregunta de esta otra manera:
¡Bueno que si lo veo! **Cada vez que** paso por la Plaza Mayor está allí sentado en una terraza, con una rubia...

- **comienzo de la acción**

— utilizamos para este valor la partícula **desde que**. En este caso, los estudiantes deben prestar atención y evitar dos errores muy comunes en los hablantes extranjeros de español:

1) La partícula es **desde que** y no **desde cuando.* De manera que se dice:
Desde que nací no he hecho otra cosa
y no:
**Desde cuando* nací no he hecho otra cosa[3]

1. No confundir con **tan pronto... como =** «unas veces... otras»:
tan pronto llora como ríe
2. No confundir con **así que** consecutivo, es decir, con el **así que** de frases como:
yo no puedo perder tiempo, **así que** me voy
donde es la partícula de uso más común.
3. No debe confundirse con la interrogativa **desde cuándo:**
¿**Desde cuándo** estás aquí?

2) El origen se marca con **desde que** y no con **después que**. Se dice:

Desde que llegué a Salamanca no me he acostado ninguna noche antes de las tres de la mañana.

y no:

**Después que* llegué a Salamanca no me...

• **Límite de la acción**

— Para señalar el término usamos la(s) partícula(s) indicada(s) en el ESQUEMA: **hasta que** y **hasta + infinitivo.** Esta última no implica necesariamente un solo sujeto.

PRÁCTICA

I. Use(n)se la(s) conjunción(es) temporal(es) apropiada(s).

1. No he llamado a mi novio todavía.................... llegué a Salamanca.
2. No te volveré a escribir.................... tú no lo hagas.
3. Te llamé.................... lo supe.
4. Nos vimos.................... salir para el aeropuerto.
5. Me siento triste.................... veo un pobre pidiendo por la calle.
6. Yo no puedo hacerlo todo. Voy a consultar este libro y.................... tú ve pasando eso a máquina.
7. Los ladrones huyeron rápidamente.................... oyeron la sirena del coche de la policía.
8. Por las mañanas,.................... se levanta, lo primero que hace es ducharse.
9. Lo comprenderás mejor.................... discutirlo con él.
10. .... consiguió ese trabajo no hay quien lo aguante.
11. Nos vemos.................... tú quieras.
12. Estaba tan intranquilo e impaciente que yo creo que se lanzó sobre el teléfono.................... sonara.
13. Estaba tan intranquilo e impaciente que se lanzó sobre el teléfono.................... sonó el primer timbrazo.
14. Lávate los dientes.................... irte a la cama.
15. Estarás a su disposición.................... te necesite.
16. Por favor, cuide un momento del niño.................... cierro el cochecito.
17. No me gusta que me molesten.................... estoy trabajando.
18. Me paso el día como una loca, de un lado para otro.................... tú no te apartas del televisor ni para ir al servicio.
19. Se tranquilizó un poco.................... hablar con él.
20. .... decidirte a dar ese paso procura informarte y estar seguro de lo que vas a hacer.
21. Llámame.................... llegues a la estación.
22. Me llamas desde la estación.................... subir al tren.
23. Hacía tanto tiempo que no se veían que.................... descendió por las escalerillas del avión se fundieron en un largo abrazo.
24. No me gusta la ciudad.................... llueve.
25. La espera era tensa y una especie de nerviosismo recorría todo el grupo.................... se abría la puerta del quirófano.
26. Nos cruzamos.................... entrar en clase. Ella salía y yo entraba.

27. Muchas cosas han cambiado entre nosotros .... tomamos aquella decisión.
28. Tenéis que estar muy atentos porque.................................... yo os dé la señal, tenéis que salir al escenario.
29. No, no hay ninguna novedad. Pero, mira, no vuelvas a llamarme.................................... yo no te llame a ti, porque.................................... oigo el teléfono me pongo nerviosita.
30. Sería conveniente comunicárselo.................................... se entere por otro medio.
31. ¡Adiós! Llámame.................................... llegues.
32. ...., por fin, se abrió la caja fuerte se iluminó toda la estancia y se vio encañonado por cinco pistolas.
33. Tenme al corriente.................................... que se vayan conociendo más detalles del accidente.
34. .... llegar la policía se formó un corro enorme de curiosos y el ladrón aprovechó para escapar.
35. Yo no sé qué pasa, pero.................................... lo llamo por teléfono me dicen que ha salido.
36. Yo no sé qué pasa, pero.................................... lo llamo se puede poner al teléfono, porque dicen que ha salido.
37. Sonó el timbre. Marili, como ausente, se dirigió a la puerta; siempre tenía la precaución de observar por la mirilla, pero en esta ocasión empuñó el pomo con decisión y.................................... lo había girado, cuando ya una mano le tapaba la boca y un brazo la aprisionaba fuertemente por el cuello.
38. .... D. Basilio se acercó a la mesa donde D. Braulio, D. Nicomedes y D. Eusebio, inclinados hacia adelante y con las cabezas juntas cuchicheaban, ajenos a lo que acontecía a su alrededor, el pianista cesó de tocar y en el salón se hizo de pronto un silencio espeso que...
39. Se irá tranquilizando.................................... pase el tiempo.
40. .... iban pasando iban estampando su firma en un libro mugriento que les ofrecía el oficial de guardia.
41. Esta mañana.................................... salir de casa, me **di de narices con** él y el corazón me dio un vuelco.
42. ¡Ya está bien!.................................... te necesito puedo contar contigo.
43. Mira, **niñato,** en adelante.................................... yo diga algo lo vas a hacer ¡ya! porque, de lo contrario, no respondo.
44. Avísame.................................... llegar.
45. Hay que hacer algo.................................... sea más tarde.
46. En el rato que yo estuve a la puerta y luego,.................................... tomaba café, no noté que pasara nada raro.
47. Y,.................................... hayamos resuelto ese problema, ya veremos cómo organizamos el capítulo siguiente.
48. .... comer no hay cosa como la siesta.
49. Le había advertido.................................... salir, que.................................... estábamos fuera, no dejara pasar a nadie.
50. Yo que tú lo haría .... me obligaran.
51. Pero si es que, ... le haces lo más mínimo, se pone a chillar como un loco.
52. .... **las barbas de tu vecino veas afeitar, pon las tuyas a remojar.**
53. **Se va por los cerros de Úbeda** .... los alumnos le hacen una pregunta.
54. .... abre la boca es para **poner verde** a alguien.
55. **Habla como una cotorra** .... **empinar el codo.**
56. .... paso por delante de esa pastelería **se me hace la boca agua.**
57. María ha cambiado ya de idea, ... a él, que **es más terco que una mula,** no hay quien lo haga **bajarse de la burra.**

58. Hablé ayer con él .... entrábamos en clase, pero **que si quieres arroz Catalina,** el tío **sigue en sus trece.**
59. .... tuve ocasión **se lo solté** y **se quedó con dos palmos de narices.**
60. Claro que, ... salían y no salían las notas, **las pasé negras;** aunque ya, ... saber nada, **por si las moscas,** había dicho en casa que ese profe **era un hueso** y que era el que más **calabazas** daba.
61. Me eché a reír .... me enteré que Margarita le **había dado calabazas.**
62. .... el policía se disponía a abrir la puerta de su coche se le acercó por la espalda el terrorista, que efectuó dos disparos.
63. Yo tengo que salir necesariamente ahora mismo, ..., por favor, encárgate tú de terminar este informe.
64. .... acabó de hablar, elevó los brazos magestuoso en posición de implorar la ayuda divina.
65. Y .... había empezado a hablar cuando ya todas las beatas del lugar se enjugaban las lágrimas con sus inmaculados y primorosamente bordados pañuelos de seda.
66. **Me pongo malo** .... pienso en la barbaridad que han hecho.
67. .... se marchó no he vuelto a saber nada de ella.
68. .... su marido tuvo el accidente, ... conoció al hombre con el que sale ahora, pasó una época muy mala.
69. .... llamarme tú se lo dije.
70. .... tú quieras te pasas un rato por casa y charlamos .... tomamos café.
71. Es curioso, pero tiene una capacidad especial para **escurrir el bulto:** .... lo necesitas está en su despacho.
72. .... **se me hinchen las narices** y luego se va a enterar.
73. .... llamó desde Roma no ha vuelto a **dar señales de vida.**
74. ¡Qué alegría sentí .... verte!
75. Porque, ... hayamos resuelto esto, no creo que haya ya muchos problemas.

2. Uso de los modos

• **Cuestión previa:** el aspecto, quizás, más difícil para el hablante extranjero, en el caso de las frases temporales, es el que acabamos de practicar: el empleo apropiado y preciso de las partículas o conjunciones. El uso de las formas verbales, en cambio, no debe ofrecer muchas dificultades, puesto que son estructuras del tipo |——| ↱ |——| y, en consecuencia, casi nos tendremos que limitar a repetir aquello de que «si abrimos la boca y decimos tal partícula, detrás vendrá necesariamente tal forma». Así:

a) Si abrimos la boca y decimos **al, antes de, después de, nada más** y **hasta,** si detrás viene una forma verbal, ésta necesariamente —en el sentido filosófico del término— será un **INFINITIVO,** o la frase jamás será correcta en español.

PRÁCTICA

II. Ejercicios orales. Bajo la dirección del profesor, los estudiantes practicarán cada una de estas partículas con frases libres. Para una mayor rapidez en la producción de las mismas aconsejamos el uso de la lista de la pág. 68.

b) **Antes de que.** Si abrimos... ⇒ **SUBJUNTIVO.**

PRÁCTICA

III. Dos estudiantes dialogan ateniéndose a los modelos:

— Modelo 1:

Estudiante 1: Te llamará antes de marcharse.

Estudiante 2: Pues que procure llamarme antes de que me marche yo.

1. Te avisará antes de hacerlo.
2. Te lo comunicará antes de tomar una decisión definitiva.
3. Te lo dirá antes de hablar con ellos.
4. Te lo comentará antes de firmar el documento.
5. Te consultará antes de decidirse.

— Modelo 2

Estudiante 1: Lo haré antes de que lleguen.

Estudiante 2: Eso, como ayer. Que lo hicimos antes de que llegaran y...

1. Estudiaré un rato antes de que llame Julia.
2. Me voy a la calle antes de que suba la vecina de abajo.
3. Se lo subiré antes de que nos lo pidan de arriba.
4. Le daré la papilla antes de que venga el médico a pincharle.
5. Le cambiaré otra vez los pañales a Gloria antes de que se duerma.
6. Lo avisaré antes de que salga para la facultad.
7. Me voy a la cama antes de que empiece la película, porque si no...
8. Acuesta a la niña antes de que llegue su abuela.
9. Pon la calefacción antes de que baje más la temperatura.
10. Saldré a dar una vuelta antes de que se ponga el sol.

IV. Póngase en la forma adecuada el infinitivo del paréntesis.

1. Me dijo que lo tendría todo en orden mucho antes de que nosotros (regresar)..................
2. Antes de que él me (decir) .... nada ya había visto yo dónde estaba el problema.
3. Pásate por allí hacia las doce, antes de que lo (terminar, él) ....[1].
4. Rompió el cordón policial y le dio un sonoro beso a la reina antes de que los agentes de seguridad (poder) .... reaccionar.
5. Luego lo calientas al baño (de) María y lo retiras antes de que (empezar).................. a hervir el agua.

1. Con **antes de que** no son, por lo general, necesarias ni habituales las formas compuestas. Y lo mismo sucede con el infinitivo compuesto (**HABER CANTADO**) con **antes de, después de...**

6. La mesa no la pondremos hasta unos minutos antes de que (llegar) .... los invitados.
7. Antes de que (salir) .... la gente hay que anunciar la fecha de la nueva reunión.
8. Eso era viejo ya antes, incluso, de que tú (nacer) ....
9. Hombre, me gustaría tenerlo terminado antes de que (cumplirse) .... el plazo que me han señalado.
10. Y ten la seguridad de que, de haber podido, lo habría hecho. Antes, incluso, de que ella me (insinuar).................... nada.

c) **mientras (que)** → «futuro»: contrastiva ⇒ **INDICATIVO/**temporal ⇒ **SUBJUNTIVO**

- Es éste uno de los pequeños problemas que plantea este tema: **mientras que**, cuando es contrastiva, se construye exclusivamente con **indicativo** para expresar cualquier tiempo real: «pasado», «presente» y «futuro». **Mientras** (mejor que **mientras que**), en cambio, para el «futuro» exige formas del **subjuntivo**[1].

PRÁCTICA

V. Complétense los puntos suspensivos con la forma verbal adecuada.

1. Luego, mientras tu padre (estarse).................... duchando, puedes aprovechar tú para poner un rato el ordenador.
2. Para él es una herramienta de trabajo, mientras que para ti no (ser).................... más que un juego.
3. Pero vosotros os quedasteis tranquilamente en la cama, mientras que ellos, pobrecitos, (tener) .... que ir al colegio con el frío que hacía.
4. Antonio se quedará aquí, mientras que tú, Andrés, (ocupar).................... a partir de hoy el puesto que ha dejado vacante Carmen.
5. Mientras todos (ser, nosotros).................... iguales no ha habido problemas, pero con el ascenso de Carmen...
6. De ahora en adelante y mientras (durar).................... esta situación tendremos que **arrimar** todos un poco **el hombro**.
7. Nos lo comunicaron mientras (estar, nosotros).................... reunidos.
8. ¡Claro que aquello era muy bonito! Vosotros todo el día de juerga, mientras que nosotros (estar) .... reunidos día y noche para tratar de solucionar vuestros problemas.
9. Y en ese momento, mientras el guarda (estar).................... comprobando los sistemas de seguridad, tú te cuelas y te escondes en el cuartito éste.
10. Tú, Carlos, vendrás conmigo por la puerta esta del callejón y te colocarás aquí, justo a la entrada; mientras que «el Cojo», como siempre, (quedarse).................... al volante y (esperar).................... en esta esquina.

1. Cuando tiene valor condicional se construye también con **subjuntivo.**

d) **Todas las demás conjunciones**

- Todas las demás conjunciones temporales: **cuando... hasta que,** se construyen con **indicativo/subjuntivo**, con el valor general de las distintas formas verbales, tal como se aprecia en los ejemplos del ESQUEMA.

- El uso de las formas verbales de «futuro» es, sin duda, el aspecto que ofrece alguna mayor dificultad. Por ello, insistiremos en su práctica.

PRÁCTICA

VI. Póngase en la forma adecuada el infinitivo del paréntesis.

1. Todos los días cuando (volver)........................ del trabajo me da un abrazo, así que hoy cuando (llegar)........................ supongo que hará lo mismo.
2. En este país la gente se lava cuando (llover)........................; por lo tanto, no os preocupéis que ya os quitaréis de encima esa mugre cuando (caer)........................ unas gotas.
3. —Ana: Bueno, mis hijos encantadores ¡Qué hijos me ha dado Dios! Todos los días estudian... Bueno, hasta que se (dormir)........................

   —Julia: Pues me alegro. Los míos son más normalitos; esta noche, cuando su padre (ver)........................ las notas de este mes, a lo mejor tienen que estudiar también hasta que se les (cerrar)........................ los ojos.
4. ¡Estudia cuando te lo (decir)........................!
5. Me lo cuenta todo en cuanto se (enterar)........................, así que supongo que, en cuanto (oír)........................ algo me lo dirá.
6. ¡**Qué rollo** de televisión, madre! Todas las noches, en cuanto me (sentar)........................ delante de la **caja boba, me quedo Roque**.
7. Últimamente venía durmiendo mal, así que ayer fui al médico. ¿Y sabes qué me dijo? «Mire Vd., los somníferos no son muy recomendables, así que yo le aconsejo algo mejor: siéntese Vd. delante de la televisión, yo le garantizo que, apenas se (sentar)........................ Vd. delante de ella, se dormirá.
8. Sí, lo tienes que conocer. Es un profesor que fuma en clase y cada vez que (encender)........................ un cigarrillo se pone a toser.
9. (En clase del profesor del ejemplo anterior; se dispone a encender un cigarrillo; Carmen se da cuenta y le da con el codo a su compañero Emilio). Fíjate, ya verás, en cuanto se lo (acercar)........................ a los labios empezará a toser.
10. Siempre lo mismo, hasta que no (enfadarme)........................ aquí nadie me hace caso. Y ahora pasará otro tanto, que hasta que no (dar, yo)........................ cuatro voces no se mueve nadie.

VII. Complétense los puntos suspensivos con la forma verbal adecuada.

1. Me quedé allí y esperé hasta que (llegar, ellos)........................ Luego nos fuimos todos juntos a bailar.
2. Me pidió que me quedara allí y esperara hasta que (llegar, ellos)........................, pero no aparecieron.
3. Me gustaría que, en cuanto lo (ver, tú)........................, se lo dijeras.

4. Me encantó que se lo dijeras en cuanto lo (ver, tú).................................
5. Me aseguró que, tan pronto como (tener, ellos).................................. noticias, se pondrían en contacto con nosotros.
6. Me gustaría que lo tuvierais listo para cuando (volver, ellos).................................. esta noche.
7. Me recomendó que tuviera ya decidido algo cuando (regresar, ellos).................................. aquella noche.
8. No me moví de mi sitio hasta que (llegar).................................. el profesor.
9. Los iré colocando a medida que (ir).................................. llegando.
10. Sería bueno que los colocaras en su sitio conforme (ir).................................. llegando.

VIII. Dos estudiantes dialogan según los modelos

Modelo 1:

Estudiante 1: Esperé hasta que llegaron.
Estudiante 2: Pues hoy vamos a hacer lo mismo: vamos a esperar hasta que lleguen.

1. Estuve escuchando música hasta que me cansé.
2. Salí corriendo en cuanto aparecieron.
3. Compré y compré discos hasta que me gasté hasta el último céntimo.
4. Me puse a estudiar cuando apareció por allí Roberto.
5. Me pasé la tarde entera bailando hasta que cerraron la discoteca.

Modelo 2:

Estudiante 1: Mi abuelo protesta cuando ve a una mujer con pantalones.
Estudiante 2: Pues hoy va a protestar muchísimo cuando me vea a mí con esta **pinta**.

1. Paco está muy guapo cuando se pone chaqueta.
2. El ministro **pierde los papeles** cuando los periodistas le preguntan por ese tema.
3. Las mujeres estáis muy elegantes cuando os ponéis medias.
4. El profesor se enfada cuando hacemos ruido en clase.
5. A mi padre **le llevan los demonios** cuando salimos por la noche.

RECAPITULACIÓN

REPASO GENERAL DE LAS ESTRUCTURAS TEMPORALES

IX. Pónganse en la forma verbal adecuada los infinitivos entre paréntesis.

1. No he vuelto a saber nada de ella desde que (marcharse)..........
2. Mañana, en cuanto (llegar).......... Vd. a la oficina, se pone con el asunto de este señor y no lo deja hasta que (estar).......... todo solucionado.
3. Quiero que (estar).......... todo en orden antes de que nos lo (pedir).......... de arriba.
4. El trabajo es sagrado. Por eso, cuando (haber).......... que trabajar, no hay disculpas que valgan.
5. Era un hombre muy serio. Siempre estaba diciendo que el trabajo (ser).......... una cosa sagrada; por eso, aunque era amable, mientras (trabajar, nosotros).......... no se **oía ni una mosca.**
6. Aquella mañana, cuando (salir).......... de casa, me dio un beso como de costumbre, pero algo en el corazón me decía que (haber).......... algo extraño en él.
7. —Juan: ¿Cuándo salimos juntos una noche a cenar?
   —Isabel: Cuanto tú (querer).......... Pero antes de que (regresar).......... Antonio porque, en cuanto (terminar).......... ese trabajo y (volver).......... a Salamanca, se acabó la libertad.
8. Me gustaría que (tú, esperar).......... hasta que él (llegar).......... porque te informaría mejor.
9. Aunque no es una lumbrera, cuando (trabajar).........., saca buenas notas.
10. No se (preocupar).......... Vd. Tan pronto como (tener, nosotros).......... noticias se las comunicaremos.
11. Desde luego ése **no** creo que (**dar**).......... **ni golpe**, porque, cada vez que (yo, pasar) .... por aquí, lo veo charlando con ese **pasota**.
12. Es que no (deber, tú).......... hacer aquello. En adelante, cada vez que (presentarse) .... la misma ocasión, procura (estar, tú).......... a la altura de las circunstancias.

13. ¡Anda, **échame una mano**! Mira, mientras yo (ir)................ haciendo las maletas, a ver si tú puedes colocar esos libros.
14. Apenas si (haber salido, él)................ del coche cuando un joven (acercársele)................ y, sin que mediara palabra, le disparó un tiro en la nuca.
15. Era muy temprano; todavía estábamos en la cama. Joaquín quería (levantarse, él)................ ya, pero yo, antes de que (hacerlo)................, me abracé a él mientras le (decir)................ unas cosas al oído. Fue en aquel momento cuando (yo, ver)................ aquella cara desencajada detrás de los cristales: grité como una histérica hasta que Joaquín (volverse)................ y también él vio aquel rostro horrible en la ventana, pero antes, incluso, de que (hacer)................ ademán de saltar sobre él, desapareció después de (soltar)................ una risotada que todavía ahora, en este momento, parece que (estallar)................ en mis oídos.
16. Luego, pero antes de (terminar)................ la clase, me recordáis que os (explicar)................ qué sucedió después de que aquella visión espantosa (desaparecer)................ de la ventana y cuando ya Joaquín (intentar)................ inútilmente consolarme.
17. Antes de (entrar)................ dejen salir.
18. Era un hombre insoportable; cada vez que (abrir)................ la boca era para decir una impertinencia.
19. Cuando (llegar)................, procura que no te vea nadie. Sobre todo, que no te vean antes de (depositar)................ el paquete en el buzón de correos. Después, en cuanto lo (hacer)................, te diriges rápidamente hacia la salida antes de que (empezar)................ a sonar la sirena. Yo esperaré en el coche, con las llaves puestas, hasta que Juan me (hacer)................ la señal de partida.
20. Andrés y Marta, cuando (aburrirse)................, suelen inventarse historias policiacas y de detectives. Pero antes de (terminarlas) .... se cansan, y por eso nunca tienen final. Desde que (conocerlos)................, cada vez que (ir, yo) .... a su casa los encuentro ocupados en el mismo tema y hasta que (enfadarme) .... no consigo que me (hacer)................ caso.
21. Si te parece bien, nos vemos esta noche antes de (ir)................ al cine.
22. Subiremos un momento a veros antes de que los invitados (empezar)................ a cenar.
23. No te llamaré hasta que no (tomar, ellos)................ una decisión definitiva.
24. Yo creo que (deber, tú) .... leer la carta de nuevo y **pensártelo dos veces** antes de (echarla)................ al correo.
25. No volví a verla hasta que (regresar)................ de Túnez.
26. Recuerdo perfectamente que, en el preciso instante en que (ir, nosotros) .... a iniciar la marcha (empezar)................ a nevar copiosamente.
27. Después de (dejar)................ de nevar, empezó a llover mientras (discutir, nosotros) .... si iniciábamos la escalada o no.
28. Cuando (llegar, nosotros) .... a la base de la montaña hacía ya mucho viento y, a medida que (ir, nosotros) .... subiendo, fue en aumento hasta (desembocar)................ en una tormenta con mucho aparato eléctrico.
29. Claro que aquello nos lo (tener, nosotros) .... más que merecido porque, cuando (decidir, nosotros)................ emprender la marcha, el cielo estaba ya totalmente cubierto.
30. Pídeselo después de (hablar)................ con Eva.
31. Regresa a casa en cuanto (terminar)................ el trabajo porque si no **¡menudos morros!**
32. Pase Vd. por mi despacho cuando (recoger)................ sus cosas.
33. Jamás cuando (ir, yo)................ a verlos, lo **pillo** en casa.

34. Díselo nada más (terminar)............................ de cenar. O incluso, si ves que se (presentar) .... la ocasión, mientras (cenar, nosotros)............................
35. Aquí no nos ponemos el abrigo ni cuando (hacer)............................ frío.
36. Ya sabes que no me (gustar)............................; pero me pongo corbata siempre que (tener)............................ que ir a una reunión importante.
37. —Elvira: Oye, yo creo que no (estar)............................ mal que te (comprar) .... otros zapatos.
—Juan: Tú sabes que sólo me los (comprar)............................ cuando los viejos (caerse) .... a trozos.
38. En cuanto (llegar, él)............................ a casa se pone unas zapatillas para estar más cómodo.
39. Hay que ver lo tonta que se pone cada vez que su madre le (comprar)............................ una falda nueva.
40. **Te ha estado más que bien;** así, cuando (salir, tú) .... otra vez de viaje te llevas en la maleta tres o cuatro camisas planchadas.
41. Al (salir)............................ mira a ver si hay alguien en la puerta.
42. **Nos lo pasamos bomba.** No te puedes hacer una idea de lo bien que nos lo pasamos hasta que (aparecer)............................ por allí el padre de Marisa...
43. Cuídate mucho, hijo. Ponte los calcetines de lana y las botas cuando (hacer)............................ frío.
44. Se marchó mucho antes de que (regresar)............................ los demás.
45. **Cuando las barbas de tu vecino (ver)............................ afeitar, pon las tuyas a remojar.**
46. **Cuando el río (sonar)............................, agua lleva la corriente.**
47. **Me pongo malo** cada vez que te (ver)............................ con ese **tonto las narices.**
48. No sé por qué **me da en la nariz** que, nada más (llegar)............................ nos (ir) .... a decir que se lo (pensar, él)............................ mejor y ya no le (interesar) .... el trato.
49. El asunto **estaba duro de pelar** pero, en cuanto **le (echar,** nosotros) .... **narices** a la cosa, se arregló **pero ya.**
50. Es normal que (tener, nosotros) .... cada día menos problemas a manera que (ir, nosotros)............................ avanzando en nuestro conocimiento del español.
51. Me gustaría que Juan (quedarse)............................ aquí con Beatriz y que, mientras tanto, tú (ir) .... a buscar al niño.
52. **El gato escaldado del agua fría huye,** así que, en adelante, cada vez que se te (presentar) .... algo parecido ya sabes lo que tienes que hacer.
53. Cuando lo (ver, tú)............................, dile que se (pasar)............................ por aquí a recoger sus papeles antes de que me (cansar)............................ y (ir, ellos)............................ a la papelera.
54. Cuando (parecer)............................ que ya (terminar, nosotros)............................, se presentó el profe y nos dijo que (hacer, nosotros)............................ también una redacción antes de (salir) .... al recreo.
55. En cuanto (poder, yo)............................ voy a hacer un crucero por el Mediterráneo: Italia, Grecia, Turquía, Egipto, Marruecos, España...
56. ¡Qué pena! Conforme (ir, nosotros)............................ creciendo vamos perdiendo ingenuidad y fe en las cosas y en las personas, y cada vez que nos (plantear)............................ un nuevo proyecto lo vemos con más escepticismo.
57. El conferenciante se ajustó las gafas, carraspeó, miró, una vez más, al público desde su altura y comenzó su disertación. Pero no bien (empezar)............................ a hablar cuando, en la primera fila, un joven (ponerse)............................ en pie y, antes de que nadie (poder)............................ impedirlo, insultó con fuertes palabras al conferenciante. Cuando organizadores y público quisieron (reaccionar)............................ el joven había desaparecido después de (proferir)............................ un insulto aún más soez en el instante en que (alcanzar) .... la salida.

Una vez que se (acallar)................................ los murmullos, el presidente tomó la palabra y, después de (pedir)................................ disculpas al insigne conferenciante, le rogó que (tener)................................ a bien reiniciar su lección. Pero así que éste (volver)................................ a ajustarse las gafas, resonó en la sala de nuevo el epíteto denigratorio: «¡fascista!», mientras un anciano, de aspecto venerable (encaminarse)................................, con pasos cortos, hacia la salida.

58. Después de (hacer)................................ el ejercicio anterior lo mejor es **tomarse un respiro.**
59. Pero **volvamos a la carga** antes de que nos (enfriar)................................
60. Esperamos todos que, cuando (regresar, vosotros)................................ a vuestro país, os (llevar)................................ un grato recuerdo de vuestra estancia en Salamanca.
61. Me encantaría que, antes de que os (marchar)................................ (poder, vosotros)................................ llegar a conocer bien el verdadero ser de los españoles.
62. ¿Qué estarán haciendo Andrés y Marta? Ya sabemos que cuando (aburrirse, ellos)................................, se (inventar)................................ historias de detectives y policías. Ayer, mientras (cunear)................................ a la niña —¡pobre niña!— Andrés se imaginó una terrorífica. Veía que la niña se (levantar)................................ de la cuna y, antes de que él (poder)................................ escapar, le oprimía con fuerza en el cuello hasta (desorbitarle)................................ los ojos. Cuando (lograr, Andrés)................................ apartarse aquellas garras y (empezar)................................ a respirar de nuevo, sintió algo punzante en el pecho al tiempo que a la niña le (crecer)................................ los colmillos... Mientras, el pobre angelito se (quedar)................................ plácidamente dormido.
63. Tan pronto como (tener)................................ ocasión acompañaré a Andrés al psiquiatra.
64. Cada vez que (pensar, yo)................................ en el pasado de la Humanidad me convenzo más de que el progreso (ser)................................ continuo y de que no (tener)................................ final.
65. Tiene unas ganas enormes de que le (nombrar, ellos)................................ algo, así que, en cuanto le (hacer, tú)................................ la menor insinuación, ya lo creo que (aceptar, él)................................
66. No es fácil que (volver, ella)................................ a llamar hasta que (saber)................................ algo seguro.
67. Hasta que no (estar, ella)................................ segura de que (aprobar)................................ no llamó. Pero, una vez que se lo (confirmar, ellos)................................ no tuvo inconveniente en que se (enterar)................................ todo el mundo.
68. Cuando (pasar, tú)................................ por la Plaza, acuérdate de que (tener, tú)................................ que entrar en Jesús Rodríguez a encargar una bombona de butano.
69. Nada más (entrar)................................ comprendí que (estorbar, yo)................................
70. Antes de (decidirte)................................ tómate un tiempo para pensarlo y, cuando tú mismo te (aclarar)................................, me llamas y hablamos de nuevo.
71. Después de (hablar)................................ con él, pero antes de que (enterarse)................................ María, le dices a Pedro que (venir, Pedro)................................ a hablar conmigo.
72. Tan pronto como (tener, nosotros)................................ noticias de ustedes, si han aceptado nuestras condiciones, empezaremos la investigación en el laboratorio.
73. A mi me **ha puesto verde,** mientras que a ti, que te tenía que haber **puesto como un trapo,** no te (**decir**)................................ **ni pío. ¡No hay derecho!**
74. Anda, vete antes de que (cambiar, yo)................................ de opinión.
75. Cuando (empezarse)................................ algo, parece que nunca se (ir)................................ a alcanzar el final, pero **no hay mal que cien años dure.**

X. Complétense libremente las estructuras siguientes, pero de manera que resulten frases correctas y posibles.

1. Cuando.................................... dile que....................................
2. Cuando.................................... después de....................................
3. Antes de que.................................... nos dijo que.................................... tan pronto como....................................
4. Me contó que, desde que .... hasta que ...., no ....
5. Cuando ...., al ...., vi que ....
6. ...., mientras que yo ....
7. Cuando ...., nada más ...., ...
8. En cuanto ...., antes de ...., ...
9. Cada vez que .... nos dirá que ....
10. Cuando .... nunca me ha invitado a que ....
11. Nunca cuando .... le he dicho que ....
12. Después de ...., una vez que ...., le pedís que .... cuando ....
13. Antes de ...., tan pronto como ...., le decís que .... hasta que ....
14. Yo ...., mientras tanto tú ....
15. Cuando ...., según .... les advierte que ....

COMENTARIO DE TEXTOS

TEXTOS PERIODÍSTICOS: I

El país más grande

ALFREDO BRYCE ECHENIQUE

Hay un país enorme y sin fronteras donde viven 2.500 millones de fantasmas que trabajan mucho. Tanto como dos tercios de las horas que se trabajan en el mundo entero, sobre todo en el campo; y producen más de la mitad de los alimentos que consume la humanidad. Pero, como son fantasmas, no están encuadrados en la economía monetaria, por lo que los planificadores los ignoran por completo.

Tal es la realidad de la mujer, reflejada en un informe del decenio de la ONU para la mujer, titulado *Igualdad, desarrollo y paz,* que revela que su contribución a la sociedad no se refleja en modo alguno en su condición social y económica. «Las mujeres», dice el informe, «reciben una décima parte de la renta mundial y poseen menos del 1 % de la propiedad».

Más aún. Un estudio desarrollado por la Organización de la ONU para la Alimentación y la Agricultura (FAO) señala que gran parte de los trabajos agrícolas efectuados por la mujer no están encuadrados en la economía monetaria establecida, por lo que la mujer ha sido ignorada por los planificadores agrícolas. «En algunos casos esto ha significado la exclusión de la mujer de los programas de desarrollo; en otros, la ha dejado en una situación peor que la que tenía antes».

Las mujeres trabajan en todas las fases de la labor agrícola, y en algunos lugares de África llegan a contribuir con el 90 % del suministro rural de alimentos, según el Programa de la ONU para el Desarrollo (PNUD).

Un trabajo realizado por el experto E. Boserup sobre el papel de la mujer en el desarrollo económico señala, a su vez, que en las regiones de elevado índice de propiedad de la tierra —América Latina, partes del Sureste asiático, Africa del Norte y Oriente Próximo— las mujeres son el 40 % de la fuerza del trabajo asalariada y, por lo general, están mucho peor pagadas que los hombres.

La mujer, además, desempeña un importante papel en la comercialización. Según la investigación de Boserup, en África occidental el 80 % del trabajo en todos los aspectos del comercio llegó a ser femenino. En Ghana, por ejemplo, el 97 % de los encargados de la venta del pescado son mujeres.

Y más: un informe publicado por la Organización Internacional del Trabajo dice que, dado que la jornada de la mayoría de las mujeres es muy larga, si por alguna razón sus tareas aumentan, la familia puede tropezar «con graves dificultades». Así, en Alto Volta, por ejemplo, la nutrición de la familia declina durante la estación de lluvias porque las mujeres adultas están demasiado cansadas a causa de sus labores agrícolas como para cocinar. Y aunque las mujeres producen la mayor parte de los alimentos en el Tercer Mundo, pueden estar peor nutridas que los hombres. Dice la FAO que en ciertas áreas de Bangladesh el número de niñas que sufren de malnutrición grave es hasta tres veces superior al de niños.

(*El País,* 24-9-86)

DIÁLOGOS DRAMATIZADOS: I

Comentario: una lengua se aprende hablándola, y hablar es comunicarse con los demás, es decir, por lo general, dialogar con otro. El teatro, por su parte, es juego y fiesta. Que aprendan divirtiéndose ha sido nuestra intención al incluir en el libro estas pequeñas improvisaciones dramáticas.

Nihil novum sub sole
(drama en tres actos)

Escenario: Sala de estar de una casa.
Personajes:

Antonio	Es hijo de José y padre de Pepe. En el primer acto aparece como padre de Pepe y representa unos 50 años. En el segundo, actúa como hijo de José y representa unos 20 años.
María	Es la madre de Pepe; de unos 50 años de edad como su marido, Antonio.
Pepe	Es hijo de Antonio y María, y a su vez, padre de Manolo. Desempeña el papel de hijo en el primer acto; de unos 20 años. En el acto tercero aparece en el papel de padre de Manolo y marido de Sara; de unos 50 años.
José	Padre de Antonio; de unos 50 años.
Carmen	Madre de Antonio; de unos 50 años.
Sara	Esposa de Pepe y madre de Manolo; de unos 50 años.
Manolo	Hijo de Pepe y Sara; de unos 20 años.

PRIMER ACTO

Intervienen: **Antonio, María y Pepe**. Sala de estar de su casa; en lugar bien visible para el público estará colocado un calendario en el que destaque el año: 1987.

Al levantarse el telón, Antonio está leyendo el periódico y María, también sentada, tiene en las manos una revista. Pepe sale de una de las habitaciones y empieza a cruzar la sala. Va vestido de calle.

A: (levantando la vista del periódico) ¿A dónde vas?
P: (volviéndose y elevando los hombros). Por ahí, a dar una vuelta.
A: ¿Es que no puedes estar en casa ni un minuto? Acabas de llegar y ya vas a salir otra vez.
P: ¡Papá!
M: (que ha dejado la revista. Sonriente y maternal) Anda, hijo, siéntate un rato y charla un poco con tu padre y conmigo.
P: (resignado. Sentándose). De acuerdo. Pero sólo un rato ¿eh? Porque he quedado con los amigos y no me gusta llegar tarde a las citas.
M: ¿Y Sara? ¿Qué tal está?
P: Bien...
M: Ayer vi a su madre en el mercado y estuvimos hablando...
P: No hablaríais de nosotros dos ¿verdad?
A: ¿Por qué no iban a hablar de vosotros y de lo vuestro?
P: ¿De lo nuestro? Sólo somos amigos.
A: Ya ni siquiera respetáis el lenguaje. Los jóvenes de hoy no llamáis a las cosas por su nombre. ¡Y luego decís que sois auténticos y sinceros! (levantando la voz) En mis tiempos, los amigos eran amigos, y los novios, novios.
M: Antonio, no seas anticuado. Los tiempos cambian, y con el paso del tiempo cambian también las costumbres, las modas, la manera de ver las cosas. Es la vida la que cambia, así que todo cambia.
A: No, eso no es cierto; no me quieras confundir, María. Hay cosas que no pueden cambiar, o que no deben cambiar nunca. Y una de esas cosas, una de las más importantes, es la relación entre hombre y mujer...
P: (cortando) Pero si hoy, en 1987, también hay novios. Lo único que sucede es que Sara y yo no lo somos...
A: ¡Qué!
M: Que todavía (marcando el **todavía**) no son novios. Pero los muchachos se...
A: ¡Vosotros dos me queréis volver loco! ¡Vamos a ver! Cuando un muchacho y una muchacha salen todos los días juntos dos horas, tres ¡las que sean! y van por la calle cogidos de la mano, cuando no abrazados, y se dan besos como dos pichoncitos en el parque ¡porque eso lo he visto yo, Pepe! Eso ¿cómo se llama? En nuestra época, María, cuando las cosas eran como tenían que ser, esa pareja tenía un nombre: eran novios.
P: ¡Ah! ¿Pero os dabais besos en un parque, en público, delante de la gente?
A: Mmm...
P: (continúa hablando sin hacer caso de su padre) Yo siempre te he oído a ti, papá, que a mamá conseguiste darle el primer beso...
M: (que se ha puesto roja como un tomate) Pepe, hijo, no...
P: (continúa como si no hubiera oído a su madre) poco antes de casaros, después de llevar más de tres años de novios. Y un beso a escondidas, en el rellano de la escalera, a oscuras y mirando a un lado y a otro para ver si venía alguien.
A: (que se ha estado removiendo en el sillón, nervioso a manera que Pepe iba hablando) Bueno, ¡ya está bien! Porque este es otro tema: los jóvenes habéis perdido la vergüenza y el respeto a los mayores ¡Si yo me hubiera atrevido a hablarle así alguna vez a tu abuelo! ¡Bueno era tu abuelo! que nos tenía sometidos en casa a una disciplina casi militar... (con las últimas palabras de Antonio va cayendo el telón).

SEGUNDO ACTO

Intervienen: **José, Carmen** y **Antonio**, que ahora es un joven de unos veinte años. La misma sala de estar, en la que sólo ha cambiado algún detalle, y el calendario, en el que el público podrá ver fácilmente: 1957. José, el padre, está sentado, y Carmen, de pie, inclinada, le está sirviendo algo en una taza o en una copa (no hay más copa o taza que la del padre). Cuando se levanta el telón, se abre la puerta de la calle y entra Antonio.

A: Buenas noches.
C: Buenas noches, hijo.
J: (mirando el reloj) ¿Se puede saber de dónde vienes a estas horas?
A: (mirando, a su vez, el suyo y acercándose a su madre, que se ha incorporado, para darle un beso) ¡Pero si no son más que las diez, padre!
J: (en tono autoritario) En mi casa mando yo y, mientras vivas en ella, aquí se hace lo que yo digo.
A: Pero es que me he encontrado con...
J: No hay pero que valga. La cena era a las nueve en casa de mi padre, a las nueve es en ésta y así seguirá siendo (hace ademán de levantarse, pero Carmen le acerca con rapidez la pipa), y a esa hora todo el mundo tiene que estar en casa y a la mesa.
C: (con voz miedosa, retirando la copa) Deja que el chico se explique. Alguna razón tendrá para haberse retrasado un poco.
J: ¡Un poco! Mira, no...
C: (con más aplomo, decidida) Anda, Antonio, hijo, cuenta por qué te has retrasado (levantándose de nuevo y acercándose a una mesa donde hay comida) ¿Qué te apetece? Te he dejado la cena completa, pero si sólo quieres un poco de fruta...
A: Sí, tráeme un poco de fruta. No tengo mucha hambre.
J: A la cama sin cenar es a donde tenías que ir. Eso hacía mi padre. ...Y sin comer nos pasábamos días enteros en la guerra.
C: (dominando la situación). Bueno, deja en paz la guerra; no creo que venga a cuento ahora. A ver, Antonio, si por fin puedes contar dónde has estado.
J: Sí, que cuente. Que aquí parece que os ponéis los dos de acuerdo contra mí.
C: (dirigiéndose a su marido). Si no hablaras tanto...
A: (mientras come) Bueno, pues... no ha pasado nada raro ni he estado en ningún sitio especial. He estado, como todos los días, con María; hemos estado paseando por ahí y nos hemos despistado un poco en la hora...
J: ¡Pero a dónde vamos a llegar! ¡A las diez de la noche una mujer con un hombre, solos, por la calle! ¡Si tu abuelo levantara la cabeza...! ¡Ya no hay decencia!
A: ¡Padre...!
J: Lo que digo ¡No hay vergüenza! Tu madre se recogía todos los días a las seis... y los domingos a las siete ¡Y nunca salimos solos! Siempre iba con nosotros tu tía Juana ¡o la criada! Y nada de eso de ir cogidos del brazo por la calle ¡como ahora! Tu tía siempre en medio, y tu madre a un lado y yo al otro.
C: Vamos, vamos, José. ¡Dios mío, qué hombres! Los tiempos cambian...
J: ¡Ya lo creo que cambian! ¡Y tanto que cambian!
C: (con voz suave) Aunque no tanto como parece. Más bien es que todos nos vamos haciendo viejos y olvidamos que también nosotros fuimos jóvenes y que... Porque tampoco hay que exagerar, José (imitándole): «la tía en medio, tu madre a un lado y yo al otro». Bueno, no siempre, porque ¿recuerdas...?
J: (nervioso y revolviéndose en el sillón) ¿Qué? ¿Qué? ¿Qué hay que recordar?
C: Sí, hombre, aquel día en el jardín de mis padres... y aquel otro que logramos despistar a la criada... (cada vez más animada hasta reírse abiertamente. José, en cambio, cada vez más nervioso hasta levantarse) ¡Y la tarde que la tía Juana, la pobrecita, se quedó dormida como un angelito

en el cine! ¿Recuerdas? Me pudiste tomar la mano por lo menos un minuto... (con las últimas palabras de Carmen va cayendo el telón).

TERCER ACTO

Intervienen: **Pepe**, que ahora es un hombre maduro de unos 50 años; **Sara**, su mujer, de aproximadamente su misma edad, y **Manolo**, hijo de ambos, de unos 20 años. El escenario sigue siendo la misma sala de estar, en la que se conservan algunos muebles antiguos que permiten identificarla, aunque han cambiado una serie de detalles, como unos cuadros de pintura abstracta que cuelgan ahora de la pared. En el lugar reservado al calendario sigue habiendo un calendario; pero en éste ahora se lee: 2017. Al levantarse el telón, los tres personajes están en escena: Sara, la esposa, entretenida en la colocación de las piezas de un rompecabezas; Manolo, con un juego electrónico, y el padre, de pie, junto al mueble-bar y ligeramente vuelto hacia los otros dos personajes. Los tres visten de manera informal y sin diferencias apreciables entre los padres y el hijo.

P: ¿Os apetece tomar algo? Yo voy a prepararme un combinado.

S: (sin levantar la vista del rompecabezas) A mí prepárame otro.

M: (acercándose a su padre). Bueno, pues que sean tres.

P: (a Manolo, mientras preparan los combinados) Oye, ¿qué tienes pensado para este fin de semana? Tu madre y yo queremos ir a esquiar. ¿Por qué no te animas y te vienes con nosotros? Llamas a Marisa y os venís los dos. Ya sabes que en el refugio hay sitio para los cuatro: tu madre y yo dormimos arriba y vosotros os podéis quedar perfectamente en el sofá al lado de la chimenea.

M: ¡No seas rollo! ¿A esquiar? Marisa y yo nos volvemos a la comuna y vamos a pasar allí un mes o mes y medio.

P: Realmente no os comprendo. No puedo comprender que prefiráis pasar todas las vacaciones en un sitio casi solitario...

M: ¿Solitario? ¡Pero si nos juntamos allí más de veinte parejas!

P: Sin comodidades, lejos de la civilización, viviendo como animales o, por lo menos, como salvajes... (mientras hablaba Pepe, se han ido acercando con los batidos al sofá donde está sentada Sara, que, por fin, deja de prestar atención al rompecabezas y coge el vaso que le tiende Pepe).

S: ¡No me digáis que ya estáis de nuevo discutiendo el tema de siempre!

M: Si es que este Pepe es...

P y S: (al mismo tiempo) ¡Muchacho! (los tres ríen la coincidencia).

S: (poniéndose seria). Pero un poco de respeto, Manolo. Me parece que no está bien eso de llamar así, por su nombre, a tu padre.

P: Con mi padre, con tu abuelo, me hubiera a mí gustado verte.

M: Pero eso fue en el siglo pasado, papá. A veces olvidáis que estamos en el siglo XXI. ...Aunque, la verdad, no puedo quejarme de vosotros. ¡Si vierais cómo son, cómo piensan y cómo se portan los padres de Marisa!

P: ¿Los padres de Marisa? Pues no creo yo que sean ni muy anticuados, ni muy autoritarios, ni... Porque ¡vamos! la vida que le dejan llevar a su hija...

M: ¡Eh, eh, eh! ¿Qué es eso de la vida que le dejan llevar? ¿Veis? Lo que yo decía antes: sois gente del siglo pasado. Esa vida que le dejan llevar como tú dices hoy no escandaliza a nadie, es normal... No olvidéis: los jóvenes de hoy somos gente del siglo XXI.

S: Un momento, un momento, Manolo. Que tu padre y yo, aunque nacidos en el siglo XX...

M: ¡Nacidos, crecidos y educados!

S: Pues sí, nacidos, crecidos y educados en el *último* tercio del siglo, y por lo tanto hijos de la revolución tecnológica y de la revolución cultural que supuso. ¡Si nosotros te contáramos los problemas que teníamos tu padre con tu abuelo y yo en casa de los míos!

M: (en tono desenfadado). Entonces es que será un problema que se repite con pequeñas variantes.

P: No, jovencito, no. Es que las cosas tienen un límite y tienen también un nombre. Nosotros luchamos por conseguir una verdadera libertad en todos los órdenes y,además, y eso no lo ha dicho tu madre, en medio de una crisis económica...

M: No, por favor, papá. No hablemos más de la crisis que tuvisteis que padecer...

P: Pues sí, una crisis económica, y una crisis cultural en todos los sentidos. Pero lo vuestro ahora es el libertinaje y la vida fácil, y... Porque yo creo que hay que llamar a las cosas por su nombre.

M: Me parece que por ese camino, papi, no nos vamos a entender...

S: Tampoco hay que exagerar, Pepe; me parece a mí. Oyéndote hablar y decir eso de llamar a las cosas por su nombre, por un momento me ha parecido que era tu padre, o el mío, el que estaba hablando...

P: (mientras empieza a caer el telón. Se levanta, elevando también los brazos) ¡Pero bueno! ¡Es que no voy a poder yo decir lo que quiera en mi propia (con énfasis lo de «en mi propia») casa! ¡Pues no faltaría más...!

FIN

TEMA V

FINALES

ESQUEMA GRAMATICAL

- **Tipo:** 

1. Conjunciones

a) **para (que)** → partícula final de uso universal.

a_1) locuciones sustitutivas de **para (que): a fin de (que), con el fin de (que), con el (firme) propósito de (que), con la (sana) intención de (que), con la idea de (que), a efecto(s) de (que), con el objeto de (que), con vistas a (que),...**

b) **a (que)** → verbo de movimiento en la primera parte:

he venido **a** perfeccionar mi español
*lo compré **a** ponérmelo → lo compré **para** ponérmelo

b_1) hay una serie de verbos, de movimiento y de no movimiento, tales como *enviar, mandar, llevar, traer, obligar, autorizar, ayudar,* que:

- rigen un complemento con **a:**

envió a su hijo **a la universidad**
envió a su hijo **a estudiar**

distinto de

- la construcción final → **para (que):**

mandó a su hijo al jardín **para** tener un poco de tranquilidad
mandó a su hijo a estudiar **para que** algún día fuera alguien en la vida[1]

1. Nótese que en inglés parece suceder lo mismo:
Peter sent his son into the garden *to play*
Peter sent his son into the garden *so as to have some peace.*

b_2) muchos verbos de movimiento: *caminar, andar, pasear, correr*[1], *saltar, viajar* → **para (que):**
*saltó **a** evitar el obstáculo → saltó **para** evitar el obstáculo
lo mismo que: *lo compré **a** ponérmelo → lo compré **para** ponérmelo

b_3) hay que distinguir entre **volver a** = «suceder de nuevo» / **volver** = «regresar» + **para:**
volvió a verla ≠ volvió **para** verla

- Conclusión de b) b_1) b_2) y b_3):

— en las estructuras finales se utilizará, tanto con verbos de no-movimiento como con verbos de movimiento, la partícula de uso universal **para (que).** De manera que se dirá:

lo compré **para** ponérmelo
he venido **para** perfeccionar mi español
lo mandó a la calle **para** descansar
saltó **para** evitar el obstáculo
volvió **para** verla

— como si de modismos se tratara, se tendrá en cuenta que se puede usar **a (que)** o **para (que)** con:

venir a (que) / para (que)
ir a (que) / para (que)
salir a (que) / para (que)
entrar a (que) / para (que)
bajar a (que) / para (que)
subir a (que) / para (que)

c) **que** final → **subjuntivo:**

- «mandato» + **que:**
habla más alto, **que** te oiga

- **para que + y + que:**
— te lo hemos comprado **para que** te lo pongas
— y (**que**) gustes a las muchachas.

d) para el valor final de **de modo que, de forma que, de manera que** y **de suerte que** véase el Tema VIII.

e) **por (que)** → **infinitivo / subjuntivo** pueden tener, a veces, valor final:
salí **por** ver qué pasaba → salí **para** ver qué pasaba
lo hice **por que** tuvieras más tranquilidad → lo hice **para que** tuvieras más tranquilidad

1. **Correr a** puede tener un uso semiperifrástico —en el que **correr** viene a significar «darse prisa, apresurarse»— en expresiones como: **corrió a ver, corrió a decirle, corrió a preguntarle...** ≠ corre cuatro kilómetros al día **para** adelgazar.

2. Uso de los modos

a) Mismo sujeto para los dos verbos: **para** ⇒ **INFINITIVO**

arregla un poco el cuarto de baño para **darte** una ducha

lo hice con la sana intención de **ayudarte**

lo que pongo en su conocimiento a efectos de **acelerar** la tramitación

salió a **dar** un paseo

b) Distintos sujetos: **para que** ⇒ **SUBJUNTIVO**

se dio la vuelta para que **viéramos** lo guapa que estaba

les leeré el reglamento a fin de que **sepan** Vds. a qué atenerse

venía a que me **explicara** otra vez el tema

ponte un poco más acá, que te **vea** bien

b_1) Construcción «inglesa». Verbos como **elegir, reelegir, seleccionar, nombrar, designar, proponer, llamar, escoger, llevar, traer,** además de la construcción con **SUBJUNTIVO**, admiten también otra con **INFINITIVO:**

el director **la** eligió para **representar** el papel principal

el director la eligió para que **representara** el papel principal

11

EXPLICACIÓN Y AMPLIACIÓN GRAMATICAL

- **Comentario:** como en el caso de las estructuras temporales, en las finales el mayor problema —si es que plantean algún problema estas frases— lo constituye el uso de las partículas. El modo —infinitivo/subjuntivo— responde, una vez más, a eso tan fácil de «si abrimos la boca y...».

1. Conjunciones

- **para (que)** y **a (que)**
  Tal como hemos indicado en el ESQUEMA, **a (que)** ofrece ciertas dificultades, por lo que recomendamos el uso de la universal **para (que).**

- locuciones: **a fin de (que), con el fin de (que),** etc.

Las distintas locuciones de valor final recogidas en el ESQUEMA pueden sustituir a **para (que)**, tanto en la lengua escrita como en la hablada; pero su uso no es muy frecuente.

— **con el firme propósito de (que)** y, sobre todo, **con la sana intención de (que), con la idea de que** y **con vistas a (que),** dentro de su no muy frecuente uso general, pueden aparecer en el español conversacional:

he salido de casa **con el firme propósito de** acabar de una vez por todas
hombre, yo te lo he dicho **con la sana intención de que** me invites
venía **con la idea de que** esta reunión fuera la última
lo he planificado **con vistas a que** intervenga el mayor número posible de gente

— **a fin de (que), con el fin de (que), con el propósito de (que), con la intención de (que)** y **con el objeto de (que)** quizás sean ligeramente más cultas que las anteriores y por ello —siempre dentro de su poco frecuente uso— más propias del español escrito y de la dicción más o menos cuidada:

el gobierno dará a conocer una serie de medidas **a fin de que (con el fin de que, con el propósito de que, con el objeto de que)** la población pueda tomar las precauciones necesarias...

el gobierno ha tomado una serie de medidas **con la intención de que** pague más el que más tenga y...

— **a efectos de (que)** es una locución muy propia del lenguaje «administrativo»:
por lo que ruego a V.I., **a efectos de que** la demanda pueda seguir su curso legal, tenga a bien tramitar...

- **que** final

— **Cuestión previa:** como se sabe, el español —lo mismo que otras lenguas como el portugués, el francés, el italiano, el rumano...— procede del latín, pero no del latín culto, sino del latín hablado por colonos, soldados y administradores. En ese latín, y posteriormente en las lenguas romances, no se usaban muchas de las partículas del latín de los escritores, por lo que se tuvieron que habilitar otras nuevas. Para ello, por lo general, se siguió este camino: unir a un adverbio o a una preposición la marca universal de conjunción, es decir, la partícula **que**. Así surgieron: **después** → **después que, desde** → **desde que, hasta** → **hasta que, para** → **para que, por** → **porque, aun** → **aunque,** etc., etc.

Por otro lado, el propio universalizador **que** tomó muchos sentidos, alguno de los cuales siguen siendo de uso muy frecuente, sobre todo en el español hablado. Así, como iremos viendo en los próximos temas, **que** puede tener, entre otros, valor:

— *causal:* quítate, **que** no veo → quítate, **porque** no veo

— *condicional:* **que** viene, salimos; **que** decide quedarse, nos quedamos también nosotros en casa → **si** viene, salimos; **si** decide...

— **que** final —lo mismo que el causal o el condicional— es de uso frecuentísimo en el español hablado, mientras que, por lo general, los hablantes extranjeros —cuyo español, recordemos, resulta a veces «demasiado académico»— suelen ignorarlo. Si queremos, pues, que el español de un hablante extranjero se parezca cada vez más al español «real» que hablamos los que tenemos al español como lengua materna, entre otras muchas cosas, deberemos incorporar este **que** y usarlo.

— **que** final se construye siempre con **subjuntivo:**
ven, que te **limpie** un poco y no te **vea** así tu madre [= ven, para que te limpie...]

le dice una abuela a su nieto al verlo lleno de barro.

— conviene no confundir esta construcción con la correspondiente causal, que se construye siempre con **indicativo:**

sal, que te **dé** el aire = **para que**

sal, que te **da** el aire = **porque**

PRÁCTICA

I. Complétense los puntos suspensivos con la forma verbal adecuada.

1. Paco, ven, que (venir)............ un señor y (querer)............ hablar conmigo.
2. Acércate, que (ver)............ este señor lo guapo que estás.
3. Deja la habitación bien recogida, que no (reñir)............ tu madre luego cuando (llegar) ....
4. Anda, estudia, que no (tener)............ que decir el maestro que (ser, tú)............ un vago.
5. Anda, estudia, que lo (necesitar, tú)............ más que el comer.
6. Come, que (**tener, tú**)............ **menos chicha que la radiografía de don Quijote.**
7. Duerme, que mañana (estar, tú)............ fresco como una rosa.
8. Sal, que (querer, yo)............ hablar un rato contigo.
9. No te muevas, que (venir)............ alguien.
10. Trabaja, que no (decir)............ la gente que (**ser**, tú)............ **un gorrón.**

— **que** final se utiliza principalmente:

- cuando en la primera parte hay un mandato:
  canta, hijo, que te oiga este señor

PRÁCTICA

II. Ejercicios orales. Los estudiantes producen fases libremente con la estructura del punto anterior. Para una mayor rapidez y comodidad puede hacerse uso de la consabida lista de la pág. 68.

- cuando hay dos finales unidas por **y**: la primera usa **para que** y la segunda:

— puede repetir **para que:**
  te lo digo **para que** lo sepas y **para que** actúes en consecuencia

— puede no usar partícula final (quizás lo más habitual):
  te lo digo **para que** lo sepas **y** actúes en consecuencia

— puede usar **que** final:
  te lo digo **para que** lo sepas y **que** actúes en consecuencia.

- **por (que)** final

  — En el español actual esta partícula tiene un escasísimo uso como final, ya que la conjunción de uso general es **para (que).**

— Con todo, nos referimos aquí a este uso, pero sólo para que el hablante extranjero tenga noticia de su existencia y, si alguna vez descubre algún caso, no le sorprenda.

— Dicho lo anterior, creemos que lo mejor que puede hacer el estudiante es olvidarse de la existencia de **por (que)** y, desde luego, no incorporarla a su español. ¡Demasiados problemas crean las preposiciones **por/para** para añadirles uno nuevo!

2. Uso de los modos

Las estructuras finales son, sin duda, de las más fáciles del español.

Recordemos:

- si abrimos la boca y decimos **para, a fin de, con el fin de...** (→ mismo sujeto) ⇒ **INFINITIVO:**
  salí para **ver** qué pasaba

PRÁCTICA

III. Ejercicios orales. Si se cree conveniente, los estudiantes producirán frases con la estructura anterior.

- Si abrimos la boca y decimos **para que, a fin de que, con el fin de que**,... (→ distinto sujeto) ⇒ **SUBJUNTIVO**
  salí para que **vieras** que no pasaba nada

1. Sube a verme todos los días para que le (dar)............ una propina.
2. Sí, tú me dices eso para que (estar, yo)............ tranquila.
3. Dio las instrucciones pertinentes para que todo el mundo (saber) .... exactamente lo que tenía que hacer.
4. Les daba un caramelo a cada niño para que (estar)............ calladitos un rato.
5. Había comprado muchas conservas para que no (tener, nosotros)............ problemas con la comida durante toda la acampada.
6. Vendrá hoy mismo para que (ir, tú)............ a hablar con su profesor.
7. Ha llamado para que (salir, tú)............ a recibirla a la estación.
8. Pues ya no recuerdo bien, pero si te dije eso, sería supongo, para que me (dejar, tú)............ en paz.
9. Hay ahí un señor, que quiere hablar contigo, para que le (aconsejar, tú) .... sobre no sé que tema.
10. Pedro se hubiera quedado allí para que todos (ver)............ que es **un tío valiente.**

V. Ejercicios orales. Los estudiantes producen libremente frases con **para que** referidas al presente, al pasado y al futuro.

RECAPITULACIÓN

REPASO GENERAL DE LAS ESTRUCTURAS FINALES

VI. Utilícese la conjunción final apropiada y póngase el verbo que aparece entre paréntesis en la forma verbal adecuada, o déjese en infinitivo si así conviene.

1. Iré este verano a algún país hispano.................... (perfeccionar).................... mi español.
2. Tienes que tomar precauciones.................... eso no (volver).................... a suceder jamás.
3. Me llamó Adela.................... (ir, nosotros).................... a pasar el fin de semana con ella.
4. Esperaremos hasta las ocho.................... (poder, tú).................... ver a Isabel.
5. Llegaron a las siete y media.................... (hacer, ellos mismos).................... una prueba de atletismo.
6. Llamaron sobre las nueve menos cuarto.................... (salir, tú).................... a recibirlos a la estación.
7. Estarán allí a las doce y veinte exactamente.................... (tomar, ellos mismos).................... unas copas con nosotros.
8. Susana te ha llamado hace un momento, exactamente a las seis menos cinco.................... (decirte, ella-Susana).................... que no puede venir.
9. Hace un régimen muy estricto de comidas.................... no (engordar, ella misma)....................
10. Todos los fines de semana íbamos al campo.................... (respirar, nosotros mismos).................... aire puro.
11. Hay que trabajar mucho.................... (triunfar).................... en una sociedad tan competitiva como la occidental.
12. Iba silbando.................... no (tener).................... miedo.
13. Los Estados Unidos gastan mucho dinero.................... (defender, los EE.UU.).................... unos intereses determinados.
14. Te he enviado unos libros.................... (consultarlos, tú)....................
15. Nos acostaremos temprano.................... (estar, nosotros mismos).................... descansados mañana.
16. Te ayudaremos.................... (terminar, tú).................... antes.
17. Te ayudaríamos.................... (terminar, tú).................... antes, pero tenemos mucha prisa.

18. Vino ayer a mi oficina.................... (recomendarlo, yo).................... ante mis jefes.
19. Sara está trabajando mucho.................... (pasar, ella-Sara).................... este verano un mes en España.
20. También yo trabajaré.................... (ir, yo).................... a Salamanca, donde está la Universidad más antigua y más famosa de España.
21. Te he comprado un vestido.................... (ponértelo, tú).................... para la fiesta de esta noche.
22. Pedro ya ha conocido a una jovencita extranjera muy simpática.................... (hacer, él-Pedro).................... un intercambio con ella.
23. Al principio hablarán dos horas en inglés y una en español.................... él (ponerse).................... al nivel de ella rápidamente.
24. No estudiaba.................... (saber, él mismo).................... más, sino.................... sus padres (estar).................... contentos.
25. Te lo he comprado.................... (regalártelo, yo).................... y .... (ver, tú) .... cuánto te quiero.
26. Traeré mañana el libro.................... (verlo, tú)....................
27. El profesor me explicó el sentido.................... (comprender, yo).................... mejor.
28. Tú haz el payaso, ... (reírse).................... todos, bobo.
29. Dale dinero, ... (comprar).................... el periódico al pasar por el quiosco.
30. Por mí te daría el dinero.................... (comprarte).................... un chándal nuevo, pero no sé qué va a decir tu padre.
31. Alquilaremos un apartamento.................... (pasar).................... las vacaciones en la playa.
32. Mis padres han comprado una tienda de campaña.................... (viajar) y (hacer).................... camping.
33. Cómpraselo, hombre, ... (aprender, ellos).................... un poco sobre computadoras, que ahí está el futuro.
34. He estado dos meses en Italia.................... (conocer).................... mejor su lengua y su cultura.
35. Es el mejor camino.................... (llegar).................... a dominar un idioma.
36. Sin olvidar que el mejor método.................... (aprender).................... cualquier casa es el esfuerzo personal.
37. ¿Hay algún sistema.................... el estudiante (sentirse).................... motivado?
38. Es una buena pregunta.................... el profesor (meditar).................... detenidamente sobre ella.
39. Lo he hecho.................... los problemas (solucionarse).................... y no (haber).................... más malentendidos entre nosotros.
40. Hay que ir recopilando datos.................... (ir).................... preparando la reunión del próximo año.
41. Lo hizo así.................... todos (quedar).................... contentos.
42. Lo que pongo en su conocimiento.................... (abrirse).................... una nueva investigación sobre el caso.
43. Anímala, ... (venir, ella).................... y (pasar).................... aquí unos días con nosotros.
44. Me enviaron a Londres.................... (estudiar)....................
45. Lo he mandado a la calle.................... (poder, nosotros).................... hablar más tranquilamente.
46. Lo eligieron sus compañeros.................... (representarles).................... en la junta de gobierno.
47. Nos llamaron.................... (ir, nosotros).................... a recoger el premio.

48. Se dio un largo paseo por la ciudad.................... (olvidarse).................... un poco del tema.
49. Caminé por las calles desiertas.................... (empaparme).................... de la belleza del lugar.
50. Salí.................... (dar).................... un paseo.
51. Le han propuesto.................... (ocupar).................... la presidencia.
52. Lo han traído.................... (animar).................... la fiesta.
53. Volvió a llamarnos a las ocho.................... (estar, nosotros).................... tranquilos.
54. Volvió.................... (hablar, él mismo).................... con Adela.
55. Aquí no hemos venido precisamente.................... **(empollar)**...................., pero tampoco a perder el tiempo.
56. .... (aprender).................... las formas irregulares de los verbos no hay más remedio que **clavar los codos.**
57. Me enseñaron desde niño que, ... las cosas (ir).................... bien, conviene no olvidar a veces aquello de que **en boca cerrada no entran moscas.**
58. No le digas nada, ... **las (pasar)**.................... **canutas** todo el fin de semana pensando que lo (suspender)....................
59. **Se las vio y se las deseó**.................... (salir).................... adelante, viuda y con cuatro hijos.
60. **Le faltó un pelo**.................... (ponerle, ellos).................... una multa por escándalo público.
61. Es demasiado listo.................... **(tomarle)**.................... **el pelo.**
62. **Faltó así**.................... **(caérsenos)**.................... **el pelo** a todos.
63. .... (atreverse).................... a hacer eso hay que **tener mucha cara.**
64. .... (contarle).................... esas cosas al jefe hay que **ser un lameculos.**
65. .... (sacar).................... adelante este proyecto tenemos que **arrimar** todos **el hombro.**
66. Hay que ser un **tonto las narices**.................... (decir).................... esas estupideces.
67. No sirve el tío más que.................... **(hacerle)**.................... **la rosca** al profesor.
68. .... el negocio (salir).................... adelante, **hablando en plata,** se necesita mucho dinero.
69. .... acallar a ese **bocazas** no se necesitan muchas fuerzas.
70. .... **(torear)**.................... a ése hay que **tenerlos bien puestos.**
71. Puedes contar conmigo.................... **(echarte)**.................... **un capote** cuando (hacer).................... falta.
72. Hacen las leyes.................... luego ellos mismos **(saltárselas)**.................... **a la torera.**
73. Toma veinte **duros** y ve al peluquero.................... (cortarte) esa **pelambrera.**
74. **Me las vi y me las deseé**.................... (metérselo).................... en el **coco** porque el tío es **duro de mollera.**
75. .... (conseguirlo).................... hay que **liarse la manta a la cabeza** y ya está.
76. **Hay que enseñarles los dientes**.................... (asustarse)....................
77. .... no (entrar).................... moscas en la boca conviene no **sacar la lengua a paseo.**
78. Creo que (deber, nosotros).................... empezar ya, porque no hemos venido aquí sólo .... **(darle)**.................... **a la lengua.**
79. Somos diez, así que.................... (reunir).................... lo que necesitamos, tocamos a unas 1.700 **pelas por barba.**
80. .... (hacer).................... eso, hay que **tener** un poco de **mano izquierda.**
81. Esto no lo hace un cualquiera; hay que **ser un manitas**.................... (hacerlo)....................
82. En mis tiempos las parejas iban al cine.................... **(hacer)**.................... **manitas.**

83. Fuimos el fin de semana.................................... **(echarles)**.................................... **una mano** en la casa nueva.
84. Si hemos venido, ha sido.................................... **(dar)**.................................... **el callo.**
85. .... (ver, vosotros).................................... dónde está **el quid** de la cosa, os diré que (conocerse, ellos).................................... la semana pasada.
86. .... (terminar).................................... lo que estoy haciendo me viene que **ni «pintao».**
87. Me voy. No he venido.................................... **(ponerme,** tú).................................... **como un trapo.**
88. Nos dio unas reglas.................................... (aprendérnoslas).................................... **al pie de la letra.**
89. Nos dio unos consejos.................................... (**entrar**, nosotros).................................... **con buen pie** en el nuevo curso.
90. Estudia ahora, ... no (tener, tú).................................... luego que **salir** del examen **con las orejas gachas.**
91. .... (atreverse).................................... a hacer eso hay que ser todo un hombre **de pelo en pecho.**
92. Lo hizo.................................... (dajarnos).................................... **boquiabiertos**, pero **se llevó un buen chasco**. Vamos, que le pasó lo que a aquel que **fue por lana y volvió trasquilado.**
93. Lo que ha hecho es.................................... **(partirle)**.................................... **los morros.**
94. Toma un poco de crema.................................... (quitarte).................................... esas **ojeras.**
95. Ya le he llevado la tesina a mi director.................................... **(darle)**.................................... **el visto bueno** (V.º B.º).
96. He puesto visillos en las ventanas.................................... (dejarme).................................... en paz el vecino, que es un **mirón.**
97. Procura **tener ojo**.................................... no (engañarte, ellos)....................................
98. Al final.................................... (terminar).................................... la discusión, **se dieron la mano.**
99. Tienes que **andar con pies de plomo**.................................... nadie (abusar).................................... de ti, porque hay a quien **le das la mano y se toma el pie.**
100. Quédate en casa y no vayas a la cita, ... (ver).................................... ese mocoso, que es un **tonto las napias**, quién eres tú.

VII. Analícense las estructuras gramaticales del siguiente texto. Recordemos que la gramática no sólo nos tiene que servir para hacer ejercicios; si sólo sirviera para eso, no serviría para nada. La gramática nos tiene que permitir hablar y escribir correctamente, y es la misma para cualquier tipo de texto.

CERA VIRGEN DEPILATORIA

MODO DE EMPLEO:

- En un recipiente metálico, **funda** la cera al «baño maría»[1].
- *Cuando* la cera **tome** forma ligeramente viscosa, similar a la miel, *estará* preparada para su aplicación.
- Mediante una espátula **aplique** la cera en la zona elegida, en capas no demasiado finas, siguiendo la dirección del vello.
- Sin *dejar* que la cera **llegue** a enfriarse **levante** por un extremo y **tire** enérgicamente a contrapelo.
- **Aplique** en la zona tratada la «LOCION REPARADORA ANEW» *para* **devolver** a su piel su estado natural.

1. *Recomendamos* que se **caliente** al «baño maría» *para que* **pueda** mantener la temperatura constante y *evitar* que el excesivo calentamiento en zonas determinadas **pueda** cambiar las características y calidad del producto.

VIII. Pónganse en la forma verbal adecuada los infinitivos que aparecen entre paréntesis.

1. Me gustaría que (venir, tú)............ por mi cumpleaños para que (poder, nosotros)............ charlar un poco de nuestras cosas.
2. Cuando (llamar, él)............, para que no (repetirse)............ lo de la última vez, le dices que no (estar, yo)............ en casa, que (salir, yo)............
3. Para que luego (volver)............ a suceder lo de siempre, creo que (ser)............ mejor que no (empezar, nosotros)............ otra vez.
4. Estuvimos jugando a las damas hasta que (llamar, él)............, para que los niños (estar)............ tranquilos y entretenidos y no (preguntar)............ tanto por su madre.
5. A ver, niños, una cosa. Cuando (jugar, vosotros)............, para que la niña no (despertarse)............, tened mucho cuidado y no os olvidéis de (cerrar)............ bien vuestra puerta. A ver si es posible que (dormir, la niña)............ un rato y nos (dejar)............ a los mayores (descansar)............ un poco.
6. Créeme que te lo (decir, yo)............ con la sana intención de que (saber, tú)............ que se (decir)............ esas cosas de ti, para que, si te parece bien, lo (tener, tú)............ en cuenta.
7. Cada vez que (salir, nosotros)............, para que me (hacer, ellos)............ un poco de caso y no se (poner, ellos)............ a **hacerse arrumacos**, como **dos tortolitos**, tenía que ponerme en medio de los dos y recordarles que, si bien ahora ellos eran marido y mujer, ella antes (estar)............ casada conmigo.
8. Tú no sabes lo que me gustaría que (estar, tú)............ en casa cuando (volver)............ Juan, para que, así, (ver, Juan)............ que lo (olvidar, tú)............ todo y que no le (guardar)............ rencor.
9. Yo creo que (ser)............ mejor que (tirar, nosotros)............ a la basura los trozos rotos, para que no (enfadarse, él)............ tanto cuando (ver, él)............ que (faltar)............ ese jarrón.
10. Pongo esto en el conocimiento de Vds. con el objeto de que (ir)............ pensando en el tema y, si es posible, (tomar)............ una decisión, o al menos (tener)............ una idea más o menos clara de lo que se puede hacer antes de que nos (reunir, nosotros)............ de nuevo y de arriba nos (pedir)............ que les (dar, nosotros)............ una respuesta definitiva.
11. Salió de casa con el firme propósito de no (volver)............, pero, en cuanto (doblar)............ la esquina, empezó a acordarse de las comiditas de su mujer y a los cinco minutos estaba otra vez en casa como **un corderito**.
12. Nada más (llegar)............ nos llamas, para que (estar, nosotros)............ tranquilos sabiendo que (llegar, tú)............ bien.
13. No estaría mal que cada uno (tener)............ una copia del oficio, a fin de que cada uno (saber)............ exactamente a qué atenerse.
14. Es imposible que, para (hacer)............ eso, (necesitar, él)............ tanto tiempo.
15. Cuando (llegar, yo)............ a casa, para que (dejar)............ de ver la televisión y me (hacer)............ un poco de caso, tengo casi que recordarle que (ser, yo)............ su mujer y que, por lo tanto, (tener, él)............ algunas obligaciones para conmigo.
16. Para que en adelante todo (ir)............ mejor, tú, en cuanto (ver)............ que yo (empezar)............ a **andar baja de moral, como el que no dice nada**, me dices por ejemplo, que (poner, ellos)............ una película estupenda y que si quiero que (ir,

nosotros)........................ a verla, o que (ver, tú) ....un vestido precioso en un escaparate y que (creer)........................ que (estar, yo)........................ muy bien con él, o que te apetecería, a ti, que (salir, nosotros)........................ una noche a cenar, solos, sin los niños, y que luego (ir, nosotros)........................ a una discoteca como hacíamos antes, ...Para (tener)........................ contenta a una mujer ya ves que no (necesitarse)........................ mucho; casi es suficiente un poquito de **tacto** ¡y mucho cariño, claro!

17. Para que (estar, tú)........................ tranquilo y para que no (pensar, tú)........................ que te (querer, nosotros)........................ engañar, te vamos a traer en cuanto (poder, nosotros)........................ ...., mañana mismo, los originales.
18. Con el objeto de (ir)........................ ganando tiempo, mientras (ir)........................ llegando los restantes miembros de la junta, el señor secretario les hará entrega de una comunicación, de última hora, del señor rector.
19. Antes de (empezar)........................ me gustaría (hacer)........................ algunas aclaraciones, con el fin de que todos (disponer)........................ de los elementos de juicio necesarios para (decidir)........................ lo que, en conciencia, le parezca a cada uno más justo.
20. Al (entrar)........................, para que no (verme)........................ el profesor, le hice señas desde la puerta a Andrés para que le (preguntar)........................ algo y así se (distraer)........................

IX. Complétense libremente los siguientes esquemas

1. .... hasta que ...., para que ....
2. Cada vez que........................, para que........................, ...
3. Es imposible que........................ para........................
4. Cuando........................, para que........................, ...
5. Para que........................, en cuanto........................, le dices que........................
6. Nada más........................, en cuanto........................, me pidió que........................ para........................
7. No me gusta que, para........................, ...
8. Antes de........................ quiero que........................, para que........................ luego, cuando ....
9. Sal, que........................ antes de........................
10. Corre, que........................ y ....

COMENTARIO DE TEXTOS

TEXTOS PERIODÍSTICOS: II

Ocultar el paso del tiempo
Cirugía y estética, aliados de conveniencia en el camino hacia la eterna juventud
INMACULADA DE LA FUENTE

Cambiar de cara ha dejado de ser ya una vieja ilusión para convertirse en una tentación posible. Eliminar arrugas, estirar la piel, modificar las medidas cefalométricas, diseñar de nuevo las mandíbulas, remodelar el mentón, ensanchar o estrechar la frente a capricho, renegar de las propias orejas empieza ya a tener casi tantos adeptos como los partidarios de operarse la nariz, la intervención estética más extendida en el mundo contemporáneo.

Borrar el paso del tiempo en el rostro, al menos externamente, es a menudo sólo cuestión de dinero. Una rinoplastia (operación de nariz) viene a costar alrededor de 150.000 pesetas; un estiramiento facial completo puede salir por 300.000 pesetas. Algunas de estas operaciones, como la rinoplastia, suelen perseguir la belleza; otras, especialmente el estiramiento facial, buscan la ilusión de la juventud, el falso rejuvenecimiento de la piel.

Una apariencia de juventud que no impide ni detiene el hoy por hoy inexorable proceso de envejecimiento. Nada ha sido inventado aún para detener el cronómetro del tiempo; aún no se conoce cuál es el secreto de la vejez, ese paulatino deterioro celular que hace que el ser humano no sea eterno.

Irreversible

Puesto que envejecer, por dentro y por fuera, es un proceso irreversible, sólo el control del ciclo celular podría permitir la eterna juventud. Entre tanto, la cirugía y la cosmetología científica sólo son remedios paliativos, métodos más o menos cruentos de retardar el envejecimiento exterior. Sus resultados suelen ser, sin embargo, espectaculares. No son capaces, obviamente, de *rejuvenecer* de veras la piel, pero devuelven el esplendor de la juventud.

Así, Ronald Reagan, que ya se hizo un estiramiento facial durante su etapa de gobernador de California, es igual de viejo que cualquier individuo de su edad, y sus células están igualmente deterioradas, pero su magnífica apariencia, sobre todo en la casi lisa zona frontal, no puede ser del todo ajena, según un cirujano plástico, a su ulterior ascensión política.

En seis, a veces siete horas de quirófano, una persona de 60 años, puede desprenderse, aparentemente, de sus dos últimas décadas de vida. Su aspecto puede convertirla en una persona de 40 años, «pero nada cambia sustancialmente», reconoce José María Serra, jefe del servicio de cirugía plástica y estética de la Clínica Universitaria de Pamplona. «Vivimos en una sociedad evolucionada, altamente competitiva, y la cirugía plástica lo que hace es mantener el buen aspecto durante más tiempo; es decir, ayuda a seguir siendo competitivo, o, dicho crudamente, a continuar en el mercado».

No obstante, esta feria de vanidades que permite la cirugía plástica no es algo nuevo. Avicena, en el siglo XI, ya se preocupaba del deterioro cutáneo. Desde entonces, los médicos no han perdido del todo cierta condición de *chapistas* del cuerpo humano. Pero la sofisticación actual ha superado con creces las viejas técnicas.

En los últimos 10 años no han surgido técnicas revolucionarias, pero se ha avanzado en el perfeccionamiento de métodos ya conocidos, lo que algunos cirujanos denominan «la exquisitez de los milímetros». Uno de los últimos avances en el estiramiento facial es el descubrimiento del músculo aponeurótico de la cara y cuello (SMAS), lo que permite ajustar la piel a las estructuras internas, eliminando las clásicas pieles de pergamino que suelen presentar muchas personas operadas. «Ahora no nos limitamos al simple estirado, sino que trabajamos en varios planos a la vez», señala el doctor Serra. «Envejecer es un proceso complementario, y no se trata de corregir las arrugas, sino que hay que tratar también la atrofia del músculo y el tono, por lo que primero se trata y diseca el músculo aponeurótico (SMAS), y una vez ajustado éste, trabajamos la piel».

No puede olvidar tampoco el especialista el plano óseo y cartilaginoso, así como otros aspectos del envejecimiento cutáneo y la vida sedentaria, como la grasa submentoniana (la llamada papada), que suele eliminarse por liposucción (extrayendo la grasa a través de una cánula introducida en la piel mediante un orificio). El estiramiento facial es, en este proceso, el último plano, el punto final: ya no se trata de ajustar la piel a las estructuras internas, porque se han ido ajustando todas ellas con anterioridad.

Pese a estos avances, aún existen cirujanos que reducen la operación a un estiramiento aparentemente perfecto, dejando debajo de este manto nítido las estructuras internas tal como estaban. No es infrecuente, además, que algunos cirujanos excesivamente amigos de usar el bisturí eléctrico para aminorar el tiempo de coagulación terminen cargándose el nervio facial.

Algunas personas que tras la operación parecían encantadas con su nueva piel de porcelana han sufrido con posterioridad parálisis faciales debido a esta destrucción de los nervios de la cara. Rostros inamovibles y desencajados que apenas pueden disfrutar de su costosa juventud.

No obstante, la demanda no decae. Defectos de terminación que hace años resultaban evidentes, como la cicatriz que quedaba delante de la oreja y que hacía que el trago se venciera hacia afuera, ahora se subsana al hacerse la cicatriz justo detrás del trago. Las mujeres, principales clientas y pacientes de estas prácticas, suelen tener más recursos finales para camuflar cicatrices con el pelo o con el maquillaje. Los hombres, por el contrario, a juicio de los expertos, son más vulnerables ante un resultado imperfecto, y suelen ser más exigentes con los plásticos.

(*El País,* 8-10-86)

TEMA VI
CAUSALES

ESQUEMA GRAMATICAL

- **Tipo:** |————| ↱ |————|

1. Conjunciones

a) **porque** → causa «activa»:
entré a ver la película **porque** estaba muy aburrido

a_1) locuciones sustitutivas de **porque: a causa de que, gracias a que (**→ conversacional), **merced a que** (→ uso culto),...

b) **puesto que, ya que, dado que, pues, como** → causa «pasiva»:
y **ya que** estaba allí entré a ver la película

b_1) locuciones sustitutivas de **puesto que,...: en vista de que, a la vista de que,...**

c) **por + infinitivo** (→ causa activa):
eso te pasa **por dormir** poco ~ **porque duermes** poco
te está bien empleado **por no haber confiado** en mí ~ **porque no confiaste**
eso te pasa, **no por salir** tanto, **sino por no haber salido** anoche ~ **no porque salgas... sino porque no saliste**
nos llamaron la atención **por hacer tú** el tonto ~ **porque tú hiciste**

d) **que** causal (causa activa)

- mandato, ruego, consejo:
no salgas, **que** esta noche ponen una buena película en la televisión
ven, **que** estamos aquí reunidos todos

no te dejaré ir, **que** luego los vecinos se enteran y lo critican todo
que viene la policía, date prisa

- respuesta a un mandato, ruego o consejo:
  — Quédate un poco más
  — Hoy no, **que** tengo prisa

- exclamaciones:
  ¡Ya está bien, eh! **Que** yo me paso todo el día de acá para allá y tú **no das golpe**
  pobrecitos ellos, **que** tienen que marcharse

- se comunica una decisión:
  me voy, **que** tengo prisa

- dos frases causales unidas por las partículas **y** y **o**. Generalmente intervienen dos hablantes: el primero usa **porque** y el segundo con mucha frecuencia **que:**
  C: ¿No ha venido Andrés?
  P: No; no ha venido **porque** no se encuentra bien.
  L: Y **que** esta noche hay un partido de baloncesto en la televisión.

- **que** causal-completivo en el estilo indirecto:
  no salgo **porque** es tarde y **porque** no me encuentro bien → le dije que no salía **porque** era tarde y **porque** no me encontraba bien → le dije que no salía, **que** era tarde y **que** no me encontraba bien

2. Uso de los modos

1) **por (no)** y **no por (no)** ⇒ **INFINITIVO:**

te han suspendido por no **estudiar**

no por mucho **madrugar** amanece más temprano

2) **porque (no), puesto que (no), ya que (no), dado que (no), pues (no), como (no), a causa de que (no), gracias a que (no), merced a que (no), en vista de que (no), a la vista de que (no)** ⇒ **INDICATIVO:**

no ha venido a clase porque **ha ido** hoy a Madrid a visitar el museo del Prado

no ha venido a clase porque no se **encuentra** bien

ya que **hemos venido** vamos a aprovechar el tiempo

haremos una reunión informal puesto que no **hay** quórum

como todavía nos **quedan** algunos escudos podemos estar unos días más en Portugal

como no **tenemos** prisa vamos a esperar

pude terminarlo gracias a que Juan me **echó** una mano

nos fuimos en vista de que no **venía** nadie

- Ampliaciones de 2)

2a) Detrás de **porque (no), puesto que (no),** etc. es posible encontrar alguna vez **subjuntivo,** pero las frases resultan de una gramaticalidad más que dudosa:
llamaría porque quisiera venir → llamaría porque **querría/quería** venir

2b) La aparición del **subjuntivo** es más frecuente y aceptable **—pero el indicativo siempre es posible y recomendable—** cuando se trata de una estructura disyuntiva del tipo: **o porque (no)... o porque (no), bien porque (no)... bien porque (no),...:**
Antonio, o porque se le *olvidara*, o porque no lo *avisaran*, no acudió a la reunión
Antonio, o porque se le **olvidó**, o porque no lo *avisarán*, no acudió a la reunión
Antonio, o porque se le *olvidara*, o porque no lo **avisaron**, no acudió a la reunión
Antonio, o porque se le **olvidó**, o porque no lo **avisaron**, no acudió a la reunión

— Conclusión: se aplicará siempre la regla 2) ⇒ **INDICATIVO.** Salvo, lógicamente, en el caso de las **excepciones universales.**

2c) Excepciones universales

— partícula → subjuntivo ⇒ **SUBJUNTIVO:**
no ha venido porque no **ha podido**

no ha venido porque posiblemente no le **hayan dejado**

— hipótesis en el pasado ⇒ **HUBIERA/HABRÍA CANTADO:**
fue una pena que no pudierais ir al cumpleaños de Adela,
porque os lo { **hubieras pasado** / **habríais pasado** } en grande

3) **no porque (no)**[1] ⇒ **SUBJUNTIVO:**
no voy, no porque no **quiera**, sino, porque no **puedo**

1. Sólo **no por (no), no porque (no)** y las locuciones sustitutivas de ésta **(no gracias a que (no),** etc., de escasísimo uso) pueden emplearse para expresar «causa rechazada». No existen, pues, **no puesto que (no), *no como (no),* etc.

- Ampliaciones de 3)

3a) Detrás de **no porque (no),** sobre todo en la lengua coloquial, no es extraño oír el **indicativo:**
no voy, no porque no *quiero*, sino porque no puedo
Pero recomendamos que se aplique siempre 3) ⇒ SUBJUNTIVO

3b) Distintos esquemas de **no porque (no):**

- Pedro no triunfa, **no porque** cante mal, sino porque no le ayudan

- Pedro **no** *triunfa* **porque** cante mal, sino porque no le ayudan

- Pedro triunfa, **no porque** cante bien, sino porque tiene detrás una multinacional del disco

- Pedro **no** triunfa **porque** cante bien, sino porque tiene detrás una multinacional del disco.

— Pedro se molestó porque nos estábamos riendo

— Hombre, **porque** os rierais **no** creo que se molestara → se molestaría, **no porque** os rierais

- **nadie** se hace viejo **porque** pase el tiempo, sino porque pierde la ilusión → uno se hace viejo, **no porque** pase el tiempo, sino...
- lo hizo **más** por descansar **que porque** estuviera enfadado ⇒ lo hizo, **no porque** estuviera cansado, sino por descansar

EXPLICACIÓN Y AMPLIACIÓN GRAMATICAL

1. Conjunciones

- **Causa «activa» / causa «pasiva»**

Las conjunciones y locuciones causales se dividen en dos grandes bloques, a los que hemos llamado causa «activa» y causa «pasiva». Con lo primero —causa activa— el hablante da a conocer la razón, el motivo, la causa de algo; por eso, en un momento determinado alguien podría decir:

> no me paré a ver ni de qué director era ni qué tipo de película ponían; sencillamente, entré a verla **porque** estaba muy aburrido

Pero imaginemos esta situación: uno de nosotros, por ejemplo P., está una tarde en su casa, encerrado en su habitación, paseando nerviosamente, sin saber qué hacer, con una angustia casi existencial; casi sin darse cuenta también, sale a la calle y empieza a pasear, despistado y ajeno a lo que sucede a su alrededor, pero:

> cuando iba así por la calle —cuenta más tarde—, no sé por qué me llamó la atención la cartelera del cine y me dije: «Bah, **ya que** estoy aquí, voy a entrar a ver esa película».

¿Entró P. a ver la película **porque** estaba allí? Evidentemente, no. Entró o **porque** estaba aburrido, o **porque** le llamó la atención la cartelera, o por lo que fuera, pero **no porque** estuviera allí. **Ya que, puesto que,** etc., no indican, pues, la causa, el motivo, sino la **circunstancia que favorece la realización de algo**[1]

PRÁCTICA

I. Complétense las frases siguientes con las partículas causales adecuadas.

1. Esta distinción no tiene unos límites muy precisos, por lo que en la realidad del uso del idioma a veces aparecen confundidos o mezclados.

1. .... no acaban de traer esos documentos, vamos a pasar al punto siguiente del orden del día.
2. Me acerqué a aquella señora y le pregunté.................... no había nadie más en el parque.
3. Me acerqué al puesto de helados y me compré uno.................... tenía una sed y un calor terribles.
4. Salí muy temprano.................... quería estar en Madrid antes de las diez.
5. .... quería estar en Madrid antes de las diez, salí muy temprano...................., como sabes, esa carretera tiene mucha circulación.
6. .... estaba allí, aproveché para comprar unas cuantas cosas que necesitaba.
7. Me acerqué al corro que se había formado alrededor de aquel hombre,.................... no tenía prisa ni otra cosa mejor que hacer,.................... me encanta analizar la reacción de la gente en estos casos.
8. Lo habrás hecho, entonces.................... eres malo,.................... dices que me quieres.
9. ....no has estudiado, no voy a tener más remedio que castigarte.
10. Tenía una voz hombruna que, más que infundir respeto, producía terror. Pues bien, con aquella voz decía: «.................... no has estudiado, no tengo más remedio que castigarte.................... .... ninguna falta puede quedar impune».
11. Se me ha pasado el tiempo volando.................... me encantan los niños.
12. Fui a verlo,.................... me había llamado con tanta insistencia, ...pensé que tendría algo importante que contarme.
13. ....no me dijiste nada, yo creí que no te interesaba.
14. Yo creí que no te interesaba, ...no me dijiste nada.
15. Personalmente me inclino por la segunda propuesta.................... me parece que es la mejor, ...las otras o son incompletas, en mi opinión, o resultarían más costosas.

- **Particularidades de algunas conjunciones**

— **porque**

- su uso es generalmente pospuesto, es decir, la frase con **porque** es el segundo miembro de la estructura:

  hay mucha gente en los balcones **porque** hoy sale una procesión muy famosa
  ya debe de venir la procesión, **porque** hay mucha gente en los balcones

- cuando la frase causal es el primer miembro, por lo general responde a una réplica. Compárense los dos ejemplos:

  1) Ése vive estupendamente **porque** su padre es un burgués
  2) — Eres un burgués.
     — Sí, pero **porque** yo soy un cochino burgués vives tú como vives

— **puesto que, ya que, dado que**

- pueden usarse indistantemente antepuestas o pospuestas:

  vamos a empezar nosotros **puesto que no** han venido
  puesto que no han venido vamos a empezar nosotros

- **dado que,** cuando se construye con subjuntivo, tiene valor condicional.

  se hará como Vd. indica, dado que no **haya** contraorden ~ se hará como Vd. indica, si no **hay** contraorden

— **como**

- se usa casi exclusivamente antepuesta:

  como no me llamaste creí que ya no te interesaba
- si se inicia la frase por el miembro no causal, lo más frecuente es la sustitución de **como** por **puesto que, ya que:**

  creí que ya no te interesaba **puesto que** no me llamaste

- no es posible, por lo tanto, una frase como (Los estudiantes deben tomar buena nota porque es un error que se produce con relativa frecuencia):

  *creí que ya no te interesaba como no me llamaste

- con todo, la posposición es posible; pero exige una entonación especial que habrá que practicar bajo la dirección del profesor:

  creí que ya no te interesaba. **Como** no me llamaste...

PRÁCTICA

II. Léanse las siguientes frases y luego repítanse posponiendo la frase con **como.**

1. Como no ha llegado nos vamos.
2. Como tiene mucho dinero se puede comprar lo que quiere.
3. Como estuvo en aquella reunión se cree muy importante.
4. Como no había nadie pensamos que se habría suspendido la asamblea.
5. Como ibas acompañado no te quise decir nada.

- **como**, antepuesta o pospuesta, con **subjuntivo** tiene valor condicional, y es de uso frecuentísimo. La estudiaremos en el tema correspondiente[1].

— **por (no) + infinitivo**

- por lo general implica un mismo sujeto:

  claro, te pusiste mal **por beber** agua tan fría

1. También con subjuntivo, con las formas **CANTARA/CANTASE** y **HUBIERA/HUBIESE CANTADO**, como latinismo, puede tener valor causal:

   y como **hubiese** en el pueblo un pobre idiota...
   (M. de Unamuno: *San Manuel Bueno, mártir*)

- pero no necesariamente tiene que ser el mismo sujeto. Cuando los sujetos son distintos, generalmente el del infinitivo va expreso y, en este caso, **necesariamente detrás del infinitivo:**
  nos van las cosas como nos van **por ser tú** como eres
- junto con **porque, por** es la única partícula que puede expresar la «causa rechazada», es decir, que puede ser **no por (no):**
  no por no haber dormido, sino por todo lo contrario, **por dormir** demasiado, tienes tanto sueño

— **que**

- recordemos, en primer lugar, que con **subjuntivo** tiene valor final:
  ven, que **empiezan** ya los dibujos animados → ven, **porque** empiezan...
  ven, que **empecemos** a hacer los deberes → ven **para que** empecemos...
- para los distintos contextos en los que se usa **que** causal véase el ESQUEMA.
- su uso más habitual es pospuesto, es decir, como segundo miembro. Pero también puede aparecer como primero:
  - date prisa, **que** vienen ya
  - **que** vienen ya, date prisa

  - hoy no, **que** tengo mucho que hacer
  - **que** tengo mucho que hacer, hoy no
- una frase como:
  pobrecitos ellos, que tienen que marcharse
  es posible y correcta en español con el significado de:
  pobrecitos ellos, [me dan pena] **porque** tienen que marcharse.
  Pero no se debe confundir esa frase causal con esta otra de relativo, que es incorrecta y casi incomprensible, y desgraciadamente, un error bastante frecuente:
  *pobrecitos ellos que se tienen que marchar.
  La frase correcta sería:
  pobrecitos los que se tienen que marchar
- **que** causal, lo mismo que el final, es de uso muy frecuente en los hablantes de español. El hablante extranjero, pues, debe incorporarlo a su uso del idioma

PRÁCTICA

III. Ejercicios orales. Tomando como modelos los distintos ejemplos del ESQUEMA, los estudiantes producen frases libremente bajo la dirección del profesor.

2. **Uso de los modos**

- **Comentario:** una vez más, ofrece más dificultades —y no son tampoco tales— el uso de las partículas que el de los modos, ya que, teniendo en cuenta el tipo: I———I ⌈→ I———I, nos tendremos que limitar de nuevo a aquello de que «si abrimos la boca y...»
  Las pequeñas complejidades que presentan las frases causales han quedado ya reflejadas en el ESQUEMA. Aquí, pues, nos limitaremos a fijar y automatizar las reglas que permitirán un uso correcto de estas frases en español.

— **porque (no), puesto que (no),...**

- Si abrimos la boca y decimos **porque (no)**[1], **puesto que (no), como (no), en vista de que (no),...** detrás vendrá ⇒ **INDICATIVO.**

- Excepciones a la regla: las universales.

PRÁCTICA

IV. Póngase en la forma adecuada el infinitivo del paréntesis.

1. Se quedó en la cama porque (estar).................. enfermo.
2. Llegó tarde a clase porque no (sonar).................. el despertador y (quedarse).................. dormido.
3. No podemos comprar nada puesto que las tiendas (estar).................. cerradas.
4. No pudimos comprar nada ya que no (tener).................. dinero.
5. Como mañana (venir).................. Juan, el nos contará lo que ha sucedido.
6. Como no (estar, tú).................. allí a la hora que habíamos acordado, me marché.
7. No ha llamado porque posiblemente no (saber, él).................. nada todavía.
8. Ve donde quieras, pero que estés localizable, porque puede que (necesitarte).................. de nuevo más tarde.
9. En vista de que no (haber).................. forma de llegar a un acuerdo, lo mejor será levantar la sesión.
10. Me da rabia porque siempre (pasar).................. lo mismo.
11. Me da rabia porque (estar, nosotros).................. mucho mejor en el otro hotel, pero eres tan cabezota...
12. Tiene que estar pasando algo raro, porque, de lo contrario, él (llamar).................. ya.
13. Como ninguno (tener, nosotros).................. idea de mecánica, estábamos allí como bobos, sin saber qué hacer, y gracias a que, como a la media hora, (parar).................. un coche y nos ayudaron.
14. Me alegro de que se haya resuelto todo porque, si no, (ser).................. un problema grave.
15. Ya que lo (llamar, tú).................., por lo menos espera a que llegue.

1. **Porque (no)** causal. Como veremos en el tema correspondiente hay una partícula **porque (no)**, equivalente a **aunque (no),** que se construye con **subjuntivo**.

V. Ejercicios orales. El profesor señalará la partícula causal que se debe utilizar y los estudiantes producirán libremente frases, para lo que pueden utilizar la lista de la pág. 68.

— **no porque (no)**

- Si abrimos... **no porque (no)** detrás vendrá ⇒ **SUBJUNTIVO.**

- Tal como hemos puesto de manifiesto en el ESQUEMA, **no porque (no)** puede realizarse de muchas formas y en algunas de ellas la negación aparece «dislocada», pudiendo afectar al mismo tiempo al verbo y a la partícula causal o sólo a esta última. La experiencia nos ha demostrado que esto crea problemas al hablante extranjero de español, que puede llegar a decir, sin quererlo, una frase cómica como la siguiente:

  en Holanda no hace frío porque hay muchas vacas

  porque ha interpretado la frase:

  en Holanda no **hace** frío porque **hay** muchas vacas

  cuando lo que quería decir era:

  en Holanda no hace frío porque haya muchas vacas

  es decir:

  en Holanda no hace frío porque **haya** muchas vacas → en Holanda no hace frío, pero no porque **haya** muchas vacas, claro, sino...

El hablante extranjero debe conocer toda esta complejidad por si oye o lee una frase de este tipo, pero para su propio uso nos atrevemos a recomendarle que **use sólo la forma no dislocada «no porque (no)»**, de acuerdo con estos dos ejemplos:

Ana no sale esta noche, no porque no **quiera**, sino porque no la **dejan**

Ana va a salir esta noche, no porque le **apetezca**, sino porque **tiene** que hacerlo

PRÁCTICA

VI. Complétense los puntos suspensivos con las formas verbales adecuadas.

1. Mario sigue fumando, no porque no (querer)................ dejarlo, sino porque (exigir)................ un gran esfuerzo.
2. No he salido en toda la semana, pero, por supuesto, no porque (dejarme)................ tocado lo de Ana, sino porque (descubrir, yo)................ que en casa no se está mal.
3. Creo que (deber, nosotros)................ **darle una lección**, y no sólo porque (ser)................ bueno que (escarmentar)................, sino porque no (poder, nosotros)................ permitir que, encima, (reírse)................ de nosotros.

4. **Me cae fatal,** y no es que[1] (ser).. mala persona, pero es que (**caerme**).. gordo.
5. Sí, le **cae mal** a mucha gente, pero no es que (ser).. ni mejor ni peor que los demás, es que el pobre (ser).. un poco rarillo.
6. Me lo pasé estupendamente, y no porque la fiesta (ser).. **una cosa del otro jueves**, sino porque el ambiente (ser).. estupendo.
7. Supongo que (acordarse).. de mí, no porque (tener, yo).. ningún mérito especial, sino, sencillamente, porque, en los últimos tiempos, (publicar).. algunas cosas sobre el tema.
8. ¡Qué tío, no hay quien lo aguante! Y no es que lo (decir).. yo, es que no lo (soportar).. ni su padre.
9. Estoy convencido de que el gobierno (tomar).. alguna medida en los próximos días, y no porque la magnitud de la protesta (haber llegado).. hasta los extremos que todos conocemos, sino porque, en mi opinión, el gobierno (estar).. decidido ya antes a realizar esas reformas, y la protesta estudiantil no ha hecho más que adelantarlas.
10. ¡Insoportable, el pobre! Y no es sólo que (decir, él).. tonterías **por un tubo**, es que ya (hablar).. como los políticos profesionales.

VII. Ejercicios orales. Bajo la dirección del profesor, los estudiantes practican libremente los esquemas **no porque (no)... porque (no)** y **no es que (no)... es que (no).**

1. **No es que (no)... es que (no)** ~ **no porque (no)...**, pero de uso más coloquial.

RECAPITULACIÓN

REPASO GENERAL DE LAS ESTRUCTURAS CAUSALES

VIII. Ponga el verbo que aparece entre paréntesis en la forma apropiada.

1. Creo que aprobará porque (estudiar, él)........................ mucho.
2. No creo que haya llegado puesto que no (llamar, él)........................
3. Como (llegar, él)........................ tarde, no pudo ir con sus compañeros.
4. Ya que (estar, yo)........................ aquí voy a aprovechar la ocasión para ver esa famosa obra de teatro.
5. Es inútil que espere usted porque el doctor no (volver)........................ ya hasta mañana.
6. Estudio español, no porque (ser)........................ un idioma importante, sino porque me (gustar) .... la cultura hispana.
7. Me gustan los países hispanos porque la gente (ser)........................ muy amable.
8. Como (estudiar, yo)........................ mucho durante el curso y (aprobar, yo)........................ todas las asignaturas, mis padres me llevarán a hacer un crucero por el Mediterráneo.
9. Los Estados Unidos son la primera potencia mundial, no porque su territorio (ser)........................ muy grande, sino porque los norteamericanos (trabajar)........................ duramente.
10. No te he podido escribir antes porque (estar, yo)........................ muy ocupado.
11. Se enfadó con Andrés, no porque no (acudir)........................ a la cita, sino porque después (querer)........................ mentirle.
12. Puesto que no te (encontrar, tú)........................ bien aquí, es mejor que vayas a pasar una temporada a la sierra.
13. Aquella mañana estabas muy guapa porque (llevar)........................ puesto un vestido rosa muy bonito, ¿recuerdas?
14. Como (ser, tú)........................ tan galante, no sé si estás diciendo la verdad o si tratas sólo de agradarme.
15. Tienes que creerme porque yo nunca (mentir)........................
16. Y yo no puedo fiarme totalmente de ti porque todos los hombres (ser)........................ un poco mentirosos con las mujeres.
17. Antonio me acompañó a casa, no porque yo (tener)........................ miedo a ir sola, sino porque la noche anterior (haber habido)........................ un intento de violación cerca de mi casa.

18. El tabaco es una droga porque (crear)................................ dependencia como cualquier otra droga.
19. No puedo aceptar la invitación porque este fin de semana (salir)................................ con toda mi familia al campo.
20. Como no (tener, yo)................................ tiempo para ir a tu casa, nos veremos en la estación.
21. Como el médico no (llegar)................................ yo misma le até una cinta por encima de la herida.
22. Está algo enfadada porque no le (decir, nosotros)................................ ayer que íbamos a hacer una fiesta.
23. Sólo pude comprar uno de los dos libros porque no (tener)................................ dinero suficiente para los dos.
24. Puesto que (ser)................................ la hora acordada y Pedro no (venir)................................ vamos a comenzar la reunión.
25. Baila muy bien, no porque (ir)................................ a una academia de baile dos horas a la semana, sino porque (tener)................................ un sentido especial para la música y el ritmo.
26. Como me (encontrar)................................ tan solo llamé a Carmen.
27. Sal con ese chico, que (ser)................................ muy simpático, te lo digo yo.
28. No vino a la fiesta porque quizás no se (encontrar)................................ bien.
29. **No me hace ninguna gracia** que (llegar, tú)................................ tan tarde, que luego las vecinas lo (criticar)................................ todo.
30. Y gracias a que la gente nos (ayudar)................................ hemos podido **salir adelante.**
31. Te has caído por (bajar)................................ las escaleras tan corriendo.
32. **Estoy hoy... ¡que cómo estoy!** Y no es que los niños (ser)................................ malos, es que (ser) .... niños.
33. En vista de que los demás (parecer)................................ ser que (retrasarse)................................, creo que (deber)................................ ir empezando nosotros.
34. No molestes a tu madre, que te (dar, yo)................................ una torta.
35. Debemos aceptar esas condiciones, evidentemente no porque (ser)................................ ventajosas en sí mismas —que no lo (ser)................................—, sino porque, señores, ustedes (saber)................................, como yo, que la empresa (estar)................................ atravesando momentos muy difíciles.
36. No los soporto más, Juan. Y no es que (portarse)................................ hoy peor que otros días, es que yo no me (encontrar)................................ bien.
37. Merced a que el gobierno (tomar)................................ algunas medidas correctoras, en los últimos días se ha frenado la tendencia al alza.
38. Y si salgo adelante es gracias a que mi padre **(echarme)**................................ **una mano** de vez en cuando, que lo que es por ti...
39. Puesto que (estar, tú)................................ decidida, adelante.
40. Unas veces porque (televisar)................................ no sé qué partido, otras porque (tener)................................ el señor que leer el periódico para (estar)................................ informado, otras porque no (saber, yo)................................ qué, total que para mí nunca tienes un minuto.
41. Date prisa, que (llegar, nosotros)................................ tarde.
42. **No por mucho (madrugar)................................, amanece más temprano.**
43. **Vamos arriba,** niños, que (ser)................................ muy tarde y hoy no (llegar)................................ al colegio.
44. Como (ser)................................ sábado, os podéis quedar hasta que (querer, vosotros)................................
45. No porque Dios lo (querer)................................, hermanos, sino porque el hombre en su ceguera (apartarse)................................ de Dios, el mundo camina hacia...
46. Hay que ser sinceros y hacer las cosas porque (estar)................................ convencidos de que (deber)................................ hacerlas, y no porque **menganito o fulanito** (decir)................................ que (haber)................................ que hacerlo o (querer, ellos)................................ que todos, **como borregos**, (seguir, nosotros)................................ la última moda.

47. Por tonta y por (quererte)................................ como te quiero me pasa a mí lo que me pasa.
48. He llamado para (ver)................................ si pasaba algo. Como no (llamar, tú)................................
49. En vista de que (parecer)................................ que las estructuras causales las (dominar, vosotros) .... ya perfectamente, vamos, en lo que sigue, a **matar dos pájaros de un tiro,** porque (seguir, nosotros)................................ repasando estas estructuras y, al mismo tiempo (ir, nosotros)................................ viendo una serie de expresiones coloquiales.
50. **Se hinchó a llorar** porque no le (querer, yo)................................ comprar los caramelos.
51. Como no (tener, yo)................................ ganas de seguir discutiendo con él, le dije: «mira, guapo, **para ti la perra gorda**».
52. Ponte otra cosa, que así (ir, tú)................................ **hecha un adefesio.**
53. No me extraña nada que (hacer, él)................................ lo que hace porque su padre (ser)................................ lo mismo. Porque ya se (saber)................................ **de tal palo tal astilla** y **de raza le viene al galgo.**
54. Ocúpate tú un poco de los niños ¡que (traer, ellos)................................ unas notas...! Porque, si no, aquí (ir)................................ a pasar aquello de que **en casa del herrero, cuchillo de palo.**
55. Se lo he comprado porque (**ser**, ellos)................................ **unos soles,** aunque a veces también **dan la lata.**
56. Estaba muy enfadado porque Ana le (dar)................................ un buen **plantón.**
57. No tuvo más remedio que suspenderlo porque es que **no (dar)**................................ **pie con bola.**
58. Lo han suspendido, así que **está que muerde** porque (decir, él)................................ que **no (haber)** .... **derecho** a que le (hacer, ellos)................................ lo que le han hecho.
59. *Dominique:* ¿Entonces **está que muerde** significa que «está enfadado o furioso»? Porque ayer un chico español me (decir)................................ que...
Profesor: Bueno, es que **estar que morder** y **estar negro** significan, las dos, dos cosas distintas. A ver, Peter, explícaselo, que Dominique no (saber)................................
60. Hay que tener mucho cuidado con él, sobre todo desde que le (pasar)................................ aquello, porque (**venirse**, él)................................ **abajo** en seguida.
61. Porque es que (**haber**)................................ **que ver** cómo se ha puesto la vida. Cualquier bobada te cuesta **un ojo de la cara.**
62. **Me daría con un canto en los dientes** por (estar)................................, aunque sólo fuera media hora, con ella.
63. Dile que ahora le (tocar)................................ a él **dar el callo**, que para eso (llevar, él)................................ más de dos meses **sin dar golpe** y **tocándose las narices.**
64. Porque qué feíto (ser)................................, madre ¡Ni que **estuviera hecho con los pies**!
65. No le dije nada porque no (poder, yo)................................ Se me puso **un nudo en la garganta...**
66. No duerme, no come, no estudia, no para un momento quieto, y todo porque le (tener) .... **comidito el coco** esa muchacha.
67. Porque el niño (enamorarse) .... tengo yo que **andar de cabeza**. Que quiero que me (comprar, tú)................................ esto, que qué me pongo... ¡Vaya **fuerte que le ha dado**!
68. El pobre parece bobo. Como su madre lo (**tener**) .... **en palmitas...**
69. Con esa gentuza hay que usar **mano dura** porque, si no, **se te (subir,** ellos) .... **a las barbas.**
70. En cuanto lo (ver, yo) ....le saco el tema y le digo claramente que sin dinero no (haber) .... nada que hacer. Porque yo a ese tío, **por la cara**, no le doy ni los buenos días. ¡Es un gorrón!
71. No te hagas ilusiones porque ése **(ser)** .... **un viva la virgen.**
72. Cuidado, que (**haber**) .... **moros en la costa.**
73. Estudia mucho porque (tener) .... que sabértelo para el examen **de pe a pa.**

74. No hables tan alto, que te (oír) .... los niños y ya sabes que **las (cazar)** .... **al vuelo.**

75. **No eches las campanas al vuelo** porque ése (**prometer**) .... en seguida **el oro y el moro,** pero luego **nada de nada.**

IX. Analícense las estructuras gramaticales del siguiente texto.

El político tiene que ser listo como él solo.

MÁXIMO

Porque si no, no sirve. Y tiene que dejar el sillón a otro que sea más listo que él (*Tendría*, quiero decir; nadie se asuste).

Cuando los problemas que tiene que resolver un político rebasan su repertorio de soluciones, el político ha fracasado. Así, como suena, aunque aún no haya empezado a actuar. Y debería irse, sin tomar posesión, para que otro, con cabeza más ágil, con mayor capacidad de respuesta, le plante cara a la problemática.

No vale que un político diga: «Este asunto es complejo». O «es así como se encara este problema en toda Europa». Porque ya sabemos que los asuntos peliagudos lo son por su complejidad. Y porque Europa *no es* el no va más y el techo del cráneo. Europa era el centro del mundo en el siglo XV y Colón se salió del mapa: seguramente la mayoría de los ministros de Marina europeos de la época habrían desaconsejado el viaje.

Los políticos se escudan mucho en las condiciones objetivas y en las estadísticas. Pero ellos están ahí para influir en esas condiciones con subjetividad personal y para mover las estadísticas en sentido positivo.

Porque las presuntas o reales condiciones objetivas no son un conglomerado estático, sino la instantánea o *corte* de un proceso dinámico. Y ese proceso no es sólo geológico ni consta que sea sagrado. Hay que suponer que funciona a base de actos políticos pretéritos y presentes. No me extrañaría nada que las frías condiciones objetivas de mañana estuviesen siendo configuradas con calientes subjetividades de hoy: con el voluntarismo actuante, incluso, de políticos concretos y vigentes. ¿O la historia se mueve (o se está quieta) por arte de magia?

Lo que ocurre es que la política es el oficio más difícil de todos los que existen y en él no caben medianías. Incluso los notables, ante los temas gigantescos, pueden no dar la talla. Yo pido a los políticos, aunque sea pedir la luna y las estrellas, alguna sobresaliente excepcionalidad. No es pedir demasiado dada su función y representatividad, dado lo que se traen entre manos (nosotros, sin ir más lejos, carne de legislación) y dado que son ellos mismos los que, sin demasiada modestia, se autopostulan como los mejores para tal labor.

Los ciudadanos medios, los vecinos vulgares y los empadronados del montón no sabemos cómo se puede llegar al desarme mundial, a la erradicación del paro, a la escolaridad gratuita y a tantas otras optimidades u optimismos relacionados con la salud, la justicia, la seguridad, la libertad o la prosperidad. Y por eso nos quedamos, responsable y humildemente, del lado de acá de la política y de la gobernación. Pero los políticos, y ellos sabrán por qué se atreven a tanto, se han colocado del lado de allá.

Una vez ahí, yo espero del ministro de Economía que enriquezca al país y me garantice el trabajo; del de Sanidad, que me mantenga sano; del de Educación, que me instruya; y así sucesivamente, y espero que lo hagan con el menor coste, en el menor tiempo y con la mayor calidad posible. Si lo hacen con despilfarro, tarde, mal y sin superar niveles bajos, aunque sean *europeos*, yo me pongo triste. Y pienso que estos políticos no tienen la suficiente imaginación. Si estos políticos se disculpan con «en todas partes es así», «ésta es la única política posible» y frases parecidas, yo pensaré que estos señores son demasiado fatalistas para ser políticos, demasiado rutinarios para ser ministros y demasiado pesimistas para ser gobernantes. Y esperaré el rápido relevo de estas personas por otras con más ideas, más talento, más coraje y más de lo que haya que tener.

Porque es en la gobernación y en la política donde yo creo que son más necesarias la inteligencia, la creatividad y la innovación. Parece que la política es acción consabida y que esta actividad sólo precisa de tipos pragmáticos y decididos, capataces enérgicos y conductores de autobús. Parece también que la reflexión corresponde a los teóricos y a los asesores. Hay incluso un prejuicio según el cual los políticos serían más brutos que sus sutiles consejeros. Yo me permito disentir. Para la especulación sirve cualquiera (como prueba, este texto). Es para la decisión para lo que se precisa un cerebro superior. Preguntar es un ejercicio de ignorantes. Responder es una ocupación de sabios. Y *actuar es responder*. Al teórico y al asesor les basta con rumiar un poco y reunir papeles. El político tiene que interpretar esos mapas y encontrar el tesoro ¿Quién dijo que el más tonto de sus hijos servía para ministro? Lo dijo Su Tung Po, preclaro poeta chino del siglo XI. Pero no tenía razón.

(*El País,* 15-3-87)

X. Pónganse los infinitivos entre paréntesis en la forma verbal adecuada

1. Cuando lo (ver, nosotros)............ ayer me extrañó muchísimo que no nos (decir, él)............ nada, porque tú (saber)............ que (ser, él)............ muy atento.
2. Para que no (seguir)............ complicándose más el asunto, cuando lo (ver, tú)............ le dices que (pasarse, él)............ por aquí, porque, de lo contrario, me (parecer)............ a mí que (ir, nosotros)............ a tener tema para rato.
3. Como no le (hacer)............ nadie caso, el niño se levantó y, para (llamar)............ la atención, empezó a chillar y a decir que le (doler)............ la barriga.
4. Cuando los «mayores» (empezar, vosotros)............ a hablar de «vuestros tiempos» es para echarse a temblar. Y no es que los jóvenes no os (comprender, nosotros)............ —que eso (ser)............ lo que os sucede a vosotros con nosotros—, es que ya (estar)............ bien de que cada día (tener, nosotros)............ que oír que vosotros, los «jóvenes del 68», sí que (ser)............ verdaderos revolucionarios, que nosotros ahora (ser)............ unos conformistas, que no (parecer)............ jóvenes, que... Lo que yo creo es que os (empezar)............ a acercar a pasos agigantados al abuelo.
5. Para que no (volver)............ a suceder una cosa así, cuando (ver, tú)............ que (empezar, yo)............ a ponerme triste, procura distraerme con cualquier cosa, porque esto de la depresión no se lo (desear, yo)............ ni a mi peor enemigo.
6. Antes de (salir)............ echa un vistazo al jardín porque, después de lo de ayer, no me (fiar)............ de nada.
7. Nosotros llegamos sobre las nueve y estuvimos esperando como media hora, pero en vista de que no (llegar, vosotros)............, creímos que lo mejor (ser)............ empezar nosotros solos porque tú (saber)............ que (haber)............ que terminarlo aquella mañana, si no queríamos que nos (retirar, ellos)............ la subvención.

8. Como (parecer)................ que este mes (estudiar, tú)................ un poco más, y a las notas me remito, para que (ver, tú)................ que, cuando te (portar)................ bien, todo es mejor y más bonito te voy a dar mil pesetas, para que (ir, tú)................ ahorrando para esa bicicleta que quieres comprar.
9. Déjalo todo ordenado antes de que (volver)................ tu madre, porque (irse, ella)................ a poner...
10. Ayer hubo en mi casa una gran fiesta porque (ser)................ el cumpleaños de Susana. Susana estaba muy contenta porque (cumplir)................ diecisiete años y ella piensa que eso (ser)................ muy importante. Para que (ver)................ Vds. lo importante que es para ella, les diré que a mí —yo soy su hermana menor y tengo ya doce años— casi no me (hablar)................ durante toda la fiesta —bueno, al final sí que me habló—, porque, según ella (ser, yo)................ una cría y no (poder)................ oír las conversaciones de las personas mayores ¡porque ella (considerar)................ que ya (ser, ella)................ una persona mayor! Cuando (llegar)................ los invitados, ella sola se encargó de que cada uno (ocupar)................ su sitio y de que Luis (sentarse)................ junto a la silla reservada para ella. Tengo que poner en su conocimiento que Luis (ser)................ «muy amigo» de Susana, o para que Vds. (comprender)................ mejor, yo estoy segura de que (ser, ellos)................ novios porque (ver, yo)................ que (besarse, ellos)................ Les diré también que a mí no me (gustar, Luis)................ porque (parecer, Luis)................ un pavo real y creo que (ser)................ un poco tonto. ¡Claro que me (parecer)................ que yo a él tampoco le (gustar)................! En cambio, a mamá no le importa que Susana (salir)................ con él, o mejor dicho, está encantada de que (salir)................ juntos, porque (decir)................ mamá que (formar, ellos)................ una pareja estupenda, es decir, que él (ser)................ un poquito más alto que ella y, sobre todo, asegura mamá que Luis (pertenecer)................ a una buena familia de la ciudad. Pero volvamos a la fiesta. Cuando (acabar)................ de llegar todos los invitados, después de (ocupar)................ cada uno su sitio, empezó la cena. Una cena elegida por Susana, y no porque yo lo (decir)................ sino porque (creer, yo)................ que (ser)................ la verdad, una cena poco original. Mientras (cenar, nosotros)................ todo transcurría normalmente —quiero decir que Susana y Luis no (dejar)................ de mirarse tiernamente, que mamá (charlar)................ animadamente con su posible futura consuegra, que papá y el padre de Luis (parecer)................ que (estar)................ en las nubes, que yo me (aburrir)................ sentada en un extremo de la mesa, porque (tener que decirles, yo)................ que Susana me (colocar)................ en un lugar alejado, entre dos casi desconocidos, para que, según ella, no (molestar, yo)................ todo, repito, transcurría normalmente hasta que (ocurrir)................ el desgraciado accidente, porque yo les (jurar)................ a Vds. que (ser)................ un accidente. ¿O no fue un accidente el que yo le (tirar)................ un trocito —bueno, un trocito un poco grande— de pan a Luis, sólo para (darle)................ una broma, y que el trocito de pan (caer)................ en su sopa y que la sopa (saltar)................ y le (manchar)................ su nuevo traje de pavo real? ...¿Que qué sucedió después? Vds. pueden imaginárselo. Yo solo les diré que en aquel momento (desear, yo)................ que me (tragar)................ la tierra, y, en fin, les diré que (terminar, yo)................ tirada encima de mi cama, llorando de rabia, mientras abajo (continuar)................ la fiesta como si no hubiera pasado nada.

XI. Complétense los siguientes textos con las formas verbales apropiadas.

1. **¿A qué viene el privilegio?**

Señor ministro de Trabajo: me dirijo a usted, con todo respeto, por la sorpresa que me ha causado la existencia de una ley de 1 de agosto de 1985 por la cual todos los autónomos jubilados a partir de dicha fecha tienen derecho a percibir las pagas extraordinarias.

Yo soy un trabajador autónomo jubilado antes del 1 de agosto de 1985 y según la citada ley, no tengo derecho a percibir ningún tipo de paga extra.

Tal vez crea el señor ministro que los que nos hemos jubilado antes no (cotizar).................. a la Seguridad Social (gran error, pues (pagar).................. igual que los demás). O, tal vez, lo que piense es que ya no (quedar).................. ningún trabajador autónomo jubilado anteriormente al 1 de agosto de 1985.

Pues no, señor ministro, algunos, por fortuna, seguimos estando en este globo terrestre, y espero por su parte que nos (tener).................. en cuenta y no nos (dejar).................. en el olvido, porque (resultar).................. que nosotros, «los más viejos», también (comer).................. como los demás y la vida (estar).................. cara para todo el mundo.

¿Me podría explicar, señor ministro, a qué viene ese privilegio? Gracias. **José Tejerina.** Burgos.

(*El País*, 10-9-86)

2. Me estoy aburriendo porque no (bajar).................. ninguna pelota y nos (hacer).................. falta una para (jugar).................. esta tarde. Es muy sencillo pescar una pelota.

Delante de la casa del tío Granizo hay un puentecillo de madera, hecho con dos rieles del tren atravesados y cubiertos de tablones, con su barandilla y todo, pintado de verde. Allí pasa un río negro que sale de un túnel debajo del Puente del Rey; este túnel y este río son la alcantarilla de Madrid. Todas las pelotas que pierden los chicos en las calles de Madrid, porque se les (colar).................. por las bocas de las alcantarillas, bajan flotando, y nosotros, desde lo alto del puente, las pescamos con una manga hecha de un palo largo y la alambrera vieja de un brasero. Una vez cogí una de goma pintada de colorado. **Al otro día,** en el colegio, me la quitó Cerdeño y, como (ser).................. mayor que yo, me tuve que callar. **Ahora que** le costó caro: le metí una pedrada desde lo alto de la Corrala; ha llevado una venda tres días y le han tenido que coser los sesos con hilo. Claro que no (saber).................. quién ha sido; pero, por si se entera, llevo siempre una piedra de puntas en el bolsillo, y como me quiera pegar, le van a coser otra vez.

Antonio, el cojito, se cayó una vez desde el puentecillo y **por poco** se ahoga. Le sacó el señor Manuel, el mozo del lavadero, y le apretó la tripa con las dos manos. Comenzó a echar agua sucia por la boca; luego le dieron té y aguardiente. El señor Manuel, como (ser).................. un borrachín, se bebió un trago grande de la misma botella, porque (mojarse).................. los pantalones y (decir) .... que (tener).................. frío.

Nada, que no baja ninguna pelota; me voy a comer, que me (estar).................. llamando mi madre. Hoy comeremos al sol sobre la hierba. Esto me gusta más que los días que no hay sol y hace frío; entonces comemos dentro de la casa del tío Granizo. Es una taberna con un mostrador de estaño y unas mesas redondas que todas están cojas: se cae la sopa y además el brasero da un tufo inaguantable. No es un brasero, es una anafre muy grande, con una lumbre en medio y con los pucheros de todas las lavanderas alrededor. El puchero de mi madre es pequeño, porque no (ser, nosotros).................. más que dos, pero el puchero de la señora Encarna parece una tinaja. Son nueve y tienen por plato una palangana pequeña. Se sientan todos alrededor y van metiendo la cuchara por turno. Cuando (llover).................. y (comer).................. dentro, se sientan en dos mesas y reparten la comida entre la palangana y una cazuela de barro muy grande que el tío Granizo tiene para (guisar).................................. caracoles los domingos. Porque los domingos no (haber).................................... lavadero y el tío Granizo guisa caracoles; por la tarde bajan hombres y mujeres a (bailar).................................... aquí y meriendan caracoles y vino. Un domingo nos convidó a mi madre y a mí, y yo me **hinché de comer.** Los caracoles se cogen aquí mismo entre la hierba, sobre todo después que (llover)...................................., cuando (salir).................................... a tomar el sol. Nosotros los chicos, los cogemos, les pintamos la cáscara de colores y jugamos con ellos a las carreras de caballos.

El cocido sabe aquí mejor que en casa: se pica una sopa de pan muy delgadita y luego se vierte encima el caldo del cocido, amarillo de azafrán. Se come uno la sopa, luego los garbanzos, y por último la carne, con tomates cortados por la mitad, espolvoreados, de sal. De postre la ensalada: unas lechugas jugosas con un cogollo muy tierno, como no las hay en Madrid. Las cría el tío Granizo aquí, al lado de la alcantarilla, porque (decir).................................... que con el agua de la alcantarilla (crecer).................................... mejor; y es verdad. Esto parece que (ser).................................... una porquería, pero también se echa la basura en los campos y las gallinas se la comen. Sin embargo, el pan y las gallinas están muy ricos.

Las gallinas y los patos conocen la hora de la comida. En cuanto (ver).................................... que mi madre (volcar).................................... la banca han comenzado a venir. Debajo de la banca había una lombriz muy grande y muy larga, y un pato la ha visto en seguida. Se la ha comido igual que me como yo los fideos gordos: la ha dejado colgando del pico y después la ha sorbido, haciendo «paff» y, ¡adentro! Después se ha picoteado las plumas del cuello como si le (quedar).................................... migas y ha esperado a que le (echar).................................... un cacho de pan. No se lo doy en la mano, porque (ser).................................... muy bruto: pica los dedos y, como (tener).................................... el pico muy duro, hace daño.

Con la banca boca abajo como mesa, comemos los dos, mi madre y yo, sentados en el suelo. Mi madre tiene las manos muy pequeñitas; y como toda la mañana desde que (salir).................................... el sol (estar).................................... lavando, los dedos se le han quedado arrugaditos como la piel de las viejas, con las uñas muy brillantes. Algunas veces las yemas se le llenan de las picaduras de la lejía que quema. En el invierno se le cortan las manos, porque, cuando las (tener).................................... mojadas y las (sacar).................................... al aire, se (helar).................................... el agua y se (llenar).................................... de cristalitos. Le salta la sangre como si la (arañar).................................... el gato. Entonces se da glicerina en ellas y se curan en seguida.

Cuando (acabar, nosotros).................................... de comer vamos a hacer la carrera de autos París-Madrid con las carretillas de llevar la ropa. Le hemos quitado cuatro al señor Manuel, sin que se entere, y las tenemos escondidas en la Pradera. No quiere que (jugar, nosotros).................................... con ellas, porque (pesar).................................... mucho y dice que nos (ir).................................... a romper una pierna; pero es muy divertido. Tienen una rueda de hierro delante que chirría al rodar; uno de nosotros se monta encima y otro empuja a todo correr, hasta que se (cansar)....................................; entonces vuelca de repente la carretilla y el que va encima se cae. Una vez hicimos así el choque de trenes y el cojito se machacó un dedo. El pobre es un desgraciado: su padre le dio un palo y le dejó cojo; como he dicho, se cayó de la alcantarilla; como (ser).................................... cojo y no (desgastar).................................... más que una bota, su madre le hace ponerse las botas del mismo par, una cada día, para que las (desgastar).................................... por igual. Cuando le (tocar).................................... la del pie izquierdo, que es el que le falta, se queda cojo de los dos pies y tiene mucha gracia verle correr colgado de las muletas.

(Arturo Barea: *La forja de un rebelde. I*)

XII. Complétense libremente las siguientes estructuras.

1. Cuando.................................... dile que...................................., porque....................................

2. Me gustaría que..............., y no es que..............., pero es que...............
cada vez que...............
3. Supongo que..............., no porque..............., sino porque...............
4. Me encantaría que, cuando..............., ... porque............... y no porque...............
5. Unas veces porque............... y otras porque..............., la verdad es que............... .... cuando...............
6. Como..............., ... ya que ....
7. No por..............., sino por...............
8. Cuando............... dile que..............., que...............
9. En vista de que..............., creo que..............., porque...............
10. .... porque, gracias a que..............., ... cuando............... ....

COMENTARIO DE TEXTOS

TEXTOS PERIODÍSTICOS: III

1. **El director del programa de radio que «destapó» la noticia, amenazado de muerte**

Enfrentamientos físicos en Salamanca entre grupos de partidarios y opuestos al aborto

M. DEL MAR ROSELL. **Salamanca**

Un grupo de personas que se manifestaba en Salamanca contra el aborto y otro que pedía el aborto libre y gratuito se enfrentaron ayer físicamente durante más de un cuarto de hora, en una salida de la plaza Mayor.

(...)

Las agresiones comenzaron cuando, a partir de la segunda vuelta que daba la manifestación por el interior de la plaza Mayor, un grupo de unos 20 partidarios de la legalización del aborto comenzó a corear en una esquina: «Aborto libre y gratuito».

Parte de los 2.000 ó 2.500 manifestantes que secundaron la convocatoria de la Asociación de la Defensa de la Vida (Adevime) salieron de las filas, se dirigieron hacia los demás y comenzaron a llamarles asesinos y provocadores.

El grupo contestó con coros de «vosotros, fascistas, sois los terroristas». A continuación se produjeron los enfrentamientos físicos, y durante su transcurso fueron arrojadas sillas de cafetería y se sucedieron los insultos, en presencia de miembros de la Policía Municipal.

Durante unos 15 minutos continuaron las agresiones. Finalmente, los policías municipales lograron poner orden, sin que la Policía Nacional acudiera hasta el final pese a las continuas llamadas, a través de radios portátiles, con que los agentes urbanos requerían la presencia de fuerzas antidisturbios.

Los manifestantes contrarios al aborto insultaron repetidamente a las mujeres que se encontraban enfrente, llamándolas «zorras», «putas», y diciéndoles «queréis aborto porque eso es lo que os gusta estar haciendo todo el día». Las mujeres, a su vez, les contestaban que les dejaran hacer lo que quisieran, y les llamaban hipócritas.

(*El País*, 6-10-86)

2. **Europa sin niños**

Los expertos auguran para el año 2000 una sociedad anciana.

El descenso de la natalidad que se ha producido en los últimos años, unido al aumento de la esperanza de vida, está originando cambios fundamentales en la estructura de la población europea. Todas las previsiones indican que el año 2000 puede alumbrar en Europa una sociedad llena de ancianos. España no es ajena a este fenómeno: la caída brusca de la fecundidad, una tasa de mortalidad cada día más baja y un saldo migratorio exterior positivo son los principales fenómenos demográficos que se registran en la actualidad. Algunos especialistas empiezan a ver con preocupación el hecho de que en nuestro país se hagan campañas de control de natalidad.

La caída de la fecundidad se produce en España de modo ininterrumpido desde principios de siglo hasta mediados de los años cincuenta. En 1922, las mujeres españolas tenían una media de cuatro hijos, y en 1956 la tasa había bajado a 2,61. Se observa entonces un ligero ascenso hasta 1964, un nuevo descenso moderado hasta 1977 y una caída brusca a partir de esta fecha. La última estimación, de 1984, indica que las mujeres de nuestro país tienen ya solamente 1,7 hijos por término medio. Y para garantizar el relevo generacional se precisarían, al menos, 2,1.

Esta brusca caída de la fecundidad se había producido en 1965 en los países centroeuropeos, en 1973 en Francia, en 1974 en Italia y en 1977 en Portugal. Ninguno de estos países ha logrado cambiar el signo de la tendencia, lo que parece indicar que tampoco podrá hacerlo España a corto plazo. El fenómeno español ha sorprendido a los demógrafos, que no esperaban que se produjera de modo tan radical.

La población europea (y se considera aquí como tal a la de los 21 países miembros del Consejo de Europa, y no a la de los 12 que constituyen la Comunidad Económica Europea) se acercaba a finales de 1985 a los 400 millones de habitantes, aproximadamente un 10 % de la población total del mundo.

Pero hace tan sólo 35 años, el peso de la población europea en el total mundial representaba el 15 %, y, sin embargo, dentro de otros 35 años, de continuar las actuales tendencias, representará sólo un 5 %. Ante ello hay una preocupación creciente por las consecuencias sociales, económicas e incluso políticas que se derivan de las actuales tendencias demográficas en Europa.

Desde hace ya varios años, el crecimiento de la población en la mayor parte de los países europeos es inferior al 1 %, e incluso negativo en la República Federal de Alemania (entre 1977 y 1985), y Austria (entre 1977 y 1984). Sólo Chipre, Malta y Turquía han superado la tasa de crecimiento del 1 % entre 1977 y 1985.

(*El País,* 29-10-86)

3. **Hijos del pecado**

Médicos católicos españoles remitirán al Vaticano un informe-respuesta sobre la fecundación «in vitro».

INMACULADA G. MARDONES

María Dolores Sánchez tiene la conciencia bien tranquila. «Nunca me he planteado que haya pecado. ¡Pero si yo quiero mucho a mi marido y él me quiere mucho a mí...! ¡Cómo vamos a pecar! Yo le pedí mucho a Dios que me quedara en estado, y me quedé. Tener a Victoria Anna es la cosa más bonita que me ha pasado en la vida. No creo que Dios me castigue por eso, al contrario. El me ha ayudado».

Para el cardenal Ratzinger y los redactores de la Instrucción vaticana sobre el respeto de la vida humana naciente y la dignidad de la procreación, los padres de Victoria Anna y los médicos del Instituto Dexeus, de Barcelona, que contribuyeron a su nacimiento, son pecadores. No llegan a utilizar la palabra *pecado*, pero dicen literalmente: «Desde el punto de vista moral, la fecundación homóloga *in vitro* es en sí misma ilícita y contraria a la dignidad de la procreación y de la unión conyugal».

La distancia entre el Vaticano y la casa del barrio La Lloreda, en las afueras de Badalona, donde vive María Dolores, no debe de ser superior a 3.000 kilómetros. ¿Será excesiva para Ratzinger? A María Dolores esa distancia le parece excesiva. «Ellos viven en un mundo y la gente corriente vive en otro. Yo no sé criticarlos. Son opiniones de los hombres. Ellos lo ven de esa manera... a lo mejor no lo hacen con mala intención, pero no tienen derecho a condenarnos».

Victoria Anna corretea simpatiquísima por la estancia limpia y modesta de sus padres en Badalona. María, su madre, tuvo que dejar su trabajo de administrativa en una oficina, y él trabaja como mecánico en el parque móvil del Ayuntamiento. Ambos son padres de la primera niña de España que logró ser fecundada en una probeta con un óvulo de Dolores y semen de Ricardo.

El caso del matrimonio Perea-Sánchez no es excepcional entre las 500.000 parejas españolas que se ven imposibilitadas para tener niños. «Llevábamos 15 años de casados y no me quedaba en estado. Al año de casarnos tuve un nene, pero nació de nalgas y se asfixió. Desde entonces acá no me quedaba en estado, así que fui a un médico particular, pero nada. Hasta que en 1979 una amiga me recomendó el instituto Dexeus, de Barcelona. Allí estuve en tratamiento y me quedé en estado, pero lo perdí en un aborto que me produjo la obstrucción de las trompas».

Eso significaba renunciar definitivamente a mantener la esperanza en la maternidad. Pero María Dolores veía a su marido tan volcado con sus sobrinos —«los sacaba a pasear más que sus propios padres»—, que se resistía a no probar cualquier posibilidad que le devolviera la ilusión de ser madre.

Postura vaticana

Para estos casos de maternidad fallida, de sufrimiento, el Vaticano reconoce que es una aflicción natural, «sin embargo no existe un verdadero y propio derecho al hijo», dice en el documento. «El hijo no es algo debido, es más bien un don. Los esposos que se encuentran en esta dolorosa situación están llamados a descubrir en ella la ocasión para participar particularmente en la cruz del Señor, fuente de la fecundidad espiritual».

María Dolores continuó su tratamiento en la clínica Dexeus, esta vez con el ginecólogo Pere N. Barri, que trabajaba en la puesta en marcha de la fecundación *in vitro*, una experiencia probada con éxito en el Reino Unido. «El doctor Barri me dijo si quería probar, y yo le dije que sí. Un día, a las once de la mañana, me operó y me sacó tres óvulos. Fue una cosa muy íntima con mi marido. A él le sacaron semen y lo juntaron con los óvulos, pero sólo fecundó a uno. Al otro día, a las once de la noche —sería un martes—, me hizo la transferencia».

Desde que supo que uno de sus tres óvulos había sido fecundado, María Teresa ya lo quería. «Yo lo estaba esperando desde hacía tanto tiempo... ya sabía que era una criatura, que era algo mío y de mi marido». Victoria Anna nació el 12 de julio de 1984, y fue bautizada poco después, sin ningún obstáculo, en la parroquia.

Ahora corretea vivaracha y balbucea una mezcla de catalán-castellano, mientras posa con soltura ante las cámaras que tanto la han retratado por ser la primera bebé fecundada fuera de un vientre. Dice que quiere tener muchos más hermanitos, pero su madre la corrige. De momento no puede ser;

su abuela está imposibilitada en la cama y su mamá se siente incapaz de atenderla y al mismo tiempo acudir a probar suerte otra vez con la fecundación *in vitro.*

A una enfermera catalana de 33 años no le importó que el semen con el que fue fecundada *in vitro* no procediera de su marido, de 36 años, entre otras razones porque es estéril. Está embarazada de dos meses y medio y se encuentra «ilusionadísima». Considera que la Iglesia «se está pasando muchísimo. Una pareja que es estéril padece una enfermedad y, como tal, hay que curarla con los medios disponibles. No me siento pecadora. Es más creo que se equivocan y que Dios comparte conmigo mi tranquilidad».

Esta misma serenidad es compartida por la madrileña María X. Moreno, de 30 años, que trabaja en una notaría. Antes de casarse le fue extirpado un quiste de un ovario y, como consecuencia de ello, se le produjo una obstrucción de las trompas. Quedó embarazada en el primer intento hace mes y medio, al hacerle una transferencia sin anestesia, 24 horas después de fecundar *in vitro* uno de sus óvulos.

María también se confiesa católica, aunque no sea muy practicante. Considera que las teorías del Vaticano no van con los tiempos. «Esto no lo hacemos por gusto», dice, «es como un trasplante de corazón a un enfermo o una prótesis en un brazo. La medicina está para ayudar al hombre y subsanar los errores del cuerpo humano producidos por accidente o por enfermedad, y la esterilidad es eso, una enfermedad».

(*El País,* 15-3-87)

TEMA VII
CONDICIONALES

ESQUEMA GRAMATICAL

1. **La partícula SI**

a) **esquemas formales y valores temporales**

a_1) **SI + subjuntivo. Tipo:** |——————:——————|

- **Si + CANTARA/CANTASE** → «presente» o «futuro» hipotéticos o poco probables

principal: **CANTARÍA**
CANTABA
tal vez **CANTARÍA/CANTARA**
ojalá **CANTARA**

Ejs.:

si **tuviera** dinero
- **haría** un viaje por Europa
- me **compraba** ahora mismo este coche
- tal vez **haría/hiciera** un viaje...
- ojalá **tuviera** también tiempo...

- **SI + HUBIERA/HUBIESE CANTADO** → «pasado» hipotético o poco probable:

— principal:

a) { **CANTARÍA** / **CANTABA** } → «presente» o «futuro»

b) { **HUBIERA/HUBIESE CANTADO** / **HABRÍA CANTADO** / **HABÍA CANTADO** } → «pasado»

Ejs.:

si me **hubieras avisado** antes
- { **iría** a la fiesta / claro que **iba** a la fiesta }
- { **hubiera ido** a la fiesta / **habría ido a la fiesta** / claro que **había ido** a la fiesta }

— **Ampliaciones** a los dos esquemas básicos

1) El esquema «pasado» ↔ «pasado» se realiza con mucha frecuencia, en la lengua conversacional, como:

HUBIERA CANTADO	**HUBIERA/HABRÍA CANTADO**
⇓	⇓
CANTO	**CANTO**
⇓	⇓
HUBIERA CANTADO	**CANTO**
⇓	⇓
CANTO	**HUBIERA/HABRÍA CANTADO**

Ejs.:

si me **hubieras avisado**	**habría ido**
⇓	⇓
si me avisas	**voy**
⇓	⇓
si me hubieras avisado	**voy**
⇓	⇓
si me **avisas**	**habría ido**

2) Esquema: si **CANTARA ----- HUBIERA/HABRÍA CANTADO** para expresar:

- «presente pancrónico»:

  si **quisiera** hablar con ella ya **habría cogido** el teléfono, ¿no crees?

- «dos hechos en tiempos distintos»:
  Pedro, estás mintiendo; si no **estuvieras** mintiendo ahora, no **habrías puesto** ayer la cara que pusiste.

3) Esquema: si **CANTARA** ----- «orden, consejo, ruego».

   Lo estudiaremos en el apartado correspondiente a **SI + indicativo.**

4) Esquema: si **HUBIERA CANTADO** ----- «orden, consejo, ruego».

   Se estudiará en el apartado correspondiente a **SI + indicativo.**

5) Esquema: si **HUBIERA CANTADO** → «futuro anterior» ----- **CANTO.**

   Lo analizaremos en **SI + indicativo**

a_2) **SI + indicativo.** Tipo: I————I I————I

- **Si +**:

— **cualquiera de las formas** de indicativo con sus correspondientes valores temporales:

- «presente actual» → **CANTO** → si **viene:**
  si **viene** hoy procuraré verla

- «presente atemporal» → **CANTO** → si **tengo**:
  si **tengo** dinero me lo gasto

- «pasado próximo» → **HE CANTADO** → si **ha venido:**
  si **ha venido** dile que pase a verme

- «pasado lejano» → **CANTÉ** → si **llegó:**
  si **llegó** ayer, ya se habrá enterado de lo que pasó

- «pasado repetido» → **CANTABA** → si **tenía:**
  si **tenía** dinero me lo gastaba, y si no, me aguantaba
- «copresente en el pasado» → **CANTABA** → si **salía:**
  le dijo que, si no **salía** inmediatamente, llamaba/llamaría a la policía

- «futuro en el pasado» → CANTABA → si **venía:**
  le dijo que, si **venía** al día siguiente, le iba a enseñar algo muy interesante

- «pasado anterior» → **HABÍA CANTADO** → si **había estado:**
  me llamó el jueves y me dijo que, si **había estado** nevando toda la semana, vendría y pasaría aquí el fin de semana esquiando

— **menos las formas de futuro:**

*si **CANTARÉ** → si **CANTO**. De manera que **si viene:**
→ si **viene** *hoy* procuraré verla [«presente»]
→ si **viene** *mañana* procuraré verla [«futuro»]

*si **HABRÉ CANTADO** → si **HE CANTADO.** Luego **si ha venido:**
→ si **ha venido** *ya* dile que pase a verme [«pasado próximo»]
→ si antes de las doce no **ha venido** avísame [«futuro anterior»]

*si **CANTARÍA** → si **CANTARA** [esquema de subjuntivo]

*si **HABRÍA CANTADO** → si **HUBIERA CANTADO** [esquema de subjuntivo]

— principal: es una **frase independiente.** Luego:

- si afirma, niega o pregunta ⇒ **INDICATIVO:**

si llama Pedro {
salimos después de compras
saldremos después de compras
no **podemos** después salir...
no **podremos** después salir...
¿qué le **digo**?
podríamos ir de compras
(...)

- si partícula → subjuntivo ⇒ **SUBJUNTIVO:**

si llama Pedro {
quizá **vayamos** al cine
puede que **salgamos** un rato
ojalá **diga** que va a venir

- si ordena, aconseja o ruega ⇒ **IMPERATIVO/SUBJUNTIVO/** forma **CANTO** con valor de ruego:

si llama Pedro {
dile que venga a vernos
no le digas que estoy mal
le dices que venga a vernos

— **Ampliaciones**

1) El esquema: si **CANTO** ---------- «orden, consejo, ruego»
también → si **CANTARA** ---------- «orden, consejo, ruego»

si **está** en casa {
- **dile** que venga
- **no le digas** que venga
- **le dices** que venga

si **estuviera** en casa {
- **dile** que venga
- **no le digas** que venga
- **le dices** que venga

2) El esquema: si **HE CANTADO** «pasado» ------ «orden, consejo, ruego»
también → si **HUBIERA CANTADO** ------ «orden, consejo, ruego»

si **ha venido** {
- **dile** que venga a verme
- **no le digas** que venga a verme
- **le dices** que venga a verme

si **hubiera venido** {
- **dile** que venga a verme
- **no le digas** que venga a verme
- **le dices** que venga a verme

3) El esquema: si **HE CANTADO** «fut. anterior» ------ «orden, consejo, ruego»
también → si **HUBIERA CANTADO** ------ «orden, consejo, ruego»

si para las doce **ha llegado** {
- **dile** que pase a verme
- **no le digas** que pase...
- **le dices** que pase a verme

si para las doce **hubiera llegado** {
- **dile** que pase a...
- **no le digas** que pase...
- **le dices** que pase a...

4) El esquema: si **HE CANTADO** «fut. anterior» ------ **CANTO/CANTARÉ**
también → si **HUBIERA CANTADO ------ CANTO/CANTARÉ/CANTARÍA**

si para las doce no **ha empezado** {
- me **voy**
- me **iré**

si para las doce no **hubiera empezado** {
- me **voy**
- me **iré**
- me **iría**

b) **uso de los esquemas de indic./subj.**

b_1) **INDICATIVO:**

— Espera un momento que mire en el bolso a ver si tengo dinero, porque no sé si tendré suficiente. **Si tengo**, claro que te lo compro, mi niña.

Teoría: cuando el hablante **no sabe si sí o no** ⇒ **INDICATIVO: si sí, sí; si no, no:**
si **vienes**, voy
si no **vienes**, no voy

b_2) **SUBJUNTIVO:**

— ¡Cuánto lo siento, mi niña! Pero he salido de casa sin dinero. **Si tuviera, claro que te lo compraba ahora mismo.**

Teoría: cuando el hablante **sabe que sí o que no, o cree que sí o que no** ⇒ **SUBJUNTIVO:**
si **estuviera** aquí [pero no está], iríamos...
si **viniera** mañana [pero no creo que venga], iríamos...
si no **hubieras estado** allí [pero estuviste], no te habría pasado nada

2. **Locuciones con SI**

— **como si**

- con valor condicional ⇒ **SUBJUNTIVO**. Lógicamente sólo las formas:
  CANTARA → «presente», «futuro», «copresente»

  HUBIERA CANTADO → «pasado»
  hazlo como si él **estuviera** contigo

  hazlo como si él **fuera** a venir mañana

  hazlo como si no **hubiera pasado** nada

- para este valor, en lugar de **como si** —la más frecuente—, se pueden usar también:

— **igual que si, lo mismo que si, de igual modo (forma, manera) que si:**
hazlo de igual modo que si él **estuviera** contigo

hazlo igual que si él **fuera** a venir mañana

hazlo lo mismo que si no **hubiera pasado** nada

— **ni que**, generalmente en frases exclamativas, es de uso muy frecuente tanto para rechazar como para ponderar —puede, pues, tener sentido positivo o negativo— lo que acaba de decir otro o bien lo dicho por el propio hablante:

¡Cómo habla, ni que **fuera** un político! ~ habla *como si* **fuera** un político

— No me apetece salir
— ¡Ni que **fueras** fraile, tío!

Te queda de maravilla. Ni que lo **hubieran hecho** para ti

- Además del condicional, **como si** tiene otros tres valores, con los que se construye con **indicativo:**

— **como si** concesivo = «no importa, da igual, es lo mismo» ⇒ **INDICATIVO** ~ **aunque + subjuntivo:**

— Mira que ése ha leído mucho.
— Como si **ha leído** una biblioteca entera

Como si **está** en casa. Es lo mismo.

— **como si** comparativo-condicional, en la correlación **tanto si... como si,** ⇒ **INDICATIVO:**

tanto si **vienes** como si te **quedas**, luego tienes que hacer los deberes[1]

— **como si** explicativo, aclarativo o ejemplificativo = «cosas tales como, cosas como las siguientes» ⇒ **INDICATIVO** (incluidas las formas de futuro, como corresponde a un **si** interrogativo indirecto):

1. Tanto este **como si,** comparativo-condicional, como el concesivo, lo mismo que **si** condicional, no admiten las formas de futuro.

Por otra parte, nótese que, frente a **tanto si... como si, tanto que... como que** ⇒ **SUBJUNTIVO:**

tanto que ***vengas*** *como que* te **quedes**, luego tienes que hacer los deberes.

Asimismo, **tanto si... como si** puede realizarse como **lo mismo si... como si/que si:**

lo mismo si vienes como si te quedas...

o bien **lo mismo que... como que**

lo mismo que vengas como que te quedes...

incluye cuestiones como si **has realizado** algún curso en el extranjero, o si **has asistido** a algún congreso,...

formúlale preguntas como si **estará** o no disponible las veinticuatro horas del día, si **podrá** hacerse cargo de la dirección,...

— **por si**

- ⇒ **INDICATIVO/SUBJUNTIVO** en las mismas condiciones que **si:**

  llámalo por si **está** ahora en casa ~ por si **estuviera**

  llámalo por si **viene** mañana ~ por si **viniera**

  tenlo preparado por si **ha llegado** ya ~ por si **hubiera llegado** ya

  estáte preparada por si **ha terminado** ya para entonces ~ por si **hubiera terminado...**

  llévatelo por si **llegó** ayer él ~ por si **hubiera llegado...**

  me lo llevé por si **había nevado** durante la semana ~ por si **hubiera nevado** [construcción esta última poco usual]

- para los valores de la forma **CANTABA** ⇒ **INDICATIVO:**

  lo llevaba habitualmente por si se **presentaba** una buena ocasión

  se lo dije por si **sabía** algo

  se lo dije por si al día siguiente **quería** asistir

- **no sea que**[1] = «por si acaso» ⇒ **SUBJUNTIVO.** Formas: **CANTE** y **HAYA CANTADO.** Y **no fuera (a ser) que** ⇒ formas **CANTARA** y **HUBIERA CANTADO**[2]:

  déjalo aquí, no sea que **vengan** a buscarlo y no **estés** tú

  no llames todavía, no sea que no **haya llegado** y se **preocupen**

1. No confundir con **no es que... es que.**
2. **No sea que** y **no fuera (a ser) que,** siempre construidas con subjuntivo, pueden tener también valor final.

no quise decir nada no fuera a ser que **hubiera** allí algún conocido suyo y luego se lo **contara**[1]

me callé no fuera que **hubiera acordado** algo con ellos y **metiera** yo la pata

– **salvo si, excepto si, menos si, sólo si**[2], **no... más que si** ⇒ **INDICATIVO/SUBJUNTIVO** en condiciones semejantes a las de **si:**

tienes que estar allí necesariamente, salvo si **sigues** con esa fiebre, claro

no estoy para nadie, excepto si **llamara** mi mujer

salía todos los días a dar un paseo, menos si **llovía** a cántaros o **nevaba** mucho

se lo compraba sólo si se **había portado** bien

no estudiaba más que si le **amenazaba** o (si) le **prometía** algo realmente interesante

– **y eso si**[3] = «no todo y lo poco o posible sólo si se cumple la condición» ⇒ **INDICATIVO/SUBJUNTIVO** en las condiciones de **si:**

... y eso si tú **quieres**

... y eso si tú **querías**

... y eso si tú **quisieras**

... y eso si tú **hubieras querido**

3. Otras partículas y construcciones condicionales

- Tipo: |————| ⌐ |————|

– **como** ⇒ **SUBJUNTIVO**[4]

1. Es muy frecuente el uso de **no fuera a**, sin **que**, y entonces lógicamente ⇒ **INFINITIVO:** no quise decir nada no fuera a **haber** allí algún conocido suyo y luego se lo **contara**.

2. No confundir con **salvo que, excepto que, (a) menos que, sólo (con) que,** que estudiaremos más adelante en el apartado de «otras partículas y construcciones condicionales».

3. No confundir con **y eso que.** Se estudiará en el siguiente apartado.

4. Ya la hemos estudiado, siempre antepuesta o... pospuesta en condiciones especiales, como causal = «puesto que» ⇒ **indicativo.** La encontraremos más adelante como relativa y comparativa.

- uso antepuesto o pospuesto

- para significar:

1) «amenaza o advertencia»:

como **vaya**, te rompo la cara ~ si **voy**, te rompo...

como **haya llegado** tarde, no lo van a dejar entrar ~ si **ha llegado** tarde, no lo...

como te **estuvieras** quietecito no te pasaba[1] eso ~ si te **estuvieras** quietecito...

como **hubieras llegado** tarde tu padre te habría puesto el trasero... ~ si **hubieras llegado** tarde...

2) «deseo»:

como me **inviten** a la fiesta, voy ~ si me **invitan** [y ojalá me inviten; estoy deseando con toda mi alma que me inviten] a la fiesta, voy

como me **hayan invitado...** ~ si me **han invitado...**

como me **invitaran...** ~ si me **invitaran...**

como me **hubieran invitado...** ~ si me **hubieran invitado...**

- para el valor de «amenaza o advertencia», más con la idea temporal de «inmediatez» y, por lo general, en contextos negativos, es decir, para «aconsejar no», es frecuente el uso de **en cuanto** y **en el (preciso) instante (momento) en que** ⇒ **SUBJUNTIVO**[2]:

en cuanto **abras** la puerta va a entrar todo el mundo = como **abras** la puerta va a entrar todo el mundo ~ si **abres** la puerta...

en el preciso instante en que **cediéramos** ante sus reivindicaciones estaríamos perdiendo autoridad...

– **cuando** ⇒ **INDICATIVO**[3] + forma de probabilidad

- para indicar:

1. También, lógicamente, **pasaría.**
2. Ya las conocemos: temporales → **indicativo/subjuntivo.**
3. Con **indicativo/subjuntivo** → temporal.

1) «aceptación, sumisión»:

cuando Vd. lo **dice**, será cierto ~ si Vd. lo **dice**, será cierto

2) «resignación o confianza ante lo inusual» o «preocupación»:

cuando no **ha llamado** es que no habrá podido ~ si no **ha llamado** será porque no ha podido

cuando no **ha llamado** es que algo le ha pasado ~ si no **ha llamado...**

— **siempre que ⇒ SUBJUNTIVO**[1]

- para indicar una «condición olvidada». En este caso, lógicamente, encabeza el segundo miembro de la frase:

  ... pero, oye, un momento. Yo te dije que la compraría, pero siempre que **aprobaras** ~ si **aprobabas**

- antepuesta o pospuesta, para la «condición que parece obvia»:

  todo el mundo es libre de escribir y decir lo que quiera, siempre que no **ofenda** a los demás, claro ~ si no **ofende...**

- para los dos usos, junto a la más frecuente **siempre que**, se puede emplear también **siempre y cuando:**

  ... siempre y cuando **aprobaras**

  ... siempre y cuando no **ofenda** a los demás

— **salvo que, excepto que, a no ser que, a menos que ⇒ SUBJUNTIVO**

- Como condicionales tienen un valor próximo al de **siempre que:** expresan una «restricción a lo dicho antes». Equivalen a **si no:**

  descuida, que a las ocho estoy ahí, salvo que **surgiera** algún imprevisto de última hora ~ si no **surge** algún imprevisto...

- **salvo que, excepto que** y **menos que** (distinto de **a menos que**) tienen otros usos, además del condicional:

— ya las conocemos como sustitutos de **que** en las estructuras de $\mathbf{V_1}$ **+ que +** $\mathbf{V_2}$.

— las tres, más **sólo que ⇒ INDICATIVO = pero. Salvo que** y **excepto que** son de uso más culto; **menos que** y **sólo que**, más coloquiales:

1. Con **indicativo/subjuntivo** → temporal.

14

te ha quedado muy bien, sólo que le **has pintado** la nariz un poco larga ~ te ha quedado muy bien, pero le has pintado...

— **según que ⇒ SUBJUNTIVO**[1]

- recoge resumidas dos o más condiciones o presenta alternativas que, por lo general, se amplían luego con la partícula **si:**

  caben distintas soluciones, según que **quieras** manga larga o manga corta. Si te decides por la manga larga, entonces...

— **cuanto antes ⇒ INDICATIVO/SUBJUNTIVO**

- es, en realidad, una partícula temporal con contenido condicional.
  Equivale a: **si +** «pronto, en seguida, rápidamente»
- en su construcción se comporta como una frase temporal:

  — «presente» y «pasado» ⇒ **INDICATIVO:**

  ¿Ves? Cuanto antes lo **haces**, antes puedes bajar a la calle ~ si lo haces pronto...

  Cuanto antes lo **hacías**, antes bajabas a la calle ~ si lo hacías rápidamente...

  — «futuro» ⇒ **SUBJUNTIVO:**

  cuanto antes lo **hagas,** antes podrás bajar a la calle ~ si lo haces en seguida...

- igual comportamiento tienen **cuanto más, cuanto menos, cuanto mejor, cuanto peor:**

  cuanto más tarde os **acostéis**, peor por la mañana ~ si os acostáis más tarde...

  cuanto menos **hacen**, menos quieren hacer ~ si hacen menos...

  cuanto más **discutían**, menos se aclaraban ~ si discutían...

— **mientras ⇒ SUBJUNTIVO**[2]

- como las anteriores, no pierde el valor temporal. Expresa una «condición que dura», por lo que vendría a equivaler a «si y durante ese tiempo»:

  mientras yo **tenga** dinero no te preocupes

  me dijo que, mientras **siguiera** viviendo en su casa, allí se hacía lo que él quería

1. Según → **indicativo/subjuntivo** = temporal
2. Con **indicativo/subjuntivo** = temporal.

— **con tal (de) que, sólo con que, con que**[1] ⇒ **SUBJUNTIVO/con, sólo con, con sólo** ⇒ **INFINITIVO**

- todas ellas tienen de específico, frente a la neutra **si**, el hecho de significar «única condición»:

  yo te garantizo que, sólo con que **estudies** un poco más, aprobarás

  sólo con **leer** la lección ya se la sabe

- **con que** (también **sólo con que,** pero de uso menos frecuente) puede llevar intercalado un sustantivo

  con que le compres un libro es más que suficiente
  con un libro que le compres es más que suficiente[2]

— **a poco que, a nada que**[3] ⇒ **SUBJUNTIVO**

- equivalen a **si + indicativo +** «un poco»:

  a poco (más) que **estudies** aprobarás ~ si estudias un poco (más) aprobarás

— **a cambio de que** ⇒ **SUBJUNTIVO**

- equivalencia: **si + indicativo +** «en cambio, por tu parte...»

  voy, a cambio de que tu **vengas** en Semana Santa a mi casa ~ voy si tú, por tu parte, vienes...

— **que** condicional

- funciona siempre en frases disyuntivas.
- se construye como **si +indicativo.** Es decir:

  que **viene** [*hoy* o *mañana*], vamos a ver la película; que no **viene**, nos quedamos en casa tan tranquilos ~ si viene... si no viene
  *que **vendrá...**
  que **ha venido,** bien; que no **ha llegado** todavía, no importa
  *que **habrá venido...**
  aquello era maravilloso. Que **venía** él a verme a Salamanca, estupendo; que **iba** yo a verlo a él a Madrid, mejor todavía
  vete a ver. Que lo **dejó** allí, entonces lo traes; que te **dicen** que no saben nada, pues en ese caso...
  que me **había portado** bien, íbamos al zoológico; que no, bueno entonces... es mejor no recordarlo

1. No confundir con **conque** = «así que», que estudiaremos en su momento.
2. La frase, gramaticalmente hablando, sería ahora de relativo. Pero la construcción y el sentido son los mismos que cuando no se intercala el sustantivo.
3. Más adelante veremos las concesivas **por poco que, por nada que** de significado muy próximo al de las correspondientes condicionales.

- no son muy usuales las estructuras con **subjuntivo.** De usarse, lógicamente sólo en las formas admitidas por **si**:

  que **estuviera...** que no **estuviera**
  que **hubiera salido...** que no **hubiera salido**

— **y eso que**[1]**, y eso (en el) caso de que ⇒ SUBJUNTIVO**

- lo mismo que **y eso si** vienen a significar «no todo y lo poco o posible sólo si se cumple la condición»:

  no vamos a poder tratar más que el primer punto del orden del día, y eso en el caso de que **haya** quórum

- **y eso que** es más coloquial y menos frecuente:

  — Le voy a llevar el coche a ver si al menos me cambia el aceite.
  — Y eso que **quiera**, que es sábado.

— **en (el) caso de que, caso que, en el supuesto de que, dado que**[2] **⇒ SUBJUNTIVO**

- ponen de relieve el segundo aspecto del significado de las locuciones del apartado anterior: «sólo si se cumple la condición»:

  entraremos en el fondo del asunto en el caso de que todos **estemos** de acuerdo en el procedimiento

— **a condición de que, con la condición de que ⇒ SUBJUNTIVO**

  te lo dije, pero con la condición de que no se lo **dijeras** a nadie

— **de + INFINITIVO**

- infinitivo simple. Forma: **CANTAR:**

  de **venir** { avísame = **si viene,** avísame
  me avisaría = **si viniera** me avisaría }

- infinitivo compuesto. Forma: **HABER CANTADO:**

  de **haber venido** { estaría ya aquí
  habría/hubiera llamado }

1. **Y eso que** → **indicativo** = «aunque». La estudiaremos, pues, en las frases concesivas.
2. Con **indicativo** → causal.

si hubiera venido { estaría ya aquí
habría/hubiera llamado

— «orden» → **IMPERATIVO/SUBJUNTIVO/**forma **CANTO + y** con valor condicional

- construcción de uso muy frecuente en la lengua hablada, para amenazar:
  díselo y te mato = **como se lo digas** te mato ~ **si se lo dices** te mato[1]
  no vayas y verás la que te doy = **como no vayas** verás la que te doy ~ **si no vas** verás...
  le dices algo y te parto la cara = **como le digas** algo te parto la cara ~ **si le dices** algo...

- pero no necesariamente para amenazar:
  ven y te doy un beso ~ **si vienes** te doy un beso

  no salgas esta noche **y** te prometo que... ~ **si no sales** esta noche te prometo...
  me das un beso **y** te doy para un *chupachup* ~ **si me das** un beso...

— **yo**[2] **que +** pronombre personal (**tú, vosotros,...**) o sustantivo (**Antonio, los franceses,...**) = **si yo fuera/hubiera sido//yo**[1] **en +** posesivo **(su, vuestro...) + lugar, caso** o **situación**, o bien **yo en el lugar (caso, la situación) de +** pronombre **(él, vosotros,...)** o sustantivo **(Ana, los alemanes,...) = si yo estuviera/hubiera estado en...:**

yo que tú no *iría* ~ ***si yo fuera*** *tú no iría*
yo que tú *lo habría cogido* ~ ***si yo hubiera sido*** *tú lo habría cogido*
yo en tu lugar *(me) lo pensaría* ~ ***si yo estuviera en tu lugar*** *(me) lo pensaría*
tú en mi situación *hubieras hecho lo mismo* ~ ***si tú hubieras estado*** *(o:* ***te hubieras encontrado****)* ***en mi situación*** *habrías hecho lo mismo.*

1. Compárese con la construcción inglesa:
   Tell him that and you'll be asking for trouble → díselo y te las buscas
2. En lugar de **yo** puede aparecer otro personal o un sustantivo.

EXPLICACIÓN Y AMPLIACIÓN GRAMATICAL

Comentario: las estructuras condicionales son uno de los tipos de frases con «mala prensa» entre los estudiantes extranjeros de español. Se trata —tal como se puede apreciar por la propia extensión del ESQUEMA— realmente de un tema complejo; pero complejo no quiere decir difícil, y sinceramente no creemos que lo sea. ¡Ánimo, pues!

1. **La partícula SI**

Cuestión previa: la conjunción **si** es la partícula condicional de uso universal; pero, por lo mismo, la más neutra también como tendremos ocasión de ir comprobando.

Su uso ofrece dos tipos de problemas distintos. Por un lado, uno meramente «técnico», que es el de conocer los esquemas formales que permiten introducir frases condicionales gramaticalmente correctas. En este sentido, tendremos que analizar:

a_1) **Si + subjuntivo**
a_2) **Si + indicativo**

Pero una vez que se domine el aspecto técnico o puramente mecánico, el hablante extranjero tendrá que saber cuándo, en la realidad del uso del idioma, se emplean los esquemas de subjuntivo y cuándo los de indicativo.

a_1) **Si + subjuntivo.** Tipo:

- Los dos miembros de una frase condicional de **si + subjuntivo** forman, por lo tanto, un bloque único, con unos esquemas muy rígidos, a los que el hablante se tiene que atener si quiere expresarse correctamente. Pero, por esa misma rigidez, una vez conocidos, **el uso de los esquemas condicionales de subjuntivo no debe ofrecer ningún problema.**

- Como se ha visto en el ESQUEMA, detrás de **si** sólo pueden ir dos formas:

  si CANTARA
  si HUBIERA CANTADO

luego son imposibles frases como:
- ***si tenga, *si salga, *si quiera,...**
- ***si haya tenido, *si haya salido, *si haya querido...**

- Las dos únicas formas que pueden usarse cubren toda la línea del tiempo y sus valores son, pues, ligeramente distintos a los valores generales de las formas del subjuntivo:

— **CANTARA** sirve, indistintamente, para el «presente» y para el «futuro». De manera que decimos:
  si viniera hoy o **si viniera mañana**
  si estuviera ella aquí **ahora** o **si estuviera** ella aquí **el próximo martes**
  si quisieras en este momento o **si quisieras algún día**

— **HUBIERA CANTADO** cubre todos los pasados, desde el más próximo al más lejano, pasando por el anterior:
  si hubieras llegado hace unos segundos
  si hubieras hablado con ella **ayer**
  si hubiera nacido en otro país
  si, cuando llegué, no te hubieras marchado

PRÁCTICA

I. Ejercicio oral. Con la lista de verbos de la pág. 68 los estudiantes producen estructuras del tipo: **si viniera hoy** o **si viniera mañana** y **si hubieras venido esta mañana** o **si hubieras venido el año pasado**.

- El otro miembro de la frase condicional —la llamada *oración principal*, la que no lleva **si**— no puede ser más que una de las formas señaladas en el ESQUEMA. Recordemos:

1) para **SI CANTARA/CANTASE**

  CANTARÍA
  CANTABA
  tal vez **CANTARÍA/CANTARA**

  ojalá **CANTARA**

— El esquema **si -RA...-RÍA:**
  si **tuviera** tiempo luego **pasaría** a verte
  es el más universal y también el más neutro.

PRÁCTICA

II. Constrúyanse frases con los siguientes elementos, según el modelo:
tener mucho dinero/recorrer todos los países sudamericanos
si tuviera mucho dinero, recorrería todos los países sudamericanos.

1. estudiar (tu) más/aprobar (tú)
2. saber (tú) hablar correctamente español/poder (tú) ocupar ese puesto
3. venir este fin de semana Julia/ir (nosotros) a verte
4. no estar (tú) tan enamorada de ese chico/darte cuenta de que no todo en él es bueno
5. querer (tú) más a tu novia/no enfadarte por esa tontería
6. todos nosotros leer más/ser más cultos
7. los niños no ver tantas horas la televisión/tener mucho más tiempo para jugar y para estudiar
8. la sinceridad presidir las relaciones internacionales/el mundo marchar mucho mejor
9. no comer (tú) tanto/estar más delgada y sentirte mejor
10. no beber (tú) tanto/todos respetarte más
11. hacer gimnasia todos los días/sentirte más ligero
12. no dormir tanto/tener más tiempo para otras muchas cosas
13. ser más amable siempre/no pasarte esas cosas raras
14. yo ser tú/no hacer (yo) eso nunca
15. yo estar en tu lugar/no hacer (yo) eso nunca
16. comportarte con más naturalidad/no tener esos problemas
17. no cantar tan bien como cantas/no ser (yo) tan amigo tuyo como soy
18. no fumar tanto/ser un gran atleta
19. tener dinero/comprarme una casa en la playa
20. no hablar tanto en clase/enterarte mejor de lo que dice el profesor

III. Ejercicios orales encadenados. Los estudiantes practican el esquema **si -RA...-RÍA** recogiendo el verbo usado por el compañero precedente, según el modelo:

Estudiante 1: (frase libre)
si me quisieras, **sería** feliz
Estudiante 2:
si **fueras** más guapo, lo **pensaría**
Estudiante 3:
si **pensaras** más, no **dirías** tantas tonterías
Estudiante 4:
si te lo **dijera**, no te lo **creerías**
(...)

Nota aclaratoria: los estudiantes deben recoger sólo el verbo de la oración principal de su compañero y no la frase completa porque, de lo contrario, las posibilidades se agotarían en seguida; mientras que, recogiendo únicamente el verbo, éstas son infinitas.

IV. Ejercicios orales. Los estudiantes producen libremente frases, con esquema **si -RA -RÍA**, valiéndose de la lista de la pág. 68.

— El esquema **si -RA... -ABA (-ÍA):**

si **tuviera** dinero me lo **compraba** ahora mismo

es considerado en algunas gramáticas como incorrecto. Pero no es tal cosa, sino, sencillamente, distinto. El esquema **si -RA... -RÍA**, como ya se ha indicado, es completamente neutro; de manera que si Peter, por ejemplo, no ve en los automóviles más que un instrumento de trabajo, podría decir esta frase:

si **tuviera** dinero **cambiaría** de coche

Pero si Peter es un apasionado del motor, ante la contemplación de un flamante Maserati, no diría nunca:

si **tuviera** dinero me lo **compraría**

ya que tal frase sería totalmente inapropiada para la ocasión. Si Peter habla buen español, dirá:

¡Jo, qué rabia! Si **tuviera** dinero me lo **compraba** ahora mismo [= «si lo tuviera, y ojalá lo tuviera, ahora mismo me lo compraba»][1]

Esta variante es, por lo general, muy poco usada por el hablante extranjero, cuyo español es muchas veces excesivamente frío, académico. Hay que incorporarla, pues, si queremos que nuestro español se parezca cada vez más al hablado realmente por los hablantes nativos de español. **Si -RA...-RÍA** comunica simplemente algo; **si -RA...-ABA** expresa que el hablante está especialmente interesado en lo que dice; con frecuencia implica deseo, amenaza, queja, certeza.

PRÁCTICA

V. Constrúyanse frases con los siguientes elementos, según el modelo:

escribir/seguro que contestarte, bobo
Si le escribieras, seguro que te contestaba, bobo

1. pedírselo al abuelo/dártelo
2. poder (yo)/claro que ir
3. dejarme en casa/irme este verano un mes a Marruecos
4. ¡mmm! probarlo/gustarte
5. no tener tanto que hacer/salir esta noche
6. ser mío/dejártelo
7. no ser (ello) porque.../ahora mismo darte una torta
8. quererme (tú) de verdad/verás cómo sacar tiempo de donde fuera
9. no ser (ello) por mí/estar (nosotros) pasando hambre
10. no ser (tú) tan cabezota/no pasarte estas cosas
11. venir (tú), bobo/seguro que pasártelo en grande
12. estudiar más/ya lo creo que aprobar siempre
13. poder/de verdad que salir con vosotros
14. querer/ser el primero
15. ¡qué bonito! no ser (tú) tan desastroso/comprártelo

1. En este sentido, permítasenos recordar aquí una anécdota que el autor suele contar en sus clases. En el verano de 1976, después de explicar esto a un grupo de estudiantes extranjeros, entró en uno de los servicios de la Facultad de Filosofía y Letras de la Universidad de Salamanca y en la puerta encontró escrito —no le interesa al autor, en este momento, el posible contenido político de la frase, sino sólo la gramática—:

si Franco resucitara, yo me cortaba la cabeza

Nótese que el anónimo autor de la frase no escribió —no podía— **cortaría** sino **cortaba**.

16. por mí ser/quedarte en casa ¡**pero vamos**!
17. **no ser tan gallina**/no **dejarte pisar** de esa manera
18. ¡bueno! esforzarse un poco más/no haber quien le ganara
19. estar aquí/**irse a enterar**
20. es que si, cuando estás cansado, dejarlo/luego adelantar más.

VI. Ejercicios orales. Los estudiantes producen libremente frases de esquema **si -RA...-ABA (-ÍA).** Como de costumbre, puede utilizarse la lista de la pág. 68.

— el esquema **si -RA...** *tal vez, quizá(s), acaso, posiblemente, probablemente,* **-RÍA, -RA:**

si me **dejaran** posiblemente { **iría** / **fuera** }

no admite la forma **-ABA (-ÍA)** y sí la posibilidad de la forma en **-RA,** aunque creemos que estadísticamente es más usual **-RÍA**[1].

No es un esquema de uso muy frecuente, ya que el simple **si -RA...RÍA** tiene igual o parecido valor. *Tal vez, quizá(s),* etc. serían meros intensificadores, pero esto se puede conseguir igualmente, con **si -RA...-RÍA**, con la entonación y gestos expresivos adecuados.

PRÁCTICA

VII. Constrúyanse frases con los siguientes elementos, según el modelo:
invitarme/posiblemente ir
Si me invitaran, posiblemente iría (o: posiblemente fuera)

1. estudiar más/seguramente no tener que lamentarse ahora
2. venir/quizás poder (nosotros) dejarlo ya todo resuelto
3. llamarlo/posiblemente cogerlo todavía en la oficina
4. ser más comprensivo/probablemente no pasarle esas cosas
5. mezclar estos dos productos/tal vez obtener lo que buscamos
6. intentarlo/acaso aún poder resolverse algo
7. ayudarnos/posiblemente acabar hoy mismo
8. trabajar más/probablemente no gastar tanto

VIII. Ejercicios orales. Los estudiantes pueden producir, si se considera necesario, frases libremente.

— el esquema **si -RA...ojalá -RA:**

1. **Puede que** exige **-RA:** si lo llamáramos puede que **viniera**.

si me dejaran, *ojalá* **pudiera** ir

es un esquema de uso escasísimo. Y no porque la estructura gramatical sea rara o extraña, sino porque los contextos de este tipo, en situaciones reales de habla, parecen ser poco freucentes. Con todo, conviene conocerlo por si en alguna ocasión nos vemos precisados a usarlo. Lo común es el uso de: **si CANTO... ojalá CANTE**, cuando no se refiere a un hecho hipotético.

PRÁCTICA

IX. Constrúyanse frases según el modelo:

tener dinero/ojalá tener también donde gastarlo
Si tuviera dinero, ojalá tuviera también donde gastarlo.

1. venir hoy (ellos)/ojalá poder (nosotros) verlos
2. comprárnoslo (ello)/ojalá dejárnoslo poner hoy mismo
3. ser (tú) capaz de hacer eso/ojalá morirte antes
4. venir (ellos)/ojalá no enterarse de nada
5. atreverse (ellos)/ojalá perder las elecciones

X. Repítanse los ejercicios anteriores con el esquema **si CANTO... ojalá CANTE.**

2) Si en la frase condicional el miembro que lleva la partícula es **si HUBIERA/HUBIESE CANTADO,** es decir, «pasado», el otro aparecerá en —recordemos— una de estas formas:

CANTARÍA **CANTABA**	«presente» o «futuro»
HUBIERA/HUBIESE CANTADO **HABRÍA CANTADO** **HABÍA CANTADO**	«pasado»

— El esquema **si HUBIERA CANTADO... -RÍA:**

si **hubieras estudiado** más **aprobarías**

es el equivalente a **si -RA...-RÍA**, es decir, el de uso más universal y más neutro, para indicar «pasado»/«presente» o «futuro»[1].

1. Lógicamente **-RIA** puede pasar a **-RA** cuando va precedida de **tal vez, quizá(s), posiblemente,** etc.:

si la **hubieras avisado** antes, posiblemente { **iría** / **fuera** }

puede que → -RA:

si me hubieras avisado antes, puede que **fuera**

PRÁCTICA

XI. Constrúyanse frases con los siguientes elementos, según el modelo:

sacar buenas notas/ir de vacaciones este verano a Grecia
Si hubiera sacado buenas notas, iría de vacaciones este verano a Grecia.

1. hacer todos los días los ejercicios/ahora hablar perfectamente español
2. portarme mejor/mañana, día de Santa Claus, tener muchos regalos
3. dejarte aquel día/ahora no estar sufriendo tanto
4. no discutir (tú) con tu padre/este fin de semana ir (nosotros) de pesca
5. no llover tanto/la cosecha ser aún mejor
6. el avión no salir con tanto retraso/ya estar (nosotros) en Nueva York
7. estar como tú un año en España/conocer mejor la cultura hispana
8. estudiar música desde niño/poder ser ahora un gran compositor
9. Colón no descubrir América,/¿cómo ser ahora?
10. Vd. no fumar tanto/no encontrarse en el estado en el que se encuentra
11. traer unos discos/poder escuchar un poco de música
12. invertir más en la bolsa/ser millonario
13. comprarte unas zapatillas/andar mejor por la playa
14. hacer más ejercicio de joven/no estar tan achacoso
15. decírmelo antes/mañana ir con vosotros
16. estudiar durante el curso/ahora estar tostándote al sol como tus hermanas
17. comprarme (tú) todo el material que necesito/no tener (yo) que pedírselo a mis compañeros
18. fregar antes/ya estar seco
19. ayudarme (tú)/no quejarme
20. a mí decirme (ellos) que venía para esto/no estar (yo) aquí, ahora, haciendo el bobo

XII. Ejercicios orales encadenados. Los estudiantes practican el esquema **si HUBIERA CANTADO... -RÍA**, según lo indicado en el ejercicio III.

XIII. Ejercicios orales. Los estudiantes producen libremente frases, con esquema **si HUBIERA CANTADO... -RÍA**, valiéndose de la lista de la pág. 68.

— Esquema **si HUBIERA CANTADO... -ABA(-ÍA):**

¡Qué pena! Si me **hubierais avisado** antes, claro que **iba**
Le es aplicable lo dicho para el esquema **si -RA... -ABA.**

PRÁCTICA

XIV. Constrúyanse frases con los siguientes elementos, según el modelo:

llamarle la atención a tiempo/ahora no andar por ahí diciendo esas tonterías
Si le hubieras llamado la atención a tiempo, ahora no andaba por ahí diciendo esas tonterías.

1. pasar (tú) el día que he pasado yo/seguro que no tener (tú) ganas de fiesta
2. decirme a mí eso/**irse a enterar**
3. esforzarte un poco más/ser el primero, **de todas todas**
4. proponértelo (tú)/no tener rival
5. no pasar lo que pasó/yo ir a verla
6. callarte como te dije/ahora no estar (tú) ahí lamentándote
7. hacerme caso (tú)/no haber ningún problema
8. tú no **irte de la lengua**/yo quedarme en casa tan tranquila
9. tú no **sacar la lengua a paseo**/no pasar nada
10. alguien decirme de qué iba la cosa/no estar yo ahora aquí, no
11. **dar (tú) los pasos necesarios**/yo te garantizo que ese puesto ser tuyo
12. seguro que haber llovido/no estar la tierra tan seca
13. venir (él)/seguro que esta tarde venir a vernos
14. dormir (tú) como yo/ahora **estar como unas castañuelas**
15. pasar (él) la mitad que yo/no quejarse, no
16. hacérmelo a mí/no volver a hablarle
17. comprarlo (tú)/ahora poder (nosotros) escuchar música
18. portarse (él) de otra manera/claro que no importarme ayudarle
19. seguro que estar (él) allí/no decir esas bobadas
20. **atarle (ellos) más corto**/no andar (él) por ahí con esa **pinta**

XV. Ejercicios orales. Los estudiantes producen libremente frases de esquema **si HUBIERA CANTADO... -ABA (-ÍA)**, valiéndose de la lista de verbos de la pág. 68.

— El esquema **si HUBIERA CANTADO... HUBIERA/HABRÍA CANTADO:**

si lo **hubiera sabido** { **hubiera ido** / **habría ido** }

es el equivalente a **si -RA... -RÍA,** es decir, el de uso más general y neutro, para indicar «pasado»... «pasado». Entre las formas **HUBIERA CANTADO** y **HABRÍA CANTADO** de la *principal* no existe diferencia alguna.

PRÁCTICA

XVI. Constrúyanse frases con los siguientes elementos, según el modelo:

sacar buenas notas/ir de vacaciones a Perú

Si hubiera sacado buenas notas, habría ido (o: hubiera ido) de vacaciones a Perú.

1. portarte bien/los Reyes Magos traerte muchos juguetes
2. saber que estabas aquí/venir antes
3. avisar (tú)/ir (nosotros) a la estación a esperarte
4. hablar claramente con Pepita/no suceder lo que sucedió
5. no ir (tú) a tanta velocidad/no chocar contra el puente
6. estar (tú) conmigo/no sufrir tanto

7. ser (tú) más comprensivo con ella/(ella) no pedir el divorcio
8. nacer en España/ser torero
9. viajar (tú) alguna vez a España/comprobar ya personalmente que todo eso de los toreros, las castañuelas y el flamenco tiene mucho de tópico
10. los europeos no ir a América/los indios conservar sus tradiciones
11. decírselo (tú) a tiempo/no haber tantos problemas
12. casarte (tú) conmigo/ser mucho más feliz
13. saber (yo) como eras/no casarme contigo ni de broma
14. estar (vosotros) allí/pasároslo estupendamente
15. atarlo (tú) bien/no caerse
16. llamar antes/preparar una buena paella
17. sospechar (nosotros) que nos iban a tratar así/desde luego que no ir (nosotros) por allí
18. pedírmelo (tú)/dártelo
19. no volver a saber más de ti/cuánto mejor ser para mí
20. no ser por ti/no sé qué ser de mí

XVII. Ejercicios orales encadenados. Los estudiantes practican el esquema **si HUBIERA CANTADO... IHUBIERA/HABRÍA CANTADO,** según el sistema conocido.

XVIII. Ejercicios orales. Los estudiantes producen libremente frases con esquema **si HUBIERA CANTADO... HUBIERA/HABRÍA CANTADO.**

— Esquema **si HUBIERA CANTADO... HABÍA CANTADO**:

si lo **hubiera sabido**, claro que **había ido**

Le es aplicable lo dicho para el esquema **si -RA...-ABA.**

PRÁCTICA

XIX. Constrúyanse frases con los siguientes elementos, según el modelo:

atarlo más corto/seguro que no hacer tantas bobadas.
Si lo **hubieras atado más corto**, seguro que no había hecho tantas bobadas

1. pedírmelo tú/claro que quedarme a tu lado
2. saberlo (yo)/ir
3. darte a conocer/seguro que recordarte
4. decirme (tú) algo/a lo mejor ir a pasar un rato con vosotros
5. avisarme (tú)/yo hacerlo
6. no hacerme (tú) caso/pegarme (yo) un tiro
7. no ser por ti/yo no aguantar aquello
8. confiar en mí/yo te garantizo que no pasar nada
9. puedes estar seguro de que ver (yo) a Carmen/decírselo
10. me da rabia, porque ir (tú)/seguro que pasártelo bien

11. decírmelo/yo mismo solucionártelo
12. fue una lástima, porque si estar (tú) allí/verlo
13. lo que me fastidia es pensar que, actuar (tú) con más rapidez/no haber ningún problema
14. yo estar allí/no pasar eso
15. no **ponerte tan pesado**/claro que ir (yo)
16. no **meterte tú con él**/no pegarte (él)
17. quedarte (tú) en casa como yo te dije/no quitártelos (ellos), **tonto, que eres un tonto**
18. yo estar en la reunión/a mí no hacerme eso, **desde luego**
19. encargársela (tú) al otro carpintero/ya hacértela y hasta ponértela
20. elegir (nosotros) el otro tema/seguro que ya terminar (nosotros)

XX. Ejercicios orales. Los estudiantes producen libremente frases de esquema **si HUBIERA CANTADO... HABÍA CANTADO.** Como siempre, puede utilizarse la lista de la pág. 68.

— **Ampliaciones a los dos esquemas básicos**

1) El esquema de «pasado» ----------- «pasado»:

si HUBIERA CANTADO ...... { **HUBIERA** / **HABRÍA CANTADO** / **HABÍA** }

en la lengua conversacional se convierte, con mucha frecuencia, en:

si CANTO...CANTO

Con las distintas posibilidades combinatorias que hemos señalado en el ESQUEMA.

Este uso de la forma **CANTO** en lugar de **HUBIERA CANTADO/HABRÍA CANTADO** suele —según nuestra experiencia— resultar muy extraño —por lo insólito— al hablante extranjero. Por ello —siempre con la intención de acercar el español de estos hablantes al español que realmente se habla o se escribe—, hemos de insistir en la práctica de este esquema, para vencer el rechazo inicial y habituar el oído.

El esquema **CANTO...CANTO** es propio de la lengua coloquial, sobre todo en frases cortas y rápidas. Aunque hay que dejar claro que el uso del esquema básico —**si HUBIERA CANTADO...HUBIERA/HABRÍA CANTADO**— siempre es posible y que es el adecuado para el español estándar, tanto hablado como escrito.

PRÁCTICA

XXI. En el siguiente texto el narrador representa un tipo de lengua, mientras que los personajes, al dialogar, representan, lógicamente otro. Fijémonos y analicemos las distintas estructuras condicionales.

Pedro y Antonio, aunque amigos, están continuamente discutiendo; son dos grandes polemistas. Son conocidos por ello en la ciudad, de la que constituyen parte tan importante como sus calles, sus monumentos... **Si se hubieran dedicado** a la política, sin duda su fama les **habría llevado** al Parlamento. Pero sus discusiones, por un acuerdo tomado hace tiempo, versan necesariamente sobre cuestiones sin importancia. **Si no hubieran llegado** a ese pacto, posiblemente hace tiempo también que se **hubiera roto** tan entrañable amistad y, **si tal cosa hubiera sucedido,** nuestra ciudad **habría perdido** algo de su propia esencia.

— ¿Que viniste ayer sin mí al casino?

— Claro, si te **llegas** a enterar me **matas**.

— Si yo me **entero** ayer, no te **mato**, te **ahorco.** Eso no estuvo bien, Antonio. Porque si tú me **llamas** y me **dices**: «oye, Pedro, voy a ir yo solo al casino y seguro que mañana es noticia en el periódico», pues no **pasa** nada.

— ¿Es que no has visto el periódico de hoy? ¡Somos noticia de primera página!

Si un forastero **hubiera presenciado** esta escena, tan habitual, **habría pensado** que se trataba de dos chiflados. Antonio y Pedro apuraron su café y salieron en dirección a la plaza. Es posible que convencidos de que realmente eran noticia de primera página.

XXII. Constrúyanse frases con los siguientes elementos, según el modelo:

saberlo/no venir
Si lo sé, no vengo.

1. hombre, decirme (tú) que la película era mala/yo quedarme en casa y ahorrarme el dinero
2. yo estar allí/no pasar eso
3. estar (yo) dos metros más adelante/matarme
4. **llegar a** intervenir la policía/**armarse**[1]
5. llegar a moverse/**dejarlo allí frito**
6. llegar a **abrir la boca/enterarse**
7. avisarme (tú)/claro que ir (yo)
8. saberlo (yo)/quedarme en casa
9. no estar (yo) muy atenta/engañarme
10. no llegar (yo) a estar muy atenta/engañarme
11. menos mal que se lo dije, porque no llegar (yo) a decírselo/seguro que pensar (él) que es que se lo quería ocultar
12. eso llegármelo a hacer a mí/**partirle la cara**
13. Comprende que no está bien; tú ayer levantarte en la reunión y decir que no estás de acuerdo/pues no pasar nada, pero ahora...
14. llegar a **ponerse burro**/levantarme y allí se había quedado él solo
15. es que fuistéis bobos; vosotros llamarme/yo levantarme y en cinco minutos estar allí
16. tenía tanto miedo que, pedírmelo/dárselo
17. y menos mal que los separaron, porque no separarlos/allí matarse (ellos)
18. pero si tú, en lugar de quedarte callado como te quedaste, en aquel momento decirme algo o hacerme una señal cualquiera/yo, desde luego, no intervenir y no pasar nada

1. La perífrasis **llegar a + infinitivo** es de uso frecuentísimo en este tipo de estructura:
si llego a estar yo allí le **pego** una torta que...
si hubiera estado yo allí le **había pegado** una torta...

19. llamarme (tú)/claro que dártelo
20. ¡Qué tonta! llegar a llamarme (tú)/claro que dártelo.

XXIII. Ejercicios orales. Los estudiantes producen frases de esquema si **CANTO... CANTO** con valor de «pasado»... «pasado».

2) Esquema si **CANTARA... HUBIERA/HABRÍA CANTADO**

Es éste, en principio, un esquema raro —incluso ilógico y en apariencia imposible—, ya que necesariamente la condición tiene que ser anterior al hecho condicionado y en este caso, en cambio, el hecho, **HUBIERA/HABRÍA CANTADO,** parece ser anterior a la condición, **si CANTARA.**

Pero esta «anomalía» es sólo aparente y, por lo demás, un esquema con el que el hablante extranjero no suele tener mayores dificultades. Por lo general, responde al contenido «reflexión y deducción **actual** basadas en un hecho **anterior**», y esto es posible cuando:

• utilizamos un **presente pancrónico,** es decir, un presente que es también pasado. De manera que, por ejemplo, un conductor que va con su coche por la carretera, al adelantar a un camión, puede notar que le falta fuerza y pensar:

¡Vaya! Seguro que he metido mal la velocidad.

Pero si más adelante tiene que repetir la operación y vuelve a notar la misma falta de fuerza, puede comentar con su acompañante:

— Este coche no va bien. A este coche le pasa algo.
— ¿Por qué? Yo no he notado nada raro.
— No, no. Si todo **fuera** bien, no **habría tardado** tanto en adelantar a esos dos camiones.

«Si todo **fuera** bien, si al coche no le **pasara** nada, si todo **estuviera** en orden», es decir —presente pancrónico—, «si al coche no le **hubiera pasado** nada cuando adelanté al primer camión y si no le **hubiera sucedido** algo cuando adelanté al segundo, porque algo le **pasa,** no **habría tenido** problemas con esos dos adelantamientos».

• **dos hechos que se sitúan en tiempos distintos.** Pero notemos que el contenido es el mismo: «deducción actual basada en un hecho anterior»:

— Pedro, no me mientas. No digas que no **querías** ir, porque no es verdad.
— De verdad, no me apetecía. Si **hubiera querido** ir, **habría ido** sin más problemas.
— No sé por qué, pero estás mintiendo, Pedro; si no **estuvieras** mintiendo ahora no **habrías puesto** ayer la cara que pusiste cuando te insinué que no fueras.

PRÁCTICA

XXIV. Constrúyanse frases con los siguientes elementos, según el modelo:

no ser tan malo/comprártelo
Si no fueras tan malo te lo habría comprado.

1. quererme (tú)/llamarme
2. no pasar nada, como tú dices/venir a verme
3. estudiar más, como te repito continuamente/hacer bien el examen
4. no ser (tú) tan tonto como eres/no pasarte lo que te pasó
5. hacerme (tú) caso/no sucederte muchas de las cosas que te han pasado
6. encontrarte (tú) bien/no sentir ese mareo cuando te levantaste
7. tener (él) más educación/callarse (él)
8. ser cierto que estabas en Madrid/no llamarme
9. confiar en mí/no pensártelo tanto
10. ser (ella) más decidida/hace tiempo que terminar todo
11. sincerarte (tú) conmigo más a menudo/ahorrarte más de un disgusto
12. realmente estar (tú) loco por mí/ya comprarme el abrigo
13. pensar (tú) las cosas dos veces/¡cuántas lágrimas ahorrarme (tú)!
14. algo tendrás, no tener (tú) nada/no darle tanto al pobre ese que estaba pidiendo
15. no necesitar (tú) nada/no llamarme
16. no tener (yo) nuevos datos/no molestarles a Vds. y no hacerles venir, por supuesto
17. saberlo (yo)/decírtelo
18. querer (yo) hablar con ella/ya llamarla
19. no estar (nosotros) tan enfadados/ya encontrar (nosotros) alguna solución
20. no ser (tú) el padre de mis hijos/hace tiempo que irme

XXV. Ejercicios orales. Los estudiantes producen libremente frases de esquema **si CANTARA... HUBIERA/HABRÍA CANTADO.**

a_2) Si + indicativo. Tipo: I——I I——I

Comentario: frente a los esquemas rígidos de **si+subjuntivo**, en el caso de **si+indicativo** el estudiante, digamos, no tiene que aprender nada, o al menos nada nuevo, ya que los dos miembros de la frase son dos oraciones independientes y se comportan, pues, de acuerdo con lo señalado para las frases simples en el tema II. Así:

— el miembro de la estructura que lleva **si** puede construirse:

- con **cualquier forma** de indicativo, con los **valores propios y generales de cada forma.** De manera que:

  — para referirnos al «presente actual» podemos usar la forma **ESTÁN CANTANDO**, y en consecuencia decir:
  los niños **están durmiendo**

Pues bien, si esa frase la incluimos en una estructura condicional, no sufrirá modificación alguna y diremos:

si los niños están durmiendo, llámalos

— para expresar el «presente atemporal» usamos en una frase simple la forma **CANTO**, y por eso decimos:

cena mucha

Esta frase, dentro de una estructura condicional, no sufrirá modificaciones:

si cena mucho, luego pasa mal la noche

— para indicar un «pasado repetido», en fin, sabemos que hemos de utilizar la forma **CANTABA:**

iba a visitarlo los fines de semana

Lógicamente en una frase condicional diremos:

si iba a visitarlo los fines de semana mi abuelo me contaba historias de...

— para las otras formas, véase el ESQUEMA.

- cualquier forma de indicativo —esto es lo único que hay que aprender— **menos las formas de futuro,** que se sustituyen de acuerdo con lo señalado en el ESQUEMA[1].

— el otro miembro de la estructura condicional, es decir, la llamada *oración principal* es una frase independiente y, por lo tanto, se construirá conforme a lo señalado en el tema II. Véase, para los detalles, el ESQUEMA.

PRÁCTICA

XXVI. Constrúyanse frases con los siguientes elementos, según el modelo:

comer mucho/engordar

Si comes mucho, engordarás.

1. darte prisa/llegar a tiempo
2. estudiar un poquito más/aprobar
3. tomar la medicina/sentirte mejor
4. fumar menos/respirar mejor
5. ir a un país hispano/poder practicar el español
6. ver demasiado la televisión/no tener tiempo para leer
7. gastar mucho dinero/no poder ahorrar para ir a España
8. concederte la beca/ir a México
9. llegar temprano/poder hablar con tus primas
10. proponértelo/llegar a ser alguien importante

1. Nótese que, lo mismo que detrás de una partícula temporal, tampoco detrás de **si** condicional se pueden usar formas de futuro. Pero en el caso de las temporales se sustituían por formas de subjuntivo: cuando *vendrá → **VENGA**. En el caso de **si**, por formas de indicativo: si *vendrá → **VIENE.**

XXVII. Ejercicios orales encadenados. Los estudiantes practican el esquema **si CANTO...CANTARÉ**, de acuerdo con el sistema ya explicado.

XXVIII. Ejercicios orales. Los estudiantes producen libremente frases con el esquema **si CANTO...CANTARÉ.**

XXIX. Construir según el modelo:
sonar el teléfono/contestar tú
Si suena el teléfono, contesta tú.

1. llegar los invitados/pasarlos al salón
2. acusarte/defenderte
3. llorar el niño/darle el chupete
4. decidirte a comprar la barca/mirar antes los precios
5. volverte a molestar/llamar a la policía
6. salir (tú) esta noche al cine/avisarme, por favor
7. recibir (tú) otra carta parecida/romperla antes de abrirla
8. poder (tú) hacerlo/descansar un poco este fin de semana
9. querer (tú) hablar bien español/trabajar con entusiasmo
10. verlo (tú)/darle un beso de mi parte

XXX. Ejercicios orales encadenados del esquema **si CANTO...CANTA TÚ**.

XXXI. Ejercicios orales libres del mismo esquema.

XXXII. Constrúyanse frases según el modelo:
venir mañana/no salir con él
Si viene mañana, no salgas con él.

1. no pedirte perdón/no volver a hablarle
2. llamarte/no ir
3. volver a insultarte/no callarte
4. llamar alguien a la puerta/no abrir sin comprobar antes quién es
5. no pedírtelo por favor/no hacerle caso
6. rebajarse a pedirte perdón/no ser dura con él
7. venir (tú) con nosotros a comprar el regalo de papá/no decirle luego qué le hemos comprado, porque te **damos una paliza**
8. no encontrar (tú) ese disco/no comprar otro
9. no estudiar (tú) ahora/luego no quejarte
10. creer (tú) que no tienes condiciones para ello/no dedicarte a la pintura

XXXIII. Ejercicios orales encadenados del esquema **si CANTO...no CANTES**.

XXXIV. Ejercicios orales libres del esquema anterior.

XXXV. Construir según el modelo:

tener mi padre vacaciones/ir todos a la playa
Cuando era niño, si tenía mi padre vacaciones, íbamos todos a la playa.

1. venir los abuelos a casa/mis padres aprovechar para ir al cine
2. portarme bien/generalmente mi tía hacerme un estupendo regalo
3. tardar un poco en regresar del colegio/mi madre ponerse nerviosa
4. nevar/ponerme muy contento porque no tenía que ir al colegio
5. hacer bien los deberes durante la semana/el domingo mi padre soler llevarme al zoo
6. discutir con mi hermano mayor/siempre llevarme la peor parte
7. venir mis primas/**pasarlo bomba** jugando
8. venir mis primas/mi madre echarse a temblar
9. mi madre mandarme a la tienda/siempre **sisarle** algo
10. cruzarme con mi vecina/**ponerme rojo como un tomate**

XXXVI. Ejercicios orales encadenados de **si CANTABA...CANTABA**

XXXVII. Ejercicios orales libres del mismo esquema.

XXXVIII. Construir frases según el modelo:

a) venir la semana que viene/tener mucho cuidado con la carretera
Le dije que, si venía la semana que viene, tuviera mucho cuidado con la carretera.

1. hacerlo/avisarme en cuanto lo tuviera terminado
2. llamarla más tarde/decirte que estábamos todos bien
3. querer verla/volver un poco más tarde
4. estar cansada/sentarse en mi asiento
5. no tener suficiente/pedírtelo a ti

b) venir la semana que viene/ir al cine
Le dije que, si venía la semana que viene, iríamos al cine.

1. necesitar ayuda/yo misma echarle una mano
2. venir esta tarde/poder charlar un rato
3. pasar por tu despacho/tú mismo podérselo dar
4. enterarme de algo/comunicárselo rápidamente
5. por fin comprarlo/él ser el primero en enterarse

XXXIX. Ejercicios orales libres con los esquemas del ejercicio anterior.

XL. Constrúyanse frases con los siguientes elementos, según los modelos:

a) volver Pedro/seguramente haberme traído lo que le encargué
Si ha vuelto Pedro, seguramente me habrá traído lo que le encargué.

1. llamar Felipe/seguramente haber contestado mi madre
2. coger esta mañana el tren de las diez/seguramente haber llegado ya a casa
3. no telefonear todavía/es que seguramente haber tenido algún problema
4. ir Ana a verlo/seguramente le haber contado ya lo que pasa
5. no aprobar/es que haber tenido mala suerte

b) estudiar bien durante el curso/aprobar
Si has estudiado bien durante el curso, aprobarás.

1. esforzarte/no tener problemas para salir adelante
2. tu padre reservar las habitaciones/ir (nosotros) a Galicia este fin de semana
3. concederle la beca que solicitó/este año estudiar en España
4. entrenar con ilusión/ser sin duda alguna el campeón
5. salir (él) ya de casa/no tardar (él) en llegar

c) cansarte de él/decírselo
Si te has cansado de él, díselo.

1. pedirte perdón/olvidar ya lo que pasó
2. antes llamarte él/llamarlo tú ahora
3. ya superar (vosotros) vuestros problemas/alegrarte
4. arreglar (ellos) ya el coche/recogerlo esta tarde cuando vuelvas del colegio
5. todavía no arreglarlo (ellos)/meterles prisa

XLI. Ejercicios orales. Los estudiantes producen libremente frases con los esquemas a), b) y c) del ejercicio anterior.

XLII. Constrúyanse frases según los modelos:

a) no decirte nada/no saberlo
Si no te dijo nada es que no lo sabía.

1. decírtelo/no ser ningún secreto
2. comprárselo/tener permiso para ello
3. salir ayer a la calle/ya estar mejor
4. pedírtelo/necesitarlo
5. llamar ayer como dices/ciertamente estar en Salamanca

b) no quererte decir nada/él saber por qué
Si no te quiso decir nada, él sabrá por qué.

1. no saludarte siquiera/estar enfadado por algo
2. no llamar ayer/llamar hoy, supongo
3. verlo (tú) anoche por la calle/seguir todavía en Salamanca
4. salir (él) hace una hora de su casa/estar a punto de llegar
5. es que beber (él) tanto como dices/tener esta mañana una **resaca de narices**

c) no gustarte lo que te hizo/deber decírselo
Si no te gustó lo que te hizo, deberías decírselo

1. es que tratarte (ellos) tan mal/yo pensármelo antes de volver allí
2. llamar (él) otra vez ayer/convenir **ponerle cuatro letras** para darle una explicación
3. él llamarte a ti ayer/hoy deber (tú) llamarlo tú a él
4. equivocarse ya una vez/poder volverse a equivocar
5. intentar (él) ponerse en contacto con nosotros/ser para darnos una explicación

d) comportarse mal contigo/decírselo
Si se comportó mal contigo, díselo.

1. mandar (él) un intermediario/llamarlo (tú) y decirle que así no se hacen las cosas
2. intentarlo ayer de nuevo/irte de la ciudad. Es lo mejor
3. querer pegarte/denunciar a la policía
4. pedir perdón/ser (tú) generosa con él
5. llamarte ayer/irte a verlo en seguida

e) no enfadarse/no ser bobo y no recordárselo ahora
Si no se enfadó, no seas bobo y no se lo recuerdes ahora.

1. no atreverte a decírselo ayer/no decírselo ya
2. pedir perdón/no ser (tú) mala con él
3. no acudir ayer a la cita/no hacer lo mismo tú hoy
4. es que comportarse tan mal como dices/no dejárselo (tú) pasar
5. Julia enfadarse/no decir (tú) que no tenía razones para ello

XLIII. Ejercicios orales. Los estudiantes producen libremente frases con los distintos esquemas del ejercicio anterior.

XLIV. Constrúyanse frases según el modelo:

terminar/venir a vernos
/ir (nosotros) a verlo
le dije que, si había terminado, (que) viniera a vernos
Le dije que, si había terminado, (que) iríamos (o: íbamos) a verlo.

1. hacer ya los deberes/poder (él) jugar un rato con el ordenador
2. preparar todo el examen/salir a dar una vuelta para despejarse
3. ser capaz de superar con éxito aquel trabajo/en el futuro poder emprender la investigación que quisiera
4. no estar allí y por lo tanto no hablar con ella/ser mejor que se callara
5. invitarme/yo ir a la fiesta, pasara lo que pasara
6. reñir con su mujer/yo no tener la culpa y que, por lo tanto, dejarme en paz
7. decir la verdad/no preocuparse
8. para entonces yo terminar/echarle una mano
9. para entonces él terminar ya/echarme una mano
10. equivocarse/cargar con las consecuencias
11. beber/conmigo no volver a casa
12. beber/irse **a dormirla** al río
13. venir/ser para algo, que olvidarse ya de lo pasado y que darme un beso, que quererlo
14. portarme mal/perdonarme y que prometerle que no volvería a suceder

15. él ayudarme/también yo ayudarle a él todos los días y no por eso creer (yo) que hacía ningún milagro ni le **pasar** diariamente **la factura**

XLV. Ejercicios orales. Los estudiantes producen libremente frases con los distintos esquemas del ejercicio que precede.

— **Ampliaciones a SI + indicativo**

1) El esquema **si CANTO...** «orden, consejo, ruego» se puede realizar también como **si CANTARA...** «orden, consejo, ruego». Para el ejemplo, véase el ESQUEMA.

En una consideración pura y estrictamente gramatical habría que decir que estas dos estructuras tienen significados distintos:

— en **si viene, díselo** el hablante no presupone nada. Podríamos decir que las posibilidades de que venga o no venga se reparten al cincuenta por ciento.

— en **si viniera, díselo** el hablante piensa, supone que no va a venir, que hay pocas —o menos— posibilidades de que venga.

Pero esta diferencia *teórica* se neutraliza frecuentísimamente en el uso real del idioma, donde **si CANTO** —acompañado o no de otros elementos— cubre los dos valores:

si viene, que no lo creo, vamos es casi imposible que venga, pero **si viene**, le dices que...
si acaso viene, que es muy difícil, le dices...
si viniera —oye, que a lo mejor al final se lo piensa mejor y viene—, así que **si viniera** le dices que...

La diferencia, pues, es más bien simplemente formal, por lo que el hablante extranjero puede utilizar o no la variante **si CANTARA.** Pero, en caso de utilizarla, no deberá confundir este esquema «híbrido» con el esquema básico del subjuntivo **si -RA...RÍA.**

PRÁCTICA

XLVI. Dos estudiantes se dirigen a un compañero(a), según los modelos:

a) llamar por teléfono/decirle que hemos salido
Estudiante 1: Si acaso llamara por teléfono, dile que hemos salido.
Estudiante 2: No lo olvides, si llama dile que hemos salido.

1. haber alguna novedad/comunicárnosla en seguida
2. tener (él) éxito, aunque es muy difícil/felicitarlo en nuestro nombre
3. llegar carta suya en estos días/contestarle tú, por favor
4. poder (ella) hacer algo por ti/agradecérselo inmediatamente

5. venir alguien preguntando por nosotras(-os) mientras estamos fuera/atenderlo tú mismo

b) llamar por teléfono/no decirle dónde estamos
Estudiante 1: si llamara, no le digas dónde estamos
Estudiante 2: Por favor, si llama no se lo digas.

1. preguntar (él) algo sobre ese asunto/no entrar (tú) en detalles
2. llegar el jefe/no decirle (tú) que hemos salido a tomar café
3. ofrecerte ese trabajo, aunque efectivamente no es un gran puesto,/no rechazarlo
4. llover/no olvidarte de recoger esas cosas que hemos dejado en el jardín
5. suceder algo/no ponerte nerviosa

c) llamar por teléfono/decirle que hemos salido
Estudiante 1: Si llamara por teléfono, que a lo mejor llama, le dices que hemos salido.
Estudiante 2: Ya sabes, si llama le dices que hemos salido.

1. traer algo el cartero para nosotras/avisarnos en cuanto puedas
2. no poder (tú) resolverlo tú solo/pedirle ayuda a Marisa
3. poner (él) alguna objeción/explicarle lo que ha sucedido
4. venir (él) acompañado/darle una de las habitaciones dobles
5. llegar (él) antes que nosotras/entretenerlo un poco con cualquier cosa

— Lo dicho de la estructura anterior es aplicable a las recogidas en los apartados 2), 3) y 4) del ESQUEMA. Sólo añadiremos que las estructuras «híbridas», que pueden usarse en lugar de las correspondientes de indicativo, son, en estos casos, de uso aún menos frecuente que la que acabamos de ver.

Para un análisis concreto de las estructuras y de los ejemplos, véase de nuevo el ESQUEMA.

PRÁCTICA

XLVII. Si se considera oportuno, bajo la dirección del profesor, los estudiantes pueden hacer ejercicios orales libres de los distintos esquemas.

b) **uso de los esquemas de indic./subj.**

Comentario: en el apartado a) hemos estudiado e intentado automatizar los distintos esquemas condicionales. Ahora debemos dar un paso más y aclarar cuándo, en la realidad del uso del idioma, debemos utilizar unos y otros. Para ello, aunque haremos también alguna indicación teórica, nos detendremos ante todo en la contextualización de los dos ejemplos incluidos en el ESQUEMA, porque la experiencia nos indica que es más efectivo que la propia teoría.

b$_1$) **INDICATIVO**

Supongamos, por un momento, que Susana está en España haciendo un curso de español; vive con una familia española y casi todos los días sale a dar un paseo con una niña de la familia, de unos cinco años, porque es muy simpática y a Susana le viene muy bien para practicar su español. Pues bien, en uno de estos paseos la niña ve unos patines en un escaparate, le gustan y le insinúa a Susana que se los compre. Susana quiere regalárselos, mira de reojo el precio y, mientras empieza a abrir el bolso, comenta:

A ver, un momento, que miro a ver si tengo suficiente. **Si tengo,** claro que te lo compro, cariño.

Si tengo, ¿por qué ha dicho Susana **si tengo**? Porque **no sabe** si tiene o no tiene: si se cumple la condición, es decir, **si tiene**, se los comprará; si no se cumple la condición, **si no tiene,** no se los podrá comprar.

b$_2$) **SUBJUNTIVO**

Supongamos de nuevo toda la situación anterior, pero con una pequeña variación: durante el paseo Susana ha entrado en una librería a comprar un libro; cuando ya se lo tenían envuelto, ha abierto el bolso para pagarlo y ha empezado a ponerse roja como un tomate, porque descubre que ha dejado olvidado en casa el billetero. Susana se explica, el librero le dice que no se preocupe, que se lo lleve y otro día se lo pagará, y salen con el libro. Media hora más tarde, ante el escaparate de la juguetería, tiene lugar lo de los patines, pero ahora Susana **sabe** que no tiene dinero y que, por lo tanto, no puede comprárselos; así que podría decir:

Lo siento, mi vida; no sabes cuánto lo siento. Pero es que no tengo dinero. **Si tuviera,** claro que te los compraba[1].

Los dos ejemplos analizados pueden parecer más fáciles porque se refieren al presente, pero no tienen por qué ser más difíciles los referidos al pasado. Supongamos que Susana ha regresado a su país y está hablando en español con su profesor, al que le está contando cómo le ha ido en España y, entre otras cosas, le habla de sus paseos con la niña y del incidente concreto de los patines:

— imaginemos, en primer lugar, la segunda situación, cuando Susana sabe que no tiene dinero. Podrá decirle así a su profesor:

¡Qué rabia me dio! Si **hubiera tenido**, claro que se los habría comprado.

— el primer supuesto, cuando no sabe si sí o no, podría contarlo así:

Le dije que, **si tenía,** claro que se los compraba.

— pero también podría tratarse de un hecho repetido: la niña le pedía pequeñas cosas durante los paseos. En este caso Susana podría contar:

Era una niña muy simpática; todos los días salíamos a dar un paseo y muchas veces me pedía que le comprara alguna golosina y, claro, yo, **si me lo pedía,** no era capaz de negarme.

1. Nótese el uso de la forma en **-ABA,** en lugar de **-RÍA,** en la principal.

En la familia tenían una niña simpatiquísima y los fines semana, **si se había portado bien,** salíamos a dar un paseo

• **Teoría:** esperamos que a estas alturas los estudiantes se hayan olvidado ya «de la duda y la no duda, lo cierto y lo no cierto» y otras cosas parecidas para el uso del indicativo/subjuntivo. Pero, en cualquier caso, nótese que, en cierto modo, en las frases condicionales sucede todo lo contrario de lo que la mayoría de los estudiantes extranjeros suele pensar:

— cuando el hablante **no sabe** si sí o no ⇒ **INDICATIVO.** De manera que: **si sí -- sí / si no -- no:**

si viene, vamos al cine
si no viene, pues no vamos
si venía, íbamos al cine
si no venía, nos quedábamos en casa
si ha venido, ya estará en casa
si no ha venido, estará al llegar
si lo viste ayer, se lo tenías que haber dicho
si no lo viste, no podías decírselo, claro
si había estado allí, te lo debería haber dicho
si no había estado allí, no tenía de qué preocuparse.

— en cambio, cuando el hablante **sabe** que sí o que no, o, al menos, **cree** que sí o que no ⇒ **SUBJUNTIVO:**

si estuviera aquí [pero sé que no está], sería el hombre más feliz del mundo
si viniera mañana [pero yo sé que no vendrá], me haría la mujer más feliz del mundo
si lo tuviera aquí [pero creo que no lo tengo], te lo llevabas ahora mismo
si viniera mañana [pero me parece poco probable que venga], iríamos a verte
si hubieras venido [pero no viniste], podríamos haber hecho mil cosas
si no hubieras estado allí [pero estabas], no te habría pasado nada
si no hubieras ido [pero fuiste], hubiera sido mejor
si hubiera llegado ya [pero me parece poco probable que haya llegado], empezábamos ahora mismo

PRÁCTICA

XLVIII. ¿Qué harían los estudiantes si sucedieran las siguientes cosas? Demuéstrense los conocimientos y la inventiva personales construyendo frases libremente según el modelo:
tener mucho dinero
Si tuviera mucho dinero, me compraría un cohete y me iría a vivir a Marte.

1. Conocer a una chica más inteligente que tú.
2. Ser el marido de la primera mujer Presidente de los Estados Unidos.
3. Salir con un chico fichado por la policía.
4. Estar enamorada del profesor de Historia.
5. Cantar mejor que Plácido Domingo.
6. Tener una isla en el Caribe.
7. Asistir a una cita con un extraterrestre.
8. Tener alas como los pájaros.

9. Pintar como Picasso.
10. Escribir poemas de amor.
11. Ser español.
12. Medir dos metros y veinte centímetros.
13. Ser el único asistente a una conferencia.
14. Ser elegida miss mundo.
15. Descubrir que tu novia(o) te engaña.
16. Poder dar un paseo por la luna.
17. Tener un avión particular.
18. Estar en este momento en la playa.
19. Ofrecerte un papel importante para intervenir en una película.
20. Ser amenazado con una pistola.

XLIX. Ejercicios orales. Dos estudiantes dialogan libremente según el modelo:

Estudiante 1: ¿Qué harías (a dónde irías, qué te comprarías, etc.) si te tocara la lotería (tu novia(o) tuviera mucho dinero, etc.)?
Estudiante 2: Si me tocara la lotería me compraría el mejor coche del mundo.

L. Un estudiante dice una de las siguientes mentiras y un compañero(a) le contesta libremente, pero ateniéndose al modelo.

Estudiante 1: Estoy casada.
Estudiante 2: Eso no es verdad; si estuvieras casada, estarías en casa haciéndole la comida a tu marido.

1. Soy Marilyn Monroe.
2. Soy un torero famoso.
3. Tengo poderes mágicos.
4. Hablo perfectamente ocho idiomas.
5. Conozco todos los secretos del contraespionaje soviético.
6. Sueño todas las noches contigo.
7. Vivo en las estrellas.
8. Trabajo en un circo.
9. Gano diez millones de dólares al año.
10. Se cómo se puede aprender a hablar español en diez días.
11. Llevo cuatro días con sus cuatro noches sin dormir.
12. Soy una princesa rusa.
13. Me gustas.
14. Me caso esta tarde.
15. Soy el hombre más guapo del mundo.
16. Tengo quince hijos y dos hijas.
17. Me como todos los días cuatro docenas de pasteles.
18. Tengo ganas de besarte.
19. Como todos los días con el rey.
20. Todas las mañanas me baño en leche de burra, como Cleopatra.

LI. ¿Qué harían los estudiantes si hubieran sucedido, o si no hubieran sucedido, las siguientes cosas? Recuérdese que, para hacer estos ejercicios, no sólo hay que dominar el correspondiente esquema condicional, sino poner a funcionar la imaginación, ya que hay que completar libremente las frases según el modelo:

nacer en España

Si hubiera nacido en España, ahora no tendría que estar estudiando español [porque el español sería mi lengua materna]

1. no comer tanto
2. seguir los consejos de mis padres
3. no conocer a Jaime
4. no secuestrar el avión
5. realizar un viaje a la luna
6. no enamorarme de ti
7. no casarme con un hombre tan poco emprendedor como tú
8. obtener (o:sacar) las mejores calificaciones de la clase del curso pasado
9. nacer a principios del siglo
10. descubrir el secreto de la eterna juventud

LII. Ejercicios orales. Dos estudiantes dialogan libremente según el modelo:

Estudiante 1: ¿Qué harías ahora (qué te comprarías, etc.) si te hubiera tocado la lotería?

Estudiante 2: Si me hubiera tocado la lotería estaría ahora mismo en una playa de Haway, rodeado de hermosas nativas.

LIII. Los estudiantes van a ir diciendo, una tras otra, las siguientes mentiras, y otros irán contestando. Procuren ser ingeniosos, porque así aprenderán y se divertirán al mismo tiempo. Modelo:

Estudiante 1: Ayer peleé con un tipo que medía dos metros y pesaba más de 150 kilos.

Estudiante 2: Eso no puede ser verdad; si tú hubieras peleado con un tipo de esas características, ahora no estarías aquí contándolo.

1. Anoche estuve cenando con una estrella (o: un galán) de Hollywood.
2. Esta mañana he dado un bonito paseo con mi novio (o: novia) por las orillas del Danubio.
3. En mi último safari por Africa cacé cuatro leones.
4. Ayer rompí con mi novio (o: novia).
5. Yo participé en el desembarco de Normandía.
6. La semana pasada grabé en mi casa discográfica mi último *long-play.*
7. Anoche estuve bailando hasta las cinco de la madrugada.
8. Me han ofrecido un papel para actuar con Robert Reford (o: Victoria Principal) en su próxima película.
9. Os tengo que dar una noticia: corrí los cien metros lisos en nueve segundos.
10. Ayer, por fin, le di un beso.

LIV. ¿Qué harían los estudiantes si hubieran sucedido o no sucedido las cosas que siguen? Háganse libremente frases, pero ahora con el modelo:

nacer en España

Si hubiera nacido en España, habría (o: hubiera) tenido que estudiar inglés (alemán, francés, italiano,...) como lengua extranjera.

1. conocerte mejor
2. no salir contigo
3. no tener novio(a) desde tan joven
4. ser más astuto
5. decir **no** a tiempo
6. esforzarme desde el principio del curso
7. seguir el consejo de aquel extraño hombrecillo
8. participar en la Segunda Guerra Mundial
9. ser uno de los marineros de Colón en el viaje del descubrimiento
10. ser Cleopatra

LV. Ejercicios orales. Dos estudiantes dialogan libremente según el modelo:

Estudiante 1: ¿Qué habrías hecho (o: hubieras hecho) si te hubiera tocado la lotería?
Estudiante 2: Si me hubiera tocado la lotería, no hubiera (o: habría) cambiado en nada mis costumbres.

LVI. Mentiras y respuestas según el modelo:

Estudiante 1: Hoy *la* he visto.
Estudiante 2: Eso no puede ser verdad; si la hubieras visto, la habrías (o: hubieras) seguido y no habrías (o: hubieras) venido a clase.

1. Ayer, por fin, me dijo que me quería.
2. El año pasado estudiaba ocho horas diarias.
3. Ayer estuvo en nuestra ciudad el rey de la Arabia Saudí.
4. Esta mañana he estado hablando por teléfono media hora con el presidente de los Estados Unidos.
5. La semana pasada mi padre me regaló un reactor.
6. Esta mañana, antes de venir a clase, he estado desayunando en Pekín.
7. El verano pasado atravesé el Atlántico en un barco de vela.
8. En los últimos juegos olímpicos gané doce medallas de oro en natación.
9. Aprendí a hablar perfectamente el chino en cinco días.
10. Ayer cacé, uno tras otro, a diez leones que se habían escapado del circo.

LVII. ¿Qué harán los estudiantes si suceden, o no suceden, las cosas que siguen? Háganse libremente frases con el modelo:

venir Pedro
Si viene Pedro, iremos al cine.

1. llamar Ana
2. pedirme perdón
3. estar en casa con su amante
4. no salir esta noche
5. no televisar el partido de la Copa de Europa
6. quedarme unos días más en Salamanca
7. oír lo que dicen a través de la puerta

8. terminar hoy de leer la novela
9. hacer todos los ejercicios del tema
10. no acudir a la cita que tengo con Pepe

LVIII. Un estudiante se dirige a un compañero(a), que es un niño(a) y le promete cosas. Modelo:
portar bien/comprar caramelos
Si te portas bien, te compro (o: te compraré) caramelos.

1. leer este poquito/dejarte ver la televisión
2. hacer esta suma/llevarte al cine
3. dejar de llorar/contarte un cuento
4. darle un besito a mamá/cogerte un ratito en brazos
5. decirles a estos señores cómo te llamas/hacerte un enorme pastel de manzana
6. estarte ahí sentadito y callado/darte una bolsa de caramelos
7. hacer los deberes/darte dinero para que compres cromos
8. no molestar a tu hermanita/venir conmigo a la compra
9. callarte y portarte bien/dejarte ir con tu padre a lavar el coche
10. dormirte en seguida/mañana regalarte una cosa

LIX. ¿Qué hacían los estudiantes si sucedían, o no sucedían, estas cosas?
Constrúyanse libremente frases con el modelo:
venir Pedro
Si venía Pedro, íbamos al cine.

1. darle un beso/sonreír
2. comer en casa/quedarme traspuesto un poco en el sofá después de la comida
3. ir al fútbol el domingo/luego mi mujer **estar de morros** toda la semana
4. salir después de cenar/tener que ser siempre con ella
5. venir amigos a cenar a casa/siempre tocarme luego fregar los platos
6. beber un poco más de la cuenta/tener unos terribles ardores de estómago
7. no encontrarme bien/tomarme una pastilla y como nuevo
8. no llamar antes de las ocho/es que no poder venir
9. Marisa querer ir a un sitio/yo poder ir olvidándome de mis proyectos
10. no gustarme la película de la televisión/poner el vídeo

LX. Si se considera necesario, bajo la dirección del profesor, los estudiantes podrán hacer ejercicios orales libres con distintos esquemas de indicativo.

2. Locuciones con SI

Véase el ESQUEMA, donde este aspecto quedó suficientemente explicado.

— **como si**

PRÁCTICA

LXI. Constrúyanse frases según el modelo:

Ana habla español/ser nativa

Ana habla español como si fuera nativa.

1. El perro corría/tener una pata rota
2. El hombre hablaba en voz muy baja/temer ser oído
3. Anda como un pato/llevar piedrecitas en los zapatos
4. Interpretó su papel/ser un actor profesional
5. Tiene una voz muy ronca y tose mucho/fumar
6. Se comportó de un modo raro/estar enfermo
7. Hablarás con ella/no saber nada de lo ocurrido
8. Pues a mí me parece que canta/tener papas en la boca
9. Iba contoneando las caderas/ser una actriz de los años viente
10. Pues a mí no me gusta; va a todas partes con su mamá/ser un perrito faldero

LXII. Dos estudiantes dialogan según el modelo:

Lo hago/ser para nosotros

Estudiante 1: ¿Lo hago como si fuera para nosotros?

Estudiante 2: Sí, hazlo lo mismo que si (o: igual que si) fuera para nosotros.

1. Le escribo/no saber nada
2. Hablo con él/todo estar ya solucionado
3. Lo pido/ser para el departamento
4. Lo redacto/ser ya lo definitivo
5. Me coloco/irme a hacer una foto

LXIII. Dos estudiantes dialogan según el modelo:

Lo hago/no pasar nada

Estudiante 1: ¿Lo hago como si no hubiera pasado nada?

Estudiante 2: Sí, lo mismo que si (o: igual que si) no hubiera pasado nada.

1. Lo llamo/no oír nada por la radio
2. Lo olvidamos y se lo compro/aprobar
3. Se lo diste/no enterarte de lo que iba diciendo de ti
4. Lo trataron/ser él el culpable
5. Me quieres y todo vuelve a ser/no ocurrir aquello

LXIV. Constrúyanse frases según el modelo:

Ana habla (muy bien)/ser española

Ana habla muy bien ¡Ni que fuera española!

o bien:

¡Cómo habla Ana, ni que fuera española!

1. Corría (mucho)/perseguirlo la policía
2. Viste (muy bien)/ser millonaria

3. No me quiso ni mirar/ser (él) el rey ¡Qué se habrá creído ese tío estúpido!
4. Canta como los mismísimos ángeles/ser Monserrat Caballé
5. Canta/ser Julio Iglesias
6. Come (mucho)/estar (nosotros) en el año del hambre
7. Trabaja (mucho)/tener ocho hijos
8. No descansa ni los domingos/tener mujer e hijos que alimentar
9. Te queda, guapa/tener veinte años
10. Me puso (verde)/él ser un santo

LXV. Dos estudiantes dialogan según el modelo:

Ana habla muy bien/ser española

Estudiante 1: Ana habla muy bien.

Estudiante 2: ¡Ni que fuera española!

1. ¿Has visto qué calladito está últimamente Renzo?/estar enamorado
2. Nos miró con mala cara/creerse más que nosotros
3. Dice que no vendrá mañana/necesitarlo (nosotros) para algo
4. Está guapísima/ir todos los días a un salón de belleza
5. No sé qué hice que me caí/estar (tú) tonto, **macho**

LXVI. Constrúyanse frases según el modelo:

Ana habla (muy bien)/vivir en España un montón de años

Ana habla muy bien. ¡Ni que hubiera vivido en España un montón de años!

o bien:

¡Cómo habla Ana, ni que hubiera vivido en España un montón de años!

1. Estoy (muy cansado)/dormir ma!
2. Se puso/**mentarle** (ellos) **a su madre**
3. Cada día más tonto, hijo/echar (tú) novia
4. Me lo estaba temiendo/decir (ellos)
5. Va por la calle/**tocarle el gordo**
6. Estás... ¡Qué cómo estás!/hacerlo (ellos) a medida para ti
7. Echó a correr/ver al diablo
8. Me saludó (muy atentamente)/hacer (nosotros) algo por él
9. Está (rarísimo)/engordar, ¿no?
10. Me encanta/adivinar (tú) mi pensamiento

LXVII. Dos estudiantes dialogan según el modelo:

Ana habla de maravilla/vivir en España

Estudiante 1: Ana habla de maravilla.

Estudiante 2: ¡Ni que hubiera vivido en España!

1. ¿Te has fijado que ni siquiera nos saluda?/hacer (nosotros) algo ¡será tonto, el tío!
2. Está fatal/buf pegarle (ellos) una paliza
3. ¿Te gusta?/decirle (ellos) que llevaba meses detrás de esto. Es precioso
4. ¡Qué camaradería!/comer (nosotros) alguna vez juntos
5. Me voy, que tengo prisa/quedar (tú) con la novia, pues anda

LXVIII. Dos estudiantes dialogan según los modelos:

a) hasta las ocho no puedo/no venir (tú). Me da igual
Estudiante 1: Hasta las ocho no puedo.
Estudiante 2: Como si no vienes. Me da igual.

1. Es que a lo mejor mi padre se enfada/querer (tú) quedarte en casa. Es lo mismo
2. Como vuelvas a hacer eso se lo digo a tu padre/¡y a mí qué! decírselo Vd. a la policía
3. Oye, es que a lo mejor no puedo estar allí exactamente a esa hora/bueno, no poder (tú) ir; no pasa nada
4. Yo no sé si podré ayudar en algo, porque de eso no sé casi nada/no hacer (tú) nada; el caso es que estés allí
5. ¿Y si se entera y se enfada?/no nos volver (él) a hablar ¡Que se fastidie!

b) mira que ese sabe mucho/**estudiar** (él) **para cura**; me tiene sin cuidado
Estudiante 1: Mira que ese sabe mucho.
Estudiante 2: Como si ha estudiado para cura; me tiene sin cuidado.

1. A lo mejor no ha terminado todavía/no empezar; me da igual
2. Cuidado que ese **sabe latín**/es lo mismo; estudiar en Salamanca
3. ¿Le pregunto a ver cuándo nos lo va a mandar?/déjalo, no hacerlo (él), ya no me importa
4. Dice que no cogía nadie el teléfono/no llamar (él) y ahora viene diciendo bobadas
5. Cuando le he preguntado, ha puesto una cara muy rara y me ha dicho que no sabía nada de ese asunto/ser él mismo y ahora quiere **cargarle el mochuelo** a otro

LXIX. Diálogo entre dos estudiantes según el modelo:

bueno, ¿qué hago? ¿estudio o no (estudio)?/estudiar (tú) te va a dar ya lo mismo
Estudiante 1: Bueno, ¿qué hago? ¿estudio o no (estudio)?
Estudiante 2: Tanto si estudias como si no estudias te va a dar ya lo mismo.
o bien: Tanto que estudies como que no estudies te va a dar ya lo mismo.
o bien: Lo mismo si estudias que si no estudias te va a dar ya lo mismo.
o bien: Lo mismo que estudies como que no estudies te va a dar ya lo mismo.

1. ¿Me quedo o voy con vosotros?/quedarte-venirte vamos a tener problemas, así que haz lo que quieras
2. ¿Le contesto o no?/haz lo que te parezca; contestar va a seguir dándonos la lata
3. ¿Te doy un beso?/tu verás, pero dármelo seguiré pensando que te has portado como un cerdo
4. ¿Nos han invitado por fin o no?/no sé, pero invitarnos, tenemos que mandarles un ramo de flores
5. ¿Qué hago?/¡qué se yo! Porque, rebajarte y pedirle perdón **hacerte el sueco** y no darte por enterado, **te la va a armar**. ¡Es tan rarita, la pobre!

— **por si**

PRÁCTICA

LXX. Construyanse frases según los modelos:

a) Compra suficiente para varios días/confirmarse la huelga
Compra suficiente para varios días por si se confirma (o: confirmara) la huelga.

1. Tenlo preparado todo/llamar (ellos) de la oficina de Nueva York
2. Voy a estudiar un poco este fin de semana/el profesor decidir adelantar el examen
3. Llévate ropa de abrigo/por la noche bajar la temperatura en la sierra
4. No te alejes mucho/necesitarte
5. Me llevaré la cámara fotográfica/el paisaje ser interesante
6. La llamaré/todavía estar en casa
7. Compra lo necesario para una buena paella/mañana venir Ana, que ya sabes que le encanta
8. Voy a mirar/acaso dejarlo por aquí
9. Te lo digo/querer tenerlo en cuenta
10. Lo he traído/necesitarlo (nosotros) luego, más tarde

b) No creo, pero miraré a ver/acabar (ellos) ya
No creo, pero miraré a ver por si han acabado (o: hubieran acabado) ya.

1. Pasaré por casa y preguntaré/llamar Andrés
2. Me llevaré también el otro saco de dormir/Ana no lo llevar
3. Compraré fruta sólo para el fin de semana/Juan comprar también
4. Tú pásate antes por la Facultad/llegar Antonio y está esperando allí
5. Mete también las semillas en el coche/llover por allí y podemos este fin de semana sembrar algo
6. Déjaselo por ahí/preguntar por él
7. Tráelo/**echar en falta**
8. Me voy a llevar las botas/nevar por allí
9. No lo toques/ponerlo así precisamente él
10. Date prisa/llegar ya tu padre, que no tenga que esperar

c) Ha salido ya para el hospital/necesitar (ellos) su ayuda
Ha salido ya para el hospital por si necesitaban su ayuda.

1. He cancelado todos mis compromisos/querer (vosotros) visitar la ciudad
2. Me llevé la escopeta/presentarse la ocasión de cazar algo
3. Lo llamé por teléfono/querer (él) venir a pasar el fin de semana con nosotros
4. No, no salí; me quedé en casa toda la tarde/llamar Pedro
5. Y luego he estado esperando un rato en la estación de autobuses/llegar (él) en otro coche
6. Siempre esperaba un rato más/necesitarme (ellos) para algo
7. Me dijo que esperara fuera/venir el jefe, que no me viera allí dentro
8. Todos los días venía a contarnos sus penas/y darle (nosotros) unas pesetillas para sus vicios
9. Le pedí que me acompañara/volvernos a cruzar con el tipo aquel
10. Te lo digo/no saber (tú) nada

d) No; sólo lo preguntaba/venir (él)
No; sólo lo preguntaba por si había venido.

1. Se lo pregunté/oír (él) algo
2. Hice como que no sabía nada/hablar tú antes con él
3. Se lo dejé encima de la mesa/preguntar por él
4. Creo que me lo pidió/introducir (ellos) alguna corrección

5. Me asomé a la ventana/todavía no subir al coche
6. Se lo advertía siempre al salir/olvidarse de tomar las precauciones
7. Lo haré/pedirlo (él)
8. Hablé con él/recibir alguna noticia nueva
9. Me callé/tú contarle algo, y no fuéramos a contarle versiones distintas
10. Te lo lavé/acordar (vosotros) que fueras tú a supervisar las obras y lo necesitabas, claro

LXXI. Dos estudiantes dialogan según los modelos:

a) ¿Lo hago?/sí, hazlo venir (ellos) a buscarlo hoy
Estudiante 1: ¿Lo hago?
Estudiante 2: Sí, hazlo por si viene a buscarlo hoy.

1. ¿Voy comiendo yo ya?/sí, despertar la niña, que puedas cogerla
2. ¿Me marcho ya?/no, espera un poco venir Juan y tiene que decirte algo más
3. ¿Quieres que se lo diga?/sí, haz el favor él saber algo y nos puede ayudar[1]
4. ¿Quito la televisión?/no, déjala Pepe querer ver el partido
5. ¿Me pongo el traje nuevo?/no, no te lo pongas mañana tener (tú) que ir a esa reunión, que lo tengas bien planchado

b) ¿Por qué saliste?/pasarte algo
Estudiante 1: ¿Por qué saliste?
Estudiante 2: Por si te pasaba algo.

1. ¿Por qué no entraste a hablar con ella?/todavía estar enfadada y me **mandar a hacer puñetas**
2. ¿Por qué subía todos los días a ver a los abuelos?/ah, **caer algo**
3. ¿Por qué lo llamaste?/bueno, por nada especial, sólo querer (él) venir con nosotros
4. ¿Pero por qué lo tiraste a la basura?/tú verlo y pegarme
5. ¿Le has pedido permiso a tu madre para ir a la fiesta?/sí, no acordarse (ella) ya de que me había castigado, pero ya lo creo que se acordaba

c) ¿Por qué lo preguntas?/sobrar algo, que tengo mucha hambre
Estudiante 1: ¿Por qué lo preguntas?
Estudiante 2: Por si ha sobrado algo, que tengo mucha hambre.

1. ¿Para qué lo quieres?/no, para nada. Sólo pregunto venir (él) por aquí
2. ¿Lo vas a dejar?/sí, lo voy a dejar aquí venir y se lo quiere llevar
3. ¿Qué hago con esto?/déjalo ahí verlo
4. ¿Por qué llamas a Pedro?/Juana llamarlo a él y sabe algo
5. ¿Por qué no te vienes con nosotros esta noche?/venir Andrés y quiere que salgamos solos a cenar

LXXII. Complétense los puntos suspensivos con la forma verbal adecuada.

1. No hagas ruido, no sea que (estar, ellos)........................ ya dormidos.
2. No hagas ruido, por si (estar, ellos)........................ ya dormidos.

1. En esta frase y las equivalentes, en lugar de **por si**, sería muy apropiado usar la expresión **a ver si.**

3. No quise decirles nada, no fuera a ser que (pensar, ellos)........................ que (querer, yo)........................ **sacarles** algo.
4. No quise decirle nada, no fueran a (pensar)........................ que (querer, yo)........................ que (decirme, ellos)........................ algo de lo tratado en la reunión.
5. Me quedé un rato más allí, no fuera a ser que (volver, ellos)........................ y (**armarla**)........................
6. Me quedé un rato más allí, por si (volver, ellos)........................ con ganas de pelea.
7. **Por la cuenta que te tiene,** hazlo, no sea que (tenerte)........................ que acordar del día de hoy.
8. No creo que (quedar)........................ ya ninguno, pero por si acaso (ir, yo)........................ a mirar otra vez.
9. Por si no (saberlo, tú)........................, te diré que (quererme, ella)........................ a mí y sólo a mí.
10. Cerré, no fueran a (entrar)........................ esos gamberros y (destrozarlo)........................ todo.
11. No; te he llamado solamente por si (recibir, tú)........................ alguna noticia nueva, y no fuera a ser que (estar, ellos)........................ ya aquí en la ciudad y nosotros no nos (enterar)........................
12. Llévatelo por si acaso (verlo, tú)........................, y se lo das.
13. Lo teníamos siempre todo preparado, no fuera a ser que (presentarse)........................ de improviso una inspección y nos (coger, ellos)........................ **con las manos en la masa.**
14. Lo teníamos siempre todo preparado por si (presentarse)........................ una inspección de improviso.
15. **Por si** (**ser**, nosotros)........................ **pocos, parió la abuela.**

— **salvo si,** etc.

PRÁCTICA

LXXIII. Complétense los puntos suspensivos con la forma verbal adecuada.

1. Sólo puedes quedarte hasta las doce, y eso si (prometerme, tú)........................ que por la mañana, en cuanto te (llamar, yo)........................, (ir, tú)........................ a saltar de la cama.
2. Yo no sé qué hacer con él, Juan. No estudia más que si (estar, yo)........................ continuamente encima de él.
3. Te lo daré sólo si (portarte, tú)........................ bien.
4. Obtendremos siempre el mismo producto y la misma calidad, salvo si (cambiar)........................ algún elemento, como la presión, el grado de humedad, etc.
5. Obtendremos el mismo resultado, salvo que (introducir, nosotros)........................ alguna modificación en las condiciones básicas.
6. Eso es así, excepto si mi mujer (opinar)........................ lo contrario.
7. Eso es así, excepto que mi marido (decir)........................ que no.
8. **Como mucho**, los sábados me dejaban salir hasta las once, y eso si (salir)........................ también mi prima.
9. Compraríamos, en todo caso, el barato, y eso si tu padre (querer)........................
10. Todos los días compraba algún pastel, menos si no (tener)........................ dinero, claro.

3. **Otras partículas y construcciones condicionales**

Comentario: hasta aquí hemos estudiado la partícula **SI**, la conjunción condicional de uso universal, pero por eso mismo —como ya hemos visto— la de valor más neutro. Ahora bien, en español hay otras muchas partículas y otras formas de expresar la condición; por lo general con valores más específicos, pero de uso muy frecuente. En este nivel, el estudiante no debe limitarse al uso de SI: si quiere que su español se aproxime cada vez más al de los hablantes nativos, tendrá que conocer, primero, e incorporar luego a su uso del idioma estas otras estructuras condicionales.

Estas partículas y construcciones han quedado recogidas, con bastante detalle, en el ESQUEMA; por lo que, de un modo general, remitimos al mismo. Aquí, antes de los ejercicios específicos de automatización, haremos algún comentario sólo cuando lo consideremos necesario u oportuno.

Por otra parte, téngase en cuenta que, desde un punto de vista sintáctico, estas estructuras no deben suponer problema alguno ya que pertenecen al tipo: I———I ↱ I———I. Es decir, el uso del indicativo o subjuntivo depende de la partícula, y por lo tanto estamos ante aquello de que «SI abrimos la boca y decimos...»

— **como ⇒ SUBJUNTIVO**

- recordemos que antepuesta y construida con **indicativo** equivale a «puesto que».

- **como** condicional puede construirse con cualquiera de las cuatro formas de subjuntivo, con los valores propios de éstas tal como se aprecia en los ejemplos del ESQUEMA, donde hemos señalado también las equivalencias con **si.**

- **como** tiene de especial, frente a **si**, el ser una partícula específica para significar:

1) «amenaza o advertencia». De manera que imaginemos esta situación: una señora española está sentada en el salón de su casa viendo, muy interesada, el correspondiente episodio de una famosa serie de televisión; en un extremo del salón, su hijo de cuatro años está jugando y hace bastante ruido. La madre podría decirle, en primera instancia, algo como:

no hagas ruido, hijo, que no me dejas oír

Si el niño no oye o parece no oír, su madre elevará el tono de voz:

te he dicho que no hagas ruido

Si el niño continúa molestando a la madre, muy posiblemente, ésta pase a la amenaza:

como vaya, te voy a...

Como vaya..., esta frase en su contenido semántico es equivalente a **si voy,** pero esa madre española, en la situación que hemos creado, raramente usaría esta última estructura, porque:

para amenazar usamos COMO ⇒ SUBJUNTIVO

2) «deseo». Supongamos ahora esta situación: Carolina está estudiando español en Madrid y hay una fiesta en la embajada de su país. Su compatriota Cristina le pregunta si va a ir; Carolina, que no tiene ningún interés especial en esa fiesta y ni siquiera sabía que se iba a celebrar, podría responder:

¡Ah! No sabía que fuera a haber una fiesta. Pero bueno, **si me invitan** a lo mejor voy.

Si me invitan... frase neutra: «si sí, sí; si no, no». Pero supongamos, por un momento, que Carolina «conoce» al segundo secretario de la embajada, un joven de 26 años, alto, guapo y con una brillante carrera diplomática por delante. Salvo que quisiera engañarnos, Carolina no diría nunca la frase anterior, sino más bien esta otra:

¿Que hay una fiesta en la embajada? ¿Cuándo? ¿Que se necesita invitación? **Como me inviten,** voy

Como me inviten... no se trata, evidentemente de: «si sí, sí; si no, no». Sino de: «si me invitan, y ojalá me inviten, voy».

condición con deseo → COMO ⇒ SUBJUNTIVO

PRÁCTICA

LXXIV. Constrúyanse frases según los modelos:

a) volver (tú) a hacer eso/pegarte una torta
Como vuelvas a hacer eso te pego una torta.

1. no estudiar (tú)/te suspenderán
2. levantarte otra vez de la mesa/te castigo
3. continuar lloviendo/se va a estropear la cosecha
4. no regresar (tú) inmediatamente/no vuelvas nunca a esta casa
5. llegar (yo) tarde/mi padre me reñirá
6. salir (tú) con otro chico en España/cuando regreses, ni siquiera te hablaré
7. volverte (yo) a ver hablando con ella/te vas a enterar
8. llegar (tú) tarde mañana/no podrás ir de excursión, así que no lo olvides
9. no mandarme (ellos) pronto de Egipto lo que necesito/no podré continuar la investigación
10. no darte (tú) prisa/cuando llegues ya habrá empezado la película

b) tengo muchas ganas de ir a esa fiesta; así que, invitar (ellos)/voy
Tengo muchas ganas de ir a esa fiesta; así que, como me inviten, voy.

1. ¡qué alegría! aprobar (yo)/me van a llevar a México
2. poder (yo)/le doy un beso. ¡Es tan guapo(-a)!
3. estoy impaciente esperando ese día: ganar (nosotros) ese partido/seremos campeones
4. venir hoy Elvira/no me voy a separar de ella ni un minuto
5. mañana se dará a conocer el resultado y darme (ellos) el premio/voy a estar una semana entera sin dormir
6. ¡Qué suerte tienes! poder (yo)/voy a hacer lo mismo que tú
7. ¡muchachos, mañana hacer buen tiempo/daremos la clase de español en el jardín tomando el sol!
8. volverme a preguntar/le diré que sí, que estoy locamente enamorado(-a)
9. conseguir (yo) ese trabajo/te voy a comprar las cosas más bonitas del mundo
10. probarlo/ya verás cómo repites

c) suspenderte/te quedas sin vacaciones
Como te hayan suspendido, te quedas sin vacaciones

1. mancharte/vas a saber quién (o: cómo) es tu madre
2. ganar el otro partido/ lo vamos a pasar muy mal
3. enterarse la directora/hasta es posible que los expulsen del colegio
4. llamar mi padre y contárselo (ellos) todo/no sé qué va a pasar. Es mejor no pensarlo
5. gastar todo el dinero/ya verás qué enfadada se va a poner mamá

d) tener (yo) dinero/me iba a pasar la vida viajando
Como tuviera dinero, me iba a pasar la vida viajando

1. yo estar en tu lugar/ya se lo había dicho
2. a mí me invitar (ellos) a esa fiesta/claro que iría
3. saber (yo) quién lo ha hecho/me las pagaría
4. venir el grupo Dire Straits/ya verías cómo sí iba a verlo
5. yo fuera tú/no volvía a hablarle jamás en la vida

e) a mí invitarme a la fiesta/claro que habría ido
Como a mí me hubieran invitado a la fiesta claro que habría ido.

1. yo estar allí/no se habrían reído de vosotros
2. yo tener dinero/no os habríais quedado sin vacaciones
3. insultarme (él) a mí/le habría roto la cara
4. no tener (tú) carné de conducir/el policía te habría puesto una multa
5. salir (tú) formalmente con una chica española/me habría enfadado mucho

LXXV. Dos estudiantes dialogan según los modelos:

a) No quiero hacerlo/no hacerlo, te vas a acordar de mí
Estudiante 1: No quiero hacerlo.
Estudiante 2: Como no lo hagas, te vas a acordar de mí.

1. No me apetece/no ir (tú), **me las pagas**
2. Es que ya estoy muy cansado/venir tu padre y no haber terminado, te vas a enterar
3. ¿Es que no puedo yo jugar?/ir (yo), verás si le hablas así a tu madre
4. Tonto, retonto, que eres un tonto/cogerte...
5. Tú no sabes cómo te puso/echármelo a la cara, no le van a quedar ganas de meterse donde no le llaman

b) ¿No te apetece ir?/claro que sí; poder (yo) cambiar la hora de la clase, desde luego que voy
Estudiante 1: ¿No te apetece ir?
Estudiante 2: Claro que sí; como pueda cambiar la hora de la clase, desde luego que voy.

1. ¿Te lo vas a comprar o no?/tener (yo) suficiente, desde luego
2. Me voy a pasar unos días al campo porque no puedo más/pues yo, poder, voy a hacer lo mismo
3. ¿Por qué no os venís a pasar el fin de semana?/oye, lo hablaré con Juan y, no tener (él) algún compromiso, te prometo que vamos
4. No voy a tener más remedio que estudiar algo este verano/pues yo, aprobar (yo), no voy a **dar ni golpe**

5. Dicen que es un lugar precioso, con mar, mucho bosque.../ser (ello) cierto, nos lo vamos a pasar...

c) creo que se está de maravilla/yo poder...

Estudiante 1: Creo que se está de maravilla.
Estudiante 2: Como yo pudiera...

1. La he notado un poco triste/claro, pero Pepe decirle algo, ya verías cómo cambiaba
2. Es un muchacho que vale mucho/alguien ocuparse de él, llegaba lejos, ya lo creo
3. Me encanta/**¡toma ésta, y a mí!** no ser tan caro ya me lo había comprado yo
4. Desde luego es una preciosidad/¡qué rabia! tener (yo) dinero, me lo compraba
5. No sé qué hacer/yo estar en tu lugar **ni lo pensaba**

LXXVI. Dos estudiantes dialogan según el modelo:

como salga en la prensa, nos van a marear a llamadas/eso me parece a mí también que, lo publicar (ellos), no nos van a dejar un momento de tranquilidad

Estudiante 1: Como salga en la prensa, nos van a marear a llamadas.
Estudiante 2: Eso me parece a mí también que, en cuanto lo publiquen no nos van a dejar un momento de tranquilidad.

1. Como cedas esta vez, estás perdida/ya lo sé, dárselo (yo) se va a marchar y no vuelve más
2. Como vengan, no sé qué vamos a hacer/no, decidir (ellos) venir tenemos que cambiar todos los planes
3. Como salga ahora lo va a pasar mal/salir (él) tiene alrededor una nube de periodistas
4. Como intenten algo, me vais a tener que echar una mano/moverse (ellos) nos tienen a todos encima, no te preocupes
5. Como entren ésos, yo me voy/y yo, verlos cruzar la puerta salgo por esta otra

— **cuando** ⇛ **INDICATIVO +** forma de probabilidad

- para el primer ejemplo del ESQUEMA podríamos pensar en una situación como la que sigue: el profesor de lengua y un alumno discuten durante un rato un tema de gramática; ni el profesor convence al alumno, ni éste hace cambiar de opinión al profesor. Para zanjar la cuestión simplemente o porque realmente lo piensa así, el estudiante puede decir:

  cuando Vd. lo dice, será así ~ si Vd., que es el profesor, dice que es así, pues así será, pero yo no lo veo muy claro

- para el segundo: una madre, por ejemplo, que tiene plena confianza en su hijo, ante un hecho inusual, puede reaccionar diciendo:

  cuando no ha llamado por algo será ~ si no ha llamado alguna razón habrá que lo explique

  o bien con preocupación:

cuando no ha llamado es que algo le ha pasado = «sólo algo muy grave puede justificar que no haya llamado».

PRÁCTICA

LXVII. Dos estudiantes dialogan según el modelo:

tomátelas, porque son **mano santa**/tú, que sabes de medicina más que los médicos, decirlo, te tendré que hacer caso

Estudiante 1: Tómatelas, porque son mano santa.
Estudiante 2: Cuando tú, que sabes de medicina más que los médicos, lo dices, te tendré que hacer caso.

1. Oye, yo me he comprado cuatro/bueno, bueno; tú, que entiendes, comprártelo, probaré a ver
2. Pero tampoco tienes que estar preocupada/no, si es lo que digo yo: él decir nada ayer por algo sería
3. Tampoco es tan tarde, mujer/no, no; él es siempre muy puntual, así que, no saber (ellos) en casa de su hermano nada de él, es que algo le ha ocurrido
4. ¿Vamos mañana a ver la película?/no tenía muchas ganas; pero hasta Pilar atreverse a verla, no creo que sea tan desagradable como dicen
5. ¿Pongo este libro ya en la estantería?/déjalo donde está; él ponerlo ahí, por algo habrá sido
6. ¿Por qué no se llevaría el abrigo?/no llevárselo es que no haría frío
7. ¿Van a venir, por fin, este fin de semana?/no, y no venir (ellos) es que él **anda peor**
8. No seas cobardica, anda/pues sí, tú poder por qué yo no
9. Llámalo a ver qué pasa/sí, porque no llamar ya él seguro que es que tiene mucho trabajo y no viene
10. Andrés tiene uno en su casa/pues, él tenerlo, no puede ser muy caro

— **siempre que ⇒ SUBJUNTIVO**

- el ejemplo de «condición olvidada» podría responder a una situación como la del diálogo:

— [en el mes de marzo] Papá, cómprame una bicicleta, que mis amigos...
— En junio, si apruebas, te compro la mejor que haya. Te lo prometo.
— [Mediados de mayo. Hace un tiempo espléndido] Papa, me dijiste que me ibas a comprar una bicicleta, así que cómpramela, porque todos mis amigos...
—¿Sí? ¿Yo te he dicho eso?
— Sí me dijiste que me ibas a comprar la mejor.
— Bueno, pues el sábado... ¡Eh, un momento! Siempre que → **aprobaras**. Ahora lo recuerdo, así que...

- a este mismo valor o bien al de «condición obvia» podría responder cuando alguien dice:
voy a cambiar de coche

y tras una breve pausa, matiza su afirmación con:

siempre que me **aumenten** el sueldo, claro

PRÁCTICA

LXXVIII. Pónganse en la(s) forma(s) adecuadas(s) los infinitivos entre paréntesis.

1. Podéis jugar, siempre que no (hacer)........................ mucho ruido y (despertar)........................ a la niña.
2. Siempre y cuando yo no (tener)........................ que intervenir en nada, podéis hacer lo que os dé la gana.
3. No creo que (haber)........................ ningún inconveniente en hablar con ella, siempre que (estar)........................ en casa.
4. Vamos, siempre que te (portar)........................ bien.
5. Siempre y cuando (estar, ellos)........................ dispuestos a cumplir con su parte, no creo que (haber)........................ mayores dificultades para llegar a un acuerdo.
6. Puedes hacerlo, siempre que los demás (querer)........................
7. Siempre que, al terminar, lo (dejar, vosotros)........................ todo como está, me parece muy bien que lo (utilizar)........................ para la fiesta.
8. El fin de semana nos vamos al pueblo y descansamos allí... Bueno, siempre que no (surgir) .... algo al final, como siempre.
9. Podemos, entonces, elevar un escrito al ministerio en los términos que se han apuntado, siempre y cuando todos (estar, nosotros)........................ de acuerdo, por supuesto.
10. Siempre que lo (hacer, vosotros)........................ me parece estupendo.

— salvo que, excepto que,... ⇒ SUBJUNTIVO

PRÁCTICA

LXXIX. Complétense los puntos suspensivos con la forma verbal adecuada.

1. Yo, por mí, iría a ver esa película, a no ser que a ti te (apetecer) .... otra cosa.
2. Salvo que algún niño (ponerse)........................ malo, creo que para el puente de San José podemos ir.
3. Bueno, pues creo que está todo arreglado, a menos que al jefe no le (gustar)........................ y nos (hacer)........................ reunirnos otra vez.
4. Me parece todo estupendo, excepto que no (haber, vosotros)........................ invitado a los vecinos de abajo.
5. A no ser que se lo (pedir, nosotros)........................ a los abuelos, si no, no sé cómo vamos a pagar este plazo.
6. Por mí sí, salvo que no (poder)........................, porque nunca se sabe, oye.
7. La situación financiera de la empresa es de quiebra, salvo que (tomar, nosotros)........................ ahora mismo la decisión —arriesgada, sí— de acudir a nuestro patrimonio personal.
8. Es que no hace absolutamente nada a no ser que (estar, tú)........................ continuamente diciéndoselo.

9. Lo tenemos ya todo distribuido, a menos que tú no (querer)........................ participar.
10. Todo arreglado, salvo que alguien (decir)........................ lo contrario.

— **según que ⇒ SUBJUNTIVO**

PRÁCTICA

LXXX. Pónganse en la forma adecuada los infinitivos entre paréntesis.

1. Nos expuso distintas soluciones, según que (querer, nosotros)........................ gastarnos mucho o poco.
2. Se pueden instalar distintos tipos, según que la cocina (ser) .... más o menos grande. Si la cocina (ser)........................pequeña, yo le aconsejaría estos muebles blancos. Ahora, si su cocina (tener)........................ 20 m^2, entonces...
3. Yo actuaré conforme y según (hacer)........................ tú. Si te (quedar)........................, me quedo yo también; ahora, si te (ir)........................, en ese caso es posible que, cuando (regresar, tú) ...., te (llevar)........................ una sorpresa.
4. Es que según que Vd. (tener)........................ o no (tener)........................, por ejemplo, altavoces le resultará más o menos caro. Porque esto (comprarse)........................ por piezas: si Vd. (querer)........................ sólo el magnetófono, yo le vendo sólo el magnetófono; que a Vd., en este momento, no le (interesar)........................ el...
5. La policía ha dicho que, según que nos (comprometer)........................ o no a garantizar nosotros mismos el orden, así (actuar)........................ ellos.

— **cuanto antes,... ⇒ INDICATIVO/SUBJUNTIVO**

PRÁCTICA

LXXXI. Complétense los puntos suspensivos con la forma verbal adecuada.

1. ¡Qué hombre! Cuanto más (hablar)........................, peor.
2. Cuanto antes lo (terminar)........................, antes podrás entregarlo.
3. Me dijo que, cuanto peor me (portar)........................, menos me(ir)........................ a querer él.
4. Yo sabía que, cuanto menos lo (**atosigar,** nosotros)........................, más rápido lo (hacer, él) ....
5. No seas bobo. Cuanto antes lo (hacer, tú)........................ antes podrás ver la televisión.
6. Cuanto mejor te (portar, tú)........................, mejor será para ti.
7. Cuanto menos le (decir, vosotros)........................, mejor.
8. Cuanto antes (acabar, nosotros)........................ los deberes, antes nos (poner, nosotros)........................ .... a jugar con el ordenador.
9. La cosa es muy fácil: cuanto más ejercicios (hacer, nosotros)........................ más aprenderemos.
10. Y cuanto menos tiempo (perder, nosotros)........................, más ejercicios (hacer, nosotros) ....

— mientras ⇒ SUBJUNTIVO

PRÁCTICA

LXXXII. Dos estudiantes dialogan de acuerdo con el modelo:

¿Y qué hago ahora?/yo tener dinero, no te preocupes
Estudiante 1: ¿Y qué hago ahora?
Estudiante 2: Mientras yo tenga dinero, no te preocupes.

1. Me preocupa Andrés/seguir (él) trabajando, tú tranquila
2. Yo hago lo que me da la gana/vivir (tú) conmigo, no
3. Tienes que ayudarme/no pedírmelo por favor, no
4. ¿Cuándo se lo doy?/estar (ellos) reunidos es mejor que no entres
5. Yo creo que se lo deberíamos mandar ya/no; no saber (nosotros) exactamente en qué va a quedar el asunto, no debemos enviar ningún papel

— con tal (de) que,... ⇒ SUBJUNTIVO/sólo con ⇒ INFINITIVO

PRÁCTICA

LXXXIII. Dos estudiantes dialogan según el modelo.

Estudiante 1: Si estudias un poco más aprobarás.
Estudiante 2: ¿Seguro? (o: ¿Tú crees?/No lo creo/¿Si?...)
Estudiante 1: Yo te garantizo que (o: yo te aseguro que/yo te digo que/yo te puedo afirmar que/...) con que (o: sólo con que/con tal (de) que) estudies un poco más aprobarás.

1. Si hablas con ella se solucionará todo, ya verás.
2. Si lo ve ese médico ya es suficiente.
3. Si se lo pides te lo concederá.
4. SI le pides perdón volverá a tu lado.
5. Si se lo explicas comprenderá.

— a poco que, a nada que ⇒ SUBJUNTIVO

— a cambio de que ⇒ SUBJUNTIVO

PRÁCTICA

LXXXIV. Complétense los puntos suspensivos con la forma verbal adecuada.

1. A poco que se lo (proponer, ella).. llegaría lejos.
2. A nada que (hacer, yo).. ya me están riñendo.

3. No me importa ir, a cambio de que tú (venir)........................ luego aquí.
4. Le dije que se lo hacía, a cambio de que ella me (ayudar)........................ a resolver mi problema con Adela.
5. No ha estudiado mucho, pero a poco que (haber)........................ estudiado no creo que (tener) .... problemas con el examen.
6. Es un vago, pero a poco que (trabajar)........................ saldrá adelante.
7. Era un maestro a la antigua usanza: a nada que (hacer, tú)........................ que no le gustara te daba una torta.
8. Siempre que he podido le he echado una mano, pero siempre a cambio de que él (hacer)........................ también algo por mí.

— **que** condicional

- Lo mismo que otros **que** (final, causal) que ya hemos estudiado es de uso muy frecuente, sobre todo en el español hablado. Por contra, el estudiante extranjero de español apenas si hace uso de esta construcción. Si se quiere, pues, que ese español se parezca cada vez más al hablado realmente por los nativos, ya sabemos qué es lo que hay que hacer: incorporar esta construcción, asimilarla a través de la práctica y ponerla en uso.

- Como ya indicábamos en el ESQUEMA, este **que** se construye exactamente igual que el **si** condicional:
  — **indicativo:** todas las formas, menos los futuros.
  — **subjuntivo** (menos frecuente): sólo las dos formas admitidas por **si.**

- La partícula **que** condicional se usa en estructuras disyuntivas, pero:

  — puede usarse **que** en los dos miembros:
  Tú vas; **que** está, te lo traes, **que** no está, le preguntas para cuándo va a estar.
  — o bien **que** puede alternar con **si:**
  Tú vas; **que** está, te lo traes, **si** no está, le preguntas para cuándo va a estar.
  Tú vas; **si** está, te lo traes, **que** no está, le preguntas para cuándo va a estar.

PRÁCTICA

LXXXV. Dos estudiantes dialogan según el modelo:

¿Qué hago?/pues mira, viene, sales con él; no viene, llamas a ver si está en casa
Estudiante 1: ¿Qué hago?
Estudiante 2: Pues mira, que (o: si) viene, sales con él; que (o: si) no viene, llamas a ver si está en casa.

1. Es que me gustaría hablar con ella/muy bien, entonces llama, yo le digo que espere un momento, que quieres hablar con ella; se pasa la mañana y no llama, la llamas tú desde este mismo teléfono.

2. Nos divertíamos mucho, ¿recuerdas?/claro. Hacía sol, bajábamos todas las tardes al río; llovía, jugábamos en el pajar.
3. ¿Le ayudo o no?/espera un momento; te lo pide otra vez, le ayudas; no, hazte el sueco.
4. ¿Qué hacíais los domingos?/dependía: durante la semana nos habíamos portado muy bien, nos llevaban a algún sitio bonito; la cosa no había ido muy bien, muchas veces entonces no nos dejaban salir del jardín.
5. Yo no aguanto ya más; se lo voy a decir/no, espera un momento. Mira, te parece que ya ha sufrido bastante, piensa en lo que te hizo él; ya no puedes aguantar más, muérdete la lengua.
6. ¿Qué le digo?/está solo, la verdad; hay alguien con él, que venga a verme a mí.
7. Pero es que me gustaría tanto tenerlo hoy/bueno, pues entonces ve a ver. Lo terminaron ayer, te lo traes; no, mira a ver si les puedes meter prisa y te lo terminan hoy.
8. Yo lo que quiero es mi maleta/bien, vete a la estación de ferrocarril; estuviera allí, perfecto, todo solucionado; no está, como yo creo, pregunta a ver en alguna agencia de transportes.
9. ¿Qué hacemos?/muy fácil: viene mañana, no hay problema; llama y dice que no viene, vamos nosotros a verlo.
10. Yo creo que se lo deberíamos dar ya/ni hablar; nos lo pide, ya nos lo pensaremos; no, tranquilos, que ya se verá qué hacemos.

— y eso que, y eso (en el) caso de que ⇒ SUBJUNTIVO

LXXXVI. Dos estudiantes dialogan según el modelo:

Si se lo decimos, será simplemente porque nos da la gana/nos lo pidan

Estudiante 1: Si se lo decimos, será simplemente porque nos da la gana.
Estudiante 2: Y eso (en el) caso de que (o: y eso que) nos lo pidan.

1. Podemos darle una pequeña parte/queramos, que nadie nos obliga.
2. En el último momento le podemos pedir que nos echen una mano/lo necesitemos, que si no, no.
3. Se lo comunicaremos si nos parece oportuno/se pasen por aquí.
4. Le daremos, creo yo, como una quinta parte/lo reclamen.
5. Sólo les decimos que si quieren venirse con nosotros/los veamos, porque no vamos a andar nosotros detrás de ellos.

LXXXVII. Complétense los puntos suspensivos con la forma verbal adecuada.

1. En el caso de que (venir, ella)............ tendríamos que prepararle la habitación de arriba.
2. Puedes estar seguro de que, en el caso de que lo (necesitar, ella)............, yo mismo le habría ayudado, pero no me pareció que (necesitar)............ nada.
3. Te lo di, sí, pero con la condición expresa de que te (callar)............ y no le (decir)............ absolutamente nada a nadie.
4. No debería —porque, como me (descubrir, ellos)............, me juego más que el puesto—, pero te lo voy a dar, con la condición, claro, de que el lunes, sin falta, me lo (devolver, tú) ....

5. En el supuesto —poco probable, claro— pero en el supuesto de que no (obtener, nosotros) .... la mayoría en la primera vuelta, tendríamos que pactar con ellos, así que conviene atacarlos en nuestros mítines, **pero menos.**

— **de + INFINITIVO**

- para las equivalencias con **si** véase el ESQUEMA.

LXXXVIII. Dos estudiantes dialogan según el modelo:

Si viene, supongo que nos avisará antes/sí, sí, claro; venir, avisará
Estudiante 1: Si viene, supongo que nos avisará antes.
Estudiante 2: Sí, sí, claro; de venir, avisará.

1. Si lo hubiéramos sabido, habríamos ido/sí, ha sido una pena, porque yo, haberlo sabido, habría hecho lo posible también por ir.
2. Si se hubiera decidido a venir ya debería estar aquí, ¿no cree Vd.?/sí, sí, claro; haber salido de Madrid a las ocho de la mañana debería estar aquí, sí.
3. Si se recibe alguna noticia comunícamela, por favor/descuide Vd., recibirla Vd. será el primero en enterarse.
4. Si vinieran, Vd. mismo los acompañaría en la visita a la ciudad/puede estar tranquilo el señor Presidente; venir esos señores, yo mismo los acompañaría con mucho gusto.
5. Si hubiéramos tenido tiempo, desde luego que habríamos pasado por tu casa, aunque sólo hubiera sido a saludaros/no os preocupéis. Lo mismo os digo yo, haber sabido que veníais os hubiéramos ido a esperar.

— «orden» + **y** con valor condicional

- Es ésta una construcción de uso frecuentísimo en la lengua hablada, y en cambio poco o nada utilizada por el hablante extranjero. Hay que incorporarla, pues.

PRÁCTICA

LXXXIX. Dos estudiantes dialogan según los modelos:

a) Me la llevo/atreverte y romperte la cara
Estudiante 1: Me la llevo.
Estudiante 2: Atrévete y te rompo la cara.

1. No quiero, no quiero/venir (tú) y ver cómo mamá no te hace pupa

2. Eres un estúpido/volver (tú) a decir eso y no responder (yo)
3. Se lo voy a decir al profesor/hacerlo (tú) y decirle (yo) lo que hiciste tú ayer
4. No aguanto más; me voy, esto se acabó/no irte, esperar hasta mañana y seguro que esta noche cambiar todo
5. Eres injusto con ella/repetirlo (tú) y ver (tú)
6. Eres un atrevido/¿sí? venir (tú) y darte (yo) un beso
7. Me voy/levantarte [de la mesa] y quedarte (tú) sin película
8. Me voy a dar una vuelta por ahí/dejarme sola esta noche otra vez y, cuando vuelvas, **este pájaro volar**
9. ¿Qué quieres, mamá?/irte a comprarme la revista y darte (yo) para cromos
10. ¡Qué bolígrafo tan bonito!/darme un beso y dártelo (yo)

b) Mamá, quiere pegarme/atreverse y ver (tú) lo que le pasa a él
Estudiante 1: Mamá, quiere pegarme.
Estudiante 2: Que se atreva y verás lo que le pasa a él.

1. Amenaza con venir mañana/muy bien, que venir (él) y ya hablar (nosotros)
2. Dice que se marcha/que hacerlo (él) y no volver a esta casa
3. **Te ha puesto verde/** que decírmelo (él) a mí, **a la cara,** y seguro que no quedarle ganas de volver a hacerlo
4. Yo creo que le gustaría tenerlo/que venir (ella) y me lo pedir (ella) y dárselo (yo)
5. Anda, no seas malo con él/que pedirme (él) perdón y olvidarlo (nosotros) todo
6. Yo sé que te quiere y que está arrepentida/que decírmelo ella y luego ya ver (nosotros)
7. Me ha dicho que no/que no hacerlo (él) y acordarse (él) del día de hoy
8. No creo que venga/pues que no venir (él) y aquí no volver (él) a poner un pie
9. Se empeña en hacerlo/que hacerlo (él) y pegarle (yo) una torta que...
10. ¿Pero tú crees que vas a aprobar?/que suspenderme (ellos) y...

c) Quiso pegarle/hacerlo (él) y no responder (yo)
Estudiante 1: Quiso pegarle.
Estudiante 2: Que lo hubiera hecho y no respondo (o: no hubiera/habría respondido).

1. Intentó salir/que salir (él) y ver (él) lo que había fuera
2. Me dijo que iba a venir para acá/que venir (él) y romperle la cara
3. Quería que le firmaras un autógrafo/que acercarse (ella) y firmárselo (yo)
4. Es que necesitaba un libro que estabas leyendo tú/que pedírmelo (ella) y dárselo (yo)
5. Se levantó dispuesto a lanzarse contra él/que hacerlo (él) y te aseguro que Andrés **dejarlo seco**
6. Se rieron de él de mala manera/que reírse de mí y pegarles (yo) una...
7. Le habría gustado hacer la tesis contigo/que venir (ella) a verme y hablar (nosotros)
8. Tú no sabes cómo se puso/que estar yo allí y **salir** el tío **pitando, pero vamos**
9. Lo que quería era trabajar en tu departamento/que decírmelo (él) y no haber ningún problema
10. La verdad es que ella te quería mucho/pues qué bien. Que no disimularlo (ella) tanto y **otro gallo nos cantar**

PRÁCTICA

XC. Dos estudiantes dialogan según los modelos:

a) Voy a ir a verlo/no lo haría
Estudiante 1: Voy a ir a verlo.
Estudiante 2: Yo que tú no lo haría.

1. Pedro quiere pedirle perdón/esperaría un poco más
2. Le voy a levantar ya el castigo/me lo pensaría
3. Es que duerme muy poco/iría al médico
4. Su padre le **echa en cara** todos los días que está **comiendo la sopa boba**/me iba y me buscaba la vida por donde fuera
5. Adiós/lo **pensaría dos veces** antes de dar ese paso

b) Se levantó y se marchó/hubiera hecho lo mismo
Estudiante 1: Se levantó y se marchó.
Estudiante 2: Yo que él hubiera hecho lo mismo (o: habría hecho/había hecho).

1. Se enfadó muchísimo conmigo/y no sé qué hubiera hecho contigo, porque...
2. A pesar de todo le pedí disculpas/habría hecho lo mismo
3. Así que no quise insistirle más/no habría parado hasta conseguirlo
4. Había tanto ruido que, según dice, no pudo **pegar ojo** en toda la noche/me hubiera negado a pagar la habitación
5. ¡Qué guapa estaba!/la hubiera invitado y después ¡quién sabe! a lo mejor hubiera conseguido un beso

c) ¿Qué harías tú?/no iría
Estudiante 1: ¿Qué harías tú?
Estudiante 2: Yo en tu lugar no iría

1. A mí me gusta/miraría alguna cosa más antes de comprármelo
2. Creo que es **un buen partido/echaría las redes** en otro sitio. **Total,** es un simple licenciado en español
3. Esto **está chupado;** es facilísimo/no **echaría** tan pronto **las campanas al vuelo**
4. Parece ser que no está bien que salga tan pronto a la calle/salía hoy mismo, y que hablaran todo lo que les diera la gana esas....
5. Pedro tiene un poco de miedo a hacer el ridículo/¡Qué tonto! me presentaba, porque seguro que aprueba

d) Me dio pena y me quedé un rato más con él/hiciste bien; hubiera hecho lo mismo
Estudiante 1: Me dio pena y me quedé un rato más con él.
Estudiante 2: Hiciste bien; yo en tu lugar hubiera hecho lo mismo (o: habría hecho/había hecho).

1. Le dije que, por favor, no me molestara más/lo hubiera **mandado a freír monas**
2. Me pidió un beso/¡Qué modesto! te hubiera pedido algo más
3. Ni quería ni dejaba de querer/le hubiera **dado un buen corte**
4. La rodé casi toda en los estudios/habría rodado los exteriores en Marbella
5. Me dijo que fuera; pero, la verdad, no me atreví/hubiera ido, a ver qué pasaba

RECAPITULACIÓN

REPASO GENERAL DE LAS ESTRUCTURAS CONDICIONALES

XCI. Úsense las partículas condicionales más apropiadas y póngase en la forma adecuada el infinitivo entre paréntesis.

1. ¿Has visto como viste? ¡.................... (ser, ella).................... monja!
2. Ayer fui a felicitarle por su ascenso, y **una y no más Santo Tomás:** me trató.................... no (compartir, nosotros).................... el mismo despacho durante cinco años.
3. .... (avisarme, tú).................... antes, es muy posible que hubiera podido hacer algo.
4. Nos lo pasábamos muy bien:.................... (hacer).................... buen tiempo, bajábamos a la playa y,.................... (ver, nosotros).................... que el tiempo no acompañaba mucho, nos quedábamos en las instalaciones del hotel, que eran una auténtica maravilla.
5. .... (tener, tú).................... vergüenza no harías eso.
6. .... (tener, tú).................... vergüenza no le habrías hecho eso.
7. Miraré.................... (dejarlo, él).................... por aquí.
8. Miraré.................... (estar, ello).................... por aquí, por algún rincón.
9. Yo creo que debemos hacerlo, ...(opinar, tú).................... lo contrario.
10. .... (tener).................... que intervenir la policía, aquí **va a arder Troya**.
11. ¿Ves? El mundo está loco: a unos se lo ofrecen y no lo quieren, en cambio otros estamos... ....a mí (ofrecérmelo).................... ya estaba en Londres.
12. Será cierto,.................... Vd. (decirlo)....................
13. .... (querer, tú).................... esta misma tarde nos reunimos y miramos a ver qué se puede hacer.
14. Entonces quedamos en que nos vemos a las nueve de la mañana del sábado y vamos todos juntos. Pero.................... no (llover)...................., claro.
15. Yo te aseguro que,.................... (poner, tú).................... un poquito de tu parte, será suficiente.
16. Es una pena, porque, ... (proponérselo, él)...................., sería sin duda alguna el mejor.
17. El precio varía mucho, ...(ser, nosotros).................... más o menos los interesados en comprarlo.

18. .... Pedro, me quedaba en casa y que lo hicieran ellos, por bobos.
19. .... tú (quererme).................... de verdad no habría problemas.
20. No me gusta, porque nunca te hace nada por propia iniciativa. No te ayuda.................... (pedírselo)...................., y ....no (tener).................... otra cosa que hacer.
21. No vayas.................... (ver, tú).................... cómo se pone tu madre.
22. No olvides que,.................... (vivir, tú).................... en esta casa, tienes que estar aquí todas las noches a la hora de la cena, es decir, a las diez en punto.
23. .... (hacerlo, tú), antes te podrás ir a la cama.
24. Miré,.................... (llegar, él).................... ya y no lo hubiera visto entrar.
25. Lo haré,.................... (venir, ellos).................... mañana y lo (encontrar, ellos).................... todo como está. ¡Que da pena!
26. En la familia me han tratado.................... (ser, yo).................... su propia hija.
27. Acércate un poco más. ¡.................... (tener, yo).................... una enfermedad contagiosa!
28. .... (haberlo sabido).................... antes, desde luego que habría ido.
29. .... (gustarte, ello)...................., te lo comes; ....no, lo dejas, que no pasa nada.
30. No vamos a poder ir todos, así que irán sólo los pequeños,.................... no (llover).................... ...., porque, ...(llover)...................., os podéis ir despidiendo todos.
31. Me da rabia, hombre, porque, ...(esforzarse)...................., podría sacar unas notas excelentes.
32. .... (estar).................... yo allí, no (pasar).................... eso, no.
33. Desde luego que me lo compro. Bueno,.................... (llegarme).................... pronto el giro que estoy esperando.
34. Piénsalo y,.................... (decidir, tú).................... quedarte o no, lo hacemos o no lo hacemos.
35. .... no (llamar, él).................... ya es que las cosas no van bien.
36. .... (poder, yo)...................., esta Semana Santa me iba unos días a Portugal.
37. .... (hacerme, vosotros).................... levantarme, os voy a decir yo si os calláis o no os calláis.
38. Vamos a ver si nos ponemos de acuerdo. Tú vas a la librería y preguntas por ese libro, ¿de acuerdo?.................... (tenerlo, ellos).................... lo compras y no hay nada más que hablar; .... (decirte, ellos) .... que no, que están a punto de recibirlo, entonces vas a esa librería nueva y preguntas allí.
39. .... no (tener, tú).................... nada que hacer me gustaría que charláramos un rato.
40. .... (venir, vosotros)...................., me avisáis, porque tendría que comprar una serie de cosas.
41. Puedes estar seguro de que, ... (decirle, tú).................... una palabra amable de vez en cuando, sería siempre feliz.
42. Creo que sí, que está todo resuelto,.................... al final (surgir).................... por ahí algún problema imprevisto, porque nunca se sabe, claro.
43. Come.................... papá (darle).................... un besito a la niña.
44. .... (seguir, él).................... así, sin querer comer, lo voy a tener que llevar al médico.
45. .... (seguir, él).................... así, sin querer comer, no podemos ponerle un tratamiento más fuerte.
46. ...., volvía a la tienda y le pedía que me devolvieran el dinero, que no piensen que somos tontos.
47. Déjalo, porque,.................... (decirle, tú) ...., más burro se pone.
48. .... (llamar)...................., (avisar)....................
49. .... no (estudiar, tú).................... más, me parece a mí que va a haber una **cosecha de calabazas** este año...

50. Por mí, ...(quererse, él).................. marchar hoy mismo, me da igual.

XCII. Pónganse en la forma adecuada los infinitos entre paréntesis.

1. Si supiera quién lo ha hecho te lo (decir).................. pero no lo sé.
2. Si (venir, él).................. luego más tarde, no le digas que he estado aquí preguntando por él.
3. Si (tener, yo).................. tiempo, luego paso por tu casa, pero no te lo aseguro porque tengo mucho que hacer.
4. Si no (estar).................. enferma mi madre, iría a pasar unos días con vosotros.
5. Cuando era niña, me gustaba mucho ir a visitar a mis abuelos, por eso, si mis padres me (llevar).................. iba todos los fines de semana.
6. Recuerdo que mi abuelo era un poco gruñón y que siempre me decía: «niña, no subas a ese árbol porque, como (subir).................., te quedarás sin postre».
7. Si (tener).................. entonces los años y el conocimiento que tengo ahora, no hubiera hecho sufrir esas pequeñas rabietas al abuelo.
8. Como (seguir, tú).................. recordando tu vida, toda la clase va a empezar a llorar.
9. Sólo una cosa más: mi abuelo cumplía su palabra, y sólo con que (subir, yo).................. una vez al árbol, me dejaba sin postre.
10. Si hubieras llegado antes, (poder).................. hablar un rato con Susana, pero desgraciadamente acaba de marcharse hace unos minutos.
11. Si (estudiar, tú).................. más a lo largo de todo el curso, no estarías tan preocupado ahora con los exámenes.
12. Si (venir).................. Pedro mañana, es posible que lo podamos dejar todo resuelto.
13. Si hace un momento, cuando has hablado (decir, tú),.................. la verdad, no tienes que preocuparte por nada.
14. Si ayer, cuando te preguntaron, (decir, tú).................. la verdad, no tienes que preocuparte por nada.
15. Si (decir, tú).................. la verdad ayer y hace un momento cuando te preguntaron, no estarías tan preocupado ahora.
16. Si (ser, tú).................. sincero conmigo, no habría pasado lo que pasó.
17. Si no (mentir, tú).................. con tanta frecuencia, ahora todos te creeríamos.
18. Como (volver, tú).................. a llegar tarde a clase, se lo tendré que comunicar a tus padres.
19. Si no (trabajar, tú).................., no llegarás nunca a ser alguien importante, por mucho dinero que tengan tus padres.
20. Si yo (ser).................. presidente de los Estados Unidos, haría todos los esfuerzos posibles para lograr la paz en el mundo.
21. Si (estar, tú).................. alguna vez en México, habrás visto que las mexicanas son mujeres guapas e inteligentes.
22. Si (estar, tú).................. alguna vez en México, sabrías que no todos los mexicanos llevan puestos esos enormes sombreros de paja.
23. Es una pena, porque sólo con que (estudiar, tú).................. un poquito más, sacarías unas notas estupendas.
24. Se enfadó mucho y me dijo que, como (volver, yo).................. a llegar tarde, no tendría más remedio que decírselo a mis padres.
25. Si (ser, tú).................. inteligente, habrías actuado de otra manera, pero ya está hecho y no vale lamentarse.
26. La economía mundial superará la crisis actual sólo si en cada uno de los países se (hacer).................. .... un gran esfuerzo para combatir la inflación.

27. Como (volver, tú).................... a hablar de economía, me marcho, porque no hay tema que me aburra más que ése.
28. Si la economía (ser).................... un tema aburrido, tú no comerías todos los días.
29. No creo que venga, pero si acaso (venir).................... por favor le dices que he estado aquí a verlo.
30. Si (venir)...................., dile que he estado aquí.
31. Tienes que creerme. Me lo ha dicho él personalmente: con tal de que te (presentar, tú)...................., sólo con eso, él te ayudará.
32. Si (volver, él).................... a llamar, le dices que no estoy, porque, como me (poner).................... al teléfono, le voy a decir cosas de las que luego tendré que arrepentirme.
33. Lo que me fastidia es saber que, sólo con que (tener).................... un poco más de suerte, lo habría conseguido.
34. Si yo (estar).................... en tu lugar, iría a hablar con él y le pediría una explicación.
35. Si (terminar, tú).................... de escribir, déjame tu máquina, por favor.
36. Debes matricularte en la Universidad, salvo que (desear, tú).................... pasar antes un año en España para perfeccionar tu español.
37. Como (tener).................... dinero, me lo gastaría todo en libros hasta reunir una gran biblioteca.
38. Pues yo, si (tener).................... dinero, daría la vuelta al mundo.
39. No se lo diré a nadie, a condición de que tú me (prometer).................... que de ahora en adelante te vas a portar bien.
40. ¿Por qué os comisteis toda la tarta para desayunar? Si no os la (comer).................... toda, ahora (poder).................... invitar a vuestro amigo.
41. ¿Por qué no se lo dijiste cuando hablaste con ella por teléfono? Si se lo (decir)...................., (ganar, nosotros).................... mucho tiempo.
42. M: Pepe, ¿ha llamado Sara?
H: No, pero, si (querer, tú)...................., te pongo con ella.
M: No déjalo. Pero si acaso (llamar).................... avísame; estoy abajo.
43. M: Si todos (ser, nosotros).................... más sinceros, no habría tantos problemas en las relaciones humanas.
H: Cierto. Pero tú lo has dicho: si lo (ser, nosotros)....................
M: ¿Y por qué no lo somos? Si tú y yo, por ejemplo, nos (querer).................... ¿por qué a veces nos ocultamos cosas?
H: ¿Por qué...? No lo sé, si lo (saber)...................., sería un sabio, y no lo soy.
44. H: Como (volver tú).................... a contestarle de esa manera a tu madre, te...
M: Pero, papá, eso está pasado de moda.
H: ¿Pasado de moda? Hay cosas que no pasarán nunca de moda. Si todos los padres no (ocupar).................... más de nuestros hijos y los (corregir).................... a tiempo, en una palabra, si los (querer).................... más y no (ser).................... tan egoístas, no tendríamos que leer todos los días esas noticias en los periódicos.
45. Era un rancho precioso. Íbamos casi todos los fines de semana; si (llover).................... lo pasábamos dentro de la casa, junto al fuego de la chimenea; si, por el contrario, (hacer).................... buen tiempo, solíamos dar largos paseos por la pradera y los bosques de abetos. Sólo una cosa me faltaba en aquel paraíso: un caballo. Si (tener).................... un caballo, (ser).................... la niña más feliz del mundo. Pero recuerdo que mi padre siempre me decía: «niña, si (querer).................... un caballo, tendrás que aprender a montar». Y yo le contestaba: «si (querer).................... que aprenda, cómpramelo». ¡Pobre papá! ¡Cómo se enfadaba y, al mismo tiempo, se divertía con mi respuesta! Si papá (estar).................... ahora aquí —pero murió el año pasado—, (reírse).................... a carcajadas recordando

aquellas «confrontaciones dialécticas». Pero no está. ¡Si los hombres (poder, nosotros)........................ ir hacia atrás en el tiempo!...

46.—Como (votar, tú)........................ a esa gentuza, **para mí caes.**

— ¡Pero, bueno! Yo soy libre, y por lo tanto, si (querer)........................ voto a ése o al que me dé la gana.

— Y como yo también soy libre, si no (hacer, tú)........................ lo que digo, pues...

— Si no (ser, tú)........................ mi amigo, ahora mismo te...

47. — Va a ser muy difícil, casi imposible, que me den ese puesto.

— ¿Por qué dices eso? Ya te he repetido varias veces que el director me aseguró que, sólo con que (mejorar, tú)........................ un poco tu español este verano, ese trabajo será para ti.

— Dios te oiga. Si no (conseguir, yo)........................ ese empleo me voy a llevar una gran decepción, y Marta más que yo.

— Pues ya sabes, si tú (querer)........................, está en tus manos el conseguirlo. Sólo tienes que esforzarte un poco este verano.

48. — Mamá, mamá, quiero esa muñeca.

— ¿Cuánto cuesta? Bueno, no es muy cara (abriendo el bolso). Espera, si (tener)........................ suficiente, claro que te la compro.

— ¡Gracias, mamaíta! ¡Un beso!

49. — Papá, papá, ¿me compras ese balón?

— ¿Cuál?

— El de baloncesto.

— A ver... Es algo caro, pero bueno (metiendo la mano en el bolsillo del pantalón. Y al instante...) ¡Pero si he salido de casa sin una peseta!...

— ¡Qué!

— Lo siento. Si (tener)........................ dinero, te lo compraría ahora mismo, créeme, pero ya ves...

— Sí, sí, claro...

— Mira, si (querer, tú)........................, volvemos a casa, cogemos el dinero, regresamos y lo compramos.

— ¡Un beso, papaíto!

50. [Hablando por teléfono] Si me (querer, tú)........................ de verdad, no te irías este verano a España, porque yo sería más importante que todos tus proyectos. Mira, si te (quedar)........................, te prometo que... (...) ¡Como (volver, tú)........................ a decirme que mi romanticismo está anticuado, cuelgo! ¿Y sabes qué te digo? Que si (querer, tú)........................ marcharte, márchate, porque yo... (...). Eso es muy fácil decirlo, pero si tú (estar)........................ en mi lugar... (...). No vuelvas a decir eso; sabes que en mi casa no me dejan; si me (dejar, ellos)........................ ir, no estaríamos discutiendo ahora por teléfono. Quédate (...) Ya sé que no hay problemas de dinero, pero te repito que mis padres no quieren, porque ellos no comprenden y, sobre todo, mi padre que es un poco machista. Pero, bueno, tú que eres tan valiente, si (atreverte)........................, ven a hablar con ellos (...) Pero si mi padre no te (recibir)........................ o te (hablar)........................de mala forma o incluso te (echar)........................ de casa a patadas, no digas que no estabas avisado. (...) Bueno, yo sólo te lo advierto. Adiós (...) Yo también, mucho. Un beso.

51. Mira a ver, no sea que (haber)........................ llegado ya.

52. ¡Ni que (tener, nosotros)........................ que estar continuamente agradeciéndoselo!

53. Es como si (estar, tú)........................ flotando en el aire.

54. Lo hice no fuera a ser que (venir, él)........................ y no (estar)........................ todavía terminado.

55. Me lo prepararé por si acaso mañana (preguntarme)................................ el profesor en clase.
56. No me da un beso más que si (pedírselo, yo)................................
57. Que (estar, tú)................................ cansado, descansamos un rato; que todavía en aquel momento (quedarte)................................ fuerzas, pues continuamos la ascensión.
58. Cuando él no (decirte)................................ nada por algo será, así que ten paciencia y espera.
59. Cuanto más te (enfadar)................................, peor; así que cálmate.
60. Mientras no (cambiar, él)................................ de amigos va a ser muy difícil que cambie de vida.
61. Eso lo dejamos y lo decidimos al final, según que (querer, tú)................................ que el libro lleve prólogo o no.
62. A poco que (querer, él)................................ lo conseguiría, pero parece como si nada (importarle) ....
63. Lo siento, créeme, de (haberlo sabido)................................ puedes estar seguro de que habría ido.
64. De (comprarlo)................................, por lo menos cómpralo bonito.
65. Voy a cambiar de coche... Por supuesto siempre que mi mujer no (decir)................................ que no.
66. En lugar de cambiar de coche, me voy a tener que conformar con pintar y reparar el viejo, y eso en el caso de que mi mujer (dejarme)................................ y no (decir)................................ que (haber) .... cosas más urgentes que atender en casa.
67. Sal y no (saber, yo)................................ lo que te hago.
68. Yo que tú, me (pensar)................................ si merece la pena seguir viviendo con una mujer así.
69. Oye, como (volver, tú)................................ a **meterte con mi mujer,** te **parto la boca,** que como mi mujer no (haber)................................ otra.
70. Oye, oye, por mí, como si (querer, tú)................................ convertirte en un **perrito faldero.**
71. Si (hacer, vosotros)................................ todos los ejercicios del tema, espero que las estructuras condicionales ya no (constituir)................................ problema alguno para vosotros.
72. Con que (practicar, vosotros)................................ un poco más por vuestra cuenta esto será auténtico **pan comido.**
73. Cuando Vd. (decirlo)................................ será cierto.
74. Si se (trabajar)................................ con ilusión no hay tema que se resista.
75. Mientras en el mundo (quedar)................................ un poco de buen humor, no hay que alarmarse.

XCIII. Los dos textos que siguen pertenecen al libro de Miguel Delibes *Castilla habla*, en el que el autor recoge relatos directos de campesinos castellanos. Representan, pues, estos textos el habla viva, coloquial y popular de Castilla; léanse con la ayuda del profesor —que deberá señalar y distinguir entre coloquialismos y vulgarismos— y analícense las estructuras gramaticales que hemos destacado. Nótese que la gramática es siempre la misma, con independencia de que el texto sea más o menos culto.

1. Todos los años no se cogen los mismos conejos *porque* no **hay** un año igual a otro, pero, *si* el tiempo **acompaña**, yo suelo cazar del orden de los quince mil; puede subir uno arriba, o bajar uno abajo, pero estando el año aparente, por menos de quince mil conejos no me ahorco. La coneja no pare igual en todos los sitios, hay mucha variación, concretamente, aquí,una coneja suele echar cuatro o cinco gazapillos por término medio, en cambio yo he cazado conejas en Sevilla con doce crías en la barriga. Y esto *no quiere decir* que la caza andaluza **sea** mejor que ésta, *sino que*, por el clima o por la circunstancia que sea, **cría** más que la de aquí. Y, *aguarde, que* también **hay** que contar con los pastos, *que* la coneja, *si* la otoñada **viene** buena, **da** mucho conejo, *de que* **apunta** la hierba ya está criando, es animal

que va con el campo. Y *a lo mejor,* te **hace** un par de camadas seguidas en septiembre y octubre y, de repente, *si* se **niega** un poco el agua, se amodorra y hasta marzo no vuelve a criar. Pero tenga por seguro una cosa: la coneja que pare en mayo rara vez logra la cría, y no por la peste, *que* antes no la **había** y se morían igual, sino *porque* el animalito **es** tan tierno que no puede con la calor, se le empiezan a inflamar las asadurillas, se le llenan de piedras, da en criar tripa y se muere sin remisión. Y la peste nada tiene que ver con esto; es la calor: antes de la peste no se cazaban aquí más conejos que ahora, con todos los que se mueren. Y ¿quiere saber por qué? Muy sencillo, antaño había en el campo cantidad de alimañas, que se dice, zorras, turones, jinetas, culebras, lagartos, que no dejaban hacerse a la caza. Y *como*, entonces, no se **mataban** estos bichos, pues a ver, iban a más; pero hoy, *que* su caza **está** autorizada, se mete mucho dinero en las fincas *para* **descastarlos** y morirá mucho conejo, no digo que no, pero queda más caza. ¡No vea el daño que hacían los bichos estos al campo! En una ocasión, cazando un servidor en una finca de El Escorial, cayó una zorra en un cepo y ¿sabe lo que me dijo un veterinario que estaba conmigo? Me dijo esto, *fíjese* bien, *que* todavía no lo **he olvidado:** «En punto a gasto, un animal de éstos es más caro que un furtivo». Y lo dijo un veterinario, *dese cuenta, que* no **era** un cualquiera. ¿Horas? Mire, aquí, en esto nuestro, la jornada no se mide por horas, pero *para colocar* cien cepos, *que* **es** con lo que venimos trabajando, eche usted tres horas o tres y media. Pero aguarde, *que* luego **viene** el recogerlos, sacarlos, los conejos, destriparlos, aviarlos y, por último, poner los cepos otra vez. Total que, entre unas cosas y otras, hay que estar todo el día de Dios detrás de ello. Eso sí, con cien cepos, nosotros podemos agarrar ochenta o noventa conejos y, *si* **pinta** bien, más que cepos, *no porque* **caigan** dos en uno, no señor, sino *porque* dando otra vueltecita por la tarde se **redondea** el morral.

2. ¿Nido dice usted? De eso, nada, ve ahí, con una pequeña escarbadura les basta. La avutarda pone aquí, pone ahí y pone allá, siempre en la misma disposición, *que* yo no sé qué instinto **tendrá** este animal pero siempre alinea los nidos de la misma manera. *Mire* que **he cogido** yo avutardas en el nido, no una, sino cientos de ellas, bueno, pues todas ponían igual. *Imagine*, por un momento, que esta tapeta **es** la parcela, ¿verdad?, bueno, pues la avutarda, yo no sé si *porque* se **pierde** o qué, pone los huevos aquí, a metro o metro y medio del lindazo, la otra un poquito más allá y la tercera, en la misma esquina de la siembra, no falla. Y, mayormente, en cebadas, *que* **vienen** antes; en trigos, pocas. Pero le voy a decir una cosa: *Si* la avutarda **está** para sacar y la **espanta** usted, ésa no vuelve, *según* se **echa** a volar caga en el nido y no vuelve. En cambio, la que no está para sacar, yo no sé qué instinto tienen, sale andando, pin, pianito, se aleja sin volar, y ésa, por lo regular, vuelve. Lo normal son dos huevos pero si, por un casual, **pone** tres, los tres saca, *que* **es** instinto de ellas sacar la nidada entera. Yo *no creo* que **haya** hoy más avutardas que hace cuatro años, *cuando* **empezó** la veda, *porque*, para mí, no **es** la escopeta la que hace daño, sino el agarrarlas de pollos, *cuando* se **ceban** en las alfalfas. Entonces casi no vuelan y sale uno al campo y coge una, sale otro y coge dos y así, como comprenderá, no hay pájaro que aguante. Créame, más bajas causa esto que la misma escopeta, *que* a la legua se **ve** *cuando* la avutarda **está** en nidos, *que* la avutarda ya se **sabe**, *si* no **está** en manadas está en nidos. Pero, con eso y con todo, yo *no creo* que se **pueda** acabar con ellas. ¡Ande y que no he cazado yo avutardas ni nada con el muñeco! Y ahí las tiene usted, ¡tan frescas!

XCIV. Pónganse en la forma adecuada los infinitivos entre paréntesis.

1. Si (querer, tú)............................ que te lo (traer, yo)............................ hoy, dime exactamente qué es lo que más falta te hace, que (tener, yo)............................ prisa.

2. Cuando (pasar, tú)............................ por la plaza, si no te (importar)............................ entras en el distribuidor de butano y le dices que nos (traer, ellos)............................ cuanto antes una bombona.
3. Como no (hacerlo, tú)............................, como tu padre (enterarse)............................ y (reñirte)............................ yo no quiero saber nada.
4. Si (irte, tú)............................ a comer el mundo, empieza por España. Si en tus comidas, en tu alimentación, (gustarte)............................ la variedad, el poder elegir diferentes productos sanos y ricos, antes de comerte el mundo, empieza por España. Por los alimentos que se producen aquí. Aprovéchate de que aquí hay variedad[1].
5. Anna: Ayer, en clase de Lingüística general nos explicaron que entre la realidad y la lengua (haber)............................ una mutua interrelación, que la realidad (influir)............................ en la lengua y que ésta, además de ser un espejo de la realidad, con su configuración (influir) .... en aquélla. Si esto (ser)............................ cierto, supongo que, en el caso del español, (haber)............................ mucha influencia de la religión católica.

   Isabel: Como tú sabes, yo soy de ciencias, así que de estas cosas sabes tú mucho más que yo. Pero sí, creo que la religión (tener)............................ mucho que ver con la manera de hablar de los españoles: cuando (saludar, nosotros)............................, está presente la religión; para (decir)............................ que (haber)............................ que hacer bien las cosas decimos que (haber) .... que hacerlas **como Dios manda;** cuando (encontrarnos) .... bien o (sentirnos)............................ agradecidos, damos **gracias a Dios**; si (enfadarnos, nosotros)............................, en la mayor parte de nuestros **tacos** interviene la religión; si (querer, nosotros)............................ una confirmación firme de algo, decimos **que venga Dios y lo vea.** ...Y ahora recuerdo que (haber)............................ también todo un calendario religioso popular, es decir, para (referirte)............................ a un hecho, en lugar de decir la fecha, el lenguaje popular ha acuñado frases con nombres de santos principalmente:

   Por san Blas la cigüeña verás
   A cada cerdo le llega su san Martín
   Por san Andrés todo el día noche es
   Por san Bartolomé las aguas primeras y las segundas por la Morena
   Por Santiago pinta el vago
   Las tormentas de san Juan quitan vino y no dan pan

   Anna: Si, en lugar de estudiante de ciencias, (ser tú)............................ de letras, no sé... Gracias por todo lo que me estás ayudando.
6. Cuando (terminar, tú)............................, si (querer, tú)............................, vamos a verlo para que nos (explicar)............................ eso que nos tenía que explicar, porque yo, si no (ir, nosotros)............................ esta mañana, no (ir, yo)............................ a poder porque es que ya en toda la semana (tener, yo)............................ una **semana loca**.
7. Si (estar, tú)............................ allí seguro que te lo habrías **pasado bomba,** porque (haber)............................ gente para todos los gustos y el que no se divirtió fue porque no (querer)............................
8. Siempre que me lo (tener)............................ Vd. para el sábado está bien, porque durante la semana no lo (ir, yo)............................ a usar. Pero si Vd. (creer)............................ que (ser)............................ difícil que (estar, él)............................ para el sábado, por favor, dígamelo claramente porque (tener, yo)............................ que llevarlo a otro taller, porque es que el sábado sí que lo (ir yo)............................ a necesitar.

1. Publicidad del Ministerio de Agricultura, Pesca y Alimentación (*El País*, 13-10-86).

9. Para que no (quedarte, tú)........................ callado como un bobo cuando te (preguntar, él) ...., si te (parecer)........................ bien, la próxima vez le dices que sí, que (tener, tú)........................ en casa un ordenador de dos millones, y que a tu hermana le (ir, ellos)........................ a comprar otro de cinco por lo menos, y que, si (apetecerle)........................ o (necesitarlo)........................, le (poder, nosotros)........................ regalar uno, porque en esta casa (ser) .... como si nos (tocar)........................ la lotería.

10. Como no lo (terminar, nosotros)........................ esta mañana, subes tú solo a verlo, ¿eh? Porque ayer, cuando me (preguntar, él)........................ cómo íbamos, me (dar, él)........................ a entender claramente que, si no lo (terminar, nosotros)........................ hoy, nos (despedir, él) .... Así que, si no lo (terminar, nosotros)........................ subes tú —que a ti (parecer)........................ que te (tener, él)........................ como más aprecio— y le dices que es que (surgir)........................ complicaciones, que nosotros no (tener)........................ la culpa y que mañana sin falta (estar)........................

XCV. Léase el siguiente texto y analícense las estructuras gramaticales. El nivel lingüístico es muy distinto al de los textos de Miguel Delibes.

Y ella volvió a levantar los ojos desde su corpiño. «Es imposible», dijo. Yo pregunté por qué. Y ella, con los ojos otra vez quietos en el corpiño: «*Porque* **tienes** la cara vuelta hacia la pared». Entonces yo hice girar el asiento. Tenía el cigarrillo apretado en la boca. *Cuando* **quedé** frente al espejo ella estaba otra vez junto al velador. Ahora tenía las manos abiertas sobre la llama, como dos abiertas alas de gallina, asándose, y con el rostro sombreado por sus propios dedos. «*Creo* que me **voy** a enfriar —dijo—. Esta debe ser una ciudad helada». Volvió el rostro de perfil y su piel de cobre al rojo se volvió repentinamente triste. «Haz algo contra eso», dije. Y ella empezó a desvestirse, pieza por pieza, empezando por arriba; por el corpiño. Le dije: «Voy a voltearme contra la pared». Ella dijo: «No. De todos modos me verás como me viste *cuando* **estaba** de espaldas». Y no había acabado de decirlo *cuando* ya **estaba** desvestida casi por completo, con la llama lamiéndole la larga piel de cobre. «Siempre *había querido* **verte** así, con el cuero de la barriga lleno de hondos agujeros, *como si* te **hubieran hecho** a palos». Y *antes que* yo **cayera** *en la cuenta* de que mis palabras se **habían vuelto** torpes frente a su desnudez, ella se quedó inmóvil, calentándose en la órbita del velador, y dijo: «A veces *creo* que **soy** metálica». Guardó silencio un instante. La posición de las manos sobre la llama varió levemente. Yo dije: «A veces, en otros sueños, *he creído* que no **eres** sino una estatuilla de bronce en el rincón de algún museo. Tal vez por eso sientes frío». Y ella dijo: «A veces, **cuando** me **duermo** sobre el corazón, *siento* que el cuerpo se me **vuelve** hueco y la piel como una lámina. Entonces, *cuando* la sangre me **golpea** por dentro, es *como si* alguien me **estuivera** llamando con los nudillos en el vientre y siento mi propio sonido de cobre en la cama. Es *como si* **fuera** así como tú dices: de metal laminado». Se acercó más al velador. «Me habría gustado oírte», dije. Y ella dijo: «*Si* alguna vez nos **encontramos** pon el oído en mis costillas, *cuando* me **duerma** sobre el lado izquierdo, y me oirás resonar. Siempre *he deseado* que lo **hagas** alguna vez». La oí respirar hondo *mientras* **hablaba**. Y *dijo* que durante años no **había hecho** nada distinto de eso. Su vida estaba dedicada a encontrarme en la realidad, a través de esa frase identificadora: «Ojos de perro azul». Y en la calle iba diciendo en voz alta, *que* **era** una manera de decirle a la única persona que habría podido entenderle:

«Yo soy la que llega a tus sueños todas las noches y te dice esto: ojos de perro azul». Y *dijo* que **iba** a los restaurantes y les **decía** a los mozos, *antes de* **ordenar** el pedido: «Ojos de perro azul».

(Gabriel García Márquez: *Ojos de perro azul*)

XCVI. Complétense los puntos suspensivos de los siguientes textos poniendo en la forma adecuada los infinitivos entre paréntesis.

1. No, no; perdone usted —replicó el estudiante—. Por ejemplo, entre esa mujer y yo puede haber varias funciones matemáticas: suma, si (hacer, nosotros) .... los dos una misma cosa ayudándonos; resta, si ella (querer) .... una cosa y yo la contraria y vence uno de los dos contra el otro; multiplicación, si (tener, nosotros) .... un hijo, y división, si yo la (cortar) .... en pedazos a ella o ella a mí.

— ¡Ah! si yo (ser) .... de su familia, eso no se lo consentiría a usted —le decía Andrés.

— ¿No?

— No.

— Pues diga usted que (ser) .... mi primo.

— Usted ríase —contestaba Andrés—; pero yo la metería en cintura.

— ¡Ay, ay, ay, que me (estar, yo) .... mareando! —contestaba ella, cantando descaradamente.

Andrés Hurtado trataba a pocas mujeres; si (conocer) .... más y podido comparar, hubiera llegado a sentir estimación por Lulú.

En el fondo de su falta de ilusión y de moral, al menos de moral corriente, tenía esa muchacha una idea muy humana y muy noble de las cosas. A ella no le parecía mal el adulterio, ni los vicios, ni las mayores enormidades; lo que le molestaba era la doblez , la hipocresía, la mala fe. Sentía un gran deseo de lealtad.

Decía que si un hombre la (pretender) ...., y ella (ver) .... que la (querer) .... de verdad, se iría con él, fuera rico o pobre, soltero o casado.

Tal afirmación parecía una monstruosidad, una indecencia a Niní y a doña Leonarda. Lulú no aceptaba derechos ni prácticas sociales.

— Cada cual debe hacer lo que quiera —decía.

El desenfado inicial de su vida le daba un gran valor para opinar muy grande.

— ¿De veras se iría usted con un hombre? —le preguntaba Andrés.

— Si me (querer) .... de verdad, ¡ya lo creo! Aunque me pegara después.

— ¿Sin casarse?

— Sin casarme, ¿por qué no? Si (vivir) .... dos o tres años con ilusión y con entusiasmo, pues eso no me lo quitaba nadie.

(Pío Baroja: *El árbol de la ciencia*)

2. **Hablar de dinero**

F. Fernán-Gómez

Hasta hace unos cuantos años, las personas civilizadas, tanto de Oriente como de Occidente, consideraban que la manera correcta de iniciar una conversación (ser) .... charlar un poco sobre el tiempo. Al casi olvidado Lin Yutang no le pareció bien que en Norteamérica no se (practicar) .... este ritual. En el viejo continente, antes de (tratar) .... cualquier tema, se comentaba que (hacer) .... un frío terrible o un calor espantoso, o muy buen tiempo. Y si la temperatura no se (prestar) .... a comentarios por ser perfectamente normal y acorde con el mes y la ciudad en que se estaba, se intercambiaban unas cuantas frases diciendo precisamente eso, que la temperatura que hacía (ser) .... normal en tal época y en tal lugar.

A los niños y a los jovenzuelos esto les parecía —como me pareció a mí a esas edades— ridículo, una de tantas estupideces de los mayores. Lo cierto es que los niños y los jovenzuelos aún no (ser) .... personas civilizadas y que la costumbre no (ser) .... tan estúpida; (ser) .... un procedimiento de etiqueta como otro cualquiera que tenía la virtud de evitar el brusco comienzo de las conversaciones. Al cabo de esas cinco o seis frases inocuas ya se podía hablar de que Fulano (ser) .... un golfo o exigir el pago de una deuda. Pero encontrarse a un conocido por la calle y decir nada más verle: «Fulano es un guarro» o «Devuélveme las 1.000 pesetas» era demostración de no (haberse) .... educado en colegio de pago.

Para los dramaturgos que pretendían cultivar el género realista o naturalista, este hábito social constituía un grave problema pues si cada vez que se (presentar) .... un nuevo personaje se (poner) .... todos a hablar del tiempo el espectador no se (sentir) .... muy gratificado. Y si los personajes no (hablar) .... del tiempo la acción no parecería real ni natural. Fueron muy pocos los escritores teatrales que arrostraron el peligro. Recuerdo ahora a Chejov en Rusia y a los hermanos Álvarez Quintero entre nosotros.

El pragmatismo norteamericano, al suprimir esta delicada introducción en el trato cotidiano, no sólo dio la razón a niños y jovenzuelos y ahorró enormes cantidades de tiempo en el mundo de los negocios, sino que solucionó el problema de los dramaturgos y de los guionistas de cine y televisión. En un drama norteamericano se puede abrir la puerta de una casa ajena y decir antes de (haber) .... saludado:

— O me vendes los viñedos o le digo a Mulligan que Joan (estar) .... en este momento acostada con Vicky, que además de ser lesbiana no es hija de Morrison, sino de Lavenport, el sordomudo.

Pero, al fin y al cabo, estas pequeñas modificaciones de las costumbres no son como para llevarse las manos a la cabeza, en un mundo en el que incluso los salteadores han perdido las buenas maneras y ya no dan a elegir entre la bolsa o la vida, sino que te quitan las dos cosas sin ningún inicio de conversación.

(*El País Semanal*, 29-3-87)

XCVII. Complétense libremente las siguientes estructuras de manera que resulten frases gramaticalmente correctas y con sentido.

1. Cuando ...., si ...., le dices que ....
2. Con que .... porque ....
3. Si .... no creo que ...., porque .... cuando ....
4. Como .... me parece a mí que .... porque ....
5. .... como si ...., porque dijo que .... en cuanto ....
6. Yo que tú .... para que .... cada vez que ....
7. A poco que .... seguro que .... puesto que ....
8. De .... nada más ....
9. Que ....; que .... El caso es que .... antes de que ....
10. Si .... para que .... cuando .... Si no .... y cuando ....

COMENTARIO DE TEXTOS

TEXTOS PERIODÍSTICOS: IV

Comentario previo: el texto que hoy proponemos para comentar-conversar es muy rico en distintos aspectos. Pero, sobre todo, nos gustaría que fuera un pretexto para que el profesor explicara esta parcela del español. Que los estudiantes deben conocer como cualquier otra e incluso, diría yo, mejor que cualquier otro tema, para saber en cada momento qué es lo que se puede o se debe utilizar, cómo, cuándo y dónde.

De la actual dificultad de insultar

JAVIER MARÍAS

En una ciudad tan tradicionalmente pendenciera y malhablada como Madrid, todavía no es infrecuente asistir al espectáculo de dos o más personas que tratan de ofenderse mutuamente y de la manera más grave posible. Hay, además, gremios que parecen proclives a las reyertas, aunque lo más probable es que se deba tan sólo a su continuo contacto con la población: así, los taxistas, los camareros y las putas (quizá los gremios más expuestos) se ven a menudo enzarzados en violentas contiendas verbales, que, sin embargo —y sin duda por el hábito, que da maestría en el arte de medir— suelen ser de corta duración: no más de tres o cuatro insultos intercambiados, el último casi mascullado y brindado más a los ocasionales testigos que al destinatario. Todo más parecido a un asalto codificado de esgrima que a una riña descontrolada con navajas y botellas.

Hace 60 años justos, en 1927, Robert Graves publicó un pequeño volumen titulado *Lars Porsena, or the future of swearing and improper language (Lars Porsena, o el futuro de los tacos y el lenguaje indecoroso).* Ya entonces, el famoso autor de *Yo, Claudio*, no le auguraba un gran porvenir al objeto de su ensayo, y en su nota de introducción a la segunda edición, de 1972, confirmó su veredicto: «Los tacos han dejado de existir prácticamente en el Reino Unido, con la excepción de palabras como *bloody y fucking*, que aún se utilizan normalmente como intensivos» (En inglés hacen más o menos las veces de nuestros adjetivos **jodido** y **puto**). «Esto se debe a que la era de permisividad sexual iniciada por la píldora hace que la pornografía ya no sea legalmente punible ni moralmente escandalosa, y a que la casi total decadencia de la fe religiosa ha privado de todo su impacto a la simple blasfemia». Algo parecido podría decirse de la España actual, y con más razón, ya que es un país *socialmente* más liberal que el Reino Unido de 1972 y que la de hoy.

Este debilitamiento del lenguaje ofensivo no sería particularmente grave si nuestro país (o al menos mi ciudad natal, Madrid) hubiera atenuado asimismo su necesidad de recurrir al insulto. Pero no parece ser así, y —ateniéndome a mi propia y limitada experiencia viajera— en los últimos años no he vivido en ciudad del mundo en la que se escuche ni una décima parte de los duelos verbales que se oyen en la de Madrid. El español es todavía (?) colérico y digno, altanero y camorrista, displicente y valentón, y le gusta mucho decir la última palabra (lo cual suele equivaler al *último insulto*). También sigue siendo bastante maldiciente, y no sólo cede con facilidad a la tentación de injuriar cara a cara, sino que aún hay pocas cosas que lo reconforten más que denigrar al ausente (Eso, además, le da oportunidad de ejercitar su ingenio y de sentir alguna emoción cuando se encuentra con la persona vituperada: *¿Se habrá enterado de que lo puse tibio anteayer?*, piensa, con un delicioso estremecimiento).

Así las cosas, lo que empieza a resultar sorprendente es que un pueblo que en modo alguno ha renunciado a practicar el insulto se esté viendo privado paulatinamente de la capacidad de ofender. Hablando estrictamente, casi nada ofende ya *de veras* (aunque a veces se finja la ofensión), y los taxistas, los camareros y las putas se ven en cada vez mayores aprietos para dar con la palabra justa, con aquel improperio que desarme a su contrincante o, por lo menos, lo exaspere tanto como para pasar a los hechos. El insulto *debe* ofender, y si no lo hace acaba congelándose en la boca de quien lo profiere; el frío pasa de la lengua al cerebro, el cual, confuso, duda entre desistir o insistir. Y en la duda ya se sabe que todo se aplaza **para otra vez**.

De la variedad clásica de insultos graves, **hijo de puta** ha perdido mucha eficacia desde que ya no se quiere tanto a las madres (tal vez como reflejo del monopolio ejercido por el actual Papa sobre el fervor mariano) y también desde que la expresión se emplea a veces con admiración (se la puede oír aplicada, por ejemplo, a un futbolista en el momento de realizar una gran jugada); en cuanto a **cabrón**, ya no hay nadie que se lo tomé al pie de la letra, y además no es raro su uso como apelativo afectuoso; de esta serie es quizá **gilipollas** el que conserva mayor virulencia, pero va quedándose anticuado. En español existía también una rica variedad que hacía referencia a la cortedad de luces de la persona injuriada, pero ya no es aceptable que el vocablo **subnormal** pueda constituir un insulto; **cretino**, que tuvo tanta fuerza en el pasado, ha caído en desuso, y otro tanto hay que decir del popular y antaño ofensivísimo **desgraciado; idiota, estúpido** y similares hace tiempo que se consideran romos y en exceso subjetivos (las apreciaciones muy subjetivas no ofenden jamás), y denuestos como **canalla, miserable** y **cerdo** (tan empleado en la infancia) sólo pueden salir de una boca tremendamente ingenua o arcaica. Respecto al insulto político, que tantos servicios ha prestado en España, hasta el comodín **facha** se está perdiendo ya. Y en cuanto a **asesino**, ha quedado, curiosamente, reservado al mundo del deporte.

¿Qué hacer, pues? Hace un par de meses, Juan Cueto, en este periódico, saludaba alborozado la resurrección de la palabra **mequetrefe**, sin duda por ser también él consciente de la actual dificultad de ofender. Palabras de este género, sin embargo —y a menos que se empleen irónicamente—, no tienen ninguna posibilidad de recuperar su vigencia. Quienes recurren a **badulaque** y **mentecato** en serio suelen ser seres oscuros e irremisiblemente anacrónicos, y corren el riesgo de provocar la carcajada de aquel a quien pretenden ofender. En cuanto a la posibilidad de inventar sobre la marcha y llamar a alguien, por ejemplo, **habichuela, polilla** o **perdigón**, lo único que se consigue (confieso haberlo probado) es desconcertar; el insultado, por lo general, tarda demasiados segundos en darse cuenta de que lo está siendo; tarda unos pocos más en calibrar el nivel afrentoso de ese desusado insulto, y finalmente, y puesto que los duelos, para darse, deben librarse con las mismas armas (es decir, no se puede contestar a un **¡cucaracha!** con un desentonador **¡julandrón!**, habrá unos cuantos segundos más de faltal silencio mientras el ofendido piensa qué diablos podría responder en el mismo registro propuesto por su rival.

Tengo la impresión de que aún conservan cierto vigor palabras descriptivas como **oligofrénico** —seguramente a causa de su sonoridad— e **inepto** —quizá por el actual prestigio de la *profesionalidad*—. Pero sólo entre las personas cultas, y ninguna de las dos es jamás *casus belli.*

¿Qué sucede? ¿Es que ya nadie se ofende por nada? O, por el contrario, ¿se ofende la gente tanto como siempre, pero la ofensa no llega ya a través del insulto directo, demasiado primitivo y tosco para nuestro tiempo? ¿Se estará feminizando también, como tantas otras cosas, la manera de insultar (y entiendo por *feminización* algo lleno de connotaciones positivas: sutileza, complejidad, elaboración)? ¿O será esta carestía idiomática el anuncio de una definitiva renuncia al insulto, de su total prescripción? Tal vez. Tal vez pronto dejemos de asistir a esas escenas callejeras tan vehementes y hoy tan frustradas, y los taxistas, los camareros y las putas pueden llevar una existencia más sosegada. Pero también puede ser que sólo falte el agotamiento absoluto de los que hoy languidecen para que surja una nueva variedad de insultos cuyos tenor y linaje aún no podemos ni imaginar. La primera posibilidad me parece la más deseable, pero debo reconocer que, ante la más probable segunda, me muero ya de curiosidad por saber qué conceptos, qué *vocablos* y *figuras* quevedianos serían un día capaces de volver a ofender gravemente al antaño quisquilloso y hoy tan flemático, curtido e invulnerable ciudadano español.

(*El País*, 16-3-87)

TEMA VIII
CONSECUTIVAS

ESQUEMA GRAMATICAL

- **Tipos:**

a) es tan alto que no encuentra pantalones de su talla en Salamanca:

|————————————|

b) es muy alto, así que no encuentra pantalones de su talla en Salamanca:

|———| |———| y |———| ⌈→ |———|

1. Conjunciones y construcciones

a_1) **tanto** (adv., con verbos), **tanto (—a, —os, —as** Adj., con sustantivos), **tanto** (**—a, —os, —as**. Pronombre), **tan** (adv., con adjetivos u otro adverbio) → «cantidad» / **tal (tales), un (—a, —os, —as), cada** → «calidad» .... **QUE**

- Estructuras equivalentes

— **si +** forma de probabilidad .... **QUE**
si será alto que no encuentra pantalones de su talla en Salamanca.

— **COMO QUE**:
como que no encuentra pantalones de su talla en Salamanca

a_2) **de tal modo, de tal forma, de tal manera, de tal suerte** .... **QUE**
de un modo, de una forma, de una manera .... **QUE**

a_3) **de modo, de forma, de manera, de suerte** .... **QUE**

- Estructuras equivalentes:
  — **cómo** + forma de probabilidad .... **QUE**
  cómo se compartiría que el profesor tuvo que echarlo de clase

  — **qué** + forma de probabilidad .... **QUE**
  qué no haría que el profesor tuvo que echarlo de clase

---

b_1) **DE MODO QUE, DE FORMA QUE, DE MANERA QUE, DE SUERTE QUE**

b_2) **ASÍ QUE, POR (LO) TANTO, LUEGO, Y, (Y) POR ESO (ELLO...), CONQUE**

b_3) **DE AHÍ QUE, DE AQUÍ QUE**

2. Uso de los modos

a_1)

- Primera parte **afirmativa** ⇒ **INDICATIVO:**
  hay tanta gente que no **vamos** a poder entrar

  — Ampliaciones:

  1) primera parte **subjuntivo** ⇒ **SUBJUNTIVO**:
  ojalá **haya tanta gente** que no **podamos** entrar

  es posible que **haya tanta gente** que no **podamos** entrar

  2) primera parte → **«orden»** ⇒ **SUBJUNTIVO**:
  en aquel momento tú grita mucho, tanto que **parezca** que te están matando

- Primera parte **negativa** ⇒ **SUBJUNTIVO**:

no hay tanta gente que no **podamos** entrar

no es tan tonto que no **sepa** lo que tiene que hacer

— en este caso, cuando la primera parte es negativa, son muy frecuentes las construcciones:

1) **como para que + SUBJUNTIVO**:

no es tan tonto como para que no **sepa** lo que tiene que hacer

2) **como para + INFINITIVO**:

no es tan tonto como para no **saber** lo que tiene que hacer

a_2) Se construye como a_1):

cuenta los chistes de tal manera que no **hay** más remedio que reírse

pues no creo que los cuente como para que la gente se **ría** como se ríe

— **de tal modo, de tal forma**, etc. pueden tener también la construcción y el valor final que analizaremos en a_3).

a_3)

- Cuando **de modo que, de forma que,** etc. tienen valor consecutivo se construyen igual que a_1) y a_2). Es decir:

se comportó de modo que el profesor no **tuvo** más remedio que echarlo de clase

no se comportó como para que el profesor lo **tuviera** que echar de clase

es posible que lo **podamos** hacer de manera que no **tengamos** que acudir a él

- Pero **de (tal) modo que, de (tal) forma que**, etc. pueden tener también valor final. En este caso, lo mismo que **para que** —la partícula final por excelencia— se construyen necesariamente con **subjuntivo** y la frase encierra este contenido semántico: «hacer consciente, premeditadamente algo para alcanzar un objetivo, un fin»:

se comportó de modo que el profesor no **tuviera** más remedio que expulsarlo de clase y, en consecuencia, la **expedientaran** = se comportó así para que el profesor no **tuviera** más...

b_1) **DE MODO QUE**, etc. se construyen como b_2).

b_2) **ASÍ QUE, POR (LO) TANTO**, etc. pertenecen al tipo: I——I I——I, luego es **una frase independiente** y se construye como tal. Es decir:

— si afirma, niega o pregunta ⇒ **INDICATIVO**:

es muy tarde, así que {
me **tengo** que marchar
no **puedo** esperar más
¿qué **hago**?

— partícula de posibilidad → subjuntivo ⇒ **SUBJUNTIVO**:
es muy tarde, así que puede que **tengamos** que dejarlo para mañana

— partícula de posibilidad → indicativo ⇒ **INDICATIVO**:
es muy tarde, así que a lo mejor **tenemos** que dejarlo para mañana

— partícula de deseo → subjuntivo ⇒ **SUBJUNTIVO**:
es muy tarde, así que ojalá lo **suspendan** ya hasta mañana

— mandatos, órdenes, ruegos ⇒ **IMPERATIVO/SUBJ./INDIC.**:

es muy tarde, así que {
vente inmediatamente
no salgas ya
le dices que mañana...
irás inmediatamente

— hipótesis en el pasado ⇒ **HUBIERA CANTADO/HABRÍA CANTADO**:
es muy tarde, así que **hubiera sido/habría sido** mejor dejarlo para mañana

b_3) **DE AHÍ QUE** y **DE AQUÍ QUE** pertenecen al tipo: I——I ⌐→ I——I y en concreto se construyen con **SUBJUNTIVO**:

la mayor parte de los documentos desapareció en un desgraciado incendio a finales del siglo pasado. De ahí que no **podamos** hoy reconstruir exactamente qué fue lo

que... = la mayor parte de los documentos desapareció en un desgraciado incendio a finales del siglo pasado, así que no **podemos** hoy...

- Las locuciones, próximas a **así que** o a **de ahí que**, del tipo **de ahí se deduce que, de ahí se deriva que, de ahí se infiere que** se pueden construir indistintamente con **indicativo** o **subjuntivo**, porque se pueden interpretar, a un tiempo, como:

  — equivalentes a **así que** ⇛ **INDICATIVO**:
  ... de ahí se deduce que **tenemos** que hacerlo

  — **que = el hecho de que** ⇛ **SUBJUNTIVO**:
  ... de ahí se deduce que **tengamos** que hacerlo

EXPLICACIÓN Y AMPLIACIÓN GRAMATICAL

Cuestión previa. Tipos

Dentro de las estructuras consecutivas hay dos tipos sintácticos totalmente distintos, que corresponden a los ejemplos a) y b) del ESQUEMA:

a) es tan alto que no encuentra pantalones de su talla en Salamanca
b) es muy alto, así que no encuentra pantalones de su talla en Salamanca

El primero, en el que hay siempre un intensificador —en el ejemplo, la partícula **tan**— y la conjunción de enlace es **que**, constituye una unidad, un bloque único semántico o de sentido, tonal —por eso en la escritura no deben separarse los miembros con una coma— y sintáctico, es decir, es de tipo **I——⋮——I**, por lo que el segundo miembro de la estructura es en todo dependiente del primero y, cuando se introducen cambios en éste, automáticamente repercuten en el segundo.

El tipo b), por el contrario, sólo es una unidad semántica, ya que tonalmente cada miembro de la estructura constituye una unidad propia —de ahí la coma en la escritura— y sintácticamente los dos miembros son independientes, de manera que el segundo, o se construye como una frase simple, o bien depende de la partícula de enlace.

1. Conjunciones y construcciones

a_1) El intensificador del primer miembro puede ser una palabra que signifique «cantidad»:

— **tanto** es un adverbio, y por ello invariable, y acompaña siempre a un verbo:

come tanto que...
duerme tanto que...
corre mucho, **tanto** que...
saltó demasiado, **tanto** que...
tanto duerme que...
tanto habló que...

— **tan** es también adverbio, invariable, pero acompaña a adjetivos (o sustantivos en función de adjetivos) o bien a otro adverbio:

tan alto que...
tan feo que...
tan hombre que...
tan perra que...
tan corriendo que...
tan torpemente que...

— **tanto, tanta, tantos, tantas** es un adjetivo, acompaña, pues, a un sustantivo y tiene las variaciones lógicas de género y número:

tanto dinero que...
tanta belleza que...
tantos libros que...
tantas carpetas que...

— **tanto, tanta, tantos, tantas** pueden ser, por último, formas aisladas, sin acompañamiento, es decir pronombres:

tanto [dinero] que...
tanta [agua] que...
tantos [niños] que...
tantas [corbatas] que...

En lugar de la cantidad, el desencadenante de la consecuencia puede ser la «calidad». Pues bien, hay otros intensificadores para indicar esto:

— **tal, tales** es el intensificador de calidad que más se suele citar —a veces el único— en las gramáticas. Sin embargo su uso es escaso —resulta excesivamente solemne— y en la lengua conversacional nulo, fuera de expresiones como:

tal cantidad que...
tal número que...[1]

Pero no es raro oírlo en boca de un hablante extranjero —incluso de nivel avanzado—, posiblemente por un defecto de aprendizaje. Una frase como la que sigue, siendo gramaticalmente correcta, es inusual en español:

me preguntó tales cosas que no supe responder

Una vez más, pues, si queremos que el español del hablante extranjero se parezca al que realmente hablan los nativos, tendremos que tener en cuenta que, como intensificadores de calidad, se suelen utilizar los del apartado siguiente:

— **un, una, unos, unas** y **cada**:

tienen **un** pescado **que** te chupas los dedos
hay a la entrada **una** lámpara **que** ya me gustaría a mí tenerla en mi casa

1. Para expresar cantidad:
no he entrado más que una vez en mi vida y había tal cantidad de mierda en el suelo que no he vuelto
dijo tal número de bobadas que es mejor olvidarse del tema

contó **unos** chistes **que** nos dejó a todos sin saber cómo reaccionar
cuentan **cada** disparate de él **que** es para echarse a temblar
hay **cada** hombre **que**...

Es igualmente muy usual la combinación de **un (—a, —os, —as)** y **tan**[1], y aunque menos, de **cada** y **tan**:

tienen **un** pescado **tan rico (tan fresco,...) que...**
hay a la entrada **una** lámpara **tan preciosa (tan bonita, tan fina,...) que...**
contó unos chistes **tan buenos (tan verdes,...) que...**
dijo **unas** bobadas **tan grandes** (**tan bobadas,...) que...**
cuentan **cada** disparate **tan increible** de él **que...**
hay **cada** hombre **tan amable** (**tan estúpido, tan hombre,...) que...**

PRÁCTICA

I. Dos estudiantes dialogan conforme a los modelos:

a) ¿Tienen pescado? / te chupas los dedos
Estudiante-1: ¿Tienen pescado?
Estudiante-2: Ya lo creo (o: ¡Bueno!; ¡Bueno, ya lo creo!; ¡Y tanto!: ¡Cómo no!; Claro,...). Tienen un pescado que te chupas los dedos

1. ¿Y venden ceniceros? / te encantarían
2. ¿Viste algún cuadro? / me dejó boquiabierto
3. ¿Y había mujeres? / **quitaban el hipo**
4. ¿Me has traído algún libro? / no creo que hayas visto nada parecido en tu vida
5. ¿Tenían hambre los niños? / lo comieron todo en un minuto

b) ¿Tiene muebles bonitos en su casa? / te quedas asombrado
Estudiante-1: ¿Tiene muebles bonitos en su casa?
Estudiante-2: Ya lo creo (etc.). Tiene cada mueble que te quedas asombrado.

1. Hay muchos monumentos, ¿no? / no sabes cómo reaccionar ante ellos
2. ¿Has conseguido algún ejemplar raro? / no creo que nadie aquí en Salamanca los tenga
3. ¿Dijeron muchas bobadas? / todavía **estoy alucinado**
4. ¿Contó alguna anécdota? / que la gente se tiraba por el suelo de risa
5. ¿Han pasado modelos que merecieran la pena? / que París al lado de nuestra moda actual no tiene nada que hacer

c) ¿Tienen algún vestido para mí? / juvenil– estoy segura que le gustará
Estudiante-1: ¿Tienen algún vestido para mí?
Estudiante-2: Tenemos uno tan juvenil que estoy segura que le gustará.

1. Cómprame algún libro / interesante-espero que te guste
2. ¿Me pone un buen vino? / bueno-no creo que haya probado Vd. uno mejor en su vida
3. ¿Conoces alguna pensión en Salamanca que me puedas recomendar? / buena y barata-seguro que te gustará

1. Cuando no se usa esta estructura completa su sentido está implícito en **un**.

4. ¿Puedes dejarme un momento un bolígrafo? / especial-dicen que escribe sólo
5. ¿Saliste con alguna chica? / inteligente y guapa-creo que me ha cazado

- Estructuras equivalentes

Las frases con intensificador **tan, tanto** son de uso general cuando **informamos** de algo. Por ejemplo, se dirá:

he ido a ver a tu hermana esta tarde y el niño está **tan** guapo **que** no me importaría que tuviéramos otro

Pero cuando el hablante no informa, sino que **reafirma** o **confirma** lo dicho antes por otro o por el propio hablante, entonces puede elegir entre:

— estructura con **tan / tanto**:

— Tiene un hijo muy alto, ¿no?

— **Tan alto** (o: **tanto**) **que** creo que lo quiere fichar no sé qué equipo de baloncesto.

— una de las dos estructuras equivalentes que indicábamos en el ESQUEMA:

1) **si** + forma de probabilidad + **que**:

si será alto que creo que lo quiere fichar no sé qué equipo...

2) **como que**:

como que lo quiere fichar no sé qué equipo...

En las estructuras consecutivas con **si**, frente a las correspondientes con **tan/tanto**, se reproduce, por lo general, el sistema de lo probable, frente a lo exacto, de las formas del indicativo, que ya estudiamos en el tema I. De manera que:

CANTO + tanto + que → si + CANTARÉ + que:

estudia tanto que es el primero

si estudiará que es el primero

— **HE CANTADO + tanto + que → si + HABRÉ CANTADO + que**:

ha venido tan de prisa que no ha tardado ni media hora

si habrá venido de prisa que no ha tardado ni media hora

— **CANTABA + tanto + que → si + CANTARÍA + que**:

estudiaba tanto que siempre sacaba las mejoras notas

si estudiaría que siempre sacaba las mejores notas

— **CANTÓ + tanto + que → si + CANTARÍA + que**:

trabajó con tanta ilusión que al final lo felicitaron

si trabajaría con ilusión que al final lo felicitaron

– **HABÍA CANTADO + tanto + que → si + HABRÍA CANTADO + que**:
le había reñido tanto que el pobrecito estaba llorando
si le habría reñido que el pobrecito estaba llorando

PRÁCTICA

II. Dos estudiantes dialogan según el modelo:

Es muy alto, ¿no? / (alto) – no encuentra pantalones de su talla
Estudiante-1: Es muy alto, ¿no?
Estudiante-2: Tan alto (o: Tanto) que no encuentra pantalones de su talla.
o bien: Si será alto que no encuentra pantalones de su talla.
o bien: Como que no encuentra pantalones de su talla.

1. Está muy solo, me parece a mí / (solo) – yo creo que necesita una nueva mujer a su lado
2. ¿Tenías miedo? / (miedo) – salí corriendo
3. ¿Vendrán muchos? / (tantos) –tendremos que salir nosotros de nuestra habitación
4. Habla muy rápido, ¿no? / (rápido) – no se le entiende nada
5. Creo que se comportó muy mal / (mal) – Emilia se enfadó
6. ¿Ha durado mucho la conferencia? / (tanto) – nos hemos **aburrido como ostras**
7. ¿Había mucha gente en la conferencia? / (tanto) – **no cabía ni un alfiler**
8. Seguro que llegaron tarde / (tarde) – no pudieron entrar
9. ¿Había nevado o no? / (tanto) – se habían borrado todas las huellas.
10. ¿Y se ha enfadado? / (tanto) – ni siquiera contestar al teléfono
11. Y después de beber cantarían muy alto, claro / (alto) – los vecinos les tuvieron que llamar la atención
12. ¿Llueve por ahí? / (tanto) – llevamos ya una semana sin poder salir de casa
13. Te lo has pasado bien, ¿verdad? / (bien) – no me importaría repetir
14. ¿Me quieres? / (tanto) – no puedo vivir sin ti
15. Me han dicho que es una ciudad preciosa / (preciosa y todo) – si encuentro un trabajo pienso quedarme a vivir allí.

- En estas estructuras del tipo a_1) es muy frecuente dejar la frase en suspenso, inacabada, porque la continuación resulta obvia para el interlocutor. De manera que a la pregunta de Julia:

  – ¿Por qué te enfadaste así con él?

  Felipe podría contestar:

  – Es que se puso tan insolente... [que no tuve más remedio / que perdí los nervios, etc]

  Es lo que sucede también en este ejemplo tomado de la novela *La sonrisa etrusca* de José Luis Sampedro:

  «¡El niño, claro!», piensa el viejo, reprochándose no haberle tenido más presente. Pero con la muerte de su mujer, y luego con su propia enfermedad, ¡han ocupado su cabeza tantas cosas...!

PRÁCTICA

III. Dos estudiantes dialogan de acuerdo con el modelo[1]:

¿Por qué no te vienes con nosotros? / es que ser tarde
Estudiante-1: ¿Por qué no te vienes con nosotros?
Estudiante-2: Es que es tan tarde...

1. Lo noto como triste / reñirle (tú) tanto
2. Mira qué notas trae / normal, estudiar (él) poco
3. ¿Por qué no te animas y te vas unos días de vacaciones? / es que tener (yo) tanto que hacer
4. Cómpratelo / ser caro
5. Habla con él / atenderme (él) mal la última vez
6. ¿Es que no te gusta? / sí, pero picante
7. Me encantan / y a mí, pero dar (ellos) lata
8. ¿Me quieres / preguntármelo (tú) veces
9. Es muy grande y muy soleada / y vieja
10. Es muy inteligente / y guapo

a_2) y a_3) Puede ser que la consecuencia no sea fruto de la cantidad o de la calidad de algo, sino de la manera o modo de hacer algo. En este caso, se usarán como intensificadores los indicados en el ESQUEMA: **de (tal) modo, de (tal) forma**, etc. y **de una manera**, etc. La partícula de enlace, como en a_1), es **QUE**:

lo miró **de una manera QUE** daba miedo

— Como en a_1) son de uso mucho más habitual los intensificadores con **un: de un modo, de una forma** y **de una manera**. Las variantes sin **un —de modo, de forma**, ...— son de uso menos frecuente[2]; y las que usan **tal**, como en a_1), suelen resultar excesivamente solemenes, de manera que no deja de ser significativo el hecho de que la expresión **de suerte**, de uso exclusivamente culto, sólo admita la variante **de tal suerte**, y no exista la forma * **de una suerte**.

PRÁCTICA

IV. Diálogo entre dos estudiantes según el modelo:

¿Por qué le has comprado eso a la niña? / es que me miró – no pude resistirme
Estudiante-1: ¿Por qué le has comprado eso a la niña?
Estudiante-2: Es que me miró de una manera (o: de una forma, de un modo) que no pude resistirme.

1. ¿Te gustó la conferencia? / habla – me encanta
2. Es bueno el profesor de matemáticas de este año, ¿no? / explica – es imposible no entender
3. ¿Le riñó? / sí, y lo hizo – no me gustó nada
4. ¡Qué guapa es esa muchacha! / y mira – que me está volviendo loco
5. ¿Ha estudiado ya las lecciones de mañana? / sí, pero es que estudia – así no creo que pueda aprender nada

1. Se prestará un cuidado especial a la entonación.
2. Para el tipo de estructura concreto al que nos referimos, porque veremos en seguida que tiene otros usos.

— Los intensifacadores **de una manera, de una forma** y **de un modo** se pueden combinar con **tan**: *de una manera tan especial, de un modo tan elegante,...*

— Las locuciones **de (tal) modo, de (tal) forma, de (tal) manera** y **de (tal) suerte**, además del valor consecutivo, pueden tener valor final. Son de uso más frecuente las formas sin **tal**:

lo hice de manera que no se diera cuenta ~ lo hice como lo hice **para que** no se diera cuenta

Sobre esta cuestión volveremos más adelante al analizar el uso de los modos.

- Estructuras equivalentes

Como en las consecutivas de **tan / tanto**, en las de modo se pueden usar, para reafirmar o confirmar algo, las dos estructuras señaladas en el ESQUEMA.

Todo lo indicado con ocasión de **tan / tanto** es aplicable para este caso. Así, para informar de algo, se dirá:

se comportó **de manera que** el profesor no tuvo más remedio que castigarlo

Pero para contestar a la pregunta:

se portó muy mal, ¿verdad?

se dirá:

cómo se portaría que el profesor no tuvo más remedio que castigarlo

o bien:

qué no haría que el profesor tuvo que castigarlo

Asimismo, son equivalentes —y por lo tanto no los vamos a repetir— los esquemas formales vistos en **tan / tanto**.

PRÁCTICA

V. Dos estudiantes dialogan según el modelo:

Me han dicho que es muy guapa / ser – hasta José se ha fijado en ella
Estudiante-1: Me han dicho que es muy guapa.
Estudiante-2: Cómo será que hasta José se ha fijado en ella.

1. Creo que llovió mucho / llover – tuvieron que suspender el partido
2. Llegó un poco bebido, ¿no? / ¿un poco bebido? llegar – le tuvimos que ayudar a meterse en la cama
3. ¿Te lo ha explicado otra vez? / si pero explicármelo que ahora estoy más confundido que antes
4. Me han dicho que trabajaba mucho / trabajar – el jefe, siendo como es, le subió el sueldo
5. Estaba muy enfadado / estar – dicen que le tiró una silla a la cabeza
6. Te veo más gorda / estar (yo) – no me vale ni un vestido del año pasado
7. Es una bellísima persona / ser – no conozco a nadie que hable mal de él
8. ¿Ha hablado ya con él? / ponerse con él – ha salido con los ojos hinchados como de haber llorado
9. Me pareció que hablaban muy alto / hablar – se despertaron todos los vecinos
10. Creo que es muy bonito / ser – le gusta hasta a tu padre

b_1) **de modo que, de forma que**, etc.

— Nótese que estas partículas pueden tener, pues, tres valores distintos en español. Por un lado, los dos que ya hemos señalado:

1) frase consecutiva de tipo a):

se comportó de modo que el profesor lo expulsó de clase ~ se comportó **tan** mal **que** el profesor lo expulsó de clase

2) frase final:

se comportó de modo que el profesor lo expulsara de clase ~ se comportó así **para que** el profesor lo expulsara de clase

Y por otra, puede introducir una frase consecutiva de tipo b), es decir, ser equivalente a **así que**:

se comportó muy mal, de modo que el profesor lo expulsó de clase ~ se comportó muy mal, **así que** el profesor lo expulsó de clase

— Es posible que todo esto le resulte un tanto complejo al estudiante, pero no debe alarmarse. Nuestra única intención al explicarlo es que el hablante extranjero conozca los distintos usos y pueda, por lo tanto, interpretarlos correctamente si alguna vez los encuentra escritos o los oye. Por lo demás, para su uso propio del español el estudiante puede recurrir a las partículas más frecuentes en cada caso:

1) para una frase consecutiva de tipo a) con intensificar de modo utilizará el más común, es decir, **de una manera, de una forma**, etc.

habla de una manera que es imposible entenderlo

2) para una frase final utilizará la partícula final de uso universal **para que**:

se lo dijo en voz baja para que no se enteraran los demás

3) para una consecutiva de tipo b) utilizará **así que** o cualquiera de las equivalentes:

habla muy bajo, así que no se le entiende casi nada

b_2) **así que, por (lo) tanto**, etc.

— **así que, por (lo) tanto, (y) por eso**, tal vez por este mismo orden, son las partículas de uso más común y neutro —no son ni cultas ni coloquiales— para expresar la consecuencia de tipo b):

es muy tarde, así que me voy

era muy tarde; María oyó las campanadas que anunciaban el cese de cualquier actividad en el campamento, así que se dispuso a...

En los dos ejemplos, en lugar de **así que**, podríamos utilizar **por (lo) tanto** o **(y) por eso**.

- Las demás partículas recogidas en el ESQUEMA ofrecen alguna restricción o uso especial. Así:

— **luego** podríamos decir que expresa la consecuencia lógica o filosófica. La célebre frase de Descartes se tradujo al español:

pienso, luego existo

Aunque esto no quiere decir que su uso sea exclusivamente culto. Es de uso relativamente frecuente cuando el hablante se convierte en un «pequeño filósofo»:

vamos a ver, un momento. Elvira me llamó sobre las ocho y estuve hablando con ella, luego a esa hora estaba en la facultad...

— **y**, como las del primer apartado, no es ni culta ni coloquial, pero sólo puede unir dos formas verbales idénticas, de manera que podría sustituir a **así que** en el segundo ejemplo (**oyó** y se **dispuso**), pero no en el primero[1].

— **conque**[2] es de uso muy coloquial:

las noticias no pueden ser peores, conque vamos a tener que ir **apretándonos el cinturón**, macho

b_3) **de ahí que** (de uso más frecuente) y **de aquí que**, además de construirse con **subjuntivo**, son de uso exclusivamente culto. Una frase como:

es muy tarde, de ahí que me vaya

aunque en una consideración estrictamente gramatical es posible, difícilmente podríamos oírla en un hablante de español. Sí podría sustituir a **así que** en el segundo ejemplo:

..., de ahí que se dispusiera a ...

Conclusión: el estudiante debe conocer todos estos pormenores y, en lo posible —en un nivel de perfeccionamiento—, hacer uso de las distintas posibilidades. Pero no debe olvidar tampoco que, para expresar una consecuencia de tipo b), **así que** es la partícula de uso universal[3].

2. Uso de los modos

- Las frases consecutivas de tipo a) recordemos que forman un bloque único en el que la segunda parte depende enteramente de la primera. Esto quedó ya reflejado, de una manera que consideramos suficientemente precisa, en el ESQUEMA, a donde remitimos. Con todo, en lo que sigue haremos aquellas aclaraciones que consideremos necesarias.

1. La frase:

es muy tarde. Y me voy

es distinta de: Es muy tarde, así que me voy.

2. No confundir con **con que** ⇒ **subjuntivo** → condicional de condición única.
3. No confundir con **así que** ~ **en cuanto**, de uso culto y poco frecuente.

- Primera parte **afirmativa** ⇒ **INDICATIVO**

PRÁCTICA

VI. Diálogo según el modelo:

¿Son altos? / altísimos; son tan altos que pegar (ellos) contra el techo
Estudiante-1: ¿Son altos?
Estudiante-2: Altísimos; son tan altos que pegan contra el techo.

1. ¿Eran fuertes? / mucho; eran tan fuertes que en el barrio les tener miedo todos los muchachos
2. ¿Y son guapos? / ya lo creo; son tan guapos que estar (yo) segura que te van a gustar
3. ¿Leíste algún libro durante aquellos días? / sí, uno tan interesante que lo leer (yo) **de un tirón**
4. ¿Te has comprado algo? / no, porque era todo tan caro que no me atrever
5. ¿Qué comíais habitualmente? / bueno, comíamos muchas cosas, pero había un pescado tan rico que muchos días lo comprar (nosotros) y lo preparar (nosotros) de mil maneras diferentes
6. Tienen unos hijos muy inteligentes / tan inteligentes que tener (ellos) unas becas estupendas
7. Parece bueno / tan bueno que yo me (ir) a comprar uno
8. Creo que es demasiado caro / tan caro que no creer (yo) que lo vendan por ese precio
9. ¿Y tenía mucho dinero el abuelo? / tan pobre que apenas poder (ellos) comer todos los días
10. Me han dicho que mamá era muy guapa / tan guapa que yo me enamorar de ella
11. Los españoles comen mucho al mediodía, ¿no? / tanto que luego dormir (ellos) una buena siesta en el sofá
12. ¿Y corrías mucho? / mucho, tanto que siempre llegar (yo) el primero
13. ¿Me quieres? / claro, tanto que no saber (yo) vivir sin ti
14. ¿Hablaban mucho? / ya lo creo; hablaban y hablaban sin parar, tanto que me tener (ellos) mareada
15. ¿A qué hora empezó? / no sé, pero tan temprano que, cuando yo llegué, no haber nadie allí
16. ¿Pudiste ver algo? / no; me entretuve tanto que, cuando llegué ya terminar todo
17. ¿Y cómo son? / ¡Ah, muy simpáticos! Tanto, tanto que me gustar que los conocieras
18. ¿Tienes hambre? / tanta que me comer (yo) cualquier cosa
19. ¿Qué tal? / estoy tan cansada que me parecer que esta noche no voy a salir
20. ¿Salíais mucho en Salamanca? / ¡Qué! Tanto que por la mañana en clase algunos no poder con su cuerpo
21. ¿Y qué dijo? / que ¿qué dijo? Unas barbaridades que todavía estar (yo) asombrado
22. Me han dicho que estuvo muy bien / sí, tan bien que la gente se ir marchando y al final me quedar yo sola aguantando el **rollo** como una boba
23. Creo que es muy gracioso / cuenta cada chiste que ser para morirse de risa
24. Lo siento, perdóname / es que tienes unas cosas que me **sacar** (tú) **de quicio**
25. Tengo entendido que es un profesor muy duro / hace cada **escabechina** que **temblar el universo**
26. ¿Pero qué pasó? / lo siento, pero es que el tío dijo una tontería tan grande que no poder (yo) aguantar la risa
27. ¡Oye! / ¡Tonto! Me **pegas** cada susto que el día **menos pensado** me **dejar** (tú) **pajarito**
28. ¿Has ido a ver la exposición? / hay unos cuadros que ya poder (tú) ir **preparando el bolsillo,** porque seguro que sales **cargado** con alguno
29. Dame un beso / he deseado tanto que me lo pidieras que ahora no saber (yo) si seré capaz[1]

1. Nótese bien la estructura de esa frase:
he deseado mucho que me lo **pidieras** y lo he deseado tanto que ahora no **sé**...

30. Eres muy amable / y tú tienes cada atención conmigo que creer (yo) que...

— Ampliaciones

1) primera parte **subjuntivo** ⇒ **SUBJUNTIVO**

La unión entre los dos miembros de una frase consecutiva de tipo a) es tal que, si la primera parte, aun siendo afirmativa, aparece en subjuntivo por alguna razón:

— por una partícula que implica **subjuntivo**:

ojalá **haya llovido** por allí tanto que se les **haya arreglado** algo la situación, porque era desesperada[1]

— porque el primer miembro de la frase consecutiva es, a su vez, dependiente de una estructura que exige **subjuntivo**:

espero que **haya llovido** tanto que, al menos, se **haya arreglado** algo la situación de los pastos

arrastra, como acabamos de ver, también al subjuntivo a la segunda parte.

PRÁCTICA

VII. Dos estudiantes dialogan según el modelo:

¿Vendrá mucha gente? / no sé; pero ojalá vengan tantos que llenarse toda la discoteca
Estudiante-1: ¿Vendrá mucha gente?
Estudiante-2: No sé; pero ojalá vengan tantos que se llene toda la discoteca.

1. Creo que llegarán pronto / esperemos que lleguen tan temprano que poder (nosotros) por lo menos salir a dar una vuelta
2. Ya verás, bobo, cómo te gusta la película / sí, que haya tanta cola que no poder (nosotros) entrar es lo que yo quiero
3. Dice la televisión que está nevando por allí / pues que caiga tanta que poderse esquiar
4. Según dice es todo muy barato / pero también es posible que sea todo tan feo que ir (nosotros), no comprar (nosotros) nada y perder (nosotros) el tiempo
5. ¿Se lo hago o no se lo hago? / sí, pero conviene que se lo hagas tan a última hora que estar calentito cuando llegue
6. Tendremos que comprar otro / pero no va a ser fácil que lo encontremos tan igual que nos hacer juego con el viejo
7. Van a venir unos amigos esta tarde a casa / pero que no sean tantos que me lo dejar (vosotros) todo **manga por hombro**

1. Frenta a:
ha llovido por allí tanto que se les **ha arreglado** bastante la situación.

8. Ya está todo listo / pues ahora a calmarse y a hacerlo bien. Espero que lo hagáis tan bien que no haber dudas sobre el primer premio
9. ¿Habrán hablado ya con él? / confiemos en que se lo hayan dicho con tanto tacto que no se ofender (él) o no se sentir manipulado
10. ¿Pero qué pasaría? / es posible que se lo plantearan tan mal que el otro decir, y con razón, que no quería saber nada del tema

2) primera parte → **«orden»** ⇛ **SUBJUNTIVO**

Recordemos que, cuando en la primera parte hay una orden, es muy frecuente usar **que** causal, lógicamente con **indicativo**. De manera que decimos:

corre, que te **pillo**

no corras, que te **caes**

no corras tanto, que te **caes**

Asimismo, es usual la secuencia «orden» + **que** final → **subjuntivo**:

corre, que no te **cojan**

no corras tanto, que te **pueda** alcanzar la niña

Pues bien, a estas estructuras ya conocidas incorporamos ahora las consecutivas, que se construyen con **subjuntivo** precisamente porque por su significado son frases finales:

no aprietes al principio tanto que al final te **vayas** a desfondar ~ no aprietes mucho al principio **para que** al final no te **desfondes**

grita mucho, tanto que **parezca** que te están matando ~ grita mucho **para que parezca** que te están matando

PRÁCTICA

VIII. Dos estudiantes se dirigen a un tercero según el modelo:

Pónselo tan negro que ni siquiera se le ocurrir por un momento aceptar / eso, tú le dices que es muy difícil, no sea que ir a decir que quiere participar

Estudiante-1: Pónselo tan negro que ni siquiera se le ocurra por un momento aceptar.

Estudiante-2: Eso, tú le dices que es muy difícil, no sea que vaya a decir que quiere participar.

1. Tú cuéntale muchas cosas, tantas que casi lo marear (tú) / eso, tú lo entretienes para que no se enterar (él) cuando entremos
2. Tú estudia siempre mucho, tanto que nadie te tener que regalar nunca nada / me parece muy bien, para que nadie decir nunca que si eres el hijo de...

3. No te quedes hasta tan tarde que luego, mañana, estar (tú) dormido en el examen / tu madre tiene razón, hijo, vete pronto a la cama para que mañana estar (tú) despejado
4. Pero no te pases; no le digas tantas tonterías que se ir (él) a dar cuenta y... / claro, tú con cuidado, no sea que la broma terminar en serio
5. Cómprasela tan grande que se coger (él) un empacho que no le queden más ganas de tarta / eso, para que se hartar de una vez y a ver si así ya nos deja en paz
6. Tú **dórale un poco la píldora**; se lo planteas de manera que creer (el) que su participación es imprescindible / eso, tú **hazle el cuento** bien hecho —que para eso **te pintas sola**—, para que **soltar** (él) la **pasta**
7. Insístele tanto que no poder (él) negarse / y no sólo para que no se negar (él): para que te lo dar (él) al instante
8. No le aprietes tanto que se enfadar (él), se plantar (él) y decir (él) que no quiere saber más del negocio / eso sí, claro; trata el asunto con cuidado para que él no se sentir como acorralado
9. Pórtate tan bien que tener (ellos) que decir que qué niño tan bueno/y para que otro día, si quieres, poder (tú) quedarte otra vez con ellos
10. A ver cómo se lo cuentas. Se lo tienes que contar de tal manera que ver (ellos) que realmente estamos dispuestos a todo / eso, tú **carga** un poco **las tintas** no sea que no nos ir (ellos) a tomar en serio

3) excepciones universales

PRÁCTICA

IX. Dos estudiantes dialogan según el modelo:

En los últimos días ha nevado bastante / sí, ha nevado tanto que puede que para el fin de semana abrir (ellos) ya las pistas de esquí

Estudiante-1: En los últimos días ha nevado bastante.

Estudiante-2: Sí, ha nevado tanto que puede que para el fin de semana abran ya las pistas de esquí

1. El vestido a mí me parece muy feo / es tan feo que ojalá no se lo comprar (ella), porque luego no se lo va a poner dos días
2. Los veo muy animados últimamente / tan lanzados están que muy posiblemente se casar (ellos) este mismo verano
3. Cuidado, que es mucho dinero / la verdad es que es tan caro que quizás tener (tú) razón
4. ¿Sabes mucho sobre el flamenco? / nada; pero me parece tan interesante que, cuando vaya a España, quizá ir (yo) a una academia para...
5. Fue realmente horroroso / me dio tanta pena que hacer (yo) lo que hubiera podido
6. ¿Qué tal andáis? / **no me hables**; el chico nos tiene tan hartos que ojalá se decidir de una vez a irse a vivir a un apartamento como dice. La pena es que no lo hace...
7. ¿Qué pasó, por fin, con los pájaros? / hija, que estaban tan acostumbrados el uno al otro que ser un crimen separarlos, así que allí siguen en casa los dos
8. Me han dicho que tiene mucho dinero / ¿mucho? Tanto que ojalá tu y yo tener la décima parte
9. Aquí dejo el justificante para el maestro / sí, pero es que está tan débil todavía que quizá no deber (él) ir ya hasta el lunes
10. ¿No te dijeron que iban a venir hoy? Sí, pero la verdad es que es tan tarde que ojalá no venir (ellos) ya

- Primera parte **negativa** ⇒ **SUBJUNTIVO**

— Recordemos que, en este caso, son muy frecuentes:
— **como para que + subjuntivo**
— **como para + infinito**

PRÁCTICA

X. Tres estudiantes dialogan según el modelo:

Está muy solo el pobre / tanto que no le venir mal casarse otra vez / pues yo no creo que su situación sea tan desesperada que ya, al mes, necesitar otra mujer a su lado

Estudiante-1: Está muy solo el pobre.
Estudiante-2: Tanto que no le vendría mal casarse otra vez.
Estudiante-3: Pues yo no creo que su situación sea tan desesperada que ya, al mes, necesite (o: como para que necesite / como para necesitar) otra mujer a su lado.

1. Le dio mucho miedo / tanto que salir (él) corriendo / pues me parece a mí que el toro no era tan grande como para **perder los pantalones**
2. ¿Habla muy rápido? / tan rápido que no se le entender nada / pero no tanto que tú no comprender ayer lo que te dijo
3. Es que son todavía muy pequeños / tan pequeñitos, los pobres, que estar (ellos) asustados / pero no tan pequeños como para no saber que eso no se debía hacer
4. ¡Cómo te pusiste! / es que me dio tanto genio que, si lo cojo, le pegar (yo)... / pues no fue como para que te poner (tú) así
5. Parece ser que ha aprobado / están todos en su casa tan contentos que... / pues tampoco es como para **echar las campanas al vuelo**
6. Estoy enamorado / tanto que hasta hacer (tú) poesía / pero no tanto que haber (tú) perdido el apetito
7. El mundo anda muy mal, ¿eh? / tan mal que esto no poder seguir así / pero no creo yo que vayan las cosas tan mal como para que tener (ellos) que volver los tuyos
8. ¿Y eso del sida? / la gente está tan asustada que, según los periódicos, hasta estar cambiando las costumbres / esperemos que no cambien tanto que se poner en peligro el propio futuro de la especie
9. ¡Qué rico, Elvira! / está todo tan en su punto que no creer (yo) que se comer mejor en un restaurante / me vais a subir los colores... Pero no tan rico que no os lo merecer (vosotros)
10. Hay que darle una broma / y hay que pensarla bien, porque él nos ha dado tantas que ésta tener que ser sonada / pero con cuidado, que os conozco; no puede ser tan pesada que se enfadar y lo estropear (nosotros) todo

- **de (tal) modo... que / de (tal) manera... que,** etc.

— Como veíamos en el ESQUEMA, estas partículas pueden tener dos valores distintos. Por un lado, un valor meramente consecutivo; de manera que, para los ejemplos habría que pensar en una situación como la siguiente: un jovencito hace algo en clase por lo que el profesor lo expulsa, y sus compañeros pueden dividirse entre los que opinan que hubo motivo para ello:

> Se comportó de modo que el profesor no tuvo más remedio que echarlo de clase ~ se comportó tan mal que el profesor no tuvo...

y aquellos que consideran que no fue razón suficiente:

> no se comportó como para que el profesor lo expulsara ~ no se comportó tan mal que mereciera la expulsión

Como todas las consecutivas de tipo a) se construyen con **indicativo/subjuntivo** según que la primera parte sea afirmativa o negativa.

— Pero las mismas partículas pueden tener valor final, equivalente a **para que**. En este caso, con independencia de que la primera parte sea afirmativa o negativa, llevan siempre **subjuntivo**, y el contenido no es un hecho del que se puede derivar una consecuencia, sino que significan «hacer algo con la intención de alcanzar un objetivo». Así, para el ejemplo del ESQUEMA:

> se comportó de modo que el director no tuviera más remedio que abrirle un expediente ~ se comportó así para que el director no tuviera más...

tendríamos que pensar en un contexto como el que sigue: el jovencito de los ejemplos anteriores ha crecido y ahora ya es una persona que sabe lo que quiere; no le gusta estudiar —él sueña con ser un buen mecánico de motos—, pero su padre se empeña en que estudie; cansado, el muchacho toma una «decisión heroica»:

> la voy a armar tan gorda que no tengan más remedio que expulsarme

PRÁCTICA

XI. Pónganse en la forma adecuada los infinitivos entre paréntesis.

1. Hazlo de manera que no se (dar, él) .... cuenta.
2. Se han portado tan mal que me (tener, ellos) ....loca.
3. Han sido tan buenos que (ir, nosotros) .... a ir todos a ver la película.
4. Pero ten mucho cuidado; díselo de manera que no se (sentir) .... obligado a hacerlo si no quiere.
5. Se enfadó tanto que se (olvidar, él) .... de los buenos modales y le habló de forma que el otro (ver) .... que con él no se jugaba.
6. Lo miró de manera que (darse, él) .... cuenta que había comprendido.
7. Pónselo tan feo que (esperar, nosotros) .... que reaccione y se le quite esa idea de la cabeza.
8. Se lo dije de manera que no se (molestar, él) ....,pero de forma que (ver, el) .... también que ni somos tontos ni lo vamos a dar por perdido.
9. Bueno, tampoco creo que fuera como para (ponerse) .... como se puso, pero ya sabéis cómo es.
10. Pórtate tan bien que (decir, ellos) .... que qué niño tan bueno.
11. Es que se lo contó de una manera que no me (extrañar) .... nada que saliera corriendo.
12. Lo haremos de modo que todos (salir, nosotros) .... ganando.
13. Se lo voy a proponer, pero con tantas condiciones —y qué condiciones— que no (creer, yo) .... que acepte.

14. Se lo voy a proponer, pero con unas condiciones que no lo (aceptar, el) ....
15. Se lo explicó tan deprisa que no se (enterar) ....

b_1) y b_2) **de modo que**, etc., **así que**, etc.

El estudiante no tiene que aprender nada nuevo en este caso puesto que la frase consecutiva se construye como una frase simple. Para la casuística véase el ESQUEMA.

b_3) **de ahí que, de aquí que ⇒ SUBJUNTIVO**

Si abrimos la boca, pues, y decimos... detrás... Recordemos tan sólo que **de ahí que** es de uso culto y que puede ser sustituida por **así que**, pero entonces el verbo irá en **indicativo**. Analícese el ejemplo del ESQUEMA.

PRÁCTICA

XII. Pónganse en la forma adecuada los infinitivos que van entre paréntesis.

1. Creo que ya está todo dicho, así que no (volver) .... Vd. a molestarnos más.
2. Ha sido muy bueno, mi niño, así que (ser, tú) .... bueno y (comprarle, tú) .... la revista.
3. Pero si te ha llamado ella quiere decir que él no está, luego lo lógico (ser) .... pensar que no ha regresado todavía.
4. Al final no me llamó, de modo que puede que (tener, tú) .... razón tú.
5. No me fiaba mucho, conque (coger, yo) .... al niño y me (ir) .... a otro médico.
6. Me pareció que era mi deber, y por eso lo (hacer, yo) ....
7. Parece ser que las cosas no quedaron muy claras el último día, de ahí que me (haber) .... visto obligado a convocarles a Vds. de nuevo.
8. La huelga parece ser que **va para rato**, así que ¿qué nos (aconsejar) .... Vd. que hagamos?
9. No se portó bien con él y por lo tanto me (parecer) .... lógico que se enfadara.
10. Mira cómo se ha portado él con nostros, así que (hacer) .... bien no invitándolo.
11. El pobre lo necesita, así que ojalá (tener) .... suerte y le (dar ellos) .... la plaza, hombre
12. Ahora sabemos que estaba en casa, luego no (poder) .... ser él.
13. No lo esperaron, y por eso se (enfadar) ....
14. Aunque su economía nunca ha sido muy saneada, los españoles tienen una larga y rica historia cultural, de ahí que el conocimiento de su lengua (constituir) .... un vehículo de primerísimo orden para conocer algunas de las grandes creaciones de la Humanidad.
15. Hoy estoy un poco cansada, así que (dejarlo, tú) .... para mañana.

16. Ha sido una larga y minuciosa tarea de siglos, de suerte que hoy (poder) .... Vds. contemplar aquí reunidas obras de los más grandes pintores europeos.
17. Me ha llamado y me ha dicho que se encuentra mucho mejor, así que posiblemente (poder, nosotros) .... salir a celebrarlo.
18. No ha llamado, conque (irte) .... corriendo y (preguntar, tú) .... a ver qué pasa.
19. No ha pasado de la fase de experimentación, de ahí que no (considerar, nosotros) .... prudente echar las campanas al vuelo —como se dice vulgarmente— y (preferir) .... esperar hasta contar con datos más fiables.
20. ¿Ves qué fácil? Ya está todo resuelto, así que no (saber, yo) .... a qué venían tantas prisas.

RECAPITULACIÓN

REPASO GENERAL DE LAS ESTRUCTURAS CONSECUTIVAS

XIII. Complétense los puntos suspensivos con la forma verbal adecuada.

1. Es tan atractiva que todos los hombres (estar) .... locos por ella.
2. No es tan atractivo como para que todas las mujeres (estar) .... locas por él.
3. No es tan atractivo como para (estar) .... todas las mujeres locas por él.
4. Tiene tanto sentido comercial que, haga lo que haga, todo le (producir) .... dinero.
5. Tenía tantas ganas de ir a España que (trabajar) .... todo el verano para realizar mi sueño.
6. No quería seguir estudiando, pero su padre lo obligaba; por eso se comportó de manera que el profesor (verse) .... obligado a expulsarlo de clase.
7. El niño se había perdido, así que no (haber) .... otra solución que llamar a la policía.....................
8. Hizo el examen tan mal que el profesor le (suspender) ....
9. Pepe no quería seguir estudiando, así que su padre le (decir) .... que se (poner) .... a trabajar.
10. Estuvimos esperándole hasta las seis y no llegó, así que tal vez sus padres no le (dejar) .... salir.
11. Esta noche los programas de la televisión no me gustan mucho, por lo tanto lo mejor (ser) .... que (irnos) .... a bailar.
12. Es posible que ese amigo tuyo (regresar) .... de nuevo esta noche tan borracho que (verme) .... obligada a decirle que se (buscar, él) .... otro alojamiento.
13. Es muy posible que la hermana de mi compañera de habitación (venir) .... a vivir con ella, así que no (tener, yo) .... más remedio que buscar otro alojamiento.
14. Gasta tanto dinero que (parecer) .... como si su padre fuera millonario.

15. No creo que Andrés (ser) .... el chico inteligente que yo pensaba, así que (decidir, yo) .... dejar de salir con él.
16. No creo que Andrés (ser) .... el chico amable que a mí me parecía, así que acaso lo mejor (ser) .... que no (volvernos) .... a ver.
17. Me dijo cosas tan graves de su novio que no (tener, yo) .... más remedio que aconsejarle que lo (dejar) ....
18. Pedro estaba tan harto de él que lo (**mandar**) .... **a paseo**.
19. Pedro **estaba hasta las narices** de ella, así que (comportarse, él) .... aquella noche de manera que no (haber) .... dudas sobre sus sentimientos.
20. Ya no es tan niño como para no (saber) .... lo que hace.
21. No está tan preparado que (él poder) .... aprobar el examen [constrúyase de otras formas más habituales en español esta frase].
22. María se ha enterado; luego le (ir, ellos) .... con el **chivatazo**.
23. María no ha venido; luego no (recibir, ella) .... el aviso.
24. Gasta tanto dinero que a lo mejor (pensar) .... que los demás (ser) .... unos **tacaños.**
25. Gasta tanto dinero que acaso lo mejor (ser) .... que se (casar) .... y se (independizar) ....
26. Tal vez la cosa no sea tan grave que (tener) .... que ir necesariamente.

    (constrúyase esta frase de otras dos formas más habituales en español)
27. Es muy posible que (quedar, ellos) .... tan cansados que no (tener, ellos) .... ganas ni de ir al festival.
28. **Tanto va el cántaro a la fuente que al final se (romper)** ....
29. No ha hablado tan mal como para que el público (reaccionar) .... como ha reaccionado.
30. Salieron muy tarde, así que, posiblemente, cuando llegaron, se (encontrar, ellos) .... ya la frontera cerrada y no (poder, ellos) .... pasar.
31. Le gusta tanto la música que le (comprar) .... una cinta de rancheras en México.
32. Baila tan bien la samba que no me (extrañar) .... nada verla desfilar en el carnaval de Río.
33. Veo que tienes muchos discos de tangos, así que (regalarme) .... uno, anda.
34. Estoy en España y me gusta lo español, y por eso (bailar, yo) .... pasodobles.
35. Son cuestiones muy difíciles y que llevan años enturbiando las relaciones internacionales, de ahí que (ser) .... ilusorio pensar que van a desaparecer **de la noche a la mañana**.
36. Son temas que **llevan en el candelero** mucho tiempo, así que (ser) .... ridículo pensar que se van a solucionar en seguida.
37. Llegarán dentro de un momento, de modo que (salir, tú) .... rápidamente.
38. La flauta de los Andes tiene un sonido tan dulce que me (encatar) .... saber tocarla.
39. El sonido de esa trompeta es tan romántico que difícilmente (salir, yo) .... de esta especie de ensueño.
40. Me tiene tan cansado que, como lo (coger, yo) ...., lo (ir, yo) .... a **hacer trizas.**
41. Nada, **sigue en sus trece**; es tan cabezota que no (haber) .... quien lo convenza.
42. Me han hecho tantas que ya... **¡qué más da!**

43. Acertó una quiniela, así que **se las (dar**, él) .... de listo.
44. Pero **no sabe una palabra de** fútbol, así que, si (acertar, él) ...., (ser) .... **de chorra**.
45. Colócalos de manera que (**estar**, ellos) .... **a mano**.
46. Ya no tiene remedio, luego (haber) .... que estudiar la mejor manera de salir adelante y, como se suele decir, **a lo hecho, pecho**.
47. Pero si ese **no tiene cuatro dedos de frente**, así que no (ser, tú) .... bobo y (olvidarte) .... ya de él.
48. ¡Vaya fiestecita la de anoche! Estoy tan cansado que más bien (parecer) .... que (**estar**, yo) .... **para el arrastre**.
49. Las cosas están tan complicadas que ya no (valer) .... **ver los toros desde la barrera; (haber)** .... **que saltar al ruedo** y **(haber)** .... **que mojarse**
50. Es difícil que (poder, nosotros) .... llegar a un acuerdo; luego quizá lo mejor ser .... que (dejar, nosotros) .... aquí el tema y el lunes, más tranquilos y descansados después del fin de semana, (intentar, nosotros) .... de nuevo buscar, como se dice ahora, el consenso.

XIV. Léanse los siguientes textos y analícense detenidamente las estructuras gramaticales que hemos destacado. En el primero, de Miguel de Cervantes, aparecen algunas particularidades propias del español clásico, que el profesor, por lo tanto, aclarará.

1. Paseándose dos caballeros estudiantes por las riberas del Tormes, hallaron en ellas, debajo de un árbol, durmiendo, a un muchacho de hasta edad de once años, vestido como labrador; *mandaron* a un criado que le **despertase**; despertó, y preguntáronle de adónde era y qué hacía durmiendo en aquella soledad. A lo cual el muchacho *respondió* que el nombre de su tierra se le **había olvidado**, y que **iba** a la ciudad de Salamanca a buscar un amo a quien servir, por solo que le **diese** estudio. Preguntáronle si sabía leer; respondió que sí, y escribir también.

— Desa manera —dijo uno de los caballeros—, no es por falta de memoria habérsete olvidado el nombre de tu patria.

— Sea por lo que fuere —respondió el muchacho—; *que* ni el della ni el de mis padres **sabrá** ninguno *hasta que* yo **pueda** honrarlos a ellos y a ella.

— Pues ¿de qué suerte los piensas honrar? —preguntó el otro caballero.

— Con mis estudios —respondió el muchacho—, siendo famoso por ellos; *porque* yo **he oído** decir que de los hombres se hacen los obispos.

Esta respuesta *movió* a los dos caballeros a que le **recibiesen** y **llevasen** consigo, como lo hicieron, dándole estudio de la manera que se usa dar en aquella Universidad a los criados que sirven. *Dijo* el muchacho que se **llamaba** Tomás Rodaja, de donde *infirieron* sus amos, por el nombre y por el vestido, que **debía** de ser hijo de algún labrador pobre. A pocos días le vistieron de negro, y a pocas semanas dio Tomás muestras de tener raro ingenio, sirviendo a sus amos con *tanta fidelidad*, puntualidad y diligencia, que, con no faltar un punto a sus estudios, **parecía** que sólo se **ocupaba** en servirlos; y *como* el buen servir del siervo **mueve** la voluntad del señor a tratarle bien, ya Tomás Rodaja no era criado de sus amos, sino su compañero. Finalmente, en ocho años que estuvo con ellos se *hizo tan famoso* en la Universidad por su buen ingenio y notable habilidad que de todo género de gentes **era** estimado y querido. Su principal estudio fue de leyes; pero en lo que más se mostraba era en letras humanas; y *tenía tan felice* memoria que **era** cosa de espanto; e ilustrábala *tanto* con su buen entendimiento que no *era* menos famoso por él que por ella.

Sucedió que se **llegó** el tiempo que sus amos acabaron sus estudios, *y* se **fueron** a su lugar, que era una de las mejores ciudades de la Andalucía. Lleváronse consigo a Tomás, y estuvo con ellos algunos días; pero *como* le **fatigasen** los deseos de volver a sus estudios y a Salamanca (que enhechiza la voluntad de volver a ella a todos los que de la apacibilidad de su vivienda han gustado), pidió a sus amos licencia *para* **volverse.** Ellos, corteses y liberales, se la dieron, *acomodándole de suerte* que con lo que le dieron se **pudiera** sustentar tres años.

(MIGUEL DE CERVANTES: *El Licenciado Vidriera*)

2. Se nos *acusa*, a quienes constituimos el Frente Popular, de que **personificamos** la antipatria, de que **odiamos** todo lo español, o se nos *dice* que, *si* no lo **odiamos, tenemos** para lo español, *por* **estar** embebidos en ideales de tipo universal, desdén y desprecio.

Yo os *digo* que no **es** cierto. *A medida que* la vida **pasa** por mí, yo, aunque internacionalista, me siento cada vez más profundamente español. Siento a España dentro de mi corazón, y la llevo hasta en el tuétano mismo de mis huesos. Todas mis luchas, todos mis entusiasmos, todas mis energías, derrochadas con *prodigalidad* que **quebrantó** mi salud, los he consagrado a España. No pongo por encima de ese amor a la patria, sino otro más sagrado: el de la justicia. No *estaría* con España *si* España **cometiera**, en el orden internacional, una villana injusticia. *Si* la injusticia **fuera** patente para mí, de la misma manera que se sacrifica el afecto a un ser querido, *sacrificaría* yo también mi devoción a España ante el deber imperioso de rendirme a la justicia, cuyo sentimiento ha invadido siempre mi alma *desde que* **tengo** uso de razón (Aplausos).

Os *ruego* que no **aplaudáis** y que me **dejéis** sostener una comunicación lo más íntima posible con vosotros.

(...)

¿Son ellos, y ellos solos, España? ¡Ah! *¿Es que no* **son** España los que labran la tierra, los que horadan las minas, los que queman su pie al pie de la fogata de los grandes hornos?

(INDALECIO PRIETO: *Discursos fundamentales*)

3. Sí, el niño *necesitaba* **ser** cambiado. Ahora sonríe, lavado y fresquito, *mientras* le **untan** una crema contra las irritaciones. «¡*Ni que* su culo **fuera** la cara de una moza!», piensa el viejo, indignado además *porque* la mujer le **pasa** el dedo pringoso entre las nalguitas y se detiene en el centro. «¡Ahí no se toquetea a un hombre!» Menos mal que el niño, *para* **demostrar** sin duda que tales caricias no **amenguan** su virilidad, la vuelve a poner rígidamente de manifiesto. «¡*No puede negarse* que **es** mi nieto!... Bien *dicen* que los niños se **parecen** más a los abuelos que a los padres...». Pero el gallardo espectáculo es aplastado una vez más por el implacable aparejo de plástico. «¡Qué barbaridad¡».

Anunziata *hace* **entrar** las piernecitas en las del pelele y vuelve al niño *para* **abrochárselo** por detrás. El viejo se enfrenta empeñosamente con el botón de arriba, pero aún no ha terminado *cuando* Anunziata **ha abrochado** todos los demás. «Déjeme a mí», le dice ella, pero el viejo hace de su tarea una cuestión de honor. Sin embargo, el redondelito de pasta se escurre siempre entre sus recios dedos y, *como* el viejo **persiste**, Brunettino empieza a gruñir y el abuelo se da por vencido, sofocando en el pecho una gimiente maldición.

Anunziata abrocha el botón en el acto y el niño es instalado en su cuna. El viejo se sienta a sus pies y reanuda su canturreo, como medio siglo atrás junto a sus corderos. Tonada melancólica, *porque* le **sigue** pesando su fracaso ante el botoncillo. «*De modo que si* **estuviéramos** los dos solos», cavila, «¿me **sería** *imposible* **vestirle** *para que* no se **resfriara**? No. No iba a envolverle en la manta; no es modo para un niño».

(José Luis Sampedro: *La sonrisa etrusca*)

XV. Pónganse en la forma adecuada los infinitivos entre paréntesis.

1. Me dirijo a Vd. porque se me (cerrar) .... todas las puertas a las que he ido llamando. Espero de su reconocida amabilidad y cortesía que esta vez, al menos, (obtener) .... respuesta a mi escrito.

   El día 24 del pasado mes de marzo, mientras (pasear, yo) .... por la Plaza Mayor de esta ciudad, se me acercó un individuo que me exigió de manera violenta que le (mostrar) .... la documentación. Puesto que el citado individuo (ir) .... vestido de paisano y Vd. no (desconocer) .... que los atracos y atropellos a personas, desgraciadamente, (aumentar) .... cada día en nuestra ciudad, mi primera reacción fue preguntar «¿Quién es Vd.?» Cuando (esperar, yo) .... que el desconocido me (mostrar) .... su carnet de policía, lo que hizo fue intentar (sujetarme) ...., por lo que, lógicamente y en legítima defensa, le (asestar) .... un golpe, con tan mala fortuna que mi presunto agresor (caer) .... fulminado al suelo. Y aquí comienzan mis desdichas: el desconocido resultó (ser) .... realmente policía y, según ha declarado después, parece ser que me (confundir) .... con un delincuente con el que, para mi desgracia, tengo algún parecido físico.

   A partir de ese nefasto día no ha habido un momento de tranquilidad en mi vida porque todo (ser) .... idas y venidas a la comisaría y al juzgado; de manera que un pacífico ciudadano —como creo que (ser, yo) .... — (ver) .... alterado el ritmo de su vida, hasta tal punto que incluso (llegar) .... a afectar a la estabilidad de su propio matrimonio. Y todo ello, porque un día (tener, él) .... la desgracia de que un agente de la autoridad le (confundir) .... con otro, y faltando a su obligación, no se (identificar) .... antes de (proceder) .... a la identificación del que creía que (ser) .... un criminal.

   Mi desamparo y desolación son tales que no (considerar, yo) .... necesario (insistir) .... en ellos. Si se (decir) .... que las cárceles (ser) .... la mejor universidad de la delincuencia, yo estoy por asegurarle a Vd. que un incidente como el que le he relatado, y sobre todo sus consecuencias, (poder) .... convertir a un pacífico ciudadano en un peligroso criminal por puro instinto de supervivencia al (sentirse) .... perseguido injustamente.

   Dadas sus reconocidas disponibilidad e influencia, acudo a Vd. a fin de que (intervenir) .... en mi favor y (poder) .... terminar esta horrible y kafkiana situación.

   Atentamente.

2. Es una situación tan extraña que no (creer, yo) .... que te (suceder) .... realmente. Si te (suceder) .... una cosa así, no la contarías; además, creo que (ser) .... mentira porque, por tu aspecto físico, (ver, yo) .... que

(ser) .... imposible que (tumbar, tú) .... al policía de un puñetazo. Así que me (parecer) .... a mí que tú lo que tienes (ser) .... mucha imaginación.

3. La humanidad ha avanzado gracias al sacrificio y a la incomprensión de algunos grandes hombres; de ahí que (ser) .... de todo punto necesaria la existencia de cierta rebeldía e inconformidad en la juventud. El día que la juventud (adocenarse) .... y no (oponerse) .... a sus mayores, habrá que pensar que el final (estar) .... cerca.
4. Hablaba con tal aplomo que (parecer) .... que no (haber) .... más verdad que la suya.
5. ¿No ves que (ser) .... muy tarde? Son las doce así que (dejar, tú) .... ya el ordenador y (ir, tú) .... a la cama, que por la mañana no (haber) .... quien te levante.
6. Me dijeron que Vd. me (poder) .... ayudar, y por eso (estar, yo) .... aquí. Me habían hablado tan bien de Vd. que, cuando me (recibir, Vd.) .... como me ha recibido, (pensar, yo) .... por un momento que me (equivocar, yo) .... de persona. Pero disculpe Vd., que ya no le (molestar, yo) .... más.
7. Es agradable (pasar) .... un rato con los amigos; por eso, cada vez que se (presentar) .... la ocasión y mis múltiples ocupaciones me (dejar) .... un rato libre, (pasar, yo) .... por su casa para (charlar) .... un poco.
8. Habló muy claro, de modo que todos (comprender) .... y luego nadie se (llamar) .... a engaño. Porque últimamente (suceder) .... cosas tan raras que, **quien más quien menos**, todos (tener, nosotros) .... **la mosca detrás de la oreja**.
9. **No le des más vueltas**, que no (merecer) .... la pena. Tú no acudiste a la hora acordada, y por eso se (enfadar, él) .... Eso es todo.
10. Es tan estúpido que se (merecer) .... eso y mucho más. Además, ya iba siendo hora de que alguien le (decir) .... lo que la mayoría piensa de él; así que no te (preocupar, tú) .... porque yo por lo menos (estar) .... contigo.

COMENTARIO DE TEXTOS

TEXTOS PERIODÍSTICOS: V

El 'revival' del famoso artilugio

ANTONIO DE SENILLOSA

Si el doctor Condon, médico anglosajón de especialidad profiláctica, levantara la cabeza, quedaría gratamente sorprendido al comprobar que a finales del siglo XX una gran parte de la humanidad más desarrollada enarbola su apellido como una fórmula mágica de salvación universal. El **revival** del invento del artilugio gomífero, adaptado sobre la anatomía masculina en trance de interés erótico, representa el gran acontecimiento científico de nuestra era. Ni la penicilina, ni la vacuna antipolio, ni la insulina, ni tan siquiera los antibióticos más sofisticados son capaces de competir en originalidad y en audacia con el hallazgo de ese gran pionero de la ciencia médica moderna llamado Condon.

Su descubrimiento fue, según cuentan, enteramente casual, como el péndulo de Galileo o la manzana de Newton. Parece ser que un desapacible día de lluvia en que salió de casa sin paraguas, halló el sabio en su camino una mula que iba tapada con una pieza de hule. Obsesionado por su especialidad médica, en vez de inventar el impermeable humano pensó en impermeabilizar uno de sus «flujos corporales», como lo ha llamado con admirable elipsis verbal el senador republicano Dannemeyer, vocero de las hijas de la revolución americana en California. La goma como primera materia, originada en el **Henea brasilensis**, dejó de ser usada en exclusiva por los fabricantes de neumáticos y pasó a tener un sitio preminente en la terapéutica protectora y preventiva del macho humano.

La aparición del SIDA, primero en el África central y luego en Norteamérica, fue transmitida desde allí también a Europa y utilizada inmediatamente como argumento decisivo por pastores atentos a defender del lobo sus ovejas, pero capaces de mandarlas al carnicero para que las mate. Aquellos pastores teológicos enlazaron el triste auge del SIDA con los desarreglos de Sodoma y los descarríos de Gomorra. Allí hubo también castigo atómico, según las modernas interpretaciones del texto bíblico; aquí la sanción es, por ahora, una enfermedad dolorosa, irreversible e incurable. No se conocen los antídotos del virus, que es, además mutable, es decir, inteligente y capaz de disfrazarse de cuando en cuando para despistar a los laboratorios.

Se dijo al principio, con la intención de tranquilizar a los ciudadanos norteamericanos más privilegiados, que era un castigo aplicable tan sólo a los negros e hispanos por culpa del color moreno de sus pigmentos. Y hasta ahí todo fue bastante bien; pero en éstas estábamos cuando empezaron a caer blancos y, lo que es peor, blancas. Y aun actores de Hollywood y amigos de los Colby.

Era preciso hacer algo. Los teólogos iniciaron una campaña pública propugnando un remedio radical: la abstinencia sexual y la rotunda fidelidad a la heterosexualidad. Representaba ello el triunfo del fundamentalismo religioso, tan arraigado en Atlanta y en Teherán y menos, a lo que parece, en el Palmar de Troya.

Pero he aquí que surge un disidente que suministra otra solución complementaria. «Todo eso está muy bien», dijo, «pero, ¿y si no se resignan algunos? ¿No habrá otra solución más razonable?». Y así empezó el **revival** del doctor Condon. Un párroco neoyorquino abrió el fuego. Tras exponer los argumentos abstencionistas, se sacó de la faltriquera un sobrecito de plástico y lo exhibió a las gentes que llenaban dominicalmente el templo. «He aquí otra fórmula provindencial», explicó. «Aunque haya caído en desuso, sigue siendo válida, pues no han cambiado mucho ni el tamaño ni la forma del instrumento a envolver. Que se acerquen al altar, los hombres primero, para que les entregue un ejemplar a cada uno, con una hoja aparte en la que van las instrucciones para su correcto uso. Con este reparto comenzaremos una gran campaña de concienciación ciudadana para hacer frente a esta plaga que nos amenaza».

El **revival** del doctor ha estallado en el mundo económicamente desarrollado con la fuerza que hoy tienen las modas nuevas. El **cirujano general**, o sea, el ministro de Sanidad norteamericano, Everett Koop, ha pedido al Congreso anunciar intensamente en las cadenas de televisión esos artefactos estirables como los chicles que pronto van a ser de utilización tan frecuente como éstos. Por supuesto, se hará publicidad, con un manual de instrucciones para su uso: : «No deben consumirse oralmente», pues después de tantos años se ha perdido la costumbre y se corre el riesgo de que se confundan con goma de mascar. Es como si se volvieran a poner de moda los triciclos para transitar por la ciudad, tras tantos años de abandono, o volvieran las yuntas de bueyes para arar los campos estadounidenses.

Naturalmente, hubo reacciones diversas entre los parlamentarios. Dijeron algunos que podía resultar ofensiva para las mejores familias la exhibición televisiva de tales cachivaches; opinaron otros que ciertas cadenas de televisión pondrían objeciones, y hasta un senador conservador exclamó airadamente: «Pues si anuncia usted eso, ya me dirá dónde quedan la abstinencia y el ayuno». La polémica no está, pues, cerrada, ni mucho menos. El cirujano añadió que entre los negros y los hispanohablantes es, hasta ahora, donde mayor número de víctimas se registra. «Son los inmigrantes hispanos quienes más intensamente se dedican al comercio intersexual», añadió.

La señora Thatcher ha dudado bastante en hacer compatible el cachirulo de látex con la caja televisiva, pero finalmente autorizó la propaganda de su venta y puso en circulación la de tipo gubernamental, que dice crípticamente: «No mueras por ignorancia». Admirable eufemismo femenino lleno de ternura hacia el apresurado varón.

Gonzalo Torrente Ballester, especialista en mujeres galaicas y en tangos argentinos, sostiene que el doctor Condon no inventó nada nuevo, pues el **Ciprianillo** mágico contenía ya una descripción del mismo dispositivo, que era entonces de caucho. No lo sé, pero pienso que sería interesante y muy patriótico explorar ese aspecto y, si cabe, reivindicar para san Cebrián el Mago la paternidad del asunto y no dejar que, como siempre, se lleven todo los anglosajones. Tal vez ganáramos así, al mismo tiempo, alguna indulgencia, plenaria o no, de las que tan necesitados estamos a causa de nuestros escasos méritos.

(*El País*, 16-3-87)

TEMA IX

RELATIVAS[1]

ESQUEMA GRAMATICAL

- **Tipo**: 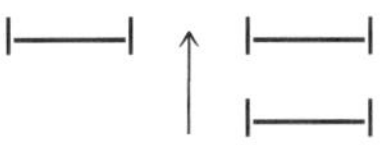

1. Relativos. Formas y uso: **QUE, CUAL, QUIEN, CUYO, CUANTO, COMO, CUANDO y DONDE**

QUE:

- antecedente[2] de persona, animal o cosa:
  el **estudiante que** haya aprovechado el tiempo...
  los **peces que** has comprado...
  las **calles por las que** hemos paseado...

- invariable:
  todo **hombre que** se precie de serlo...
  toda **mujer que** se precie de serlo...
  todos los **hombres que** estaban allí...
  todas las **mujeres que** estaban allí...

- puede ser sustituido por **el cual, la cual, los cuales, las cuales** en una frase *explicativa*, pero no en una *especificativa* o *restrictiva*[3]:

1. En este mismo tema incluiremos las estructuras **comparativas**, que responden al mismo tipo.
2. Se llama *antecedente* en las gramáticas al término —o frase— al que alude el relativo. En el ejemplo siguiente, **muchachas** es el antecedente:
   nos paramos un rato a hablar con unas muchachas que estaban tomando el sol
3. La distinción teórica, gramatical entre frases relativas explicativas y frases relativas especificativas o restrictivas responde a lo siguiente:
   - **explicativas**: el relativo alude a todo el antecedente y equivale en cierto modo a una frase causal o aclarativa:
     los alumnos, que vivían lejos, llegaron tarde ~ los alumnos, porque vivían lejos, llegaron tarde
   - **especificativas**: no explican, sino que restringen el antecedente:
     los alumnos que vivían lejos llegaron tarde ~ sólo los alumnos que vivían lejos llegaron tarde

   Más adelante volveremos sobre esta cuestión.

los padres, **que deben ocuparse de la educación de sus hijos, tienen una gran responsabilidad** ~ los padres, **los cuales** deben...
Los padres **que** se hayan ocupado de la educación de sus hijos sentirán la satisfacción de... ↛ *los padres los **cuales** se hayan...

- es el relativo de uso universal y el que habitualmente utilizan los hablantes nativos de español.
- ofrece algunas dificultades el uso del artículo.

Reglas para el uso del artículo con el relativo **que**

a) **sin** preposición → **sin** artículos:
los chicos **que** han llamado creo que son de toda confianza
los chicos **que** vimos esta mañana me han llamado

b) **con** preposición → **con** artículo:
los chicos **a los que** vimos esta mañana me han llamado
y esas son las razones **por las que** he venido

— **ampliaciones** de las reglas básicas a) y b):

b_1) las preposiciones **a, para, sin, sobre, desde, contra,** etc. → necesariamente artículo:
el problema **al que** se ha referido Carlos es más complejo
es un proyecto **para el que** yo les pido su colaboración
hay una serie de circunstancias **sin las que** no se hubiera producido
tiene unos aspectos muy interesantes **sobre los que** quiero detenerme
es un tema **tras el que** andamos
había una casa **desde la que** se veía todo
es una costumbre **contra la que** no es fácil luchar

— preposiciones como **en, con, de,** ..., a veces, pueden no usar artículo, pero incluso en esos casos cabría usarlo:
es el tema **en (el) que** más se ha insistido
ese ha sido el criterio **con (el) que** hemos actuado
es importante la materia **de (la) que** esté hecho

Con las mismas preposiciones, en cambio, el uso del artículo es necesario en los siguientes ejemplos:
es una idea **en la que** me interesa mucho insistir
con ese criterio es **con el que** hemos actuado siempre
es un aspecto **del que** no nos podemos olvidar

— **Regla práctica**: como el hablante extranjero, por lo general, no sabrá si en un caso concreto es posible o no la supresión del artículo, pero ahora sabe que **su uso es siempre posible**, se aplicará siempre la regla básica b):

con preposición → **con** artículo

a_1) casos de uso del artículo con **que** sin preposición:

1) **que** al comienzo de la frase:
el que está a la derecha
la que me dejaste ayer
los que se quedaron en casa
las que no vayas a necesitar
lo que más te apetezca

2) **lo que** neutro:
llevamos mucho tiempo sin reunirnos, **lo que** constituye sin duda un problema añadido
y es eso **lo que** a mí me preocupa

3) **todo +** artículo + **que**:
puede ir **todo el que** quiera
se han comido **toda la que** quedaba
estábamos de acuerdo **todos los que** habíamos asistido a la primera reunión
puedes llevarte **todas las que** te gusten
es **todo lo que** quiero

4) **sólo** o **solamente +** artículo + **que**[1]:
trae **sólo el que** está a la izquierda
sólo la que termine primero tendrá premio
entraron **sólo los que** tenían invitación
compra **sólo las que** se necesiten
no **sólo lo que** dijo me molestó

5) **menos, salvo, excepto +** artículo + **que**[2]:
cógelos, **menos los que** están sin abrir
las tengo todas, **salvo las que** llegaron ayer
están todos, **excepto el que** perdimos
ábrelas todas, **excepto la que** no tiene marca
me lo dio todo, **menos lo que** quería

6) doble especificación:
la casa **que** está junto a la catedral ... → la casa, **la que** está junto a la catedral, tiene valor histórico porque...

1. No confundir con **sólo que**:
   — **sólo que → indicativo =** «pero» (coloquial):
   se lo dije, **sólo que** no quiso = se lo dije, **pero** no quiso
   — **sólo que → subjuntivo =** condicional de condición única:
   sólo que hubieras hecho... = si hubieras hecho...
2. No confundir con las conjunciones ya estudiadas: **menos que, a menos que, salvo que** y **excepto que**.

7) estructuras:

7a) (sustantivo) + verbo + artículo + **que**:
los hombres bebieron **las que** quedaban
las mujeres son **las que** tienen que defender sus derechos.

7b) verbo + sustantivo:

– si se trata de una inversión de 7a), se construirá como 7a):
bebieron los hombres **las que** quedaban y así terminó la fiesta
son las mujeres **las que** tienen que defender sus derechos

– en los demás casos aplicación de la regla general: **sin** → **sin**:
los hombres bebieron las botellas **que** quedaban
estas son las mujeres **que** mandaste llamar

- La teoría contenida en el punto 7) puede concretarse en las siguientes **reglas prácticas**:
a) cuando «ha caído» un sustantivo → artículo:

los hombres bebieron **las que** quedaban → bebieron los hombres **las que** quedaban → los hombres bebieron las botellas **que** quedaban → bebieron los hombres las botellas **que** quedaban

b) con el verbo **ser**:

b_1 sustantivo + **ser +** artículo + **que**:
las mujeres son **las que**...
los hombres son **los que**...
el perro es **el que**...
la perra es **la que**...

b_2) **ser +** sustantivo + artículo + **que** [inversión de b_1)]:
son las mujeres **las que**...
son los hombres **los que**...
es el perro **el que**...
es la perra **la que**...

b_3) demostrativo + **ser +** sustantivo + **que**:
esas son las mujeres **que**...
estos son los hombres **que**...
aquel es el perro **que**...
esta es la perra **que**...

– **CUAL**:

- como **que**, puede tener antecedentes de persona, animal o cosa:

y estuvimos allí charlando un rato con unas **muchachas, con las cuales** más tarde...
estas tribus hacían acopio de toda clase de **animales, con los cuales** luego...
habían construido un **puente**, de una gran longitud, **a través del cual** pasaron...

- no se usa en las frases restrictivas, tal como hemos visto en **que**.

- en el español actual **siempre lleva artículo**. Por lo tanto, **cual** en realidad no existe[1]; lo que existe es: **el cual, la cual, los cuales, las cuales, lo cual**.

- los hablantes extranjeros de español suelen, por lo general, abusar de este relativo, mientras que los nativos no hacen mucho uso de él; hay que corregir, pues, en lo posible esta tendencia. **Cual** tiene cierto nivel culto —hablado o escrito— y se usa fundamentalmente con preposición, sobre todo como neutro: **con lo cual, por lo cual, sin lo cual**, etc.

— **QUIEN**:

- se usa con antecedente de persona:
  que quede claro que fue **Elisa quien** lo dijo

- tiene variación de número. Plural: **quienes**
  fueron ellos **quienes** no quisieron entrar

- **nunca lleva artículo**: *el quien, *al quien, *con los quienes,...

- no puede ser sujeto de una frase restrictiva:
  los alumnos, **que** vivían lejos, llegaron tarde → los alumnos, **quienes** vivían lejos, llegaron tarde [poco usual]
  los alumnos que vivían lejos llegaron tarde ↛ los alumnos *quienes vivían lejos...

- como **cual**, no es de uso muy frecuente. Se suele utilizar:

  — alternando con **que**:

  - al comienzo de frase:
    los que estén interesados pueden quedarse → **quienes** estén interesados pueden quedarse

  - detrás del verbo **ser**:
    las mujeres son **las que**...→ las mujeres son **quienes**...
    son los hombres **los que**...→ son los hombres **quienes**...[2]

1. No confundir con el interrogativo **cuál**.
2. Existe una expresión: **no + ser + quien + para** (no soy quien para; no es quien para; no éramos quienes para; etc.) que significa «no ser la persona adecuada, indicada para», en la que **que** no puede sustituir a **quien**:
   yo no soy quien para decir lo que tiene que hacer
Y que no hay que confundir con el uso libre de **ser + que/quien**:
   no soy **quien** Vd. piensa = no soy **el que** Vd. piensa

- en frases hechas, modismos y refranes, en los que, como tales, debe mantenerse **quien**, pero el uso de **que** daría frases gramaticalmente aceptables:
  quien bien te quiere te hará llorar ~ **el que** bien te quiere...
  quien canta su mal espanta ~ **el que** canta...
  como **quien** oye llover ~ como **el que** oye...
  como **quien** dice ~ como **el que** dice

— sobre todo con preposición, **quien** y **que** pueden dar lugar a frases distintas: **quien** tiene valor generalizador, de indeterminación, frente a **que** de significado más específico:

comeré **con quien** me dé la gana ≠ comeré **con el que** me dé la gana [de ellos]
saldré **con quien** yo quiera ≠ saldré **con el que** yo quiera [de vosotros]
he ido a ver **a quien** más me interesa ≠ he ido a ver **al que** más me interesaba [de ellos]

— el uso de **quien** es obligado —no cabe **que**— cuando, refiriéndose a persona, va inmediatamente detrás de los verbos **haber**[1] y **tener:**

no hay quien se entere ≠ no hay nadie **que...**
siempre habrá **quien** diga... ≠ siempre habrá alguien **que...**
no tenía **quien** pudiera echarme una mano ≠ no tenía a nadie **que...**

— CUYO:

- es un adjetivo: **cuyo, cuya, cuyos, cuyas.**

- va entre dos sustantivos y concuerda con el segundo:
  un *descubrimiento* **cuyas consecuencias...**

- es de uso exclusivamente culto:
  estamos, sin duda, ante uno de los grandes descubrimientos de la humanidad, cuyas consecuencias son imprevisibles en este momento

- el grado de trabazón sintáctica que supone **cuyo** impide su uso conversacional. En una conversación «normal» resultaría afectado e incluso ridículo, y se suele sustituir por: **y, que + tener, de, con, y su,** etc.
  Salamanca era una ciudad muy tranquila cuyas calles estaban llenas de gente → Salamanca era una ciudad muy tranquila y las calles estaban llenas degente → Salamanca era una ciudad muy tranquila; las calles estaban siempre llenas de gente
  tengo un vecino cuyo coche es precioso y cuyo color es muy raro → tengo un vecino que tiene un coche precioso, de un color muy raro
  tengo allí un buen amigo cuya casa está a la entrada del pueblo → tengo yo allí un buen amigo; su casa está a la entrada del pueblo → tengo yo allí un buen amigo, que vive a la entrada del pueblo

1. Cuando **haber** va precedido de artículo se usa **que**, con una significación más concreta que la de **quien**:
los hay **que** no saben lo que quieren ≠ hay **quienes** no saben de nada y hablan de todo

– **CUANTO**

- puede ser pronombre o adjetivo. Es decir, utilizarse aislado o acompañando a un sustantivo:
  invita a **cuantos** quieras
  invita a **cuantas personas** quieras

- equivale a:
  – **lo que**:
  dijo **cuanto** sabía ~ dijo **lo que** sabía
  – **todos los que**:
  invita a **cuantos** quieras ~ invita a **todos los que** quieras
  – **todos los +** sustantivo + **que**:
  invita a **cuantos niños** quieras ~ invita a **todos los niños que** quieras

- **cuanto** resulta, por lo general, más culto y es de uso menos frecuente que sus equivalentes. Recomendamos, pues, el uso de éstos últimos y que se diga:
  come lo **que** quieras
  compra **todas las que** necesites
  que suban **todos los niños que** quieran

– **COMO**:

- **como** relativo equivale a **de la manera que** o **según**:
  hazlo **como** quieras
  hazlo **de la manera que** mejor te parezca
  hazlo **según** te parezca
- el uso de **como** es obligado en la estructura: **ser +** gerundio + **como**, o estructura equivalente:
  es comiendo **como** se engorda
  es con un trapo **como** quedaría bien

– **CUANDO**:

- el uso de **cuando** relativo se reduce a:

  – estructura: **ser +** expresión de tiempo + **cuando**:
  fue durante el otoño **cuando** estuvimos allí
  eran los lunes **cuando** no teníamos clase

  – equivalente a **en el momento en (el) que, el día (mes, año, etc.) que**:
  se solucionó **en el momento en que** nos convocó el jefe del departamento → se solucionó **cuando** nos convocó el jefe del departamento
  recuerdo perfectamente **el día que** llegué aquí y no conocía a nadie → recuerdo perfectamente **cuando** llegué aquí y no conocía a nadie

- conviene no confundirlo con la correspondiente conjunción temporal porque:

  – recordemos: **cuando** temporal ⇒ **indicativo** → «presente» y «pasado»/**subjuntivo** → «futuro»

  – **cuando** relativo se construye, conforme a las reglas de las estructuras relativas que veremos más adelante, con **indicativo** (incluidas las formas de futuro) o **subjuntivo**:
  definitivamente será el domingo cuando **iremos** a verlo
  la reunión se celebraría cuando **dijera Vd.** → la reunión se celebraría el día que **dijera** Vd., así que recuerde

– **DONDE**:

- antecedente de lugar.
- equivalencias con **que**:

en el que
en la que
en los que
en las que
} = **donde** (o: **en donde**)

Ej.:

el pueblo **en el que** hemos estado
la ciudad **en la que** hemos estado
los pueblos **en los que** hemos estado
las ciudades **en las que** hemos estado
} **donde** hemos estado

al que
a la que
a los que
a las que
} **a donde**

por el que
por la que
por los que
por las que
} **por donde**

hacia el que
hacia la que
hacia los que
hacia las que
} **hacia donde**

hasta el que
hasta la que
hasta los que
hasta las que
} **hasta donde**

del que
del la que
de los que
de las que
} **de donde**

desde el que
desde la que
desde los que
desde las que
} **desde donde**

- por lo general se pueden usar indistintamente **que** o **donde**:
  la calle **por la que** íbamos ~ la calle **por donde** íbamos

  Aunque recomendamos el uso de **donde**, porque su empleo resulta más cómodo y porque quizá sea, en términos absolutos, más frecuente que **que.**

- el uso de **donde** es obligado:

  — en la estructura: **ser +** expresión de lugar + **donde**, o bien: expresión de lugar + **ser + donde**:
  fue en Toledo **donde** la conocí
  en Toledo fue **donde** la conocí[1]

  — cuando el antecedente es un adverbio de lugar: **aquí, ahí, allí, allá, acá**,...:
  esta ahí, **donde** tú lo dejaste

  — cuando no hay antecedente expreso:
  cenamos **donde** tú quieras
  donde yo vivo no hay de eso

2. Uso de los modos

a) Regla básica:

- antecedente **conocido** o **concreto** ⇒ **INDICATIVO**:
  voy a casarme con una chica que **cocina** bien

- antecedente **no conocido** o **no concreto** ⇒ **SUBJUNTIVO**:
  voy a casarme con una chica que **cocine** bien[2]

— especificaciones de la regla básica:

a_1) En las estructuras de relativo no cuenta aquello de: «pasado» y «presente» → **indicativo** / «futuro» → **subjuntivo**. Aquí, para el «pasado» para el «presente» y para el «futuro», se usará **indicativo/subjuntivo** de acuerdo con la regla básica:

haz lo que te **ha dicho** ≠ haz lo que te **haya dicho**
haz lo que te **dijo** ≠ haz lo que te **dijera**
haz lo que te **está diciendo** ≠ haz lo que te **esté** diciendo
haz exactamente lo que él te **dirá** ≠ haz exactamente lo que él te **diga**

1. Nótese la diferencia entre:
   fue en la calle **donde** nos vimos
   y por otra:
   fue en esta calle **donde/en la que** nos vimos
2. Esta misma regla básica rige el uso del modo en las estructuras comparativas:
   hazlo tal como **dice**
   hazlo tal como **diga**
   Volveremos sobre ello en la AMPLIACIÓN

lo que **hará** que los lectores se interesen por la novela ≠ es bueno todo aquello que **haga** que los lectores se interesen por la novela

a_2) los enunciados de carácter general, validos para todos los momentos, o bien referidos a todos los miembros de un grupo o clase, se construyen con **indicativo**:

me encantan las personas que **tienen** la virtud de reconocer sus limitaciones
los españoles que **intervieron** en la guerra civil, tanto los de un bando como los del otro, sufrieron sus terribles consecuencias

a_3) las preguntas de carácter general —en la que la pregunta recae sobre el verbo— se construyen con **subjuntivo**, siempre como una aplicación concreta de la regla básica:

¿Pero quedará algún rincón en la casa que no **hayáis puesto** patas arriba?

a_4) la alternancia **indicativo/subjuntivo** se da sólo en las frases especificativas o restrictivas, mientras que las explicativas van siempre en **indicativo.** Pero tampoco esto debe preocupar al hablante extranjero ni debe tenerlo en cuenta, ya que no es más que la aplicación de la regla básica:

— en las explicativas el antecedente es siempre concreto o conocido, luego ⇒ **INDICATIVO**

— en las especificativas puede ser conocido o no, concreto o no, luego ⇒ **INDICATIVO/SUBJUNTIVO**:

a la secretaria, que ahora **va** a coger sus vacaciones, no se lo podemos pedir
a la secretaria que ahora **va** a coger sus vacaciones no se lo podemos pedir
a la secretaria, a la que ahora **va** a coger sus vacaciones, no se lo podemos pedir
a la secretaria que ahora **vaya** a coger sus vacaciones no se lo podemos pedir

a_5) por encima de la regla básica y sus apliaciones concretas estarán siempre, por supuesto, la **EXCEPCIONES UNIVERSALES**. Así, en la siguiente frase —que es explicativa— aparece el **SUBJUNTIVO**; pero éste, claro, ya no nos sorprende:

los niños, a los que puede que **CONVENGA** no decirles nada todavía, que vayan esta noche a dormir a casa de los abuelos.
los niños, a los que **CONVIENE** no decirles nada...

b) Cuando la primera parte es negativa:

b_1) si la frase es estrictamente de relativo, es decir, si tiene mero valor explicativo o especificativo, se construye conforme a la regla básica:

no hay ningún herido entre los niños, que afortundamente **acababan** de salir del colegio
no hables con ninguno de los que **están** allí
no hables con ninguno de los que **estén** allí

b_2) si la frase —que gramaticalmentes es de relativo— tiene **valor consecutivo** o **final** se construirá conforme a las reglas que ya conocemos:

— **valor consecutivo**: una frase consecutiva cuya primera parte es negativa exige **subjuntivo**, luego ⇒ **SUBJUNTIVO**:

no le pregunté nada que no **pudiera** contestar ~ no le pregunté nada tan difícil (tan raro, tan rebuscado,...) que no pudiera contestar

— **valor final**: con independencia de que la primera parte sea afirmativa o negativa una frase final —recordemos— se construye: **mismo sujeto** → **infinitivo/distinto sujeto** → **subjuntivo**, luego ⇒ **INFINITIVO/SUBJUNTIVO**:

no tengo nada que **hacer** hoy
ahora mismo no veo por aquí nada con lo que **pudieras** entretenerte
me gustaría tener un sitio en el que **poder** estudiar ~ para estudiar
me gustaría tener un sitio en el que **pudieras estudiar** ~ para que estudiaras

— Este apartado b_2) es, en realidad, la única pequeña dificultad que ofrecen las estructuras relativas; el hablante extranjero puede aplicar estas dos **reglas prácticas, operativas**:

- cuando negamos la existencia total, absoluta de algo (= valor final) o negamos que exista lo apropiado, lo adecuado (= valor consecutivo) ⇒ **SUBJUNTIVO**:

  no conozco allí a nadie que **pueda** ayudarme

  Frase que puede significar:
  1) no conozco allí absolutamente a nadie, y por lo tanto no puedo recurrir a nadie para que me ayude.
  2) conozco a mucha gente allí, pero no conozco a nadie tal (= tan preparado, tan importante, tan desinteresado,...) que pueda ayudarme.

- el uso del **infinitivo** puede limitarse a las estructuras formadas por: **haber, tener, faltar, quedar + algo, nada, mucho, poco, bastante, demasiado, algún** —cada uno con sus distintas variaciones morfológicas— + **que + infinitivo**:

  allí no había nada que **hacer**
  tengo muchas cosas que **contarte**
  ¿hay algo que **traer** esta mañana?
  todavía queda bastante que **explicar**
  le queda demasiado que **aprender**

c) Las frases parentéticas que repiten el verbo ⇒ **SUBJUNTIVO**:

sea quien **sea**
lo **hiciera** como lo **hiciera**
lo **haya traído** el que lo **haya traído**
esté donde **esté**[1]

1. La razón gramatical del uso del subjuntivo en estas frases se hará patente cuando analicemos las estructuras concesivas. Adelantemos aquí tan sólo que se debe a que llevan implícito el significado de: «incluso en ese caso no importa».

EXPLICACIÓN Y AMPLIACIÓN GRAMATICAL

• **Comentario previo:** las estructuras relativas son, sin lugar a dudas, las frases de uso más frecuente del idioma, tanto del español escrito como, y sobre todo, del español hablado. Ello se debe a que con estas frases explicamos todo aquello que no tiene nombre, o que no se puede decir con una sola palabra —por ejemplo, con un adjetivo—, o en el caso de que exista el adjetivo por ejemplo, no nos viene a la mente en un momento determinado, etc. Fijémonos en la siguiente frase:

> es un nuevo aparato **para el que** todavía no tenemos nombre en español y **que**, como casi siempre, proviene del mundo anglosajón. No sabríamos, la verdad, describirlo con pocas palabras; es un aparato **que** no es más grande que una moneda de cinco pesetas y **que**, sin embargo, realiza mil funciones, **para las que** hasta ahora se necesitaban otros tantos trastos de gran tamaño **que** llenaban inútilmente nuestras oficinas. El aparato, **que** cuesta...

Si esto sucede en boca de un nativo, es lógico pensar que la frecuencia de uso de estas estructuras se multiplique en el caso de un hablante extranjero, ya que en él se dará más habitualmente la circunstancia de no recordar o, sencillamente, de no conocer una palabra. ...Pero cuando esto ocurra, el hablante no debe detenerse, sino **explicar el concepto**; de manera que, si en un momento determinado, no recuerda, o no sabe, cómo se dice:

— «nómada», podrá expresarse, más o menos, en estos términos:

> esos pueblos... Bueno no recuerdo cómo se dice en español, pero me refiero a esos **que se trasladan de un sitio a otro, que no viven en un territorio determinado o fijo**

— «intermitente»:

> le di un golpe al coche y se rompió una lucecita de esas **que se encienden y se apagan, que señalan la dirección**

Por su frecuencia de uso, pues, son unas estructuras especialmente importantes, que conviene conocer y dominar a la perfección.

• **Tipo**: como hemos visto ya en el ESQUEMA, las frases de relativo pertenecen a esa clase de estructuras complejas en las que, en la segunda parte, puede aparecer el **indicativo** o el **subjuntivo** para crear mundos o universos distintos. Además, en el caso concreto de las oraciones de relativo, el uso del modo guarda alguna relación con la primera parte, concretamente con lo que se llama **antecedente**. Son, por lo tanto, estructuras más difíciles que aquellas en las que todo se reduce a «si abrimos la boca y...» Pero tampoco hay que alarmarse, pues **no es tan fiero el león como lo pintan** según se habrá comprobado en el ESQUEMA.

1. Relativos: formas y uso

— QUE

- El hablante extranjero de español suele por lo general, incluso en niveles avanzados, abusar del uso del relativo **cual**; los nativos, en cambio, se podría decir que casi sólo utilizamos **que**, sobre todo por lo que a la lengua conversacional se refiere. El estudiante, pues, debe habituarse al uso de **que** y sólo **que**..., salvo, lógicamente, en aquellos casos ya señalados en el ESQUEMA y que analizaremos[1].

- El relativo **que** —para cuyas características remitimos al ESQUEMA— ofrece una dificultad en el uso o no uso del artículo. Pero esta dificultad se resuelve con la aplicación de una regla doble muy sencilla. Recordemos:

a) **sin preposición** → **sin** artículo [**sin** → **sin**]:

los chicos **que** han llamado creo que son de toda confianza
los chicos **que** vimos esta mañana me han llamado

Fijémonos en que el relativo **que** desempeña distinta función sintáctica en cada uno de los dos ejemplos:

— en el primero es sujeto de *han llamado*
— en el segundo, objeto directo de *vimos*

Sin embargo, en ningún caso lleva artículo, porque no importa la función sintáctica sino el **simple hecho formal** de la presencia o ausencia de preposición:

sin ------------sin

De manera que, si el segundo ejemplo lo construyéramos con la preposición **a** —como se puede hacer al tratarse de un objeto directo de persona—, automáticamente aparecería el correspondiente artículo:

los chicos **a los que** vimos esta mañana me han llamado

PRÁCTICA

I. Complétense los puntos suspensivos.

1. Mira, la chica ....que.... está arrancando ahora la moto es Isabel.
2. ¿Y este es el cuadro ....que.... causó tanta sensación? Pues no le veo el mérito.

1. No hay que confundir los relativos **que, cual** y **quien** con los interrogativos **qué, cuál** y **quién**. Cuando decimos que hay que usar **que** y sólo **que** estamos hablando de los relativos y no de los interrogativos, que tienen cada uno de ellos sus usos específicos, y que estudiaremos en el tema correspondiente.

3. Las escaleras ...que... conducen al segundo piso son una auténtica maravilla.
4. Compré el libro ...que... me habían recomendado.
5. Por favor, pasa por la óptica y me recoges unas gafas ...las que... dejé allí para que le pusieran un cristal.
6. Se enfadó mucho con los estudiantes ...que... no habían hecho los deberes.
7. Me encanta el retrato ...que... le has hecho a Julia.
8. Tú vuelve a leer con atención las páginas ...que... te dije.
9. Tomé una cerveza ...que... había en el frigorífico.
10. La novela ...que... estoy leyendo ahora es realmente interesante.

b) **con** preposición → **con** artículo [**con** → **con**]
los chicos **a los que** vimos...
las razones **por las que**...

Recordemos que en algunos casos se podría suprimir el artículo y obtener frases correctas: vid. apartado b_1) del ESQUEMA. Pero el estudiante debe conocer eso sólo por si ve escrita una frase o la oye en boca de un nativo, ya que, para su uso personal, recordemos que debe aplicar siempre:

con --------- con

PRÁCTICA

II. Complétense los puntos suspensivos.

1. He visto a la chica de ...la que... me hablaste ayer y es realmente guapísima.
2. Los chicos con ...los que... estuvimos ayer me parecieron muy simpáticos.
3. Esa y no otra es la razón por ...la que... no pude ir.
4. La ciudad y en concreto la plaza desde ...la que... te estoy escribiendo es preciosa.
5. El tema sobre ...lo qual... vamos a tratar hoy ofrece alguna dificultad, pero no hay que alarmarse.
6. El profesor de .... te hablaba en mi última carta resulta que está casado.
7. El asunto para .... te necesito es muy serio.
8. La civilización hacia .... se encamina la humanidad no está libre de problemas.
9. Los niños a .... atienden directamente sus padres suelen ser más felices y equilibrados.
10. Es un tema de .... no me gusta hablar.

a_1) Excepciones de la regla **sin -------- sin**

Desde una consideración estrictamente gramatical no se podría hablar de excepciones, ya que —como se verá— el artículo lo que hace es sustituir o tomar el lugar de un demostrativo o de un sustantivo:

me comí **la manzana que** quedaba → me comí **la que** quedaba[1]
aquel que quiera puede hacerlo → **el que** quiera puede hacerlo

Pero desde un punto de vista práctico es preferible que el estudiante aprenda esto como excepciones y, además, que automatice su uso porque es este uno de los aspectos en el que el hablante extranjero, incluso el de nivel muy avanzado, suele tener problemas.

1) **que** al comienzo de la frase
El artículo puede ser sustituido por la correspondiente forma del demostrativo **aquel**:
los que se quedaron en casa... → **aquellos que** se quedaron en casa...

PRÁCTICA

III. Complétense los puntos suspensivos

1. Los que tienen mucho dinero no son necesariamente felices.
2. Es verdad que el dinero no hace la felicidad, pero no es menos verdad que el que tiene dinero suele tener menos problemas en la vida.
3. Los que trabajan por lo general ganan bastante dinero.
4. Los que quieran pueden ir de excursión este fin de semana a Toledo.
5. Los que han luchado por ello han conseguido los mismos derechos que los hombres.
6. Pero también el que voluntariamente decide trabajar sólo en su casa puede sentirse liberada a su manera.
7. Yo no os lo recomendaría, pero el que quiera puede ir a verlo, claro.
8. Es un espectáculo muy bueno, así que el que tenga interés que saque hoy mismo las entradas.
9. Lo que yo desearía con toda mi alma es que me dejaras en paz.
10. Pídeselo, porque el que / quien **no llora no mama**.

2) **lo que** neutro

PRÁCTICA

IV. Complétense los puntos suspensivos.

1. Me preguntaron lo que he dicho.
2. Muy bien, compraré lo que tú digas.
3. Haré lo que crea que es mejor para los dos.
4. Recogió lo que tenía aquí y se marchó.
5. Nos enviaron exactamente lo que les habíamos pedido.
6. Dice que necesitan lo que le prestaste la semana pasada.
7. Fue la actuación del ministro del Interior lo que desencadenó la crisis.
8. Pero es que últimamente ya ni siquiera estudia, y eso es lo que me preocupa.

1. Tampoco debe interesarnos aquí la discusión teórica de si se trata realmente del artículo o de un demostrativo.

9. Que trabajes más, eso es ...lo que... yo quiero.
10. Se quedaron solos allí todo el fin de semana, ...Lo que... lógicamente no les ha gustado nada a sus padres.

3) **todo** + artículo +**que**

PRÁCTICA

V. Complétense los puntos suspensivos

1. Entraron todos ...los que... quisieron.
2. Recuerda siempre todo ...Lo que... te he dicho.
3. Llévate todas ...las que... necesites.
4. Jugó todo ...lo que... quiso.
5. Jugaron todos ...los que... quisieron.
6. Puedes pedir todo ...lo que... te guste.
7. Se comieron en un segundo toda ...La que... les dejé.
8. Separa todas ...las que... creas que te pueden valer.
9. Todos ...los que... han ido a verla me han hablado muy bien de ella.
10. Todo ...lo que... esté dispuesto a trabajar en serio tendrá un puesto en la empresa.

4) **sólo** o **solamente +** artículo + **que**

PRÁCTICA

VI. Complétense los puntos suspensivos

1. Sólo ...los que... trabajan triunfan.
2. Sólo ...los que... llegaron ayer nos valen.
3. Sólo ...el que... haya hecho bien el examen aprobará.
4. Tienen que quedarse sólo ...los que... juegan a baloncesto.
5. Solamente ...el que... estudia y se esfuerza sabe.
6. Sólo ...lo que... le regaló Ana parece que le ha gustado.
7. Me contó sólo ...lo que... le interesaba.
8. Llamaron sólo ...a los que... **tenían** algún **enchufe**.
9. Solamente ...los que... estábamos en la reunión teníamos noticias del asunto.
10. Me gustaría que se presentaran solamente ...los que... tengan alguna posibilidad de superar la prueba.

5) **menos, salvo, excepto +** artículo + **que**.

PRÁCTICA

VII. Complétense los puntos suspensivos.

1. Me encantan todos, menos ......los que...... tratan de gramática.
2. Excepto ......lo que...... no he explicado en clase, lo demás todo entra en el examen.
3. Prepárate todas las lecciones, salvo ......los que...... dio a entender que eran menos importantes.
4. Salvo ......los que...... tengan algún enchufe, los demás tienen poco que hacer.
5. Os vais a quedar aquí todos hasta las cinco, menos ......los que...... han levantado la mano.
6. Salvo ......el que...... no haya terminado todavía los deberes, los demás pueden salir.
7. Podéis bajar a jugar todos un rato, excepto ......los que...... están castigados por el director.
8. Podéis hacer todo lo que queráis, menos ......lo que...... os he dicho.
9. Salvo ......lo que...... tú trajiste, todo lo demás vale más bien poco.
10. Os vendría bien comprar todas esas obras, menos, por supuesto, ...los que...... estén en la biblioteca del colegio.

6) doble especificación

Por lo general, el hablante usa de la especificación, digamos, simple, que se expresa con **que** (sin preposición — sin artículo) y en la escritura sin coma:

la casa **que** está junto a la catedral tiene un gran valor histórico

Cuando el hablante —por la razón que sea— especifica más, entonces recurre a un demostrativo —**este, ese, aquel**— o bien a la construcción con artículo:

la casa, **esa que** está junto a la catedral, tiene un gran valor histórico
la casa, **la que** está junto a la catedral, tiene un gran valor histórico

El uso del demostrativo es muy frecuente —sobre todo en el caso de **ese**— cuando el objeto está a la vista:

dame un bolígrafo; **ese mismo que** está ahí encima de la mesa

PRÁCTICA

VIII. Complétense los puntos suspensivos.

1. Ya están fichados los libros ......que...... llegaron ayer.
2. Los libros, ...los cuales...... llegaron ayer, creo que hay que devolverlos.
3. Los libros, aquellos ......que...... pediste a Nueva York, han llegado por fin esta mañana.
4. Los estudiantes, bueno ......como...... he dicho antes, se quedaron un rato más con el profesor.
5. La mesa ......que...... pedimos ayer dicen que tardarán al menos un mes en servírnosla.
6. El perro, ese ......que...... lleva ese señor, es del tipo del que yo te decía ayer.
7. La camisa, ...la que...... te pusiste ayer, está en la lavadora.
8. El estudiante ......que...... quiera un sobresaliente tendrá que **clavar los codos**.
9. El estudiante, ...el cual...... llamó ayer, ha vuelto a llamar para no sé qué asunto.
10. Esa, ...la que...... está más a la derecha, es preciosa, ¿eh?

7) Estructuras

Lo contenido en este apartado constituye, sin duda, el aspecto más complejo del problema del uso del artículo con el relativo **que**, y el que más dificultades supone para el hablante extranjero. Antes de pasar a hacer los ejercicios, recomendamos vivamente que se lea de nuevo todo lo señalado a este respecto en el ESQUEMA.

PRÁCTICA

IX. Complétense los puntos suspensivos.

1. Se levantaron .... habían pintado aquello en la pizarra y el profesor se dio por satisfecho.
2. Los estudiantes .... habían pintado aquello se pusieron en pie y todos les aplaudimos.
3. Ese chico es .... te decía ayer.
4. Fueron mis padres .... llamaron para decirme que vienen el fin de semana a verme.
5. Eran mis padres, ... llamaban para decirme que vienen a verme este fin de semana.
6. Estos son los muchachos .... te quería presentar.
7. Esa chica fue .... me lo dijo.
8. Fue Antonio .... me preguntó por un libro de ortografía.
9. Esa es la chica .... me dijo que estabas aquí.
10. Esta habitación es .... necesita una limpieza a fondo.
11. Ellos me pidieron que les llevara .... tuviera y yo se los llevé.
12. Los padres son .... tienen una gran responsabilidad en estos casos.
13. Son los jueces .... tienen que intervenir.
14. Tus libros son .... están ahí, encima de la mesa.
15. Esos son los libros .... pediste.
16. Ellos se llevaron todas las buenas y nosotros cogimos .... dejaron ellos.
17. Fotocopiaron .... les interesaban y las otras las echaron al fuego.
18. Hablamos un rato con las muchachas .... estaban a nuestro lado y luego salimos a dar una vuelta.
19. Charlamos un poco con .... estaban a nuestro lado y luego los invitamos a tomar una copa.
20. Tus amigas son .... deberían ayudarte.
21. Son tus amigos .... te **han dejado en la estacada**.
22. Estos son los amigos .... quería que conocieras.
23. Son unos amigos .... han venido a pasar unos días con nosotros.
24. Son tus amigos, ... preguntan si vas a ir con ellos al cine.
25. Era Petra, ... quería preguntarme una cosa.
26. Era Petra .... quería preguntarme algo.
27. Petra era .... siempre estaba dispuesta para todo.
28. Rompe .... no sirvan y los otros los pones en la estantería.
29. Rompió los papeles .... no servían y los otros los guardó en un archivador.

30. Rompió los papeles —los cuales no servían, por supuesto— y luego estuvo ordenando otras cosas.

— CUAL

Para el análisis de sus características remitimos al ESQUEMA. Aquí sólo destacaremos:

- El uso abusivo que del mismo suelen hacer los hablantes extranjeros, frente al uso escaso de los nativos.

- La distinción entre frases relativas restrictivas y explicativas es una distinción teórica de la que pocos hablantes llegan a tener conciencia; pero a pesar de ello y de que **cual** no se usa en las restrictivas, los hablantes nativos no cometen errores porque reducen su uso a casos muy concretos.

- Su uso —de cierto nivel culto— compite con **que** cuando va acompañado de preposición y sobre todo cuando es neutro.

PRÁCTICA

X. Complétense los puntos suspensivos con las formas adecuadas del relativo.

1. Todo ello ha supuesto una serie de mejoras y de adelantos sin las que el hombre de hoy no sería lo que es.
2. Después de largas discusiones la Junta Directiva no ha podido llegar a un acuerdo. Ante lo cual ha decidido convocar Asamblea General el próximo sábado, día 8, a las 6 de la tarde.
3. El comité ha tomado ya una decisión, por la que no creo que haya nada que hacer.
4. Había en el escrito una serie de puntos con los cuales no podíamos estar de acuerdo; de ahí que, sintiéndolo mucho, no pudiéramos adherirnos al mismo.
5. Debió hacerme caso y dejar pasar algún tiempo. Pero parece ser que no pudo contenerse, o que no lo consideró necesario, y se lo ha contado todo, con lo cual no ha hecho más que empeorar la situación.
6. La verdad es que no conozco allí a nadie y no sé a quién acudir, y es por eso por .... me he atrevido a acudir a Vd. para pedirle su ayuda.
7. Pedro se quedó un momento más hablando con una antigua compañera y fue por eso, y sólo por eso, por .... Margarita se enfadó.
8. Estamos organizando un congreso sobre la obra del autor, para .... su ayuda nos sería de inestimable valor.
9. El final es realmente sorprendente e inesperado, de .... se deduce que el autor tuvo en sus manos en todo momento los hilos de la trama.
10. El protagonista afronta una serie de acontecimientos a través de .... el autor va dando cuenta de su psicología así como de su entorno.

— QUIEN

Antes de pasar a hacer los ejercicios sería muy conveniente releer lo señalado en el ESQUEMA.

PRÁCTICA

XI. Complétense los puntos suspensivos con las formas de relativo adecuadas.

1. Quienes estén de acuerdo que levanten la mano.
2. Fueron precisamente los niños quienes nos pusieron en la verdadera pista.
3. Los estudiantes son quienes más deben protestar ante unas medidas que les afectan de un modo especial.
4. Creo que me ha confundido con otro, señor. Yo no soy quien Vd. dice.
5. No éramos nosotros .... para decirle lo que tenía que hacer.
6. No éramos nosotros quienes teníamos que decirle lo que tenía que hacer.
7. Quien **busca, halla.**
8. **A** quien **Dios se la dé, san Pedro se la vendiga.**
9. **A** quien **madruga, Dios le ayuda.**
10. Quien **come y bebe, con todos los males puede.**
11. Eso cuéntaselo a quien quieras, pero no a mí.
12. Eso pregúntaselo a los que están en aquella mesa, que saben mucho de esto.
13. Quien **come y canta, el juicio le falta.**
14. Quien **calla, otorga.**
15. Salgo con quien me da la gana, ¿entendido?
16. Salgo con el que conocí durante el curso de Salamanca.
17. Salgo con el chico que conocí en Salamanca.
18. Hay quien quiere y no puede.
19. Hay personas que no saben adaptarse y eso, lógicamente, es un problema.
20. Me dirigí a él porque no tenía a quien acudir.
21. Le pregunté a ella porque no había nadie más que poder preguntar.
22. Como sigas así, llegará el día que no habrá quien te quiera.
23. Es que no teníamos ni siquiera un vecino con que charlar un rato de vez en cuando.
24. Puedes consultarlo quien mejor te parezca.
25. Tú no eres quien para decirme a mí lo que tengo que hacer.
26. No ha nacido todavía la persona que se haya atrevido a decir eso de mí sin sufrir las consecuencias.
27. Quien **a Dios tiene, nada le falta; solo Dios basta.**
28. Desgraciadamente no era el que andaban buscando.
29. Son los hombres que tienen que aprestarse a defenderse si no quieren...
30. Las mujeres son las que deben luchar con **uñas y dientes** para arrancar cada día parcelas nuevas de poder.

— CUYO:

Véase el ESQUEMA.

PRÁCTICA

XII. Complétense los puntos suspensivos.

1. «En un lugar de la Mancha, de ......cuyo...... nombre no quiero acordarme, no ha mucho tiempo que vivía un hidalgo...»
2. Porque conviene tener en cuenta y no perder nunca de vista que un grupo en el que la unidad se rompe, o ......cuyas...... relaciones se ven enturbiadas en un momento determinado por la acción de agentes externos, es un grupo en peligro.
3. Una familia en ......cuyo...... seno no reinara la armonía no merecería el nombre de familia.
4. Todo ello constituye nuestra razón de ser y justifica plenamente nuestra existencia, ... finalidad —no lo olviden Vds.— no es otra que la de estar siempre al lado del...
5. Es un fenómeno realmente complejo y por lo mismo difícil de comprender, y de explicar también; pero sin ......cuyo...... conocimiento es imposible dar un paso más, por lo que tendremos que abordarlo para luego ya poder seguir adelante.

— **CUANTO**

Véase el ESQUEMA

PRÁCTICA

XIII. Complétense los puntos suspensivos con las formas adecuadas del relativo

1. Nos contó en un momento ......cuanto...... sabía y luego se marchó rápidamente.
2. Puede Vd. hablar con ......cuantos...... especialistas crea necesario, pero todos le van a decir lo mismo.
3. Y comieron ......cuanto...... quisieron.
4. Tú puedes comprar ......cuanto...... quieras, pero a mí no me metas en líos.
5. Juro que ......cuanto...... he dicho es verdad.

— **COMO**

Véase el ESQUEMA

PRÁCTICA

XIV. Complétense los puntos suspensivos con las formas adecuadas del relativo.

? 1. Es viajando ......como...... en realidad se llegan a conocer otros países y otras culturas.
2. Con cariño y con paciencia es ......como...... mejor se hacen las cosas.
3. Hazlo ......como...... mejor te parezca.

4. Bueno, ya estoy harta. Duerme ....como........ te dé la gana.
5. Ha sido pasándome horas y horas delante del ordenador ....como........ he llegado a dominarlo un poco.
6. Yo creo que te quedará muy bien si lo cortas ....como........ te he dicho.
7. Con esa tela es ....como........ te quedaría precioso.
8. No, no es así; es con una crema de arroz ....como........ lo hacen en mi tierra.
9. Pasando hambre y con mucha gimnasia es ....como........ conseguirás perder esos kilos de más.
10. Yo lo haría ....como........ dice el libro, pero tú hazlo ....como........ creas que debes hacerlo.

— CUANDO

Véase el ESQUEMA.

PRÁCTICA

XV. Complétense los puntos suspensivos con las formas adecuadas del relativo.

1. No podré olvidar nunca ....cuando........ abrí la puerta y vi la que me habían armado.
2. Fue exactamente el primero de mayo —lo recuerdo muy bien— ....cuando........ nos reunimos por última vez.
3. Y sólo entonces fue ....cuando........ comprendiste.
4. Era en invierno ....cuando........ nos reuníamos todos en casa de los abuelos los domingos.
5. Recuerdo ....cuando........ entraste en el salón y se hizo un silencio repentino —o al menos a mí me lo pareció— y todos se volvieron para mirarte.

— DONDE

Véase el ESQUEMA

PRÁCTICA

XVI. Complétense los puntos suspensivos con las formas adecuadas del relativo

1. Estará ....donde........ tú lo dejaras, no sé.
2. En la calle ....donde........ vivíamos había un rincón ....donde........ nos metíamos los muchachos para jugar.
3. Fue por aquí por ....donde........ creo que lo perdí.
4. Está ahí, ...donde........ tú lo pusiste.
5. Procuramos deshacernos de ellos pronto y luego vamos a ....donde........ nosotros queramos.
6. Ha sido a la entrada del puente ....donde........ parece ser que ha habido más problemas.

7. Fue exactamente en esta esquina ......donde...... me crucé con él.
8. ¡Está bien! Yo creo que es mejor la otra carretera, pero iremos por ......donde...... tú dices.
9. **Ahí** ......donde...... **lo ves** ya tiene novia.
10. Fue en Salamanca y concretamente en el huerto de Melibea ......donde...... lo vi la primera vez y ......donde......, posiblemente por la influencia del lugar, empezó todo.

2. Uso de los modos

Comentario: como ya hemos señalado antes, el uso del modo en las estructuras de relativo ofrece alguna dificultad, pues el **indicativo** y el **subjuntivo** crean mundos o universos distintos y la aparición de uno u otro depende del carácter del antecedente. Pero esa posible dificultad es menos por cuanto el uso responde, en la inmensa mayor parte de los casos, a la siguiente:

— **Regla básica**

- antecedente **conocido** o **concreto** ⇒ **INDICATIVO**:
  voy a casarme con una chica que **cocina** bien

- antecedente **no conocido** o **no concreto** ⇒ **SUBJUNTIVO**:
  voy a casarme con una chica que **cocine** bien

Los dos ejemplos son prácticamente iguales en cuanto a la forma; de hecho, sólo se distinguen por algo, en principio tan insignificante, como una vocal: cocin**a**/cocin**e**. Sin embargo crean mundos completamente distintos.

Para el primero se podría pensar en una situación como ésta: «Tengo novia, se llama María, es española, tiene diecinueve años, es guapísima, morena, con los ojos verdes; es también muy rica y heredera de un título nobiliario;... y además, **cocina** muy bien» (→ antecedente **conocido**).

Para el segundo: «Todavía no tengo novia, por lo tanto no sé cómo se llamará, si será española, francesa o de cualquier otro país, alta o baja, rubia o morena, rica o pobre,...; no sé nada de ella, pero como me gusta mucho comer bien, será una chicha que **cocine** muy bien» (→ antecedente **desconocido**).

Es muy importante tener en cuenta que, además de **conocido/no conocido**, o que incluso más importante que eso, son las nociones de **concreto** o **determinado** → **indicativo / no concreto** o **indeterminado** → **subjuntivo**:

estoy buscando a una persona que **habla** alemán
necesito una persona que **hable** alemán

Para el primero se podría pensar en un contexto como: «No la conozco ni sé como se llama, pero me han dicho que hay aquí una persona que habla alemán y estoy buscando a **esa** persona que **habla** alemán» (→ antecedente **concreto**).

Para el segundo: «Tengo que hacer, por ejemplo, una traducción al alemán; no sé alemán ni tampoco conozco a nadie ni sé de nadie que lo hable, por eso necesito y estoy buscando a alguien, a **cualquier** persona que **hable** alemán» (→ antecedente **indeterminado**).

Del mismo modo, por tratarse de algo **concreto**, aunque pueda ser desconocido para el hablante y su interlocutor, se pregunta:

> ¿Conoces al chico que **ha venido** a vivir al octavo?

O, sentadas en la terraza de un bar, unas chicas pueden decir de un individuo al que no han visto antes nunca:

> ¿Te has fijado en ese que **está** sentado tres mesas más allá, a la derecha? (...) Sí, el que **lleva** una camisa a rayas. **No nos quita ojo** ¡Y cómo está...!

PRÁCTICA

XVII. Póngase en la forma adecuada el infinitivo que aparece entre paréntesis.

1. Tengo que ponerlo en un sitio donde no (poder) .... alcanzarlo los niños.
2. Resulta que el perro ese al que (atropellar) .... ayer el coche era de unos vecinos.
3. La novela que (estar leyendo, yo) .... es realmente interesante.
4. Por favor, que se ponga en pie el que (escribir) .... eso en la pizarra.
5. Tú preséntate al examen con los cuatro o cinco temas que (preparar, tú) .... **a ver si suena la flauta**.
6. Es que los viernes viene muy poca gente por el departamento; pero me gustaría que pudieras hablar con alguno que te lo (explicar) .... mejor.
7. El niño que (adoptar, ellos) .... es precioso.
8. Las azafatas que (hacer) .... el vuelo con nosotros eran amabilísimas.
9. No sé quién lo habrá hecho, pero el que lo (hacer) .... se va a acordar de mí.
10. Es sin duda el mejor estudiante de todos los que (tener, yo) .... este año.
11. Es el mejor estudiante que (pasar) .... por la Universidad de Salamanca.
12. Quiero una botella de vino. No me importa la marca, pero que no sea el que me (dar) .... Vd. la semana pasada porque...
13. No va a ser fácil encontrar un piso que (reunir) .... todas esas condiciones que tú (querer) ....
14. Necesitamos a alguien que (poder) .... hacerse cargo inmediatamente de la dirección.
15. Los que (querer) .... realizar una prueba, para integrarse en el equipo de balonmano, que pasen por el gimnasio.
16. Los que (realizar) .... ayer la prueba no tienen que repetirla hoy.
17. No, gracias; estoy muy cómodo donde (estar, yo) ....
18. Quítalo de ahí y ponlo donde (decir) .... tu padre.
19. Dame lo que (querer, tú) ....
20. Dame lo que te (pedir, yo) ....
21. Trabajaré durante el verano en Alemania y con lo que (ganar, yo) .... allí en tres meses tendré para pasar un año entero en España.

22. Me gustaría ir a algún sitio donde (poder, nosotros) .... estar solos, porque estas playas, en las que no se (poder) .... dar un paso sin tropezarte con alguien, cada día me gustan menos.
23. Hazlo como (querer) ....
24. El próximo número, que (salir) .... a finales de mayo, promete ser muy interesante.
25. Haz pasar a todos los que (convocar, nosotros) .... ayer; los que (tener) .... la documentación completa, que la dejen sin más ahí, encima de esa mesa, y a los que les (faltar) .... algún documento o no (rellenar) .... todos los impresos, les dices lo que (tener, ellos) .... que hacer exactamente.

— Las estructuras COMPARATIVAS

La regla básica anterior es aplicable también a las frases comparativas. Es decir, a las estructuras que usan las partículas:

- **como**[1], **igual que, lo mismo que**[2]
- **tan, tanto ... como**
  tan, tanto ... cuanto
- **tal ... como**
- **más** (o un comparativo: **mejor, peor**) ... **de/que**
  no ... más de/que
- **menos ... de/que**
- **el más** (o un comparativo)... **de/que**
  el menos ... de/que

PRÁCTICA

XVIII. Pónganse en la forma adecuada los infinitivos de los paréntesis.

1. Antonio gasta más de lo que (ganar, él) ganó
2. En un mes gasta él más de lo que (poder, tú) podrías ganar tú en un año.
3. Las españolas me han parecido tan guapas como yo (esperar) esperaba

1. En la práctica es muy difícil distinguir entre **como** relativo y **como** comparativo modal.
2. No confundir con las correspondientes **como si, igual que si, lo mismo que si** condicionales.

4. Lamento que los españoles no te hayan parecido tan caballeros como tú (soñar) soñabas[1].
5. Me gustaría a mí que te sucediera a ti lo mismo que le (suceder) sucedió a él. Ya veríamos a ver...
6. Hazlo exactamente tal como él te (decir) dice
7. Pero no seas tan bobo de hacer más de lo que te (pedir, él) pido
8. Ha quedado mucho mejor de lo que yo (creer) creía
9. Es más impresionante de lo que jamás (poder, yo) .... imaginar.
10. Es de lo más atrevido que yo (ver) .... en mi vida.
11. Ven tan pronto como (poder, tú) ....
12. **Exactito** como yo me lo (imaginar) ....
13. Tú cómprate lo mismo que se (comprar) .... ellos.
14. Podrás salir todas las noches tanto como (salir) .... los demás.
15. Los franceses son tan racionalistas como se (decir) .... generalmente.
16. Los japoneses son más correctos y ceremoniosos aún de lo que se (ver) .... en las películas.
17. Una vez allí, procura no llamar la atención y haces lo mismo que (hacer) .... los demás.
18. No muevan Vds. los coches hasta que nosotros lleguemos; déjenlos tal como (quedar, ellos) ....
19. Iré a ver y procuraré quedarme con el menos malo de los que (tener, ellos) ....
20. Tal como (ir) .... las cosas es mejor no presentarse.

— **especificaciones de la regla básica**

a_1) El «futuro» con mucha frecuencia se expresará con **subjuntivo** en las estructuras de relativo, pero no por ser «futuro», sino por desconocido, ya que tanto para el «pasado» como para el «presente» y el «futuro» se aplica siempre la regla básica.

PRÁCTICA

XIX. Póngase el infinitivo entre paréntesis en la forma adecuada.

1. Tienes que ir a recoger a la estación a unos congresistas que (llegar) .... mañana.
2. Tienes que recoger en la estación a los congresistas que (llegar) .... mañana.
3. Que dejen una nota en mi buzón los que el próximo fin de semana (querer) .... salir al campo.
4. Hay que tener las habitaciones a punto para esos señores, que según han dicho (estar) .... aquí antes de las doce.

1. Nótese la diferencia de construcción entre una frase consecutiva y una comparativa:
esperemos que no **sea** tan grave que **tengamos** que intervenir

esperemos que no sea tan grave como **dicen**

5. Hay que tener cuatro o cinco habitaciones dispuestas para los que (llegar) .... antes de las doce.
6. Por favor, te encargas tú de atender las llamadas que (haber) .... mañana.
7. A Pedro, que (ser) .... uno de los primeros que (llamar) ...., le dices que lo suyo está resuelto.
8. Los hombres, que en el siglo XXI (vivir) .... mejor que ahora, tendremos lógicamente también nuevos problemas.
9. La humanidad, que en el siglo XXI posiblemente (vivir) .... mejor que ahora, tendrá que afrontar nuevas dificultades.
10. Y dejas colgados en el armario unos vestidos que (traer) .... mañana la modista.

— **Para los apartados a_2) y a_3)**, véase el ESQUEMA.

PRÁCTICA

XX. Pónganse en la forma adecuada los infinitivos entre paréntesis.

1. **Quien a buen árbol (arrimarse) ...., buena sombra le cobija.**
2. **Quien (acabar) .... primero, le ayuda a su compañero.**
3. **El que algo (querer) ...., algo le cuesta.**
4. **El que (partir) .... y (repartir) ...., toma la mejor parte.**
5. Los alemanes que (participar) .... en la última olimpiada estuvieron a gran altura.
6. Los países que (gastar) .... mucho en armamento necesariamente tienen que desatender otras cuestiones.
7. ¿Pero habrá algún sitio donde no (llegar) .... ellos?
8. ¿Tienes algo que (poder) .... sustituirlo?
9. **El que (callar) ...., otorga.**
10. Los montañeros que (intentar) .... la escalada de este coloso han sentido después sensaciones difíciles de describir.

a_4) explicativas → **indicativo** / especificativas → **indicativo/subjuntivo**

La distinción entre *explicativas* y *especificativas* o *restrictivas* es muy teórica y, por ello, muy poco o nada operativa. En consecuencia, tampoco lo es esta regla; pero, como ya hemos visto en el ESQUEMA (véase el apartado correspondiente), no es más que un aspecto de la regla básica, que es la que hay que aplicar.

PRÁCTICA

XXI. Póngase en la forma adecuada el infinitivo entre paréntesis.

1. Los obreros, que (agotar) .... todos los otros medios, decidieron ir a la huelga.
2. Los estudiantes, que (llevar) .... años en un aparente conformismo, vieron de pronto la necesidad de sacar a la calle sus problemas y sus reivindicaciones.
3. Los que (terminar) .... pueden salir si quieren.
4. Es que solamente tengo dos, precisamente los que tú me (dejar) ....
5. Vi efectivamente a unas mujeres que (llevar) .... unos niños, pero la verdad es que no me fijé en ellas.
6. Está muy deprimida, así que tengo que hacer algo que le (hacer) .... olvidar todo eso.
7. Me quedan todavía algunas cosas, que precisamente (llegar) .... ayer, así que pásate a verlas si quieres.
8. Algo ha quedado, claro, pero muy poco de lo que realmente (ser) .... novedad esta temporada.
9. A las puertas que tú (ver) .... que tienen falta les pasas un trapo húmedo.
10. Y las puertas, que (estar) .... todas que daban pena, las hemos pintado.

a_5) **Excepciones universales**

Véase el ESQUEMA

PRÁCTICA

XXII. Póngase en la forma adecuada el infinitivo entre paréntesis.

1. A última hora vendrán unos señores, que le (pedir) .... una serie de datos, atiéndalos bien, por favor.
2. A última hora vendrán unos señores, que posiblemente le (pedir) .... información sobre el «asunto de la colza», sea amable con ellos.
3. El hombre, que tal vez (estar) .... ya cansado de esperar, dio media vuelta y se marchó.
4. Y Andrés, que (ser) .... el único que podría habernos echado una mano, aquel día desgraciadamente no había ido con nosotros.
5. Y mi madre, que puede que lo (tener) ...., no creo que quiera dejárnoslo.
6. Otro cualquiera que no (ser) .... él no se habría dejado engañar, pero es tan tonto el pobre...
7. A esos clientes, que de acuerdo que no (tener) .... razón, hay que tratarlos sin embargo como a clientes.
8. A esos clientes, que acaso no (tener) .... razón, trátelos Vd. sin embargo como lo que son.
9. El que tal vez no se (enterar) .... será Pedro.
10. Los que acaso sí te (poder) .... ayudar, o por lo menos darte alguna pista, serían los del departamento de germanística.

b) **Primera parte negativa**

Este aspecto importante de las estructuras de relativo creemos que quedó suficientemente aclarado en el ESQUEMA, al que remitimos.

Aquí sólo aludiremos —y ello nos servirá de repaso— al hecho de que, el mismo comportamiento que la estructura negativa, tiene la frase de relativo cuando el antecedente es **poco**, con sus distintas variaciones morfológicas:

— especificativa de antecedente conocido ⇒ **INDICATIVO**:
me queda ya muy poco de lo que me **diste**
algo me queda de aquel poco que me **diste**

— relativo con valor consecutivo ⇒ **SUBJUNTIVO**:
hay pocas cosas que ése no **haya probado**

— relativo con valor final ⇒ **INFINITIVO**:
si quieres lo hacemos esta mañana, que tengo muy poco que **hacer**

PRÁCTICA

XXIII. Pónganse en la forma adecuada los infinitivos entre paréntesis.

1. Yo no vi allí a nadie de los que (estar, tú) .... diciendo.
2. No vi allí a nadie que me (parecer) .... bien para lo que nosotros queremos.
3. Había mil cosas, esa es la verdad; pero nada que (merecer) .... la pena.
4. No me gustan nada esos hombres que se (pasar) .... el día sin hacer nada.
5. No creo que haya mucho que (discutir) .... con él.
6. No tengo ningún libro que tú no (leer) .... ya.
7. No le pregunté a ninguno de los que (estar) .... allí porque no me pareció necesario.
8. Tú ve allí, pero no hables con ninguna de las personas que (poder) .... haber allí a esa hora.
9. No conozco a nadie que (estar) .... siempre tan pendiente de los demás.
10. Tengo yo demasiadas cosas que (resolver) .... esta mañana para andar perdiendo el tiempo con eso.
11. No comí nada de lo que me (dejar, tú) .... porque ya había comido.
12. Hay muy pocos aquí en el pueblo que se (dedicar) .... ya a esto.
13. No compró absolutamente nada de lo que le (decir, yo) ....
14. No quiero ninguno de los que (chupar, tú) ....
15. No quiero ninguno que (chupar, tú) ....
16. Ni uno solo de los estudiantes que (hacer) .... el COU en ese colegio superó las pruebas de acceso a la Universidad.
17. A nadie que (**tener**) .... **dos dedos de frente** se le ocurre hacer eso.
18. Eso no se le ocurre **ni al tío que (asar)** .... **la manteca**.
19. De los que estaban allí, no había ni uno que (querer) .... colaborar.
20. De todos los que estaban allí, ni uno, que (decir, él) .... que ha trabajado en esto, nos vale.

c) Frases parentéticas con verbo repetido ⇒ **SUBJUNTIVO**:

PRÁCTICA

XXIV. Pónganse en la forma adecuada los infinitivos entre paréntesis.

1. No le abras a nadie, (ser) .... quien (ser) ....
2. Te servirá de poco, lo (hacer, tú) .... como lo (hacer, tú) ....
3. Estaba ya cansado porque, (hacer, yo) .... lo que (hacer, yo) ...., siempre le parecía mal.
4. Guarda el recorte del periódico y, lo (escribir) .... el que lo (escribir) ...., se va a enterar.
5. Era encantador y, (ser) .... cuando (ser) ...., siempre estaba dispuesto a echarte una mano.
6. (Decir, ellos) .... lo que (decir, ellos) ...., **tú a lo tuyo**.
7. Y tú, (ser) .... la hora que (ser) ...., llámame, que voy.
8. (Estar, él) .... donde (estar) ...., hay que intentar localizarlo.
9. Eso es mentira, lo (decir) .... quien lo (decir) ....
10. Ultimamente no sé qué me pasa; pero, (dormir, yo) .... lo que (dormir) .... por la noche, me paso el día con sueño.

RECAPITULACIÓN

REPASO GENERAL DE LAS ESTRUCTURAS RELATIVAS

XXV. Complétense los puntos suspensivos con las formas adecuadas de relativo.

1. Las flores .... me enviaste el día de mi cumpleaños todavía las tengo en mi habitación y todavía huelen muy bien.
2. Los niños .... fueron muy queridos por sus padres suelen ser personas adultas muy equilibradas.
3. Los alumnos .... viven lejos del colegio a veces llegan tarde.
4. Los alumnos, ... viven lejos del colegio, a veces llegan tarde.
5. Aviso para .... juegan en el equipo de baloncesto: esta tarde a las cuatro tienen entrenamiento.
6. Aviso para los alumnos .... juegan en el equipo de baloncesto: esta tarde a las cuatro tienen entrenamiento.
7. Aviso para las alumnas .... juegan en el equipo de baloncesto: esta tarde a las cuatro tienen entrenamiento.
8. Los muchachos con .... estuvimos ayer me han llamado esta mañana para invitarnos a otra fiesta.
9. El asunto de .... te hablé el otro día parece que pronto se va a arreglar.
10. Por las notas del año pasado mis padres me regalaron una bicicleta ...., según dijo el comerciante, es importada de Europa.
11. Por la tarde salimos de compras con unas amigas .... han venido de México a pasar unos días con nosotros.
12. .... quiera hablar y escribir correctamente español tiene que trabajar seriamente.
13. Estos libros son .... nos han recomendado leer.
14. Aquellas caricias eran .... necesitaba en aquel momento.
15. No me gustó nada la película .... pusieron anoche en la televisión.
16. El premio se lo han dado a Ana, ... me parece justo porque su trabajo era realmente el mejor.
17. La policía quería que le enseñáramos todo .... llevábamos en el coche.

18. Todos .... hayan estado alguna vez en España que levanten la mano.
19. Iban todos contentos con los regalos .... les habían traído los Reyes Magos.
20. .... quieran aprender bailes modernos podrán hacerlo con el nuevo profesor de música y baile.
21. .... nosotros deseamos es que aprendáis mucho con el mínimo esfuerzo.
22. El presidente ha anulado su visita a ese país, ... constituye, sin duda, un grave incidente internacional.
23. El hombre es .... debe decidir libremente si las nuevas tecnologías son beneficiosas para la humanidad.
24. Nos habían dicho que el médico a .... íbamos a consultar era elmejor especialista del país.
25. No podíamos olvidar en un momento las ideas por .... habíamos luchado durante tantos años.
26. .... **sea, sonará.**
27. .... **no mata, engorda.**
28. .... **tiene boca, se equivoca.**
29. .... **te adula, algo busca.**
30. .... **tiene padrino se bautiza.**
31. .... **venga detrás, que harree.**
32. .... **fue a Sevilla perdió su silla.**
33. .... **la sigue, la consigue.**
34. .... **siembra vientos, recoge tempestades.**
35. .... **roba a un ladrón tiene cien años de perdón.**
36. .... **quiera saber, que estudie.**
37. .... **da primero da dos veces.**
38. .... **no se consuela es porque no quiere.**
39. .... **no corre, vuela.**
40. .... **mucho abarca, poco aprieta.**
41. .... **mal anda, mal acaba.**
42. .... **la hace, la paga.**
43. .... **espera, desespera.**
44. .... **de su tierra no sale, poco vale.**
45. .... **da pan a perro ajeno, pierde pan y pierde perro.**
46. .... **con niños se acuesta, meado se levanta.**
47. .... **me busca me encuentra.**
48. .... **bien te quiere te hará llorar.**
49. .... **tiene hambre, con pan se sueña.**
50. .... **al cielo escupe, en la cara le cae.**
51. .... **a hierro mata, a hierro muere.**
52. .... **has de comer, no lo veas hacer.**
53. .... **dice lo que no debe, oye lo que no quiere.**
54. La ciudad, a .... entrada hacían guardia dos grandes leones tallados en piedra, tenía ese único acceso escavado en la roca.
55. Hicimos acopio de .... pudiéramos necesitar y dos días más tarde salió la expedición.
56. Metimos en las mochilas .... nos pareció y con ellas al hombro empezamos la marcha.
57. Puedes venir en coche, en tren, en avión,...; .... tú quieras.

58. Aún recuerdo perfectamente el día .... te conocí y apenas me hiciste caso.
59. Recuerdo .... entré y en seguida, no sé por qué, nos quedamos mirándonos el uno al otro.
60. Fue por aquí, más o menos, por .... pusimos la tienda en la última acampada.
61. De vacaciones es .... se está bien.
62. En la calle es .... aprendes todas esas **picardías**.
63. Aquí, en esta calle creo que fue .... compramos unos zapatos para la niña.
64. Se ha enfadado mucho y ha ido a pedirle explicaciones, y además con muy malos modos, con .... lo ha puesto todo peor, claro.
65. Por favor, que entren sólo .... estén realmente interesados en verlo.
66. Todos .... puedan venir otro día, que no entren hoy, por favor.
67. Así que ellos, ... no sabían nada, entraron a preguntar.
68. Así que .... no sabían nada entraban y preguntaban[1].
69. Hablé un rato con .... estaban allí sentados.
70. Como estaba cansado, me senté un rato y estuve charlando un rato con ellas, ... estaban esperando la llegada del autobús.
71. Es con un bolígrafo con .... estoy escribiendo el original.
72. Con esa pluma .... ven Vds. ahí es con .... solía escribir el escritor.
73. Ha sido con una pistola con .... parece ser que han disparado.
74. Con Antonio es con .... más a gusto trabajo.
75. La novela, ... compramos anteayer, la he empezado a leer ya y me encanta.
76. El libro .... le compramos... Allí está en la estantería; ni siquiera lo ha abierto.
77. Coge .... quieras, que hay muchos.
78. Fue a Juan a .... se le ocurrió la feliz idea.
79. Pedro es .... debería quedarse.
80. Inauguramos hoy este pantano, ... vendrá a saciar la sed secular de estas tierras y para .... ejecución el Gobierno de la Nación no ha regateado esfuerzo alguno.
81. Pilar está encantada con la pareja de gatos .... le regalaron.
82. Entre los animales exóticos, los camellos y los elefantes fueron .... más le gustaron.
83. Que levanten la mano todos .... tengan en su casa pecera con peces de colores.
84. Me gustaría que, los dos estudiantes con .... he estado hablando hace un momento y .... coleccionan insectos, les hablaran de ellos al resto de la clase.
85. Fue Darwin el primero .... afirmó que el hombre procede del mono.
86. Antonio fue .... primero se levantó para darme un abrazo.
87. Los cisnes, ... son unas aves acuáticas muy delicadas y hermosas, aparecen con mucha frecuencia en la poesía modernista.
88. —¿Dónde están las tijeras?
—.................................... tú las dejaras.
89. .... nosotros vamos no pueden ir los **mocosos**.
90. El sitio .... vamos nosotros es precioso.
91. Lo recuerdo perfectamente: fue en marzo .... aparecieron los primeros síntomas.
92. Estudiando es .... llegarás a ser alguien.
93. Haz .... te dé la gana y déjame en paz.

1. Analícense bien las frases 67 y 68. La 67: «ellos, que» es explicativa; la 68 es restrictiva. Existe, pues, la construcción «ellos, que», pero no «ellos que» → «los que».

94. El niño, ... sus tías le permitían hacer .... quería, iba creciendo en aquel ambiente refinado y decadente.
95. Y eso es todo .... quiero.
96. No hay .... pueda contigo.
97. Hubo .... se hizo rico durante la guerra.
98. Los hubo .... se hicieron ricos traficando con la muerte[1].
99. Que vengan conmigo .... he nombrado.
100. Puedes quedarte con .... más te gusten.

XXVI. Complétense los puntos suspensivos con la forma verbal adecuada.

1. Se quedarán en clase los alumnos que (llegar) .... tarde.
2. Esos son los discos que (comprar, yo) .... esta mañana.
3. Recibirán un premio los que (estudiar) .... todos los días.
4. Tienes que leer todos los libros que te (recomendar) .... el profesor.
5. Quiero que me acompañen los que (formar) .... parte del equipo de baloncesto.
6. Te compraré esa muñeca que te (gustar) .... tanto.
7. Te compraré la muñeca que más te (gustar) ....
8. Me tienes que enseñar los regalos que (comprar, tú) ....
9. Hizo todo lo que Vd. le (decir) ....
10. Debéis hacer un resumen de lo que os (explicar) .... hoy.
11. Hará todo lo que Vd. le (decir) ....
12. Recoge la correspondencia que me (llegar) .... en estos días que voy a estar fuera.
13. ¿Tiene Vd. aquí, en la tienda, algún loro que (hablar) .... ya?
14. Tienen colgadas en el salón algunas pieles de los animales que (cazar) .... en su último safari por Africa.
15. Me encantan las personas y los animales que (trabajar) .... en el circo.
16. El profesor le hará un estupendo regalo al primero que (traer) .... un tigre adulto a clase.
17. Te puede ayudar David, que (hablar) .... español, o cualquier otro que (saber) .... al menos un poquito.
18. Eso te lo puede resolver Antonio, que (saber) .... mucho de ordenadores, o alguien que se (dedicar) .... profesionalmente a ello.
19. Me ha encantado el pueblecito en el que (pasar) .... el fin de semana.
20. Me interesa conocer las costumbres de los países a los que (ir, yo) ....
21. Me gustaría escalar una cima a la que no (llegar) .... nadie hasta ahora.
22. Me reservas una habitación desde la que se (ver) .... el mar.
23. Me llevó a un sitio desde el que se (dominar) .... toda la bahía.
24. Pasaré las vacaciones en cualquier sitio donde (haber) .... pocos turistas.
25. Se lo puedes regalar a la profesora de español, que ya (tener) .... otro parecido, o a cualquier otra persona a la que le (gustar) .... los perros.
26. A Ana puedes encontrarla en cualquier discoteca donde (haber) .... buena música.

1. Nótese la diferencia entre 97 y 98: la presencia del artículo implica el uso de **que** en el segundo.

27. No me gustan esos países donde no se (respetar) .... los derechos humanos.
28. Nos volvimos a encontrar en el mismo restaurante donde nos (ver) .... el día anterior.
29. Llévalos a algún sitio donde tu (creer) .... que lo pueden pasar bien.
30. ¿Hay alguien en tu familia que (coleccionar) .... mariposas?
31. ¿Alguien ha visto alguna vez un caracol que (tener) .... la concha más grande y bonita que éste que (tener, yo) .... en la mano?
32. ¿Podría Vd. señalar el nombre de algún país que (tener) .... un águila en su escudo nacional?
33. Me gustaría poder imaginarme un mundo donde no (haber) .... guerras, ni hambre, ni odio, ni...
34. Utopía, que (ser) .... un lugar donde (reinar) .... la paz y el amor, no puede ser sólo una ilusión o una creación literaria.
35. ¿Conoces algún sitio donde (poder, nosotros) .... estar tú y yo, solos, sin que nadie nos moleste?
36. Continuaremos el tema exactamente donde lo (dejar, nosotros) .... ayer.
37. Iréis con Antonio adonde él (decir) ....
38. Estoy buscando una academia en la que, según me han dicho, (enseñar, ellos) .... muy bien el japonés.
39. Llevo unos días tratando de encontrar una academia en la que (enseñar, ellos) .... a bailar flamenco, pero no doy con ninguna.
40. En aquella resolución la ONU condenó a todos los países donde se (pisotear) .... los derechos humanos.
41. Es en los grandes almacenes donde, a veces, algunas personas (olvidar) .... su buena educación y (robar) .... pequeños objetos.
42. El lugar en el que me (tener, ellos) .... recluido estos días debía de estar cerca de una autopista, porque se oían pasar muchos coches.
43. Por favor, acércame ese vaso; ese que (estar) .... ahí, en la mesa.
44. Vete rápido a la cocina y tráeme el primer vaso que (ver, tú) ....
45. Sabes que no me gusta la gente que (hablar) .... sin saber.
46. No me dijo nada que no (poder) .... oír un niño.
47. No me iba a repetir otra vez lo que ya me (contar, él) .... , digo yo.
48. **No soltó prenda** de lo que en realidad (querer, nosotros) .... saber.
49. No dijo absolutamente nada de lo que nos (interesar) ....
50. No dijo absolutamente nada que (poder) .... comprometernos a nosotros.
51. Comió un poco que (haber) .... en el frigorífico y se tiró en la cama.
52. Comió lo poco que (haber) .... en el frigorífico y luego, eso sí, bebió **de lo lindo**.
53. No tardes en volver, que hay mucho que (hacer) .... esta mañana.
54. Y lo poco que (haber) .... que hacer lo hacía mi madre.
55. Sabes que no me gustaban nada aquellos muchachos con los que (salir, tú) .... en la playa.
56. No conozco a nadie que (estar) .... siempre tan dispuesto a echarte una mano.
57. No conozco a ninguno de los que te (dar) .... clase este año.
58. No me gusta nada, en absoluto, ese tipo que (estar) .... ahí mirando con cara de imbécil.
59. Es una ciudad bonita, sí, pero hay poco que (ver) ....
60. Y son muy pocas las cosas que (poder, tú) .... hacer.

61. No creo que sea tan poco lo que te (dejar, ellos) .... hacer.
62. No tiene hermanas, que (ser) .... las únicas que, en una situación así, podrían echarle una mano, porque las cuñadas ya se sabe...
63. No tienen amigos que (poder) .... ayudarle.
64. No tiene amigos con los que (jugar) ....
65. Necesito un camarero que (tener) .... mucha experiencia y (poder) .... hacerse cargo él solo del negocio.
66. Estoy buscando a un camarero que me (atender) .... ayer; un señor muy simpático que (hablar) .... con acento canario o andaluz.
67. Me atendió un camarero muy simpático, que (llevar) .... un lápiz así, puesto en la oreja.
68. Busco al camarero que me (atender) .... ayer).
69. Hable Vd. con Andrés, que (trabajar) .... en esas cosas, o con cualquier otro, claro, que se (dedicar) .... a eso.
70. Y los muchachos, que se (marear) .... en cuanto hay dos curvas, nos dieron un viajecito...
71. Así que hay que hablar con ellos, que (ser) .... los únicos que (saber) .... de esto.
72. Tú pregúntale a Cristina, que (estar) .... en Salamanca, o a cualquiera que (ir) .... alguna vez.
73. Aquí te dejo esto. Se lo das a un señor que (venir) .... luego a recogerlo.
74. A los que (llegar) .... después de la una le das número para mañana.
75. **El que (saber) ...., sabe.**
76. **El que no (saber) .... es como el que no ve.**
77. ¿Sabes de alguien que (poder) .... copiármelo a máquina?
78. A mí me lo mecanografió una muchachita que no me (cobrar) .... mucho y me lo (hacer) .... muy bien.
79. No conozco a nadie que, después de hablar con él, no (decir) .... lo mismo.
80. Conozco a mucha gente allí, pero ninguno de los que se (dedicar) .... a eso vive ya en el pueblo; han emigrado todos.

XXVII. Léanse los siguientes textos y analícense las estructuras que se han destacado en ellos.

1. EL CENTRO Acción para el Desarrollo tiene su sede en la Avenida Pardo, en Miraflores, una de las últimas casitas *que* **resiste** el avance de los edificios *que* **han ido** sustituyendo, una tras otra, a las viviendas de ladrillos y madera, rodeadas de jardines, *a las que* **daban** sombra, rumor de hojas y algarabía de gorriones las copas de los ficus, antes señores de la calle y ahora pigmeos disminuidos por los rascacielos. El buen gusto de Moisés —del «Doctor» Moisés Barbi Leyva, me recuerda la secretaria de la entrada— ha llenado la casa de muebles coloniales, *que* **congenian** con la construcción, uno de esos remedios de los años cuarenta de arquitectura neo-virreinal —balcones con celosías, patios sevillanos, arcos moriscos, fuentes de azulejos— *que* no **deja** de tener encanto. La casa brilla y se nota actividad en los cuartos *que* **dan** al jardín, bien podado y regado. Dos guardias con fusiles, *que, al* **entrar**, me **registran** a ver si no llevo armas, se pasean en el vestíbulo de entrada. *Mientras* **espero** a Moisés, examino las últimas publicaciones del Centro, expuestas en una vitrina con luz fluorescente. Estudios de economía, estadística, sociología, política, historia, libros bien impresos y con carátulas *que* **tienen** como viñeta un pájaro marino prehistórico. Moisés Barbi Leyva es la espina

dorsal del Centro Acción para el Desarrollo, *que* gracias a su habilidad combinatoria, simpatía personal y prodigiosa capacidad de trabajo **es** una de las instituciones culturales más activas del país. Lo extraordinario de Moisés, más aún que su voluntad ciclónica y su optimismo a prueba de balas, es su habilidad combinatoria, ciencia antihegeliana *que* **consiste** en conciliar los contrarios, y, *como* **hizo** el santo limeño San Martín de Porres, hacer comer en el mismo plato a perro, pericote y gato. Gracias al genio ecléctico de Moisés, el Centro recibe subvenciones, becas, préstamos, del capitalismo y del comunismo, de los gobiernos y fundaciones más conservadores y de los más revolucionarios y tanto Washigton como Moscú, Bonn como la Habana, París como Pekín, la consideran una institución suya. Están equivocados, por supuesto. El Centro Acción para el Desarrollo es de Moisés Barbi Leyva y no será de nadie más *hasta que* él **desaparezca** y *es seguro* que **desaparecerá** con él, *pues* no **hay** nadie en este país capaz de reemplazarlo *en lo que* **hace**.

(MARIO VARGAS LLOSA: *Historia de Mayta)*

2. Hay que ser un bárbaro *para* **complacerse** en la camaradería estudiantil. Por punto general, entre escolares, los instintos bestiales salen al exterior en oleadas, y so pretexto de compañerismo allanan las barreras *que para* **hacer** posible la vida en sociedad **erige** la educación. Una masa de estudiantes degenera velozmente en turba, ligada por la bajeza común. Y todo hombre *que* no **esté** atacado de futilidad incurable y **aspire** a formarse en el curso de la vida una conciencia noble, no hace sino emanciparse de aquella necedad primaria, *que cuando* más **es**, no **rebasa** el nivel de la licencia chabacana y sin sentido. Muchas gentes acarician las memorias de sus años estudiantiles, ponderan su dulzor y vuelven hacia ellos los ojos tiernamente, *pensando* que **fueron** la edad de oro de su vida. Es aberración del entendimiento, *a no ser que* los tales **hayan** arribado a situación más aflictiva, por ejemplo: a presidiarios, o rememoren en efecto la juventud *que* ya **perdieron**, sin discernir entre su esencia y los accidentes pintorescos.

(MANUAL AZAÑA: *El jardín de los frailes*)

XXVIII. Pónganse en la forma adecuada los infinitivos entre paréntesis.

1. Coge todos los que (querer, tú) .... y te (poder, ellos) .... servir para algo, porque los que (quedar) .... (bajar) .... esta noche a la basura.
2. Vivían en una casa a las afueras del pueblo, que (tener) .... un pequeño jardín y en la puerta, que (recordar, yo) .... que (ser) .... de madera sin pintar y sin barnizar, había una placa, de esas que todavía se (ver) .... a veces, con un Corazón de Jesús y una leyenda que (decir) .... «Dios bendiga esta casa y a los que (vivir) .... en ella». Me encantaba ir porque la abuela (tener) .... siempre un queso exquisito, que (hacer) .... ella misma y para lo que (utilizar) .... una serie de aparatos que nunca (saber, yo) .... muy bien cómo se llamaban.
3. Si alguno (estar) .... interesado en participar en ese curso de guitarra, que se pase por la secretaría y le dé su nombre a la secretaria que (estar) .... nada más entrar a la derecha. El precio, que yo (creer) .... que (ser) .... muy barato: mil pesetas, lo podéis abonar allí mismo o en la cuenta que (tener) .... los Cursos abierta en el banco. Los que se (apuntar) .... ya saben que (tener) .... derecho a tres horas semanales de clase, con un profesor que (llevar) .... ya muchos años impartiendo ese curso y que, os lo puedo garantizar, (saber) .... mucho de guitarra.

4. Aquí no le regalamos nada a nadie, así que el que (querer) .... aprobar se (tener) .... que esforzar. Si alguien (tener) .... una beca y (tener) .... que justificar al final un buen rendimiento ante el organismo que se la (conceder) ...., que empiece a trabajar desde ahora mismo, porque (repetir, yo) .... que aquí no se (regalar) .... nada, y no me gustaría que al final alguno se (llevar) .... una sorpresa desagradable.
5. No es fácil (concentrarse) .... ni (trabajar) .... mientras los niños (jugar) .... a tu lado con el ordenador. El jueguecito, que (tener) .... una musiquilla bastante molesta, es la cosa más boba que (ver, yo) .... en mi vida, pero la verdad es que a ellos les (gustar) .... y (pasarse) .... **las horas muertas** delante de la pantalla. Esperemos que, al menos, se (aficionar) .... al aparato y que, después de los juegos, algún día (poder) .... sacarle algún provecho, porque ya se (saber) .... que el futuro —por lo menos el futuro próximo— (estar) .... en los ordenadores, y los que (llegar) .... a ese futuro bien preparados tendrán, lógicamente, más oportunidades.
6. La Semana Santa, que en muchas ciudades españolas (tener) .... una especial significión por las conocidas procesiones, se está convirtiendo, también en España, en un aperitivo de las vacaciones de verano. Millones de españoles, que (acabar) .... de viajar con motivo del reciente puente de San José, se han echado de nuevo a la carretera para (dirigirse) .... a alguna de las playas del Mediterráneo y (tomar) .... así contacto con el mar, a modo de ensayo de lo que (ser) .... las vacaciones estivales. ...Claro que algunos de estos españoles se (quedar) .... en el aperitivo porque, en cada salida, la carretera se (cobrar) .... su tributo como si de la versión moderna de algún ser mitológico y sanguinario se (tratar) .... Pero dejemos estas reflexiones porque, si continuamente (estar, nosotros) .... pensando en los peligros que nos (acechar) ...., mejor (ser) .... quedarse en casa, o mejor aún, no haber nacido, porque la vida, si (ser) .... algo, es riesgo y tal vez ahí (residir) .... su belleza.
7. Antes era el ordenador, pero ahora es toda la familia la que (estar) .... a mi alrededor y parece que todos (tener) .... ganas de hablar y hablar. Si a esto le (añadir, nosotros) .... que (ser) .... Domingo de Resurrección, mi posible futuro lector se podrá hacer una idea de las condiciones en las que (estar, yo) .... escribiendo esto. Se me olvidaba decir que ahora ya (quitar, ellos) .... el ordenador, pero que en la televisión —que ¡cómo no! (estar) .... a buen volumen— (estar) .... hablando el papa. Fernando, que (ser) .... el segundo de mis hijos, está un tanto guerrero, posiblemente secuela del hecho de que ayer no (encontrar) .... en toda Salamanca unos pantalones de su gusto —aclaremos que Fernando (tener) .... diez años— después de (haber tenido) .... grandes problemas para (elegir) .... unos zapatos entre no menos de treinta pares ¡Pobre dependiente! ...Por supuesto nadie mira la televisión, que (seguir) .... dándome la lata mientras que los niños (ir) .... subiendo el tono y, por si algo me (faltar) ...., resulta que a algún vecino le (dar) .... por arreglar algo en su casa y (estar) .... martilleando. Pero, como nada (tener) .... límite, mientras (escribir, yo) .... la línea anterior, han bajado de su casa los abuelos con la noticia de que en Alicante (estar) .... ardiendo el Hotel Meliá. Mejor no seguir...
8. «El que la (seguir) ...., la consigue» dice un refrán español, así que si no (desesperar) .... el sufrido protagonista de los ejercicios anteriores, tal vez (poder)

.... alcanzar su objetivo de llegar al ejercicio número diez, con lo que prácticamente (tener, él) .... acabado este tema, que (ser) .... la tarea que se (proponer) .... para hoy. Como después de la tempestad viene la calma, os diré que, desde mi puesto de observador-narrador, (comprobar, yo) .... que los ruidos, risas, voces y carreras de los niños (cesar) .... —posiblemente se (deber) .... a la intervención de una señora que (trabajar) .... afanosamente para (acortar) .... un pantalón— y que, por lo tanto, ser posible .... que nuestro personaje (alcanzar) .... su meta.

9. Dijo que (pasar, nosotros) .... los que (tener, nosotros) .... invitación y que los que no (tener, ellos) .... (esperar) .... hasta que (llegar) .... alguno de los organizadores, porque él (tener) .... órdenes muy estrictas de no dejar pasar a nadie sin invitación. Nosotros entramos, así que no (saber, yo) .... qué pasaría después con todos los que (quedar) .... allí a la puerta, que (ser) .... muchos, y algunos de ellos, que hasta aquel momento (estar) .... tranquilos, empezaban ya a impacientarse.

10. La estantería, que (estar) .... repleta de libros, era una auténtica tentación. Andrés se acercó y cogió uno que (tener) .... la cantonera en oro; lo abrió y leyó: «el que algo (querer) ...., algo le cuesta, o dicho más vulgarmente: el que (querer) .... peces, que se moje el culo». Andrés cerró el libro y miró de nuevo la cantonera. «Oro por fuera y basura por dentro», pensó y lo dejó de nuevo en su sitio. Pero ya no tranquilizó; es posible que aquello (ser) .... una premonición. «¡Maldito libro! Seguro que en mi vida se me (volver) .... a ocurrir abrir uno mientras (esperar, yo) ....». En aquel momento se abrió la puerta y apareció don Telesforo, con aquella sonrisa que le (hacer) .... famoso.

XXIX. Complétense los siguientes textos poniendo en la forma adecuada los infinitivos entre paréntesis.

1. ERA EL TIEMPO de la canícula, cuando todo el aire de agosto (soplar) .... caliente, envenenado por el olor podrido de las saponarias.

El camino subía y bajaba; «*sube o baja según se (ir)* .... *o se (venir)* .... *Para el que (ir)* ...., *sube; para el que (venir)* ...., *baja*».

— ¿Cómo dice usted que se (llamar) .... el pueblo que se (ver) .... allá abajo?

— Comala, señor.

— ¿Está seguro de que ya (ser) .... Comala?

— Seguro, señor.

— ¿Y por qué se ve esto tan triste?

— Son los tiempos, señor.

Yo imaginaba ver aquello a través de los recuerdos de mi madre; de su nostalgia, entre retazos de suspiros. Siempre vivió ella suspirando por Comala, por el retorno; pero jamás volvió. Ahora yo vengo en su lugar. Traigo los ojos con que ella (mirar) .... estas cosas, porque me (dar) .... sus ojos para (ver) ....: «*Hay allí, pasando el puerto de Los Colimotes, la vista muy hermosa de una llanura verde, algo amarilla por el maíz maduro. Desde ese lugar se ve Comala, blanqueando la tierra, iluminándola durante la noche*». Y su voz era secreta, casi apagada, como si (hablar) .... consigo misma... Mi madre.

— ¿Y a qué va usted a Comala, si se (poder) .... saber? —oí que me (preguntar, ellos) ....

— Voy a (ver) .... a mi padre —contesté.

— ¡Ah! —dijo él.

Y volvimos al silencio.

Caminábamos cuesta abajo, oyendo el trote rebotado de los burros. Los ojos reventados por el sopor del sueño, en la canícula de agosto.

— Bonita fiesta le va a armar —volví a oír la voz del que (ir) .... allí a mi lado—. Se pondrá contento de ver a alguien después de tantos años que nadie (venir) .... por aquí.

Luego añadió:

— (Ser) .... usted quien (ser) ...., se alegrará de verlo.

En la reverberación del sol, la llanura parecía una laguna transparente, deshecha en vapores por donde se (traslucir) .... un horizonte gris. Y más allá, una línea de montañas. Y todavía más allá, la más remota lejanía.

— ¿Y qué trazas tiene su padre, si se (poder) .... saber?

— No lo conozco —le dije—. Sólo sé que se (llamar) .... Pedro Páramo.

— ¡Ah!, vaya.

— Sí, así me dijeron que se (llamar) ....

Oí otra vez el «¡ah!» del arriero.

Me había topado con él en «Los Encuentros», donde se (cruzar) .... varios caminos. Me estuve allí esperando, hasta que al fin (aparecer) .... este hombre.

— ¿Adónde va usted? —le pregunté

— Voy para abajo, señor.

— ¿Conoce un lugar llamado Comala?

— Para allá mismo voy.

Y lo seguí. Fui tras él tratando de emparejarme a su paso, hasta que (parecer) .... darse cuenta de que lo (seguir) .... y disminuyó la prisa de su carrera. Después los dos íbamos tan pegados que casi nos (tocar, nosotros) .... los hombros.

(JUAN RULFO: *Pedro Páramo)*

2. **El descubrimiento de un quasar da nuevas pistas para analizar el origen y el fin del universo**

REUTER, **Cambridge**

El descubrimiento, el mes pasado, del objeto más alejado de la Tierra conocido por el hombre, un quasar, que no (ser) .... más que un débil brillo en los confines del cosmos, ha provocado un enorme interés entre los científicos, que (esperar) .... que (proporcionar) .... nuevos datos tanto sobre los orígenes como sobre el destino final del universo. Dada la distancia a la que se (encontrar) .... las imágenes que (llegar) .... pertenecen a la infancia del universo.

El objeto en cuestión es un quasar, o, lo que (ser) .... los mismo, el turbulento corazón de una galaxia, y su distancia de nuestro planeta es tal que su luz (tardar) .... más de 13.000 millones de años en llegar a la Tierra.

Los astrónomos británicos Stephen Warren y Paul Hewett, que (descubrir) .... esta débil luminosidad estudiando fotografías tomadas desde un telescopio, esperan que (poder) .... ofrecer más datos sobre lo que se (conocer) .... como el

Big Bang, la gran explosión que muchos científicos (creer) .... que (dar) .... origen al universo, y también al *Big Crunch*, el gran crujido con el que muchos (creer) .... que se (acabar) ....

«Una de las grandes preguntas de la cosmología es cuándo empezaron a colapsar las estructuras y empezaron a formarse las galaxias, y este descubrimiento puede ayudarnos a resolver esta cuestión. La luz que ahora nos (llegar) .... de este *quasar* fue emitida cuando el universo (tener) .... tan sólo una décima parte de su edad actual. Se trata del primer quasar que (saber, nosotros) .... que se (formar) ....», explica Paul Hewett en su despacho del Instituto de Astronomía de la universidad de Cambridge, en el Reino Unido. En este lugar, Warren y Hewett utilizan la más moderna tecnología para (analizar) .... las placas fotográficas tomadas desde el telescopio British Schmidt, en la localidad australiana de Siding Springs.

Los quasares son los objetos más luminosos del universo. Su energía es prodigiosa, su corazón tiene una masa 100 millones de veces mayor que la del Sol, y emiten una cantidad de luz similar a la que (dar) .... juntas 100 galaxias como la Vía Láctea. Los científicos creen que los quasares (poder) .... haber estado entre los primeros objetos creados cuando (empezar) .... el universo, tras la gran explosión de polvo y gas que (suceder) .... hace entre 15.000 y 20.000 millones de años, y que (poder) .... haber sido las formas primitivas de las actuales galaxias.

Infancia del universo

Debido a la inmensa distancia que (tener) .... que recorrer la luz del quasar fotografiado el pasado mes de agosto por Hewett y Warren, se trata de imágenes que (suceder) .... en la infancia del universo, aproximadamente 10.000 millones de años antes de que se (formar) .... el sistema solar, por esta razón Warren cree que al (analizar) .... este tipo de actividad cósmica primitiva los científicos (poder) .... descubrir qué tipo de materia existía durante los primeros tiempos del universo.

Los científicos opinan que este descubrimiento (poder) .... aportar también una nueva pieza en otro de los grandes acertijos cósmicos: ¿cómo acabará el universo?

Muchos astrónomos creen que (seguir) .... expandiéndose hacia afuera para siempre, otros, que (tener) .... suficiente densidad como para (dejar) .... de expanderse en un determinado momento para, a continuación, (volver) .... a su forma original a gran velocidad, provocando lo que (llamar, ellos) .... el *Big Crunch*, un último y colosal crujido: «La respuesta a lo que el universo (hacer) .... se encuentra más bien en su historia. Cuanto más (mirar, nosotros) .... hacia su pasado, más lejos (poder) .... ver en su futuro», asegura Paul Murdin, director del telescopio gigante del Real Observatorio de Greenwich, situado en la isla de La Palma, en las Canarias.

(*El País*, 24-9-86)

3. **Campaña de la OMS contra el tabaco en Europa**

La Organización Mundial de la Salud ha puesto en marcha una campaña de ámbito europeo para (luchar) .... contra el tabaquismo, cuyo punto culminante (ser) .... una conferencia europea que se (celebrar) .... en Madrid en octubre de 1987. La campaña se inicia con la recogida de información sobre las iniciativas antitabáquicas que se (estar) .... llevando a cabo en 32 países europeos, en los campos de la legislación, los impuestos y la información al público.

La información se utilizará como base para (tomar) .... medidas concretas que (deber) .... adoptar los Estados miembros para (reducir) .... el número de adictos al tabaco y finalmente eliminar el hábito, según un funcionario de la sede europea de la OMS, en Copenhague. Esta campaña está considerada la operación más importante que (llevar) .... a cabo la OMS en Europa. Fumar es la causa de la muerte de medio millón de personas al año en Europa, según las estadísticas de que (disponer) .... la OMS, que (señalar) .... que una de cada cuatro personas que (empezar) .... a fumar (terminar) .... viendo su vida acortada. Las principales enfermedades causadas por el tabaco son cáncer de pulmón, enfermedades coronarias y de la piel, bronquitis y enfermedades de la vejiga, la laringe y las arterias de las piernas. La OMS estima que el 90 % de los casos de cáncer de pulmón, el 75 % de los casos de bronquitis y el 25 % de los casos de enfermedad coronaria (poder) .... ser atribuidos al tabaco. En Europa existen unos 250 millones de fumadores, que (fumar) .... una media de 1.800 cigarrillos anuales, el nivel más alto del mundo.

(*El País*, 24-9-86)

XXX. Complétense libremente las siguientes estructuras.

1. Quiero que .... cuando .... porque ....
2. Me aconsejó que .... mientras .... para que .... cuando ....
3. Comen tantos .... que, cuando ...., ... para que ....
4. Me encataría .... donde .... porque ....
5. Creo que ...., no porque ...., sino porque ...., ya que .... cuando ....
6. Espérame .... hasta que .... porque (querer que) ....
7. Los jóvenes que .... han contado que .... porque .... por donde ....
8. Para .... es necesario que .... después de .... ya que ....
9. No son tan .... como para que ...., así que .... para que .... antes de que ....
10. Los que .... es mejor que .... hasta que .... porque .... para ....
11. Creo que .... antes de que .... porque ....
    Pues a mí me parece que .... puesto que ....
12. Me gustaría .... para .... después de .... Es difícil que (tú) ...., no porque ...., sino porque ....
13. Me gustaría que .... para que ...., ya que .... desde que ....
14. No es necesario que .... puesto que ....
15. Son tan .... que ...., pero .... los que .... para ....

16. Es posible que ...., así que .... porque ....
17. Hasta que .... de donde ...., ..., puesto que ....
18. Me parece muy extraño que ...., porque ....
19. Está claro que .... tan .... que ...., pero a mí me parece que ....
20. Pues yo no creo que .... cuando ...., porque .... porque ....
21. Los países que ...., no porque ...., sino porque .... y, además, porque ...., así que ....
22. Sería mejor que ...., pero es cierto que ...., de modo que ....
23. Pero es extraño que .... porque, cuando ....; así que (yo creer que) ....
24. El español ...., por lo tanto .... para ....
25. Bueno, yo le dije ayer que ....; pero no creo que ...., puesto que .... cuando ....

COMENTARIO DE TEXTOS

TEXTOS PERIODÍSTICOS: VI

El español, un idioma en auge

El desinterés de la Administración perjudica la enseñanza del español en el extranjero.

ANA GARCÍA ARCE

El español como segundo idioma extranjero está en auge en casi todos los países del mundo, inmediatamente después del inglés.

(...)

La demanda de español es creciente, en la enseñanza de adultos principalmente, entre otras cosas, debido a la enorme influencia de la literatura hispanoamericana de los últimos tiempos, que ha despertado un gran interés por todo lo que esté relacionado con el mundo hispano, y como primera consecuencia, por el aprendizaje de la lengua española.

En Europa, la situación en que se encuentra la enseñanza del español es extremadamente variopinta. En Francia, los profesores de español se encuentran en franca desventaja con respecto a los profesores de francés como lengua extranjera.

(...)

En el Reino Unido, el francés supera a los demás idiomas. En una encuesta realizada por la Asociación de Profesores de Español, en institutos y colegios donde se imparte nuestro idioma, la mitad de los centros sólo contaba con un profesor de español y tan sólo una cuarta parte de los alumnos se presentaban a los exámenes para graduarse. Los profesores, además, señalaron que el número de alumnos de español se mantenía estable en la mitad de los centros, y en una cuarta parte de ellos aumentaba la cifra.

(...)

En todas las universidades de la República Federal de Alemania (RFA) se estudia el español, con excepción de las carreras técnicas. Las universidades que cuentan con una mayor tradición en la enseñanza de nuestro idioma son las de Tubinga, Heidelberg y Hamburgo. El español se imparte en tres instituciones: los colegios, las universidades populares y la Universidad. El mayor número de alumnos se sitúa en la educación de adultos detrás del inglés y del francés.

(...)

Tan sólo 10 escuelas públicas imparten español en Austria, y la Administración de ese país se sirve de los mismos profesores que ya dan clases de francés para cubrir nuestro idioma. La mayor parte de los estudiantes de español optan por el bachillerato comercial, y en Austria no se cuenta con material especializado en este campo. Los cursos de español en Viena se imparten en el Instituto Hispanoamericano, y los profesores tienen muy pocas posibilidades de venir a España como lectores o como becados para mejorar su profesionalidad.

En la enseñanza media, universitaria y de adultos de los Países Bajos se ha producido un incremento notable del español, pese a los recientes recortes presupuestarios del Gobierno de Holanda, que afectaron a la enseñanza de los idiomas, pero hicieron una excepción con el español en el bachillerato nocturno.

(...)

El caso más sorprendente dentro de Europa lo constituye Grecia, donde se imparte el español de forma organizada desde hace 13 años, el número de estudiantes ha aumentado considerablemente —en 1983 había 1.000 estudiantes de español, y en tres años se ha duplicado la cifra—. En Grecia, sólo tres personas son licenciadas en filología hispánica y ninguna de ellas ha obtenido el título en España. En Salónica existe un centro de estudios hispánicos, con gran demanda de matrícula. La sociedad griega muestra gran fascinación por todo lo relacionado con el mundo hispánico, concretamente por América Latina, especialmente entre los universitarios.

En los países escandinavos el español es un idioma en auge. En Suecia lo estudian alrededor de 20.000 alumnos. En los últimos años se ha producido un incremento del español para adultos debido a la influencia de la colonia española y latinoamericana de Estocolmo.

(...)

En Noruega el castellano comenzó a impartirse en la enseñanza media en el año 1968 en el instituto Hartvig Nissen, de Oslo. En la actualidad son más de 40 los centros en los que se puede cursar. «Nuestro gran problema», opina Bodil Gooth, jefa de la sección de francés y español en el Hartvig Nissem, «es que todos los que desean estudiar español no pueden hacerlo por falta de profesores».

«También existe una resistencia por parte de los profesores a que el Gobierno noruego oferte plazas de profesores de español, porque creen que perderían los alumnos de francés o de otras lenguas y éstos pasarían al español», añade. En Noruega —país con cuatro millones de habitantes— comenzó un curso de español por radio hace pocos años, y 30.000 personas compraron el primer manual. El castellano puede cursarse en tres de las cuatro universidades, y en dos de ellas, la sección de español es más numerosa que la de francés. Todo este interés tiene como contrapartida una escasez de información actual sobre España.

(*El País*, 7-10-86).

TEMA X

INTERROGATIVAS

ESQUEMA GRAMATICAL

- **Tipo**: |——| ⌈→ |——|

1. Introductores: **QUIÉN (QUIÉNES), QUE, CUÁL (CUÁLES), CUÁNDO, CUÁNTO, DÓNDE, CÓMO, SI..**

- Uso de **QUIÉN (QUIÉNES), QUÉ** y **CUÁL (CUÁLES)**:

— **QUIÉN**:
Es pronombre; por lo tanto, término aislado, sin acompañante. Se usa para indicar:

— **identidad**:
¿**Quién** llama?
no sé de **quién** hablas
dime **quién** te lo ha dicho.

— **partitivo de personas** (también **CUÁL**):
a **quién** de los dos se lo damos = a **cuál** de los dos se lo damos
con **quién** [de ellos] te gustaría hablar = con **cuál** te gustaría hablar

— **QUÉ**:

a) **qué** pronombre: término aislado, sin acompañante, pues. Se usa para:
— preguntar por la **definición** o **esencia** de algo:
¿**Qué** es la pobreza?
quiero saber **qué** es esto

— con valor **neutro** = «qué cosa»:

¿**Qué** piensas?
no sabía **qué** era lo que pasaba

— **neutro con elección**

¿**Qué** te apetece? ¿Cerveza, un refresco, vino, agua,...?
me preguntó **qué** me apetecía, si vino, cerveza, agua,...

— referido a persona, pregunta por la **profesión**:

¿Qué es Pedro? ≠ **¿quién** es Pedro?

b) **qué** adjetivo: **es el único término secundario** del español, es decir, el único que puede ir **acompañado de un sustantivo**. Luego no son posibles:

*cuál libro → **qué libro**
*cuál mujer → **qué mujer**
*cuáles hombres → **qué hombres**
*cuáles cosas → **qué cosas**

Se usa tanto con:

— **elección** (también **cuál**, aislado):

¿**Qué muñeca** (de estas) te gusta más? = ¿**Cuál** (de estas muñecas) te gusta más?
quería saber **qué traje** me iba a poner = quería saber **cuál** me iba a poner

— como **sin elección**:

¿Sobre **qué tema** va a hablar?
me interesa saber sobre **qué tema** va a hablar

— **CUÁL**:

Es pronombre; por lo tanto, **siempre término aislado**. Se usa con valor:

— **partitivo** (elección entre seres del mismo género o especie/distintos géneros o especie → **qué**):

¿**Qué** quieres que te compre? ¿Una muñeca, una cartera para el colegio, unos patines,...? ≠ ¿**Cuál** [de las distintas muñecas de la tienda] quieres?

- si para persona, también **quién** o **qué** + *sustantivo*:

  ¿A **cuál** [de los dos fontaneros] llamo?
  ¿A **quién** [de los dos fontaneros] llamo?
  ¿A **qué fontanero** [de los dos] llamo?

- si para animal o cosa, también **qué** + *sustantivo*:

  ¿**Cuál** [de las distintas muñecas] quieres?
  ¿**Qué muñeca** [de las de la tienda] quieres?

— **especificativo**:

— ¿Me da ese libro, por favor?
— ¿**Cuál**? [= ¿**Qué libro,** señorita? ≠ **¿Qué?, ¿Cómo?, ¿Sí?** ≠ **¡Qué!, ¡Qué libro!, ¡Cómo!**]
— El primero de la derecha.

- Los introductores pueden ir precedidos de la partícula **que**. Para indicar:

— intermediario:
pregúntale (**que**) cuándo es el examen

— pregunta repetida:
— ¿Dónde está Andrés?
— ¿Qué?
— (**Que**) ¿dónde está Andrés?

— sorpresa:
¿(**Que**) cuándo llegó? ¿(**Que**) tú no sabes cuándo llegó?

— anticipación:

(**Que**) ¿qué pasó luego? Vds. pueden imaginárselo. Yo...

— Especificación:
¿Qué te pasa, (**que**) no tienes ganas de ir?

— estilo indirecto:
Para que digan **que** qué niño tan bueno

2. El modo en las interrogativas indirectas

- **Regla general**: con independencia de que la primera parte sea afirmativa o negativa, o se trate de un vero -I o de un verbo -II ⇒ **INDICATIVO**[1]:

sé muy bien quién lo **ha hecho**

no sé quién lo **ha hecho**

no estaba muy seguro de qué **era** lo que quería

no importa si **está** viejo

1. El hablante extranjero aplicará esta regla, aunque a veces pudiera aparecer —en un tipo de español culto— **subjuntivo**, dada la proximidad de estas frases con las completivas y con las de relativo.

- **saber** y **no saber**:
  - sujetos distintos ⇒ **INDICATIVO**:

    no sé quién lo **ha hecho**

    sé dónde **está**

    no sé cómo lo **ha hecho**
  - mismo sujeto ⇒ **INFINITIVO/INDICATIVO**:

    no sé qué **hacer**
    no sé qué **hago** aquí
    no sé qué **pintar**
    no sé qué **pinto** aquí
    sé dónde **ponerme**
    yo sé dónde me **pongo**
    sé cómo **hacerlo**
    yo sé cómo lo **hago** yo
    no sabía qué **tenía que hacer**
    se cómo **voy a hacerlo**

El uso del **infinitivo/indicativo** parece responder a diferencias de significado del verbo **saber**. Así, **no saber**, con **infinitivo**, significa «dudar, vacilar, no saber muy bien»:

no sé que **hacer**

Con **indicativo**, en cambio, su significado es «ignorar, desconocer»:

no sé cómo lo **he hecho**

Las perífrasis —**tenían que hacer, voy a hacerlo**— usan **indicativo.**

- **Hay que distinguir y no confundir**:
  - Las estructuras de **verbo-1 + que + verbo-2** y las **interrogativas**:

    no estaba muy seguro de qué **era** lo que quería hacer

    no estaba muy seguro de que **quisiera** hacerlo

    no importa si **está** viejo

    no importa que **esté** viejo
  - **cuando** temporal y **cuándo** interrogativo:

    no sé cuándo **vendrá**, pero cuando **venga** me va a oír
  - **si** condicional y **si** interrogativo:

    no sé si **vendrá**, pero si **viene** hay que decírselo

EXPLICACIÓN Y AMPLIACIÓN GRAMATICAL

- **Cuestión previa:** las oraciones interrogativas pueden ser:

— *directas*: frases simples con entonación interrogativa:
¿Quién ha venido?

— *indirectas*: frases complejas sin entonación interrogativa:
dime quién ha venido

Tanto las directas como las indirectas pueden ser:

— *generales*: se pregunta sobre la acción del verbo:
¿Ha venido?
dime si ha venido

— *parciales*: se pregunta por el sujeto, el objeto u otra circunstancia de tiempo, lugar, etc.
¿Quién (o: cómo, cuándo, etc.) ha venido?
no sé quién (o: cómo, cuándo, etc.) ha venido

Las generales directas: **¿Ha venido**? no tienen introductor; es suficiente la entonación. Las indirectas se introducen con **si**. Pero los introductores de las parciales son los mismos para las directas y para las indirectas. Luego lo que vamos a ver sobre el uso de **quién, qué** y **cuál** se refiere al uso general de estos interrogativos, válido para uno y otro tipo.

- Uso de los interrogativos **quién, qué** y **cuál**

— El uso de **cuándo, cuánto, dónde, cómo** y **si** no ofrece problema alguno en un nivel avanzado.

— Para el uso de **quién, qué** y **cuál** remitimos de un modo general al ESQUEMA. Aquí nos limitaremos a poner de relieve aquellos aspectos en los que la experiencia nos dice que el hablante extranjero, incluso el de nivel avanzado, suele tener dificultades.

— El uso de **quién** no ofrece, por lo general, problemas. Llamaremos sólo la atención sobre la distinción: **quién** → identidad / **qué** → profesión, referido a persona

¿**Quién** es tu padre? ≠ ¿**Qué** es tu padre?
¿**Quiénes** son esos señores? ≠ ¿**Qué** son esos señores?

— Los problemas más serios se reducen a dos, referidos a **qué** y **cuál**:

- **qué** y **cuál** tienen los dos valor y uso partitivos, es decir, de **elección**. Pero **qué** —de acuerdo con su valor general de neutro— elige entre **cosas distintas**, mientras que **cuál** elige entre **variedades de una misma cosa**, o dicho de otro modo: **qué** → **esencia / cuál** →**accidente** en el sentido filosófico de estos dos términos. De manera que, a una niña por ejemplo, le podemos preguntar el día de su cumpleaños:

  ¿**Qué** quieres que te regale: una muñeca, una cartera para los libros, una...?

  Pero, si se inclina por una muñeca, por ejemplo, en la tienda, ante los distintos tipos de muñecas que allí hay, le preguntaremos:

  a ver, dime **cuál** te gusta más

- la segunda dificultad —más fácil que la anterior— es que sólo **qué** es término secundario:

  qué hombre
  qué mujer
  qué perro
  qué novela

  De manera que es un error —muy frecuente en los hablantes extranjeros, pero muy fácil de corregir— la secuencia **cuál** + *sustantivo*:

  ***cuál hombre**
  ***cuál mujer**
  ***cuál perro**
  ***cuál novela**

— Por último, aclararemos el ejemplo del valor **especificativo** de **cuál**:

— ¿Me da ese libro, por favor?
— ¿**Cuál**? [= ¿**Qué libro**, señorita? ≠ ¿**Qué**?, ¿**Cómo**?, ¿**Sí**? ≠ ¡**Qué**!, ¡**Qué** libro! ¡**Cómo**!]
— El primero de la derecha.

- El uso de **cuál** implica que nuestro interlocutor ha comprendido, pero no sabe a qué libro nos referimos, y por eso nos pide que especifiquemos más. El uso de «¿**Qué libro**, señorita?» tendría el mismo significado, pero —como, por lo general, todas las respuestas más largas— implicaría un grado más alto de cortesía.

- **¿Qué?, ¿Cómo?** o **¿Sí?**[1] significan, como es sabido, que nuestro interlocutor no ha entendido o no ha comprendido y quiere que repitamos nuestra pregunta.

- Por último, **¡Qué!, ¡Qué libro!** y **¡Cómo!**, cuya entonación no siempre resulta fácil para el hablante extranjero, significan que nuestras palabras causan sorpresa en nuestro interlocutor. De manera que, si Peter, por ejemplo, entra en una pastelería y deja olvidado sobre el mostrador su libro de español, al volver para recogerlo podría producirse el siguiente diálogo —en el intervalo, la dependienta ha colocado el libro en una estantería y ha salido a hacer unas cosas; en su lugar, está ahora un dependiente—:
  — ¿Me da ese libro, por favor?
  — ¡Cómo!
  — Sí, mire, es que lo dejé antes...
  — ¡Ah, perdone! Tenga Vd.

- **que** introductor de interrogativos

— Como señalábamos en el ESQUEMA los interrogativos pueden ir precedidos de la partícula **que**.

— Este **que** no es necesario, pero es de uso muy frecuente, sobre todo en el español hablado —las frases sin **que** son más cultas—, por lo que el hablante extranjero —que suele tener algún pequeño problema con la entonación— debe incorporarlo a su uso del idioma, para que éste se parezca cada vez más al español que realmente se habla.

— En el ESQUEMA hemos visto ya los distintos contextos en los que puede aparecer este **que**. Aquí nos limitaremos a analizar algunos de ellos:

- **intermediario**, es decir, cuando el hablante no hace él mismo la pregunta, sino que le dice a otro que la haga, es muy frecuente la aparición de **que**. Así, si Andrés es tan tímido que no se atreve a dirigirse al profesor, le dará con el codo a su compañero de asiento y le dirá en voz muy baja:

  pregúntale **que** cuándo es el examen

  La situación anterior es tan coloquial que es muy difícil que Andrés pudiera decir esa frase sin **que**.

- **anticipación**. Supone, por lo general, contextos más cultos que la situación anterior y es frecuente, por ejemplo, en un escritor que se dirige a su hipotético interlocutor:

  ¿**Que** qué pasó luego?

  Es decir, «¿Y tú, desconocido lector, me preguntas qué pasó después de lo que he contado?»

1. Pueden utilizarse otras fórmulas como **¿Dígame?, ¿Por favor, no he...?**, etc. En ciertas zonas de América es frecuentísimo ¿**Mande**?

PRÁCTICA

I. Dos estudiantes dialogan según los modelos:

Modelo-1

¿Quién te parece más simpático, Antonio o Pedro?

Estudiante-1: ¿Quién te parece más simpático, Antonio o Pedro?
Estudiante-2: ¿Cómo? ¿Que cuál de los dos me parece más simpático?
Estudiante-1: Sí, ¿quién te parece más simpático?
Estudiante-2: Antonio (o: Pedro).

1. ¿Quién piensas que va a ganar, Ana o Isabel?
2. ¿Quién llegará antes, Julio o Pepe?
3. ¿Quién es el más inteligente, el mayor o el menor?
4. ¿Quién salió antes de casa, el marido o la mujer?
5. ¿Quién triunfará en las próximas elecciones, la derecha o la izquierda?
6. ¿Quién es más amable, él o ella?
7. ¿Quién es el mejor, el rojo o el azul?
8. ¿Quién canta mejor, Michael Jackson o Julio Iglesias?
9. ¿Quién baila con más salero, el profesor de matemáticas o la profesora de español?
10. ¿Quién te gusta más, Marisa o Teresa?

Modelo-2

¿Qué es Javier?

Estudiante-1: ¿Qué es Javier?
Estudiante-2: ¿Quién?
Estudiante-1: Javier
Estudiante-2: ¡Ah! Estudiante (o: comerciante, médico, camarero, profesor, agente de seguros...)

1. ¿Qué es tu novio/a?
2. ¿Qué es tu madre?
3. ¿Qué es Ana?
4. ¿Qué es ese amigo de Enrique?
5. ¿Qué es ese muchacho con el que sales últimamente?

Modelo-3

Quiero hacerte un regalo. ¿Qué prefieres: un disco, una bolsa de deporte, un libro,...?

Estudiante-1: Quiero hacerte un regalo. ¿Qué prefieres...
Estudiante-2: ¿Qué me aconsejas tú?
Estudiante-1: No, tú decides.

1. He comprado una corbata, un cinturón y unos pañuelos, ¿qué prefieres?
2. Hay vino, cerveza y coca-cola, ¿qué te apetece?
3. Puedes comerte unas cerezas, fresas, melocotones,... ¿qué te apetece?
4. ¿Y qué tal este sombrero o esta pulsera para Susana?
5. No pueden preparar más que una ensalada o freír unos huevos. ¿Tú verás qué prefieres?

Modelo-4

Elige entre estos cuatro discos; mira a ver cuál te gusta más

Estudiante-1: Elige entre estos cuatros discos; mira...

Estudiante-2: ¿Cuál me aconsejas tú?
Estudiante-1: No, tú decides.

1. Ahí hay tres máscaras, ¿cuál crees que te irá mejor?
2. De esas botellas mira a ver cuál te parece mejor para llevar a esa fiesta.
3. Hay peras de todos los tipos: limonera, italiana, blanquilla,... ¿cuáles te compro?
4. Oye, aquí hay unas figuras de dioses aztecas que seguro que le gustarían a Beatriz. Mira a ver cuál te parece mejor.
5. Mientras Isabel va preparando la comida podemos jugar un rato al billar. Ahí están los tacos; mira a ver con cuál quieres jugar.

Modelo-5

¿Qué periódico se lee más en España, *El País* o *ABC*?

Estudiante-1: ¿Qué periódico se lee más en España, *El País* o *ABC*?
Estudiante-2: ¿Que cuál se lee más?
Estudiante-1: Sí ¿cuál de los dos se lee más?
Estudiante-2: Creo que *El País* (o: *ABC*).

1. ¿Qué caballo te gusta más, el que ganó ayer o el que ha ganado hoy?
2. ¿Qué clase te parece más interesante, la de literatura o la de historia?
3. ¿Qué novela vas a comprar, la de Unamuno o la de Cela?
4. ¿Qué mesa sacó al jardín, la grande o la pequeña?
5. ¿Qué bolso crees que me va mejor con este traje, el negro o el marrón?
6. ¿Qué perro crees que debo comprar, el pastor alemán o el dogo?
7. ¿Qué vestido vas a llevar mañana a la fiesta, el que te regaló Juan o el del escote grande?
8. ¿Qué gafas te vas a poner, las graduadas o las de sol?
9. ¿Qué pluma va a comprar por fin, la del plumín de oro o la otra más barata?
10. ¿Qué corbata me pongo, la de color liso o la de rayas?

Modelo-6

¿Esperamos un rato a ver si llegan los demás?

Estudiante-1: ¿Esperamos un rato a ver si llegan los demás?
Estudiante-2: ¿Cómo? ¿Qué dices?
Estudiante-1: Que si esperamos a que lleguen los demás.

1. ¿Habrán llegado ya Marisa y Ana?
2. ¿Te has duchado ya o quieres que te prepare el baño?
3. ¿Te gustaría que saliéramos esta noche a bailar?
4. ¿Llamaste a la oficina?
5. ¿Pedimos que nos suban la cena a la habitación o bajamos al restaurante a cenar?

Modelo-7

¿Dónde está mi paraguas?

Estudiante-1: ¿Dónde está mi paraguas?
Estudiante-2: ¡Qué! ¡Qué paraguas! [+ frase libre; por ejemplo:]
¡Pero qué paraguas te ha durado a ti más de un día!

1. ¿Dónde está la novela que yo estaba leyendo?
2. Devuélveme el dinero que te presté.
3. ¿Recuerdas el beso que te di ayer?
4. ¿Dónde vamos a ir de vacaciones?
5. ¿Cuándo es la boda?

2. **El modo en las interrogativas indirectas**

- El uso del modo, por lo general, no ofrece problemas en las interrogativas, ya que, en cierta medida, le es aplicable aquello de que si abrimos la boca y decimos **qué, quién, cuándo, cómo**, etc. detrás usaremos **indicativo**.

- El uso del **infinitivo** con **saber** y **no saber** no hemos observado que cree problemas al hablante extranjero; luego lo mejor quizás sea no insistir en ello y confiarlo al uso espontáneo del idioma.

- La única dificultad que se suele presentar es la de la confusión con otras estructuras más o menos próximas. Así:

— las interrogativas tienen en la primera parte un verbo de los que llamábamos de Gr. I y de Gr. II, es decir, que los mismos verbos pueden formar parte de una estructura de «verbo-1 + que + verbo-2» o de una estructura interrogativa. En el primer caso, se regirán por sus reglas:

— **Gr. I** ↗ afirmativo ⇒ **indicativo**
↘ negativo ⇒ **subjuntivo**

estaba muy seguro de que **quería** hacerlo

no estaba muy seguro de que **quisiera** hacerlo

— **Gr. II** → afirmativo / negativo ⇒ **subjuntivo**

(no) ***importa*** **que sea** viejo

Y en el caso de las interrogativas, lógicamente, por su regla propia. Es decir, el verbo-2 se construirá con **indicativo**, con independencia de que en la primera parte haya un verbo de Gr. I o un verbo de Gr. II, o de que esa primera parte sea afirmativa o negativa:

estaba muy seguro de qué **era** lo que quería hacer

no estaba muy seguro de qué **era** lo que quería hacer

no importa si **es** viejo

— detrás de **cuando** temporal no se pueden utilizar formas de futuro, porque éstas pasan a las correspondientes de subjuntivo:

cuando **llegue**, dile que pase

Pero no hay que confundir **cuando** con el interrogativo **cuándo**. Con éste, para expresar el futuro, sí se usa la forma **CANTARÉ**:

no sé cuándo **vendrá**, pero cuando **venga** me va a oír

— del mismo modo, detrás de **si** condicional no puede ir la forma **CANTARÉ**, que se sustituye por **CANTO**:

si **viene** más tarde le dices que...

Pero sí se utiliza detrás de **si** interrogativo:

no sé si **vendrá** más tarde: si **viene**, le dices que...

PRÁCTICA

II. Dos estudiantes dialogan según los modelos:

Modelo-1

¿Cuándo llegarán tus padres?
Estudiante-1; ¿Cuándo llegarán tus padres?
Estudiante-2: ¿Cómo?
Estudiante-1: Te decía que cuándo llegarán tus padres.
Estudiante-2: Ah, no sé; pero cuando lleguen ya te avisaré.

1. ¿Cuándo estará lista la cena?
2. ¿Cuándo te repararán el coche?
3. ¿Cuándo te irás de vacaciones?
4. ¿Cuándo saldrán las notas?
5. ¿Cuándo cambiarás de opinión?
6. ¿Cuándo empezará la discusión de ese tema?
7. ¿Cuándo entrará en vigor la nueva ley?
8. ¿Cuándo estarán preparados los españoles para ir a la luna?
9. ¿Cuándo correrán nuestros atletas?
10. ¿Cuándo intervendrá el presidente?

Modelo-2

¿Vendrán mañana?
Estudiante-1: ¿Vendrán mañana?
Estudiante-2: No sé si vendrán o no; si vienen, ya te lo diré.

1. ¿Lo terminarán mañana?
2. ¿Estará arreglado para dentro de un mes?
3. ¿Ganará nuestro equipo?
4. ¿Iremos todos de excursión este fin de semana?
5. ¿Saldrán luego a dar un paseo?
6. ¿Lo traerán todo esta tarde?
7. ¿Condenará el tribunal al acusado?
8. ¿Hablará esta noche el presidente por televisión?
9. ¿Comerán en nuestra casa?
10. ¿Televisarán el partido del Real Madrid?

RECAPITULACIÓN

REPASO GENERAL DE LAS ESTRUCTURAS INTERROGATIVAS

III. Complete las frases siguientes con la(s) forma(s) adecuada(s) de los interrogativos.

1. ¿.................................... serán esas tres jovencitas que vienen a pasear todas las tardes por el parque?
2. A veces a los niños se les hace la estúpida pregunta de a .... prefieren, a papá o a mamá.
3. La señora de la casa, intrigada, le preguntó en voz baja a su marido .... eran aquellos hombres que estaban en el salón.
4. ¿.................................... de ellos crees que tiene más posibilidades de vencer?
5. Me preguntó .... era la pobreza.
6. No sé .... habrá podido contarle tantas mentiras.
7. Las dos puertas estaban abiertas, ¿por .... de ellas habría salido el criminal?
8. Me gustaría saber .... periódicos se venden más en tu país.
9. De los periódicos más vendidos en tu país, ¿.................................... es el que, en tu opinión, ejerce más influencia?
10. Y al ser tan fanáticos se hubieran apoderado de Europa y hubieran impuesto un «nuevo imperio». ¿Y .... imperio hubiera sido éste? El imperio del...
11. ¿.................................... valoras más en una persona, su dinero y posición social o su inteligencia y su comportamiento con los demás?
12. De estas dos soluciones concretas que nos proponen, ¿.................................... crees tú que es la mejor?
13. No comprendo .... ha podido atreverse a hacer eso.
14. No comprendo .... ser humano podido atreverse a hacer eso.
15. No comprendo .... de vosotros ha podido atreverse a hacer eso.
16. Hay gente tan pobre en el mundo, hijo mío, que no tiene con .... poder sobrevivir.
17. Había allí mucha gente reunida y se notaba una gran confusión y mucho nerviosismo, así que paramos y preguntamos .... pasaba.

18. (en un restaurante, mirando la carta)

A.: Tienen unos platos realmente exquisitos. Por ejemplo, este lenguado a la sal tiene que estar riquísimo, y este cordero al horno lo mismo ¿.................. pedimos?

B.: La verdad es que no sé. ¿.................. te parece a ti? Tú que has estado aquí ya otras veces.

A.: ¿.................. te parece si le preguntamos al camarero? Es muy atento y siempre me ha aconsejado bien.

B.: Creo que será lo mejor.

A.: Camarero, por favor, ¿.................. nos aconsejaría Vd. hoy?

C.: El lenguado a la sal.

19. A.: Por favor, me da Vd. ese libro de las pastas rojas.

D.: ¿..................?

A.: El primero del segundo estante, por la derecha.

D.: ¡Ah, sí! Tenga Vd., señorita.

20. A.: Por favor, me da Vd. ese libro encuadernado en tela.

D.: ¿.................. , señorita? No he...

A.: Es normal que no me haya oído Vd. ¡Hay tanto ruido! Me interesa ese libro encuadernado en tela.

D.: ¿.................., éste o éste otro con...?

A.: No, no; el primero. Gracias.

21. A.: ¿Pero no os imagináis siquiera .... ha podido ser?

B.: Bueno, sospechamos de dos vecinos que...

A.: ¿Y .... de ellos creéis que tenía más motivos para hacerlo?

B.: La verdad es que no sabemos .... pensar, porque lo dos tenían motivos suficientes

A.: ¿Sí? ¿.................. motivos?

B.: Pues uno de ellos era amigo de...

C.: ¿.................. nueva historia de terror le estás contando?

B.: ¿..................? ¿.................. terror? ¿.................. historia?

C.: ¡Sí! ¿Que .... nueva invención de las tuyas le estás contando a este pobrecito?

B.: ¿.................. te ha dicho a ti que yo invento historias...?

C.: ¿..................? Eso lo sabe y lo dice todo el mundo. ¿No sabes .... dice la gente de ti?

B.: ¿.................. dice?

C.: Que es difícil saber .... está más loco, si tú o los que te soportan.

22. Podemos quedarnos en casa o pasar el fin de semana en la sierra. Tú verás .... te conviene o .... te parece mejor; pero dime pronto .... vamos a hacer porque, si decides que vayamos a la sierra, yo tengo que preparar muchas cosas.

23. (Hablando por teléfono). Me ha dicho la recepcionista que le quedan sólo dos habitaciones dobles, una con baño completo y la otra sólo con ducha, ¿.................. le digo que nos reserve? (...) ¿.................. has dicho? No oigo bien. Vamos a ver, repite ¿.................. de las dos? (...) Muy bien, ahora mismo llamo al hotel. Oye ¿.................. tal en la oficina esta mañana? Me parece oír una voz femenina ¿.................. está ahí contigo? (...) ¿Que .... celosa soy, (...) ¡Sí, sí, es la nueva secretaria! Hasta luego. Un beso.

24. A.: ¿.................. te pasa? Me tienes preocupada. ¿Con .... has hablado esta mañana?

B.: No me pasa nada. ¿.................. hay de comer?

A.: Esta mañana he salido de compras, así que en la nevera hay muchas cosas. Mira a ver .... te apetece.

25. A.: ¿A .... has llamado, a Pedro o a Isabel?
B.: ¿Realmente te interesa saber a .... de los dos he llamado?
A.: Sí, claro.
B.: ¿.................................... interés puede tener eso para ti?
A.: Mucho. Tú sabes que estoy a punto de tomar una decisión y que puedo elegir varios caminos, y para ello tiene mucha importancia que hayas llamado...
B.: ¿Y .... camino vas a tomar?
A.: Primero contesta tú a mi pregunta: ¿a .... has llamado?
B.: Mira, puedes hacer dos cosas: o quedarte o marcharte ¿.................................... eliges?
A.: ¿.................................... elijo? Hay otras soluciones. Pero insisto, antes dime a .... de los dos has llamado y, además, por .... lo has llamado y .... te ha dicho y...

IV. Pónganse los infinitivos entre paréntesis en la forma verbal adecuada.

1. Me preguntó dónde lo (poner, él) ...., y yo le dije que lo (poner) .... donde (querer, él) ....
2. Cuando lo (ver, tú) .... le preguntas cuándo (querer, él) .... que nos (reunir, nosotros) .... para (tratar) .... el tema ese de Antonio.
3. — ¿A quién le ha correspondido ir?
— A Antonio.
— ¡Jo, qué suerte! ¡Quién (poder) ....!
4. Ni siquiera imaginaba quién lo (haber podido) .... hacer, pero (ser) .... quien (ser) ...., desde luego no podía ser más que obra de un loco.
5. Le pregunté no sé cuántas veces, pero no hubo forma de que me (decir, él) .... qué (querer) ....
6. No me dijo qué le (pasar) .... hasta que me (enfadar, yo) .... con él.
7. Hablé muy poco con él, porque sólo (querer, yo) .... saber si (estar, él) .... dispuesto a venir o no.
8. No estoy muy seguro de que (atreverse, él) .... a decirle algo cuando lo (ver, él) ....
9. No sé si (atreverse, él) .... a pedirle el dinero cuando (cobrar) .... la extraordinaria a finales de este mes. Aunque, si lo (**achuchar**, nosotros) .... un poco, yo creo que lo (hacer) ....
10. Pero no te olvides de llamarme esta noche, y me cuentas qué (hacer, tú) ....
11. Me llamas cuando (volver, tú) .... esta noche a casa y me cuentas lo que (hacer, tú) ....
12. Me dijo que cómo lo (querer, yo) .... y yo le dije que lo (hacer, él) .... como mejor le (parecer) .... a él.
13. Si quieres saber dónde (estar, él) ...., no tienes más que pensar a dónde (ir, tú) si (ser, tú) .... joven como él.
14. No me importa quién lo (hacer) .... ; lo que me preocupa es que eso (poder) .... suceder.
15. Si (querer, tú) .... salir de dudas, pregúntale claramente si (ir, él) .... a esperarla a la estación o no.

16. No quiero saber, ni me importa, dónde o cómo lo (conocer, ella) ...., ni qué (poder) .... pasar entre ellos ni quién (ser) .... él. Lo que yo quiero es que (volver, ella) .... a casa.
17. Con quién (estar, tú) .... es algo que me tiene sin cuidado, pero dime quién te (aconsejar) .... que (volver, tú) ....
18. — Por favor, dime dónde (estar, él) ....
— Ya te he dicho que no lo (saber, yo) .... Estará donde tú lo (poner) ....
19. ¿Que qué te pones para salir? ¿Te he preguntado yo a ti qué me (poner) .... yo? Ponte lo que te (dar) .... la gana.
20. — Pregúntale a Javier cómo lo (hacer, nosotros) ....
— No merece la pena; hazlo como mejor te (parecer) ...., porque (estar, yo) .... convencido de que el lunes (tener, nosotros) .... que repetirlo.
21. Si (estar, tú) .... aquí te podría decir exactamente cómo (tener, tú) .... que cortarlo, pero por teléfono...
22. Me extrañó muchísimo que (pasar, él) .... y no me preguntar, él) .... por lo menos qué (hacer, yo) .... allí, porque (ser, él) .... una persona muy educada y suele saludar siempre o cambiar unas palabras con todos con los que se (cruzar) ....
23. Cuéntame qué (pasar) .... ayer. Aunque lo que (pasar) .... te parezca a ti que no (ser) .... importante.
24. Para saber si (estar) .... allí mañana o no, no hay más remedio que preguntárselo directamente a él si lo (ver, nosotros) ....
25. No hablamos ni una palabra ni de cómo lo (conocer, él) ...., ni de cuándo (empezar, ellos) .... a salir juntos. Y si no me (creer, tú) ...., pregúntale cuando lo (ver, tú) ....
26. Sabía muy bien qué (ser) .... lo que queríamos, pero no estaba seguro de que lo (conseguir, nosotros) ....
27. No importa que no (terminar, tú) .... Lo importante es que (trabajar, tú) .... con ilusión y lo que eso (significar) ....
28. No importa si no (terminar, tú .... Lo importante es cómo lo (hacer tú) .... y lo que eso (significar) ....
29. No le dije cómo (suceder) .... las cosas realmente porque me (dar) .... miedo.
30. Si no sabes qué (hacer, tú) .... este fin de semana, vente con nosotros al campo.

V. Léase el siguiente texto y analícense las estructuras que se han destacado.

— Sí señor, ahí, en Villanubla, hubo hasta hace poco una combinación, o, por mejor decir, unas relaciones internacionales, y *no sé si* **están** en ello todavía. Que yo sepa, el aparato no lo han desmontado y, hasta hace unos meses, de aquí, de todos los pueblos, mandábamos el parte diario con las nubes, las temperaturas y todas esas cosas. Y estos datos los conservan y los están estudiando en Rusia, en América, o no sé dónde. ¡Imagínese *si* eso **diera** resultado! ¡El agua a capricho! *Porque* el riego por aspersión aquí no **trae** cuenta. Yo fui el primer labrador del pueblo *que* me **decidí** y no encontré agua hasta doscientos cincuenta metros. ¡Hágase idea, para **regar** catorce hectáreas! Pero *si* yo **hice** la perforación, bien lo sabe Dios, no fue por mí, sino pensando en los chicos *que* aun **andaban** en casa. Ya ve, yo pedí dinero al banco *tan pronto* **encontré** el agua y me dijeron que sí, que bien, que de acuerdo. Pero se presentó la sequía y, según la condición *que* me **pusieron**, yo no podía regar la alfalfa *mientras* el dinero no **llegara**. Pero el dinero no acababa de venir y la alfalfa se secaba: y yo con el agua a mano. ¿Usted qué **hubiera hecho**? Pues regar la alfalfa, natural, lo mismo que hice yo, pero lo que pasa, me quedé sin crédito *lo mismo que* me **quedé** sin abuela. ¿Qué le parece? ¿*Cree* usted que eso es de razón? Ahora, según dicen, dan donde el Irida unos créditos bastante apañados, al once por ciento, en diez años, con subvenciones y eso. Menos mal, *porque si* esto de los préstamos no se **resuelve**, no **queda** otro remedio que vender, liquidarlo todo, ¡qué sé yo!

Estos predios de Tierra de Campos no son precisamente latifundios. La propiedad está muy repartida. Veinte, treinta, cincuenta hectáreas. Rara es la finca *que* **llega** a las ciento. Ante esta realidad manifiesta y las veleidades del cielo, pregunto al señor Pedro *cómo* se las **arregla** la gente:

— **Que ¿cómo** vive el personal? Pues se lo voy a decir a usted. Aquí en Campos, la gente vive artificial, a la que salta. O sea, coge un crédito y lo gasta, pide otro más largo *para* **pagarlo** y **seguir** viviendo, y así. Pero *tenga usted por seguro* que el pueblo **está** empeñado hasta los ojos y, *si* se **pierde** también esta cosecha, yo no sé *lo que* **va** a pasar. Una pena. Tractores sí, de eso no falta. Aquí, en Berrueces, puede haber unos sesenta, más que vecinos, *que*, por regla general, cada labrador **tiene** dos. **Que ¿para qué?** Pues muy sencillo, *porque si* los **tiene** Fulano, los **tengo** yo; *porque si* me **compro** uno nuevo y por el viejo no me **dan** nada, me **quedo** también con él; y *porque* para muchas labores tener dos tractores es conveniente. Lo de la cosechadora, no señor, ése es otro cantar. *Para* **mercarse** un trasto de ésos habría que vender el término. Aquí, desde hace, mucho, mucho tiempo, cosechan los catalanes y los valencianos. En alquiler, natural. Traen dos máquinas y tres o cuatro de personal (pero entendidos, ¿eh?) y cobran a razón de tres mil pesetas hectárea, viente duros arriba, veinte duros abajo. **Que ¿por qué** no lo hacemos los castellanos? Y **¿quién** lo sabe? Quizá la cosechadora llegó aquí más tarde y nadie se tomó la molestia de conocerla a fondo. ¡Vaya usted a saber! Por de pronto somos más dejados, aparte que hoy un trasto de éstos cuesta una fortuna. Y ¡para *lo que* nos **va** a servir!

(MIGUEL DELIBES: *Castilla habla*)

COMENTARIO DE TEXTOS

TEXTOS LITERARIOS: II

A UN OLMO SECO

ANTONIO MACHADO

Al olmo viejo, hendido por el rayo
y en su mitad podrido,
con las lluvias de abril y el sol de mayo,
algunas hojas verdes le han salido.

¡El olmo centenario en la colina
que lame el Duero! Un musgo amarillento
le mancha la corteza blanquecina
al tronco carcomido y polvoriento.

No será cual los álamos cantores
que guardan el camino y la ribera,
habitado de pardos ruiseñores.

Ejército de hormigas en hilera
va trepando por él, y en sus entrañas
urden sus telas grises las arañas.

Antes que te derribe, olmo del Duero,
con su hacha el leñador, y el carpintero
te convierta en melena de campana,
lanza de carro o yugo de carreta;
antes que rojo, en el hogar, mañana,
ardas de alguna mísera caseta,
al borde de un camino;
antes que te descuaje un torbellino
y tronche el soplo de las sierras blancas;
antes que el río hasta la mar te empuje
por valles y barrancas,

olmo, quiero anotar en mi cartera
la gracia de tu rama verdecida.

Mi corazón espera
también, hacia la luz y hacia la vida,
otro milagro de la primavera.

Soria, 1912

Datos biográficos

Antonio Machado nació en 1875. En 1906 se traslada a Soria, para enseñar francés en el Instituto de esta ciudad castellana, y allí va a tener lugar el acontecimiento más importante de su vida: *va a conocer, primero, luego a enamorarse locamente y, por fin, en 1909, se va a casar con Leonor Izquierdo, una jovencita soriana de dieciséis años* —el poeta tenía entonces treinta y cuatro—, hija de los dueños de la pensión donde vivía. Pero la felicidad de Antonio Machado durará muy poco: el 14 de julio de 1910, en París donde estaba el matrimonio Machado pasando una temporada, los médicos descubren que Leonor **padece tuberculosis**. Regresan a Soria, *el poeta se convierte en enfermero de su mujer; su salud es lo único que le importa; todos los días, empujando el carrito de ruedas donde ella va sentada*, **el poeta sale a dar un paseo con Leonor por los alrededores de Soria**... Pero el 1 de agosto de 1912 muere Leonor. Antonio Machado, desesperado, consigue que el 15 de octubre de ese mismo año lo trasladen al Instituto de la ciudad de Baeza —en su Andalucía natal—, huyendo del paisaje de Soria y esperando que Andalucía le devuelva algún sentido a su vida... *Mas en Baeza le continuará persiguiendo el recuerdo de Leonor y de Soria.*

Nota: reiteramos la libertad que tanto profesor como alumnos tienen a la hora de hacer el comentario. Lo que sigue, pues, tendrá como mucho mero valor indicativo.

1) Lectura del poema.
2) Aclaración y comprensión de todas las palabras y estructuras desconocidas.
3) Para comentar el poema se podrán seguir los siguientes puntos:

a) ¿Cómo se describe, qué se dice del olmo en las estrofas 1.ª, 2.ª y 4.ª?

b) En la estrofa 3.ª el poeta contrapone este olmo a otros árboles, a los álamos. Los álamos en la poesía de Antonio Machado son símbolo de **vida**:

Estos chopos[1] del río, que acompañan
con el sonido de sus hojas secas
el son del agua, cuando el viento sopla,
tienen en sus cortezas
grabadas iniciales que son nombres
de enamorados, cifras que son fechas.

¡Álamos del amor que ayer tuvisteis
de ruiseñores vuestras ramas llenas;

1. chopos ~ álamos

álamos del amor cerca del agua
que corre y pasa y sueña,
álamos de las márgenes del Duero
conmigo vais, mi corazón os lleva!

Si los álamos son VIDA, ¿qué puede simbolizar el olmo del poema?

c) La idea de la muerte lleva al poeta a hacer una reflexión sobre el destino último del olmo en los versos que van desde «Antes que te derribe...» hasta «... y barrancas». Señálense los distintos destinos del olmo.

d) Todo en el poema parece significar muerte, pero: 1) ¿Qué es lo que ha llamado la atención del poeta y lo que éste quiere anotar?; 2) ¿Qué significado simbólico tiene el color verde?, y 3) ¿Qué quiere decir, entonces, el poeta con esa «rama verdecida» o esas «hojas verdes» que le han salido al olmo?

e) Si el poema terminara ahí, su contenido y su interpretación serían muy fáciles. Efectivamente, se trataría de un árbol, viejo y seco, a punto de morir definitivamente, pero al que, todavía, con «las lluvias de abril y el sol de mayo», es decir, con la primavera, le han brotado unas hojas verdes, hecho que habría llamado la atención del poeta y le habría inspirado el poema. ...Pero éste continúa, y el poeta nos sorprende con ese pequeño enigma de los tres últimos versos, en los que está el tema central y la pregunta más importante del comentario:

¿Qué OTRO milagro de la primavera espera el poeta?

Nos permitiremos dar algunas pistas:

1. Recuérdense el lugar y fecha de composición del poema y los datos biográficos más importantes de Antonio Machado.

2. La visión del olmo debe ser algo muy importante para el poeta —y no una simple descripción de un árbol—, porque un año más tarde, en abril de 1913, ya en Baeza, escribe:

RECUERDOS

Oh Soria, cuando miro los frescos naranjales
cargados de perfume, y el campo enverdecido,
abiertos los jazmines, maduros los trigales,
azules las montañas y el olivar florido;
Guadalquivir corriendo al mar entre vergeles;
y al sol de abril los huertos colmados de azucenas,
y los enjambres de oro, para libar sus mieles
dispersos en los campos, huir de sus colmenas;
yo sé la encina roja crujiendo en tus hogares;
barriendo el cierzo helado tu campo empedernido;
y en sierras agrias sueño —¡Urbión, sobre pinares!
¡Moncayo blanco, al cielo aragonés, erguido!—
Y pienso: Primavera, como un escalofrío,
irá a cruzar el alto solar del romancero,
ya verdearán los chopos las márgenes del río.
¿Dará sus verdes hojas el OLMO AQUEL del Duero?

3. La joven esposa de Machado, Leonor, es el tema central de muchas composiciones de *Campos de Castilla*, libro al que pertenece también el poema que comentamos. En las composiciones y fragmentos de composiciones que siguen, Machado habla —nombrándola o sin nombrarla— de Leonor, pero de Leonor como recuerdo, puesto que estos poemas son, como el anterior, de 1913.

Los caminitos blancos
se cruzan y se alejan
buscando los dispersos caseríos
del valle y de la sierra.

Caminos de los campos...
¡*Ay, ya no puedo caminar con ella*!

Dice la esperanza: un día
la verás, si bien esperas.
Dice la desesperanza:
sólo tu amargura es ella.
Late, corazón... No todo
se lo ha tragado la tierra.

¿No ves, Leonor, los álamos del río
con sus ramajes yertos?
Mira el Moncayo azul y blanco; dame
tu mano y paseemos.
Por estos campos de la tierra mía,
bordados de olivares polvorientos,
voy caminando solo,
triste, cansado, pensativo y viejo.

Nótese la fuerza y la desesperación de este corto, pero intenso, poema de tan sólo cuatro versos:

Señor, ya me arrancaste lo que yo más quería.
Oye otra vez, Dios mío, mi corazón clamar.
Tu voluntad se hizo, Señor, contra la mía.
Señor, ya estamos solos mi corazón y el mar.

Y ahora ya podemos responder a la pregunta de **qué otro milagro** espera el poeta de la primavera de 1912.

f) Descubierto que el tema central del poema puede no ser el olmo, sino Leonor, volvamos al principio, a la descripción física del olmo, y respondamos a estas preguntas:

1. ¿Con qué palabras exactamente describe el poeta al *exterior del olmo*?
2. ¿Y qué dice del *interior del olmo*?
3. ¿Qué aspecto ofrece una persona que padece, en estado muy avanzado, la enfermedad de la tuberculosis?
4. ¿Cómo describen las enciclopedias los pulmones de una persona que padece una tuberculosis pulmonar?
5. ¿**Qué o a quién describe realmente el poeta**?

DIÁLOGOS DRAMATIZADOS: II

Sonia en España

Escenario: Un pueblo de montaña en los Pirineos.

Personajes: **SONIA**, una muchacha alemana. Estudia español en la Universidad de Salamanca, pero ahora está de vacaciones en los Pirineos.
VICENTE, un hombre alto y bien parecido. Es español.
ANDRÉS, hermano menor de Vicente, es estudiante de Arte. Sus ojos son oscuros y tiene el pelo moreno.

Primer Acto
(En una plaza del pueblo de montaña)

V: (Sonia va caminando con unos paquetes; tropieza y cae. Vicente, que ha presenciado la escena, acude rápidamente y la ayuda a levantarse) ¿Se ha hecho usted daño, señorita?

S: (Con cara de dolor y agarrándose a la altura de la rodilla) No sé; creo que sí. Aquí. ¡Hum, cómo me duele!

V: (Que la tiene agarrada por el brazo) Déjeme observar esa rodilla; soy médico (Mientras toca la rodilla con los dedos) No se preocupe usted, señorita; no ha sido más que el susto y el dolor, pero afortunadamente no hay ninguna fractura.

S: Pero el dolor es terrible. Casi no puedo apoyar el pie en el suelo.

V: Sí, estas caídas suelen ser muy dolorosas. Pero no le conviene a usted quedarse parada, apóyese en mi brazo e intente caminar (Empiezan a andar, despacio. Sonia con dificultad y cojeando ostensiblemente). Así, señorita; así, muy bien. Vaya usted apoyando cada vez con más naturalidad el pie. ¡Eso es!

S: (Mientras continúan caminando. Sonia cada vez mejor) No sé qué hubiera hecho sin usted ¡Gracias! ...Pero ni siquiera nos hemos presentado: me llamo Sonia Henson, soy alemana, de Berlín; estoy en España estudiando español en la Universidad de Salamanca y ahora, aprovechando las vacaciones de Semana Santa pasando unos días en el Pirineo. ¡Ah, y soy soltera!

V: ¿Alemana? Pues no tiene usted acento extranjero; por su aspecto me había parecido extranjera, sí. ¡Pero habla usted muy bien!

S: Muchas gracias.

V: Bueno, ahora creo que me toca a mí presentarme. Como le he dicho, soy médico. Me llamo Vicente Rodríguez; estoy casado, tengo un hijo, trabajo en un hospital en Madrid y... ¿y qué más? Pues que, como usted, estoy pasando unos días de vacaciones. ¡Vacaciones en familia! Me acompañan mi mujer, mi hijo, mis padres y un hermano menor de aproximadamente su misma edad... Al que va a tener usted ocasión de conocer porque es aquel joven alto que viene por allí...

A: (acercándose y dirigiéndose directamente a su hermano) ¿Dónde has estado? Te he buscado toda la tarde. ¿Cómo no has subido a las pistas de esquí?

V: No me he podido mover de aquí. Maribel (volviendo la cabeza hacia Sonia le aclara) —Maribel es mi mujer— entró a las cuatro en esa peluquería y todavía no ha salido.

A: Estas mujeres... (Como fijándose por primera vez en ella) Y esta jovencita ¿Quién es?

V: ¡Ah, perdona! Esto es otra historia; luego te contaré. Se llama Sonia...

S: Sonia Henson (con una amplia sonrisa)

V: Es alemana; estudia en Salamanca,...

A: (alargándole la mano) Encantado de conocerla, señorita. Yo me llamo Andrés y estudio Arte en Madrid.

S: Encantada.

V: (Señalando con la mano) Allí sale ya Maribel (Dirigiéndose a Sonia y alargándole la mano para despedirse) Lamento, señorita, que nos hayamos conocido en una circunstancia tan poco agradable para usted...

A: ¿Pero qué ha pasado? ¿Sucede algo grave?

V: No; no, tranquilo. Ya te contaré; es que se cayó... (Dirigiéndose de nuevo a Sonia) El sábado tenemos una pequeña fiesta en nuestro chalet, ¿por qué no va usted? Estoy seguro de que lo pasaría muy bien; irán también otros jóvenes.

S: Pues...

V: (Con prisa y empezando ya a caminar) Maribel se impacienta. Piense lo de la fiesta, señorita. Si se decide, pregunte por el chalet de los Rodríguez; en el pueblo nos conoce todo el mundo (a Andrés, que se ha quedado junto a Sonia) ¿No vienes, Andrés?

A: Pues no... Si Sonia me lo permite, me gustaría acompañarla hasta su...

S: Hasta mi hotel. Me hospedo en el Hotel Emperatriz. Y no tengo inconveniente en que usted me acompañe, Andrés.

V: En ese caso, adiós a los dos.

A: (Cuando quedan definitivamente solos) ¡Vaya! ¡Esto sí que es curioso; venía buscando a mi hermano y la encuentro a usted! ¿Tomamos algo antes de ir al hotel? Así me cuenta cómo ha sido eso de la caída.

S: Buena idea. Me encantaría tomar un chocolate con churros ¿Hay algún bar...?

A: Sí; ahí, un poco más adelante, junto a la estación del ferrocarril, hay una cafetería donde sirven un chocolate estupendo. ¡Vamos!

S: (Empiezan a caminar en la dirección que ha señalado Andrés hasta desaparecer; pero mientras tanto se oye...) Es usted muy amable.

A: No me lo agradezca. Es un placer para mí acompañarla. ...¿Y qué hacemos dos jóvenes hablándonos de usted? ¿Me permites que te tutee?

S: Ya lo has hecho, así que permitido. Me gusta esta forma de hablar y de ser de los españoles, que hace posible que dos personas desconocidas, después de unos minutos, se puedan sentir como viejos amigos.

A: Sí; creo que es una de nuestras...

Segundo Acto

(En la habitación de un hotel. Sonia está sentada en un sillón leyendo un libro. Suena el teléfono)

S: ¿Sí? ¡Dígame!

A: Hola, Sonia. Soy Andrés. ¿Cómo estás?

S: Muy bien, ¿y tú?

A: Bien... Pensando en ti. ¿Qué estabas haciendo?

S: Estaba leyendo una novela que empecé anoche. Una novela española; muy interesante...

A: ¿Leyendo en vacaciones y con el tiempo tan bueno que hace? Oye, Sonia, aunque ayer quedamos en que pasaría a recogerte mañana para la fiesta que organiza mi familia aquí, en casa, he pensado que podrías venirte hoy con la pandilla...

S: No voy a poder, Andrés. Estoy esperando a Linda, una chica...

A: Sí; sí, ya la conozco; tu compañera de habitación en Nueva York, y en Madrid, y... Me hablaste ayer de ella.

S: Es que tiene que hacer unas compras esta tarde, porque el lunes por la mañana regresa a Madrid, y quiere que yo la acompañe...

A: Sí, también me hablaste de eso ayer: no hace nada sin tu consentimiento y sin tu consejo.

S: No seas malo, Andrés. Linda es una muchacha estupenda y una compañera ideal.

A: Y muy absorbente también. ...Pero oye, estoy pensando una cosa: ¿Por qué no os venís las dos esta tarde y luego, mañana por la mañana, que también abren las tiendas, salís y hacéis esas compras? ¡O mejor: os acompaño yo que conozco mejor el pueblo y a los comerciantes...!

S: ¡Qué ocurrente eres! ¡Típicamente español! No sólo quieres que vayamos esta tarde, sino que también mañana te vienes con nosotras. ...Aunque la verdad es que no me parece mala idea...

A: Entonces, dentro de diez minutos estoy en la recepción del hotel.

S: No seas impaciente, Andrés. Tiene que llegar antes Linda. Pero espera un momento, (vuelve la cabeza hacia la puerta de la habitación) creo que está ya ahí.

A: Dentro de diez minutos, ¿de acuerdo?

S: De acuerdo. Hasta luego.

Tercer Acto

(Fiesta en casa de la familia Rodríguez. Hay mucha gente: unos charlan animadamente; otros toman o comen algo; otros, sobre todo los más jóvenes, están bailando. En este momento está sonando una canción lenta. Sonia y Andrés, en primer plano, están bailando y hablando)

S: Como ves, soy un desastre bailando. No sé dar un paso.

A: No exageres, mujer. Yo creo que bailas divinamente.

S: El que exageras eres tú. También eso es muy español, ¿verdad?

A: No; la galantería dicen que es española. Pero, en este caso, ni siquiera tengo que ser galante. Sencillamente digo lo que pienso: bailas muy bien... O por lo menos eso me parece a mí.

S: (Recostando un instante la cabeza sobe el hombro de Andrés; con mimo) ¡Mentiroso! (En seguida retira la cabeza; con decisión) Pero vamos a cambiar de tema. Me interesó mucho tu propuesta de ayer sobre el intercambio; a mí también me vendría muy bien practicar más el español.

A: Sí, claro; como a mí hablar alemán con una nativa. Pero ya vimos ayer que no merece la pena empezar para sólo una semana, que es el tiempo que nos queda de vacaciones.

S: Esa fue la conclusión a la que llegamos ayer; pero he estado pensando (En este momento termina la canción; empieza luego otra, pero dejan de bailar, se acercan a una mesa, cogen un vaso cada uno y se sientan en un diván) toda la noche en ese tema y creo que he encontrado una solución.

A: (Muy interesado) ¿Sí? A ver, cuéntame. Porque yo también he estado pensando y quería hablarte...

S: En ese caso, habla tú primero. ¿Qué es lo que has pensado?

A: No, no; tú has empezado este tema, así que creo que es justo que hables tú antes.

S: (Con una sonrisa irónica) ¡Humm, me parece que el concederme la palabra no es, en esta ocasión, por galantería! Pero vamos a dejar esta especie de juego de niños. Mira, he pensado que sería muy interesante que nos escribiéramos con cierta regularidad: tú me escribes a mí en alemán y yo a ti en español y, por carta también, nos corregimos mutuamente los errores.

A: ¡Estupendo! Tu plan no sólo es compatible con el mío, sino que se complementan el uno al otro, ya que había pensado que nos viéramos los fines de semana, cada quince días: un fin de semana iba yo a Salamanca y, a los quince días, tú a Madrid.

S: Pero yo no veo que se complementen el uno al otro; más bien me parecen opuestos.

A: No, no, totalmente complementarios: durante quince días nos escribimos como tú has dicho: tú a mí en español y yo a ti en alemán, y durante el fin de semana practicamos los dos idiomas y comentamos y corregimos los errores de las cartas. ¡No pueden ser más complementarios!

S: ¿Bailamos? Me encanta la canción que está sonando.

A: ¿Pero no me has dicho y repetido que no sabías bailar? (Levantándose para empezar a bailar). Bueno, no me has contestado, ¿qué te parece mi idea? ¿Te gustaría que te fuera a ver a Salamanca?

S: Siempre he deseado que alguien me explicara bien las obras de arte del Museo del Prado de Madrid, ¿lo harás? (Con las últimas palabras de Sonia va cayendo el telón).

FIN

COMENTARIO DE TEXTOS

TEXTOS PERIODÍSTICOS: VII

Bioética

La nueva moral del siglo XXI

La respuesta al desafío científico en el campo biológico
JOSÉ ANTONIO MAYO

Año 2652. La ONU, después de muchos trabajos preparatorios, vota dos resoluciones importantes; la primera, para democratizar las técnicas de mutaciones humanas controladas en el mundo entero, y la segunda, para desarrollar las instalaciones de almacenaje criogénico de esperma y óvulos a fin de que cualquiera pueda retrasar su derecho a la procreación.

Año 2655. El embarazo natural está considerado como una especie de perversión. No están bien vistas las mujeres que insisten en gestar ellas mismas a sus hijos, lo que les impide que gocen de una esperanza de vida más larga.

El biólogo inglés Brian Stableford y su compatriota el físico David Langeford han realizado estas predicciones en su ensayo de anticipación, *El tercer milenio*, apoyándose en las últimas orientaciones del pensamiento científico y en su interpretación de las actuales tendencias históricas, sociales y políticas. No se trata de un futuro imposible. Hace más de 200 años, el enciclopedista francés Diderot ya intuyó que un día venidero se cultivarían artificialmente embriones humanos y se seleccionarían determinadas características genéticas.

Hoy, en 1987, el sueño de Diderot ya es posible gracias a la llamada *revolución biológica*, a la manipulación de las primeras fases de la vida humana, fundamentalmente a través de la inseminación artificial, de la fecundación *in vitro* y de la congelación de embriones.

Al menos que una legislación internacional frene el, por el momento, inexorable avance de las nuevas técnicas de procreación artificial, en un futuro no tan lejano las predicciones de Stableford y

Lengeford podrían verse facilitadas por los úteros artificiales, la selección genética de determinadas características físicas o de personalidad y por la elección del sexo de los hijos.

Jamás el progreso científico había provocado tal inquietud. Al haber adquirido el control de la concepción, los científicos se merecen más que nunca el calificativo de *aprendices de brujo.*

En este contexto hay que situar la decisión de algunos investigadores, como el francés Jacques Testart, de establecer una moratoria para este tipo de prácticas. Como consecuencia de su decisión, el Comité Nacional de Etica francés ha decidido prohibir los experimentos con embriones humanos durante cinco años.

También hay que señalar las numerosas disociaciones entre sexualidad y procreación, entre concepción y filiación, entre filiación biológica y afectiva originadas por las técnicas de procreación artificial, que ponen en entredicho los actuales conceptos de maternidad y paternidad y que a la larga derivarán en una profunda transformación de los valores y de las instituciones básicas de la sociedad. De momento, el tema de la fecundación *posmorten* o el de las madres de alquiler, por citar dos ejemplos, ya están cuestionando el papel de la familia tradicional.

(...)

La clonación, la manipulación más temida

El trasplante nuclear, comúnmente conocido como clonación, es una de las manipulaciones genéticas más temidas. Esta técnica consiste en reproducir un ser vivo a partir de las células no sexuales extraídas de otro. Como todas las células somáticas tienen las mismas características, se podrían llegar a fabricar millones de personas absolutamente iguales, por ejemplo para crear una subraza destinada a las tareas más degradantes. Hasta la fecha sólo se ha conseguido realizar la clonación completa en organismos simples como bacterias o anfibios, aunque en 1981 se presentaron tres ratones genéticos idénticos producto de una clonación imperfecta.

(*El País*, 25-3-87)

TEMA XI
CONCESIVAS

ESQUEMA GRAMATICAL

- **Tipo**: 

1. Conjunciones y construcciones

— **aunque ⇒ indicativo/subjuntivo**. Es la conjunción concesiva de uso universal:
  aunque está nevando tenemos que salir en su ayuda
  aunque esté nevando tenemos que salir en su ayuda

— **a pesar de que ⇒ indicativo/subjuntivo**. Alterna con frecuencia con **aunque** o la sustituye:
  no lo ha hecho **aunque** habría sido mejor para él
  no lo ha hecho **a pesar de que** habría sido mejor para él

— **a pesar de ⇒infinitivo**:
  no lo ha hecho a pesar de **ser** mejor para él

— **aun cuando ⇒ indicativo/subjuntivo.** Alterna con **aunque** o la sustituye en la lengua cuidada o culta:
  le habría ayudado **aunque** no me lo hubiera pedido
  le habría ayudado **aun cuando** no me lo hubiera pedido

— **aun a riesgo de que ⇒ subjuntivo.** Uso culto:
  tenía que hacerlo aun a riesgo de que no me **comprendiera**

— **aun a riesgo de ⇒ infinitivo**:

le ayudó aun a riesgo de **perder** su vida

— (**aun**) **a sabiendas de que ⇒ indicativo**. Uso culto; con el significado de «aunque + saber (sé, sabía, etc.) + que»:

intentó convercerlo a sabiendas de que no **conseguiría** nada.

— **aun ⇒ gerundio**:

ni aun **estando** allí habrías conseguido algo

— **pese a que ⇒ indicativo/subjuntivo**. Puede alternar o sustituir a **aunque**, tanto en la lengua coloquial como en la culta:

no dejaba de llorar **aunque** estábamos todos allí con ella
no dejaba de llorar **pese a que** estábamos todos allí con ella

— **pese a ⇒ infinitivo**:

no dejaba de llorar pese a **estar** todos allí con ella

— **por + *adverbio, adjetivo o sustantivo* + que**. Estructuras de valor concesivo de uso muy frecuente, tanto en el español hablado como en el escrito:

- **por + mucho (poco, nada) + que**[1] **⇒ subjuntivo**:

  lo tiene muy difícil, por mucho que ahora, al final, **quiera** estudiar

  por poco que **haga** aprobará

  en adelante, por nada que **haga** le expulsarán

- **por + (muy/mucho)** + *adjetivo, sustantivo* o *adverbio* + **que ⇒ subjuntivo**:

  por muy alto que **sea** no creo que lo fichen

  por muy hombre que **sea** con ése no se atreve

  por muy bien que se **porte** tiene ya tan mala fama...

1. De valor muy próximo a las condicionales **a poco que, a nada que** ya estudiadas.

por caro que te **haya costado** nunca te habrá costado tanto como a mí

por jugador que **sea** no llegará a esos extremos

por mal que le **vaya** siempre estará mejor que aquí

por mucha cara que **tenga** no se atreverá

- **por + más +** (*sustantivo*) + **que ⇒ indicativo/subjuntivo**:
  por más que **trabaja** no consigue nada
  por más que **trabaje** no consigue nada
  por más oraciones que **reza**, en el cielo parece que no le hacen mucho caso
  por más oraciones que **rece** es una mala persona

— **si bien ⇒ indicativo**. De uso muy frecuente en el lenguaje «académico»; es una pequeña restricción que se hace a una afirmación general o absoluta:

Galileo fue el primero en señalarlo, si bien **hay** que indicar que ya en la antigüedad los griegos...

— **así ⇒ subjuntivo**. Es una partícula un tanto curiosa porque difícilmente se usará en un español estándar o medio. O es muy culta:

nos amaremos, así **sea** en el confín del mundo

o muy coloquial, propia casi de modismos o expresiones:

no estudia así lo **mates**

— **y eso que ⇒ indicativo**[1]. Es de uso muy frecuente en la lengua hablada para ponderar o destacar lo dicho o hecho por el propio hablante o por otro:

— Esta paella está riquísima, Elvira.
— Y eso que no **había** mucho donde elegir esta mañana en el mercado.

Se empeñó en irse al cine y se fue, y eso que le **dije** mil veces que la película era una pena.

— **porque ⇒ subjuntivo**[2]. De uso muy frecuente en la lengua hablada, para expresar «no merece la pena, todo va a seguir igual, nada va a cambiar», etc. La otra parte siempre es negativa. La

1. No confundir con **y eso si ⇒ indicat./subj.** y **y eso que ⇒ subjuntivo** condicionales, ya estudiadas.
2. No confundir con **porque ⇒ indicativo** causal.

entonación de la frase —que requiere ir acompañada de ciertos gestos— no suele ser fácil para el hablante extranjero, así que el profesor insistirá en este aspecto:

porque **hablen** no van a conseguir nada...

- **Ya + poder** (puedo, podemos, podía, etc) ⇒ **infinitivo**. También de uso muy frecuente para expresar lo mismo que **porque**. Al contrario que en el caso de **porque**, la otra parte puede ser afirmativa o negativa. Detrás del infinitivo puede usarse o no **que** como partícula de enlace: la entonación con **que** no ofrece problemas; entonar sin **que** requiere un entrenamiento como **porque**:

  ya pueden **hablar** (que) no van a conseguir nada...

  ya puede **estudiar** (que) no aprobará

  ya puede **jugar** mal (que) al final ganará la liga como siempre

- **siquiera** ⇒ **subjuntivo**. De uso culto y no muy frecuente[1]:

  hágame Vd. ese favor, siquiera **sea** el último

- **mal que**. En el español actual no tiene uso libre y se ha reducido prácticamente a la expresión: **mal que le pese** = «aunque no le guste», «aunque no quiera».

2. **Uso de los modos**

- Aplicable a las partículas y construcciones que admiten **indicativo/subjuntivo: aunque, a pesar de que, aun cuando, pese a que,** y **por + más (+** *sustantivo*) + **que.**

INDICATIVO:

1) hecho comprobado directamente por el hablante:

   aunque **está** lloviendo a cántaros no tengo más remedio que salir a comprar el pan

2) hecho de difícil comprobación o demostración, pero que el hablante da como cierto:

   aunque París **es** la capital cultural del mundo no tiene un museo de pintura como el del Prado

1. Sí son de uso frecuente **siquiera** como adverbio, con valor de **al menos** o **por lo menos**:
   déjame siquiera verlo
   Y **ni siquiera** como refuerzo de una negación:
   no tengo ni siquiera uno.

SUBJUNTIVO:

1) hecho no comprobado directamente por el hablante:

aunque **esté** lloviendo tengo que salir[1]

2) el hablante rechaza o no está totalmente de acuerdo con su interlocutor. Es decir, son frases que implican **polémica** y llevan explícito o implícito el contenido de «no importa»:

pues muy bien, pero aunque París **sea** la capital cultural del mundo no tiene un museo...

— Yo creo que tengo razón. Este libro, por ejemplo, dice lo mismo.

— Aunque lo **diga** ese libro [no importa]. Eso, convéncete, es una barbaridad.

- Este **subjuntivo polémico** es sustituido con mucha frecuencia por una **forma de probabilidad de indicativo + pero**:

aunque + subjuntivo polémico ~ **forma de probabilidad + pero**

aunque París **sea** la capital cultural del mundo no tiene... ~ **será la capital cultural del mundo, pero** no tiene un museo...

aunque haya llamado no voy a ir ~ **habrá llamado, pero** no voy a ir

aunque estuviera allí lo cierto es que yo no lo vi ~ **estaría** allí, **pero** yo no lo vi

- Los usos señalados en los puntos 1) y 2), tanto de **indictivo** como de **subjuntivo**, constituyen la mayor dificultad para el hablante extranjero a la hora de utilizar el modo en las frases concesivas. Como **reglas prácticas** pueden aplicarse las dos que siguen:

a) un solo hablante se limita a **informar** sobre un hecho:

yo digo que... y **yo digo que**... ⇒ **INDICATIVO**

aunque **está** lloviendo tengo que salir → «yo digo que está lloviendo y yo digo que tengo que salir»

aunque París **es** la capital... no tiene... → «yo digo que París es la capital... y yo digo que no tiene...»

por más que me **esfuerzo** no logro convencerlo → «yo digo que me esfuerzo mucho y yo digo que no logro convencerlo»

b) dos hablantes:

b_1) el segundo está de acuerdo con el primero:

tú dices que... y **yo también digo que**... ⇒**INDICATIVO**

ya lo veo, pero aunque **está** lloviendo tenemos que salir

pero aunque **es** la capital cultural... no tiene...

1. También **indicativo**, en las condiciones que se verán.

b_2) **polémica** (de distinto grado o intensidad):

tú dices que... pero yo digo que... ⇒ SUBJUNTIVO

aunque **esté** lloviendo tenemos que salir → «tú dices que está lloviendo, pero yo digo que tenemos que salir»

aunque **sea** [lo dices tú, yo no] la capital ...→ «tú dices que es la capital..., pero yo digo que no tiene...»

aunque lo **diga** ese libro [lo dirá, pero no importa] eso es una barbaridad → «tú dices que lo dice ese libro, pero yo digo que es una barbaridad»

3) el hablante quiere dar a entender que desconoce un hecho:

¿Si? ¡No me digas! Pues, hija, aunque se lo **haya comprado**, yo es la primera noticia que tengo

- equivalente a **forma de probabilidad + pero**, quizás de uso más frecuente que la construcción con **aunque**:

  pues, hija, se lo **habrá comprado, pero** yo es la primera noticia que tengo

4) para la expresión del «futuro»:

— generalmente se usará la forma **CANTE**; pero sólo por lo que tiene de no comprobado, no porque no sea posible la forma **CANTARÉ**:

aunque **venga** el próximo fin de semana no me va a ver el pelo

— la forma **CANTARÉ** siempre es posible, pero implicará un «plus de significado»: el hablante da a entender que sabe lo que va a suceder en el futuro:

aunque **vendrá** el próximo fin de semana no me va a ver el pelo

5) el valor de las formas del subjuntivo y los esquemas consecutivo-condicionales:

— las formas **CANTE, HAYA CANTADO** y, en parte, **CANTARA** tienen en las frases concesivas los valores generales de estas formas. Es decir:

- **CANTE** → «presente»:

  aunque **esté** *ahora* en casa no vamos a poder hacer nada

  → «futuro»:

  aunque **esté** *mañana* en casa no vamos a poder hacer nada

- **HAYA CANTADO** → «pasado próximo»:

  aunque **haya llegado** *ya esta mañana* no vamos a poder hacer gran cosa

  → «futuro anterior»:

  aunque **haya llegado** *para esa hora* no podremos hacer mucho

- **CANTARA** → «pasado lejano»:

  está muy bien y será verdad que se lo dijiste, pero aunque se lo **advirtieras**, lo cierto es que no lo hizo

— las frases concesivas están semánticamente muy próximas a las condicionales, de ahí que cuenten con unos esquemas paralelos a los de **si + subjuntivo**:

- **aunque CANTARA** → «presente o futuro hipotéticos...» **—RÍA**, **—ABA**:

  no está aquí, pero es que aunque **estuviera** tampoco lo **íbamos** a invitar
  ya sé que no va a venir, pero aunque **viniera sería** lo mismo

Nótese la diferencia entre las frases siguientes:

aunque **estás** enfermo debes estudiar un poco
aunque **estés** enfermo debes estudiar un poco
aunque **estuvieras** enfermo deberías estudiar un poco

- aunque **HUBIERA CANTADO** → «pasado hipotético...» **HUBIERA CANTADO, HABRÍA CANTADO, HABÍA CANTADO** → «pasado» / **—RÍA**, **—ABA** → «presente, futuro»:

  aunque él **hubiera estado** allí el resultado **hubiera sido** el mismo
  aunque lo **hubiera hecho** no lo **reconocería** jamás

EXPLICACIÓN Y AMPLIACIÓN GRAMATICAL

- **Comentario**: sintácticamente las estructuras concesivas pertenecen a dos tipos distintos, tal como quedó reflejado ya en el ESQUEMA. Unas corresponden a: I——I ↱ I——I, es decir, al tipo donde el modo depende de la partícula y, en consecuencia, todo se reduce a saber que «si abrimos la boca y decimos tal partícula, detrás vendrá...» Otras, en cambio —incluidas las de uso más frecuente— pertenecen a un tipo propio de las concesivas:

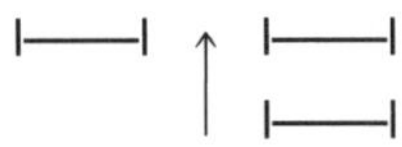

Este tipo es, quizás, el más difícil del español porque aquí no nos sirve:

- ni aquello de si abrimos la boca y decimos...
- ni aquello otro de si la primera parte afirmativa...
- ni se trata de dos frases independientes en el sentido de I——I I——I, es decir, la segunda parte de la estructura se construye como una frase simple.
- ni la frase que lleva la partícula concesiva guarda algún tipo de relación con el otro miembro de la estructura tal como sucede en las de relativo, que son, con todo, las más próximas a las concesivas desde el punto de vista sintáctico.

Si abrimos la boca, pues, y decimos **aunque**, por ejemplo, con independencia de lo que pueda ser el otro miembro, detrás podrá venir una forma de **indicativo** o de **subjuntivo**. Pero no indistintamente una u otra, sino que **se utilizará o una u otra por razones de tipo semántico interno de la frase concesiva**, es decir, utilizaremos el indicativo o el subjuntivo **según lo que queramos decir o según el contexto, ya que el indicativo o el subjuntivo crean mundos, universos o contextos distintos.**

Pero tampoco hay que alarmarse, ya que, como se ha visto en el ESQUEMA, el problema se puede reducir a unas reglas operativas y fáciles de aplicar.

1. **Conjunciones y contrucciones** de tipo |——| ↱ |——|

- Si abrimos la boca y decimos:

  — **a pesar de ⇒ INFINITIVO**

  — **aun a riesgo de ⇒ INFINITIVO**

  — **pese a ⇒ INFINITIVO**

  — **ya puede ⇒ INFINITIVO**

  — **(aun) a sabiendas de que ⇒ INDICATIVO**

  — **si bien ⇒ INDICATIVO**

  — **y eso que ⇒ INDICATIVO**

  — **aun a riesgo de que ⇒ SUBJUNTIVO**

  — **por + mucho (poco, nada) + que ⇒ SUBJUNTIVO**

  — **por (+ muy/mucho) + adj, sust. o adv. + que ⇒ SUBJUNTIVO**

  — **así ⇒ SUBJUNTIVO**

  — **porque ⇒ SUBJUNTIVO**

  — **siquiera ⇒ SUBJUNTIVO**

- Para otras cuestiones: la mayor o menor frecuencia de uso, el nivel sociolingüístico, etc. remitimos al ESQUEMA

PRÁCTICA

I. Pónganse en la forma adecuada los infinitivos que aparecen entre paréntesis.

1. No puedo estar de acuerdo con Vd., por mucho que le (respetar, yo) ....
2. No pudo comprar su amor, y eso que (ser) .... muy rico.
3. A pesar de (entrenar) .... mucho no acaba de recuperar la forma.
4. Ya puede (trabajar) .... (que) no conseguirá reunir el dinero.
5. Por muy alto que (ser, él) ...., estos pantalones le tienen que quedar bien.
6. No me quiso recibir, pese a (ser) .... sobrino suyo.
7. Por mucho ejercicio que (hacer, él) .... ése no pierde un kilo.

8. Lo intentó de nuevo a sabiendas de que no (conseguir) .... nada.
9. Aun a riesgo de (hacer) .... el ridículo trataré de nuevo de convencerlo.
10. Es que no obedece, así le (reñir, tú) .... o le (pegar, tú) ....
11. Porque se lo (decir, tú) .... no va a cambiar de opinión, así que déjalo.
12. Insistiré en ello en la próxima junta aun a riesgo de que alguien se (poder) .... molestar.
13. En la consecución de este éxito ha jugado un papel decisivo nuestra Asociación, si bien no (ser) .... justo por mi parte olvidar en estos momentos a todos aquellos que...
14. Así lo (matar, tú) .... no habrá quien lo haga cambiar de opinión.
15. Pese a (tenerlo) .... todo en contra pudo salir adelante.
16. — Estas notas son estupendas.
    — Y eso que en Lengua (tener, yo) .... mala suerte.
17. Porque le (pegar, tú) .... no vas a conseguir nada, así que vamos a intentarlo de otra manera.
18. Ya puedes (llorarle) .... y (suplicarle) .... (que) con él es imposible.
19. Por poco que nos (costar) ...., por menos de cuarenta mil pesetas no nos sale el bautizo.
20. Al final me quedé sin entrada a pesar de (estar) .... haciendo cola tres horas.
21. Si bien no (haber) .... que lamentar víctimas, los daños materiales son muy elevados.
22. No nos podemos quejar de los resultados obtenidos, si bien no (deber, yo) .... ocultar tampoco que podrían haber sido mejores si...
23. Aun a riesgo de (parecer) .... tonto repito que no acabo de verlo claro.
24. Por muchas vueltas que le (dar, tú) .... convéncete de que no hay más solución que la que hemos dicho.
25. Insisto en ello, aun a riesgo de que alguno me (poder) .... tomar por tonto.
26. Hay más de trescientos invitados, y eso que (decir, ellos) .... que se iban a casar en la intimidad.
27. Ya puede (trabajar) .... su padre (que) éstos lo arruinan ¡Cómo comen los chiquillos!
28. A pesar de (decírselo) .... no me hizo caso.
29. Por mucho que (correr, él) .... no llegará nunca el primero.
30. Por muy inteligente que (ser, él) .... su hermana lo es más.

2. **Uso de los modos con las partículas que admiten indicativo/subjuntivo**

- hecho comprobado por el hablante → **indicativo** / hecho comprobado por otro → **subjuntivo / indicativo**:

yo digo que... y **yo digo que** ⇒ **INDICATIVO**

tú dices que... y **yo también digo que** ⇒ **INDICATIVO**

tú dices que... pero yo digo que ⇒ **SUBJUNTIVO**

De manera que, si María ve a través de la ventana que está lloviendo, puede pensar o comentar:

aunque **está** lloviendo tengo que bajar al supermercado

Pero si es Eva —compañera de habitación de María— la que dice:

— ¡Vaya, cómo llueve!

puede ser que María le conteste:

1) Sí, ya lo veo, pero aunque **está** lloviendo tienes que bajar al supermercado
2) Pues aunque **esté** lloviendo tienes que bajar al supermercado

Nota: el hablante —cuando se trata de un solo hablante— puede entrar en «cierta polémica» consigo mismo y, entonces, es posible el uso del **subjuntivo**. De manera que Isabel, ante la cola tan enorme que hay para entrar al cine, puede decir:

tengo que sacar las entradas aunque **hay** tanta cola

o bien:

tengo que sacar las entradas aunque **haya** tanta cola

La diferecia entre esas dos frases es mínima, mientras que el uso del **subjuntivo** nos llevaría en muchos casos a frases inaceptables. Por eso, **para un solo hablante**, recomendamos la regla práctica:

yo digo que... y **yo digo que** $\Rightarrow$ **INDICATIVO**

PRÁCTICA

II. Dos estudiantes dialogan según el modelo:

Vente con nosotros/iré todavía quedarme dos temas por repasar
Estudiante-1: Vente con nosotros.
Estudiante-2: iré, aunque todavía me quedan dos temas por repasar.

1. ¡El desayuno, mamá! / ya va todavía estar muy caliente
2. ¿Me puedo llevar este libro? / llévatelo lo estar leyendo yo
3. ¿Salimos a dar una vuelta? / bueno llover a mares
4. ¿Abrimos esta botella? / ábrela a mi padre no le ir a gustar nada
5. ¿Te parece que vayamos a ver esa película esta tarde / de acuerdo televisar un partido de baloncesto
6. Ponte la chaqueta verde / esta bien a mí me gustar más la otra
7. Y de paso le llevas eso a Julio / lo haré no tener ninguna obligación
8. ¿Me perdonas? / sí, tener (nosotros) que hablar
9. Esto le encataría a Felipe / cómpraselo no se lo merecer
10. Te ha llamado Pedro / bueno, ahora lo llamaré me fastidiar

III. Diálogo entre dos estudiantes. El estudiante-2 recoge lo dicho por el estudiante-1 y, además, completa libremente la frase.

Modelo-1:
Estudiante-1: Por fin ha aprobado.
Estudiante-2: Sí (o: es verdad; cierto; efectivamente; ya lo veo; etc), **pero aunque ha aprobado**, ahora tiene que esperar no sé cuánto tiempo para incorporarse

1. Ha cambiado de coche.

2. Ha estado haciendo un curso en Salamanca.
3. Trabaja ocho horas diarias.
4. Come mucho.
5. Bebía demasiado.
6. Salía con un chico muy simpático.
7. Él te ha ayudado mucho.
8. Se compraron un apartamento en Almuñécar.
9. Lee mucho.
10. Pone mucho interés en todo lo que hace.

Modelo-2:
Estudiante-1: Por fin ha aprobado.
Estudiante-2: Pues me alegro (o: pues muy bien; ya era hora; y qué; bien; etc.) **(pero) aunque haya aprobado** no le va a servir para nada.

1. Me ha preguntado por ti.
2. Lo he visto esta mañana.
3. Ella quiere hablar contigo.
4. Tiene en su casa una biblioteca muy buena.
5. Daba un paseo todas las tardes.
6. Ultimamente está estudiando mucho.
7. Te ha llamado por teléfono.
8. Él le ayudó.
9. Salían juntos.
10. Es muy buena persona.

- hecho que el hablante da como cierto → **indicativo /** el hablante no está de acuerdo con su interlocutor → **subjuntivo**:

yo digo que y **yo digo que** ⇛ **INDICATIVO**

tú dices que... y **yo también digo que** ⇛ **INDICATIVO**

tú dices que... pero yo digo que ⇛ **SUBJUNTIVO**

Es decir, el hablante no siempre se referirá a hechos tan fácilmente demostrables o comprobables como «estar lloviendo», «haber aprobado», etc., pero **si el hablante lo da como cierto** se aplicará la misma regla práctica:

yo digo que... y **yo digo que** → **indicativo**

Así, es difícil determinar cuál es la ciudad más importante del mundo desde el punto de vista cultural, pero si alguien cree que esa ciudad es París, podrá decir:

París es la capital cultural del mundo, aunque no **tiene** un museo de pintura como el del Prado

Y del mismo modo, si en un diálogo, el interlocutor **está de acuerdo** con lo que dice el otro, se aplicará:

tú dices que... y **yo también digo que**

Mientras que, si entran en **polémica**, es decir, implícita o explícitamente aparece el contenido de **eso no es verdad** o **eso no importa**, entonces se aplicará:

tú dices que... pero yo digo que

De manera que, al comentario que hace alguien sobre París, le podrían contestar:

1) Efectivamente, pero aunque **es** la capital cultural del mundo —y eso nadie se lo discute— estarás de acuerdo conmigo en que no tiene un museo...
2) Pues aunque **sea** la capital cultural del universo —como tú dices—, yo te digo a ti que no tiene un museo...

PRÁCTICA

IV. Dos estudiantes dialogan según el modelo:

Voy a leer la novela de Unamuno / me parece muy bien la de Baroja ser mejor
Estudiante-1: Voy a leer la novela de Unamuno.
Estudiante-2: Me parece muy bien, aunque la de Baroja es mejor.

1. Es tremendo esto de la energía atómica / ya lo creo encerrar más peligros la guerra química
2. Voy a ir a Toledo / pues, si no te importa, tráeme una espada el hierro ya no se trabajar como antes
3. Viene Luisa esta tarde / ¡Qué simpática es! ser más guapa su hermana
4. La ponen en el Coliseum / el director es bueno se recrear demasiado en lo feo
5. ¿Qué opinas de él? / es un buen escritor no profundizar en los temas.

V. Diálogo entre dos estudiantes. El estudiante-2 recoge lo dicho por el estudiante-1 y completa libremente la frase.

Modelo-1:
Estudiante-1: Los Estados Unidos son un país muy rico.
Estudiante-2: Efectivamente (o: sí, cierto; ya lo creo; es verdad; por supuesto; nadie lo niega; etc.), **pero aunque es un país muy rico**, tiene también grandes problemas sociales.

1. Europa es un continente con una larga y complicada historia.
2. Los países africanos tienen muchos problemas que resolver.
3. La América latina tiene que hacer un esfuerzo para salir de su situación actual.
4. España realizó una obra cultura importante en el Nuevo Mundo.
5. Brasil es un país de un enorme potencial económico.

Modelo-2:
Estudiante-1: Estados Unidos gasta mucho en la investigación de nuevas tecnologías.
Estudiante-2: Pues sí (o: puede ser; si tú lo dices...; bien; etc.), **pero aunque gaste mucho en eso**, me parece a mí que gasta más en defensa.

1. Los ingleses han desempeñado un papel importante en la historia de la Humanidad.
2. Australia es un continente en continuo progreso.
3. China y Japón son las dos grandes potencias del continente asiático.
4. Los italianos han aportado mucho a la cultura europea.
5. Los suizos juegan, a su manera, un papel importante.

- **Subjuntivo polémico → forma de probabilidad + «pero»**

Aunque + *subjuntivo* se realiza con mucha frecuencia como: *forma probabilidad*... **pero**

Estructura cuya frecuencia de uso quizás sea superior a la correspondiente con **aunque.**

PRÁCTICA

VI. Repítanse los ejercicios Modelo-2 de III y V, pero ahora con formas de probabilidad y **pero**:

Modelo:
Estudiante-1: Por fin ha aprobado.
Estudiante-2: Pues **habrá aprobado, pero** no le va a servir para nada.

- **pero / sino**

— La llamada conjunción adversativa **pero** se mueve ciertamente en el ámbito de **aunque**. En muchos casos son intercambiables:

Hazlo de nuevo, **aunque** ahora más despacio ~ hazlo de nuevo, **pero** ahora más despacio

Y las frases de **aunque** concesivo equivalen más o menos a la misma frase invertida con **pero.** En el caso del *subjuntivo polémico* —tal como acabamos de ver— cambiando éste por la correspondiente *forma de probabilidad*, y en el caso de **aunque** + *indicativo* sólo invirtiendo la frase:

aunque ha aprobado, ahora tiene que esperar no sé cuánto tiempo para incorporarse
ha aprobado, pero ahora tiene que esperar no sé cuánto tiempo para incorporarse[1]

— Los estudiantes de nivel avanzado no suelen tener grandes problemas con el uso de **pero** y **sino.** Con todo, vamos a dedicarles alguna atención para aclarar algunos extremos y corregir algún que otro pequeño error.
Haremos primero unos ejercicios para extraer después, de ellos, unas conclusiones.

1. Si se considera oportuno o conveniente pueden invertirse los ejercicios Modelo-1 de III y V.

PRÁCTICA

VII. Complétense los puntos suspensivos con la partícula adecuada: **pero, sino** o **si no**.

1. No me apetece, ... tengo que hacerlo.
2. No le digas nada .... te pregunta.
3. .... están en casa te lo traes otra vez.
4. ¿Qué se puede hacer .... tener paciencia y esperar que cambie la situación?
5. No hizo .... lo estrictamente necesario.
6. Saca buenas notas, ... podría sacarlas mejores.
7. Que sepas que no fui yo, ... tu padre, el que no quiso.
8. No he venido a clase a perder el tiempo, ... a trabajar.
9. No son españoles, ... franceses.
10. No son españoles, ... son franceses.
11. No solamente no le ayudaron, ... además se rieron de él.
12. No le pudieron ayudar porque no sabían de mecánica, ... lo llevaron hasta la gasolinera más próxima.
13. Comprendo que es simpático, ... no me gusta.
14. Habla con Antonio .... puedes localizar a María.
15. No hables .... sabes.
16. No es con tu hermano con quien quiero hablar, ... contigo.
17. Eso no está nada bien, ... todo lo contrario.
18. No lo he hecho por mí —que quede claro—, ... por ti.
19. No sabía dónde estaba la calle, ... le pregunté a un guardia y él me indicó.
20. Yo no sabía —repito— dónde estaba aquella calle, ... le pregunté a un guardia y fue él el que me lo indicó.
21. Me despisté un poco, ... le pregunté a un guardia y el me orientó en seguida.
22. Con eso no vas a conseguir .... que se fijen en ti y luego la emprendan contigo.
23. ¿Qué otra cosa podía hacer .... perdonarlo y olvidarlo todo?
24. Me gustaría que te quedaras unos días más, ... vete si es que tienes tanto trabajo.
25. Esto no está bien, ... muy mal.
26. No has hecho bien, ... has hecho muy mal.
27. Yo creo que no debes planteárselo ahora, ... debes esperar un poco a ver cómo va reaccionando.
28. .... te interesa, márchate.
29. Te quiero, ... no puedo seguir viviendo contigo.
30. No solamente no me ayudó, ... fui yo el que tuve que ayudarle a él.

— Comentario a los ejercicios. Uso de **pero / sino**

a) **si no** (ejercicios: 2, 3, 14, 15 y 28) no constituye problema alguno en relación con **pero/sino**, puesto que se trata de la condicional negativa.

b) el **sino** de los ejercicios 4, 5, 22, y 23 es también otra cuestión aparte.
Es un **sino** equivalente a **más que** o **sólo**:

no hizo **sino** lo estrictamente necesario
no hizo **más que** lo estrictamente necesario
sólo hizo lo estrictamente necesario

Nótese que **más que** repite la misma estructura que **sino**:

no... sino...

no... más que...

En cambio, **sólo** ocupa el lugar de la negación, que desaparece. Téngase en cuenta, por último, que **sino** es de uso más culto; **más que** coloquial, y **sólo**, quizás, la más neutra.

c) **Pero / sino** adversativos:

c_1) si el primer miembro es **afirmativo** → **pero** (ejercicios: 2, 13, 21, 24, y 19).

c_2) si el primer miembro es **negativo** → **pero** (ejercicios: 1, 10, 12 y 19 —también **sino que**, aunque es preferible **pero**— / o bien **sino** (ejercicios 7, 8, 9, 10, 11, 16, 17, 18, 20, 25, 26, 27 y 30).

El problema del uso de **pero/sino** se reduce, pues, a cuando la primera parte es negativa.

Reglas para su uso: **pero** y **sino** son semánticamente muy diferentes, por lo que, si se comprenden bien sus diferencias, no deberán constituir dificultad alguna:

1) **pero** se refiere a dos hechos **compatibles** y que por lo tanto se realizan los dos o los dos son ciertos:

no me gusta la película, **pero** iré contigo

2) **sino**, en cambio, alude a dos hechos **incompatibles** o **excluyentes**; es decir, no se pueden dar los dos a un tiempo: o uno u otro:

no lo hiciste por mí, **sino** por ti.

Estas diferencias se comprenderán mejor si tenemos en cuenta que **pero** se mueve en el ámbito de **aunque**, y **sino** no es más que una condicional disyuntiva. Y Si tenemos muy claro el valor de **aunque** y el de **si**:

1) una frase concesiva significa un obstáculo que no impide la realización de un hecho:

aunque no me gusta ese tipo de película, iré contigo

2) en una condicional, en cambio, si no se cumple la condición, no se realiza el hecho:

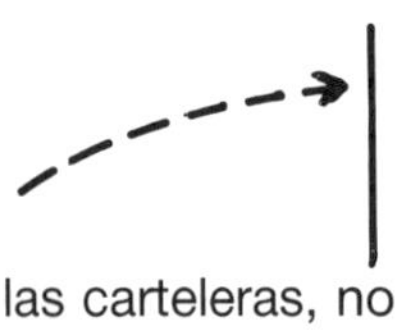

si no me gustan las carteleras, no entro

El problema de **pero** y **sino**, pues, no es una cuestión de reparto, sino que se trata de dos partículas diferentes, que pueden aparecer en ejemplos paralelos para significar cosas diferentes. Fijémonos en los ejercicios 10, 19 y 20. En 10 podemos decir:

no son españoles, **sino que** son franceses

En cuyo caso, el contenido de la frase vendría a ser el siguiente: «no puede ser francés y español a un tiempo; o es francés o es español; si es francés, no es español, y si es español no es francés; es francés, luego no es español». Lo que podríamos representar gráficamente así:

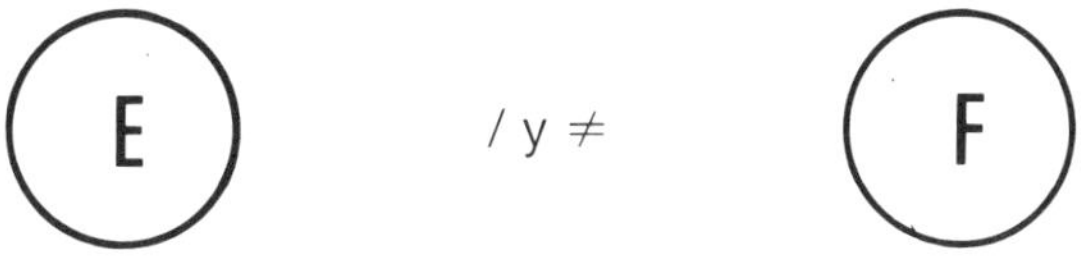

Pero imaginemos, por un momento, a un español que lleva seis meses en Nepal. Un día ve que se acerca alguien con aspecto occidental y cree que es un compatriota suyo, pero luego resulta que es un francés. Nuestro españolito podría decir:

no es español, sino francés

Pero, después de seis meses en Nepal, muy posiblemente dijera:

no es español, **pero** es francés

Porque ahora lo francés y lo español no se consideran como enfrentados o distintos, sino que hay un elemento —el ser occidental, europeo,...— que los engloba. Lo que podríamos representar:

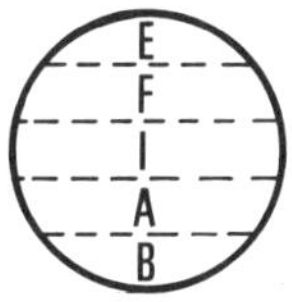

En el ejercicio 20, ante un juez por ejemplo, si ese dato es importante, el acusado usaría **sino que**. En 19, en cambio, en una situación digamos normal, usaríamos **pero**.

Regla práctica:

1) uno y otro; los dos → **pero**

2) o uno u otro → **sino (que)**

— **sino / sino que**

Incluso en niveles muy avanzados se suele cometer el error de usar **sino** en lugar de **sino que**. Téngase muy en cuenta entonces que:

- **sino** se usa cuando sigue un **no-verbo** o forma impersonal (sustantivo, pronombre, adjetivo, adverbio, infinitivo,...). Ejercicios: 7, 8, 9, 16, 17, 18 y 25).

- **sino que** cuando sigue un **verbo** en forma personal. Sea éste el mismo verbo repetido: ejercicios 10 y 26; o bien un verbo distinto al del primer miembro: ejercicios 11, 20, 27 y 30.

- Cerramos aquí el largo paréntesis dedicado a los problemas de **pero / sino** y reemprendemos el análisis del uso de los modos en las frases concesivas.

- Recordemos que las dificultades mayores para el hablante extranjero son las ya vistas en los puntos 1) y 2). Lo que sigue, pues, será ante todo una aclaración de lo señalado en el ESQUEMA.

3) El hablante da a entender que desconoce un hecho ⇒**subjuntivo**

Supongamos que alguien se compra un piso nuevo; es costumbre social que se lo comunique a sus amistades y que éstas, por su parte, vayan a conocérselo. Imaginemos, primero, que no se olvida de nadie y que un amigo, que está muy ocupado, no puede cumplir con esa obligación social, pero tampoco tiene por qué ocultarlo. En este caso, podrá decir una frase como:

> Sí, ya me enteré; me lo dijo él mismo. Pero aunque todos los días me **acuerdo** y me digo: «de hoy no pasa», no acabo de encontrar el momento oportuno.

Pero pensemos que se olvida de una de las amigas; ésta se entera por otro medio y se enfada. Un día, una amiga común le comenta:

> ¿No has ido a verle el piso a Pedro?

Ante lo que podría contestar:

> ¿Que se ha comprado un piso nuevo? ¡No me digas! Pues, hija, aunque se lo **haya comprado**, yo es la primera noticia que tengo.

O bien, la equivalente con *forma de probabilidad* + **pero**:

> Pues se lo **habrá comprado, pero** yo es la primera noticia que tengo.

4) La expresión del «futuro»

- Como ya indicábamos en el ESQUEMA la forma **CANTARÉ** es sustituida generalmente por la forma **CANTE**. Pero no porque la primera no sea posible en una frase concesiva —tal como sucede en una temporal o en una condicional—, sino porque el «futuro» encierra, por el hecho de ser «futuro», cierto grado de incertidumbre: el hablante puede tener experiencia o dar como cierto lo «presente» o lo «pasado», pero por lo general no en el caso del «futuro». Por eso, dirá una frase como:

  > aunque **venga** [yo no sé, lógicamente, si va a venir o no, pero en el caso de que venga] el próximo fin de seman no me va a ver el pelo

- Pero el uso de la forma **CANTARÉ** siempre es posible y se utiliza cuando el hablante quiere dar a entender que sabe lo que va a suceder en el futuro. De manera que, si Ana, por ejemplo, discute con su novio y «rompen para siempre» al despedirse en la estación, podrá decirle más tarde a su amiga Patricia:

  > aunque **volverá** [yo lo conozco muy bien y sé, por lo tanto, estoy completamente segura de que volverá] el próximo fin de semana no me va a ver el pelo

PRÁCTICA

VIII. Diálogo entre dos estudiantes. El estudiante 2 completa libremente la frase pero ateniéndose al modelo:

Estudiante 1: ¿Y si te pide perdón?
Estudiante 2: **Aunque me lo pida** no va a cambiar nada.

1. ¿Y si te llama?
2. ¿Y si te escribe?
3. ¿Y si se disculpa?
4. ¿Y si viene a verte?
5. ¿Y si te hace un regalo el día de tu cumpleaños?

IX. Repítase el ejercicio anterior, pero ahora con el modelo (la parte libre puede —y debería— cambiar):

Estudiante 1: ¿Y si te pide perdón?
Estudiante 2: **Aunque me lo pedirá, porque estoy completamente seguro(a) de que lo hará**, para mí eso acabó ya.

X. Se repite el ejercicio, pero ahora con el modelo:

Estudiante 1: ¿Ni aunque te pida perdón?
Estudiante 2: Ni aunque me lo pedirá, porque me lo pedirá.

5) Esquemas consecutivo-condicionales

- Como hemos tenido ocasión de ver al analizar **pero** y **sino**, las frases consecutivas y las condicionales están emparentadas semánticamente. Esta proximidad se manifiesta también en la existencia de unos esquemas formales, en subjuntivo, paralelos en los dos tipos de estructura para expresar la hipótesis:

  si estuviera, pero no está o no estará
  aunque estuviera, pero no está o no estará

- Para los esquemas concretos, así como para recordar el valor de las otras formas de subjuntivo, véase de nuevo el ESQUEMA.

PRÁCTICA

XI. Dos estudiantes dialogan ateniéndose al modelo:

venir mañana, no vamos a...
Estudiante 1: Aunque venga mañana, no vamos a...
Estudiante 2: Dirás aunque viniera, porque no va a venir.

1. Lo mandar, ya no...

2. Llegar esta tarde, va a ser difícil...
3. Llamar, yo creo que...
4. Salir para acá ahora, no...
5. Querer, necesitaremos además...

XII. Diálogo entre dos estudiantes según el modelo:

Estudiante 1: Pero él no estuvo allí, ¿no?
Estudiante 2: Aunque hubiera estado, habría sido lo mismo.

1. Pero él no te llamó, ¿no?
2. No te lo dijo, ¿verdad?
3. No se enteró, ¿a que no?
4. Pero por qué no te ayudó él.
5. No te avisó, supongo.

RECAPITULACIÓN

REPASO GENERAL DE LAS ESTRUCTURAS CONCESIVAS

XIII. Complétense los puntos suspensivos con la forma verbal adecuada.

1. Saqué las entradas aunque (haber)................................ mucha cola.
2. Sacaré las entradas aunque (haber)................................ mucha cola.
3. La canción no sonaba bien a pesar de que la acústica (ser)................................ muy buena.
4. Esa canción es tan mala que (sonar)................................ mal aunque la (poner)................................ en el mejor tocadiscos del mundo.
5. A pesar de (llegar)................................ tarde, el portero fue tan amable que nos (dejar)................................ pasar.
6. Las tropas republicanas obtuvieron aquel día un gran triunfo, si bien sus bajas (ser)................................ numerosas.
7. Ya pueden (reunirse)................................ todas las veces que quieran (que) no conseguirán nada.
8. No estudia así lo (matar)................................
9. Por más que lo (intentar)................................ no conseguí convencer al policía de que era un simple turista.
10. Es muy difícil que (aprobar)................................ por más que ahora, al final, (querer)................................ estudiar.
11. Consideraré tus consejos, siquiera (ser)................................ por el respeto que te tengo.
12. Porque (subir)................................ el precio no va a descender el consumo de la gasolina.
13. Espera un poco, mujer, y habla con él aunque (creer, tú)................................ que no (merecer)................................ la pena.
14. Esperaré un rato aunque no (creer)................................ que (venir)................................
15. Espera un poco, mujer, y explícale lo que sucedió, aunque ya (saber, yo)................................ que (pensar, tú)................................ que no (valer)................................ la pena.
16. Aunque aparentemente te (encontrar)................................ ya bien debes guardar cama unos días más.
17. Sigo recordando a mi país a pesar de (llevar)................................ ya tantos años fuera de él.
18. No le guardo rencor, y eso que (reconocer)................................ que se (portar)................................ muy mal en aquella ocasión.

19. Aunque la mañana (estar)............................ fría, hay que salir en su ayuda.
20. Debes hacerlo aunque no (estar, tú)............................ muy convencido de su utilidad.
21. Aquella mañana salimos como siempre al campo, aunque (hacer)............................ un frío terrible.
22. Con flemón no era aconsejable sacarte la muela. Por eso, el dentista no debió hacerlo, aunque (estar)............................ rabiosa de dolor.
23. Ya sé que (ser)............................ un imbécil. Pero, por cretino que (ser)............................, no creo que (decir)............................ semejante tontería.
24. Todos estábamos esperanzados, aunque (saber)............................ que la operación (ser)............................ muy difícil.
25. La comida está riquísima, Marta.
Y eso que no (poder)............................ ir esta mañana a la pescadería. Que si (poder)............................ ir...
26. Aunque (discutir)............................ constantemente por cualquier tontería, no pueden vivir el uno sin el otro.
27. Te he dicho que eso no se lo perdono. Así que ya puede (llamar)............................ todas las veces que quiera (que) no me pongo al teléfono.
28. Cálmate, hombre. Ahora hablas así porque todavía (estar)............................ enfadado; pero cuando (pasar)............................ unos días, verás que lo que ha sucedido no (ser)............................ tan importante. ...Aunque **(ser)**............................ **tan cabezota** que a lo mejor no (haber)............................ quien te **saque de tus trece.**
29. Como (volverse)............................ a repetir eso, aunque me lo (pedir, vosotros)............................ de rodillas, me marcho y se acabó todo.
30. Desgraciadamente, por muchas reuniones que (celebrar)............................ el Consejo de Seguridad no van a cambiar mucho las cosas en el Oriente Próximo.
31. Tendré en cuenta lo que acabas de decir, aun cuando no (estar, yo)............................ muy convencido de que eso (poder)............................ solucionar el problema.
32. —La talla cuarenta le estará bien.
— Es que es muy alto.
— Por muy alto que (ser)............................, la cuarenta le estará bien.
33. Vamos a empezar a comer a pesar de que (faltar)............................ algunos.
34. —No discutas más con él.
— Pero si es que me vuelve loco con sus tonterías.
— Aunque me (insultar)............................ yo no caería en la trampa.
35. Pese a (llevar)............................ cinco minutos de ventaja no consiguió llegar el primero.
36. No me hizo caso por más que le (explicar, yo)............................ que aquello (ser)............................ muy importante para mí.
37. Olvídate del tema... Porque (recurrir, nosotros)............................, no nos van a hacer más caso del que nos (hacer, ellos)............................ hasta ahora.
38. Aunque no (ir, nosotros)............................ nos habrían guardado nuestra parte.
39. Hay que intentarlo, aun a riesgo de que todo (salir)............................ mal y se (reír, ellos)............................ de nosotros.
40. Pero por mucho que (hacer)............................ por ellos, no creo que (ser)............................ para tanto.
41. Lo hizo a sabiendas de que con ello (obrar)............................ mal.
42. Ya puede (necesitar)............................ ayuda otra vez (que) a mí no me vuelve a **pillar**.
43. Y eso que le (advertir, yo)............................ que (tener, él)............................ cuidado.
44. Está él aquí, pero aunque no (estar)............................ nuestro comportamiento debería ser el mismo.

45. Siempre **ha hecho su santa voluntad** por más que le (decir, nosotros)..................................

46. Si bien se (producir).................................... avances en los últimos tiempos, todavía queda un largo camino que recorrer.

47. Ya sé que no quiere. Pero aunque no (querer, él).................................... hay que obligarlo.

48. No hay más remedio que aguantarlo aunque **(ser)**.................................... **un pelmazo.**

49. Tú fíate, que ése, aunque (parecer).................................... bobo, **las mata callando.**

50. **Le ha caído como un jarro de agua fría,** y eso que más o menos se lo (esperar, él)....................................

51. Por mucho que se (enfadar, el).................................... no tepreocupes, porque ya se (saber).................................... que **perro ladrador, poco mordedor.**

52. Aunque (ser).................................... **más fuerte que un toro,** lo de su mujer acabó de **darle la puntilla.**

53. Espero que lo (traer, él)...................................., aunque (**ser**).................................... **un viva la virgen** y a lo mejor ni se acuerda.

54. Es riquísimo, aunque no (**tener**).................................... **muy buena pinta.**

55. **Es un bocazas,** así que ya puede (**prometerme**).................................... **el oro y el moro** que **no me fío ni un pelo.**

56. Aunque **no** (**dar,** él).................................... **ni golpe,** él se las arregla para **vivir de gorra.**

57. Lo probé, aunque sólo (ser).................................... para **matar el gusanillo.**

58. Aunque el campo (**estar**).................................... **hasta los topes** pudimos llegar hasta nuestro asiento.

59. Difícil lo veo. Aunque ya se (saber).................................... que **el que tiene padrinos se bautiza,** así que habla con él.

60. Las dificultades empezaron después, aunque ya durante la **luna de miel** (haber)...................................., según parece, algunos problemillas.

61. Parece buen muchacho. Aunque nunca se (saber)...................................., porque **fíate de la Virgen y no corras.**

62. Está confiado, aunque no **las (tener)**.................................... **todas consigo**.

63. La verdad es que **vi las estrellas;** y eso que el golpe no (ser).................................... muy fuerte, pero en esa parte son tan dolorosos...

64. Tú insístele, aunque **se** (**hacer,** él).................................... **el sueco.**

65. Pese a (haberlo intentado).................................... todo, las esperanzas son muy pocas.

66. Por más **vueltas** que le (**dar,** yo).................................... no acabo de ver dónde está exactamente la diferencia.

67. No quiso hacerlo a pesar de que (ser).................................... lo mejor para todos.

68. Ya puedes (hacer).................................... lo que (querer, tú).................................... (que) he dicho que no voy, y no voy.

69. Déjalo, porque le (insistir, tú).................................... no vas a conseguir nada. Cuando se (poner, él).................................... así, lo mejor es no hacerle caso.

70. La invasión de España por parte de Francia en tiempos de Napoleón es, sin duda, un hecho negativo, si bien, como ocurre siempre, (tener).................................... también sus aspectos positivos.

71. Por mucha hambre que se (pasar).................................... en España en aquellos años, no puede Vd. comparar la situación con la que (sufrir).................................... actualmente algunos países africanos.

72. Y este podría ser un resumen de aquellos hechos, aun cuando todos (saber, nosotros).................................... que la realidad fue un tanto más compleja.

73. Insistiré una vez más aun a riesgo de (resultar).................................... pesado.

74. Ya sé que no tenías obligación estricta de hacerlo, pero aunque (ser).................................... así, debiste hacerlo.

75. No hay manera de que lo arreglen, y eso que se lo (decir, yo).................................... y repetido mil veces.

XIV. Léanse detenidamente los siguientes textos y analícense las estructuras que se han destacado.

1. **El italiano Pagnin, nuevo líder de las bonificaciones**

Las bonificaciones están proporcionando alternativas a la Vuelta y, consiguientemente, lucha e interés aun en las etapas de transición. Están cumpliendo, por tanto, su cometido, *aunque* al final poco **pueden** suponer para la victoria final *porque* la montaña **será** *la que* **marque** las auténticas diferencias.

(...)

Esas bonificaciones son *las que* **persiguió** ayer Pagnin, un hombre *que* **podrá** estar bien clasificado al final en la general, pero que no cuenta para el triunfo. Pero no por ello, ni él ni su equipo renuncian de antemano a estos laureles efímeros. Pagnin *contempló con desagrado* que un holandés, Hoondert, le **estropeara** de salida la estrategia, *porque* éste se **escapó** en el kilómetro 5 y **pasó** primero por todas las bonificaciones. Pero Pagnin echó cuentas y *vio* que también le **valía** pasar en segunda posición. El vería cumplido su objetivo *aunque* la escapada de Hoondert **fructificara.**

Hoondert rodó en solitario durante 2.14 horas, *en las que* **cubrió** 103 kilómetros. Su fuga fue neutralizada *no porque* el pelotón lo **quisiera,** sino *porque* **desfalleció.** En la subida al puerto de segunda categoría fue ampliamente rebasado por todos los corredores y tuvo que hacer frente a los kilómetros *que* **restaban** de nuevo en solitario. Llegó fuera de control.

(*El País,* 26-4-87)

2. **Memorias**

F. Fernán-Gómez

Si un chico de ahora, *que* **comienza** el oficio de actor y **comparte** una *litrona* con una joven compañera de trabajo, sentados los dos en un banco de una plazuela, **supiera** que treinta y tantos años después —en el 2020, poco más o menos— **pasaría** a convertirse en personaje de un libro escrito por la chica, ¿se **comportaría** de la misma manera? ¿O se **sentiría** vigilado, atemorizado por aquel futuro personaje?

Lo cierto es que el chico *al que* me **refiero**, *como* **ignora** en absoluto *lo que* **será** de él ni *quién* **será** él dentro de treinta y tantos años, no **puede** tener ni idea *de lo que* **experimentaría** *al* **verse** convertido en personaje de libro, *al* **leer** —y *saber* que *podían* leer los demás— un capítulo *en el que* se **describiera** *lo que* **hizo** en la plazuela la noche del banco, la chica y la *litrona.*

Para nosotros, *los que* **éramos** chicos u hombres jóvenes hace años, **cuando** no **había** *litronas* pero había medias combinaciones, *que* **venían** a servir para lo mismo, *la idea de que* con el correr del tiempo **fuera** habitual la publicación de memorias íntimas en revistas o en libros era algo inconcebible. Y me parece *recordar* que con arreglo a ese convencimiento nos **comportábamos**. Pero ahora está aquí, en la mesa, el libro de memorias de una gran actriz y gran mujer, tan bella como su recuerdo, *con la que* **tomé** alguna que otra media combinación.

Los modernos historiadores, *como* **es** sabido, hacen poco caso de las memorias de los testigos presenciales, incluso de las crónicas, y tienen más en cuenta otro género de documentos, menos poéticos pero más fidedignos. *Quizá* para la historia del amor en España y en el siglo XX tampoco **sean** muy de fiar estas memorias de la gran actriz, *no porque* **pueda** haber mentido en ellas, sino por la singularidad de la autora y protagonista, *que*, afortunadamente, **responde** poco *a lo que* se **llama** la *media.*

El género de memorias ha sido muy cultivado en España, sobre todo desde finales del siglo XVIII, *a pesar de que* con insistencia se **diga** desde hace algunos años lo contrario. *Lo que* ya no **es** tan frecuente es la costumbre de leerlas y, por tanto, la de insistir en sus ediciones. Pero *lo que sí* **es** *cierto* es que hasta hace pocos años sólo **abundaban** los libros de memorias políticas o militares, *que* **pretendían** servir de fundamento a trabajos históricos.

La escasez de memorias íntimas entre nosotros puede atribuirse a un exceso de pudor, característica de nuestra sociedad, o al consabido sentimiento de inferioridad, *que* **deriva** en timidez. *La verdad es que si* un actor español insigne y condecorado **publicase** sus memorias, nadie **esperaría** encontrar en ellas el pormenor *que* nos **cuenta** sir Lawrence Olivier en su libro autobiográfico: que **adolecía** desde su juventud de eyaculación precoz y que ésa **fue** una de las *causas de que* su mujer, la delicadísima Vivien Leigh, se **marchase** con un actor australiano.

Últimamente, en una de estas oscilaciones pendulares *a las que* tan acostumbrados nos **tiene** nuestro país, las memorias íntimas no escasean, sino que abundan, gracias al gran impulso *que* **han recibido** de las llamadas *revistas del corazón*. Y como en otras ocasiones, aunque sin recibir elogios por ello, los abanderados y las abanderadas han tenido que ser la gente del espectáculo. Están acostumbrados a exhibirse; son menos vergonzosos, o más desvergonzados, *como* ustedes **gusten**, y han sido los primeros en liarse la manta a la cabeza y sacar a relucir los trapos sucios y los limpios. *Puede que* tras ellos **vengan** los demás, los menestrales, los universitarios, los ejecutivos, la aristocracia, los curas, y nos enteremos de las vidas íntimas de todos. *Aunque* **es** algo dudoso, *pues* todas esas clases *tienen*, en cuanto a prestigio moral, algo *que* **perder**, *mientras* nosotros, los cómicos y las cómicas, lo **tenemos** ya tradicionalmente perdido.

Aquí tengo el libro, sobre la mesa. No me produce terror ni temor su contemplación, pero sí cierto recelo.

Un amigo me *ha aconsejado* que no **deje** de leerlo, que lo **lea** cuanto antes. Otro me telefoneó *para* **decirme** que ya lo **había leído** y le **había parecido** apasionante. Una señora *que* no **es** de nuestro oficio lo ha encontrado muy divertido. A una vecina le ha escandalizado, así me lo dice en el ascensor; ella había leído las memorias de Bette Davis y *pensaba* que esto **era** algo por el estilo. Uno de los sagaces comentaristas, buen conocedor del libro, *deduce* de su lectura que su autora **es** *naïf*. Uno de los presentadores oficiales *opina* que el libro **es** indecente.

Y yo, en pequeña medida, estoy en esas páginas. ¿Cuánto me **tocará** de ingenuidad, cuánto de indecencia? Yo, *que* **demoro** la lectura de las críticas sobre mi trabajo hasta un año o dos *después de* **haberse publicado**, *cuando* ya **pueden** afectar menos a mi sistema nervioso, a mi confianza en mí mismo, *porque* cualquier censura me **produce** *más* dolor *que* placer me **causan** los elogios, ¿debo enfrentarme ahora con estas posibles críticas, *que de* **ser** adversas me **resultarán** más dolorosas que las otras?

¿**Será** este libro para mí un jardín, un café de cómicos, un escenario o un cementerio? *Cuando* **levante** su tapa, *cuando* **recorra** sus veredas, ¿con qué espectro mío me **encontraré**? *Espero* que la nebulosa **que** siempre **empaña** la memoria **haya embellecido** aquellas horas. Y *confío* en que María **haya tenido** *en cuenta* que *si* se **agradecen** los recuerdos, a veces se **agradecen** más los olvidos.

Ante mí, en la mesa, está el libro de memorias. Lo abro y se aceleran los latidos de mi corazón.

(*El País Semanal,* 26-4-87)

XV. Pónganse en la forma adecuada los verbos que aparecen entre paréntesis.

1. Aunque no (tener, nosotros)............................ mucha confianza con ellos, aceptamos la invitación pensando que los niños se lo (pasar)............................ bien en el campo. Cuando (llegar, nosotros) .... estaban esperándonos, ya que ellos (ir)............................ el día antes para (pasar)............

.... allí todo el fin de semana. Nada más (bajarnos).................................... del coche los niños, que como (saberse).................................... no (tener).................................... problemas para (confraternizar).................................... al instante, empezaron a jugar pese a que alguno (marearse).................................... algo durante el viaje. El río corría a cincuenta metros de donde nuestros conocidos (plantar).................................... su tienda, así que (tener, nosotros).................................... que advertirles a los niños que no se (acercar, ellos).................................... si no (ser).................................... con los mayores. Cuando (empezar, nosotros).................................... a colocar la nuestra —lógicamente al lado de la de nuestros amigos, aunque lo suficientemente separadas como para no (molestarnos).................................... los unos a los otros— los niños, claro, dejaron sus juegos para (ayudar).................................... a montarla. El sol caía ya en aquellos momentos y la verdad es que el sitio (ser).................................... agradable. Anochecía cuando (quedar, nosotros).................................... definitivamente instalados y se inició la merienda-cena que (ir).................................... preparando nuestra amiga mientras (montar, nosotros).................................... la tienda y (colocar).................................... nuestras cosas. Los niños, con su espontaneidad, hacían que (parecer).................................... como si nos (conocer, nosotros).................................... más y consiguieron (romper).................................... la posible rigidez de los primeros momentos. La cosa, a pesar de que (tener, yo).................................... que reconocer que en algún momento (tener, yo).................................... mis dudas, no podía empezar mejor. ¿Pero (continuar).................................... así? No había razón alguna para pensar que no (ser).................................... a ser así. ¿Pero y la proximidad del río? ¿Y los niños? Noche cerrada ya por todo el mundo nos retiramos cada uno a nuestra tienda cuando (conseguir, nosotros).................................... arrancar de sus juegos a los niños. La experiencia iba bien y al día siguiente sería otro día...

2. Me sentía feliz, aunque tú no lo (creer).................................... Recién casada, con un marido que solo (ver).................................... por mis ojos, aunque mi madre —¿por qué nos haremos tan desconfiados con el paso del tiempo?— no (dejar).................................... de decirme que no me (fiar)...................................., que el mejor hombre, colgado. No me arrepiento, y aunque a veces (pensar, yo).................................... que (poder).................................... ser más feliz con otro, creo que si la vida se (repetir).................................... (volver, yo).................................... a hacer lo mismo. Los veinte años que nos (separar).................................... le han dado, creo, algo especial a nuestras relaciones, aunque no (ocultar, yo).................................... que (poder, los años).................................... ser en algún momento causa o concausa de alguna pequeña desavenencia; aunque —quiero que (quedar).................................... bien claro— los años no (pasar).................................... igual para todos, desde luego no han pasado lo mismo para él que para mi madre, y su espíritu es joven. Así que, querida mía, si (oír, tú).................................... cosas, deja que (decir, ellos)...................................., y no estés preocupada por mí, que ya (procurar, yo).................................... cuidarme sola, y además tengo quien (ocuparse).................................... de mí.

3. A pesar de que (dar, ellos).................................... una lata tremenda, a pesar de que a veces no (ganar).................................... uno para sustos con ellos: que si (tener, ellos).................................... fiebre, que si (llorar).................................... y no sabes por qué; luego, cuando (ser, ellos).................................... un poco mayores, que si (discutir).................................... entre ellos y se (pegar)...................................., que si en el colegio las cosas no (acabar).................................... de ir bien, que si... Pero a pesar de esto y otras mil cosas, ¿hay algo más bonito que la sonrisa de un niño que no (cumplir).................................... todavía un año? Cuando ya nadie la (esperar)...................................., porque el menor de los niños (tener).................................... nada menos que nueve años, se presentó por una carambola del destino. Y aquí está, juguetona y traviesa, un juguete para todos.

4. Aunque el dicho **nadie escarmienta en cabeza ajena** se (utilizar).................................... siempre en sentido negativo, a mí me gusta (decir).................................... «gracias a Dios que la gente no (soler)

.... escarmentar en cabeza ajena», porque, de lo contrario, (estar, nosotros)........................ todavía en las cavernas.

5. — Hola, Joaquina. ¿Qué tal?
— Bien... ¿Cómo es que me (llamar)........................ hoy?
— Pues mira, es que (poner)........................ una película estupenda en el Patio de Comedias y... ¿Te parece que (ir, nosotros)........................ esta noche? Me han dicho que (la película) (ser)........................ fenomenal.
— Bueno, la verdad es que no sé, porque la semana que viene (tener)........................ un examen de Inorgánica y...
— ¿Qué dices? ¿La próxima semana? Aunque (ser)........................ mañana. La película... Y además, creo que (deber, nosotros)........................ hablar, aunque tú (creer)........................ que ya (estar)........................ todo dicho. ...Sé que no me (portar)........................ bien, pero en cuanto (hablar)........................
— ¿De qué, Andrés? No quiero (volver, yo)........................ a empezar.
— Por favor, Joaquina. No te (hacer)........................ la interesante. Sabes que eso no te (ir) .... Por más que lo (pensar)........................ no comprendo por qué (suceder) .... lo que sucedió. Piénsalo bien; creo que (ser)........................ mejor para los dos que (hablar)........................ e (intentar)........................ aclarar las cosas. Yo...
— Quizás (tener, tú)........................ razón. ¿Qué te parece a las ocho en los Italianos? Antes no puedo porque (quedar)........................ con Marisa para (ver) .... juntas unas cosas de ese examen de Inorgánica.
— ¿A las ocho? ¡Estupendo! Así podemos hablar y luego, si te (parecer)........................, vamos a la película que te (decir)........................
— Bueno, primero hablaremos y después de (hablar)........................ ya veremos... ¿A las ocho, verdad?
— Sí, sí, a las ocho. ...Oye, quiero que (venir, tú)........................ muy guapa. Y no me digas que ya (**estar,** yo)........................ **con la canción de siempre,** porque...
— Anda, no (hablar, tú)........................ más, que lo (estropear)........................ todo. Hasta las ocho.
— En los Italianos. Joaquina, te...
— No (empezar)........................, Andrés.
— Te quiero. Hasta luego.
— Hasta luego. Yo también.

XVI. Complétense los siguientes textos poniendo en la forma adecuada los infinitivos que aparecen entre paréntesis.

1. **Salomó reconoce que no se (plantear)........................ importar la colza directamente, aunque le (salir)........................ más barato.**

   Enric Salomó, aceitero de Reus para quien el fiscal (solicitar)........................ más de 10.000 años de cárcel, reconoció ayer, en el juicio sobre el síndrome tóxico, donde (ser)........................ interrogado intensivamente por los abogados de la acusación particular, que no se (plantear) .... importar de Francia el aceite de colza directamente, en lugar de (hacerlo) .... a través de los hermanos Bengoechea, a pesar de que le (salir)........................ más barato.

   (*El País,* 23-4-87)

2. Don Restituto y doña Basilisa, los señores de Neira, marqueses de San Madrigal, constituían un matrimonio bien avenido y estéril. Él (lucir)................................ una nariz tumefacta, roja y compleja, de esas que con afectuosa minucia (gustar)................................ de analizar los pintores flamencos. Ella (conservar)................................ perpetuamente la expresión satisfecha, candorosa y benigna que (soler)................................ llevar aparejada los rostros de facciones vulgares cuando el estómago (estar)................................ sano y bien repleto. (Ser)................................ mucho más joven que el marido, mantecosita, frescota y en sazón todavía de hacerles la boca agua a los aficionados a manjares suculentos y a la Venus pingüe. (Vestir)................................ los dos de negro. (Vivir)................................ rodeados de servidumbre, compuesta toda de varones y vestida también de negro. Todos los criados (tener)................................ un aire común de seminaristas famélicos o de mandaderos de monjas; actitudes humildosas, ademanes de «todo sea por Dios», caras largas, huesudas, amarillas. Todos, hasta el cocinero. Y eso que se les (echar) .... de comer con largueza.

Don Restituto y doña Basilisa, o la señora Emperatriz, como la (llamar)................................ el Padre Alesón, el políglota, (ser)................................ lo que se (decir)................................ dos almas de cántaro, incapaces de causar mal a nadie a sabiendas, ni tampoco de hacer bien a sabiendas, por eso, porque no (saber)................................ exactamente lo que (ser)................................ el mal ni el bien ajeno. El bien sumo al que ellos (aspirar)................................ era a salvar el alma; y de una manera secundaria, cuando (surgir)................................ la oportunidad, cooperaban a que el prójimo se (poner)................................ en vías de salvar la suya. No se conformaban, claro está, con que todos, el prójimo y ellos, (salvar)................................ el alma de la misma suerte pues también en el cielo, como en este valle de lágrimas, (haber)................................ capas sociales, (haber) .... coros. Pues bien: es absurdo pretender que en un teatro se (acomodar)................................ todo el público en palcos y butacas. Estas localidades son para los espectadores distinguidos, y las galerías y cazuela para la plebe. Y prueba de que la cazuela (ser)................................ también paraíso la ofrecen los mismos teatros de este mundo, en los cuales se (decir) .... indistintamente paraíso y cazuela. El purgatorio es como el vestíbulo del celestial coliseo, lugar de los que (deber)................................ esperar con la natural impaciencia. Don Restituto no podía conformarse con que a él y a su Basilisa les (dar)................................ una entrada general de galería para (contemplar)................................ de lejos la gran apoteosis de la eternidad, puesto que él (pagar)................................ el billete tanto como el que más y más que casi todos. El alma de don Restituto y de su consorte era tan simple e ilusionada que (pecar) .... de cruel si en el momento de llevarlos de este mundo y abrirles la puerta del cielo no (ordenar)................................ a San Pedro, acomodador en jefe, que les (situar)................................ en una platea proscenio, desde donde (poder, ellos)................................ ver bien y que los (ver)................................ bien a ellos.

(Ramón Pérez de Ayala: *Belarmino y Apolonio*)

3. **Desconcierto ante las medidas monetarias**

RAFAEL VIDAL

Los mercados de valores confirmaron, en parte, las expectativas del cierre anterior consiguiendo mejoras en la mayoría de los sectores. Sin embargo, la sesión no respondió en un tono de firmeza, pues (ser)................................ muy pocos los valores que (quedar) .... sin contratar por falta de oferta o que (tener)................................ que confeccionar listas de compradores. El ambiente estaba un tanto enrarecido desde primera hora de la mañana, como se (encargar) .... de corroborar los valores eléctricos, bien porque los datos que (originar)............................ la reacción no (ser)............................ tan buenos, bien porque se (esperar) .... noticias sobre el mercado monetario.

Como el día anterior, esta noticia llegó tarde al patio de operaciones y sembró el desconcierto, pues un endurecimiento en la política monetaria, mediante la elevación del coeficiente de caja y una previsible subida de los tipos de interés, no (poder)............................ tener una lectura positiva por mucha buena voluntad que se (poner)............................ o por mucho carácter coyuntural que (poder)............................ tener.

El negocio había mejorado discretamente y, aunque no (estar)............................ muy claro el comportamiento del mercado para esta mañana, todo quedaba preparado para un nuevo pulso entre papel y dinero sin que (mediar)............................[1] otros factores. La proximidad de la decisión del Banco de España con la publicación del IPC de marzo lleva a pensar que (haber) .... que recomponer la interpretación de la subida de los precios. De creer que no (ser)............................ tan malo como se (esperar)............................, hay que pasar a afirmar que no (ser)............................ tan bueno como (parecer)............................

La única respuesta decidida ha sido la de los valores industriales, con subidas sectoriales de hasta 15,80 puntos, mientras que el resto (adornar)............................ unos resultados discretos con alguna que otra subida anecdótica. La posición al cierre era de calma, aunque no se (poder)............................ ocultar la preocupación que (haber)............................ producido los últimos acontecimientos.

(*El País,* 23-4-87)

4. ¡Quién sabe si no (ser)............................ Dios que me castigaba por lo mucho que (haber)............................ de pecar todavía! ¡Quién sabe si no (ser)............................ que estaba escrito en la divina memoria que la desgracia (haber)............................ de ser mi único camino, la única senda por la que mis tristes días (haber)............................ de discurrir!

A la desgracia no se acostumbra uno, créame, porque siempre nos (hacer)............................ la ilusión de que la que (estar)............................ soportando la última (haber)............................ de ser, aunque después, al pasar de los tiempos, nos (ir)............................ empezando a convencer —¡y con cuánta tristeza!— que lo peor aún (estar)............................ por pasar...

Se me ocurren estos pensamientos porque si cuando el aborto de Lola y las cuchilladas de Zacarías (creer, yo)............................ desfallecer de la nostalgia, no por otra cosa (ser)............................ —¡bien es cierto!— sino porque aún no (sospechar)............................ en lo que (haber) .... de parar.

Tres mujeres hubieron de rodearme cuando Pascualillo nos (abandonar)............................; tres mujeres a las que por algún vínculo (estar)............................ unido, aunque a veces me (encontrar)............................ tan extraño a ellas como al primer desconocido que (pasar)............................, tan desligado de ellas como del resto del mundo, y de esas tres mujeres, ninguna, créame usted, ninguna, supo con su cariño o con sus modales hacerme más llevadera la pena de la muerte del hijo; al contrario, parecía como si se (poner)............................ de acuerdo para (amargarme)............................ la vida. Esas tres mujeres eran mi mujer, mi madre y mi hermana.

(Camilo José Cela: *La familia de Pascual Duarte*)

XVII. Complétense las siguientes estructuras de manera que resulten frases gramaticales y con sentido.

1. **Sin ⇒ infinitivo / sin que ⇒ subjuntivo.**

1. .... por mucho que................................ porque................................
2. Aunque................................, cuando................................, dile que................................, porque................................
3. No creo que................................ por más que................................ puesto que................................
4. Aun a riesgo de que................................ yo creo que................................ si es que................................
5. Es tan................................ que, por mucho que................................, (ser) imposible que................................, porque................................

COMENTARIO DE TEXTOS

TEXTOS PERIODÍSTICOS: VIII

No a la droga

Como presidente de la Unión Española de Asociaciones de Asistencia al Toxicómano (UNAT), y ante los criterios que se han manifestado en relación con la droga y la libertad de su uso, consideramos oportuno manifestar el nuestro de siempre, reiterado en la asamblea celebrada el 13 de diciembre de 1986, y ello con el mayor respeto a las opiniones contrarias, que merecen la mayor consideración por lo que dicen y por quienes lo dicen.

El fenómeno de las toxicomanías es una realidad social de nuestro tiempo que tiene una característica esencial que la diferencia de otras épocas históricas y otras situaciones existentes en algunos países. La droga no es un medio, es un fin. El toxicómano hace de la droga la «única razón de su existencia». Todo lo demás no importa. Según está demostrado, el uso de drogas es un fenómeno especialmente juvenil que se inicia alrededor de los 12 años y tiene su mayor incidencia entre los 14 y los 18 años.

Si la iniciación a la droga se hace sin libertad, lo que está claro es que una vez en ella se produce una dependencia psíquica y en ocasiones física que hace muy difícil abandonarla, y que en muchas ocasiones produce tolerancia. El resultado, tarde o temprano, es el deterioro físico e intelectual, y en ocasiones, la muerte.

En cuanto al derecho del drogadicto a morirse, ningún precepto le impide hacerlo, ya que el autoconsumo no está penado por nuestro derecho. Lo que ocurre es que no es cierto que los toxicómanos quieran morirse: lo que desean ardientemente es poder consumir la droga y cada vez más, aun conscientes de que la enfermedad y la muerte pueden ser el final del recorrido por el terrible camino de la droga.

Pero hasta que esto ocurre hay un largo proceso en el que el toxicómano, sin libertad, con su salud afectada en más o en menos, sin el menor deseo o afán vital, que ya nada le interesa, se convierte en un marginado que sólo espera cada día su dosis y, a poder ser, sin trabajar para comprarla.

En definitiva, los toxicómanos no son suicidas, porque no quieren morirse. En todo caso, entendemos que el suicidio atenta a la libertad, pues en pocas ocasiones se produce sin que concurran factores personales y sociales.

No es cierto que exista relación directa entre la delincuencia y la toxicomanía. Hay delincuentes toxicómanos, pero no todos los toxicómanos son delincuentes, aunque puedan ser en muchos casos pequeños traficantes.

Pero aun admitiendo una relación entre delincuencia y toxicomanías, ello no sería suficiente para justificar la legalización de la droga, por las consecuencias que ello acarrearía. Tampoco el ejemplo del tabaco y el alcohol son argumentos, ya que existe una reacción en contra de su consumo.

En cuanto a los traficantes, hay muchas razones para afirmar que no desaparecerían y adoptarían nuevas formas de actuación.

Considerамos que la droga es un mal personal y comunitario que afecta a la salud, a la libertad y a la vida; que destroza a las familias y constituye una verdadera epidemia. El Estado debe manifestar claramente su voluntad a través de la ley en contra del uso y tráfico de drogas. Debe perseguirse a los traficantes. Los toxicómanos deben ser ayudados por todos los medios posibles a su rehabilitación y reinserción. **Eugenio López López**. Presidente de UNAT. Madrid.

(*El País,* 26-1-87)

TEMA XII
RECAPITULACIÓN

REPASO GENERAL DE LAS ESTRUCTURAS DEL ESPAÑOL

I. Póngase en la forma adecuada el infinitivo del paréntesis.

1. Ojalá (solucionar, él)............ algo.
2. Pienso que (hacer, tú)............ bien.
3. No creo que (ser)............ necesario.
4. De lo cual se deduce que no le (interesar)............ mucho el tema.
5. Yo no digo que (tener, nosotros)............ que hacerlo necesariamente, pero sería conveniente.
6. ¡Quién (poder)............ estar ahora tomando el sol en una playa del Caribe!
7. Si no estás es porque no (querer, tú)............
8. No; aunque (querer, yo)............ no podría. No tengo dinero...
9. Me pidió que no le (decir)............ nada a nadie.
10. Me duele que (ser, él)............ tan irresponsable.
11. No me parece que (ser)............ lo más oportuno.
12. ¿No te parece que (deber, nosotros)............ ir a verla?
13. No creas que me (ir, yo)............ a conformar.
14. Yo te aconsejaría que (dejar, tú)............ las cosas como están.
15. ¿Te parece que los (llamar, yo)............ y (salir, nosotros)............ un rato?
16. Puede que (venir, él)............ esta tarde, así que (ir, nosotros)............ a esperar en casa.
17. A lo mejor (venir, él)............, y por lo tanto yo (creer)............ que (deber, nosotros)............ quedarnos en casa.
18. No me apetecía nada en absoluto (salir)............, pero qué (ir, yo)............ a hacer.
19. Le invité a (pasar)............ unos días con nosotros.
20. No me digas que (ir, yo)............, porque no (ir, yo)............
21. ¡No me digas que se lo (ir, tú)............ a comprar!
22. No creas que esto (ser)............ difícil, porque no lo (ser)............
23. No intentes que te (comprender, ella)............, porque la verdad (ser)............ que te (portar, tú)............ muy mal.
24. No lo intentes tú solo otra vez, que ya (venir)............ ahí a ayudarnos.
25. Eres tan amable que (dar)............ gusto contigo.
26. ¡Ah si yo (poder)............ decir lo mismo!

27. No le consientas que (andar, él).......... por ahí diciendo esas cosas.
28. Me recomendó que (hablar, yo).......... con Vd.
29. Yo le rogaría que para la próxima ocasión (tener).......... Vd. más cuidado.
30. No le dejaron (entrar).......... porque no (llevar).......... corbata.
31. No le dejaron que lo (ver, él).......... aunque ya se (encontrar).......... mejor.
32. Está claro que (haber).......... que cambiar de comportamiento con él.
33. Si alguno (querer).......... verlo, que pase un momento por mi despacho.
34. El que (querer).......... verlo, que pase un momento por mi despacho.
35. Como no le (decir, tú).......... nada, no vendrá.
36. No es bueno que (salir, ellos).......... tanto.
37. Y es peor que no (salir, ellos)..........
38. Tengo la sensación de que alguien nos (estar).......... vigilando.
39. Para mí que (deber, nosotros).......... marcharnos de aquí.
40. A mí que me (dejar, ellos).......... en paz, y luego ellos que (hacer).......... lo que les (dar).......... la gana.
41. Esté Vd. localizable porque posiblemente le (necesitar, yo).......... esta mañana.
42. ¡Así se (quedar).......... allí y no (volver)..........!
43. Es raro que no (llamar, ellos).......... ya.
44. Me consta que (hacer, ellos).......... todo lo posible.
45. Que conste que nosotros no (tener).......... nada que ver con el asunto.
46. Estoy satisfecho de que (avanzar, vosotros).......... tanto.
47. Estoy satisfecho de lo que (avanzar, vosotros)..........
48. Si (poder).........., iría esta misma tarde a verla.
49. No hay derecho a que (tratar, ellos).......... así a la gente.
50. No está mal que de vez en cuando le (pasar).......... algo para que (ir, él).......... escarmentando.
51. Es una bobada que nos (quedar, nosotros).......... aquí cuando ya se (ver).......... que no les (gustar).......... que (venir, nosotros)..........
52. Y no es que yo no (querer)..........; es que no se (poder).......... hacer otra cosa.
53. Eso de que no (decir, él).......... ni pío me **tiene muy escamado**.
54. Y créeme si te (decir, yo).......... que (sentir, yo).......... mucho que te (tocar).......... precisamente a ti.
55. Dile que ya (estar).......... todo solucionado y que se (pasar, él).......... por aquí, cuando (querer, él).........., para (recogerlo)..........
56. No ha venido esta mañana por aquí, que yo (saber)..........[1].
57. Que yo (conocer).........., no hay más que cuatro.
58. Creo que no (haber).......... más que cuatro.
59. Parece como si no se (dar, él).......... cuenta de lo que (pasar)..........
60. Es realmente milagroso que no (haber).......... más víctimas.
61. El hecho de que la (dejar, ellos).......... pasar al segundo ejercicio creo que (ser).......... muy significativo.
62. Que lo (arreglar).......... él, si (querer)..........
63. Se fueron sentando conforme (ir, ellos).......... entrando.
64. Creo que (deber, tú).......... hacerlo, y no precisamente porque yo lo (decir)..........

1. Expresiones como **que yo sepa, que yo vea** o **que yo haya visto, que yo conozca, que yo recuerde, que yo haya leído, que yo haya oído...,** se usan para atenuar lo que se acaba de decir o se va a decir.

65. Para que (ver, tú)................ que (ser)................ cierto, asómate si (querer, tú)................ .... a la ventana.
66. Cuando (llegar, yo)................ ya no quedaba nadie allí.
67. Cuando (querer, tú)................ llegar no va a haber ya nadie allí.
68. Mientras no te lo (tomar, tú)................ en serio y te (poner, tú)................ de una vez a estudiar, va a ser muy difícil que (aprobar ,tú)................
69. A lo mejor (pasar, yo)................ esta tarde por tu casa.
70. Yo que tú, me lo (pensar)................ dos veces.
71. En cuanto (llegar, nosotros)................, la señora sacaba de todo y nos poníamos...
72. En cuanto (hacer, yo)................ algo que no le (gustar)................ ya me está riñendo.
73. Dile que pase en cuanto (llegar, él)................
74. Puedes quedarte aquí hasta que tú (querer)................
75. Lo hicimos sin que se (dar, él)................ cuenta[1].
76. No hagas nada sin (consultarlo)................ antes con ella.
77. Se lo llevaba siempre mucho antes de que me lo (pedir, él)................
78. Después de (estar)................ allí esperándole más de media hora resulta que (llegar) .... y (decir)................ lo (sentir, él)................, pero que no nos (poder) .... recibir. Que si (querer, nosotros)................ que (volver, nosotros)................ .... al día siguiente.
79. Mientras (estar, yo)................ esperando me entretuve viendo unas revistas.
80. Márchate antes de que (cambiar, yo)................ de opinión.
81. Cuando (llegar, yo)................ ya estaban todos en la cama.
82. Cuando (volver, yo)................ del trabajo los niños (acostarse)................
83. Parece mentira que (ser)................ tan bobo.
84. Lo han criticado mucho porque (cambiar, él)................ de partido.
85. No creo que (cambiar)................ sus ideas o que (ir)................ a cambiar él porque (cambiar, él)................ de partido.
86. **La mona, aunque se (vestir)................ de seda, mona se queda.**
87. Lo ha hecho con la sana intención de (fastidiarnos)................ a todos.
88. Lo digo con la idea de que lo (ir, vosotros)................ pensando.
89. Lo planteo así, crudamente, porque no me (parecer)................ que (deber, nosotros) .... seguir poniéndole **paños calientes.**
90. Menos mal que (llegar, tú)................, porque ya (empezar, yo)................ a preocuparme[2].
91. La cosa es lo suficientemente grave como para que nos la (tomar, nosotros)................ en serio.
92. Ya que nos (hacer, ellos)................ venir, vamos por lo menos a hacer algo.
93. Me parece a mí que no (estar)................ mal que te (calmar, tú)................ antes un poco.
94. Me llamó para que le (aclarar, yo)................ unas cosas.
95. Les he reunido a Vds. con el fin de (proceder)................ a la elección reglamentaria de nuestro representante en la Junta.
96. Estudia, que no (tener)................ que decir el profesor que qué padres (tener, tú)................ ....

1. **Sin que ⇒ subjuntivo / sin ⇒ infinitivo.**
2. **Menos mal que,** lo mismo que **gracias a (Dios) que ⇒ indicativo.**

97. Estudia, que yo (creer).................. que lo (necesitar, tú)..................
98. Se metieron en un buen lío y, gracias a que (conocer, ellos).................. a uno de los guardias, pudieron arreglarlo.
99. Menos mal que no (llamar, nosotros).................. a la policía, que si llegamos a llamar...
100. No salgas, que (**llover**).................. **a mares**.
101. Es imposible que (decir).................. eso.
102. Es probable que (venir).................. mañana.
103. Si no ha venido es porque no (querer, él)..................
104. Si no ha venido será porque posiblemente no le (dejar, ellos)..................
105. Pedro no se molestó porque nos (reír, nosotros)..................
106. Pedro se molestó, no porque nos (reír, nosotros)..................
107. Me gustaría que lo (pensar, tú).................. y te (decidir).................. pronto.
108. Hablé con una secretaria que (estar).................. en el antedespacho.
109. Aunque no lo (necesitar, tú).................. ahora, es tan barato que yo (creer).................. que (deber, tú).................. comprártelo.
110. Como no me (llamar, tú).................. pensé que ya no (venir, tú)..................
111. Antonio no va a intervenir, y no es que le (faltar).................. ganas, es que no (saber, él) .... qué (decir)..................
112. Más te valía estudiar un poco, en vez de (estar).................. todo el dichoso día con el aparatito al oído[1].
113. Si en lugar de (ponerlo).................. así lo (poner, tú).................. más derecho, yo creo que te (quedar).................. mejor.
114. Y no es que no (querer, él).................., es que no (poder).................. el pobre.
115. No me hace ninguna gracia que le (decir, tú).................. eso.
116. Ya va siendo hora de que los niños se (ir).................. a la cama.
117. Si (venir).................. (ir).................. al cine.
118. Como (poder, yo).................., este verano me paso un mes en Londres.
119. No sé por qué, pero las películas que (tener).................. cierta intriga suelen gustar más.
120. Es tan pedante que no (haber).................. quien lo aguante.
121. Convendría que lo (revisar, tú).................. antes de (mandarlo).................. a la imprenta.
122. Si me (hacer, tú).................. caso, nos tendríamos bien evitado todo esto.
123. Si tú me lo (llegar).................. a decir yo (ir)..................
124. Si lo (traer, él).................., dile que lo (dejar, él).................. por ahí.
125. Estuvo a punto de que le (**romper**, ellos).................. **la cara**[2].
126. Estoy a punto de (resolverlo).................., pero me falta algo que no (saber, yo).................. exactamente qué (ser)..................
127. Nos lo pasábamos muy bien porque si (hacer).................. buen tiempo (salir, nosotros) .... todas las noches a dar una vuelta.
128. Cuanto más le (conceder, tú).................., peor.
129. Si a las diez no (llegar, él).................., avísame.
130. Tú, por si acaso (venir, ella).................., tenlo todo preparado.
131. Ya está todo arreglado, salvo que Vd. (tener).................. algo que añadir.
132. Me lo contó todo, salvo que (estar, ellos).................. en tu casa.
133. Cuando él lo (hacer).................. por algo será.

1. **En vez de, en lugar de ⇒ infinitivo/en vez de que, en lugar de que ⇒ subjuntivo.**
2. **A punto de → infinitivo / a punto de que → subjuntivo.**

134. Cuando (llegar, él)................................, avísame.
135. Lo hago siempre que tú (querer)................................
136. Cuanto antes lo (terminar, nosotros)................................ antes nos podremos marchar.
137. Eso depende de que lo (querer, tú)................................ más grande o más pequeño.
138. El precio es distinto, según que lo (querer, tú)................................ en blanco y negro o en color.
139. El precio es distinto, según me (decir)................................ Vd. la última vez.
140. Se fueron sentando según (ir, ellos)................................ llegando.
141. Mientras (estar, nosotros)................................ esperando pasó Antonio.
142. Mientras (estar, tú)................................ aquí con nosotros, nosotros respondemos de ti, así que (tener, tú)................................ que hacer un poco lo que nosotros te (decir)................................
143. Que (venir)................................, lo (hacer)................................; que no (venir)................................, pues no (hacer)................................
144. Me impresionó lo que (haber)................................ allí.
145. Me impresionó que todo aquello lo (hacer)................................ con tan pocos medios técnicos.
146. No estés tú tan seguro. Si te lo (hacer, él)................................ será la semana que viene, y eso si (querer)................................
147. — Yo lo voy a llevar a ver si me lo arregla.
— desde luego, todo no; como mucho, la rueda. Y eso que (estar, él)................................ en casa.
148. No se puede con él. Al final lo hizo mal, y eso que le (advertir, yo)................................ que (tener) .... cuidado, que (ser)................................ difícil.
149. De (haber sabido)................................ que te (interesar)................................ te lo hubiera dicho.
150. De (hacerlo)................................, procura que (quedar)................................ bien.
151. Yo que tú, (hacer)................................ lo mismo.
152. Lo tiene muy difícil por más que se (estar, él)................................ esforzando ahora al final.
153. No lo tiene fácil, por mucho enchufe que (tener, él)................................
154. Está claro que (haber)................................ que intentar que una cosa así no se (volver)................................ .... a repetir.
155. Si te lo dije no fue porque (sentir, yo)................................ un placer especial en ello, sino porque me (parecer)................................ que (deber, yo)................................ hacerlo.
156. Ya puedes (ponerte)................................ como te (dar)................................ la gana (que) te he dicho que no y es que no.
157. Cualquiera que (tener)................................ dos dedos de frente no lo habría hecho nunca.
158. Un hombre que no (respetar)................................ a su mujer no merece el calificativo de tal.
159. Un hombre, que no (respetar)................................ un acuerdo firmado por él, no es hombre.
160. Se trata de un modelo totalmente renovado, si bien (conservar)................................ cierto aire de su predecesor.
161. Como (ser)................................ mentira te vas a acordar.
162. Como no me (hacer, tú)................................ caso, luego pasó lo que pasó.
163. Para mí que algo (estar)................................ pasando y no quieren que nos (enterar)................................
164. Yo que Juan (probar)................................ por lo menos.
165. No haré más declaraciones a la prensa mientras no se (aclarar)................................ todo el asunto.
166. Se me acercó alguien mientras (estar, yo)................................ viendo el escaparate.
167. La obligaron a (confesar)................................
168. Salí con él aunque no me (apetecer)................................ nada.
169. No me gusta nada. Nos trata como si (ser, nosotros)................................ menos que él. Creo que (ser, él)................................ un estúpido insoportable.
170. Es una muchacha encantadora. A los cinco minutos de habérnosla presentado, hablaba ya con todo el mundo y parecía como si (estar)................................ con nosotros desde siempre.

171. Sin (esforzarte)................................ es imposible que (poder, tú)................................ conseguir algo. Es como si alguien (querer)................................ aprender a nadar y se (negar)................................ a meterse en el agua.

172. Es preferible hacerlo sin que los demás (enterarse)................................, como si (ser)................................ una cosa espontánea, porque la publicidad en este caso no (ser)................................ buena.

173. Tú tenlo todo preparado por si te (llamar, ellos)................................ sin previo aviso, porque el año pasado lo (hacer, ellos)................................ así, sin (avisar)................................ con unos días de antelación, por lo que muchos (tener)................................ que renunciar a las pruebas.

174. Será muy difícil que (poder, nosotros)................................ conseguir algo sin (protestar)................................ Parece como si todas las reivindicaciones, por pequeñas que (ser)................................, (ser)................................ una batalla contra la dirección.

175. Por si no lo (saber, tú)................................, te diré que ayer me (llamar)................................ Roberto y me dijo que (venir, él)................................ este fin de semana. Así que no (volver, tú)................................ a meterte en lo que no te importa, ¿de acuerdo? Haz como si no me (conocer, tú)................................ porque (estar, yo)................................ hartita de ti y de tus intromisiones ¿sabes? Tú tienes la culpa de todos los problemas que (tener)................................ Roberto y yo, así que, por favor (dejarnos, tú)................................ en paz. Y, por si (interesarte)................................, te voy a decir algo más, que este verano nos (casar, nosotros)................................ (Marisa cuelga el teléfono).

II. Léanse los siguientes textos y analícense las estructuras que se han destacado.

1. ¿Qué es eso? ¿Qué pasa? —dijo el profesor, poniéndose los lentes y acercándose al barandado de la tribuna—. ¿*Es que* alguno **ha perdido** la herradura por ahí? Yo *suplico a los que* **están** al lado de ese asno *que* **rebuzna** con tal perfección que se **alejen** de él, *porque* sus coces **deben** ser mortales de necesidad.

Rieron los estudiantes con gran entusiasmo; el profesor **dio** por terminada la clase, retirándose, haciendo un saludo ceremonioso, y los chicos **aplaudieron** a rabiar.

Salió Andrés Hurtado con Aracil. Y los dos, en compañía del joven de la barba rubia, *que* se **llamaba** Montaner, se **encaminaron** a la Universidad Central, *en donde* **daban** la clase de Zoología y la de Botánica.

En esta última los estudiantes *intentaron* **repetir** el escándalo de la clase de Química; pero el profesor, un viejecillo seco y malhumorado, les salió al encuentro y les *dijo* que de él no se **reía** nadie, ni nadie le **aplaudía** *como si* **fuera** un histrión.

(...)

El estudiante culto, *aunque* **quisiera ver** las cosas dentro de la realidad e **intentara adquirir** una idea clara de su país y del papel *que* **representaba** en el mundo, no podía. La acción de la cultura europea en España **era** realmente restringida y localizada a cuestiones técnicas; los periódicos **daban** una idea incompleta de todo; la tendencia general era hacer *creer* que lo grande de España **podía** ser pequeño fuera de ella, y al contrario, por una especie de mala fe internacional.

Si en Francia o en Alemania no **hablaban** de las cosas de España, o **hablaban** de ellas en broma, era *porque* nos **odiaban; teníamos** aquí grandes hombres *que* **producían** la envidia de otros países: Castelar, Cánovas, Echegaray... España entera, y Madrid sobre todo, **vivía** en un ambiente de optimismo absurdo: todo lo español **era** lo mejor.

Esa tendencia natural a la mentira, a la ilusión del país pobre *que* se **aísla, contribuía** al estancamiento, a la fosilización de las ideas.

(Pío Baroja: *El árbol de la ciencia*)

2. **El ladrón que pedía dinero**

El asaltante «convenció» a la dueña del piso *para que* le **entregara** 15.000 pesetas, y ahora le exige más.

ANDRÉS MANZANO, **Madrid**

El caso de A. L., alemana occidental, fotógrafa, mujer de carácter separada y con un hijo, tiene los rasgos de *suspense que* **caracterizan** cualquier filme de Hitchcock. El caso aún no ha terminado, y es la incógnita de *cómo* **evolucionará** *lo que* **sume** en la angustia y el insomnio a la protagonista. A. L. encontró un ladrón en su casa el último sábado de noviembre, un *caco* muy singular, *que* se **limitó** a pedirle dinero, charló con ella un buen rato y luego se marchó. Lo malo es *que* las visitas **menudearon.**

La casa de A. L., en la quinta planta de un elegante edificio cercano al paseo de la Castellana, es hoy una especie de *bunker* abarrotado de rejas, cerraduras inviolables y cristales blindados. Ya era algo parecido antes del pasado 29 de noviembre, pero ahora las medidas de protección se han reforzado drásticamente.

Ese día, a eso de las 12,30 de la noche, A. L. se levantó de la mesa de su despacho, se dirigió a la cocina *a* **prepararse** un café, y en el pasillo, en penumbra, se dio de bruces con un hombre alto, joven, de unos veintipocos años, moreno, vestido con un chándal azul y *que* **esgrimía** un destornillador.

«Me llevé *tal susto*, me quedé *tan paralizada* por la sorpresa que no **pude** ni manifestar el miedo *que* me **entró** de golpe en el cuerpo. Le pregunté *quién* **era** y *qué* **hacía** en mi casa, y él me *dijo* que me **tranquilizara**, que no **quería hacerme** daño. El hombre estaba sereno, y no daba la impresión de brutalidad, de estar dispuesto a la violencia. *Balbuceé* que **iba** a prepararme un café y le invité a tomar otro. Puede parecer absurdo, pero tenía miedo de hacer cualquier cosa *que* **pudiera** irritarle. Esa noche estaba sola en casa. Mi hijo estaba pasando el fin de semana con su padre».

A. L. y el intruso estuvieron hablando casi una hora, *que* el desconocido **aprovechó** *para* **comerse** un bocadillo, además de *para* **interesarse** por la vida de su forzada anfitriona y contarle a su vez aspectos de la suya.

Antes de **irse**, el desconocido *relató* a su forzada anfitriona una extraña historia acerca de que se **había** *dado cuenta* de que **era** una señora, que ya no **iba** a investigarla más y que le **diera** algo de dinero *con que* **sobornar** a dos supuestos compinches *para que* tampoco ellos **siguieran** la investigación. El desconocido se marchó con 15.000 pesetas y *pareció* que ahí **acababa** todo.

Pero al día siguiente por la noche llamaron por el interfono. «Era el mismo hombre, *que* **quería subir** a casa otra vez. Yo ya *no sabía qué* **hacer**. Me había pasado toda la noche *sin* **dormir**, pensando en las mil cosas, todas desagradables, *que* **podían** haber ocurrido. *Había comprobado* que **entró** por una pequeña ventana lateral, muy estrecha, protegida por un cristal blindado *que* **apareció** fundido, como quemado por un soplete».

A. L., pese a todo, bajó al portal y tuvo que escuchar otra vez las desgracias personales del singular ladrón, «pero estaba muy crispada». «No me gustaba el cariz *que* **tomaba** el asunto. Me *negué* a **darle** ni una peseta más y le dejé en la puerta de la calle. Esa tarde había regresado mi hijo y yo dormité en el suelo del estudio, frente a la ventana forzada. El lunes y el martes no paré *hasta* **encontrar** un albañil, *que* me **puso** una reja en la ventana, pero aun así tampoco el martes pude dormir».

Al mediodía del miércoles llamaron a la puerta. A. L. miró por la mirilla y *pensó* que aquello **empezaba** a convertirse en una pesadilla. El desconocido estaba otra vez allí, y *quería* **entrar**.

«Yo estaba ya muy nerviosa y le repetí que no una y otra vez, *porque* él **insistía**. Se marchó y volvió a intentar convencerme desde el interfono. Cuando me *convencí* de que se **había ido**, bajé y le pregunté a la portera *cómo* **había subido**. La portera me *dijo* que **llevaba** un sobre en la mano y que le **dijo** que me **traía** unas fotos urgentes».

Un chándal azul

Fue entonces *cuando* A. L. **llamó** al 091. La policía llegó media hora más tarde y hablaron *sobre lo que* se **puede** hacer en un caso así, «pero la *verdad es que* no se **puede** hacer gran cosa».

«El hombre no había robado nada de casa, y no me había causado daño físico alguno. *Aun suponiendo que* le **localizaran** y **detuvieran** estaría en libertad enseguida, y entonces podría tener deseos de venganza, *así que* **preferí** no **poner** la denuncia. Los policías me *dijeron* que ya **habían tenido** noticias sobre un hombre *que* se **ha visto** por el barrio vestido con chándal. *No sé si* **será** el mismo».

A. L. llamó a varios amigos y amigas, *tanto para* **tranquilizarse** *como para* **pedirles** consejo. Algunos le *propusieron* **prestarle** una pistola y otros le sugirieron o se ofrecieron *a* **pegarle** al individuo una buena tunda. El jueves y el viernes no pasó nada. A. L. sigue en tensión, bromea con el lujo *que* **supone** tener un *ladrón particular*, pero de cuando en cuando le aflora el sentimiento depresivo de estar prisionera en su propia casa.

(*El País*, 9-12-86)

3. Un Martes Santo, a la comida del mediodía, apareció un huésped inédito: un sacerdote prebendado. *Si* me **cruzo** en la calle con él, o le **hallo** frente a frente en un tranvía, o **come** vecino a mí en una fonda de estación, apenas si me **hubiera molestado** en resbalar sobre él mirada. Pero **estábamos** en la mesa redonda de una casa de huéspedes. Tenía razón el excelente don Amaranto. No sólo yo, todos los demás comensales nos **aplicamos** a escudriñar, descarados, en nuestro flamante sacerdote, como cumpliendo una obligación. El resistía con indiferencia la curiosidad ambiente. A los toreros, a los cómicos y a los curas no les desazona la curiosidad ni les desconcierta la mirada fija, como habituados a ser foco de la atención en el ruedo, la escena y el púlpito.

(Ramón Pérez de Ayala: *Belarmino y Apolonio*)

4. Alzar los ojos del suelo, mirar a la cara de los desconocidos era, en efecto, uno de los comportamientos más reñidos *con el que* se **tenía** por idóneo *para que* una doncella **diese** garantía de su virginidad. La actitud correcta estaba compendiada en un concepto inseparable del de la doncellez, plasmado en la palabra «recato». Esta palabra, usadísima en nuestra literatura clásica amatoria, tiene mucho que ver con la ocultación. Recatar es, según el *Diccionario de la Real Academia*, «encubrir u ocultar **algo** que no se **quiere** que se **vea** o se **sepa**»; y *no deja de resultar comprensible* que los españoles, acostumbrados a amar aquello *que* no **conocían, llegaran** a idealizar esa ocultación, y se **sintieran** excitados por la luz de una mirada *que*, entre velos o rejas, les **dirigiese** cualquier mujer *de*

la cual lo **ignoraban** todo, ni que **tendiesen** a hacer coincidir la luz de aquellos ojos *que, aun a riesgo de* **pecar, habían osado** levantarse del suelo, con una indiscriminada y tópica gama de perfecciones no siempre existentes. Precisamente la propaganda del recato u ocultación ponía mucho más el acento en predicar un continente exterior totalmente aparencial que en atacar las raíces y ocasiones de posible deshonestidad, *ya que lo que* realmente **dañaba** a la fama de las mujeres **era** aquello *que* no **sabían** recatar, es decir, esconder. Lo que se **escondía** bien era *como si* no **existiera.**

> «La buena mujer no alcanza la fama solamente con ser buena, sino con parecerlo, *que* mucho más **dañan** a las honras de las mujeres las desenvolturas y las libertades públicas que las maldades secretas».

En vista de tan peregrinos consejos, a parecer honestas y recatadas, más que a serlo, se habían aplicado con ahínco las doncellas casaderas, y llegó a serles totalmente consustancial aquella actitud recogida y pudorosa *que* **adoptaban** las pocas *que* **eran** vistas en público. La heroína de Cervantes *dice* que **ha pasado** su vida en

> «...*un encerramiento tal* que al de un monasterio **podría** ser comparado, *sin* **ser** vista, a mi parecer, de otra persona que de los criados de casa, *porque* los días *que* **iba** a misa, tan de mañana y tan acompañada de mi madre y otras criadas y yo *tan cubierta* y recatada que apenas **veían** mis ojos más tierra que aquella *donde* **ponía** los pies».

Pero *si, a pesar de* **ser** tan ingrato este papel, las mujeres solteras se **avenían** de mejor o peor grado a representarlo, **era** a *causa de que* lo **sabían** medio eficaz *para* **acceder** al matrimonio, aspiración unánime de *quien* no se **hubiese inclinado** por la otra única salida viable y no reprobada por la sociedad: la de entrar en un convento. *La opinión de que* la buena fama de la mujer casadera **estribaba** en su ocultación era unánime, y de ello derivaba el interés *que* **ponían** los padres en guardar a sus hijas, porque

> «...*cada vez que* la doncella **sale** de casa, pone en el peso de las lenguas su hermosura, su crianza, su sabor y su bondad..., *que* no **hay** cosa en el mundo tan tierna ni tan delicada *ni tan* frágil *como* **es** la honra y la reputación de una mujer, en *tanto grado* que **parece** estar colgando de un cabello».

Las solteras, en efecto, habían venido a ser algo muy semejante a una frágil mercancía, y la atención de sus padres hacia ellas se resumía en la preocupación por su posible deterioro, hasta el ansiado momento de transferirle a otro dueño aquel agobio.

Pues bien, *no parece* que en el siglo XVIII esta situación **hubiese variado** en lo esencial, o sea, en cuanto a la voz y voto *que* una soltera **pudiese** tener *para* **decidir** sobre su futura suerte ni *para* **intervenir** en esta transferencia de dueño.

(Carmen Martín Gaite: *Usos amorosos del Dieciocho en España*)

5. **Un juez norteamericano debe decidir sobre la hija que reclama una mujer que «alquiló» su útero**

AGENCIAS, **Nueva York**

Un juez del Estado de Nueva Jersey tendrá que zanjar una disputa sobre la paternidad de un bebé nacido de un útero *alquilado* por 10.000 dólares (cerca de 1.310.000 pesetas). El litigio por la paternidad de una niña rubia de ojos azules, de nueve meses de edad, llamada M, según los archivos de los tribunales, enfrenta a la madre biológica *que* **alquiló** su vientre al hombre *que* **pagó** ese dinero y con *cuyo* esperma se **inseminó** artificialmente a esa mujer, bajo contrato de ceder al niño *al* **nacer**.

El juicio, *que* **comenzó** ayer, es seguido con particular atención por los padres de los aproximadamente 500 bebés de *madres alquiladas que* **hay** en Estados Unidos.

Ajena al embrollo legal, la pequeña ha sido ya secuestrada, perseguida por la policía, buscada por la policía federal, sacada por la noche por una ventana y *bautizada* con dos nombres: Sara o Melissa, según cada una de las dos parejas *que* la **reclaman** como su hija.

Todo empezó *cuando* Mary Beth Whitehead, de 29 años, casada y madre de dos hijos, **firmó** el año pasado un contrato *por el que* **aceptaba** ser inseminada artificialmente con el esperma de William Stern, de 40 años, y parir, para éste y su mujer, Elisabeth, estéril, un hijo *que* **entregaría** *al* **nacer**.

Los Stern pagaron 10.000 dólares por el trato y acordaron pagar otros 10.000 dólares por los gastos médicos *que* el alumbramiento **ocasionaría.** La madre de *alquiler* se comprometía también a «no crear o intentar crear una relación madre-hijo» con la criatura por nacer.

Todo ello quedó por escrito, pero *cuando* el bebé **nació**, el 27 de diciembre pasado, Mary Beth *dijo* que la niña se **llamaba** Sara, que **era** su hija y que no **quería** el dinero. Los Stern, *que* también **vivieron** el embarazo, aunque en vientre ajeno, *insisten* que se **llama** Melissa y que **son** los padres *legales.*

La pequeña Melissa/Sara vivió con los padres *legales hasta que* **fue** secuestrada por su madre biológica y escondida en Florida, en casa de los abuelos, *donde* **fue** localizada por el FBI.

La custodia provisional *hasta que* **concluya** el juicio ha sido concedida a los Stern.

«Me están robando a mi hija» sollozaba Mary Beth durante la audiencia preliminar el mes pasado.

(*El País,* 11-9-86)

III. Pónganse los infinitivos entre paréntesis en la forma verbal adecuada.

1. — ¿Pero cómo es realmente?

— Bueno, es muy difícil de explicar. Es como si (estar, tú).................. metido dentro de una habitación y la habitación (dar).................. vueltas cambiando constantemente de dirección. Luego, casi sin que uno (darse cuenta).................., se empiezan a elevar los asientos —o mejor dicho, parece como si (elevarse).................. los asientos, porque en realidad no se (mover)..................— hasta que (llegar).................. un momento en el que (parecer).................. como si te (apretar, ellos).................. contra el techo y (estar, tú).................. a punto de asfixiarte.

— Pero todo eso es muy desagradable, ¿no?

— Pues sí... Pero es el aparato más visitado del parque de atracciones; tienes que estar un buen rato guardando cola para (conseguir).................. un billete y otro rato para (entrar)..................

— ¿Y cuánto cuesta? Por si al fin me (decidir).................. a montar, aunque no (creer, yo).................. que...

— Caro, como todas las cosas que (estar).................. de moda.

2. Entró en el salón sin (decir).................. nada y sin que nadie (atreverse).................. tampoco a preguntarle quién (ser).................. o qué (hacer).................. allí. Cogió una copa de *champagne* de las que (estar).................. ya servidas en la bandeja y con mucha tranquilidad y solemnidad, como si (ser).................. la estrella invitada de la fiesta, la levantó a modo de brindis y empezó a beber. Cuando (terminar).................. la copa, esbozó una sonrisa y dijo con voz grave: «yo soy el invitado que (faltar).................. y que todos ustedes (esperar).................. Buenas noches». Y en cuanto (decir).................. esto y antes de que ninguno de los presentes (tener) .... tiempo de reaccionar, desapareció por la puerta del fondo sin (hacer).................. ruido ni (añadir).................. nada más, como si de un auténtico fantasma se (tratar)..................

3. No creo que lo (dejar, él)........................ por aquí, porque creo recordar que se lo (llevar, él) .... pero de todas formas miraré por si (estar, yo)........................ equivocada. ...Por cierto, ¿Cómo va tu madre de la operación?

— Ah, muy bien, parece como si (hacer)........................ ya meses que la operaron. Desde el lunes hace ya vida normal y posiblemente (incorporarse)........................ al trabajo la semana que viene. Los médicos, además le han dicho que no le (quedar)........................ ninguna secuela, como si, en realidad, no (pasar)........................ nada.

— Sí, ya me habló ella de eso. A ver si esta misma tarde o mañana puedo ir a pasar un rato con ella. ...Oye, no veo por aquí el bate; ya te dije que me (parecer)........................ que se lo (llevar)........................ Roberto. ¿Por qué no te pasas tú por el colegio por si ya (terminar)........................ el entrenamiento o (estar, ellos)........................ jugando con el material del equipo?

— Pues sí, voy a hacer eso. Llevo tanto tiempo, con eso de mi madre, sin (salir)........................ de casa que (necesitar, yo)........................ estirar un poco las piernas y también hablar con alguien. ¿Quiere que le (dar)........................ algún recado a Roberto?

— No, nada, hijo. Ah, bueno, dile que no se (olvidar)........................ de pasar por casa de su tío y que no (volver)........................ a casa sin (haber solucionado)........................ antes lo que le (decir, yo)........................ esta mañana.

— Entonces, que (pasar)........................ por casa de su tío y que (solucionar)........................ no sé qué cosa.

— Exacto. Bueno, lo que tiene que hacer en casa de su tío no es ningún secreto. Es que queremos que (venir, él)........................ a pasar el fin de semana con nosotros y como a Roberto lo quiere como si (ser)........................ su hijo, pues le he dicho que (tratar)........................ de convencerlo él. ...¡Y anda, Juan, vete ya al colegio, que se te (ir)........................ el tiempo!

— Sí, sí, me voy volando por si Roberto (terminar)........................ y (marcharse)........................, y me quedo sin (verlo)........................ ¡Hala, adiós!

— ¡Adiós, hijo!

4. Ninguno creíamos que (valer)........................ la pena molestarse por tan poca cosa. Pero Andrés se molestó de que nos (reír)........................, y comentó: «¡Ah si yo (poder)........................ hacer lo mismo». Todos estábamos esperando que (añadir)........................ algo más, pero algo ocurrió en aquel momento que nos (dejar)........................ helados: Andrés salió del salón donde (estar, nosotros)........................ como alma que lleva el diablo. Cuando nos (recuperar)........................, (salir)........................ tras él; pero no aparecía por ninguna parte. ¿Qué (significar)........................ todo esto? Todos sabíamos que Andrés (tener)........................ reacciones extrañas, pero nunca imaginamos que (poder)........................ llegar a estos extremos. Después de (recorrer)........................ todas las dependencias del edificio decidimos (salir)........................ a la calle y que cada uno de nosotros (buscar)........................ en aquellos sitios en los que (sospechar)........................ que (poder)........................ estar. Cuatro horas más tarde, estábamos de nuevo en el salón ¡y nada!; parecía que (habérselo tragado)........................ la tierra, como si, de repente, nadie (poder)........................ dar noticia de él. ¿Qué hacer? Alguien propuso que (llamar)........................ a la policía, pero eso era imposible, y por lo tanto (haber)........................ que buscar otra solución. Pepe dijo que (salir)........................ otra vez y (rastrear)........................ la ciudad, porque no era normal que no (saber)........................ nadie nada de él. Era ya muy tarde, así que no (haber)........................ tiempo que perder, y el asunto por el que nos (haber reunido)........................ era tan urgente que no (poder)........................ esperar más: si no (encontrar)........................ a Andrés, no queríamos (pensar, nosotros)........................ lo que (ir)........................ a suceder.

5. El tren estaba a punto de salir. La gente, como enloquecida (continuar)................ pugnando por subir. Se atropellaban. Un niño (caer)................ a la vía sin que nadie (preocuparse) .... por él ni le (tender)................ una mano cuando con desesperación (intentar) .... una y otra vez subir de nuevo al andén. La confusión iba en aumento y otros cayeron también golpeándose contra los vagones, uniéndose sus gritos de dolor al vocerío de los que, arriba, (seguir)................ alargando los brazos para asirse a la escalerilla y (trepar)................ hasta el, en estos momentos ya, abarrotado tren. (Hacer)................ mucho rato que los guardias y los soldados, que (ser puestos)................ allí para mantener el orden, habían desaparecido; muchos, la mayoría, subieron al tren cuando la primera avalancha de gente los empujó y, casi en volandas y como si (ser)................ en contra de su voluntad, los (encaramar)................ en el tren salvador; pero claro que ninguno (oponer)................ resistencia: todos ellos (saber)................ que aquel tren (ser)................ el último, y eran los primeros en querer salir de aquel infierno, así que ahora (luchar)................ para impedir que la gente que, una vez dentro, (avanzar)................ por los pasillos como si (ser)................ picadillo de embutido, (entrar)................ en los departamentos que habían ocupado y terminara por asfixiarles o arrojarles por la ventanilla. Hacía tiempo también que los altavoces de la estación habían enmudecido; las consignas eran inútiles ante aquella furia humana que no (respetar)................ a nadie ni nada y sólo (tener)................ una obsesión: el tren.

6. ¿Qué tal (hacer, tú)................ el examen? A mí me ha sorprendido por lo fácil. Esperaba que (ser)................ más difícil.

— ¿Más difícil? Pues, guapa, yo creo que de fácil no (tener)................ nada. Claro que a ti, como (**ser**, tú)................ **una empollona**, todo te (parecer)................ fácil.

— ¿Empollona, yo? Estudio lo suficiente para (aprobar)................

— Sí, lo suficiente para (aprobar)................ tú y yo ¡y ocho más!

— No (ser, tú)................ exagerado. Me parece que mi aspecto y mi comportamiento no (ser)................ precisamente los de una empollona. ...Mira, por ahí pasa Pedro, ¿quieres que le (preguntar, yo)................ a él qué (opinar)................ de mí? Es posible que él (tener)................ mejor opinión que tú.

— No me (hacer, tú)................ enfadar, que... Sabes que esa (ser)................ la única broma que no (aguantar, yo)................, y menos si (andar)................ por medio ese...

— ¡Eh, eh, eh! ¡Un momento! ¡Muy bonito! Así que tú (poder)................ decirme que (ser) .... una empollona, y yo me tengo que aguantar, ¿verdad? Pero si la broma la (hacer) .... yo... ¡Machista! ¡Eres un...!

— Repítelo: «¡Machista!»

— Pues claro que (ser)................ un machista. ...Pero, bueno, vamos a dejar el tema y ahora, otra vez ya en serio, dime cómo (hacer, tú)................ el examen.

— Bien.

— «¡Bien!» ¡Pero qué ridículos sois a veces los hombres! ¿Quieres que me (enfadar)................ de verdad? Sabes que no me (gustar, tú)................ nada cuando te (poner)................ tan tonto, porque me (recordar)................ a alguien que no me (gustar)................ nada.

— Pero tú sabes también que, cuando te (poner)................ coqueta, a mí eso me (sacar) .... de quicio. Así que me (parecer)................ que la tontería esa de Pedro te la (poder, tú)................ haber ahorrado.

— ¡Pero qué crío eres! La verdad es que no (saber, yo)................ por qué me (gustar, tú) .... ni qué (ser)................ lo que (ver, yo)................ en ti que no (tener)................ .... los otros.

— Bueno, tu sabrás... ¿Me perdonas?
— Tonto...

IV. Complétense los siguientes textos poniendo en la forma adecuada los infinitivos entre paréntesis.

1. **Desnuclearización**

Quiero (agradecerles)............ el editorial del 26 de agosto titulado *El equívoco de la desnuclearización.* Si el ministro de Defensa y/o el presidente del Gobierno (leer)............ los periódicos, creo que (deber)............ sentirse avergonzados con tal editorial, porque (estar)............ claro que mientras los navíos de guerra de EEUU (seguir)............ recalando en nuestros puertos y el criterio del Gobierno norteamericano (seguir)............ siendo no informar en absoluto sobre si sus navíos (portar)............ o no armas nucleares, el Gobierno español (estar)............ vulnerando el soberano mandato de las urnas en el referéndum sobre el ingreso de España en la OTAN. En él, el Gobierno se comprometía a no (almacenar)............ o (introducir)............ armas nucleares en territorio español. Está claro que nos (estar)............ engañando. Está claro que cualquier país con un mínimo de dignidad (véase el caso de Nueva Zelanda) (poder)............ decirle a los norteamericanos que se (meter)............ sus barcos y submarinos donde les (caber)............ sin que se (hundir)............ el mundo. Está claro que mientras nuestro Gobierno no (tomar)............ una decisión similar o consiga que cuando (venir)............ los navíos norteamericanos lo (hacer)............ sin armas nucleares, se nos (estar)............ tomando el pelo y se nos ha hecho votar para (pasarse)............ el mandato de las urnas por el arco del triunfo.

Su editorial obliga al Gobierno a una respuesta. Responder a él con el silencio es una muestra de desprecio absoluto por los valores democráticos que (prometer)............ defender. **Pedro Prieto.** Madrid.

(*El País*, 3-9-86)

2. **Nuevas reflexiones del Papa sobre demonios y ángeles**

JUAN ARIAS, **Roma**

Juan Pablo II abundó ayer, en un parlamento dirigido a más de 8.000 peregrinos, en las reflexiones sobre el demonio, en el marco de la catequesis que (llevar)............ haciendo desde hace unos meses sobre los ángeles. El papa Wojtyla afirmó que la Iglesia (aceptar)............ incluso «la posesión diabólica», es decir, que el diablo se (adueñar)............ de un cuerpo humano.

Según el Papa el problema del demonio, que (ser)............ sólo «un ángel desobediente y rebelde de Dios», plantea en realidad «el conflicto entre las fuerzas oscuras del mal y la redención».

En su disertación añadió que hoy hacer catequesis (significar)............ «prepararse a la condición de lucha propia de la vida de la Iglesia en este tiempo último de la historia de la salvación». De algún modo, ha dicho el papa Wojtyla, el demonio «ha conquistado el dominio del hombre» e influye sobre todo «en su fantasía y en sus facultades superiores» para (alejarlo)............ de la ley de Dios.

El Papa, que (llegar)............ en helicóptero desde su residencia veraniega de Castelgandolfo, a 30 kilómetros de Roma, para (celebrar)............ la habitual audiencia de los miércoles, a la que no (renunciar)............ ni en verano, dijo que la doctrina de la Iglesia (pedir)............

.... que no se (exagerar)........ la importancia del demonio pero también «que no se (negar) .... su existencia ni se (minimizar)........ su acción maléfica».

La existencia del diablo

Volvió a repetir que la Iglesia (enseñar)........ la existencia «personal» del diablo, que, según el papa Wojtyla, no (ser)........ uno solo sino que (ser)........ numéricamente diversos.

Y añadió que la Iglesia (enseñar)........ que la acción del diablo no (ir)........ dirigida sólo al cuerpo del hombre y a sus facultades mejores, sino que se (hacer)........ presente también «en la historia de la humanidad».

Dijo que una de sus mayores astucias (ser)........ el «hacerse ignorar», es decir, pasar inobservado, como si no (existir)........

Por vez primera en su catequesis sobre los ángeles, Juan Pablo II quiso (recordar)........ ayer a los miles de peregrinos y turistas todos los nombres con los cuales se (designar)........ en la Iglesia al demonio, como «artífice de la muerte», «padre de la mentira», «príncipe de este mundo», «el Dios de este mundo», «Belcebú», «Satanás», «el calumniador», «el mal-maligno», «el príncipe de las tinieblas», «el espíritu inmundo» y «el anticristo».

Recordó las formas bajo las cuales (soler)........ representarse en el catolicismo al diablo, que (ser)........: la serpiente, el dragón y el león. Acabó el Papa diciendo, citando el evangelio de San Juan, que el demonio «(ser)........ homicida desde siempre y en él no (haber)........ .... verdad alguna», y que por tanto se le (considerar)........ como padre de todas las mentiras del mundo.

(*El País,* 14-8-86)

3. ¡Nieva!

El viejo salta de la cama ilusionado como un niño: en su tierra la nieve es maravilla y juego, promesa de rico pasto y gordas reses. Al (ver)........ caer los copos se asoma a la ventana, pero en el fondo del patio no hay blancura. La ciudad la corrompe, como a todo, convirtiéndola en charcos embarrados. Se le ocurre no salir, pero cambia de idea: quizás en los jardines (haber)........ .... cuajado la nevada. Además, así se libra de Anunziata, que hoy (venir)........ antes porque Andrea (tener)........ clase temprano.

No es que se (entender)........ mal con ella; es que Anunziata (ser)........ maniática de la limpieza y su invasión sucesiva de las habitaciones recuerda a los alemanes: ¡hasta lleva su aspiradora por delante como un tanque! El viejo se repliega de cuarto en cuarto, retirando además sus provisiones secretas del escondite bajo el diván-cama, mientras le (limpiar)........ su habitación. Para colmo, ella no deja las cosas como (estar)........, sino que las (reordenar) .... a su gusto. Menos mal que (hablar)........ poco; prefiere (escuchar)........ .... el transistor que (llevar)........ a todas partes.

«¡Y cuántas tonterías suelta ese aparato!», piensa el viejo mientras (ver)........ caer la nieve por la ventana de la alcobita con el niño dormido. «Por fortuna apenas si se entienden, en ese italiano del gobierno. Claro, el mismo de la televisión, allá en el café de Beppo, pero con la pantalla no importa, porque se (comprender)........ las cosas viendo a los explicadores».

(José Luis Sampedro: *La sonrisa etrusca*)

4. Tenía los ojos abiertos, sucia la boca de esa tierra que (deber)........ saberle ya a sedimento sepulcral, cuando la (poner, nosotros)........ de cara al sol y fue como si la (haber,

nosotros)........................ puesto frente a un espejo. Nos miró a todos con una apagada expresión sin sexo, que nos (dar)........................ —teniéndola ya entre mis brazos— la medida de su ausencia. Alguien no dijo que (estar)........................ muerta; y se quedó después sonriendo con esa sonrisa fría y quieta que (tener)........................ durante las noches cuando (transitar)........................ despierta por la casa. Dijo que no (saber)........................ cómo (llegar)........................ hasta el patio. Dijo que (haber) .... sentido mucho calor, que (estar)........................ oyendo un grillo penetrante, agudo, que (parecer)........................ —así lo dijo— dispuesto a tumbar la pared de su cuarto, y que ella se (haber)........................ puesto a recordar las oraciones del domingo, con la mejilla apretada al piso de cemento.

Sabíamos, sin embargo, que no (poder)........................ recordar ninguna oración, como (saber, nosotros)........................ después que (haber)........................ perdido la noción del tiempo cuando (decir, ella)........................ que se (haber)........................ dormido sosteniendo por dentro la pared que el grillo (estar)........................ empujando desde afuera, y que (estar)........................ completamente dormida cuando alguien, cogiéndola por los hombros (apartar)........................ la pared y la (poner)........................ a ella de cara al sol.

(Gabriel García Márquez: *Ojos de perro azul*)

TEMA XIII

SER y ESTAR

ESQUEMA GRAMATICAL

A) **Ser** y **estar** no copulativos → distintos significados ⇒ **no problemas**

Ser:

1) «existir». Uso preferentemente filosófico-literario:
   Dios **es** = Dios existe

2) «ocurrir, suceder». Uso en el español general:
   eso **fue** tal como yo cuento = eso sucedió (ocurrió) tal como yo cuento

3) «celebrarse, tener lugar un acontecimiento literario, deportivo, cultural»:
   el partido **es** el próximo sábado a las cinco

Estar: «presencia o permanencia en un sitio, ocupar un lugar»:
creo que **está** en casa
estuvo en América unos años
¿Dónde **está** la conferencia? ≠ ¿Dónde **es** la conferencia?

B) **Ser** y **estar** copulativos ⇒ **problemas**. Diferencias y usos

1) { a) Cualidad permanente → **SER:** Petra **es** guapa
   b) Cualidad accidental → **ESTAR:** Petra **está** guapa

— PERO:
aquel hombre **estaba** muerto
siempre **está** enfermo
a veces, sólo a veces **es** un egoísta

Esta regla es básicamente falsa.

2) Acción acabada, resultado de un proceso anterior → **ESTAR: está** cansado, maduro, roto, harto, enfadado...

Esta regla no es operativa.

3) Atributo = sustantivo, pronombre o infinitivo → **SER:**

lo que ha dicho **es** verdad
es ése
aquello **era** vivir

— Ampliaciones:

a) Los sustantivos que indican profesión → **SER:**

Antonio **es** dependiente
Pedro **es** juez

Pero si se quiere indicar que se ejerce temporalmente la profesión o que se ejerce una distinta → **ESTAR DE:**

Carlos **está de** médico en un pueblucho ≠ Carlos **es** médico de la Seguridad Social
Carlos **es** médico ≠ Carlos **está de** camarero en la Costa del Sol

b) Expresiones coloquiales: **ser** ~ **estar hecho:**

eres un burro ~ **estás hecho** un burro
es un lince ~ **está hecho** un lince

4) Atributo = numeral:

— cardinal { a) número total → **SER**; b) número parcial → **ESTAR** }

en clase **somos** ocho ≠ **estamos** seis

— ordinal { a) cuando implica definición → **SER**; b) cuando significa ocupar un puesto → **ESTAR** }

su hijo es el primero ≠ **su hijo está** el primero

5) Atributo = adjetivo calificativo → problemas/Pero si se sobrentiende un sustantivo → **SER:**

Dios **es** [un ser] incomprensible
lo que ha hecho **es** [una acción] de cobardes
la decisión **fue** [una decisión] legal

Esta regla, como mucho, puede aplicarse cuando escribimos, pero no cuando hablamos.

6) Para indicar la propiedad, la posesión, la pertenencia o el destinatario → **SER:**

es suyo
son todos de María
son para Antonio

7) Origen o procedencia → **SER:**
es alemana
somos de Nápoles

8) Materia de la que está hecha una cosa → **SER.** O bien **ESTAR HECHO:**
es de piedra, de acero, de oro, de hierro...
está hecho de/con piedra, acero...

9) Cuando sigue un gerundio → **ESTAR:**
está durmiendo, cantando, llorando, trabajando,...

— Pero: **ser +** gerundio + **como;** o bien: **como... + ser +** gerundio; o: gerundio + **ser + como:**
es viajando como mejor se puede llegar a conocer...
como mejor se puede llegar a conocer un país **es** viajando
viajando **es** como mejor se puede llegar...

10) El equivalente a un gerundio → **ESTAR:**
está de caza (~ cazando)
está de parto (~ pariendo)
está de mudanza (~ cambiando de casa)

11) Para expresar la compañía → **ESTAR:**
estuvo con Andrés
ha estado conmigo

12)
a) **Ser** es un verbo *esencial*, define al sujeto; señala una característica, permanente o accidental —esto no importa— que pertenece o le atribuimos al sujeto. **Ser** es una **definición.**

b) **ESTAR** es un verbo de *estado;* señala la manera o la disposición en la que **se encuentra —estar** viene a ser sinónimo de **encontrarse**— siempre o en un momento determinado —esto no importa— el sujeto.

Ej.: el prisionero **ERA** { americano, alto, fuerte, valiente, inteligente, capitán, educado }

ESTABA { cansado, tirado sobre la cama, pensativo, con las manos en la cabeza, sucio, en mangas de camisa, nervioso }

13) Juicios que dependen de la experiencia directa del hablante → **ESTAR:**
el café **está** amargo ≠ el café **es** amargo
la paella **está** muy buena ≠ la paella **es** muy buena

14) Con los adverbios de modo:

–*bien, mal* → **ESTAR:**
está bien / **está** mal

–*así* → **SER / ESTAR:**
está así siempre, enfadada
es así siempre, muy alegre

–adverbios terminados en **-mente** → **ESTAR:**
está estupendamente

¡Pero atención!:
es tremendamente aburrida

- **Regla práctica:** aplíquese 12)

15) Para expresar el tiempo y las fechas:
¿Qué **hora es**?
Son las 12
¿Qué **día es** hoy? / **(es)** domingo; dos de mayo
¿A cuántos estamos? / (estamos) a dos
¿En qué mes (año) estamos? / (estamos) en mayo

16) **SER / ESTAR** → cambio de significado. La diferencia básica responde siempre a ⑫:

ser bueno ≠ **estar** bueno
ser malo ≠ **estar** malo
ser vivo ≠ **estar** vivo
ser listo ≠ **estar** listo
ser fresco ≠ **estar** fresco
ser atento ≠ **estar** atento
ser delicado ≠ **estar** delicado
ser despierto ≠ **estar** despierto
ser orgulloso ≠ **estar** orgulloso

17) Neutralización entre **SER** y **ESTAR**. Se pierden total o parcialmente las diferencias con adjetivos como: *ciego, casado, viudo, soltero, tonto, bobo...*

C) **Ser** y **estar** en la pasiva

- { **ser** → acción → agente
estar → estado → acción realizada → no agente

1) **Pasiva de agente** [= **por** explícito o implícito: el cuadro fue pintado **por un famoso pintor** / ayer fue derribado otro avión (se supone que **por el enemigo** o **por alguien o algo**)] ⇒ **SER**

2) **Pasiva de estado** [= la puerta **está cerrada** ≠ la puerta **es cerrada por...** / las casas del centro de Salamanca **están construidas** con piedra de Villamayor ≠ las casas del centro de Salamanca todavía hoy **son construidas** con piedra de Vellamayor] ⇒ **ESTAR**

- { **ser** → imperfecto
estar → perfectivo

1) Verbos imperfectivos como **esperar** o **desear** no admiten **ESTAR:**
   son esperados / *están esperados
   era deseado / *estaba deseado

2) Verbos perfectivos como **terminar, acabar, concluir, finalizar** no admiten **ESTAR** en los tiempos compuestos:
   *han estado terminadas
   *habían estado concluidas

- El español usa muy poco la pasiva con **ser**:

  — prefiere la activa:
  Cervantes escribió el Quijote
  he roto el cristal

  — la activa «invertida»:
  el Quijote lo escribió Cervantes [mejor que: el Quijote fue escrito por Cervantes]
  el cristal lo he roto yo [mejor que: el cristal fue roto por mí]

  — la pasiva con **se** (sobre todo para la acción repetida o habitual, enunciados de validez general, agente interno):
  las puertas **se abren** a las diez en punto
  eso **se come** así

EXPLICACIÓN Y AMPLIACIÓN GRAMATICAL

- **Cuestión previa:** son verbos *copulativos* los que sirven de enlace, de unión entre dos palabras:

  Pedro **es** alto
  Pedro **está** alto

Por su parte, se llama *predicativos* o *no copulativos* a los verbos cuya misión es significar:

Pedro **come**
Antonio **corre**
Ana **vuela**

El uso de los verbos predicativos o no copulativos no ofrece problema alguno. Es suficiente con conocer su existencia y su significado para usarlos correctamente. Así, cuando el hablante extranjero aprende por primera vez que:

— «ingerir líquidos» = **beber**
— «ingerir sólidos» = **comer**

dirá:

bebí una limonada
comí una tortilla española

Y no confundirá ya nunca —o al menos no hay razón para que los confunda— **beber** con **comer**, o **entrar** con **salir**, o **correr** con **andar**. Del mismo modo que no confunde **leer** con **dormir**.

Ser y **estar** son fundamentalmente verbos copulativos —y ahí radica el problema de su uso—, pero son también verbos no copulativos o predicativos, es decir, verbos con su significado propio y, por lo tanto, cuando ese significado se conoce bien, tan inconfundibles como **beber** y **comer, leer** y **dormir**, etc. El hablante extranjero, pues, no deberá cometer errores de los usos señalados en el apartado A).

A) **Ser y estar** no copulativos

Ser:

1) «existir». Es decir, el verbo **ser** es sinónimo de **existir**; se puede utilizar en lugar de **existir**. Y en este sentido no se puede confundir nunca con **estar** porque, sencillamente, **estar** no tiene este significado. Como se indicaba en el ESQUEMA este uso se limita a los ámbitos filosófico y literario:

Dios **es** = Dios **existe**

A LA VIDA RETIRADA
¡Qué descansada vida
la que huye del mundanal ruido
y sigue la escondida
senda por donde han ido
los pocos sabios que en el mundo **han sido;**
(...)
(Fray Luis de León)

MI SALAMANCA
Del corazón en las honduras guardo
tu alma robusta, cuando yo muera
guarda, dorada Salamanca mía,
tú mi recuerdo
Y cuando el sol al acostarse encienda
el oro secular que te recama
con tu lenguaje, de lo eterno heraldo,
di tú que **he sido**.
(Miguel de Unamuno)

Más interés tienen los apartados 2) y 3)

2) «ocurrir, suceder»
3) «Celebrarse, tener lugar...»

ya que estos valores pertenecen al uso general del idioma. Y tampoco en este caso caben confusiones entre **ser** y **estar**, porque sólo **ser** es sinónimo de esos verbos:

¿Qué va a **ser** de ellos ahora? = ¿Qué va a **pasar**, qué va a **suceder** con ellos ahora?
¿Qué **fue** de aquel libro que pedí? = ¿Qué **ocurrió** con aquel libro que pedí?
La verbena **es** esta noche en la Plaza Mayor

estar

Frente a esos valores de **ser**, que jamás tiene **estar, estar** tiene como significado propio[1], inconfundible, pues, con **ser**, el de «ocupar un lugar, permanecer o incluso vivir en un sitio»:

está en clase en este momento
ese pueblo **está** en la provincia de Cáceres
estuvo en América muchos años

1. En el español actual.

El hablante extranjero debe distinguir entre **¿dónde es?** y **¿dónde está?** El primero equivale a «¿dónde se celebra, se representa, se juega...?»; el segundo a «¿dónde he dejado algo o qué lugar ocupa algo?» De manera que, si quiero asistir a una conferencia y no sé dónde se va a celebrar, podré preguntar:

¿Dónde **es** la conferencia de esta tarde?

A lo que me podrán contestar:

Es en el Aula Magna.

En cambio, el conferenciante, en la habitación del hotel, puede preguntarle a su mujer, que le ha acompañado:

¿Dónde **está** la conferencia? [= los folios que contienen la conferencia] Que voy a echarle un vistazo.

A lo que la mujer, desde el baño, podría responder:

¡Ah, sí; la estuve viendo yo antes. **Está** en el cajón de mi mesilla.

PRÁCTICA

I. Complétense los puntos suspensivos con la forma adecuada de **ser** o **estar**.

1. .... en marzo cuando nos vimos por última vez. Recuerdo que tú.................... todavía en el despacho antiguo.
2. A esta hora suele.................... siempre en casa.
3. Yo se lo voy a enviar, y que.................... lo que Dios quiera.
4. La próxima reunión.................... en Madrid.
5. En este momento.................... todos en el salón porque hoy.................... el cumpleaños de la señora.
6. Por castigo de la UEFA, los dos próximos partidos.................... a puerta cerrada.
7. .... exactamente a las ocho y como yo he dicho.
8. —¿Puedes decirme que.................... de unas cuartillas que dejé yo aquí esta mañana.
   —Sí, te las recogí yo. .... en la mesa de tu despacho.
9. El estreno creo que.................... en Barcelona.
10. Como mi asiento.................... a su lado, en seguida me di cuenta de que todos los días .... lo mismo: empezaban besándose y terminaban discutiendo.

B) **Ser** y **estar** copulativos

- **Comentario:** los problemas en el uso de **ser** y **estar** se plantean cuando son verbos copulativos. Hay que analizar, pues, bien sus diferencias para comprender sus usos.

Como hacíamos al comenzar el análisis de las estructuras del español, también en este caso le pedimos al estudiante que deje por un momento su mente en blanco, para que pueda entrar en ella, sin interferencias de ningún tipo, lo que deseamos meter. ...Si conseguimos esto, esperamos conseguir también no sólo que el hablante extranjero llegue a usar correctamente **ser** y **estar**, sino que, como si de un nativo se tratara, llegue a rechazar cualquier uso anómalo que pueda oír.

1) { a) Cualidad permanente → **SER:** Petra **es** guapa
b) Cualidad accidental → **ESTAR:** Petra **está** guapa }

Es ésta, sin duda, la regla más comúnmente explicada para el uso de **ser** y **estar**. De manera que se dice, más o menos: «Petra tiene una cara bonita, unos ojos preciosos, la nariz ni larga ni corta, la boca...». Todo ello hace que podamos decir que:

Petra **es** guapa

Ahora bien, «Petra no es en modo alguno guapa, pero hoy ha ido primero a la peluquería, luego ha pasado por un salón de belleza, donde la han transformado», y como consecuencia de todo ello **hoy:**

Petra **está** guapa

Los ejemplos de este tipo —donde aparentemente esa regla parece explicar el uso de **ser** y **estar**— los podríamos multiplicar. Pero la regla —como indicábamos en el ESQUEMA— **es radicalmente falsa,** porque nos podemos preguntar: ¿hay algo más permanente que la muerte? Y sin embargo no se dice ***ser muerto**, sino **estar muerto**, distinto de **ser un muerto**, que también existe, pero es otra cosa. Asimismo, decimos:

siempre **está** enfermo

y aunque decimos *siempre*, sin embargo usamos **está**, porque **estar enfermo** (distinto de **ser un enfermo**) es **estar enfermo** independientemente de que sea *siempre* o sólo *alguna vez.* Por el contrario, decimos:

a veces, sólo a veces **somos** egoístas

es decir, usamos **ser** aunque señalamos que se trata de algo accidental. Esta conocida regla, por lo tanto, es falsa. Pero no sólo eso: **es la responsable del mayor número de errores cometidos por los hablantes de nivel avanzado.** El estudiante, pues, si conocía la regla, debe olvidarla porque, mientras siga pensando con estas categorías, seguirá cometiendo errores en el uso de **ser** y **estar.** Por lo demás, no hay que alarmarse: esta regla no es más que **un aspecto parcial del punto número** 12).

2) Acción acabada, resultado de un proceso... → **ESTAR**

Esta regla, como señalábamos en el ESQUEMA, **no es operativa**, porque es más difícil definir y entender qué se quiere decir con eso de «resultado de un proceso anterior» que aprender de memoria los ejemplos a los que se aplica.

Pero no hay que preocuparse: esto no es más que **un aspecto parcial del punto número 12).** De manera que ya veremos que **estar cansado** (ahora o siempre), **estar maduro, estar roto,...** se dicen *necesariamente* así, con **estar**, y no podría ser de otra forma.

3) Atributo[1] = sustantivo, pronombre o infinitivo → **SER**

1. En una frase como:
Ana es inteligente
inteligente es el atributo.

De manera que se dice:

Madrid **es** la capital de España
tu paquete **es** aquel
eso **es** estudiar y no lo que tú haces

Esta regla es más «seria» que las dos anteriores, ya que es una regla totalmente gramatical: si detrás de lo que en principio podría ser **ser** o **estar** viene un *sustantivo*, un *pronombre* o un *infinitivo*, se usará **SER**. Ahora bien, la regla podrá servir para escribir, ya que el hablante al hablar no podrá detenerse a pensar si lo que va a venir detrás es un sustantivo, o...

Pero no hay que preocuparse. El estudiante no tiene por qué aprender esta regla particular; ya veremos que hay que decir

Madrid **es** la capital...
tu paquete **es** aquel
eso **es** estudiar...

porque todo esto no es más que **un aspecto parcial del punto...**

• Para las ampliaciones de esta regla 3), véase el ESQUEMA. Todo lo allí señalado no son, igualmente, sino **aspectos parciales del punto** 12).

4) Atributo = numeral

— cardinal { a) número total → **SER**
b) número parcial → **ESTAR**

Aplíquese directamente la regla. De manera que:

Éramos cuatro hermanos, pero uno murió y el mayor ya se ha casado, así que en casa **estamos** sólo dos

— ordinal { a) cuando implica definición → **SER**
b) cuando significa ocupar un lugar → **ESTAR**

De manera que si decimos:

su hijo **es** el primero

equivale a decir que «es el más inteligente, es el mejor», etc. Distinto de:

su hijo **está** el primero

es decir, «su hijo ocupa el primer asiento», por ejemplo.

El uso de **ser** no es más que **un aspecto parcial de 12). Y el de estar** es el valor predicativo de este verbo, por el que no se puede confundir con **ser**. Luego no es necesario retener esta regla particular.

5) Si se sobreentiende un sustantivo → **SER**

Si en una frase, entre el verbo y el adjetivo calificativo, se puede intercalar un sustantivo sin que la frase cambie de sentido y siga siendo gramatical, entonces usaremos **ser**[1]:

1. Nótese que, al intercalar el sustantivo, estaríamos de hecho ante la regla 3): atributo = *sustantivo* → **SER**

estas peras **son** [peras] italianas
la sentencia **fue** [una sentencia] justa

Es evidente que esta regla no se puede aplicar al hablar, porque ella misma nos impediría hablar. Como mucho, pues, podría tener alguna aplicación, ante un caso de duda, en la escritura, donde el hablante puede detenerse y reflexionar.

Pero, sobre todo, la regla es perfectamente inútil si se tiene en cuenta que no es más que **un aspecto parcial del punto...**

PRÁCTICA

II. Úsense adecuadamente los verbos **ser** o **estar**.

1. Eso ...es... una mentira como una catedral.
2. En clase ...somos... en total, contando al profesor, ocho.
3. Aunque ...estamos... ocho, habitualmente ...somos... sólo seis porque dos no van casi nunca.
4. Esto ...es... comer, lo que hacen los españoles, y no lo que hacemos en mi país.
5. Pedro ...es... aquel que viene por allí con la chica de rojo.
6. Ana ...es... la tercera por la derecha, la de la chaqueta verde.
7. Antonio ...es... ya todo un hombre.
8. Buen holgazán ...estás... hecho tú.
9. De momento, el equipo ...está... el primero en la clasificación.
10. Como siempre, el equipo ...es... el primero en la clasificación.
11. .... un licenciado más en paro, así que .... pinchadiscos en una discoteca.
12. .... licenciado en historia y .... también entrenador de un equipo de baloncesto aficionado.
13. Esos .... andares bonitos.
14. ...Está... hecho un animal de cuidado.
15. El Tribunal Constitucional .... una institución muy importante.

• Las reglas 6), 7), 8), 9), 10) y 11), aunque todas ellas no son más que **aspectos parciales de** 12), sin embargo son reglas tan simples, y por lo tanto tan operativas, que recomendamos que se apliquen directamente:

— propiedad → **SER**
— origen → **SER**
— compañía → **ESTAR**
etc.

PRÁCTICA

III. Complétense las frases siguientes con la forma adecuada de **ser** o **estar**.

1. Se lo di porque me dijo que ...fuera... suyo.

2. La verdad es que es insoportable: siempre ...está... protestando.
3. Lo siento, pero no ...estoy... en casa en este momento. ...Estoy... de visita en casa de unos amigos.
4. Te llamo para decirte que no te preocupes, que Ana ...está... con mis hijas aquí, en mi casa.
5. Durmiendo un poco más cada día ...soy... como luego te encontrarías mejor.
6. No sé exactamente de qué ...es..., pero ...es... de lo que ...es... la verdad es que ...está... hecho con mucho gusto.
7. ...Son... todos ellos de un mismo país, pero no me preguntes de cuál.
8. Creo que ...son... gaboneses.
9. Se los pides a Sara, que ...son... suyos.
10. No los toques, que ...están... para la profesora.
11. No los toques, que ...son... ahí para adornar un poco esto.
12. Espere un momento, por favor, que ...estoy... hablando por otra línea.
13. Siempre ...estás... con ese tipo, que no me gusta nada.
14. Siento que no pueda Vd. hablar con él, pero ...está... de vacaciones.
15. Trabajando con ilusión ...es... como se arreglaba el país.
16. ...Es... con más justicia social y una mejor distribución de la riqueza como se ponía en marcha este país.
17. Tienen ese sabor tan peculiar porque ...son... de campo; ...están... hechos con una serie de cosas y de hierbas que sólo allí conocen.
18. Unas veces más y otras menos, pero siempre .... entretenida jugando con algo.
19. Y luego, esta tarde, como todos los días, ... un rato con Juan.
20. .... repitiendo una estructura, cuantas veces sea necesario, como se llega a automatizarla.

⑫

- Por fin llegamos al punto número ⑫. No se trata de una regla, en el sentido de que lo que aquí se dice no es operativo, es decir, no se puede aplicar directamente como, por ejemplo: la compañía → **estar.**

- Se trata de dos conceptos, un tanto abstractos, que el estudiante, más que aprender, debe intentar comprender, y con ello estará en vías de usar correctamente **ser** y **estar**.

- **Ser** y **estar**, como verbos copulativos, son tan distintos en su significado como cuando son no copulativos o predicativos. Si llegamos, entonces, a captar en qué consiste la diferencia básica entre los dos, no habrá por qué confundirlos, como son inconfundibles cuando son predicativos.

- **SER** es un verbo **esencial; ser DEFINE** al sujeto, es decir, señala una característica del mismo, sea ésta permanente o accidental. **Ser IDENTIFICA** sujeto y atributo:

A	=	B
Pedro	**es**	inteligente

- **ESTAR**, en cambio, es un verbo de **estado;** señala cómo **SE ENCUENTRA,** en un momento determinado o siempre, el sujeto:

  Pedro **está** cansado

- Esta diferencia se apreciará mejor —y con ello, además, empezamos a darle carácter operativo— analizando el ejemplo del ESQUEMA.

  Del prisionero se señalan una serie de características, que tratan de decirnos **en qué consiste**, es decir, **quién es, qué es, cómo es.** En concreto se nos dice de él que:

  es americano
  es alto y fuerte
  es valiente
  es inteligente
  es capitán [¿Puede haber algo más accidental que el hecho de ser capitán? *Hoy* **es** capitán; *hace un año* **era** teniente, y *mañana* puede **ser** mayor del ejército].

Y por otra parte, se nos dice **cómo se encuentra,** es decir, **cómo está:**

está cansado
está tirado sobre la cama
está pensativo
está con las manos en la cabeza
está sucio
está en mangas de camisa
está nervioso

- Vamos a dar un paso más y vamos a hacernos y responder a las siguientes preguntas, con lo que avanzaremos también en el camino de convertir en operativo todo lo que antecede.
  - ¿Alguien puede **ser** «*estar* tirado en la cama»? Evidentemente, no; se puede **ser** muchas cosas, y alguien puede **estar** tirado toda su vida en una cama, pero no se puede **ser** tirado sobre una cama.

  - Asimismo, ¿alguien puede **SER** «*estar* con las manos en la cabeza» o «*estar* en mangas de camisa?» Se podrá **estar** siempre así, pero nunca se llegará a **ser.**

- Pero del prisionero se dicen otras cosas:

  está cansado
  está sucio
  está nervioso

Cansado, sucio y **nervioso** —como sucede con la inmensa mayor parte de los adjetivos— se pueden construir tanto con **ser** como con **estar**. Pero una cosa será «**ser** cansado» y otra «**estar** cansado», sin que esto nos deba sorprender ya. Así:

- un viaje puede **ser** cansado. También una persona puede **ser** muy cansada, es decir, tener un carácter tal que aburre o cansa a los demás. Y eso será distinto de **estar** —siempre o alguna vez— cansado.

- un color puede **ser** sucio, porque **es** muy claro por ejemplo; por su color, pues, un suelo puede **ser** sucio. También un niño puede **ser**, entre otras muchas cosas, sucio. Pero suelo y niño pueden **estar** —ahora o siempre, esto no importa— sucios.

- de igual modo, distinguiremos y ya no nos confundirá: **ser** nervioso y **estar** (siempre) nervioso.

• En el ESQUEMA fuimos indicando cómo cada una de las reglas particulares no eran sino aspectos concretos de este punto número ⑫. Vamos a ir comprobando que esto es así y, al mismo tiempo, efectuaremos una especie de bombardeo sobre la mente, porque la insistencia —en este caso más que en ningún otro— es el mejor camino para la asimilación de este concepto.

  - la compañía → **ESTAR**
    Lógico. Una persona puede **ser** muy amiga de otra; puede **ser** muchas cosas. Pero lo que nunca podrá **ser** es «*estar* con Andrés»: con Andrés podrá **estar** siempre o alguna vez, pero no **ser**.

  - cuando sigue un gerundio o un equivalente → **ESTAR**
    Claro. Se puede **ser** amante del campo o la naturaleza; se puede **ser** cazador como se puede **ser** ecologista. Lo que no se puede **ser** es «*estar* cazando o *estar* de caza»: porque alguien **es** cazador puede **estar** siempre cazando.

  - materia → **SER**
    Una cosa puede **ser** grande o pequeña, bonita o fea, como puede **ser** de oro o de plata.

  - origen → **SER**
    Normal. Se **es** alemán como se **es** alto o bajo, rubio o moreno, o como se **es** hombre o mujer. Y todo ello distinto de **estar** muy alemán, como no es lo mismo **ser** alto que **estar** alto.

  - si se sobrentiende un sustantivo → **SER**
    Dios **es** [un ser] incomprensible
    Dios **es**, o puede **ser,** muchas cosas: eterno, padre, creador, etc., etc. Y, entre otras cosas, **es** también incomprensible.

  - ordinal que define → **SER**
    No podría ser de otra forma. Lo mismo que Dios **es** incomprensible, alguien puede **ser** inteligente o el más inteligente, es decir, puede **ser** el primero. Distinto, lógicamente, de **estar** el primero.

  - atributo = sustantivo, pronombre o infinitivo → **SER**
    ¿Y qué otra cosa si no? Pedro puede **ser** inteligente, como puede **ser** alemán o puede **ser** moreno, y del mismo modo puede **ser** *médico*; distinto del hecho de que **estuviera** siempre de médico en el mismo pueblo. Asimismo, puede **ser** el más alto, o el de la camisa verde, es decir, puede **ser** *aquél* (que viene hacia nosotros).

— acción acabada, etc. → **ESTAR**

Un reloj, por ejemplo, puede ser muchas cosas: puede **ser** de pulsera o de pared, automático o no, calendario o no, puede **ser** de oro o de plástico, como puede **ser**, simplemente, bonito o feo; pero lo que no será nunca el reloj es «*estar* roto»: el reloj podrá **estar** eternamente roto o parado, pero no llegará a **ser.** Sí puede **ser** parado o **ser** un parado, distintos de **estar** parado, mi vecino por ejemplo.

— por último, decimos:

Petra **es** guapa

Y decimos también:

Petra **está** siempre igual de guapa

llana y sencillamente porque **son dos cosas distintas.**

PRÁCTICA

IV. Complétense las frases siguientes con las formas adecuadas de **ser** o **estar**.

1. Laura.................... estudiante de la Universidad de Pisa y, entre otras cosas,.................... estudiando español.
2. .... unos muchachos realmente inteligentes.
3. Además de estudiar,.................... también buenos deportistas.
4. El mayor.................... muy enamorado. Hasta.................... posible que, como su padre, ... un poco mujeriego.
5. La verdad.................... que.................... una familia encantadora: todos.................... muy alegres y siempre.................... contentos.
6. Me voy a sentar un poco porque.................... que no puedo más. .... más cansada que si.................... todo el día en la oficina.
7. Aprovechaos de la vida vosotros, que.................... jóvenes.
8. Como tú sabes no.................... lo mismo.................... joven que.................... joven. .... joven.................... tener pocos años; ....joven, en cambio, ... aparentar menos años de los que se tienen, o conservarse bien.
9. — ¿Sucede lo mismo con.................... viejo y.................... viejo?
   — Lo mismo. Por eso, no se le debe decir a una persona: «¡Qué viejo.................... (tú)!» «Qué vieja.................... (ella)!».................... lo que dice, en voz baja y al separarse, una mujer, por ejemplo, que se encuentra, después de diez años, con una antigua compañera de universidad.
10. Los zapatos no.................... viejos. Yo diría que.................... nuevos: se los compré hace un mes. Lo que pasa.................... que.................... muy sucios y muy mal cuidados.
11. .... (yo) encantada con ellos porque la verdad.................... que.................... unos niños encantadores. .... estupendos.
12. Creo que lo pasaremos bien con ellos, porque.................... una gente muy moderna y muy progresista.
13. A mí, que.................... progres o que.................... conservadores, me tiene sin cuidado.
14. Cuando llegaron.................... (nosotros) en clase, y precisamente en aquel momento el profesor.................... explicando ese tema.
15. — ¿Pero qué has hecho? ¡.................... (tú) guapísima!
    — ¡Tonto!

— .... verdad: .... preciosa.

16. Lo ha hecho porque.................... un cobarde.
17. Ten cuidado, que la niña.................... dormida.
18. ¡Cómo duerme!.................... un dormilón...
19. ¡Que si le gusta la cama!.................... hecho un dormilón...
20. — ¿Os.................... aburriendo, no?
— No, de verdad que no. ¿Tú.................... aburrido, Pepe?
— No, yo no... La película.................... la que.................... un poco aburrida.
21. Daba gusto verlos: .... radiantes de felicidad.
22. — .... felices allí, ¿no?
— Sí, ...muy contentos. Los vecinos.................... muy amables y la gente, en general, ...muy abierta ¡Ya sabes cómo.................... en el sur!
23. Creo que.................... (vosotros) un poco irresponsables. Si yo.................... allí, no os habría dejado hacerlo.
24. — ¿Qué tal la niña?
— ¡Preciosa!.................... muy tranquila y casi no nos da guerra.
25. Tened cuidado, que la niña.................... muy tranquila jugando en la cuna.
26. Ponte otra camisa, que esa todavía.................... húmeda.
27. También nosotros.................... jóvenes como todo el mundo.
28. Hay que.................... sinceros siempre, y tu ayer no lo....................
29. Ayer, ... (nosotros), quizás, demasiado duros con él.
30. El clima de Galicia.................... húmedo.
31. Tengo que reconocer que.................... (vosotros) muy valientes en aquella ocasión, porque las circunstancias.................... realmente difíciles.
32. Luego.................... viendo un rato la televisión.
33. Lo difícil.................... dejar contentos a todos.
34. — .... (él) muy romántico, ¿no?
— Sí, lo.................... y lo.................... Yo diría que, más que romántico, ... empalagoso.
35. Si.................... (vosotros) cansados, dejadlo para mañana, que ya.................... tarde.
36. No creo que apruebe a la primera; ....muy verde todavía.
37. .... un muchacho muy maduro.
38. Las peras.................... tan maduras que hay algunas que.................... hasta pasadas.
39. No me gusta nada: .... un lelo, un parado.
40. .... en paro desde hace más de dos años.
41. Si no.................... demasiado verde puedes contarlo.
42. ¿.................... que acaso ya no te acuerdas de cuando.................... niño?
43. .... en la biblioteca toda la mañana.
44. Lo cierto.................... que.................... comprensivo con ella.
45. .... harta de que me digas lo que tengo que hacer.
46. .... alto y además.................... muy alto para su edad.
47. .... siempre pendiente de lo que pasa a su alrededor.
48. — .... (él) triste durante toda la fiesta.
— Siempre lo...................., porque lo....................
49. ¿.................... libre ese asiento, señora?
50. Se dice que el hombre.................... libre. Y yo pregunto: ¿.................... verdad? Puede que.................... así.

13) Juicios que dependen de la experiencia del hablante → **ESTAR**

De manera que hay quer distinguir entre:

el café **es** amargo ≠ el café **está** amargo

Pero esta regla no es más que la aplicación directa de ⑫

14) Con los adverbios de modo

Recordemos:

— *bien* y *mal* → **ESTAR:**
está bien / **está** mal

— *así* → **SER / ESTAR:**
está así siempre, enfadada
es que ella **es** así, muy alegre

— con los adverbios en **—mente:**
- si el adverbio se refiere al verbo → **ESTAR:**
está estupendamente ~ **está** muy bien

- si el adverbio se refiere al adjetivo, depende:
es tremendamente aburrida ~ **es** muy aburrida
está terriblemente gorda ~ **está** muy gorda

Pero notemos que toda la regla es innecesaria, porque todo ello no es sino aplicación directísima de ⑫:

está bien ~ **se encuentra** bien
está mal ~ **se encuentra** mal
es alegre → **es** así, alegre
está enfadada → **está** así, enfadada, desde ayer
está estupendamente ~ **se encuentra** estupendamente
es aburrida ~ **es** tremendamente aburrida
está gorda → **está** terriblemente gorda

15) Para expresar el tiempo y las fechas

Véase el ESQUEMA.

PRÁCTICA

V. Complétense las siguientes frases con la forma adecuada de **ser** o **estar**.

1.—No sé qué opinión te merece la paella. Para mí.................... uno de los platos más exquisitos de la cocina española.
—Puede...................., pero esta.................... para tirársela al cocinero a la cabeza.

2.—El agua de este río suele.................... fría. ¿Cómo.................... hoy?
—....................que corta...

3. .... bien, si no quieres ir no vayas. Pero luego no me digas que.................... aburrido.
4. —¿A cuántos....................?
—A catorce.
5. Date prisa, que.................... tarde.
6. Ciertamente.................... muy tarde ya; cuando llegamos.................... anocheciendo.
7. .... difícilmente creíble, por no decir imposible.
8. .... maravillosamente instalado.
9. Hoy .... lunes, así que pasado mañana nos podemos ver.
10. .... las ocho. A las diez quiero que.................... (tú) de vuelta.

16) **ser/estar** → cambio de significado

Muchos adjetivos no sólo se pueden construir con **ser** y con **estar**, sino que al construirse con uno u otro verbo cambian totalmente de significado.

Esto plantea dos tipos de problemas distintos:

— Por un lado, habrá siempre una diferencia básica que responderá a la distinción entre **ser** y **estar**, es decir, al punto ⑫. De manera que:

estar católico se referirá siempre a un estado
ser católico será una característica

— Pero, por otra parte, el hablante extranjero tendrá que conocer el **significado concreto** de cada expresión, como si de cualquier otro aspecto del vocabulario se tratara:

no estar católico = «no encontrarse bien, física o síquicamente».
ser católico = «estar bautizado o profesar la religión católica».

PRÁCTICA

VI. Los estudiantes explican la diferencia de significado que hay en las parejas de ejemplos incluidas en el ESQUEMA y hacen una frase con cada elemento.

17) Neutralización

Para aquellos estudiantes no familiarizados con la terminología lingüística explicaremos, en primer lugar, el concepto de *neutralización*.

Es el fenómeno por el que dos elementos que habitualmente son diferentes, en determinadas circunstancias suspenden sus diferencias, es decir, dejan de ser diferentes. Así, θ (za, ce, ci, zo, zu) y [d] son dos sonidos o fonemas distintos en español, que nos permiten, por ejemplo, distinguir:

caza y **cada**

Pero esta diferencia desaparece, en la mayor parte de los hablantes, cuando en final de palabra θ y [d] se pronuncian los dos como θ:

perdiz → perdiθ
Madrid → Madriθ

Pues bien, lo mismo sucede con **ser** y **estar**: son dos verbos tan distintos como ya conocemos, pero con determinados adjetivos (**ciego, casado, viudo, soltero, tonto, bobo, idiota,...**) neutralizan su diferencia. De manera que

ser ciego ~ **estar** ciego

Y por eso, de una persona que no ve, podemos decir:

es ciego o **está ciego**

Y del árbitro de fútbol que no arbitra a nuestro gusto:

¡pero si es que **es ciego**, el tío!

o bien

¡pero si es que **está ciego** el tío!

A veces, se pueden dar ciertas diferencias de tipo sociolingüístico. De manera que, con **casado, soltero** y **viudo**, es habitual el empleo de **ser** en el lenguaje oficial, mientras que **estar** quizá sea de uso más frecuente en la lengua general.

C) **Ser** y **estar** en la pasiva

- La tercera cuestión en el uso de **ser** y **estar** la constituye la presencia de estos verbos en la pasiva.

- Hay dos tipos completamente distintos de pasiva, que se construyen respectivamente con **ser** y con **estar**

- **Ser** es un verbo que implica acción y por lo tanto la presencia, explícita o implícita, de un agente:

  fue realizada por un director italiano
  fue escrito [se supone que **por** alguien] con la intención de influir en...

- **Estar**, en cambio, mantiene en la pasiva su valor básico de **estado**, por lo que se distinguen —es difícil confundirlo con **ser**— en que:

1) **ser** → agente / **estar,** no:

   a las ocho las puertas de acceso **están** ya **cerradas**
   las puertas **son cerradas** a las ocho **por** una persona encargada de ello.

2) **ser** se refiere a la acción misma; es un verbo activo o dinámico/**estar,** como verbo de estado, se refiere a la acción ya terminada, ya realizada:

las puertas **son abiertas** diariamente
las puertas **están abiertas** día y noche
las casas **son construidas** de tal manera
las casas **están construidas** de tal manera

- Otro aspecto que influye en el uso de **ser** y **estar** en la pasiva es el de su carácter *imperfectivo* y *perfectivo*, respectivamente:

— **Ser,** en cuanto se refiere a la acción misma, la ve en su realización y por lo tanto como no acabada. Es un verbo *imperfectivo.*

— **Estar**, en cambio, es un verbo *perfectivo*, es decir, significa la acción ya acabada.

Resultado de ello —y esto es lo único que debe retener el estudiante— es el hecho de que haya algunos verbos que sólo admiten **ser:**

1) Los verbos imperfectivos (como **esperar** y **desear**[1]) lógicamente sólo se construyen con **ser:**

es esperado / ***está** esperado
era deseado / ***estaba** deseado

2) Verbos perfectivos como **terminar, acabar, concluir, finalizar** no admiten **estar** en los tiempos compuestos[2]:

han sido terminadas / ***han estado** terminadas
hubiera sido concluido / ***hubiera estado** concluido

- Es un hecho conocido que el español usa poco la pasiva, pero bien entendido que referido sólo a la pasiva con **ser**. La pasiva con **estar** se utiliza cada vez que ello es necesario.

- El español prefiere:

— la activa a la pasiva:

Cervantes **escribió** el Quijote

Mejor que:

el Quijote **fue escrito** por Cervantes

— la activa «invertida». Se dice:

el cristal **lo he roto** yo

1. **Esperar** y **desear** son imperfectivos porque, evidentemente, son ellos mismos mientras no se realizan. Cuando la esperanza o el deseo se cumplen, automática y necesariamente dejan de ser esperanza o deseo.

2. La razón de ello es que los tiempos compuestos (más la forma CANTÓ), por ser compuestos, son perfectivos. Entonces tendríamos tres marcas de «perfección»: el significado del propio verbo, la forma verbal y el verbo **estar**. Y la lengua parece ser que no admite «**tantas albardas para un mismo burro**».

Y no se dice:

el cristal ha sido roto por mí

— la pasiva con **SE** a la pasiva con **SER**. De manera que:

1) Para la acción repetida o habitual → **se:**

las puertas **se abren** diariamente
las casas **se construyen** de tal manera

Mejor que:

las puertas **son abiertas** diariamente
las casas **son construidas** de tal manera

2) Las frases de carácter impersonal → necesariamente **se**:

se come muy bien aquí
se dice que...
se vende esta casa
se venden pisos

Nunca:

*es comido muy bien aquí
*es dicho que...
*es vendida esta casa
*son vendidos pisos

3) En consecuencia, el uso de la pasiva con **ser** se reduce prácticamente a aquellos casos de «acciones particulares o puntuales, con agente explícito o implícito, en los que no se usa la activa»:

el Quijote **fue escrito** con la intención de...
el Quijote **se escribió** con la intención de...
el Quijote **lo escribió** con la intención de...

PRÁCTICA

VII. Dos estudiantes dialogan conforme al modelo:

Estudiante 1: Tú has roto el cristal.
Estudiante 2: El cristal lo he roto yo, sí, pero no pasa nada[1].

1. Andrés se ha llevado el paquete.
2. Ana puso la televisión.
3. Julio ha perdido las cuartillas.
4. Tú te has comido lo mejor.
5. Isabel tiene los libros.
6. Jacinto compró la pistola.
7. Tú tienes la culpa.
8. María compró los cuadernos.

1. Nótese que, al anteponer el complemento, hay que repetirlo con el correspondiente pronombre átono delante del verbo: el cristal **lo...**; la mesa **la...**, los paquetes **los...**; las lámparas **las...;** lo mejor **lo...**

VIII. Complétense las siguientes frases con las formas pasivas **–ser, estar** o **se–** que se consideren apropiadas.

1. Estos dulces (hacer)...se hacen...con una receta casera.
2. El presidente (recibir)...fue recibido...en audiencia por el rey.
3. La película, que (realizar)...fue realizada...en 1954, conserva todo su valor como todas las obras clásicas.
4. Cuando llegamos, desgraciadamente el museo (cerrar)............ ya.
5. Es algo que yo creo que (desear)............ por todo el mundo.
6. (Rumorear)............ por ahí que va a haber jaleo.
7. Ese cristal ya (romper)............
8. (Coger)............ puntos.
9. Es un tipo de tela que (vender)............ muy bien.
10. (Esperar)............ con verdadera espectación.
11. Esa obra (escribir)............ por un autor anónimo, con una clara intención reformista.
12. Un momento, la llave (meter)............ así.
13. Todavía no (abrir)............ el plazo.
14. Todavía no (convocar)............
15. (Seleccionar)............ uno a uno por nuestros propios agentes.
16. Su asunto ya (resolver)............
17. No (esperar)............ más complicaciones que las habituales.
18. El libro prácticamente (terminar)............
19. El ladrón, aunque opuso resistencia, pudo (reducir)............ por la policía.
20. Las dificultades en realidad (reducir)............ a dos.
21. Las consecuencias (examinar)............ en una próxima reunión.
22. De momento ese tema (paralizar)............
23. Ha habido suerte. Creo que el trato (hacer)............
24. Si Vd. hubiera venido antes, ese problema (solucionar)............ ya.
25. (Convocarles)............ a todos.
26. (Convocar)............ todos.
27. (Oír)............ tantas tonterías...
28. (Perseguir)............ durante la República.
29. Antiguamente las cosas (hacer)............ mejor.
30. Lo suyo (terminar)............

RECAPITULACIÓN

REPASO GENERAL DE LOS USOS DE **SER** Y **ESTAR**

IX. Complétense los puntos suspensivos con la forma adecuada de **ser** y **estar.**

1. Las 24 horas de Indianapolis............ el domingo próximo.
2. Ha trabajado mucho y lógicamente............ cansada.
3. Lo siento, pero no puedo ir porque............ esperando que me llamen **de un momento a otro**.
4. En su casa siempre............ medio desnudo. Ya sabes cómo............, algo raro: vegetariano, pintor, músico y medio brujo.
5. .... cierto que ha venido esta mañana.
6. .... claro que él sabe más que nosotros de eso.
7. .... conveniente que se lo expliques tú personalmente.
8. Y en ese caso,............ (yo) convencido de que comprenderá.
9. El............ muy seguro de que va a aprobar, **pero ya veremos.**
10. Lo que sí............ seguro .... que él no ha intervenido.
11. .... verdad que se ha examinado y ha aprobado.
12. Mira a ver qué le pasa al reloj de la entrada. ....parado desde ayer.
13. A este mío no hay que darle cuerda porque............ automático, ... de cuarzo.
14. Ponte la otra; la rosa te la lavé esta mañana y todavía............ húmeda.
15. Espera, ahí hay un taxi que parece que............ libre.
16. Todos los hombres............ libres.
17. Perdón, señorita. Esa butaca, ¿............ libre?
18. — ¿Qué............ de él? ¿Sigue en la cárcel o no?
    — No, ahora............ libre.
19. El clima de las regiones tropicales, como se sabe, ...húmedo.
20. No me gusta nada; ....muy orgulloso.
21. El salón de la casa............ de estilo colonial.
22. .... muy orgullosa de lo que he hecho.

23. ¡Umm! ¡Qué rica ....la pera!
24. Esos.................. los niños de Andrés, ¿no?
25. Cuando llegamos el salón.................. ya lleno de gente.
26. .... un tipo de pera muy bueno.
27. Pruébalas:.................. riquísimas;.................. peras italianas.
28. Creo que no.................. de aquí. Si no recuerdo mal, me parece haber oído que.................. .... del norte.
29. Si esperas un momento podrás probarlo, porque esto ya.................. listo.
30. La familia de Antonio.................. muy rica.
31. Hombre, no.................. mal, pero yo creo que.................. un poco aburrido.
32. Trabajar en esas condiciones desde luego.................. muy cansado.
33. No puedo trabajar más; ....muy cansado.
34. Sentí no poder verte, pero me dijeron que.................. en casa de Gloria.
35. Hay que oírla hablar. Como su hijo no hay otro: ....el más listo y el más guapo.
36. ¿Me puede decir por qué el suelo de los bares suele.................. tan sucio?
37. No me extraña nada que no te dijera nada porque.................. muy tímido.
38. Vete a las oficinas centrales y pregunta allí por Carlos. ....muy atento y seguro que te lo soluciona.
39. En clase (nosotros).................. siempre muy atentos porque te puede preguntar en cualquier momento.
40. Me encanta el profesor de gimnasia porque.................. muy simpático.
41. Marta.................. inteligente y trabajadora.
42. Este año todavía no sé, pero el año pasado (nosotros).................. quince días en Almuñécar.
43. — ¿.................. tuya?
    — ¿Qué?
    — La cartera.
    — No, pero me parece que.................. de Rosa.
44. Vamos a ver, que no te enteras. Ha dicho que el partido.................. ayer, que.................. .... en el pabellón municipal y que.................. muy bueno.
45. No sé exactamente a cuántos, pero.................. a unos cuarenta kilómetros de Madrid.
46. ¿Qué.................. eso que llevas ahí? ¿La raqueta?
47. .... todos preparando algo para la fiesta de fin de curso. Julia.................. haciendo unos disfraces; José ha buscado unos chistes, y a mí me gustaría.................. la presentadora.
48. Date prisa, que el partido.................. a las seis.
49. Cristina este verano.................. en España haciendo un curso de español.
50. Toma. Ayer (yo).................. con Santiago y me dio eso para ti.
51. — ¿Quién.................. ese chico que te llama tanto últimamente?
    — .... un compañero de curso.
52. Ana.................. muy guapa con ese vestido.
53. — ¿Dónde.................. mi libro? ¿Lo has visto tú?
    — Sí, ... aquí, en mi mesa.
54. Las cosas.................. como.................. ¡Qué le vamos a hacer!
55. La vida.................. así, y no hay más remedio que aguantarse.
56. .... así desde que nació.
57. (Yo).................. harto de que me **tomen el pelo.**
58. Cuidado con él, porque puede.................. muy molesto cuando se lo propone.

59. ¡Hay que ver, siempre (tú)............ molesto por algo!
60. .... que no se puede............ tan parado, tan bobo y tan soso como tú.
61. Siempre............ muy seguro de lo que hace.
62. Me gusta viajar con él porque............ muy seguro conduciendo.
63. Me tienes nervioso, ... quieto.
64. No creo que............ el más indicado para **dar lecciones** de moralidad.
65. No............ decente para ir a la iglesia.
66. Parece............ que (él)............ metido en ello hasta el cuello.
67. No............ necesario que vengas el próximo sábado.
68. (El)............ joven; lo que pasa es que............ muy avejentado.
69. Un drogadicto no............ un delincuente y hay que tratarlo como lo que............ Y todos sabemos que............ un enfermo.
70. No sé qué le pasa al pobre hombre, siempre............ enfermo.
71. — (El)............ listo el tío, ¿no?
— ¿Listo?............ **un lince** para los negocios.
72. **¡Menudo elemento............ hecho ése!**
73. Ten cuidado con él, que............ muy vivo.
74. (Yo)............ **negro** con este asunto.
75. ¿Qué............ un chiste verde?
76. ¡Qué pesado (tú)............!
77. ¿(Tú)............ contento? ¿(Tú)............ feliz?
78. (Tú)............ peor que un viejo verde.
79. Ponte algo encima, que la mañana............ muy fresca.
80. (Tú)............ un fresco.
81. Me parece que............ tú muy fresca, Teresa. Vas a pasar frío.
82. España............ la primera productora de aceite de oliva de la Comunidad.
83. España............ a la cabeza de los productores de aceite.
84. Ese compañero tuyo, ¿............ soltero?
85. ¡Ni que (tú)............ ciego!
86. — ¿Qué tal Gloria?
— .... hecha una preciosidad.
87. La Plaza Mayor............ el centro de Salamanca.
88. La Plaza Mayor............ en el centro de Salamanca.
89. Enciende la luz, que............ esto muy oscuro.
90. He encontrado un piso que no............ mal. Pero............ un bajo y, claro, las habitaciones............ muy oscuras.
91. Si él............ muy alegre, pero no sé... .... triste por algo, y no sé por qué.
92. Sí, (nosotros)............ diez, pero lo cierto............ que aquí............ la mitad.
93. Tú no sabes cómo se puso cuando le dije que............ muy joven: «Yo no............ joven; yo............ joven. ¿O es que tener cincuenta años es............ viejo?». Y no me pegó **de puro milagro.**
94. Esta habitación............ fría.
95. .... bien que le llames la atención, pero **sin pasarte.**
96. No te preocupes, que yo le diré que (tú)............ conmigo.
97. Sí, vete corriendo, que tu madre............ buena...
98. No............ bobo, y hazlo.
99. Date prisa, que............ tarde.

29

100. Por fin, todos los ejercicios cortos.................................... hechos, y espero que ahora el uso de **ser** y **estar**.................................... más fácil para vosotros.

X. Complétense los siguientes textos con las formas adecuadas de **ser** o **estar**.

1. TIERRAS DE CASTILLA

Por tierras de Sigüenza y Berlanga de Duero, en días de agosto alanceados por el sol, he hecho yo —Rubín de Cendoya, místico español— un viaje sentimental, sobre una mula de altas orejas inquietas. ....las tierras que el Cid cabalgó. ...., además, las tierras donde se suscitó el primer poeta castellano, el autor del poema llamado *Myo Cid*.

No se crea por esto que.................................... de temperamento conservador y tradicionalista. .... un hombre que ama verdaderamente el pasado. Los tradicionalistas, en cambio, no lo aman: quieren que no.................................... pasado, sino presente. Amar el pasado.................................... congratularse de que efectivamente hay pasado, y de que las cosas, perdiendo esa dureza con que al hallarse presentes arañan nuestros ojos, nuestros oídos y nuestras manos, asciendan a la vida más pura y esencial que llevan en la reminiscencia.

El valor que damos a muchas de las realidades presentes no lo merecen éstas por sí mismas; si nos ocupamos de ellas.................................... porque existen, porque.................................... ahí, delante de nosotros, ofendiéndonos o sirviéndonos. Su existencia, no ellas, tiene valor. Por el contrario, de lo que ha.................................... nos interesa su calidad íntima y propia. De modo que las cosas, al penetrar en el ámbito de lo pretérito, quedan despojadas de toda adherencia utilitaria, de toda jerarquía fundada en los servicios que como existentes nos prestaron, y así, en puras carnes, ...cuando comienzan a vivir de su vigor esencial.

Por eso.................................... conveniente volver de cuando en cuando una larga mirada hacia la profunda alameda del pasado: en ella aprendemos los verdaderos valores —no en el mercado del día.

¡Esta pobre tierra de Guadalajara y Soria, esta meseta superior de Castilla!.... ¿Habrá algo más pobre en el mundo? Yo la he visitado en tiempo de la recolección, cuando el anillo dorado de las eras apretaba los mínimos pueblos en un ademán alucinado de riqueza y esplendor. Y, sin embargo, la miseria, la sordidez triunfaba sobre las campiñas y sobre los rostros como un dios adusto y famélico atado por otro dios más fuerte a las entrañas de esta comarca.

Pero esta tierra que hoy podría comprarse por treinta dineros, como el evangélico *azeldama*, ha producido un poema —el *Myo Cid*— que allá en el fin de los tiempos, cuando venga la liquidación del planeta, no podrá pagarse con todo el oro del mundo.

El *Myo Cid*.................................... un balbuceo heroico, en toscas medidas de paso de andar, donde llega a expresarse plenamente el alma castellana del siglo XII, un alma elemental, de gigante mozalbete, entre gótica y celtíbera, exenta de reflexión, compuesta de ímpetus sobrios y nobles. El cantor anónimo que —como un alcotán gritando desde un risco— dio en la altura desolada y agresiva de Medinaceli al aire este cantar, supo llevarnos por el camino más corto al íntimo fondo de una realidad eterna... Pero todos los que habláis español desde la cuna habéis leído este cantar, ¿no.................................... cierto? Cuando llevamos dentro sus recios versos heroicos nuestro peso moral aumenta.

Caminemos unos días a través de *Castilla la gentil,* según la llama el poeta.

(José Ortega y Gasset: *Notas*)

2. CATEDRATICOCENTRISMO

La vida (y la política) universitarias se han centrado tradicionalmente sobre la figura del catedrático: aún concibiéndose formalmente la Universidad como una Corporación de profesores y alumnos, para poco —o nada— han contado los alumnos; y del lado de los profesores, los no catedráticos.................. .... como si no existieran, puesto que su vida oficial dependía totalmente de la voluntad del «maestro». En cuanto a un eventual «tercero», ...decir, el Ministerio siempre ha vivido colonizado por algunos catedráticos. Las consecuencias de tal situación.................. fáciles de imaginar: la Universidad.................. en manos de los catedráticos y las reformas universitarias, firmadas o propuestas por un Ministro o Director General catedrático, o.................. en realidad reformas para catedráticos, o a ellos se encomendaba su gestión. Como hoy las cosas ya no.................. así —esto.................. evidente—, ¿a qué se deberá el deslizamiento de la posición de los catedráticos? ¿O.................., más bien, que no han disfrutado nunca de esta pretendida situación de privilegio?

Desde luego.................. cierto que la Universidad liberal española ha.................. siempre catedráticocentrista en cuanto que.................. montada para los catedráticos y gobernada por catedráticos. Un gobierno, por lo demás, muy sencillo dado que consistía en la indefinida reproducción rutinaria de las mismas actitudes y decisiones. Los problemas de los estudiantes.................. ...... siempre los mismos y se resolvían por sí solos, con un régimen de tolerancia paternal a la manera de la Casa de la Troya; la administración no proporcionaba ningún problema, dada su simplicidad, y las cuestiones de gobierno sólo.................. en manos de los profesores si.................. aproblemáticas, puesto que si devenían agudas la decisión pasaba al Ministro (de ordinario con gran satisfacción de las autoridades académicas, que así se veían liberadas de responsabilidad), cuando no al gobernador civil o al Capitán General. Autogobierno de catedráticos, pues, pero rutinario y aproblemático.

(...)

¿A qué se debe este fracaso de los catedráticos, tratándose como se trata, por lo general, de individuos sobresalientemente cultos y sensibles a los problemas universitarios, cuyos planteamientos dominan? Pues, sencillamente, a que *las nuevas necesidades universitarias no.................. hechas a la medida de los catedráticos*. Estos han gobernado sin dificultades la Universidad tradicional porque una y otros se correspondían, pero la Universidad moderna, con sus nuevas exigencias, desborda por completo a los catedráticos. El papel de éstos ha de variar por completo: ya no.................. para gobernar a la Universidad, sino para servirla. El tema no.................., pues, el de la inteligencia de unos individuos, que no ya se le supone, sino que la han demostrado en unas duras pruebas de ingreso. Individualmente los catedráticos pueden seguir.................. a la altura de las circunstancias, pero ahora no se trata de eso, sino de su capacidad corporativa, y aquí.................. donde ya han dejado de dar la talla. La legislación había entregado la Universidad al cuerpo de Catedráticos para que la gobernasen y así han venido haciéndolo durante más de un siglo, repartiéndose entre ellos los cargos directivos. En realidad, dentro de la Universidad no han.................. los individuos quienes han gobernado, sino el cuerpo: el cuerpo.................. el que designaba a los titulares de los cargos (y por rotación terminaban todos teniendo alguno); y,además, la presión corporativa .... tan fuerte que sólo muy difícilmente podía aventurarse un individuo a ejercer el cargo por su cuenta al margen de las aspiraciones de la Corporación. En fin, la formación y vida en común producía una notable uniformidad de criterios y mentalidades.

Pues bien, el cuerpo de catedráticos, en cuanto colectivo, ha demostrado.................. totalmente incapaz para el gobierno de las Universidades modernas e incluso para afrontar mínimamente sus nuevas exigencias (al margen de la capacidad individual de sus miembros), con una consecuencia indiscutible: *la nueva Universidad ya no puede seguir.................. gobernada por un cuerpo de funcionarios.*

(Alejandro Nieto: *La tribu universitaria*)

Problemas

Escenario: El comedor de una casa. La familia está sentada a la mesa, comiendo.

Personajes:

Jorge, el padre, un hombre de unos cuarenta y cinco años.
María, la madre, una mujer muy femenina.
Julio, hijo, de 17 años.
Luz, hija, de 13 años.

Acto Primero y único

M: (dirigiéndose al padre) ¿Quieres algo para beber? Hay cerveza, vino, unos refrescos...

P: Sí, dame una cerveza, por favor (la madre se levanta, va al frigorífico y le trae la cerveza a su marido). Estaba riquísima esta sopa, ¿qué tenía?

M: Lo que siempre le echo a la sopa de verduras: zanahorias, judías verdes, acelgas, una patata...

L: Pues yo digo lo mismo que papá. Hoy tiene un sabor especial... No sé...

M: Bueno, es posible que sea el caldo de pollo. Sobró ayer un poco y para aprovecharlo se lo eché a la sopa.

J: También yo tengo que decir que estaba muy rica. Pero, sin ánimo de ir contra corriente, ¿no la habéis notado algo sosa?

P: ¿Sosa?

M: Sal sí le eché, y creo que bastante...

L: (mirando con picardía hacia su hermano). A lo mejor es que ya no le gustan las comidas que haces tú, mamá.

M: Niña,...

P: (que estaba como distraído) ¿Cómo? ¿Qué? ¿Qué pasa?

M: (mirando hacia Julio, quien a su vez ha bajado la cabeza y está mirando a su hermana con no muy buenos ojos). Nada; Luz que le decía a Julio que no protestara tanto. (Mientras retira la sopera y viene con el segundo plato). A ver qué os parece el segundo...

P: De la mejor cocinera del mundo, ¿qué se puede esperar? ¡Estará tan bueno como el primero! (María ha colocado ya la fuente en el centro de la mesa. Jorge y Luz se inclinan hacia adelante para ver qué contiene) ¡Pero qué es esto! ¿Pescado? ¿Carne?...

L: ¡Croquetas¡ ¿De qué son?

M: De jamón.

L: ¡Y bocaditos de pollo! ¡Y empanadillas de bonito! Y mira, papá, para ti filetitos rusos. (Mirando a Julio, con media sonrisa y ojos muy vivos). Y para Julio su merluza a la romana con su limón y sus patatas fritas... ¡Y espero que tengan suficiente sal!

J: (enfadado) ¡Me quieres dejar en paz, niña estúp...!

P: (Autoritario y rápido) ¡Pero se puede saber qué os pasa a vosotros dos hoy! (Dirigiéndose a su mujer). Tú sabes qué pasa, ¿verdad?

M: (Conciliadora, mientras Julio continúa echando miradas fulminantes a Luz y ésta parece divertirse con la situación).
No te preocupes; son bobadas suyas, cosas de muchachos jóvenes. Tengamos la comida en paz (Mientras hablaba ha acercado una nueva fuente). Mira, Jorge, tu ensalada preferida: con tomate, lechuga, pimiento, aceitunas y cebolla.

P: ¡Bueno! ¡Pero tú quieres tirar la casa por la ventana: croquetas, jamón, empanadillas, pollo, pesca...! ¡y además ensalada!

M: Yo diría más bien que soy como una hormiguita, porque no son más que restos de restos.

P: ¿Restos?

M: Sí, esta mañana he limpiado el frigorífico porque esta tarde traerán la compra del supermercado, y no he hecho más que aprovechar todos los restos que habían ido quedando.

L: (Todos se han servido y comen con apetito). Papá, creo que tuviste mucha suerte al casarte con mamá.

P: (Con picardía). No me quejo.

M: (Jovial). Yo no sé si puedo decir lo mismo...

P: (Interviniendo rápidamente) ¿Cómo?

M: Sí, Jorge. Tampoco yo puedo quejarme, esa es la verdad; pero tú pasas demasiado tiempo fuera de casa...

P: Pero es mi trabajo el que...

M: Sí, claro; pero no tienes tiempo ni para saber cómo van los asuntos de la familia... (Julio mira a su madre y ésta cambia de tema) ¡Y que yo me paso muchas horas sola en casa!

L: Eso es cierto, papá. Las mujeres ya no pueden ser como la abuelita.

P: ¿Has oído, Julio? Échame una mano, porque yo solo contra dos mujeres...

L: Julio no creo que esté en las mejores circunstancias para ayudarte (subrayando estas últimas palabras) con-tra las mu-je-res.

P: ¿Por qué?

M: (Mientras hablaban, han terminado de comer el segundo plato. Levantándose). Bueno, ¿qué vais a comer de postre? Es un postre, como toda la comida, de restos. Creo que hay dos naranjas, unas uvas, uno o dos plátanos...

L: ¿Hay alguna manzana?

M: No, manzanas no quedan. Pero sí hay peras, que te gustan mucho, y, si te apetece, un trozo de queso.

L: Trae el frutero y yo eligiré...

P: (María ha vuelto ya con el frutero y se ha sentado de nuevo a la mesa). A mí, como siempre, me preparas luego un café. ...Y hoy, mientras vemos las noticias, me tomaré una copa de coñac.

J: Yo no comeré postre. He comido mucho segundo y estoy muy lleno. Si no os importa, me voy un rato a mi habitación.

P: ¿Qué te pasa, Julio? No has hablado casi nada durante la comida y te noto como nervioso.

J: No, nada... Mamá te dirá...

P: ¿Qué es lo que sucede, María? Ya decía yo que aquí pasaba algo raro.

M: Bueno, no te pongas nervioso, también tú. No es nada tan grave que no se pueda solucionar. (Saca un papel del bolsillo y se lo entrega a su marido). Toma, son las notas de Julio (Mientras el padre mira el papel). Le han suspendido en Historia y Matemáticas. Dice que ha tenido mala suerte en esos dos exámenes...

L: No es eso, mamá. Es que no tiene interés en la escuela porque siempre está pensando en su novia.

J: El curso es muy difícil este año para mí. Sobre todo esas dos asignaturas; los profesores hablan muy rápido y es muy difícil comprender lo que explican.

L: Lo que pasa es que siempre se sienta al lado de su novia y hablan en vez de escuchar.

J: (Levantándose muy enfadado) ¡Mentirosa, no es cierto, no hablamos; ella trata de ayudarme!

M: (Que se ha levantado y le ha echado un brazo por la espalda). No grites, Julio. Siéntate.

P: Luz, haz el favor de marcharte a tu habitación. (Luz se marcha entre avergonzada y enfadada. Cuando ha salido del comedor, Jorge se dirige a Julio iniciando una sonrisa). ¿Cómo te ayuda tu novia, Julio? Tú y yo tenemos que hablar muy en serio. ¿Qué te pasa? ¿No quieres estudiar? ¿No puedes?

J: No es...

P: Mira, una buena educación y una buena formación lo son todo en la vida; sin eso no hay oportunidades ni económicas ni sociales. La sociedad actual es para los mejor preparados. El que no se esfuerza, el que no se sacrifica un poco cuando es joven —y yo sé algo de eso, Julio, créeme— pierde todas sus oportunidades cuando éstas llegan, y termina siendo un mediocre y llevará siempre una vida mediocre. Mira, esa muchacha... ¿Cómo se llama?

J: Carmen. Pero no es eso, papá...

P: Esa muchacha y tú debéis esperar un poco. Yo no digo que no salgáis, que no os veáis. Tu madre y yo nos conocimos también cuando teníamos diecisiete años. Pero ahora lo primero tienen que ser los estudios, Julio.

J: Papá, ¿me dejas hablar un momento? (El padre hace un ademán para que continúe). No es lo que tú piensas. Carmen no me roba ni un segundo de mi tiempo de estudio. Como te he dicho antes, es todo lo contrario: me ayuda, porque tienes que saber que Carmen es de las mejores estudiantes del curso... Lo que pasa es que este año las asignaturas son especialmente difíciles y quizás lo que necesite sean unas clases particulares.

P: ¿Estás seguro?

J: Si quieres te presento a Carmen y te convences por ti mismo. Es lo que te he dicho: he llegado con un nivel un poco bajo para lo que exigen este año.

P: Si yo te creo, Julio. Si es así, hoy mismo vamos a...

M: (Apareciendo). ¿Sabéis la hora que es?

P: Sí, sí nos vamos ya (Se levantan los dos y cada uno sale apresuradamente por sitios distintos del escenario mientras cae el telón).

FIN

COMENTARIO DE TEXTOS

TEXTOS LITERARIOS: III

«En toda relación prolongada entre hombre y mujer, el español ve como fondo y símbolo el acto sexual. No concibe casi nunca la relación pura y ni siquiera cree en la amistad estrecha entre seres del mismo sexo sin achacarle muy pronto un tinte erótico. En España —advierto siempre a mis estudiantes norteamericanos— no se puede decir «me lo ha dicho mi amigo», sino «me lo ha dicho un amigo mío». ¿Por qué? Porque si sólo menciona *mi amigo,* la gente automáticamente piensa que es su amante. Pero ¿por qué? ¡Ah!..., porque es así ¿Tampoco se puede decir «mi amiga»? Tampoco.

Esta obsesión de ver en dos seres que se aproximan la posible unión física, hace que actos que en otros países pasan como muestras de afecto corriente sean vistos aquí con violencia. Un beso en la pantalla ha producido en la sala durante años, y sigue haciéndolo en los pueblos pequeños, una explosión de gritos, relinchos y frases augurales de mayores placeres, y los extranjeros que se despiden cariñosamente en un lugar público se han visto rodeados de caras entre irónicas y lúbricas. Para el español el beso es la puerta que conduce a todo lo demás, y más de una americana (que besan con la misma facilidad con que se peinan) ha visto transformarse su despedida a un español en una lucha de diez minutos, hasta que el otro ha concluido que el beso no era el aperitivo, sino el postre.

(Fernando Díaz-Plaja: *El español y los siete pecados capitales*)

NOTA: profesor y estudiante tienen plena libertad para hacer el uso que consideren más conveniente del texto. Lo que sigue es meramente indicativo.

1. Opinión sobre el contenido del texto.
2. ¿Existe algo que se pudiera llamar «machismo hispánico»?
3. El libro *El español y los siete pecados capitales* se publicó en 1966. Sus afirmaciones ¿siguen siendo válidas hoy? ¿O los españoles han cambiado tanto en los últimos años que hoy son iguales a los habitantes de cualquier otro país civilizado?
4. Estereotipos, tópicos y prejuicios sobre los distintos países.

TEMA XIV
PREPOSICIONES

ESQUEMA GRAMATICAL

A

1) Significado básico: movimiento

- material:
  es posible que mañana vayamos **a** Madrid

- figurado:
  es uno de los aspirantes **a** rector

• Indican también movimiento: **HACIA, PARA** y **HASTA.**

2) Con el complemento directo:

• llevan **A:**

- los nombres de persona: personal 'a'
  quiero **a** Elvira
  buscaba **a** Ana

- los nombres comunes referidos a personas concretas o determinadas:
  busco **a** un camarero que me atendió ayer

Frente a:
necesitamos un camarero que se encargue de las mesas de la terraza

- las dos reglas anteriores se aplican también, por lo general, a los nombres de animales:
  recuperó **a** Rocinante
  encontró **al** perro
  encontró un perro

personalised animals! (pets considered as humans)

— los nombres de cosas personificadas:
invocó **a** las fuerzas de la naturaleza

- No llevan preposición:

— los nombres de cosas, tanto que sean indeterminadas como concretas:
he comprado un libro
leí el artículo de Gómez sobre las causales

3) El complemento indirecto:

- Siempre preposición: **A** o **PARA**

— **A** → más directo
— **PARA** → destino, finalidad, último receptor
les traje unos juguetes **a** los niños
les traje unos juguetes **para** los niños
le di **a** Juan unos juguetes **para** los niños

4) Punto terminal en el espacio o en el tiempo. También **HASTA:**

origen	término
de	**a**
desde	**a**
desde	**hasta**
de	**hasta**

- Cuando sólo hay término → necesariamente **HASTA**:
de tu casa **a** la mía
de una **a** dos
desde aquí **hasta** la facultad
desde las cuatro **hasta** las ocho
esperaré **hasta** las ocho, pero ni un minuto más

5) Distancia:
Salamanca está **a** unos 200 Kms. de Madrid

6) Tiempo (Véase **EN**].

7) En expresiones con valor modal:
despedirse **a la francesa**
vestirse **a la antigua**
merluza **a la romana**

8) El instrumento → **CON.** Pero se dice:

a mano ≠ **con** la mano
a máquina ≠ **con** una máquina

9) Precio:

- Precio parcial o de la unidad → **A:**

  está **a** ochenta pesetas el kilo
  le sale a Vd. **a** unas trescientas pesetas el metro
  lo vendió **a** mil pesetas el metro cuadrado.

- Precio total → Ø:

  esos le cuestan a Vd. dos mil pesetas

Distinto de:

esos le cuestan a Vd. **a** dos mil pesetas

- Con los verbos **vender** y **comprar** el precio total → **EN** o **POR; salir** → **POR, dejar** → **EN:**

  lo compró **por** dos mil pesetas
  lo vendió **en** dos mil pesetas
  le sale a Vd. **por** unas dos mil pesetas
  se lo puedo dejar **en** dos mil pesetas

POR y **PARA**

1)
– **POR =** «lugar por donde» → **A TRAVÉS DE**
– **PARA =** dirección del movimiento. También **A, HACIA** y **HASTA**

pasó **por** Madrid
va **para** Madrid

2)
– **POR** precede al agente en la pasiva
– **PARA** complemento indirecto, destinatario

fue pintado **por** un pintor famoso
fue pintado **para** la casa real

3)
– **POR** → causa, motivo, razón
– **PARA** → finalidad

lo he hecho **por** ti [**porque** te quiero, por ejemplo]
eso te pasa **por** ser tonto [**porque** eres tonto]
lo he hecho **para** ti [**para que** te lo pongas, por ejemplo]
compré tela **para** un vestido [**para** hacer...]

4) { – **POR → EN LUGAR DE, EN REPRESENTACIÓN DE**
– **PARA →** finalidad, destinatario, derección

el vicepresidente habló **por** el presidente ≠ el vicepresidente habló **para** el presidente
cambia el blanco **por** el negro ≠ cambia el blanco **para** el negro

5) { – **POR → EN FAVOR DE, EN DEFENSA DE**
– **PARA →** destinatario, finalidad

Joan Baez cantó **por** los soldados de... ≠ Joan Baez cantó **para** los soldados de...

- Regla práctica para verbos como **votar, luchar, morir,** etc.:

– **por** + sustantivo:

votará **por** un partido que reconozca...[1]
lucharon **por** sus ideas
estaba dispuesto a morir **por** una causa justa

por before nouns

– **para** + infinitivo[2]:

votará **para** cumplir con un deber ciudadano
luchó **para** defender sus ideas

para before verbs

6) **ESTAR + POR/PARA +** INFINITIVO

– **estar + para +** INFINITIVO = «inminencia de una acción» + «sin voluntad»

está **para** llover   it's about to
la vaca está **para** parir

– **estar + por +** INFINITIVO:

a) «inminencia de una acción» + «con voluntad»   I'm all for

estoy **por** bajar al quiosco y comprar el periódico
estoy **por** llamar al ginecólogo y decirle que lo prepare todo para mañana

b) «cosa que todavía no ha sucedido»   have yet to

perdona, pero estoy **por** vestirme todavía
las dos ya, y la comida (está) **por** hacer

7) Verbo de movimiento + **POR +** sustantivo = «a comprar», «a buscar»

bajó **por** pan
fue **por** Antonio al colegio

por before nouns / people

1. También, y más frecuente, **a:**
votará **a** un partido que reconozca...
2. En muchos casos se podría usar también **por.** Pero no siempre; por eso, recomendamos el uso de **para.**

- la generalidad de los hablantes de español usa en este caso **a + por,** aunque esto se considere académicamente incorrecto:

  bajó **a por** pan
  fue **a por** Antonio al colegio

- también se puede usar **a comprar / a buscar:**

  bajó **a comprar** pan
  fue al colegio **a buscar** a Antonio

- **para** no cabe en la estructura con sustantivo. Pero se utilizaría seguida de un **infinitivo:**

  bajó **para** comprar el pan
  fue al colegio **para** recoger a Antonio

8) Con los verbos **sentir, experimentar, profesar** (culto), ...el complemento de cosa (*amor, odio, afecto, cariño, pasión, compasión, predilección, admiración,...*) se construye, lógicamente, sin preposición, pero la persona o cosa objeto del sentimiento van introducidas por **POR** o **HACIA:**

siente una gran admiración **por** ellos
siente una gran admiración **hacia** ellos

- Nunca, en este caso, cabe **para:**

  siente una gran admiración *para ellos

9) Para expresar la relación que guardan dos cosas → **PARA:**

está muy alto **para** su edad
las ventanas son pequeñas **para** este edificio

- Nunca, para este valor, puede usarse **por**. Y no debe confundirse este uso de **para** con el valor de «tiempo aproximado» de **por:**

  para la edad que tiene ya debía hablar ≠ **por** la edad que tiene ya debe de hablar

10) Para la expresión del tiempo

— meses, años, estaciones y nombre de fiestas:

- tiempo exacto → **EN** (para pasado y futuro)

  se casó **en** enero, **en** 1973, **en** verano, **en** Navidad
  se casará **en** enero, **en** 1992, **en** verano, **en** Navidad

- tiempo aproximado → **POR, HACIA** (para pasado y futuro), **PARA** (sólo para el futuro):

  se casó **por (hacia)** enero, 1973, el verano, Navidades
  se **casará por (hacia** o **para)** enero, 1992, etc.

— horas:

- tiempo exacto → **A** (para pasado y futuro)

llegó **a** las doce
llegará **a** las doce

- tiempo aproximado → **SOBRE, HACIA, ALREDEDOR DE** (para pasado y futuro), **PARA** (sólo para el futuro)
  llegó **sobre (hacia, alrededor de)** las doce
  llegará **sobre (hacia, alrededor de, para)** las doce

DE

1) Posesión o pertenencia:
   la cámara **de** Marta
   las plantas **del** jardín

2) Materia de la que está hecha una cosa:
   una casa **de** madera
   una jarra **de** cristal

- la preposición **CON** → «hecho en parte de»:
  un sepulcro **de** mármol ≠ un sepulcro **con** unos mármoles muy valiosos

- las preposiciones **de** y **con** pueden tener también los valores:

— **DE** → «completamente lleno» o «hecho especialmente para contener algo»:
  un saco **de** arroz

— **CON** → «que contiene cierta cantidad, sin estar lleno» o «cosa no específica para lo que contiene»:
  un saco **con** arroz

Es decir, no es lo mismo que un ladrón nos robe:
  una caja **de** joyas
que lo que nos robe sea:
  una caja **con** joyas

3) Materia o asunto del que se habla o trata un libro, una conferencia, una película, etc.:
   un libro **de** literatura
   habló **del** siglo XIX

- También **SOBRE** y **ACERCA DE**
  un libro **sobre** la literatura del Siglo de Oro
  habló **sobre** el siglo XIX

- Reglas prácticas para el uso de **DE** y **SOBRE:**
  — **DE** tiende a crear nombres compuestos, es decir, sintagmas en cierto modo invariables:
    una novela **de** acción
    una película **del** oeste
    un libro **de** matemáticas

– **SOBRE** (y **ACERCA DE**):

1. Suele sustituir a **de** en sintagmas o frases libres:
   compré un libro **sobre** la astronomía en el antiguo Egipto ≠ un libro **de** astronomía

2. Uso de **sobre** (o **acerca de**) para deshacer la ambigüedad de una frase como:
   voy a ir a la conferencia **de** Cela = / ≠ ...a la conferencia **sobre** Cela
3. El uso de **sobre** (o **acerca de**) es obligado en sintagmas en los que **de** tiene otro valor:
   declaraciones del ministro [de Asuntos Exteriores] **sobre** el tema de Gibraltar
   puntualizaciones de la Diputación [de Salamanca] **sobre** el Hospital Clínico

4) Cantidad parcial, partitivo:
   algunos **de** vosotros
   diez **de** los más exaltados ≠ los diez más exaltados
   comeremos **de** éste ≠ comeremos éste

5) Sustantivo + **de +** infinitivo o sustantivo = «para». A veces **PARA** puede sustituir a **DE:**
   goma **de** borrar
   instrumento **de** tortura
   trapos **para** el polvo

- **DE** y **PARA** forman nombres / **PARA** tiene, además, su valor propio de finalidad y se refiere al uso concreto del objeto:
  compró una goma **de** borrar ≠ déjame un momento la goma **para** borrar esto

6) Se intercala entre el nombre genérico y el propio de las cosas:
   la ciudad **de** Salamanca
   la región **de** La Mancha
   la calle **del** Sol

7) Tiempo. Véase **EN.**

8) Procedencia:
   es **de** Madrid
   desciende **de** una familia del norte

9) Origen:

   a) en el espacio:

      1. Si hay origen y término → **DE** o **DESDE** [Véase **A**].

2. Cuando sólo hay origen:

— generalmente → **DESDE**
lo enviaron **desde** Barcelona

— algunos verbos como **salir, partir, venir...** admiten también **DE:**
partió **de / desde** el puerto de Málaga

3. Cuando no hay movimiento → **DESDE:**
desde su despacho se ve toda la ciudad

b) en el tiempo:

1. Si hay origen y término, como en el espacio:
de (desde) 1964 **a (hasta)** 1986

2. Cuando sólo hay origen → **DESDE:**
está así **desde** hace mucho tiempo
no se hablan **desde** que pasó aquello
no se habían vuelto a ver **desde** 1978

• Si aparece la expresión *en adelante* → **DESDE / DE:**
de / desde 1492 en adelante
Y en este caso es muy frecuente **A PARTIR DE:**
a partir de 1492
empezarán a llegar **a partir de** las ocho

EN

1) Lugar:
a) **A** → movimiento / **EN** reposo, quietud:
estuvo **en** Francia
vive **en** Salamanca {AT, IN / À, EN}
estudia **en** la universidad

b) lugar **SOBRE, ENCIMA DE** o **DENTRO DE** el que está algo:
la comida está **en** la mesa — ON/IN
siempre escribía **en** papel rayado — DANS/SUR
el cuaderno está **en** el pupitre — AUF/IN

• **EN** es la preposición de uso general. **SOBRE** y **ENCIMA DE** O **DENTRO DE** sólo cuando el hablante quiere o tiene que especificar:
— ¿Has mirado a ver **en** el armario?
— Sí, y no está
— ¿pero **encima del** armario?
— Y **dentro de** los cajones también

c) **EN** → lugar exacto / **POR** (también **HACIA** y **PARA**) → lugar aproximado:
eso está **en** Galicia ≠ eso está por Galicia

2) Tiempo:

a) exacto y aproximado con años, meses, estaciones, fiestas y horas. Véase **POR.**

b) años, meses, estaciones y hombres de fiestas → **EN** / día de la semana o día concreto del mes → ø:
en 1872
en febrero {IN}
el 12 de mayo
el próximo martes {ON}

c) para significar «cuando tenía» o «cuando llevaba» →**A**:
la conoció **a** los veinte años
lo declararon en ruina **a** los cinco años de haberlo construido
se presentó **a las dos horas**

d) con las palabras **noche, día, mañana, tarde y madrugada**:

— **DE: de noche, de día, de madrugrada**,... → «oscuridad» frente a «con luz»:
lo hicieron **de noche**
llegaron **de** madrugada

— **POR: por la noche, por la mañana, por la tarde**,... → de un día concreto del que se está hablando, en el pasado o en el futuro (no del día actual → **esta noche, esta mañana**,...):
por la noche visitaremos...

— **EN: en la noche, en la mañana**
a) lo mismo que **por la noche**,... [poco frecuente]

b) del día actual ~ **esta noche, esta mañana** [uso poco frecuente]

c) la noche, mañana, etc. de un día que se cita. También ø y **durante:**
en la noche del 30 de junio de 1929
la noche del 30 de junio de 1929
durante la noche del 30 de junio de 1929

e) tiempo invertido en algo → **EN:**
lo hizo **en** tres días
lo terminará **en** un momento
estará **en** unas horas
lo escribe **en** diez minutos

- Cuando se señala la fecha de terminación → **estar + para / para dentro de:**

estará para el día 10 / el martes / el mes que viene / marzo / el año que viene / 1991
estará para dentro de cinco días / una semana / dos meses / un año

3) Vestido incompleto o no apropiado para la ocasión → **EN** / completo o apropiado → **CON:**
en mangas de camisa
en bañador
en bragas
en calzoncillos
en pijama
en zapatillas
con chaqueta
con traje
con corbata
con zapatos
iré a la recepción **en** zapatillas / jugaré (al tenis) **con** zapatillas
unos se bañan **con** bañador, otros **con** bikini

4) Régimen de los verbos de pensamiento (**creer, esperar, confiar, pensar...**)
También **A** o **DE**, pero con un significado más concreto o distinto:
creo **en** Juan ≠ creo **a** Juan
confié **en** Juan ≠ se lo confié **a** Juan
pienso **en** Juan ≠ pienso **de** Juan lo mismo que tú ≠ Dios pensó **a** Adán

EXPLICACIÓN Y AMPLIACIÓN GRAMATICAL

Comentario: El uso de las preposiciones constituye, sin duda alguna, el aspecto más difícil del aprendizaje y dominio de una lengua extranjera. Incluso en un nivel muy avanzado, cuando ya todos los demás aspectos han sido asimilados y apenas ofrecen problemas, las preposiciones siguen creando dificultades. Ello se debe a que, además de la cuestión de los valores y usos de cada preposición —lo que en sí mismo constituye un problema nada fácil— sucede que:

— lo que una lengua ve como final, por ejemplo, otra lo interpreta como causal, y esto lógicamente tiene que crear problemas.

— muy relacionado con lo anterior está la cuestión de las falsas equivalencias. Es cierto —y ello es muy cómodo en las primeras etapas del aprendizaje— que se pueden establecer equivalencias entre las preposiciones del idioma extranjero y el materno, pero no es menos cierto que las preposiciones no cubren exactamente el mismo campo en los distintos idiomas, por lo que, si la comparación puede resultar cómoda en un principio, en la etapa de perfeccionamiento puede convertirse en una fuente más de conflictos.

— además de esos problemas de interferencias entre el propio idioma y el extranjero, hay otros digamos específicos de la segunda lengua: no todos los usos de las preposiciones responden a los valores que pueden señalárseles:

- existe, por un lado, lo que se llama régimen, es decir, el hecho de que un adjetivo o un verbo se construyen con una o unas preposiciones determinadas y no con otras. Así: *harto* o *cansado* → **de: harto de, cansado de;** o el verbo *sentir* introduce el complemento de persona con **hacia** o **por**, pero no con **para**.

- y, por otra parte, están los verbos que cambian de significado según que se construyan con una u otra preposición: **pensar(en) ≠ pensar de ≠ pensar a.**

Tanto el régimen como este último aspecto no se pueden reducir a la gramática, sino que son, evidentemente, cuestiones de vocabulario, de diccionario. Es decir, se trata de saber que en español se dice **harto de** y que se dice **sentir por** o **hacia** y no ***para**, y del mismo modo hay que conocer que existe un verbo, **pensar(en),** que es distinto en su significado de **pensar de,** y los dos distintos de **pensara**, como **beber** es distinto de **comer** y los dos lo son de **dormir**, por ejemplo.

En este tema analizamos los «valores y usos» de las preposiciones más importantes del español, lo que esperamos que sea de utilidad para el hablante extranjero. Ahora bien, con el análisis y uso correcto de los «valores» no queda —ni mucho menos— completo el tema de las preposiciones; el estudiante debe ser consciente, después de lo señalado, de que quedan otros aspectos —quizás los más difíciles y en los que más dificultades tenga— que no se pueden reducir a reglas porque no pertenecen a la gramática: son cuestiones de vocabulario y como tales debe ir aprendiéndolas, es decir, pacientemente a través de la lectura, del uso de un buen diccionario[1], etc.

En los ejercicios de RECAPITULACIÓN incluiremos ejemplos de uso de preposiciones debido a régimen específico de adjetivos y verbos, así como de cambios de significado por cambio de preposición.

— La preposición **A**

- Para sus distintos valores y usos remitimos de un modo general al ESQUEMA. Aquí nos limitaremos a comentar aquellos aspectos que consideremos oportuno.

- El valor básico o fundamental de **A** es el significar movimiento, para lo que se pueden usar también **HACIA, PARA** y **HASTA.** Pero:

 -**A** → que se llega al sitio que se dice, pudiendo continuar después:

 voy **a** Madrid

 -**HASTA** → se llega al sitio y no se continúa. **HASTA** tiene como significado básico el de «límite»:

 voy **hasta** Madrid

 -**HACIA** y **PARA** significan, en cambio, sólo la dirección del movimiento. De manera que no es lo mismo:

 me crucé con un hombre que iba **a** tu casa

 que decir:

 me crucé con un hombre que iba **hacia** (o: **para**) tu casa[2]

— estos valores de las cuatro preposiciones están tan definidos que el verbo **llegar**, que por su propio significado implica que se llega a un sitio, se puede construir con **A** o con **HASTA**, pero no con **HACIA** o **PARA:**

1. Por ejemplo, del *Diccionario de uso del español,* de María Moliner. Editado en Madrid por la Editorial Gredos.

2. Para los estudiantes que sepan latín les será muy fácil comprender la diferencia si tienen en cuenta que **A** y **HASTA** equivaldrían a **IN** + *acusativo* y **HACIA, PARA** a **AD:**

 Caesar venit **in** castra = César **llegó al / hasta** el campamento

 Caesar venit **ad** castra = César **se dirigió hacia** el campamento

llegó **a / hasta** Madrid
llegó ***hacia** Madrid

- Uno de los problemas serios en el uso de las preposiciones en español es el del uso o no uso de **A** con el complemento directo:

— el uso de **A** con nombres de personas no suele ofrecer problemas y responde a lo señalado en el ESQUEMA:

a) nombre propio → **A:**
esta mañana vi **a** Isabel

b) nombre común referido a persona concreta → **A:**
busco **a** un camarero, de pelo blanco, que me atendió ayer
c) nombre común referido a persona indeterminada → ø:
necesitamos un camarero que tenga experiencia

Nótese que al antecedente concreto o determinado en «busco **a un camarero**[1] le corresponde, lógicamente, indicativo en la frase de relativo «que me **atendió** ayer». En cambio, a la indeterminación de «necesitamos **un camarero**» le sigue el correspondiente subjuntivo: «que **tenga** experiencia»

— asimismo, no suele ofrecer problema alguno el no uso de **A** con nombres de cosas. Sean éstas indeterminadas:
le compraron una muñeca

o concretas:
le he comprado la muñeca que me dijiste, esa de goma que tiene...
— sin embargo, el tema no está muy claro —ni siquiera para los propios hablantes nativos, por lo que el hablante extranjero no debe preocuparse demasiado— cuando se trata de un complemento referido a animal o a cosa personificada. Con todo:

a) para animales, aplíquense como reglas prácticas las señaladas en el ESQUEMA.

b) los casos de personificación de cosas —por lo general en contextos cultos— se producen por el uso, con un complemento de cosa, de un verbo que exige un complemento de persona:
invocó **a** las fuerzas de la naturaleza

- Menos problemas suele plantear el uso de la preposición con el complemento indirecto. Este complemento siempre lleva preposición, pero aquí la dificultad puede estar en la elección entre **A** y **PARA**. Recordemos, entonces, que:

— **A** → recibe directamente:
le di un beso **a** Ana
le di de comer **al** gato
le di una mano de pintura **a** la puerta

1. «Busco **al** camarero» no sería sino un grado más de determinación.

– **PARA** → destino, finalidad o último receptor:
me dio recuerdos **para** Ana
me dejó comida **para** el gato

Cuando en una frase aparecen los dos complementos, el hablante extranjero no suele tener problemas, puesto que la distancia entre ambos es muy grande:

le he dado **a** Juan unos juguetes **para** los niños
hace todos los años un importante donativo **a** UNICEF **para** la campaña de salvación...

El problema se puede plantear, pues, cuando aparece sólo uno de los dos complementos, y entonces habrá que elegir entre **A** o **PARA**, según lo que se quiera decir, de acuerdo con lo señalado más arriba:

les di unos juguetes **a** los niños

Les y **a los niños** es el mismo complemento. En cambio en:

les di unos juguetes **para** los niños

les y **para los niños** son distintos; **les** se puede referir a los padres de los niños, por ejemplo.

- No existe una preposición propia para expresar el modo. El hablante extranjero, por lo tanto, tendrá que aprender como vocabulario abierto cada expresión modal o grupo de expresiones. Así, tendrá que saber, por ejemplo, que:

  – algo puede caer **de canto**

  – alguien puede caer **de bruces, de lado** o **de costado, de espaldas, para atrás**

  – una persona puede estar sentada **con las piernas cruzadas, en cuclillas,** o estar **con los brazos cruzados** o **con los brazos en cruz**

  – se puede matar **a palos;** puede llover **a cántaros,** oler **a rayos,** montar **a caballo** o ir **a pie** (frente a estar **de pie**); se puede pasar **de maravilla** o **en grande**, como se puede **vivir a lo grande;** se puede estar **sobre aviso** o estar **de vuelta** de todo; etc., etc.

La preposición **A** es especialmente frecuente en locuciones de modo para expresar distintas maneras de cocinar o preparar los alimentos:

merluza **a** la romana
chuletón **a** la brasa
besugo **al** horno
callos **a** la madrileña
bacalao **a** la bilbaína
gambas **a** la plancha
gambas **al** ajillo
almejas **a** la marinera

truchas **a** la Navarra
cocer **a** fuego lento

PRÁCTICA

1. Complétense los puntos suspensivos con la preposición adecuada, o déjense en blanco si así conviene.

    1. No podemos estar allí mucho rato porque Andrés tiene clase.......... cuatro.......... seis.
    2. Eso puede estar.......... unos 40 kilómetros de aquí.
    3. Esperaré.......... las ocho; más no puedo.
    4. Lo he traído.......... ti.
    5. No estaba él, así que se lo di.......... su mujer.
    6. Cómpralo esta tarde cuando vayas.......... clase.
    7. Pregúntale.......... María si ha visto.......... mis tijeras por ahí.
    8. He vuelto a ver.......... chico que nos ayudó a cambiar la rueda ayer.
    9. Son caros porque tienes que darte cuenta que están hechos.......... mano.
    10. No me ha resultado muy caro: en total me ha costado todo.......... unas tres mil pesetas.
    11. Creo que he hecho una buena compra; al final me ha salido.......... ochenta mil ptas. el m^2, exactamente.......... ochenta mil setenta y cinco.
    12. Este otro le sale.......... Vd... .... cuatrocientas ptas. el metro.
    13. Y este se lo puedo dejar.......... quince mil ptas, más no puedo rebajarle.
    14. Si no quieres llamarlo directamente.......... él, llama.......... tu hermano y que él se lo cuente.
    15. .... lo tonto.......... lo tonto ha ido subiendo y mira dónde está ya.
    16. Le pedí.......... un bolígrafo.......... un compañero.
    17. El paquete era.......... Julia, pero como no estaba se lo dejé.......... su compañera de habitación.
    18. Los encontré.......... todos muy contentos.
    19. Encontré.......... una moneda de cinco duros y se la di.......... un niño que pasaba.
    20. Llegaron exactamente.......... la frontera portuguesa.
    21. Ana ha comprado.......... un perro de raza precioso.
    22. Vigila.......... gato para que no entre en la cocina.
    23. Díselo.......... Pepe.
    24. Me crucé con un muchacho joven que iba corriendo.......... la Plaza Mayor.
    25. Dale recuerdos de mi parte.......... Carlos.
    26. Le di recuerdos.......... Jaime de tu parte.
    27. Esto lo he traído.......... los niños.
    28. Esto les he traído.......... los niños.
    29. Quiere.......... ese libro, pero me parece un poco caro.
    30. Quiere.......... ese muchacho como si fuera su propio hijo.
    31. Han subido un poco, como todo; ahora están.......... 10 pesetas el kilo.
    32. Acércate.......... aquel grupo y pregúntale allí.......... alguien.
    33. Es que hace las cosas sin pensar, ... lo loco.
    34. Está especializado en pintura .... fresco.
    35. Va siempre elegantísima y .... la última.

— las preposiciones **POR** y **PARA**

Comentario: el uso de estas dos preposiciones constituye uno de los problemas «serios» para el hablante extranjero de español, ya que son confundidas con mucha frecuencia. Por esta razón, las analizamos juntas y hemos ido agrupando aquellos valores que suelen confundirse, para que el estudiante pueda apreciar de un modo directo las diferencias claras que existen entre una y otra y, con ello, llegue a un uso correcto de las mismas.

- Para los distintos valores y usos remitimos al ESQUEMA. Aquí nos limitaremos a destacar e insistir en algunos de los aspectos allí señalados.

- El valor básico, fundamental de **POR** es el de señalar la razón, la causa o el motivo por el que se hace algo; mientras que **PARA** indica la finalidad, el destino. Equivalen, respectivamente, a las conjunciones:

  causal → **PORQUE** ~ **POR**
  final → **PARA QUE** ~ **PARA**

  que el hablante extranjero no suele confundir nunca. Luego lo mismo que no confunde **porque** y **para que** debe no confundir **por** y **para**:

  lo he comprado **por** ti [**porque** te gusta]
  te lo he comprado **para** ti [**para que** que te lo pongas[1]]

  — Un error muy concreto, pero que nos duele particularmente porque es muchas veces la despedida de un buen estudiante, después de un curso más o menos largo, es el de la frase siguiente:

  gracias *para todo

  Se dice, pues, **gracias por:**

  gracias **por** todo
  gracias **por** tu visita
  muchas gracias **por** las flores
  gracias **por** ayudarle

  — Otro error muy frecuente es el del tipo:

  votar *para los demócratas

  Aplíquese lo señalado en el punto 5) del ESQUEMA.

  — Asimismo, son especialmente frecuentes los errores del tipo:

  sentir odio *para ellos

  en lugar de:

  sentir odio **por/hacia** ellos

1. **POR** puede tener también valor final, pero no siempre es posible su uso —no lo es en el ejemplo—, por lo que para el uso del hablante extranjero recomendamos encarecidamente que se limite a: **por** → causal / **para** → final.

PRÁCTICA

II. Utilícense correctamente las preposiciones **por** o **para**

1. Busca, que tiene que estar ....por.... ahí, ...por.... algún rincón.
2. Vamos ....para.... Francia ....para.... la frontera de Irún.
3. No hay ninguna duda de que fue escrito ....por.... uno de los grandes escritores de la época ....para.... entretenimiento de alguna dama noble.
4. Le di las gracias ....por.... todo lo que había hecho ....para.... nosotros.
5. Todo se solucionó ....por.... la oportuna intervención de un señor que casualmente pasaba en aquel momento ....por.... allí.
6. Echate ....por.... allá, que no cabemos todos.
7. Elvira no puede ir, así que iré yo ....por.... ella.
8. Está muy claro que todo eso iba ....para.... nosotros.
9. Necesitamos cuatro o cinco más ....para.... Adela.
10. Si compré más fue única y exclusivamente ....~~para~~ por.... ti, porque me habías dicho que te gustaban mucho.
11. Compré más ....para.... ti.
12. Lucharía ....por.... algo que realmente mereciera la pena.
13. Votaré ....para.... esos, sí, aunque no estoy muy convencido.
14. No hay nada ....por.... lo que una persona tenga que arriesgar su propia vida.
15. No te olvides de darles las gracias ....por.... el libro que te prestó.
16. Es verdadera pasión lo que siente ....para.... la cultura oriental.
17. Lo siento ....por.... ti, pero me tengo que marchar.
18. Espera un momento, que ha bajado ....~~para~~ por.... el periódico.
19. Si yo no recuerdo mal se casó ....por.... abril, así que si espera el niño ....por.... mayo no sé ....por.... qué anda la gente diciendo esas bobadas.
20. La verdad es que está muy espabilada ....por.... tener sólo cuatro meses.
21. ....Por.... el color de su pelo le va mejor este otro.
22. Son, me parece a mí, unas baldosas muy grandes ....para.... lo pequeña que es la habitación.
23. ....Para.... Navidades, más o menos, estará ya todo terminado.
24. Estoy ....por.... llamarlo y decirle que no podemos ir.
25. Eran ya las doce y tenía la casa hecha un desastre: las camas ....por.... hacer, el comedor patas arribas, la...
26. Hombre precavido vale ....por.... dos.
27. Me llamó la secretaria ....por.... el interfono.
28. ....Para.... hacer eso no se necesita una preparación especial.
29. El ladrón escapó ....por.... la puerta de atrás.
30. Y no olvides que todo lo que pasó fue ....por.... tu culpa.
31. El cuadro de la Purísima fue pintado ....por.... Ribera ....para.... la iglesia del mismo nombre.
32. Intenté llamarlo ....por.... uno de los altavoces, pero ya salía ....para.... la calle.
33. Hay que hacerlo **de una vez** ....por.... **todas**.
34. Hay que hacerlo **de una vez** ....para.... **siempre**.
35. Te lo digo ....por.... última vez, hazlo.
36. Lo escuché ....por.... la radio.
37. Claro que está ....para.... ver si al final se atreverá a hacerla o no.
38. Hazlo como si fuera ....para.... ti.

39. .... mí, no íbamos, pero tú verás.
40. Dice que lo ha hecho.......... mí.

— La preposición **DE**

- Véase el ESQUEMA

- En un nivel avanzado, los valores de esta preposición no suelen ofrecer muchos problemas, fuera de la distinción y uso de **de** y **desde**, para lo que remitimos también al ESQUEMA.

PRÁCTICA

III. Complétense los puntos suspensivos con la preposición adecuada.

1. .... la terraza de su casa hay una vista preciosa.
2. El museo está abierto todos los días: .... diez.......... una.......... la mañana, y.......... las cuatro.......... las ocho.......... la tarde.
3. Tiene esa forma tan especial de hablar porque es.......... Andalucía.
4. Me lo envías.......... allí por avión.
5. Cada día me admiro más.......... lo mucho que habéis avanzado.
6. .... buena gana iría con vosotros, pero no puedo.
7. Te prometo que, ...que te conocí, no he vuelto ni siquiera a mirar a otra.
8. .... hoy no volveré a confiar en nadie.
9. .... hoy en adelante procuraré tener más cuidado.
10. Ten cuidado con el bolso, que te lo pueden quitar.......... un tirón.
11. Se resbaló y se cayó.......... espaldas.
12. Creo que desciende.......... una familia acomodada.
13. Nos conocemos.......... siempre, ...toda la vida.
14. Nos conocemos.......... que éramos niños.
15. .... lo cual tengo que deducir que no te interesa mucho el tema.
16. Acabo de llegar.......... vacaciones y ya empiezan los problemas.
17. Ha estado en España cuatro meses:.......... marzo ....junio.
18. Lleva en España.......... marzo.
19. .... aquí lo veremos mejor.
20. ....aquí.......... Madrid puede haber unos 200 Kms.
21. Sigues tan guapa como siempre. No has cambiado nada.......... la última vez que nos vimos.
22. Come.......... ese otro queso, que es mucho mejor.
23. A la hora.......... trabajar mucha gente se echa.......... atrás.
24. Esto creo que lo traen.......... China.
25. Acabo.......... llegar.......... tu casa ahora mismo.
26. ¡Pobre.......... ti, como tuvieras que hacer la mitad.......... lo que ha hecho ella!
27. .... **noche todos los gatos son pardos.**

28. Vimos pasar la procesión.................... el balcón.
29. No he podido dejar.................... pensar.................... ti.................... el día que nos presentaron.
30. Los coches procedentes.................... norte deberán desviarse.................... la carretera de El Escorial.
31. Pisó una cáscara de plátano y cayó.................... espaldas.
32. .... hoy en adelante aquí todo el mundo se levanta.................... las ocho.
33. .... 1492 en adelante hay que tener en cuenta, pues, otros factores.
34. Eso es así.................... 1978, es decir.................... la aprobación de la Constitución.
35. .... aquí.................... nada se hacen mayores y nos quedamos solos.
36. Huyeron.................... la carretera.................... Madrid.
37. La provincia.................... Salamanca tiene muchos pueblos pequeños.
38. Necesitamos gel.................... baño, bolsas.................... basura y unos trapos.................... el polvo.
39. Uno.................... vosotros ha tenido que ser, así que el que haya sido que lo diga.
40. Me gustaría más que nos hablara.................... ese otro tema.
41. Las declaraciones.................... ministro no han sido muy afortunadas.
42. Las declaraciones.................... subsecretario.................... Hacienda tratan.................... asustar.................... la gente.
43. Las palabras.................... el fraude fiscal tienen una intención muy clara: amedrentar.................... .... pobre contribuyente.
44. .... eso hablaremos más tarde.
45. El libro.................... presidente.................... Gobierno es muy interesante.
46. Le dio un vaso.................... agua y se lo bebió.................... un trago.
47. Le dio un vaso.................... un poquito.................... agua y el pobre no podía ni beberlo.
48. Yo no sé qué comprarle, así que le llevamos una caja.................... bombones **y ya está**.
49. La policía retiró otro paquete.................... dos artefactos más.
50. Dale de mi parte un buen **tirón**.................... **orejas**.

— La preposición **EN**

- Para sus distintos valores y usos remitimos al ESQUEMA.

- Recordemos, una vez más, que el español, frente a otros idiomas, no hace distinción entre «lugar grande» y «lugar pequeño». En esto el español es más fácil y siempre utiliza **EN:**

  en Italia
  en Roma
  en la escuela
  en clase

- Asimismo, no suele distinguir por lo general entre «dentro» y «fuera» o «sobre»:

  está **en** el armario = **dentro / encima del** armario

Sólo especifica cuando se considera necesario:

— ¿No me dijiste que me las dejabas en la mesita de la entrada?
— Y allí te las dejé.
— Pues no las ví.
— Bueno, es que las metí **dentro del** cajón para que no las tocaran los niños.

- Y terminaremos esta explicación como empezábamos: recordando que las dificultades más serias en el uso de las preposiciones no están en los usos derivados de sus valores, sino en aquellos otros debidos al régimen o construcción propios de algunos adjetivos y verbos. Claro que esto es tan difícil, pero a la vez también tan fácil, como memorizar cualquier otro aspecto del léxico; de manera que todo consiste en saber, por ejemplo, que:

— hay un verbo, **pensar (en): pensar + que / pensar en +** *pronombre* o *sustantivo*:

pienso que es mejor así
pienso en ella
pienso en Alicia

que significa «pensar, tener algo en la mente»

— distinto de otro verbo, **pensar de**, que significa «opinar»

¿Qué **piensas de** lo de ayer?

— distinto, a su vez, de **pensar a**, verbo de uso poco frecuente y culto, que significa «crear» o «imaginar»:

Dios **pensó** al hombre
pienso a mi novia así → me imagino a mi futura novia así [ésta última es la frase de uso habitual]

El hablante extranjero, pues, no debe crearse un problema con esta cuestión, sino ir dominándola pacientemente con su uso del idioma, sus lecturas y, como decíamos antes, con la consulta y el manejo de un buen diccionario.

PRÁCTICA

IV. Utilícese la preposición adecuada.

1. ¿.................... qué piensas?
2. Supongo que vendrán.................... avión.
3. Llegaron.................... casa.................... las diez.
4. Llegaron.................... tren.................... Salamanca y luego continuaron.................... pie.................... la sierra.
5. Acércate.................... la chimenea, verás qué bien se está.
6. Cayó.................... el fuego y se abrasó.
7. Se tiró un rato.................... la cama porque le dolía la cabeza.
8. Se tiró.................... río para intentar salvarlo.
9. Lleva ya más de siete años.................... la universidad.
10. .... invierno.................... las seis de la tarde ya es de noche.
11. Vivió.................... Londres mucho tiempo.
12. Estamos.................... verano, así que es lógico que haga mucho calor.

13. Confío ciegamente.......................... él.
14. Tú sabes que pienso.......................... eso exactamente lo mismo que tú.
15. Estaba subido.......................... una tarima que habían levantado para la ocasión.
16. Lo tuve que poner.......................... los hombres para que pudiera ver algo.
17. Todos fueron cayendo y él, como fue el último, cayó.......................... los demás.
18. Un momento, por favor, que ahora esta.......................... clase.
19. Si no te importa nos vemos.......................... el próximo martes.
20. La última reunión fue.......................... mayo; exactamente.......................... el día 12.
21. .... tu edad yo ya le ayudaba a mi padre.
22. Se marchó muy pronto, ...poco rato de llegar.
23. Venga, a la cama, para que.......................... la mañana podáis levantaros temprano.
24. No me gusta nada conducir..........................noche.
25. Mira, parece más bonito;.......................... día es otra cosa, claro.
26. Esto se lo tenemos listo a Vd... .... cuatro días.
27. ¿Estará.......................... el martes?
28. Estará.......................... dos o tres meses.
29. Me parece que no está bien que vayas.......................... camisa, así que ponte una chaqueta.
30. Es que.......................... corbata me ahogo.
31. Yo creo.......................... Carlos; creo que dice la verdad.
32. Pienso..........................ti seguramente más que tú..........................mí.
33. Se lo confié.......................... él pensando que sabría guardarme el secreto.
34. ....los cuatro días estaba hasta las narices de huevos **¡En mi vida** he comido tantos!
35. ....medias estás más elegante.
36. Y.......................... medias y.......................... zapatillas **hecha un adefesio.**
37. Tengo puestas muchas esperanzas.......................... eso.
38. No sé exactamente, creo que está.......................... La Rioja.
39. ....unos minutos vendrá el director. Espero que os sepáis comportar.
40. ....casa se está mucho mejor.

RECAPITULACIÓN

REPASO GENERAL DE LAS PREPOSICIONES

V. Complétense las siguientes frases con la preposición adecuada, en los casos en que sea necesaria.

1. Fueron entrando.................. uno.................. uno.
2. Van empatados: dos.................. dos.
3. Fueron entrando tranquilamente uno.................. otro.
4. .... ver si esta semana tenemos un rato libre y podemos charlar.
5. .... esas cosas hay que tener mucho cuidado.
6. .... los negocios hay que dedicarles mucha atención.
7. Te prometo que,.................. que te conocí, no he vuelto ni siquiera a mirar a otra.
8. La vi.................. la entrada del cine.
9. Está ya aprendiendo.................. dar los primeros pasos.
10. La policía lo estaba esperando.................. la puerta.
11. Habló.................. distintos temas y, además, ... serio.
12. Ponlo.................. fuego lento.
13. Cuando llegamos estaban.................. punto.................. cerrar ya.
14. No pueden ir porque su mujer está.................. siete meses.
15. Viven.................. Madrid, pero son.................. Sevilla.
16. Como no encontraba otra cosa se metió.................. camarero.
17. Volvía a casa muy tarde y un borracho se metió.................. ella.
18. Como hacía frío y llovía nos metimos.................. el cine.
19. Jugó muy mal y le metieron.................. cuatro goles.
20. Lo siento mucho, pero los niños han roto.................. un vaso.
21. Y sin saber por qué rompieron todos.................. reír.
22. Discutieron y rompió.................. él.
23. Rompieron.................. cuestiones de dinero, creo.
24. Se las da.................. listo, y es un bobo.
25. La casa es interior, pero da.................. un patio muy grande.
26. La policía no ha logrado dar todavía.................. los que huyeron ayer.

27. Hay cuatro desaparecidos.............................. los que las autoridades, dado el tiempo transcurrido, dan.............................. muertos.
28. Ten cuidado, no te vayan a **dar gato**.............................. **liebre.**
29. Esto luego da mucho.............................. sí.
30. Su casa da.............................. atrás.
31. Le dio.............................. beber y el matrimonio se fue.............................. pique.
32. Les dio.............................. unos duros.............................. los niños para que bajaran.............................. comprar golosinas.
33. El golpe se lo dio.............................. la cuarta y la quinta vértebras.
34. Dio.............................. beber y la convivencia se hizo imposible.
35. .... el tipo de vida que llevaba no se podía esperar otra cosa: terminó dando .... sus huesos en la cárcel.
36. Les di.............................. las gracias.............................. todo.............................. lo que habían hecho .... nosotros y nos marchamos.
37. No tengo nada.............................. ti.
38. Creo que chocaron.............................. una farola.
39. Lo que nos faltaba, ...lo uno, lo otro.
40. Ando.............................. lo suyo; a ver si esta misma semana se lo puedo solucionar.
41. Los novios iban los primeros e inmediatamente.............................. ellos los padrinos.
42. Ya no te volveré a llamar.............................. después de las vacaciones.
43. Lo he hecho yo misma.............................. la ayuda de mi marido.
44. Me parece a mí que.............................. los dos lo haríais mejor.
45. .... tú y yo no queda absolutamente nada.
46. .... otras cosas me dijo que últimamente estaba muy interesado.............................. todo lo relativo.............................. las culturas precolombinas.
47. Es uno de los candidatos más firmes ....triunfo final.
48. Fueron.............................. Madrid, pero no.............................. la autopista sino que creo que se fueron .... la sierra.
49. Si quieres bajamos.............................. el río, pero más allá yo, desde luego, no voy.
50. .... supuesto, yo no te pido que andemos veinte kilómetros, pero tampoco nos vamos a quedar.............................. casa.............................. la tarde que hace.
51. Lo he hecho yo misma ....cuatro tablas y un martillo.
52. Necesitamos .... algo .... tapar esa ventana.
53. Necesitamos .... alguien que nos eche una mano.
54. Si vamos en esa dirección, es decir, ... tu casa, malo; y si nos quedamos aquí, ... la plaza, peor.
55. Me crucé.............................. él cuando salía de clase.
56. Necesita.............................. su lado.............................. alguien.............................. quien hablar.............................. sus cosas.
57. Quédate aquí, que.............................. aquí lo veremos estupendamente.
58. Quiere mucho.............................. los niños.
59. Quiere.............................. muchas cosas y no puede ser.
60. Quiere atender.............................. todo el mundo y termina agotada.
61. ¿Qué es exactamente lo que quieres.............................. mí?
62. No quieras.............................. los demás lo que no quieres.............................. ti.
63. Los caramelos te los di.............................. ti, **so cacho grandullón,** pero no.............................. ti; .... los niños, claro.

64. He pasado.......... el escaparate y he estado viendo.......... el vestido que me dijiste.
65. La oficina me cogía.......... paso y entré.......... ver.......... Pedro.
66. Me cogió.......... sorpresa y no supe reaccionar.
67. Eso es muy difícil.......... comprender.
68. Es más fácil.......... decirlo que.......... hacerlo.
69. No te preocupes, eso es difícil.......... ti, lo es.......... mí y lo es .... todo el mundo.
70. Eso no tiene ningún problema; es muy fácil.......... hacer.
71. Estaré allí.......... las ocho.......... punto.
72. Tenlo.......... punto.......... las ocho.
73. Te estuve esperando.......... las cuatro.......... las cuatro y media.
74. Llámame.......... Madrid.
75. .... aquí.......... que lleguen los exámenes falta mucho.
76. .... mi casa.......... la suya no hay más de cien metros.
77. No lo compré.......... ti, sino.......... la niña.
78. Sabe.......... todo; es un verdadero sabio.
79. Habla con Isabel, que es la que más sabe.......... eso.
80. Si vas.......... España, me compras un plato.......... cerámica .... Talavera y me lo envías.......... una agencia.......... transportes .... donde mejor te parezca.
81. Procura estar allí.......... las diez, porque .... esa hora espero, pero más no.
82. Eso lo saben.......... los niños.
83. Pregúntale .... M.ª Jesús, que ha investigado.......... ese tema.
84. Llama.......... la facultad, ... ver si ha ido.......... allí.
85. Necesitamos.......... un ayudante.......... ese curso.
86. Estamos.......... veinte de enero.
87. Faltan unos 40 kms... .... Madrid.
88. Las naranjas han bajado y ahora están.......... 80 pesetas.
89. Le puede salir a Vd... .... unas dos mil pesetas.
90. Por favor, pásame eso.......... máquina.
91. .... menos de dos millones, no se lo vendo.
92. He hablado.......... él esta mañana.
93. .... este tema volveremos más adelante.
94. Puedes hacerlo, pero enteramente.......... tu exclusiva responsabilidad.
95. Nos encontramos .... un problema realmente difícil, pero hay que afrontarlo.......... .... decisión.
96. Para que yo no te pierda.......... vista, tú ve siempre.......... mí.
97. Empezó a llover y nos metimos.......... un portal.
98. Cuando íbamos paseando.......... el campo empezó .... llover y, aunque dicen que no se debe hacer, nos refugiamos.......... un árbol.
99. Está todavía.......... los efectos de los sedantes.
100. Cuando era niña metía muchos juguetes .... la cama y luego mi madre tenía que sacarlos.......... una escoba.
101. Se me olvidó el abrelatas y tuvimos que abrir las botellas, unas .... los dientes, otras.......... una piedra,...
102. Como no tenía otra cosa.......... mano le dio.......... el teléfono.
103. Llámala.......... teléfono a ver qué pasa.

104. Dijeron su nombre.................................... los altavoces del aeropuerto.
105. Pasa.................................... aquí, que parece que está más seco.
106. Ven.................................... aquí, que está más seco.
107. Ven.................................... acá, que aquí da más el sol.
108. Van.................................... Madrid.................................... unos amigos.
109. Si he venido ha sido.................................... ti.
110. Si trabajo es.................................... ti.
111. El expediente fue examinado.................................... el propio director.
112. Hacía tanto tiempo que no iba a verla que me ha costado dar.................................... su casa.
113. Estaba sentada.................................... el comedor, ...la ventana, viendo pasar.................... .... la gente.................................... la calle.
114. ¿.................................... qué has hecho eso?
115. Aunque vivimos.................................... la misma ciudad, sólo nos vemos.................................... tarde.................... tarde.................... porque cada uno se dedica.................................... lo suyo, claro.
116. .... su casa haga Vd. lo que quiera, pero.................................... la calle compórtese.
117. .... la hora que es debe.................................... haber llegado ya.
118. No estás todavía bien del todo, así que debes.................................... guardar cama unos días más.
119. Voy a llamar a Carlos porque él debe.................................... saber algo.
120. Mi opinión es que debes.................................... hacerlo[1].
121. Siempre hay alguna razón.................................... la que luchar.
122. Los votaré.................................... esos.
123. Los votaré.................................... eso.
124. Votaré.................................... esos.
125. Parece como si lo hubieran hecho expresamente.................................... ti.
126. Habla tú.................................... él, que lo haces mejor.
127. Parece como si estuviera hablando.................................... nosotros.
128. Tú sabes que.................................... ti sería capaz.................................... cualquier cosa.
129. Toma, lo he escrito.................................... ti.
130. .... mí que no se ha enterado.
131. .... mí que se vaya.................................... cuerno.
132. Date prisa, que está.................................... llover.................................... un momento.................................... otro.
133. Esto tiene que estar ya.................................... comérselo.
134. Pero cómo es posible que las camas estén todavía.................................... hacer. ¡.................................... hacerlas volando!
135. Estoy.................................... escribir.................................... la universidad esta de Roma,.................................... ver si acaso necesitan allí un lector.
136. Le levantó un poco la voz y se echó.................................... llorar.
137. .... pasar .... correos échame esa carta, haz el favor.
138. Le dolía la cabeza y se echó un rato.................................... la cama.
139. El perro se echó.................................... él sin que le diera tiempo.................................... reaccionar.
140. Echate.................................... la izquierda para que te pueda ver mejor el oído.
141. Sin saber cómo ni.................................... qué rompió.................................... llorar desconsoladamente.
142. Sin que nadie sepa.................................... qué rompió.................................... el novio.
143. Le dio tanta rabia que rompió.................................... la carta.
144. Las olas rompen allí.................................... furia.................................... el acantilado.

1. Se habrá apreciado la diferencia que hay entre: **deber + de +** *infinitivo* = posibilidad o probabilidad. Y **deber + infinitivo** (sin proposición) = obligación, equivalente a **tener + que +** *infinitivo,* **hay + que +** *infinitivo,* **haber + de +** *infinitivo.*

145. Ponte.................................... tu sitio.
146. Lo puso.................................... sinvergüenza para arriba.
147. Me puso.................................... mal humor lo que me dijo.
148. Empezó.................................... decir cosas de él y lo **puso**.................................... **las nubes.**
149. En cuanto bebió un poco le dio.................................... hablar y no había manera.................................... hacerle callar.
150. Acabo.................................... verlo ahora mismo.................................... la calle.
151. Baja.................................... pan antes de que cierre Joaquín.
152. .... Antonio voy yo.
153. Siente tal pasión.................................... los sellos que.................................... ellos se le van todos los ahorros.
154. Me da pena.................................... ella.
155. Es una vergüenza que.................................... pleno siglo XX (¡Qué digo:.................................... finales del siglo XX, ... los umbrales del siglo XXI!) haya gente que sigue muriendo.................................... hambre.
156. Lo siento.................................... ella.
157. Sé que si ha sucedido eso ha sido.................................... mi culpa.
158. Creí que me moría.................................... asco, mientras los demás se morían.................................... risa.
159. Eres muy joven.................................... pensar ya en casarte.
160. Yo ya **no estoy**.................................... **esos trotes.**
161. No está mal.................................... el precio que tiene.
162. Lo esperamos.................................... las ocho de la tarde.
163. Esta loca.................................... él.
164. Fíjate bien.................................... él; es guapísimo.
165. **Me trae**.................................... **cabeza** el dichoso asunto.
166. Se preocupa.................................... cualquier cosa.
167. Él se ocupa absolutamente.................................... todo.
168. No te fíes.................................... él, porque no serías el primero.................................... que engaña.
169. Sabe.................................... memoria un montón.................................... teléfonos.
170. Pregúntale.................................... Andrés, que ha trabajado.................................... eso.
171. Sube.................................... Departamento de Lengua y pregunta.................................... Pepe, que él te lo puede explicar.
172. No se da cuenta.................................... nada; **está siempre** .... **las nubes.**
173. Tienes que acabar.................................... una vez.................................... eso.
174. Acabo.................................... verlo.................................... entrar.................................... el ascensor.
175. Acaba uno.................................... no creer nada.
176. Después de esas fiestas acaba uno.................................... **el arrastre.**
177. Se enfrentó....................................el policía y acabó.................................... la comisaría.
178. Espera un momento, que acabo.................................... un minuto.
179. Me acuerdo mucho.................................... ti.
180. Y este otro es muy distinto.................................... ese otro.
181. Es un juego muy sencillo: consiste.................................... averiguar.................................... un minuto.................................... las preguntas pertinentes, lo que ha pensado el otro.
182. Se empeñó.................................... hacerlo y no hubo más remedio que dejarlo.
183. Salió acompañado.................................... toda la plana mayor.
184. Este queso hay que acompañarlo.................................... un buen vino.
185. .... eso no vamos a tener suficiente.
186. Tienes que comerlo porque hay que acostumbrarse.................................... todo.

187. Esas gafas creo que son.................................. tu padre.
188. Las casas.................................. madera, ... la manera canadiense, me encantan.
189. Insistí.................................. ello una y otra vez, pero nadie me hizo caso.
190. Se olvidó.................................. dejarles comida.................................. los gatos.
191. Se opone.................................. todo lo que plantean los demás.
192. Vive.................................. un ático.................................. una terraza enorme.
193. Me gustan más las.................................. metal.
194. ¿Alguno.................................. vosotros sabe dónde he dejado yo las gafas?
195. Hay que contar.................................. ella porque, ... lo contrario, se enfadará.
196. Se asusta.................................. cualquier cosa.
197. Es que se queja.................................. todo.
198. Yo ya no sé qué decirle, así que trata.................................. convencerlo tú.
199. Todo el mundo tiene que contribuir.................................. algo.
200. Fue uno de los que más contribuyó.................................. la realización del proyecto.
201. Ha contribuido como el que más.................................. que el asunto saliera adelante.
202. Haz el favor, déjame un momento la goma.................................. borrar esto.
203. Una goma.................................. borrar vale **cuatro perras.**
204. Espera.................................. que venga tu hermano.
205. Está casado.................................. una muchacha.................................. Madrid.
206. Ese cura casó.................................. mucha gente.................................. el pueblo.
207. .... eso no podemos luchar.
208. Eso es que ya te has cansado.................................. mí.
209. Se escandaliza.................................. cualquier cosa.
210. Todas las noches sueño.................................. ella.
211. .... la dictadura de Franco hubo muchos conflictos en la universidad.
212. ¿Qué has hecho.................................. todo este tiempo?
213. Vine.................................. dos meses y llevo aquí ya tres años.
214. La conocí.................................. las vacaciones.................................. Marbella.
215. Me han dicho que no me lo tendrán.................................. el martes.
216. Muy rápido me parece, pero dicen que lo harán todo.................................. seis meses.
217. .... pijama no salgas al balcón.
218. No te acuestes.................................. ese pijama, que lo vas.................................. acabar.................................. romper.
219. Está situado.................................. dos pequeñas colinas.
220. Espero mucho.................................. él porque tengo mucha confianza.................................. él.
221. .... mi opinión habria que replantearlo todo.................................. nuevo.
222. .... mi punto de vista hay algunas cosas que deberíamos modificar.
223. .... luego tenemos que hacer algo, lo que sea.
224. Están hartos.................................. que nadie les haga caso.
225. Se quedó.................................. ellos.................................. ver no sé qué película.................................. el vídeo.

VI. Complétense los siguientes textos con las preposiciones adecuadas.

1. Sicilia, la isla del gatopardo

Al caer la tarde, los sicilianos se sientan a la sombra en los cafetines, para ver pasar...

Sicilia es una tierra.................... calma aparente que se extiende.................... los pies del Etna, el más mítico.................... los volcanes europeos que siguen.................... actividad. La mole del Etna domina esta isla.................... forma triangular, situada frente.................... la punta de la bota italiana, separada.................... ella apenas.................... el angosto estrecho.................... Messina. Tan próxima queda la costa peninsular que cuesta trabajo, una vez en Sicilia, hacerse .... la idea de que se ha entrado.................... una sociedad distinta. Un cielo y un sol radiantes.................... todo el año dan la clave.................... la vitalidad siciliana, pero también el contrapunto.................... la penumbra y .... la sombra radical. Es éste un país.................... polos opuestos, ... blanco y negro, un mundo.................... fuertes contrastes que el viajero intuye.................... el primer momento.

Rica.................... cereales y volcada.................... mar, alegre y trágica, introvertida y ruidosa, humilde y violenta, Sicilia es añorada.................... miles de emigrantes esparcidos.................... el planeta. Su costa, ... la que alternan acantilados y playas excelentes, invita.................... bañarse ....un mar increíblemente azul. Disfrutar.................... su *tempo* lento, sosegado y adormecido es un placer que se prolonga al pasear.................... los restos arqueológicos.................... griegos y romanos, ... sus monumentos medievales y su barroco lleno de vida.

.... la caída de la tarde, viendo.................... los sicilianos sentados.................... los cafetines, se tiene la sensación de que si viesen aparecer.................... un extremo de la calle.................... los soldados rusos y.................... el otro.................... los americanos permanecerían inmutables, aunque luego, ... sus casas herméticamente cerradas, tramarían reacciones violentas. Están acostumbrados .... recibir y despedir invasores. La situación estratégica.................... la isla, ... el Mediterráneo occidental y el oriental, la hizo ser codiciada.................... todas las potencias .... la antigüedad. Fenicios, griegos, romanos, bizantinos, árabes, normandos, franceses y catalanes la dominaron sucesivamente y dejaron aquí la huella de su paso y de su civilización. Es preciso tenerlo.................... cuenta para ir descubriendo este rico mosaico.................... razas y culturas que es Sicilia.

.... las calles se ven más hombres que mujeres. Estas prefieren el cobijo de la casa, donde el núcleo familiar es fuerte y guarda cuidadosamente las costumbres transmitidas.................... generación .... generación, si bien la modernización de la isla las va socavando poco.................... poco, ... todo en las grandes ciudades. La *vendetta*, la fidelidad y los celos subyacen.................... el alma siciliana, pero son también un cliché que se le aplica. Lo cierto es que el visitante se queda.................... la antesala de esta sociedad, ... la que sólo ve su sonrisa, sus danzas y sus músicas llenas de vitalismo. Cuando se le pregunta.................... la Mafia, el siciliano puede responder.................... una broma o.................... una negativa acompañada.................... un gesto de hastío. .... los que a ella pertenecen la primera norma es el secreto; .... los otros, el silencio. El viajero lo presiente, pero no penetra nunca.................... ese mundo prohibido, gobernado.................... un rígido sistema de lealtades. La Mafia no existe, es cosa pasada; pero, eso sí, actúa.

Playas y ciudades

Si se accede.................... la isla atravesando el estrecho de Messina, cuando salga a nuestro encuentro el viento casi huracanado que se encauza.................... ese desfiladero.................... suelo de agua, costará creer que hay playas que esperan dormidas.................... el sol.

Messina mantiene su ambiente.................... pequeña ciudad apacible,.................... calles y plazas melancólicas donde se escuchan las fuentes y .... las cuales se acaba encontrando la imponente catedral normanda. La atracción.................... los muñecos articulados hace .... Messina el mejor sitio .... conocer un espectáculo típicamente siciliano: la *opera dei pupi*, ... el que vistosas marionetas representan aventuras caballerescas protagonizadas.................... Orlando —nuestro Roldán— y los caballeros de la Tabla Redonda. La actividad se centra.................... el gran puerto, ... el que se ven pasar los barcos que se adentran.................... el estrecho.................... evitar la circunvalación.................... la isla y.................... el que atracan.................... continuo los *ferrys* que lo enlazan.................... la península. Es un buen lugar.................... comer el atún .... todas sus variedades.

(*El País,* 10-5-87)

2. Eran las seis y veinticinco.................... la tarde. El secretario primero.................... Congreso.................... los Diputados, Víctor Carrascal (UCD), leía la relación.................... los miembros de la Cámara, que iban respondiendo.................... viva voz «sí», «no», o abstención.................... la investidura.................... Leopoldo Calvo Sotelo como presidente del Gobierno.

El pleno entraba .... su recta final y todo parecía indicar que .... breves minutos el presidente del Congreso, Landelino Lavilla, iba .... anunciar que el candidato propuesto .... el Rey había superado la mayoría simple exigida .... la segunda votación.

Las posiciones no habían cambiado .... el viernes y los votos .... UCD, ... los de Osorio, Areilza y Senillosa, de Coalición Democrática, eran suficientes.

La monotonía .... la lectura de la lista se vio interrumpida .... pronto .... un par de sonidos secos procedentes .... los pasillos, ... hemiciclo. Se oyó una voz gritando «fuego», y uno .... los letrados de la mesa exclamó: «Calma, calma».

Inesperadamente, la puerta lateral derecha del hemiciclo se abrió bruscamente. Precedidos .... un ujier, que andaba .... trompicones y como queriéndose cubrir, irrumpieron varios miembros .... la Guardia Civil, ... traje de campaña, empuñando metralletas. La sorpresa fue generalizada. La única reacción que tuvo la mayoría .... los diputados fue ponerse .... pie, ... decir palabra. «¡Quietos todos!, mantengan la calma y no pasará nada» gritaron los guardias civiles, tomando posiciones .... el hemiciclo y apuntando .... los diputados. Instantes después apareció el teniente coronel de la Guardia Civil, Antonio Tejero Molina, tocado .... tricornio y empuñando una pistola.

Gutiérrez Mellado, zarandeado

Se dirigió .... presidente del Congreso apuntándole .... el arma y dijo: «Si mantienen la calma no les pasará nada. ¡Todos .... suelo!». Esta orden fue repetida .... el resto de los números de la Guardia Civil que ya habían tomado el hemiciclo, incluidas las tribunas .... prensa y .... público. .... esos momentos, el teniente general Gutiérrez Mellado, vicepresidente .... Asuntos de la Defensa .... funciones, vestido .... civil, se acercó .... los guardias civiles .... tono imperativo pidiéndoles explicaciones. Forcejearon .... él violentamente .... el más mínimo respeto .... su graduación.

Tiros al aire

Fue entonces cuando varios guardias civiles, incluido el teniente coronel Tejero, dispararon repetidas veces .... el techo. La Alegoría de la Libertad, que adorna la bóveda del hemiciclo, quedó agujereada .... varios impactos de bala. Casi la totalidad .... los diputados se echaron .... suelo .... sus respectivos escaños.

La escena que se contemplaba .... la tribuna .... prensa era un hemiciclo envuelto .... el humo de las detonaciones, los diputados ocultos, y el presidente del Gobierno .... funciones, Adolfo Suárez sentado .... la cabecera del banco azul .... gran serenidad y sangre fría.

El forcejeo .... Gutiérrez Mellado continuaba y fue el propio Suárez quien le ordenó .... vicepresidente, ... tono y gesto enérgico, que mantuviera la calma y que se sentara. Así lo hizo, ... mismo tiempo que los guardias civiles que ocupaban el hemiciclo, una docena, gritaban .... los diputados que se mantuvieran .... sus sitios.

Ministros y dirigentes .... todos los partidos permanecieron quietos, agachados o tirados .... el suelo. Los periodistas fueron obligados .... mantener la misma posición. Hubo unos momentos tremendamente tensos. El miedo cortaba el ambiente.

Después de estos primeros instantes, que fueron eternos .... todos, el grupo .... guardias civiles permitió que los diputados y ministros se incorporaran, sentados. Instintivamente pusieron las manos .... los asientos, que tenían delante. Todos permanecían quietos.

Poco después se empezó .... relajar el ambiente y se encendieron los primeros cigarrillos. Un guardia civil, ... uniforme de campaña y empuñando una metralleta, bajó .... las escaleras correspondientes .... los escaños de UCD. Al llegar .... la altura de Suárez le dio una palmada, aparentemente amistosa .... la espalda. El presidente .... funciones, muy tranquilo .... esos instantes, se revolvió .... enfado rechazando el gesto.

Unos quince minutos después de que el grupo de guardias civiles irrumpiera violentamente .... el hemiciclo, un oficial del mismo Cuerpo subió .... la tribuna de oradores y dijo: «Mantengan la calma y no les pasará nada. Estamos esperando las órdenes de la autoridad competente, naturalmente militar, ... que se haga cargo .... la situación. Estén tranquilos .... sus sitios y no pasará nada».

(Colectivo Democracia: *Los Ejércitos... más allá del golpe*)

3. ¡Caracoles, qué bocado!

La especie y una correcta limpieza, claves del éxito.
CARLOS DELGADO.

Los caracoles comienzan su pausada andadura .... la llegada de los primeros soplos primaverales, despertando .... su letargo invernal .... fiesta de niños y delicia .... gastrónomos. El momento óptimo .... el consumo .... este simpático gasterópodo: .... las tormentas de abril y mayo, cuando el sol brilla .... su lavada luz de mediodía.

Pero no todos los pueblos aprecian .... la misma forma los caracoles, hermafroditas insuficientes que provocan muecas .... asco .... anglosajones y escandinavos. .... ellos, y .... muchos .... nosotros, el caracol no deja de ser un bicho despreciable, y la costumbre de comerlos, una curiosidad propia .... países meridionales. ¡Allá ellos .... su estirada ignorancia! Este es un manjar sublime que hizo las delicias .... los festines romanos, tan aficionados .... su degustación que inventaron granjas especializadas donde los cebaban .... vino y salvado.......... la Edad Media fue estimado plato cuaresmal, que mereció elogios y recetas .... los más afamados cocineros de la época: Enrique de Villena .... su *Arte cisoria*; Diego Granado, ... el *Libro del arte de la cocina*, donde explica la forma conveniente .... limpiarlos, purgarlos y conservarlos; Martínez Montiño, Altimiras, etcétera. El príncipe Talleyrand encargó .... genial cocinero Carême un plato .... caracoles .... obsequiar .... zar de Rusia en uno de sus diplomáticos banquetes.

Si los franceses supieron elevar los caracoles .... la categoría de plato refinado .... su magistral receta .... *la borgoñona*, ... base de un relleno .... mantequilla, ajo, perejil, cebollino, hierbas aromáticas y especias, los españoles hemos convertido su consumo .... una fiesta regional y popular, condiméntandolo fundamentalmente .... vino, tocino, jamón, ajo, aceite, cebolla, tomate, hinojo, romera y, ... todo, guindilla y pimentón, ya que «caracoles .... picante no hay quien los aguante». Así han surgido numerosas preparaciones, ... cual más deliciosa: .... *la andaluza*, ... *la burgalesa*, ... *la extremeña*, ... *la madrileña*, etcétera, destacando particularmente las valencianas y catalanas. Por ejemplo las *caragoladas* levantinas, ... un delicioso picadillo de almendras fritas; o en *espatarrallada*, con ali-oli. Pero los caracoles no sólo constituyen de .... sí un suculento, excitante y divertido manjar, sino que contribuyen .... ensalzar otras preparaciones. Es, por ejemplo, ingrediente imprescindible .... toda auténtica paella valenciana que se precie; claro que el caracol paellero debe ser .... la especie *Helix alonensis*, conocido como *xona* en Levante, difícil .... encontrar .... el mercado, donde se vende .... unidades, alcanzando precios elevados. .... no hablar .... *cunil amb caragols* catalán, ... merecida fama, incluso la nueva restauración los ha incorporado .... su cocina, aunque .... formas más refinadas, como en hojaldre.

Preparados .... una u otra forma, el secreto .... una buena caracolada estriba .... la cuidadosa elección de la especie, y una esmerada purga y limpieza. Porque caracoles hay muchos —más de 400 tipos sólo .... Europa Meridional—, pero sólo unos pocos tienen valor gastronómico: carne fina y suavemente perfumada si se ha alimentado .... hierbas aromáticas, textura firme y elástica, y tamaño regular. Son los caracoles .... las especies *Helix ortensis*, o caracol .... jardín; *Helix aperta; Helix pomantin*; o caracol .... las viñas; *Helix lactea*, o caracol moro, y *Helis alonensis*, o caracol .... monte. Deberemos recogerlos .... los refrescantes aguaceros .... primavera, ... viñas, huertas, montes, jardines o barbechos; someterlos .... una buena cura .... cuatro o seis aguas, y comerlos .... compañía .... un buen vino tinto lugareño.

Lavar y purgar

La babosidad y costumbres alimenticias .... caracol obligan .... una esmerada limpieza y purga .... su consumo. A fin de que alcancen su plenitud gastronómica, debemos respetar escrupulosamente ciertas medidas .... higiene culinaria: una vez conseguidos los caracoles, ... todo si son de recolecta propia, debemos someterlos .... un ayuno estricto .... al menos una semana, conservándolos .... un cesto .... mimbre donde se airearán y purgarán ellos mismos. También se les puede someter previamente .... una cura de tomillo, ... el caso de haberlos adquirido .... el mercado, ... perfumar su carne. Pasado el ayuno, hay que lavarlos .... abundante agua, ... someterlos .... continuación .... una purga .... base de la siguiente receta: un puñadito .... sal, medio vaso .... vinagre y un poco .... harina .... cada cuatro docenas .... caracoles. Dejarlos .... este caldo unas tres horas, ... volver .... lavarlos .... varias aguas. Finalmente, los someteremos .... un *blanqueo*, dándoles un ligero hervor .... que salgan completamente .... su concha, desechando los que no lo hagan. ¡Y ya están listos .... ser condimentados!

(*El País Semanal*, 10-5-87)

4. El conde de grandsailles había permanecido sentado .... largo tiempo, ... la cabeza apoyada .... una mano, ... el hechizo de un ensueño obsesionante. Levantó los ojos, y su mirada vagabundeó .... la llanura de Creux de Libreux. Aquella llanura significaba .... él mucho más que cualquier otra cosa .... mundo. Había belleza .... su paisaje, prosperidad .... sus campos labrados. Y lo mejor .... aquellos campos era la tierra; lo más precioso .... esta tierra era la humedad; y el producto más raro .... esta humedad era cierto barro... Su notario y más ferviente amigo, Maitre Pierre Girardin, que poseía una debilidad .... el lenguaje literario, solía decir cuando hablaba de Grandsailles:

— El conde es la encarnación viva .... uno de esos extraños fenómenos .... campo que escapan .... los recursos y .... la maestría .... la agronomía: un terreno formado .... tierra y sangre procedente .... una fuente incógnita, una arcilla mágica .... la cual se forma el espíritu .... nuestra tierra nativa.

Cuando el conde descendía .... las compuertas .... algún nuevo visitante llegado .... la propiedad acostumbraba invariablemente agacharse .... el suelo, recoger un puñado de tierra barrosa y, ... centésima vez, repetir .... tono de súbita improvisación mientras mostraba el barro y lo moldeaba .... sus aristocráticos dedos:

— Mi querido amigo: es indudablemente la ductilidad, un poco tosca, ... nuestro suelo lo que origina el milagro .... esta región. Pues no solamente es único nuestro vino, sino que además y .... todo, poseemos la trufa, el misterio y el tesoro de estos campos .... los cuales se deslizan los caracoles más grandes de Francia, que rivalizan .... ese otro ser singular; el cangrejo. Y todo esto, enmarcado .... la más noble y generosa vegeación: el alcornoque, que nos regala su propia piel...

(Salvador Dalí: *Rostros Ocultos*)

5. Esta lengua que hoy vemos hablada .... veinte naciones se engendró .... una pequeña comarca .... la Cantabria, montañas .... Santander y borde septentrional .... la meseta castellana. Era la región que el reino cristiano .... Oviedo tenía fortificada .... unos cuantos castillos .... contener al sur de los Montes Cantábricos las arremetidas .... los árabes (...) Las gentes .... aquella comarca vivían lo heroico como la normalidad de sus vidas y, haciendo .... la necesidad virtud, desarrollaron unos rasgos peculiares .... carácter y atrofiaron en sí otros que se cultivaban como flor de cultura .... la corte de Oviedo. Aquellos hombres se hicieron eficaces y rectos, acostumbrados .... las resoluciones prontas, y perspicaces .... lo que se acomodaba .... sus condiciones específicas. Ni siquiera se fiaban .... la legislación escrita que regía .... el resto de España .... el nombre de *Forum Judicum* o Fuero Juzgo; ellos se habían de administrar justicia «por albedrío» según el derecho consuetudinario local. ¡Cuánto menos iban .... andarse atentos .... seguir los modos ovetenses .... hablar! Cuando, ... comienzos del siglo X, el reino cristiano trasladó su corte .... León, ... sur de la Cordillera los castellanos se sintieron .... seguida incómodos .... aquella vecindad influyente. Y .... entonces su energía combativa se ejerció, no sólo .... los moros, sino también .... sus reyes forasteros y .... el reino de Navarra. El legendario e histórico conde Fernán González, el fundador del Gran Condado de Castilla, estuvo sucesivamente preso .... rey de León y del .... Navarra. .... razón decía hacia 1150 el poeta del Cantar Latino de Almería: «Castellae vires per saecula fuere rebelles», los varones castellanos .... siglos han sido rebeldes, aludiendo también .... que Cantabria fue la última y más sangrienta conquista .... Roma .... España.

¿Qué lengua hablaban esas gentes? Como los demás cristianos, hablaban *romance*, la continuación .... latín coloquial que había sido el instrumento general .... comunicación .... el Imperio Romano. Los leoneses sabían que aquellos sus arriscados súbditos hablaban la misma lengua que ellos, pero .... cierta desgarrada rusticidad y extranjería, y .... tantos miramientos conservadores y latinizantes, y .... muchos sorprendentes particularismos inauditos .... Oviedo o .... León. (...) A los cristianos .... otras tierras les resonaba la lengua .... los castellanos como trompeta con tambor: «illorum lingua resonat quasi tympano tuba», dice el Cantar del Almería. Esta era ya la época .... Cid y Alfonso VI, cuando Castilla, constituida .... reino con la ambiciosa dinastía .... origen vasco, engendra su genial visión .... la reconquista como una empresa .... grande y empieza .... vislumbrar la formación .... España en entidad nacional unitaria.

Durante estos siglos, dos son las lenguas que conviven .... los cristianos: el latín (—ya escolástico entre el clero culto, ya gravemente vulgarizado entre notarios y escribas—) y el romance, la lengua coloquial que el pueblo ha ido cambiando .... los tiempos imperiales del latín vulgar. El latín, como lengua de la cultura escrita; el romance, como lengua de la acción en sociedad.

(...)

Cuando el cultivo literario y el auge .... la cultura general dan al romance .... los castellanos consistencia y personalidad, mientras palidece el romance .... las otras comarcas peninsulares, va extendiéndose la fórmula .... «romance castellano», y .... fin «castellano» ya hecho nombre. Ejemplo: .... la *General Estoria* de Alfonso el Sabio —siglo XIII— se designa el lenguaje .... Castilla .... oposición al griego, al árabe, y al hebrero (.......... veces medio identificado .... el latín, ... veces diferenciado de él), ... las siguientes fórmulas:

en el nuestro lenguaje de Castilla
en el nuestro romanz de Castilla
en el lenguaje de Castilla (frecuente)
segund el proprio romanz castellano
en el castellano
segund el castellano
en nuestra lengua

(...)

Así, pues, mientras Castilla fue un puñado .... condados o un reino más .... los reinos peninsulares, su romance, cuando se especificaba, se llamó casi únicamente castellano: el romance .... los castellanos, ... distinguirlo .... los romances de los leoneses, aragoneses gallegos, catalanes. Pero Castilla, saliendo .... su casa, castellanizó el centro y sur .... la Península, y luego se unificó .... los reinos de León, Navarra y Aragón, que adoptaron en común el hablar .... Castilla. La unificación española coincidió .... el despertar renacentista .... las conciencias nacionales .... Europa: España, Francia, Inglaterra, Alemania, y, ... menos fortuna y coherencia, Italia. Entonces, junto .... los que siguieron tradicionalmente llamando castellano .... hablar de todos, hubo muchos que empezaron .... ver intencionadamente en el idioma una significación extraregional y un contenido histórico-cultural más rico que el estrictamente castellano. Y junto .... arcaísmo «castellano» empezó a cundir el nombre de «español», ya usado algunas veces .... la Edad Media, pero que ahora tenía la fuerza interior .... un neologismo oportuno.

(Amado Alonso: *Castellano, español, idioma nacional*)

VII. Utilícese la preposición adecuada o la forma correcta de **ser/estar**. Asímismo, pónganse en la forma apropiada los infinitivos que aparecen entre paréntesis.

.... una mañana de mayo y habíamos salido a dar un paseo .... los alrededores de Salamanca. Cuando .... atravesando el puente, un chico, que iba .... una barca, empezó a hacernos señales .... que bajáramos .... río. Todos nos miramos como diciendo ¿.................... una broma o .... en serio? En aquel momento, el joven cayó .... espaldas .... los brazos en cruz y la barca, arrastrada .... la corriente, parecía que iba a chocar .... el puente.

Salimos corriendo; ya no importaba si .... un amigo o .... un desconocido: .... en peligro y nos necesitaba. Todos —Odile, Andrés, Mary, Juan,...— nos lanzamos .... agua. Andrés .... el primero en llegar .... lugar por donde el joven, tragado .... el río, había desaparecido; se zambulló y al instante apareció con el joven cogido .... los hombros. .... aquel momento no habíamos reparado en su cara: ¡.................... Peter!

No nos habíamos recuperado de la sorpresa cuando Peter, de un salto, se puso en pie y empezó .... reir como un loco. Todos nos echamos a reir; todos menos Andrés. Andrés .... pálido, amarillo, serio, muy serio. Ninguno creíamos que (valer) .... la pena molestarse .... la broma de Peter, pero Andrés pareció molestarse, más que .... la broma, ... nuestras risas, y comentó: «¡Ah si yo (poder) .... hacer lo mismo!» Todos .... esperando que (añadir) .... algo más, pero lo que ocurrió en aquel momento nos dejó helados —más helados de lo que lo .... el baño—: Andrés se tiró .... río y desapareció bajo el agua ¿.................... recuperar la piragua?

ÍNDICE